國家社科基金重大委托項目“《子海》整理與研究”成果

山東省社科規劃重大委托項目成果

國家古籍整理出版專項經費資助項目

子海精華編

主編　王承略　副主編　聶濟冬

商子匯校匯注　上

周立昇　趙呈元　徐鴻修
錢曾怡　董治安　葛懋春　編著

鳳凰出版社

圖書在版編目（CIP）數據

商子匯校匯注 / 周立昇等編著. -- 南京 : 鳳凰出版社, 2017.10
（子海精華編 / 王承略主編）
ISBN 978-7-5506-2669-0

Ⅰ. ①商… Ⅱ. ①周… Ⅲ. ①商鞅變法②《商子》－注釋 Ⅳ. ①B226.22

中國版本圖書館CIP數據核字(2017)第245824號

書　　名	商子匯校匯注
編　　著	周立昇　趙呈元　徐鴻修　錢曾怡　董治安　葛懋春
責任編輯	張永堃
出版發行	鳳凰出版社(原江蘇古籍出版社) 發行部電話025-83223462
出版社地址	南京市中央路165號,郵編:210009
出版社網址	http://www.fhcbs.com
照　　排	江蘇鳳凰製版有限公司
印　　刷	南通印刷總廠有限公司 南通市通州經濟開發區朝霞路180號,郵編:226300
開　　本	890×1240毫米　1/32
印　　張	27.25
字　　數	589千字
版　　次	2017年10月第1版　2017年10月第1次印刷
標準書號	ISBN 978-7-5506-2669-0
定　　價	162.00圓(全二册) (本書凡印裝錯誤可向承印廠調换,電話:0513-80237871)

國家社科基金重大委托項目"《子海》整理與研究"成果之一

《子海精華編》

工作委員會

主　　任：樊麗明　孫守剛

副 主 任：李建軍　胡金焱　張建康　周　斌

委　　員（按姓氏筆畫排列）：

王　飛　王君松　王學典　方　輝　巴金文　邢占軍
杜　福　李平生　李劍峰　佘江濤　孫鳳收　陳宏偉
劉丕平　劉洪渭

編纂委員會

學術顧問：安平秋　周勛初　葉國良　林慶彰　池田知久

總 編 纂：鄭傑文（首席專家）　王培源

副總編纂：王承略　劉心明

委　　員（按姓氏筆畫排列）：

王　瑋　王　震　王小婷　王國良　李　梅　李士彪
李玉清　何　永　宋開玉　苗　菁　林日波　郝潤華
姜　濤　姜小青　馬慶洲　秦躍宇　高海安　陳元峰
黄懷信　張　兵　張曉生　單承彬　蔡先金　漆永祥
鄧駿捷　藺　翠　竇秀豔

審稿專家：周立昇　鄭慶篤　王洲明　吴慶峰　林開甲　張崇琛
唐子恒　徐有富　晁岳佩

執行主編：王承略　聶濟冬

執行編纂(按姓氏筆畫排列):

王成厚　王　娜　尹思琦　曲娟娟　李　兵　宋恩來

苗　露　柏　雲　柳湘瑜　張雨霏　賈　兵　蘇運蕾

編　　務:張　櫻　劉　端　孫紅苑　沈　虎

本書審稿專家:周立昇

《子海精華編》出版説明

“子海”,即“子書淵海”的簡稱。“《子海》整理與研究”課題係國家社科基金重大委托項目、山東省社科規劃重大委托項目。該課題分《珍本編》、《精華編》、《研究編》、《翻譯編》四個版塊,力圖把子部珍稀文獻、精華文獻進行深層次的整理、研究和譯介,挖掘子部文獻的價值,促進子學研究的發展。

山東大學向來以文史見長。古籍整理與子學研究,是其中的傳統研究方向。“《子海》整理與研究”,是在山東大學前輩學者高亨先生積30年之力陸續做成的《先秦諸子研究文獻目録》的基础上,由已故著名古籍整理與研究專家董治安先生參與策劃、設計的大型綜合研究課題。課題立項後,得到了中宣部、教育部、財政部、山東省政府和山東大學的大力支持,學界同仁踴躍參與。《精華編》的整理研究團隊近200人,來自海内外48所高校和研究機構。在組織管理上,《精華編》努力探索傳統文化研究協同創新的新體制、新機制,現已呈現出活力和實效。

華夏文明是由多元文化構築而成的。中國古代子部典籍,以歷代士人個性化作品的形式,系統性地展示了華夏民族的世界觀和方法論,立體性地反映了中華民族對世界文明發展的貢獻。其中,無論是宏篇大論,還是叢殘小語,都激蕩著歷史的聲音,閃爍著智慧的光芒,構成中國古代思想、藝術、科技和生活方式的主體内容。《精華編》通過對子部最优秀的典籍的整理,一方面擷英取粹,爲華夏文明的傳播提供可靠的資源和文本;另一方面以古鑒今,爲當下社會的發展提供智力支持和精神支撑。并希望進而梳理中華傳統文化的多元結構,繼承中華優秀傳統文化的一貫文脈。

根據漢代以後子學發展和子部典籍的實際情況,參照官私目録的分類與著録,《精華編》選取先秦諸子、儒學、兵家、法家、農家、醫家、曆算、術數、藝術、雜家、小説家、譜録、釋道、類書等十四個類目的要籍幾百種,編爲目録,作爲整理的依據,而在成果展現上則不出現具體的類目。爲統一體例,便於工作,《精華編》編有詳細的《整理細則》,并有簡明的《整理要則》,供整理者遵循使用。

《精華編》整理原則是,對每種子書的整理,突出學術性、資料性和創新性,力求吸納已有的整理成果,推出更具參考價值、更方便閱讀的整理文本。所採用的整理方式,大體有三種:一、部頭較大且前人未曾整理者,採用標點、校勘的方式整理;二、前人曾經標點、校勘者,或採用抽换更好或别具學術特色底本的方式整理,或採用集校、集注的方式整理,或採用校箋、疏證的方式整理,或綜合使用以上方式;三、前人已有較好的注本者,則採用集注、彙評、補正等方式整理。

《精華編》採用五次校審、遞進推動的管理程式,即:一、初校全稿。子海編纂中心組織碩、博研究生,修改文稿錯别字,規範異體字,調整格式,發現并標明校點中的不妥之處。二、初審文稿。子海編纂中心的編纂人員根據情況,解決初校時發現的問題,并判斷書稿的整體質量。三、匿名評審。

聘請資深教授通審全稿，全面進行學術把關，消滅硬傷，寫出審稿意見。四、修改文稿。子海編纂中心及時把專家審稿意見反饋給整理者。整理者根據審稿意見修改，做出新文稿。五、終審文稿。待新文稿返回子海編纂中心後，總編纂作最後的學術質量把關。五步程序完成後，將文稿交付出版社。

五次校審的目的是爲了保證學術質量，提高整理水平，減少錯訛硬傷。但校書如掃塵埃落葉，隨掃隨有，《精華編》雖經多道程序嚴加把關，仍難免有錯，懇請方家不吝指教。子海編纂中心將及時總結經驗，吸取教訓，把工作做得更好，以實現課題設計的初衷。

目　録

編者説明

《商君書校注資料長編》[①]係由山東大學等單位一些同志合作匯編的一部資料書。參加本書資料搜集、整理、審稿工作的先後有：殷孟倫、章茂桐、殷煥先、董治安、錢曾怡、葛懋春、徐鴻修、周立昇、趙呈元、史祖瑜、李成茂、陳幼琛、王春霖以及校外的部分同志。本書各篇的定稿人是：

周立昇(《去強》、《説民》、《算地》)；

趙呈元(《賞刑》、《畫策》、《境内》)；

徐鴻修(《更法》、《墾令》、《農戰》)；

錢曾怡(《靳令》、《修權》、《來民》、《外内》、《君臣》)；

董治安(《前言》、《開塞》、《壹言》、《錯法》、《戰法》、《立本》、《兵守》)；

葛懋春(《弱民》、《禁使》、《慎法》、《定分》、《附録》)。

本書的編纂歷時較長，其間承學術界的先生們提供了一些珍貴的稿本，如顧頡剛先生收藏的蒙季甫的《商君書校讀》，蔣禮鴻先生所著《商君書錐指》等。高亨、王利器等先生也給予了幫助。此外還得到上海圖書館、北京圖書館、北京大學圖書館、山東省圖書館、山東大學圖書館等國内很多單

① 此次出版，在進一步整理修訂的基礎上，更名爲《商子匯校匯注》。

位的大力支持與幫助，使我們順利地完成了這一工作。對此，我們一併表示衷心的感謝。

由於水平所限，本書肯定存在不少缺點錯誤，希望讀者予以批評指正。

《商君書校注資料長編》編輯組

一九八四年七月

前　言

《商子》是一部以記述商鞅思想和政治主張爲基本内容的重要著作,編撰者主要是商鞅以後的法家,成書時間大約在秦昭襄王(前 325—前 251)統治時期的晚期。

商鞅(約前 390—前 338)是戰國中期新興地主階級的政治家,先秦法家思想的主要奠基者。他本名公孫鞅;因爲是衛國人,也稱爲衛鞅;後來被秦孝公封於商,號爲商君,歷史上又稱他爲商鞅。他“少好刑名之學”,在魏國研究過早期法家李悝、吴起等的變法經驗。他由魏入秦後,推行了著名的變法,這是商鞅一生最重要的政治實踐。

商鞅所處的時代,是新興的封建制取代腐朽的奴隸制的社會大變革的時代。商鞅變法,是這個時代的必然産物。春秋時期,社會變革已被提到歷史的日程上來。奴隸與平民的反抗鬥爭,從根本上動摇和瓦解了奴隸制的經濟基礎,封建制生産關係逐漸被確認。進入戰國,魏、趙、韓、齊等幾個主要諸侯國的新興地主階級利用民衆的力量乘機推翻奴隸主的統治,首先建立了封建政權。在戰國初期和中期一百年間,新興地主階級的力量逐漸壯大,但奴隸主階級在政治、經濟、文化等各個領域仍然保持着相當大的勢力。奴隸主貴族同奴隸、農民、新興地主階級之間的矛盾非常尖鋭;保守和革新的鬥爭十分激烈。出現於這一時期的變法運動，就是新興地主階級利用政權的力量，進一步掃除舊制度殘餘，爲鞏固和發展新興的封建制度而進行的鬥爭。

秦國是在進入戰國九十年，秦獻公掌握政權後，才進行了廢止用人殉葬、建立新户籍制度、擴建縣制等諸項改革。獻公死後，秦孝公要繼承獻公的改革事業，却遭到奴隸主貴族勢力的抗拒。這時，商鞅來到秦國，在秦孝公支持下，主持了秦國的變法。

商鞅變法的主要内容是：（一）廢除奴隸主貴族官爵世襲制度，獎勵軍功，使各級政權逐步轉移到新興地主階級手中；（二）爲田開阡陌，允許土地買賣，確認封建的土地所有制；（三）廢除分封制，普遍推廣縣制和什伍制度，建立新興地主階級專制的中央集權統治；（四）獎勵農戰，抑制奴隸主貴族壟斷工商業，發展封建經濟，加強新興地主階級的軍事力量；（五）燒毁《詩》、《書》，實行法治教育等等。這些變法措施，從經濟基礎到上層建築，都沉重地打擊了秦國奴隸制度，有力地促進了封建制度的鞏固和發展。商鞅變法成爲秦國由奴隸制轉變爲封建制過程中的一個重要轉折點。這是商鞅的歷史功績。後來，商鞅雖然被殺害，但他的變法已經在秦國深深地扎下了根，"商君死……秦法未敗也"（《韓非子·定法》）。秦國從此開始逐步強大起來，一百一十多年以後，秦始皇在商鞅變法的基礎上，進一步推行法治，終於建立了統一的中央集權的封建國家。

商鞅適應時代要求在秦孝公支持下堅持了法治，使得"秦行商君法而富強"（《韓非子·和氏》）。《商子》的主要内容，就是從各個方面具體闡述商鞅法治的内容。

一

《商子》闡述了商鞅在現實鬥爭中形成的進步歷史觀，這是商鞅思想的重要内容。商鞅把歷史劃分爲若干不同的階段，列舉歷史事實，説明歷史從來就是不斷發展變化的，並從分析歷史中得出這樣的結論："不法古，不修今"，"世事變而行道異"（《開塞》）。這樣，商鞅就批判了"法古"、"循禮"的舊觀念，從理論上論證了變法的必要性。

商鞅還力圖從人類社會本身來尋找歷史發展變化的原因。他指出，歷代"禮"、"法"的不同，決定於當世的"時"（當時人們的需要）和"事"（社會的具體情況）（《更法》）。他還認爲，古代由於人們追求私利和相互競爭，才使社會有亂；由於有亂才最終導致了"立禁"、"立官"、"立君"（《開塞》）。當然，商鞅没有揭示出歷史發展的根本原因，但他的歷史觀，與當時的天命論、君權神授説，是完全對立的。他强調變革，注重人事作用，突出反映了新興地主階級的進取精神。商鞅所闡述的進步歷史觀，超過了他同時代和以前的法家，爲他的變法提供了有力的理論基礎。他在創立法家思想學説方面有着重要的貢獻。

二

主張"法治"，即主張用新興地主階級政權取代奴隸主階級政權，是《商子》中一個極其重要的内容。商鞅認爲，新興地主階級的法令，是"爲治之本也"（《定分》）。因此，主張在全國頒布統一的法令，設置專職的司法官吏，從而使人人知法，不敢違犯。他明確指出，用法的當務之急，在於"去奸"

(《開塞》);而那些不種田、不打仗、危害社會的"奸民",必須加以取締和鎮壓(《畫策》)。商鞅主張"壹刑",就是刑罰的標準一律,不管是庶人還是大夫,以至卿、相、將軍,只要觸犯新法,就照章治罪(《賞刑》)。在階級社會裏,所謂"刑罰一律"當然只能是服務於一定階級的政治需要。商鞅的"壹刑",針對的是"刑不上大夫"的奴隸制舊法統;他勇敢地否定了這個舊法統。商鞅還主張用重刑打擊破壞法治的奸民,他説"去奸之本,莫深於嚴刑"(《開塞》)。

商鞅"法治"在政治領域的另一個要求,是建立强大的武裝力量,防止各諸侯國的顛覆破壞,並爲建立統一的封建政權作充分準備。商鞅指出,治國必須反對"空言",而以"好力"、"重戰"爲方針(《去强》)。他認爲,戰争的勝敗關係到國家的盛衰存亡。他説,從古到今,根本没有"不勝而王,不敗而亡"的事(《畫策》)。因此,他主張"壹民於戰"(《畫策》),明確規定全國民衆都要服兵役,從而有效地建立一支爲新興封建制服務的强大武裝力量。他要求國君用人要"任其力不任其德"(《錯法》);而且要賞罰嚴明,鼓勵和督迫民衆勇於參戰。他又主張把重戰和重農結合起來,以便把强大武裝力量建立在雄厚經濟實力的基礎上。商鞅提出"好力"、"重戰"的終極目的,是要在强國的基礎上,通過戰争手段成就統一中國的"王業"。他明確地聲稱:"以戰去戰,雖戰可也。"(《畫策》)突出地反映了新興地主階級要求通過暴力把封建制推向全國的强烈願望。

商鞅"法治"的本質,在於加强和鞏固新興地主階級的政權,對外鏟除分裂割據勢力,實現全中國統一。歷史證明,商鞅這些主張是適應當時歷史發展要求的,具有很大的進步意義。

三

實行重農政策，發展農業生産，以鞏固和發展封建所有制，是商鞅"法治"的又一個重要組成部分。商鞅指出，法令的重要，在於它可以"定名分"(《定分》)。所謂"定名分"，在經濟領域，就是指確定所有權，確立並進一步鞏固封建所有制。商鞅主張大力實行的重農政策，正是促使經濟領域所有制變革的一項重要措施。

商鞅主張運用政權的力量大力發展農業生産。他説"治國之要"，在於"令民歸心於農"(《農戰》)。就是説，必須盡一切可能，使舉國上下全力從事農耕。商鞅反覆闡述了重農可以"富國"的思想，並認爲"善爲國者，倉廩雖滿，不偷於農"(《農戰》)。可見，商鞅重視農業生産，是著眼於從根本上壯大封建國家的經濟實力。這既能爲"强兵"提供可靠的物質基礎，又能直接促使封建所有制的鞏固和發展。

商鞅還制定了一系列的法令來推行重農政策。這主要是：(一)"訾粟而税"(《墾令》)，即在承認土地私有的前提下，根據糧食的收穫量收税；(二)"壹山澤"(《墾令》)，就是由封建國家統一管理山林湖澤；(三)鼓勵開墾荒地；(四)獎勵耕織，允許用糧食買官爵；(五)把土地賞給立戰功者等等。很明顯，這些措施不僅從根本上否定了貴族世襲佔有土地的制度，而且必將進一步發展封建經濟，"僇力本業"從而加速由奴隸主所有制向封建所有制過渡的進程。

商鞅十分重視法治教育。他主張法令必須"明白易知"，應以法官爲師，向民衆解釋法令内容，使"萬民皆知所避就"

(《定分》)。他明確提出用法家思想來統一教育,排斥各家異端學説。商鞅認爲《詩》、《書》一類的著作,以及"禮"、"樂"、"仁"、"義"等説教,統統是寄生在社會身上的"蝨子"。這些東西,破壞"農戰",使國家削弱;破壞法令,使國家混亂。如果聽任它們自由泛濫,國家就要削弱、滅亡(《去強》、《靳令》等),因此,非加以取締不可。《商子》明確提出了抑制各種私家學説及其活動的主張,如"不可以富貴,不可以評刑,不可以獨立私議以陳其上"(《賞刑》)。

商鞅的法治思想是根據當時的需要,在同舊傳統思想進行鬥爭的實踐中形成和發展起來的。他在政治、經濟和思想文化領域堅持"法治",並且在歷史上第一次這樣多方面地闡述了法家的思想,與他的歷史發展觀一起,爲先秦法家學派的發展奠定了理論基礎。

當然,商鞅主張的"法治"不過是一種剥削制度取代另一種剥削制度的鬥爭,他的"法治"不僅對於奴隸主階級的打擊不可能是徹底的,而且對於勞動人民也有殘酷鎮壓的一面;他對於歷史發展的認識是不科學的;他一再誇大"聖王"、"智者"的作用,以及他認爲民衆有什麽"欲富貴"、"欲利"的本性,因而統治者可以用賞罰去駕馭人民;等等。這些都是需要讀者認真加以分析批判的。

凡　例

一、本書旨在匯集前人校注《商子》的已有成果，計收入歷代版本二十種，主要校勘參考用書及注釋專著四十七種，兼收各家在校勘、考訂、注釋等方面的不同見解，力求完備，以期反映古往今來《商子》研究的基本情況。

二、本書所録《商子》文本，以上海圖書館藏嚴可均《商君書重校本》（傳録本）爲底本，重新標點、分段。段次以阿拉伯數字標在各段首行左邊。

三、本書按《商子》二十六篇的順序，每篇標題下有編者的編校説明，首段列出該篇據以校勘的各種版本，次段列出未收該篇的版本。接下，先後爲題解、校勘、注解三部分，首條分别用【題解】、【校】、【注】標明。題解之後，校勘及注解兩部分皆隨底本正文録出。正文或一句、或若干句，視校注實有内容而定。

四、本書對所用版本及注本作如下處理：

（一）部分用簡稱，其全稱可查閲《校勘所用版本簡介》、《校釋參考書目》。

（二）不論原文是否斷句、標點，一律使用新式標點。

（三）所引古籍多經核對原著，凡有差錯，皆在錯文後，“［ ］”内予以訂正。

（四）校注文字如係引自前人，一般不予重録，必要時注明“同某文”、“引某説”。

（五）注文中雜有與校、注無關的文字，悉予删去，並用“……”號標出。

五、除開篇對所用版本説明及校勘用語以外，本書編者按語一概用“（　）”標出。

更法第一

本篇校勘所據版本：范本、綿眇閣本、吴本、程本、馮本、朱本、褒異本、且且庵本、馮抄本、奇賞本、秦駿生本、四庫本、問經堂本、指海本、崇文本、初校本，共十六種。

下列版本無本篇：古逸本、品節本、匯函本，共三種。

【題解】

《新釋》：《管子·任法》引《周書》曰："國法，法不一則有國者不祥，民不道法則不祥。國更立法以典民則祥。"更，改也。

《解詁定本》：更，改也。《漢書·王嘉傳》："數更政事[又數改更政事]。"顏注："更，亦變也。"

《錐指》：古有可法，有不可法。所惡乎言法古者，以其執文泥義，併其不可法者一概法之，非謂古之皆不可法也。《韓非子·南面》篇曰："不知治者必曰：'無變古，毋易常。'變與不變，聖人不聽，正治而已。然則古之無變，常之毋易，在常古之可與不可。"知韓子此説，可與論變古之意矣。

1. 孝公平畫，

【注】

馮本注：平畫，計策也。

《讀書雜記》：畫字不可解，若云平三大夫之計畫，亦與下句不相承貫。《趙策》云"武靈王平晝閒居，肥義侍坐"，全篇與此相仿，彼欲變服，此欲變法，故詞義多雷同。然則此文當作"孝公平晝閒居"，謂平日閒居，傳寫有訛奪耳。

《發微》：平畫者，平議以畫政也。《漢書》鄒陽上吴王書："願大王審畫而已。"本書有《畫策》篇。

《解詁》：《周書·謚法》："布綱治紀曰平。"《史記·屈原賈生列傳》索隱："畫，計畫也。"言孝公宣布治國之計畫。

《新釋》："畫"作"晝"，注：平，同便，安也。晝，住也。安住即閒居。《趙策》"武靈王平晝閒居"，蓋以閒居釋平晝耳。

《斠詮》：平，猶評議也。畫，入聲，謂計畫也。下文慮、討、求三者即所謂平也；世事之變，正法之本，使民之道即所謂畫也。又按：《戰國策·趙策》武靈王與肥義、公子成、趙文、趙造論胡服章，文勢全仿此篇，而首句云"武靈王平晝閒居"。疑彼處亦當作"平畫"，"晝"字係淺人妄改。"閒居"字亦淺人妄增。

《評注》：孝公，秦獻公子，在位二十四年。畫，籌畫。平畫，未事而預籌也。孝公將修繆公之業，東復侵地，下令國中求賢，故衛公子鞅入秦。

《解詁定本》：孝公名渠梁，秦獻公之子。《史記·秦本紀》：孝公元年，下令國中，賓客群臣有能出奇計強秦者，吾且尊官，與之分土。衛鞅聞令入秦，因景監求見孝公。平，評議也。畫，計策也。

《箋正》："孝公平畫"不成文語，自然脱誤，即如王詮作"孝公平議計劃"依然不成文語。至下文慮、討、求三者，乃凡人對一切事物運用思想之形名，與平議、平判、平章等義無涉。世事之變、正法之本、使民之道即所慮、討、求之事物，而不可直指爲計畫，設如王説，則此文形成孝公平議計畫，公孫鞅等三臣侍又平議計畫，尚復成何文體？

《錐指》：秦孝公，獻公之子。司馬貞《史記索隱》云“名渠梁”。《四庫提要》曰：“《史記》稱秦孝公卒，太子立，公子虔之徒告鞅欲反，惠王乃車裂鞅以徇。則孝公卒後鞅即逃死不暇，安得著書？如爲平日所著，則必在孝公之世，又安得開卷第一篇即稱孝公之謚？殆法家者流掇拾鞅餘論以成是編。”平畫者，《戰國策·趙策》“趙武靈王變胡服”章文與此相似，其首句曰：“趙武靈王平晝閒居。”此疑亦當作“平晝閒居”，有脱誤也。近人簡書説如此。

《校釋》：平畫猶言籌策，亦可通。

《香草續校書》：“畫”當作“晝”。“畫”、“晝”二字形近易訛。猶《論語·公冶長》篇“晝寢”、“畫寢”，《孟子·公孫丑》篇“宿於晝”、“宿於畫”，爲學人聚訟。《戰國策·趙策》云“趙武靈王平晝閒居”，彼下文云云與此篇文字大同，則此亦作平晝明矣。平晝者，猶言平日也。“平晝”下或亦有“閒居”二字而脱去，則不可知。

公孫鞅、甘龍、杜摯三大夫御於君，

【注】

馮本注：御，侍也。

《籀廎碎金》：《戰國策·秦策》云“軍吏惡王稽、杜摯以反”，疑即此人。

《發微》：《史記索隱》曰：“甘龍、杜摯，孝公之臣。甘姓，名龍也。甘氏出春秋時甘昭公子帶之後。”

《解詁》：《史記索隱》曰：“甘姓，名龍。甘氏出春秋時甘昭公子帶之後。”《通鑒》注：“《姓譜》曰：甘姓，商甘盤之後。”《書·五子之歌》傳、《詩·六月》《行葦》箋並云：“御，侍也。”

《斠詮》：《小爾雅·廣言》及《廣雅·釋言》云：“御，侍也。”

《評注》：御，侍也。甘龍、杜摯，皆秦孝公臣。

《解詁定本》：公孫姓，鞅名，衛庶孽公子，故稱衛鞅；以功封於商，又稱商鞅。甘龍,《史記索隱》,春秋時甘昭公子帶之後,《姓譜》,商甘盤之後。杜摯與王稽攻趙,見《國策》。御,侍也。

慮世事之變,

【校】

馮抄本,“變”作“本”。

【注】

《發微》:《説文》:“慮,謀思也。”

《新釋》:慮,謀也,思也。

《評注》:慮,謀也。

《解詁定本》:慮,謀思也。

討正法之本,

【校】

《籀廎碎金》:討,《新序·善謀》篇作“計”。

【注】

《新釋》:討,尋也。

《評注》:討,論也。

《解詁定本》:討,治也。《論語》:“世叔討論之。”

求使民之道。

【校】

范本、綿眇閣本、吴本、程本、馮本、朱本、褒異本、且且庵本、馮抄本、奇賞本、秦駿生本、四庫本、問經堂本、指海本、崇文本,無“求”字。

初校本注:秦本、范本無“求”字,元本有。

《繹史》引,無“求”字。

《解詁定本》:綿眇閣本、明評校本、吴勉學本、程榮本,俱無

"求"字。

【注】

《新釋》:求,究也。

2. 君曰:"代立不忘社稷,君之道也;

【注】

《新釋》:代先君而立。

《評注》:代立,謂繼先君而立。

錯法務民主張,臣之行也。

【校】

范本、綿眇閣本、吴本、程本、馮本、朱本、褒異本、且且庵本、馮抄本、奇賞本、秦駿生本、四庫本、問經堂本、指海本、崇文本,"張"作"長"。

《繹史》引,"張"作"長"。

【注】

《初校本》注:錯者,措之假。《易·小過》"無所措足"(編者按:《周易·小過》無此句。),《繫辭》"舉而錯之"、"苟錯諸地",釋文並云:"本作'措'。"

《讀書雜記》:"錯法務民主張",文不成義。《趙策》云:"嗣立不忘先德,君之道也;錯質務明主之,臣之論也。"則此當"錯法務明主長"。"錯"、"措"古通用,謂措置國法,務明人主之長也。當據以更正。

《札迻》:"錯法務民主張",句義殊不可通。《新序·善謀》篇作"錯法務明主長"是也,當據校正。《戰國策·趙策》"趙武靈王與肥義、趙造論胡服"章,文與此多同。彼云:"王曰:嗣立不忘先德,君之道也。錯質務明主長,臣之論也。""明"、"長"二字與《新序》正同。錯法、錯質義兩通,當各如本書。此書第九篇名《錯法》,與此義同。可以互證。

錢本"張"亦改"長",而"民"字仍未校正,蓋未檢《新序》也。

《發微》:"民"乃"巳"字之訛。《易·序卦傳》"禮義有所錯",干注:"錯,行也。"《禮記·仲尼燕居》"舉而錯之而已",注:"錯,猶施行也。"錯法者專務以張主權耳。本書有《錯法》篇。

《解詁》:《易·繫辭》虞注、《論語·爲政》集解引包咸注,並曰:"錯,置也。"《左氏·昭二十二年傳》:魯公子務人,字公爲。是務與爲相通也。孝公之置法以爲民主張其事,乃人臣職也。

《新釋》:錯,施行也。務,勉也。張,強也,強生威。《趙策》作"錯質務明主之長",與此異義。

《評注》:主,宗也。長,善也。錯置國法務在使民宗而善之,謂不忤於衆也。孝公意在變法,因先舉常道如此。

《解詁定本》:(引孫説,文見上。)師轍按:綿眇閣本、程榮本、吴勉學本、錢熙祚本、四庫本,俱作"錯法務民主長",長字不誤,足證孫説之確。錯,施行也。

《校釋》:(所據本作"錯法務民主長"。)"民"、"明"聲同,因誤。"長"、"張"形似,亦因誤。……錯法務明主長,猶言施法須明人主之所長也。今據改。

《錐指》:(引孫説,文見上。)禮鴻案:錢熙祚《指海》本亦作"主長"。錯,設置也。行,亦道也。

今吾欲變法以治,更禮以教百姓,

【校】

程本、馮本、四庫本,"法"作"化"。

【注】

《解詁定本》:更禮,改禮也。

恐天下之議我也。

【注】

《新釋》:議,非議也。

3. 公孫鞅曰:"臣聞之:疑行無成,疑事無功。

【校】

指海本注:《御覽》四百九十六"成"作"名"。

初校本注:《史記》作"無名"。

《札迻》"疑行無成",孫校云:"《史記》作'名',《太平御覽·人事部》引作'名'。各本作'成'。"案:《新序》、《戰國策》並作"無名"。

《解詁定本》:嚴校:《史記》作"無名"。師轍按:唐趙蕤《長短經·適變》篇、《太平御覽》四百九十六引《商君書》皆作"無名"。

【注】

《評注》:中無定主,則易於摇撼。

君亟定變法之慮,殆無顧天下之議之也。

【校】

《發微》:《御覽》四百九十六引,作"殆猶天下之議"。

《解詁定本》:《御覽》四百九十六引,作"殆猶天下之議"。

【注】

《新釋》:亟,急也。慮,謀也。

《評注》:亟,急也。謀定故無疑而不爲浮言所奪。(後)句首删"殆"字。

《解詁定本》:亟,急也。殆,庶幾也。顧,念也。

《錐指》:《吕氏春秋·自知》篇:"座殆尚在於門。"高誘注:"殆,猶必也。"案:變法之計,商君與孝公議之熟矣,特未訟言於群臣耳,兹乃必欲遂之也。

且夫有高人之行者，必見非於世；

【校】

《意林》引，無“且”字、“者”字、“必”字。

馮抄本，“人”作“世”。

初校本，“必見非於世”作“固見負於世”。注：《史記》作“固見非”，元本同；秦本、范本作“必見非”。司馬貞《索隱》云：“《商君書》非作負。”今據改。

《發微》：《意林》四引曰：“夫有高人之行，見非於世。”

《解詁定本》：（引嚴校，文見上。）師轍按：各本皆作“必見非於世”，《長短經·適變》篇引作“固見非於世”，是唐時《商君書》已有二本。嚴校必從《索隱》改“非”爲“負”，殊屬多事。

《斠詮》：（引嚴校，文見上。）謹案，《索隱》原文當云：“《商君書》‘見非’作‘負非’。”蓋《史記》作“見”，《商君書》作“負”耳。今本《索隱》已訛，未可從。

【注】

《新釋》：固，必也。《文選·運命論》：“行高於人，衆必非之。”注引此。

《解詁定本》：見負於世，謂見譏於世。《漢書·武帝紀》“士或有負俗之累”，顔注：“謂被世議論也。”（編者按：“顔注謂”當爲“晋灼曰負俗謂”。）

《錐指》：高人，過人也。（引嚴校、王説，引文見上。）禮鴻案：王説是。《新序·善謀》篇正作“負非”。

有獨知之慮者，必見毀於民。

【校】

《意林》引，“慮”作“明”，無“者”字、“必”字，“毁”作“怨”，“民”作“人”。

范本、綿眇閣本、吴本、程本、馮本、朱本、褒異本、且且庵本、馮抄本、奇賞本、秦駿生本、四庫本、崇文本,“必”作“因”。

馮抄本,“毁於民”作“教民”。

且且庵本,“毁”旁有“鷔”字。

問經堂本,“必”作“固”,注:各本作“因”,據《史記》上句“必”作“固”,此“固”作“必”,則當爲“固”,今更正。

《繹史》引,“必”作“因”。

指海本注:《意林》引此二句云“有獨知之明見怨於人”。《意林》引書不必悉依原本。“民”作“人”,避唐諱。

初校本作“必見鷔於民”,注:元本“鷔”作“敖”,《史記》同。《索隱》引作“必見鷔於人”,今據改。唐避太宗諱,故更“民”作“人”。秦本、范本作“因見毁”,訛。

【注】

《新釋》:敖,侮傷也。《説文》作“婺”。

《斠詮》:(引嚴校,文見上。)謹案:“鷔”當爲“毁”之訛。蓋“敖”本從出從放,與“毁”形近,故“毁”誤爲“敖”,因又誤爲“鷔”耳。又秦、范兩本當作“固見毁”,“因”即“固”字之訛。

《評注》:《史記》作“敖”,“謷”借字,亦毁也。

《解詁定本》:訾,毁也。訾,嚴本作“鷔”。師轍按:《史記·商君傳》索隱引《商君書》作“訾”,非作“鷔”,今據改正。《長短經·適變》引作“必見贅”,“贅”當爲“謷”之誤字。《楚辭·怨上》:“令尹兮謷謷。”王逸注:“不聽話言妄語也。”

《箋正》:(所據本作“必見鷔於民”。)鷔,《史記》作“敖”,元刊本亦作“敖”。漢以前書多假“敖”作“傲”,傲兼具侮、慢、倨等輕視之義意。

《錐指》:(所據本作“必見鷔於民”。)作“因”者,乃“固”字之訛。《説文》:“謷,不省人言也。”以段氏改補。段玉裁注引《詩·板》“我即爾謀,聽我囂囂”,《傳》曰“囂囂,猶謷謷也”。《箋》云:“女聽我言,謷謷然不肯受。”是“敖”、“鷔”並“謷”之借字,《新序》正作“見謷”,但今《史記索隱》作“訾”，不知嚴氏所據何本。

語曰：‘愚者暗於成事，智者見於未萌。

【校】

范本、程本，“語”下有缺文一字。

馮本、馮抄本，“語曰”作“語固曰”。

四庫本，“語曰”作“語有曰”。

問經堂本，“成”作“其”，注：《史記》作“闇”，《御覽》作“未成”。

指海本，“愚者暗於成事”作“愚者暗於未成”，注：原作“成事”，依《御覽》四百九十六改。又，《藝文類聚》二十一此下有“而”字。

初校本，“暗”作“闇”，“智”作“知”。

《發微》：《御覽》四百九十六引，“闇”作“暗”，“知”作“智”，四百三十二亦作“智”。

《解詁定本》：《藝文類聚》二十一引作“愚者暗於未成，而智者見於未萌”，《御覽》四百九十六引同，但“智者”上無“而”字。

【注】

《新釋》：闇，諳也，習也。萌，謂事始。《漢書・司馬相如傳》：“明者遠見於未萌。”《後漢書・馮衍傳》：“蓋聞明者見於無形，智者慮於未萌。”注引此。

《評注》：(“暗於成事”)雖事成而不知所以然。(“見於未萌”)先期而決斷。

《解詁定本》：語，諺語也。闇，冥也，各本俱作“暗”；暗，無日光也。義皆通。萌，兆也。……《國策》“肥義論變胡服”，亦用“愚者”二語，與下文“論至德者”四句，蓋皆引古人之言。

《校釋》：知同智。未萌，未生也。

《錐指》：闇猶蔽也。成事，既成之事。

民不可與慮始，可與樂成功。’

【校】

初校本訂作“而可與樂成”，注：舊本無“而”字，“成”下有“功”字。今依《史記》增删。

《札迻》：《新序》有“功”字。

《錐指》：（引嚴校，文見上。）禮鴻案：舊本自可通，不必改。

【注】

《新釋》：功，事也。《管子·法法》：“民未嘗可與慮始，而可與樂成功。”《吕覽·樂成》：“民不可與慮化舉始，而可以樂成功。”

《評注》：原句未有“功”字，衍文。

《解詁定本》：《吕覽·樂成》篇：“故民不可與慮化舉始，而可以樂成功。”蓋用商君語。

郭偃之法曰：

【注】

《讀書雜誌》（《戰國策》第二，“燕郭之法”條）：“燕”字當在“郭”字下，“燕”、“偃”聲相近，“郭燕之法”即“郭偃之法”。又，《墨子》第一，《所染》“高偃”條：“高”當爲“𦎧”，即城郭之“郭”，形與“高”相近，因訛爲“高”。……《吕氏春秋》作“郤偃”，“郤”即“郭”之訛。……《太平御覽·治道部一》引《吕氏春秋》正作“郭偃”。

《讀書雜記》：（《墨子·所染》）高偃即郭偃。古城郭之郭作“𦎧”，“郭”亦作“䣮”。……《墨子》省“䣮”爲“𦎧”，形與“高”近而訛。《晋語》：“文公問於郭偃曰：‘始也吾以治國爲易，今也難。’對曰：‘君以爲易，其難也將至矣；君以爲難，其易也將至矣。’”故曰晋文公染於郭偃也。《趙策》：“郭燕之法（劉本作“郭偃”）有所謂柔癰者。”

《純常子枝語》：郭偃即卜偃，見《國語》、《史記》。《吕氏春秋》“高”作“郤”，疑當爲“郤”，晋有郤氏。余按：“高”與“郤”皆“郭”之壞字。《國語》"文公問於郭偃",韋注云:"郭偃,卜偃。"又"惠公隕於韓,郭偃曰:善哉,衆口禍福之門",注:"偃,晋大夫。"《商君書》亦引郭偃之法。又《史記·晋世家》:"卜偃曰,畢萬之後必大。"集解引賈逵曰:"卜偃,晋掌卜大夫郭偃。"此與舅犯並稱,當是卜偃。

《籀廎碎金》:郭偃即晋卜偃。《戰國策·趙策》:"客見趙王曰:'郭偃之法有所謂桑雍者。'"吴師道校注引劉敞書如此。今本作"燕郭之法",誤。

《發微》:《墨子·所染》:"晋文染於舅犯、高偃。"《左傳》"晋大夫卜偃",《晋語》作"郭偃"。韋注:"郭偃,晋大夫卜偃也。"《商子·更法》、《韓子·南面》蓋與《晋語》同。《吕覽》作"郤偃","郤"即"郭"訛。《御覽·治道部一》引《吕覽》作"郭"。梁玉繩云:"高,郭聲之轉。"

《新釋》:郭偃,晋掌卜大夫卜偃也。《韓非子·南面》:"管仲毋易齊,郭偃毋更晋,則桓、文不霸矣。"《趙策》"燕郭之法",一本標"劉本作郭偃之法"。

《評注》:郭偃,晋掌卜大夫卜偃也,見《國語·晋語注》。《吕氏春秋》作"郤偃",《墨子》作"高偃",皆誤。

《解詁定本》:郭偃,晋獻公臣。《晋語》韋昭注:"卜偃,晋掌卜大夫郭偃也"。《韓非子·南面》:"管仲毋易齊,郭偃毋更晋,則桓、文不霸矣。"

《新箋》:卜偃與郭偃是否一人,尚難論定。卜偃見《左傳》閔公元年、僖公五年、十四年、三十二年,又見《國語·晋語二》,乃晋國掌卜之官,歷仕獻公、惠公、文公、襄公數朝。《左》、《國》所記乃卜偃根據人名地名、童謡、山崩、柩鳴以預言禍福,皆不含有政治之意味。郭偃不見於《左傳》,《國語·晋語三》記郭偃三評晋惠公,其言曰:"夫衆口,禍福之門。是以君子省衆而動,監戒而謀,謀度而行。"又曰:"夫人美於中必播於外,而越於民,民實戴之。惡亦如之。"《晋語四》記:"文公問於郭偃曰:'始也吾以治國爲易,今也難。'對曰:'君以爲易,其難也將至矣。君以爲難,其易也將至焉。'"其言皆屬於政治上之遠見。《墨子・所染》篇:"晋文染於舅犯、高偃。"《吕氏春秋・當染》篇高偃作郤偃,《太平御覽・治道部一》引吕書作郭偃。朱亦楝曰:"郤乃郭之訛。"梁玉繩曰:"高與郭,聲之轉也。"俱見《吕氏春秋集釋》。《韓非子・南面》篇:"管仲毋易齊,郭偃毋更晋,則桓、文不霸矣。故郭偃之始治也,文公有官卒。管仲之始治也,桓公有武車。"易與更皆指變法而言。《戰國策・趙策》亦引"郭燕之法"。今本郭燕誤作燕郭,曾鞏本作郭偃,今改爲郭燕。"燕"與"偃"古字通。即《商君書》所謂"郭偃之法"。可證郭偃又是晋文公之臣,佐文公變法,而著有法書者也。依其年代,卜偃、郭偃可能是一人,而考其事迹與言論,則似兩人。此實難於論定者也。晋國此時又有狐偃,即舅犯。然則吾人不能因卜偃、郭偃同名偃而肯定其爲一人矣。

《錐指》:郭偃即卜偃,見《國語・晋語》韋昭注:"郭偃,晋大夫卜偃也。"又曰:"卜偃,晋掌卜大夫郭偃也。"《春秋左氏傳》皆作"卜偃",無作"郭偃"者,其人則獻公、文公間人。《左傳》、《國語》無此二語。法,蓋謂言之可以爲法者也。《論語》:"法語之言,能無説乎!"又案《韓非子・南面》篇:"管仲毋易齊,郭偃毋更晋,則桓、文不霸矣。凡人難變古者,憚易民之安也。……故郭偃之始治也,文公有官卒;管仲之始治也,桓公有武車。戒民之備也。"《商》、《韓》並稱道郭偃,以其變法也。然其事不見於《左》、《國》,不能詳也。《戰國策・趙策》:"燕郭之法,有所謂桑雍者。所謂桑雍者,便嬖左右之近者及夫人優愛孺子也。是皆能乘王之醉昏而求所欲於王也。是能得之乎内,則大臣爲之枉法於外矣。"燕郭曾本作郭偃,桑雍劉本作柔癰。王念孫《讀書雜誌》謂燕郭當作郭燕,即郭偃,桑雍當作柔癰。今案,柔癰之説,亦法家言也。《墨子・所染》篇"晋文染於舅犯、高偃",王先慎曰:"高與郭一聲之轉。"畢沅曰:"《吕氏春秋》高作郤。"禮鴻案:王念孫説"郤"即"郭"之訛文。

‘論至德者不和於俗，成大功者不謀於衆。’

【注】

《解詁》：《廣雅·釋詁》：“和，諧也”。

《新釋》：《説文》：“悳，外得於人，内得於己也。”今經傳多以“德升”（編者按：“升”疑爲“行”）之“德”爲之。和，相應也。謀，侔也。

法者所以愛民也，禮者所以便事也。

【注】

《新釋》：便，成也。《吕覽·忠廉》：“以便事也。”

《評注》：二句就舊時禮、法言，謂舊法意在愛民，舊禮意在便事而已，苟師其意，烏在不可變也。

《錐指》：《開塞》篇曰：“今世之所謂義者，將立民之所好，而廢其所惡……必敗其所惡。”又曰：“此吾所以效刑之反於德，而義合於暴也。”商君之任刑，雖毒苦其民，固猶曰吾愛民也。學者不察，見其書或有仁義字，便謂非所宜言，必欲去之，若遇仇讐焉，夫豈知言者哉？

是以聖人苟可以強國不法其故，苟可以利民不循於禮。”

【校】

初校本，“於禮”作“其禮”，注：舊本作“於禮”，與文誼不合，今據上文及《史記》改。

《札迻》：《新序》亦作“其禮”。

【注】

《發微》：劉向《孫卿子後序》曰：“尸佼著書，非先王之法，不循孔氏之術，疑商君師説也，故有‘不法故，不循禮’之説。”

《解詁》：《史記·商君列傳》索隱：“言救弊爲政之術，所爲苟可以強國，則不必要須法於故事也。”

《新釋》：故，古也。《淮南·氾論》：“苟利於民不必法古，苟周於事不必循舊。”循，遵也。

《評注》：故，已然之迹也。

《解詁定本》：故，古也。循，遵也。謂强國不必法古，利民不必遵禮。循，《長短經》引作“脩”。（引嚴校，文見上）師轍按：各本皆作不循於禮，“於”字不誤。《經詞衍釋》云：“於，猶其也。”《禮記》“皆淫於色而害其德”，《史記》作“而害於德”。《左傳・昭七年》“公室四分，民食於他”，《中論》作“民食其他”。是“於”與“其”之義相同。嚴鐵橋不明訓詁相通，輕改原本，非。

《斠補》：朱師轍云：循，《長短經》引作“脩”。案：“脩”乃“循”之誤。“循”、“脩”隸書形近，古籍中二字互誤之例甚多，本篇下文“不循古而興”，嚴可均校本據《史記・商君列傳》索隱改爲脩古，不知“脩”乃“循”之誤也；又“循禮者未足多是也”，朱云：“《長短經》引循作脩。”“脩”亦“循”之誤。《開塞》篇“不脩今”，“脩”亦當作“循”。《治要》引《六法》篇作“不循今”。朱云“循、脩古通用”，非也。

孝公曰：“善！”

4. 甘龍曰：“不然，臣聞之：‘聖人不易民而教，智者不變法而治。’因民而教者，不勞而功成；據法而治者，吏習而民安。

【校】

初校本，“智”作“知”。

《解詁定本》：“據法而治”，《長短經》引作“緣法而理”。

【注】

《校正》：據，《史記》作“緣”，是也。《君臣》篇亦云：“緣法而治。”

《發微》：《史記》“據”作“緣”。《君臣》篇：“緣法而治。”

《評注》：因民而教，因其俗以立教也。據法而治，謂有成法之可循也；不待更張，故不勞功成。有所持循，故吏習；無所驚駭，故民安。

《解詁定本》:習,曉也。

《積微居讀書記》:習,當訓狎、訓貫,不當訓曉。

《錐指》:(“甘龍曰”)《史記索隱》曰:“孝公之臣,甘姓,名龍也。甘氏出春秋時甘昭公子帶之後。”此《禮記》所謂禮從宜,使從俗也。然守常之道耳,非救弊之用也。

今若變法,不循秦國之故。

【注】

《解詁定本》:故,舊也。

更禮以教民,臣恐天下之議君。

【注】

《評注》:議,非之也。

願孰察之。”

【注】

《校正》:(所據本作“願熟察之”。)孰者,熟之省。《禮記·禮運》“然後飯腥而苴孰”,《内則》“寧孰諫”,皆是“熟”字。《荀子》書中“熟”作“孰”尤多。

《發微》:《繹史》作“熟察”,胡曰:“孰者,熟省。”

《新釋》:孰,熟也。

《解詁定本》:《荀子·議兵》篇:“凡慮事欲孰。”楊倞注:“孰,謂精審。”

《校釋》:孰同熟……古通用。

5. 公孫鞅曰:“子之所言,世俗之言也!夫常人安於故習,

【校】

馮抄本,“習”作“俗”。

初校本注：元本及《史記》、李善注《文選·東京賦》引，並作“故俗”。

《解詁定本》：《長短經》“子”作“龍”，(“故習”)引作“習俗”。

《斠補》：案“子”作“龍”較長，此公孫鞅對孝公駁甘龍之言也。《史記》亦作“龍”。

【注】

《斠詮》：俗與似雙聲，習與似亦雙聲，二字聲近義通，故得通用。

《評注》：習，習慣也。《史記》作“俗”。

《解詁定本》：故習，猶言習俗也。

《校釋》：故習，猶言舊習也。

學者溺於所聞。

【注】

《新釋》：溺，没也。

《評注》：聞，謂聞於師説。

《解詁定本》：溺，惑也。

此兩者，所以居官而守法，

【校】

初校本注：《史記》作“以此兩者居官守法可也”。當屬以意删改。

《解詁定本》：《長短經》引與《史記》同。

非所與論於法之外。

【校】

馮抄本，作“非所與論法之外”。秦駿生本，作“非所以論於法之外”。

初校本，“外”下有“也”字，注：范本無“也”字。

《解詁定本》：師轍按：各本同。

【注】

《新釋》：變法者在法外。與，猶以也。

《評注》：言其能守經而不能達權也。《史記》作"以此兩者居官守法可也，非所與論於法之外也"。字句小異。

三代不同道而王，

【校】

初校本，"同道"作"同禮"，注：舊本作"同道"，《史記》作"同禮"。按此篇禮、法並舉，作"道"訛，今改正。

《札迻》：（"同道"）《新序》作"得道"。

《斠詮》：余所見《新序》皆作"同道"。孫氏所據作"得"，疑即"同"字之誤，蓋二字草書形近，是以致訛。

《評注》：道，當從《史記》作"禮"，蓋前後皆以禮、法爲對文也。

【注】

《發微》：《史記·秦始皇紀》："古之五帝三王知教不同，法度不明。"又曰："五帝不相復，三王[代]不相襲，各以治，非其相反，時變異也。"

《新釋》：道，治也。

《解詁定本》：三代，夏、商、周也，皆稱王。

五霸不同法而霸。

【校】

《解詁定本》：《長短經》引，"五霸"作"五伯"。

【注】

《解詁定本》：五霸即五伯，"霸"爲借字。《白虎通·號》篇："霸者，伯也，行方伯之職。"五霸共引三説。第一説，以昆吾、大彭、豕韋、齊桓、晋文爲五霸；第二説，以齊桓、晋文、秦穆、楚莊、吴闔閭爲五霸；第三説，以齊桓、晋文、秦穆、宋襄、楚莊爲五霸。《荀子·王霸》篇，則退秦穆、宋襄而進吴闔閭，越句踐。然高誘注《吕覽·先己》篇及《當務》篇，兼采第一説與第三説，應劭《風俗通·皇霸》篇則取第一説而駁第三説，謂楚莊秦穆皆不足稱霸。故五霸之説紛紜。然學者多用一説與三説。

《新箋》：五霸之説頗歧。《白虎通·號》篇："五霸者何謂也？昆吾氏、大彭氏、豕韋氏、齊桓公、晋文公也。……昔昆吾氏霸於夏者也。大彭氏、豕韋氏霸於殷者也。齊桓、晋文霸於周者也。或曰：'五霸謂齊桓公、晋文公、秦穆公、楚莊王、吴王闔閭也。'……或曰：'五霸謂齊桓公、晋文公、秦穆公、宋襄公、楚莊王也。'……"此皆漢人之説也。考戰國時人所謂五霸，乃齊桓公、晋文公、楚莊王、吴王闔閭，越王句踐也。《墨子·所染》篇："齊桓染於管仲、鮑叔。晋文染於舅犯、高偃。楚莊染於孫叔、沈尹。吴闔閭染於伍員、文義。越句踐染於范蠡、大夫種。此五君者所染當，故霸諸侯，功名傳於後世。"此一證也。《荀子·五霸》篇："五伯……齊桓、晋文、楚莊、吴闔閭、越句踐……是所謂信立而霸也。"所言與《墨子》一致，此二證也。《荀子·議兵》篇："齊桓、晋文、楚莊、吴闔閭、越句踐是皆和齊之兵也，可謂入其域矣，然而未有本統也；故可以霸而不可以王……"所言與《王霸》篇一致，亦與《墨子》一致，此三證也。《吕氏春秋·當染》篇文與《墨子》同，此四證也。然則《商君書》之五霸亦當如此。

故智者作法，而愚者制焉；

【校】

范本、綿眇閣本、程本、馮本、朱本、馮抄本、奇賞本、秦駿生本、指海本、初校本，"智"作"知"。

《繹史》引，"智"作"知"。

《解詁定本》：《長短經》引，"作法"作"非法"。

【注】

《發微》:《淮南子·氾論》:"夫聖人作法而萬物制焉;賢者立禮而不肖者拘焉。制法之人,不可以遠舉;拘禮之人,不可使應變。"制法,讀爲牽制之"制"。《文選·解嘲》"制以鑕鈇"注引服虔曰:"制,縛束也。"

《新釋》:制猶束也。

《評注》:制,牽制也。

賢者更禮,而不肖者拘焉。

【校】

初校本注:《史記》、李善注《文選·西京賦》引,無"而"字。

《解詁定本》:《長短經》引,亦無"而"字。

【注】

《新釋》:拘,檢也。《文選·西京賦》:"自君作故,何禮之拘。"注引此。

《評注》:更,改也。拘,不化也。

《解詁定本》:《淮南子·氾論》:"聖人作法而萬物制焉,賢者立禮而不肖者拘焉。"高誘注:"制,猶從也。拘,猶檢也。"師轍按:謂爲禮所檢束。

《校釋》:制焉,謂爲法所制。拘焉,謂爲禮所拘。

《錐指》:制焉拘焉,謂拘制於舊禮故法,而不敢有所變更也。

拘禮之人不足與言事,制法之人不足與論變。君無疑矣!"

【注】

《評注》:牽制於成法者,不知通變。

《解詁定本》:商鞅説孝公無疑惑而不變法。

6. 杜摯曰：

【校】

奇賞本、秦駿生本，“摯”作“縶”。

【注】

《解詁》：杜摯與王稽攻趙，見《國策》。

《錐指》：近人朱師轍曰：“杜摯與王稽攻趙，見《國策》。”

“臣聞之：‘利不百，不變法；功不十，不易器。’

【校】

馮抄本，“十”作“千”。

【注】

《新釋》：功，謂堅利。《管子・七法》：“器械不功。”《趙策》：牛贊曰：“利不百者不變俗，功不什者不易器。”語出此。

《評注》：器，謂所操之具。

《解詁定本》：易器，謂器物改作。此杜摯反對變法，言治國無百倍之利不變更法制，無十倍之功不改作器物。

臣聞法古無過，

【校】

問經堂本，“古”作“吉”。

【注】

《發微》：吉，殆誤。

《評注》：《詩》“不愆不忘，率由舊章”，所謂法古無過也。

循禮無邪。君其圖之！”

【注】

《評注》：禮無不敬，無不敬故無邪。

《解詁定本》:邪,僻也,反正爲邪。

7. 公孫鞅曰:"前世不同教,何古之法!

【注】

《發微》:《淮南子·氾論》:"夫殷變夏、周變殷、春秋變周,三代之禮不同,何古之從?"

《評注》:教,令也。

帝王不相復,何禮之循!

【注】

《新釋》:復,襲也。

《評注》:復,反也;謂襲其故轍。

《錐指》:《漢書·武帝紀》元朔六年夏六月詔曰:"朕聞五帝不相復禮,三代不同法。"顔師古注:"復,因也。"禮鴻案:復,讀如复。《説文》:"复,行故道也。"

伏犧、神農教而不誅,黄帝、堯舜誅而不怒,

【校】

范本、綿眇閣本、馮抄本、奇賞本、秦駿生本、四庫本、初校本,"犧"作"羲"。

《繹史》引,"犧"作"羲"。

【注】

《發微》:《淮南子·氾論》:"夫神農、伏羲,不施賞罰而民不爲非,然而立政者不能廢法而治民。"

《新釋》:怒,奴也。《孟子》作"孥",言不從坐。

《解詁定本》:《史記》"大皞伏羲氏",按:伏,亦作"包"、作"炮"、作"虙"、作"宓"。羲,亦作"犧"、作"戲"。司馬貞補《史記·三皇本紀》:

“養犧牲以庖厨，故曰庖犧。”《易·繫辭》：“包犧氏没，神農氏作，斫木爲耜，揉木爲耒，耒耨之利，以教天下。”《春秋元命苞》及《運斗樞》皆以伏羲、女媧、神農爲三皇，鄭玄《六藝論》本之。《洛書甄耀度》以燧人、伏羲、神農爲三皇，《禮含文嘉》、《尚書大傳》、譙周《古史考》並同，《白虎通》亦用之，並取伏羲、神農、祝融爲三皇之説。僞孔傳據《禮稽命徵》以伏羲、神農、黄帝爲三皇，遂使五帝少其一，最爲不合。《史記·秦本紀》以天皇、地皇、泰皇爲三皇，司馬貞《三皇本紀》以天皇、地皇、人皇爲三皇。《史記·五帝紀》：黄帝有熊氏生於軒轅之丘，姓公孫，名軒轅，長於姬水，又以姬爲姓。中國文明至黄帝而盛。帝堯陶唐氏，名放勳。帝舜有虞氏，名重華。堯舜二帝，以天下遜讓，爲中國盛治。《史記》、《大戴禮》、《白虎通》皆以黄帝、顓頊、高辛、堯、舜爲五帝。然五帝有數説，《禮記·月令》、《吕覽》十二紀則以太皞、炎帝、黄帝、少皞、顓頊爲五帝。《尚書》僞孔傳《序》則以少昊、顓頊、高辛、堯、舜爲五帝。諸説以《史記》爲長。伏羲教畜牧，神農教耒耨，皆以教民興利爲主，不用刑罰，所謂教而不誅也。黄帝誅蚩尤，堯刑四凶，舜征有苗，雖用兵刑爲民除害，然仍重在教化，所謂誅而不怒也。《曲禮》鄭注：“誅，罰也。”《周禮》“怨而不怒”，注：“怒，作氣也。”《廣雅·釋詁》：“怒，多也。”

《新箋》：依文義，誅甚於教，怒又甚於誅。誅，殺也。則怒非喜怒之怒，明矣。竊謂怒當讀爲孥，蓋二字同聲系，古得通用，或以二字形近而誤也。孥者，一人有罪，妻子連坐也。《孟子·梁惠王下》篇：“罪人不孥。”趙注：“孥，妻子也。”所謂不孥，即不使妻子連坐之意。黄帝、堯、舜誅而不孥，言黄帝、堯、舜僅誅有罪之人，不及其妻子也。

《錐指》：《太平御覽》七十六引《六韜》曰：“昔柏皇氏、栗陸氏、驪連氏、軒轅氏、赫胥氏、尊盧氏、祝融氏，此皆古之王者也。未使民，民化；未賞民，民勸，此皆古之善爲政者也。至於伏犧氏、神農氏、教民而不誅，黄帝、堯、舜，誅而不怒。”語與此同。怒疑讀爲孥。《書·甘誓》“不用命戮於社，予則孥戮汝”，《湯誓》“爾不從誓言，予則孥戮汝”，蓋古者誅而有拏，起於夏後氏與？或曰：案《荀子・君子》篇：“刑罰不怒罪，爵賞不逾德。”又：“刑罰怒罪，爵賞逾德。”皆怒逾對文。王先謙曰：“怒踰皆過也。《方言》：‘凡人語而過，東齊謂之弩。’又：‘弩猶怒也。’”然則此云誅而不怒者，誅而不過之謂。《曲禮》鄭注：“誅，罰也。”禮鴻案：或説亦通。商君行刑重其輕者，是誅而怒矣。則以時勢又變也。

及至文武，各當時而立法，因事而制禮。

【注】

《發微》：《管子・正世》篇：“古之所謂明君者，非一君也。其設賞有厚有薄，其立禁有輕有重，迹行不必同，非故相反也，皆隨時而變因俗而動。”

《新釋》：當，合也。

《評注》：當，去聲，准也。

《解詁定本》：文武疑湯武之訛，觀下文“湯武之王也”可證。“各當時而立法”，謂商、周二朝征伐，與唐、虞遜讓法度不同。據《史記》殷、周本紀：湯名履，子姓，放桀南巢，代夏。周，姬姓，文王名昌，子武王名發，滅紂代殷。湯武皆以征伐取天下。

禮法以時而定，

【校】

馮抄本，“而”作“兩”。

制令各順其宜，

【注】

《新釋》：制，法也。令，告也。

兵甲器備，各便其用。

【注】

《評注》：備，具也。

《錐指》：《荀子·正論》篇曰："王者之制也，視形勢而制械用……土地形制不同者，械用備飾不可不異也。"楊倞注曰：即《禮記》所謂"廣谷大川異制，民生其間者異俗……器械異制，衣服異宜也"。

臣故曰治世不一道，便國不法古。

【校】

范本、綿眇閣本、吴本、程本、馮本、朱本、褒異本、且且庵本、奇賞本、秦駿生本、四庫本、問經堂本、指海本、崇文本，"法"作"必"。

《繹史》引，"法"作"必"。

馮抄本，"不法古"作"不必法古"。

初校本，"不法古"作"不必法古"，注：元本、范本作"不必古"，《史記》作"不法古"，今據秦本。

《札迻》：《新序》作"不必古"。

《解詁定本》：各本皆作"不必古"，《長短經》作"不法古"。

【注】

《讀書雜誌》(《史記》第三，《趙世家》，"不必古"條)："故禮也不必一道，而便國不必古"，此當依《趙策》作"理世不必一道，而便國不必法古"。理世，治世也。不必法古，既承上文何古之法而言，《商君傳》亦云"治世不一道，便國不法古"。

《校正》：當依《史記》。秦本作"不必法古"，乃旁校語羼入正文，吴氏從之，非。

《發微》：胡曰："不必古，乃旁校注，吴從之，非。"

《新釋》：便，安也。

《斠詮》：秦本"法"字疑據《史記》增，似未可從。

《箋正》:(所據本作"便國不必法古"。)語義完順,縱令秦本果據《史記》以增,誼亦可從,又况《新序》晚出,何能據之以抵《史記》耶?

《錐指》:"不必法古",義最完密。云"法古"者,正對杜摯"法古無過"語而發;云"不必"者,古固可以法,可以不法,惟便於事耳。《戰國策》亦作"便國不必法古"。

湯武之王也,不循古而興;

【校】

初校本,"循古"作"脩古",注:諸本及《史記》作"循古",今據司馬貞索隱改。

【注】

《斠詮》:"循"字從彳從盾,"脩"字從攸從月,二字隸書形近,故易致誤,此當依諸本作"循"爲是。《索引》恐訛,未可從。

《錐指》:(引王説,文見上。)禮鴻案:王説是也。此云湯、武不循古而興,已爲《開塞》篇發端矣。

商、夏之滅也,不易禮而亡。

【校】

綿眇閣本,"商、夏之滅也"作"商、周之滅也"。

初校本,"商"作"殷",注:元本作"殷夏",《史記》同,秦本、范本作"商夏"。又《史記》無"之滅也"、"之王也"六字,司馬貞曰:指殷紂、夏桀。

《解詁定本》:各本皆作"商夏",綿眇閣本作"商周",誤。周商鞅時未亡。

【注】

《札逡》:作"商"者,疑宋本避諱改。《新序》亦作"殷夏"。

《解詁定本》:("商夏")司馬貞曰:"指殷紂、夏桀。"

然則反古者未可必非，循禮者未足多是也。

【校】

馮抄本，"古"作"世"，"禮"作"古"。

初校本，"未可必非"作"未必可非"，注：《史記》作"反古者不可非，循禮者不足多"。

《解詁定本》：《長短經》引與《史記》同，惟"循"作"脩"。綿眇閣本、程榮本、明評校本、錢熙祚本皆作"未可必非"。

《斠補》：案《新序·善謀》篇作"然則反古者未可非也，循禮者未足多也"，與《史記》及《長短經》引此文合。此文當從《長短經》所引爲是，今本"必"、"是"二字，後人妄加也。《淮南·氾論》篇："故變古未可非，而循禮未足多也。"亦可爲旁證。

吾聞窮巷多恡，

【校】

褒異本、且且庵本，"恡"作"怯"。

問經堂本注：("恡")鄭本作"怯"。

指海本，"恡"作"恠"，注：原作"恡"，依《御覽》百九十五改。

《札迻》：《新序》正作"窮鄉多怪"，錢校是也。《戰國策》作"窮鄉多異"。

《解詁定本》：按見《御覽》一百九十五，錢校謂五百九十五，誤。(編者按：指海本注不誤，朱謂錢校引《御覽》"五百九十五"，可疑。)

【注】

馮本注：恡，鄙也。

《新釋》：恡即吝，恨惜也。

《解詁》：《集韻》：恡同吝。《家語》："商甚恡於財。""恡"字本作"吝"。

《評注》：非常之舉，黎民所懼，故多恡。恡同怯。

《錐指》:《玉篇》:"悋,鄙也,俗作恡。"此謂窮巷之人多鄙也。鄙者,莊公十年《左傳》,曹劌曰:"肉食者鄙,未能遠謀。"是其義也。又《説文》:"遴,行難也。"引《易》"以往遴"。今《易》作"吝"。蓋"遴"本字,"吝"假借字。"悋"、"恡"並俗字。行難即不能遠謀也。《御覽》一百九十五引作"窮鄉多恡",《新序》作"窮鄉多怪",未可從。

曲學多辯。

【校】

綿眇閣本,"曲"作"由"。

問經堂本注:("曲")施本作"由"。

馮抄本、秦駿生本、初校本,"辯"作"辨"。

【注】

《新釋》:曲,僻也。辨同諞,謂巧言。

《解詁定本》:《文選·吴都賦》:"固亦曲士之所歎也。"劉淵林注:"曲謂僻也。"

《校釋》:曲學,謂一曲之學,不能見其大體也。

《錐指》:《莊子·天下》篇曰:"不該不遍,一曲之士也。"又《秋水》篇曰:"曲士不可以語於道者,束於教也。"是曲者褊隘之謂。辨同辯。范本作"多辯"。

愚者笑之,智者哀焉;

【注】

《札迻》:笑之,《新序》作"之笑",與下文"狂夫之樂"正相對,是也,當據乙正。哀,《新序》作"憂",義亦較長。

《新釋》:哀人所喜,是慮之深。

《斠詮》:《新序》亦作"哀",惟下文"喪"字作"憂",孫氏説誤。且此等處當各依本書,未可據改。

《評注》：愚以智爲笑，智以愚爲哀，言其本不相喻。

《校釋》：按“愚者之笑”猶言愚夫之所笑者，若爲“笑之”，則猶言笑彼也，不惟與下文不相對，而義亦不相屬矣。故從孫説乙正。

狂夫之樂，賢者喪焉。

【校】

四庫本，“之樂”作“樂之”。

《解詁定本》：四庫本作“狂夫樂之”，與“愚者笑之”正對，未知孰是。

【注】

《新釋》所據本“喪”作“器”，注：言其可用。

《錐指》：（引孫説，文見上。）禮鴻案：孫説是。“喪”疑當作“哭”。“愚者之笑”與“賢者哭焉”爲對，“狂夫之樂”與“智者哀焉”爲對，錯綜其文也。《戰國策》作“狂夫之樂，智者哀焉；愚者之笑，賢者戚焉”。語相似。

拘世以議，寡人不之疑矣。”

【校】

馮抄本，“不之”作“之不”。

【注】

《發微》：上“不肖者拘焉”，此“拘世”即指不肖者。“目議”當是“議己”之訛。“目”、“己”形近，上云“恐百姓之議己也”，“臣恐天下之議君”，故此言“寡人不之疑矣”。

《解詁》：言拘於世之俗説以爲議論，己不因之而疑也。

《新釋》：拘，舉也。

《解詁定本》：孝公言不復拘束於世俗之議，疑惑而不變法。或曰，拘借爲佝，《説文》：“佝，瞀也。”謂迷惑世俗之議。之，語助詞。

《香草續校書》：“拘世”無義。《戰國策・趙策》云“雖敺世以笑我”，即此“拘世以議寡人”也。則此“拘”當讀爲“毆”。區聲、句聲古音同部，故得通借。《小戴[記]・樂記》“區萌”即“句萌”，其例也。毆世者，謂盡毆世上之人。極言之耳。《史記・趙世家》作“驅世”，“驅”、“毆”同字。

於是遂出墾草令。

【注】

《發微》：《史記》：孝公“以及衛鞅爲左庶長，卒定變法之令”。今《商子》首篇曰“更法”。此句疑本作“遂出更法令”，方與《史記》合。今作“墾草”者，涉下“墾令”二字而誤也。

《新釋》：墾同艱，辟也。《孟子》所謂辟草萊，即後世墾荒政策。蓋使國無游民曠士，則國富強矣。

《解詁定本》：墾，闢也。墾草，孟子所謂闢草萊，即後世墾荒政策。蓋使國無游民曠土，則國富強矣。

《校釋》：《墾草令》，即秦孝公所頒墾田之命令也。

《錐指》：《史記・商君列傳》曰：“孝公曰：‘善！’以衛鞅爲左庶長，卒定變法之令。”《秦本紀》：孝公元年，衛鞅西入秦。三年，“説孝公變法修刑，内務耕稼，外勸戰死之賞罰，孝公善之。甘龍、杜摯等弗然，相與爭之。卒用鞅法。百姓苦之。居三年，百姓便之。乃拜鞅爲左庶長”。據《本紀》則變法之議在孝公三年，爲左庶長在六年。足補《列傳》之所略。

墾令第二

本篇校勘所據版本：范本、綿眇閣本、吴本、程本、馮抄本、朱本、褒異本、且且庵本、品節本、匯函本、奇賞本、秦駿生本、四庫本、問經堂本、指海本、崇文本、初校本，共十八種。並參閲了《繹史》。

古逸本無本篇。

【題解】

《解詁定本》：墾令，墾草令也。

《錐指》：此篇所言，乃墾令之所從出，非即令也。篇題蓋後人加之。《玉篇》："墾，耕也。"《漢書・食貨志》：董仲舒曰：商鞅之法，除井田，民得賣買。富者田連阡陌，貧者亡立錐之地。

1. 無宿治，

【注】

朱本注，馮覲云：無宿治，簿書不停滯也。

《發微》：宿，讀如《論語》"子路無宿諾"之"宿"。

《解詁》：《廣雅・釋言》："宿，留也。"

《新釋》：宿，留也，《去強》篇曰："宿治者削。"

《解詁定本》：宿，留也。

《校釋》:無宿治,謂有事即辦,不使稽遲,其意殆與"無宿諾"相類。又宿治與日治、夜治三者對比而言,解見《説民》篇。

則邪官不及爲私利於民,

【注】

《新箋》:爲猶求也。古語"爲"有追求之義。説見拙撰《韓非子新箋》。爲私利於民,即求私利於民。

而百官之情不相稽,

【注】

《發微》:稽猶言留。《管子·君臣上》"令出而不稽",注:"稽,留也。"《墨子·號令》屢言稽留之罪,謂不以時上聞也。

《新釋》:稽,延也。

《斠詮》:稽,留也。不相稽留則邪官不及爲私利於民而農有餘日。所以不及、所以有餘,皆由於無宿治使之然耳。

《解詁定本》:稽,猶停留也。

《錐指》:稽,留也。《靳令》篇曰:"宿治則削。"

則農有餘日。

【注】

《發微》:《潛夫論·愛日》篇:"穀之所以豐殖者,以有人功也。功之所以能逮者,以日力也。"又曰:"乃君明察而百官治,下循正而得其所,則民安靜而力有餘,故視日長也。"

《解詁定本》:政無留治,則貪邪之官不及爲私利於民,百官不敢稽延公事,則農不擾,故有餘日從事耕作。馮覲云:"無宿治,簿書不停滯也。"又以"邪官不及爲私"句,"利於民"句,亦通。

邪官不及爲私利於民，則農不敗。

【校】

范本、綿眇閣本、吴本、程本、朱本、褒異本、且且庵本、馮抄本、奇賞本、四庫本、指海本，"敗"作"救"。

《繹史》引，"敗"作"救"。

馮本、品節本、匯函本、秦駿生本、崇文本，"敗"作"敝"。

指海本注："救"字誤，《七國考》引作"敝"，下同。

初校本注：范本作"不救"，訛。

《解詁定本》：嚴校，范本作"不救"，訛。師轍按：各本多同范本。

【注】

《發微》：不敗，涉下葉不敗而訛。敗，董説《七國考》卷二引作"敝"，下"敗"字亦作"敝"。據此知范本作"救"，又因"敝"字而訛。問經本正作"敝"。

《新釋》：敗，害也。

《斠詮》：嚴氏曰："范本作不救，訛。"時潤謹按，當依崇文本作"不敝"，"救"即"敝"字之訛。

《解詁定本》：敗，壞也。馮氏以"邪官不及爲私"句，"利於民"屬下讀。

農不敗而有餘日，則草必墾矣。

【校】

范本、綿眇閣本、吴本、程本、朱本、褒異本、且且庵本、馮抄本、奇賞本、四庫本、指海本，"敗"作"救"。

《繹史》引，"敗"作"救"。

馮本、品節本、匯函本、秦駿生本、問經堂本、崇文本，"敗"作"敝"。

【注】

《諸子平議》：此當作"無宿治，則邪官不及爲私利於民，而百官之情不相稽。邪官不及爲私利於民,則農不敝;百官之情不相稽,則農有餘日。農不敝而有餘日,則草必墾矣”。傳寫有奪誤耳。

《校正》:當依俞氏《平議》説“則農不敗”下補“百官之情不相稽”七字,又移“則農有餘日”五字於下。

《斠詮》:俞氏補“百官之情不相稽”句,當矣。然以爲必在“邪官”二句下,則殊不然。此文兩“百官”句當相連。下文云:“使商無得糴,農無得糶;農無得糶,則窳惰之農勉疾;商不得糴,則多歲不加樂。”又云:“聲服無通於百縣,則民行作不顧,休居不聽。休居不聽,則氣不淫;行作不顧,則意必一。”皆先承次句,後承首句,與此一律。且惟其兩句適相連接,故寫者易於脱誤。蓋《商子》原文亦如古金石例,重文省而不書,只於每字下作二小畫以識之,如古鐘鼎彝器“子₌孫₌”之類。此文當本作“無宿治,則邪官不及爲私利於民,而百₌官₌之₌情₌不₌相₌稽₌,則農有餘日”,故轉寫時脱去七字耳。《後漢書·鄧騭傳》“時遭元₌之災”。李賢注曰:“元₌即元元也,古書字當再讀者,即於上字之下爲小二字,言此字當再度言之。後人不曉,遂讀爲元二,或同之陽九,或附之百六。良由不悟,致斯乖舛。今岐州石鼓銘凡重言者皆爲二字,其明驗也。”據李賢所言,則《商子》此文亦係以重文省而不書,只於上字下作小二字,遂因而致脱誤,明矣。

《箋正》:此節文義完順,兼有回環宛轉之妙,而無俟乎補苴。俞補“百官”句,雖使文更明澈,已可不必;若王詮之穿鑿,擬證不倫,尤徒亂耳目。即如王詮《商書》原文例同金石,但金石重文作＝,均兩字緊接處,如子₌孫₌永用永寶等,是子子孫孫永用,而不是子孫子孫永用,如何可以例此?即《漢書·鄧騭傳》亦是＝字密接,與此文全不相牟。

《錐指》:(引俞説、王説,引文見上。)禮鴻案:王説是。

《斠補》:案“而百官之情不相稽”下當叠“百官之情不相稽”句,古書中叠句往往誤脱。“百官之情不相稽,則農有餘日”承“而百官之情不相稽”而言;“邪官不及爲私利於民,則農不敝”承“則邪官不及爲私利於民”而言，文理甚明。今本脱一句，則文意不完矣。俞樾定此文作“無宿治，則邪官不及爲私利於民，而百官之情不相稽。邪官不及爲私利於民，則農不敝；百官之情不相稽，則農有餘日”。雖知今本脱“百官之情不相稽”句，但移“百官之情不相稽，則農有餘日”於“則農不敝”之後，則未審矣。

2. 訾粟而税，

【注】

馮本、品節本注：訾，量也。

朱本注：訾粟，察量其粟之多寡。

《發微》：《國語・齊語》“訾相其質”，注：“量也。”《管子・君臣》“吏嗇夫盡有訾程事律”，《七臣七主》“貧富之不訾”，注：“限也。”據此，則訾粟而税者，視粟之多寡而取其税，訓量訓限皆可通。《七國考》引文後注：“訾，量。”

《解詁》：《國語・齊語》注：“訾，量也。”

《新釋》：訾，量也，猶計也。税謂田租，《管子・國蓄》：“租税者所慮而請也。”

《解詁定本》：家大人（朱孔彰）曰：“訾，《漢書・杜周傳》‘家訾累巨萬’，借爲貲財之‘貲’。訾粟而税，言收税皆用粟爲貲，不納錢，是以貴農重粟也。”師轍按：馮覲本注、歸有光《諸子匯函》注：“訾，量也。”

《校釋》：訾粟而税，謂量粟之多寡以取税也。

則上一而民平。

【校】

初校本注：諸本作“一”，元本作“壹”，下同。

《發微》：《七國考》引作“一”。

【注】

《解詁》：上一而民平，言上之取於民者，無貧富皆均一，則民之供於上者，亦無貧富皆平等矣。

《解詁定本》：上壹，謂上法令專一。

《校釋》："一"與"壹"本通用，今俗且以"壹"爲"一"之大寫。"壹"字在本書中有一定、一律、劃一、統一、專一諸義，須因文而釋之。"上壹"，謂上之收税劃一也，朱説釋爲"上法令專壹"，誤。

上一則信，信則臣不敢爲邪；

【注】

《諸子平議》："臣"當作"官"，因"官"誤作"宦"，又誤作"臣"耳。下文申説此文曰，上信而官不敢爲邪，可證"臣"字之誤。

《校正》、《發微》、《斠詮》、《校釋》皆引俞説。

《新釋》：言無浮收之弊。臣，官也。

《錐指》：官不敢爲邪者，上章云"邪官不及爲私利於民"是也。

民平則慎，慎則難變。

【注】

《錐指》：《漢書·枚乘傳》"舉吴兵以訾於漢"，李奇曰："訾，量也。"《説文》："税，租也。租，田賦也。"蓋謂案畝而税，量一畝所出粟而賦之，額既一定，故上壹而民平。平者，出粟有度，無過不及，故農者慎以求中程而已，有恒心而不思遷也。

《箋記》：慎與順古通。《荀子·修身》篇"術順墨而精雜污"，《儒效》篇"慎墨不得進其談"，"順墨"即"慎墨"也。

上信而官不敢爲邪，民慎而難變，則下不非上，中不苦官。

【注】

《解詁》：《禮記·檀弓》注："變，動也。""難動"即《孟子》"有恒産乃有恒心"之意。

《新釋》:非,違也。官居君民之中,官不敢爲邪,則民不苦官。

《新箋》:兩句"下不非上"疑皆當作"上不非上",蓋讀者誤解其義而妄改也。上不非上,中不苦官,其主語皆是民字。第一"上"字與"中"字皆是副詞。非上猶言非君也。此謂其民上而不非其君,中而不苦於官也。如作"下不非上",則下字指民,乃謂民不非其君,然則"中不苦官"之中當指官矣,當謂官不苦官矣,豈非大謬!

下不非上,中不苦官,則壯民疾農不變。

【注】

《發微》:疾農,急農也。下言"則務疾農",又言"窳惰之農勉疾"。《廣雅·釋詁》:"疾,急也。"《吕覽·上農》:"故敬時愛日,非老不休,非疾不息,非死不舍。"此疾農不變之説也。

《解詁》:《廣雅·釋詁》:"疾,急也。"

《新釋》:年三十曰壯。疾,急也。

《解詁定本》:疾,亟也。

《錐指》:疾農即下章之勉農,猶力田也。

壯民疾農不變,則少民學之不休。

【注】

《發微》:學之,學爲農。學之爲言效也。

《新釋》:少,幼也。學謂入小學校,注意農學,故曰不休。今小學校有農業課程。

《解詁定本》:壯民亟於農事,而不變其業,則少民學之不息,所謂"農習先疇之畎畝"是也。

《校釋》:少民,謂年少之民。

少民學之不休，則草必墾矣。

【注】

《錐指》：（“少民學之不休”）此下脱“壯民疾農不變”句，下章可相比例。

3. 無以外權、爵、任與官，

【注】

《解詁》：外，讀如《康誥》外事之“外”，吴澄釋外事爲都邑之事，此言不以都邑之權與高爵重任與官。

《新釋》：任，壬也，謂士大夫官吏事君也。自春秋至戰國，每以外權爲爵任與官之捷徑。《管子・任法》：“鄰國諸侯能以其權置子立相。”《樞言》：“至士不恃外權。”外，斥鄰國諸侯言。

《解詁定本》：權，勢也。《管子・君臣》篇“以援外權”，《任法》篇“鄰國諸侯能以其權置子立相”，此管仲政策，禁臣民借外力干政得官，故商君亦用其策。

《錐指》：以農戰而已矣。下篇所謂作壹也。

則民不貴學問，又不賤農。

【注】

《新釋》：（以“則民不貴”爲句。）無爵任與官則位卑而不貴。（以“學問又不賤農”爲句。）言以學農爲本職，《壹言》篇曰“農戰之士”，謂士而學農者耳。

《解詁定本》：言不以民之有外交勢力者而任爵與官，則民不貴學問，從事游説，而重農。

民不貴學則愚，

【注】

《新釋》：言分卑而又學農，則安鄉重居矣。愚，喁也，向上之貌。

愚則無外交，

【注】

《純常子枝語》：商君欲民愚，欲民無外交也。若不能禁民外交，又不欲開民智，則爲淵驅魚，爲叢驅雀而已矣。

《發微》：此愚民之政。

《新釋》：知外權之無益。《韓策》："其寡力者，藉外權……外爲交以裂其地。"

《錐指》：交，接也。不與外務接。

無外交則國安不殆，

【校】

范本、程本，作"無外交則□勉農而不偷"。

吴本、朱本、且且庵本、品節本、匯函本、奇賞本、秦駿生本、指海本、崇文本，作"無外交則勉農而不偷"。

四庫本，作"無外交則缺勉農而不偷"。

《繹史》引，作"無外交則□勉農而不偷"。

馮本、馮抄本、初校本，作"無外交則國勉農而不偷"。

褒異本，作"無外交則國安不殆"。

問經堂本，"殆"作"始"。

初校本注："范本缺'國'字，諸本有。"

《錐指》：嚴萬里曰："范本闕國字，諸本有。"禮鴻案：范本無"國"字是。明董説《七國考》引亦無"國"字。

【注】

《新釋》：（所據本作"無外交則國勉農而不偷"。）偷，苟且也。

《解詁定本》：（所據本作"無外交則國勉農而不偷"。）勉，勢也。偷，苟且也。嚴校，范本闕"國"字，諸本有。師轍按：吴本、諸子匯函本、四庫本，亦無"國"字。

《鍇指》:(所據本作"無外交則國勉農而不偷"。)《禮·表記》:"君子莊敬日強,安肆日偷。"鄭玄注:"偷,苟且也。"又《荀子·禮論》篇曰:"怠惰偷懦之爲安。"則偷與怠惰,其義一也。《説文》無"偷"字,本字作"愉"。"愉,薄也。"《周禮·地官》:大司徒之職,施十有二教,六曰"以俗教安,則民不愉"。鄭注:"愉,謂朝不謀夕。"

民不賤農則勉農而不偷。國安不殆,勉農而不偷,則草必墾矣。

【校】

范本、吴本、程本、馮本、朱本、且且庵本、馮抄本、品節本、匯函本、奇賞本、秦駿生本、四庫本、指海本、崇文本、初校本,"民不賤農則勉農而不偷"作"民不賤農則國安不殆"。

《繹史》引,"則勉農而不偷"作"則國安不殆"。

且且庵本,"民不賤農則勉農而不偷"作"民不賤農則國安而不殆"。

《發微》:(所據本自"無外交則國安不殆"句起,作"無外交則國安不殆,民不賤農則勉農而不偷。國安不殆,勉農而不偷,則草必墾矣。")今從施、鄭本。

【注】

《讀諸子札記》:此文當云"民不貴學則愚,愚則無外交。無外交則國安不殆,民不賤農則農勉而不偷。國安不殆,農勉而不偷,則草必墾矣"。今本"國安不殆"與"勉農而不偷"二句互誤,則上下文義不貫。"勉農"上衍"國"字,即元文之未盡泯者。又案:"勉農"二字誤倒,下文云:"農無得糶,則窳惰之農勉疾。"《算地》篇云:"故其農勉而戰戢。"並其證也。《亢倉子·農道》篇云:"人農則樸,樸則易用,易用則邊境安,安則位尊。人農則童《吕氏春秋·上農》篇童作重,童則少私義,少私義則公法立,力搏深《吕氏春秋》搏深作專一,商君意蓋本此。"

《解詁定本》:殆,危也。師轍按:綿眇閣本、明評校本作"愚則無外交,無外交則國安而不殆,民不賤農則勉農而不偷。國安不殆,勉農而不偷,則草必墾矣",當據改正。陶鴻慶《[讀]諸子札記》未見此二本,然所校與此合。

《錐指》:陶氏易句,於文固似從順。然即今本删一"國"字(編者按:指初校本"無外交則國勉農而不偷"句之"國"字),即亦未爲不可通也。且民無外交則心壹,故能勉農。農者,國之本,民不賤農,故國本固而不殆。其義甚長,未可輒改。又,此文有兩"勉農",下"勉農"當依陶氏改作"農勉"。上"勉農"則蒙"民不貴學""民"字而言,言民勉力務農也。本非誤倒,亦不當乙。

4. 禄厚而税多,食口衆者,敗農者也。

【校】

初校本,"食口衆者"作"食口者衆"。

《解詁定本》:馮覲本作"食口衆者"。

【注】

《發微》:舉民衆口數,生者著,死者削。

《解詁》:因禄厚而税多,食之者衆,生之者寡,則農敗矣。

《新釋》:言當簿税以勸農。《大學》以食者寡爲生財之道,此口衆,故云敗農。《管子·問》:"冗國所開口而食者幾何人?"

《解詁定本》:食口者衆,謂游説之士,以口舌得禄者多。或曰貴族卿士之家,所得俸禄厚,食邑税收多,其子弟游手好閒,不事農業,故商君計游閒食口之數而重賦之。

《校釋》:食口,謂游惰坐食而不農者。

《錐指》:謂官之禄厚食税多,足以養游惰不耕之民。

則以其食口之數賤而重使之,

【注】

《札迻》:賤,當爲"賦"之誤。

《解詁》:計游食者之口數,賤視而重役之。

《新釋》:使,役也,言按口而重徵其役。

則辟淫游食之民無所於食。民無所於食則必農,農則草必墾矣。

【校】

品節本,匯函本,"辟"作"僻"。

初校本,"游食"作"游惰"。

《發微》:辟,《七國考》作"僻"。

綿眇閣本、褒異本、且且庵本,"民無所於食則必農"句,無"民"字。

問經堂本"民"字下注:各本有"民"字,施本脱。

【注】

《諸子平議》:民無所於食則必農,"民"字,衍文也。上云"則辟淫游食之民無所於食",此云"無所於食則必農",兩文相承。若有"民"字,必並有"辟淫游食之"五字,於文方足;今無此五字,故知亦無"民"字也。下文云"壹山澤,則惡農慢惰倍欲之民無所於食。無所於食則必農",文與此同,可證矣。施氏先秦諸子本,正無"民"字,當據以訂正。

《發微》:此《大學》"食之者寡"義。

《解詁》:辟,讀入聲,辟同僻,《詩·板》釋文:"辟,邪也。"

《新釋》:於,居也。《周書·程典》解:"於安思危。"劉本"於"作"居"。

《斠詮》:(第二)"民"上當依上文增"辟淫游惰之"五字。

《解詁定本》:辟,邪也。淫,蕩也。惰,懶也。游惰,吴本、馮本、四庫本、匯函本作"游食",綿眇閣本"食"下無"民"字。

《錐指》:辟,讀爲僻。俞樾曰:"民字,衍文也。……"禮鴻案:"民"字不必衍。蓋承上而言,自知此爲辟淫游惰之民也。俞説殊泥。

5. 使商無得糴，農無得糶。

【注】

《新釋》：商，穀商也。糴，市穀。糶，出穀也。古者按夫授田，所出之粟，除仰事、俯畜外，所餘無幾，當儲以備荒及出爵之用，即使有餘，亦宜糶於國外以生金，故云“農無得糶”。

《解詁》：《廣雅・釋詁》：“糴，買也。”《爾雅・釋詁》：“糶，賣也。”

《斠詮》：“糴”、“糶”二字當互易，《商子》原文當作“使商無得糶，農無得糴”。（下引《説文》“糴”“糶”，略。）蓋《商子》之意，以農爲穀之所自出，如聽其市穀而食，則窳惰之農無所憚，將終其身不肯從事於田野，而荒蕪可立待矣。故必使之不得市穀而食，而後窳惰之農勉疾也。商則素不耕稼，勢不能不市穀而食，然使挾其多錢善賈之長技以積穀而居奇，則豐歲可以賤其值而收之，饑歲可以昂其值而出之，一遇水旱偏災，無數謹願農民，其生死悉繫之於三數奸商之手，尚何富強之可望？故必使商人不得操出穀之權，而後農商不以豐歉殊其苦樂。且商必待農而後食，斯“商怯而欲農”矣。今本“糴”、“糶”二字上下互誤，故其義難通。然《周氏涉筆》已摘此兩言詆商君，則二字之互誤，蓋自宋已然矣。

《箋正》：王説繳繞無當，貿然輕改古書。所謂不使商得操出穀之權，於義雖近，然原文“商無得糴”，先自不能居積，何勞禁其操縱？至謂農不市穀而後惰農勉疾，則殊難解。惰農云者，雖耕而不時、不力，或稍有蓋藏便惰四肢者也。若終身不事田野，則直游民，豈得謂農？且無論勤惰，設遇凶歲必市穀療飢，故農無得市穀之説，在豐年爲癡語，凶歲爲謬説。商鞅之意，蓋以商賈所以通貨賄，而食爲民天，非商賈所可操縱。故令商無得糴者，即禁商人乘穀賤居積也；至於器械易粟，粟易布帛，正國家調濟四民之道，商民日食，誰得而禁其市穀？……然則“農無得糶”奈何？曰農人服田力穡，自食之餘悉奉官公。《豳風》諸什可以證見，耕三餘一，耕九餘三，權一操之君上，農人何能自由？……綜觀《管子》之言，可推《商君書》大旨，農穀出入，不容農商私擅。商無利則怯而務農，農不淫而勉疾於農，爲其本意。

《校釋》：（引王説、簡説，文見上。）按《農戰》篇"我疾農，先實公倉，收餘以食親"，是"農無得糶"矣。官以公倉之穀調濟民食，則"商無得糴"矣。

《錐指》：《説文》："糴，市穀也。糶，出穀也。"

農無得糶，則窳惰之農勉疾；

【注】

《發微》：《説文》："窳，污窬也。"《一切經音義》引承慶字説："窳，懶人不能自起。瓜瓠在地，不能自立，故字從㼌；又懶人恒在室中，故從宀。"《詩・召旻》傳："訿，訿窳，不供事也。"窳爲懶而《説文》訓污下低陷，引申爲病弱懶惰之意。

《解詁》：《詩・召旻》傳："訿，訿窳，不供事也。"《一切經音義》引承慶："窳，懶人不能自起。瓜瓠在地，不能自立，故字從㼌；又人恒在室中，故從宀。"無可買，故勉疾。

《新釋》：懼無穀，市以備食。窳，弱也，惰也。《韓非子・南面》遇戇窳惰之民。

《錐指》：《史記・貨殖列傳》："地勢饒食，無饑饉之患，以故呰窳。"徐廣曰："呰窳，苟且惰懶之謂也。"

商不得糴，則多歲不加樂。

【注】

《解詁》：多，猶豐也。

《新釋》：多，豐也。

多歲不加樂，則饑歲無裕利。

【校】

秦駿生本，"饑歲"作"饑寒"。

【注】

《新釋》:饑歲謂凶年。裕,饒也。

《解詁》:《荀子・富國》注:"裕謂優饒也。"

無裕利則商怯,

【注】

《新箋》:或説,"糴"當作"糶"。是也。"多歲不加樂"與"饑歲無裕利",乃並舉兩種事實,彼此無因果關係,則此五句文有脱誤,甚明。竊疑此五句當作"商不得糶,則多歲不加樂,饑歲無裕利。多歲不加樂,饑歲無裕利,則商怯"。乃言商人不得販賣糧米,則在豐年不能以販賣獲利,增益其享樂;在饑年不能以囤積居奇,取得大利。商人在豐年不能增益其享樂,在饑年不能取得大利,則心懷畏怯,而欲改業爲農矣。故下文云"商怯則欲農"也。今本文有脱誤,語意遂支離矣。

商怯則欲農。窳惰之農勉疾,商欲農,則草必墾矣。

【注】

《解詁定本》:家大人(朱孔彰)曰:《説文》:糴,市穀也。糶,出穀也。窳,《説文》:污窬也。《廣韻》窳以主切。按,污窬,污下也。《史記》"呰窳偷生",晋灼注:窳,惰也。師轍按:訾粟而税,故商無市穀,農無出穀。穀貴則懶惰之農勉力疾作,而商不能屯穀,故無利可獲。多歲,豐年也。裕,饒也。怯,多畏也。

《錐指》:(引王説、簡説,引文見前。)禮鴻案:王説"糴"、"糶"二字當互易,是也。農者必當食其所自耕嗇,若令得糴而食,則窳惰而不耕矣。所謂窳惰者,謂去畎畝而事他,非必無所事事而後謂之窳惰也。使農者得事末作而有所於食,其所得愈於力耕而事力易,此商君之所疾也,故令無得糴以堙其源爾。簡氏謂糴糶之權當一操之君上,不容農商私擅,固爲通論,然非此章之旨。又案:此文衍"多歲不加樂則”六字，當云：“商無得糴，則多歲不加樂，饑歲無裕利。”

6. 聲服無通於百縣，

【注】

朱本注：聲，聲名文物。

《解詁》：《楚辭》“東皇太一”、“雲中君”注：“服，飾也。”言凡聲音彩飾之物無流通於百縣。

《新釋》：聲服，謂音樂與服飾。《管子・侈靡》：“人君聲服變矣，則臣有依駟之禄。”《周禮・小司徒》“四甸爲縣”，《遂人》“五鄙爲縣”。百縣，謂境内衆縣。《禮記・月令》“合諸侯制百縣”，又“乃命百縣雩祭”。

《校釋》：服，讀爲負；聲服，謂聲色也。《周禮・考工記》“牝服二柯”，鄭司農云“牝服，謂車箱”。服而命之曰牝，遂轉爲女性之代名。又《爾雅・釋親》“婦之言服也”，以服釋婦，故聲色亦可謂之聲服。

《香草續校書》：服，蓋訓法。《吕氏春秋・樂成覽》高誘注云：“服，法服也。”俞蔭甫太史《尚書平議》以《盤庚》篇“先王有服”之“服”爲有制義，引鄭石制字子服爲證，制亦法也。俞議云：《吕氏春秋・樂成》篇曰：“田有封洫，都鄙有服。”高注曰：“服，法服也。”然都鄙有法服，義不可通。疑高氏原注曰：服，法也。蓋服爲制，故亦爲法，淺人不知其義，妄加服字耳。鬯案：高訓服爲法服，猶云制，法制也；則，法則也。正以爲服有法義，故下又云，君子小人各有制，非以服爲衣服字。俞似以法服解作如《孝經》“非法服不敢服”之“法服”，故謂義不可通。聲服者，猶謂聲法也。聲法者，儻猶所謂“樂則”乎？小戴《曲禮記》孔義引《含文嘉》及公羊説言“九賜”，並有“樂則”之目。《王制》記云：“天子賜諸侯樂則，以柷將之；賜伯、子、男樂則，以鼗將之。”彼亦“樂則”當連讀。見俞太史《禮記平議》。《爾雅・釋詁》云：“則，法也。”然則樂則與聲服意義同矣。《説文・辵部》云：“通，達也。”此通之訓達，如禮家諸言“自天子達於庶人”之“達”。聲服無通於百縣，謂聲服不達於百縣也。縣當指縣大夫，蓋自縣大夫以下，不得用聲樂耳。古郡屬於縣,《周書·作雒》篇所謂方千里,分爲百縣,縣有四郡是也。至於戰國,縣屬於郡,《史記·秦紀》所謂魏納上郡十五縣是也。然則商君之法,惟自郡以上有聲服,乃得用樂云。呂祖謙《大事記》周顯王四十一年云,方孝公商鞅時,並小鄉爲大縣,縣一令,尚未有郡及守稱,及魏納上郡之後十餘年,《秦紀》始書漢中郡,或者山東諸侯先變古制,而秦效之,説存參。下及賫送之禮無通於百縣,義蓋亦若是。

《新箋》:聲服義不可通。“服”當作“技”,形近而誤,或原作“肢”,借爲“技”,“肢”誤爲“服”也。聲者音樂也。技者技藝也,即今語所謂雜技也,如舞蹈及優人奏演等是也。先秦時代,貴族養有樂工優人,以自娱樂,由來已久。樂工無庸述。優人如晋有優施見《國語·晋語》,楚有優孟,秦有優旃並見《史記·滑稽列傳》,皆其著名者也。戰國時,由於手工業與商業之發展,城市之繁榮,當已出現以樂舞雜技爲業,爲群衆奏演,借以糊口之藝人,最初活動於城市,後亦活動於縣鄉。商子主張不使此類藝人及貴族所養之樂工、優人進入縣鄉奏演,故曰“聲技無通於百縣”。

《錐指》:王時潤曰:“謂淫聲異服也。”禮鴻案:《史記·六國表》:秦孝公十二年,初取小邑爲三十一縣令。《秦本紀》作四十一。十三年,初爲縣,有秩史。《漢書·百官公卿表》:“縣令長皆秦官,掌治其縣……”友人青陽洪自明誠曰:“百縣二字,除《月令》外,已早見於《逸周書·作雒解》。《左·哀二年傳》:‘上大夫受縣,下大夫受郡。’《周書》、《左傳》皆郡在縣下。”禮鴻案:郡縣説又見《定分》篇。

則民行作不顧,

【注】

《解詁》:行作,謂在野。

《新釋》:謂不顧服飾。顧,還視也。

休居不聽。

【注】

《解詁》:休居,謂在家。

《新釋》:謂不聽亂聲。

《錐指》:顧指服言,聽指聲言。"行作不顧,休居不聽",行作休居互文,行作亦不聽,休居亦不顧也。

休居不聽,則氣不淫;

【注】

《新釋》:不爲物淫。

行作不顧,則意必一。意一而氣不淫,則草必墾矣。

【注】

《解詁定本》:聲色服玩,不使行於百縣,則民心不紛,專於農事。

7. 無得取庸,

【注】

馮本注:庸,雇也,閒民雇役於人也。

朱本注:取庸,工倩也。

品節本、匯函本注:庸,雇也,閒民雇役於人也。

《校正》:"庸"者"傭"之省。《詩·節南山》"昊天不傭",釋文引韓詩作"庸",是"庸"、"傭"古通。《漢書》"傭"多作"庸",《高、惠、高后、文功臣表》"咸出庸保之中",《食貨志》"教民相與庸挽犂",《周勃傳》"取庸苦之不與錢"、《司馬相如傳》"與庸保雜作",顔注並釋庸爲賃。《楚辭·懷沙》"固庸態也",王逸注:"庸,廝賤之人也。"無得取庸,謂無得雇傭。下文"而庸民無所於食",庸民即傭工。

《發微》:《七國考》原注:"庸,雇也,民雇於人也。"《吕覽·上農》:

"農不上聞,不敢私籍於庸,爲害於時也。"胡曰:"庸者,傭省。"

《解詁》:庸同傭。

《新釋》:取,聚也。庸同傭,役也。《管子·地數》:"毋得聚庸而煮鹽。"

《斠詮》:庸,雇庸也。

《解詁定本》:《管子·地數》篇:"毋得聚庸而煮鹽。"家大人(朱孔彰)曰:庸借爲傭,賣力受值曰傭。此言無得取庸,蓋大夫家不許雇工修造,恐妨農事。

《箋正》:取庸,取應讀若聚。

《校釋》:以《管子·輕重》篇"無得聚庸而煮鹽"爲證,是"無得取庸"即不得多雇力役代作也。按《吕氏春秋·上農》篇"不敢私籍於庸",孫説"謂不敢私養庸以代耕",可與此互證。

《香草續校書》:庸當讀爲傭。《説文·人部》云:"傭,均值也。"解者謂賣力受值曰庸。隨其力均其值,故曰均值。是賣力受值之庸當作"傭"。今人傭人、傭夫之稱,正用"傭"字,而書傳每作"庸"。"無得取庸"者,禁傭也。故下文云"大夫家長不建繕,愛子不惰食,惰民不窳"。蓋凡有所建繕謂或興建,或繕葺必資乎傭,有傭,故愛子至於惰食,惰民至於窳也。禁傭,則凡事皆須自爲之,而爲傭者亦無可謀食矣,故云"而庸民無所於食",庸民即猶言傭人、傭夫也。

《錐指》:庸讀爲傭。

則大夫家長不建繕,愛子不惰食,

【校】

范本、綿眇閣本、吴本、程本、馮本、朱本、褒異本、且且庵本、馮抄本、品節本、匯函本、奇賞本、秦駿生本、四庫本、問經堂本、指海本、崇文本,"建"作"見"。

《繹史》引,"建"作"見"。

品節本,"愛子"下無"不惰食"三字。

指海本,“愛子”下無“不惰食”三字,注:此下原有“不惰食”三字,依下文删,與《七國考》引此文合。

匯函本,“愛子”下無“不”字。

《發微》:《七國考》引,“建”作“見”。無“不惰食”三字。

【注】

馮本、品節本、匯函本注:繕,治也,大夫家長不得役民治事。

朱本注:繕,葺治牆垣之類。

《校正》:建繕,猶興繕也,謂工作營造。興繕見《晋書·石季龍載記》、《北史·魏任城王雲傳》。

《發微》:繕,治也。大夫家長不得役民治事也。胡曰:“建繕,猶興繕也,謂工作營造。”《吕覽·上農》“當時之務,不興土功”,即不建繕也。

《解詁》:建繕,謂建造宫室。

《新釋》:天子諸侯曰國,大夫曰家。家長,謂大夫之有家者,《墨子》謂之家君。凡物作新曰建,補舊曰繕。《燕策》:“則何不與愛子。”不惰食者,謂作事而不坐食也。

《斠詮》:“繕”當讀爲膳養之“膳”,“繕”與“膳”聲類同。“大夫”二字疑衍。建,崇文本及明陳仁錫諸子奇賞、歸有光諸子匯函均作“見”,當據改。家長不見膳,謂父不賴子之養也。愛子不惰食,謂子不賴父之養也。父子自食其力,故無需乎雇庸,是以賈生謂秦人家富子壯則出分,家貧子壯則出贅也。

《解詁定本》:《廣雅》:“建,立也。”《三蒼》:“繕,治也。”不建繕,不修造也。

《箋正》:務農之國最重民時,故國君之喜興作土木者,必致民怨沸騰,秦且以阿房、長城亡國也。無得取庸,則大夫家長不建造修繕,則農時不奪。故下文申之曰“大夫家長不建繕,則農事不傷”,何等明確!……《管子·輕重》篇:“孟春既至,農事且起,大夫無得繕冢墓、理宫室、立臺榭、築牆垣。北海之衆,無得聚庸而煮鹽。”夫齊本官山府海，敬仲且擅魚鹽利以伯齊，猶不許聚庸煮鹽以害農時而傷農。管、商同是法家，商子又專恃農戰圖強，其重視農時，令大夫家長不得取庸建繕，自屬必要。至於愛子不惰食，則從家長不建繕而引申者。家長不容非時建繕，故愛子亦不容惰食也。蓋此節文字本稍有舛脱，特不如王氏所改造者耳。取庸，取應讀若聚。

《校釋》：建繕，即建造修繕之意，謂興土木也。或作"見繕"，誤。

《錐指》：《墨子・兼愛中》篇："今家主獨知愛其家。"孫詒讓《閒詁》曰："家主，謂卿大夫也。《周禮・春官・叙官》鄭注云：'家，謂大夫所食采地。'"《漢書・疏廣傳》曰："廣既歸鄉里，日令家共具設酒食，請族人故舊賓客與相娱樂。數問其家金尚餘幾所，趣賣以共具。居歲餘，廣子孫竊謂其昆弟老人廣所愛信者曰：'子孫幾及君時頗立産業基址，今日飲食費且盡，宜從丈人所勸説君買田宅。'老人即以閒暇時爲廣言此計。廣曰：'吾豈老誖不念子孫哉？顧自有舊田廬，令子孫勤力其中，足以共衣食，與凡人齊。今復增益之，以爲贏餘，但教子孫怠惰耳。'"然則此之建繕，殆將遺愛子以資生之業歟？是即廣所云但教之怠惰矣。

惰民不窳，而庸民無所於食，是必農。

【校】

《解詁定本》：品節本無"愛子不惰食"至"是必農"十九字。（編者按：品節本"愛子"下僅脱"不惰食"三字，其餘與諸本無異，《解詁定本》校語疑誤。）

【注】

《錐指》："而庸"屬上句絶，言不呰窳而爲人傭也。

大夫家民不建繕，則農事不傷；

【校】

范本、綿眇閣本、吴本、程本、馮本、朱本、褒異本、且且庵本、馮抄

本、品節本、匯函本、奇賞本、秦駿生本、四庫本、問經堂本、指海本、崇文本,“民”作“長”,“建”作“見”。

《繹史》引,“民”作“長”,“建”作“見”。

初校本,“民”作“長”。

【注】

《新釋》:“傷,害也。”

愛子惰民不窳,

【注】

《諸子平議》:此承上文而言,當作“愛子不惰食,惰民不窳”。因有兩“惰”字,寫者於上“惰”字下即接寫“民不窳”,遂並誤删上“不”字耳。

《校正》:當依俞説“愛子”下補“不惰食”三字。

《解詁定本》:引俞説,無補充。

《錐指》:俞樾曰(引文見上,略)。禮鴻案:此未是。不窳總愛子與惰民言之,言不窳,足以包不惰食矣。無煩增字。又,此文雖愛子惰民並言,而實側注惰民。

則故田不荒。

【注】

《解詁》:《孟子·梁惠王》注:“故者,舊也。”

《新釋》:故,苦也。苦田,謂惡田。荒,蕪也。

《錐指》:故田,舊田也。

農事不傷,農民益農,則草必墾矣。

【校】

秦駿生本,“益農”作“益衆”。

【注】

《讀諸子札記》：農民益農，疑本作“庸民益農”。農事不傷，承上文“大夫家長不建繕，愛子不惰食，惰民不窳”而言，謂故田也。庸民益農，承上“庸民無所於食，是必農”而言，謂新墾之田也。

《解詁定本》：引陶説，無補充。

8. 廢逆旅，則奸僞、躁心、私交、疑農之民不行；

【校】

馮抄本，“則”作“即”。

【注】

馮本、品節本、匯函本注：逆旅者，傳舍也。

《發微》：《吕覽·上農》：“然後制野禁，苟非同姓，農不出御，女不外嫁，以安農也。”《吕覽》之意，總以農不外出爲宗旨。商君廢逆旅亦此意。

《解詁》：逆旅，謂流徙之人。《爾雅·釋言》：“疑，戾也。”言與農事相戾。

《新釋》：廢，發也，謂稽查而舉發之。逆旅者，謂迎行旅之館。躁，勞也。疑，礙也。行，旅也。《易·復》：“商旅不行。”

《斠詮》：“奸僞躁心私交疑農之民不行”句當重。

《解詁定本》：（以“躁心”逗句。）：家大人（朱孔彰）曰：“廢逆旅，謂不許設旅館，則無游食妨農之民。”師轍按：《廣雅》：“躁，擾也。”廢逆旅則奸僞無所藏，故心擾亂疑惑也。

《積微居讀書記》：“躁心”即孟子之所謂“熱中”。下文云“愚心躁欲之民”，彼云“躁欲之民”，此云“躁心之民”，文異義同，朱君以“躁心”逗句，似非。

《新箋》：躁心者，内心狡猾也。躁當讀爲剿。《方言》二：“剿，獪也。秦、晋之間曰獪，楚謂之剿。”“獪”即狡猾之“猾”也，而“剿”即詐聲之轉也。此文躁心與奸僞私利並列，則躁非急躁浮躁之義，而是狡猾之義明矣。此乃王引之説，見《讀書雜誌·荀子雜誌》。

《錐指》：《國語·晋語》："陽處父如衛，反過寧，舍旅逆於寧嬴氏。"韋昭注："旅，客也。逆客而舍之也。"《晋書·潘岳傳》："時以逆旅逐末廢農，奸淫亡命，多所依凑，敗亂法度，敕當除之。……岳議曰：'……語曰：許由辭帝堯之命，舍於逆旅。《外傳》曰：晋陽處父過寧，舍於逆旅。魏武皇帝亦以爲宜，其詩曰：逆旅整設，以通商賈。然則自堯到今，未有不得客舍之法，唯商鞅尤之，固非聖世之所言也。'"（"奸僞、躁心、私交、疑農之民不行"）此爲來舍者。

逆旅之民無以食，則必農，農則草必墾矣。

【校】

范本、綿眇閣本、吴本、程本、馮本、朱本、褒異本、且且庵本、馮抄本、品節本、匯函本、奇賞本、四庫本、問經堂本、指海本、崇文本，"則必農"句"則"作"即"。

《繹史》引，"則必農"句"則"作"即"。

初校本，"無以食"作"無所於食"，注：秦本、范本作"無以食"，此依元本。

《發微》：《七國考》引與秦、范本同。

《解詁定本》：轍按：馮覲本同范本，"則"各本皆作"即"。

【注】

馮本、品節本、匯函本注：無傳舍，民無所寄食，則歸而農矣。

《新釋》：（所據本作"逆旅之民無所於食"。）以行旅少故。

《斠詮》："逆旅"上當增"則"字，"逆旅之民無所於食"句當重。崇文本"則"作"即"。"則"、"即"二字古通，《説文·魚部》"鰂"之重文作"鯽"，即其證也。

《錐指》：（"逆旅之民無所於食"）此爲逆旅主人。《後漢書·百官志》引《風俗通》曰："漢家因秦，大率十里一亭。亭，留也。蓋行旅宿會案《漢書·高帝紀》顏師古注："會當作食。"之所館。亭吏舊名負弩，改爲長，或稱亭父。”然則行旅頓宿，官爲之處，故民所私設逆旅可廢也。又《志》言亭有亭長，以禁盜賊，蓋亦因秦之制。是以邪辟之民不得溷也。潘氏所譏，殆未考當時之實。自明曰：“古有公館，有私館《曾子問》，《周書·大聚》篇之舍，《周官·遺人》之路室候館，皆公館也。《檀弓》言夫子曰：‘生於我乎館。’《孟子》稱樂正子館舍未定，觀遠臣以其所主，皆私館也。然羈旅之委積掌於遺人，則行旅之館古亦官爲之處可知矣。”

9. 壹山澤，

【注】

朱本注：正經界也。

《發微》：《説文》：“專（編者按：當是嫥，《發微》引誤），壹也。”《詩·都人士》箋：“壹者，專也。”《吕覽·上農》：“然後制四時之禁，山不敢伐材下木，澤人不敢灰僇，繯網罝罦不敢出於門，罛罟不敢入於淵。”此壹山澤也。

《解詁》：《説文》：“壹，專壹也。”言專其利於上，不使民得有之也。

《新釋》：《周禮·大宰》“三農生九穀”，鄭司農：“三農，平地、山、澤也。”秦平地固農，而此又云壹山澤，則三農備矣。《説文》：“農，耕也，籀文從林作䢉。”謂農當啓山林以治荒爲田耳。

《解詁定本》：壹山澤，謂專山澤之禁，不許妄樵採、佃漁。

則惡農、慢惰、倍欲之民無所於食；

【注】

朱本注：倍欲，如兼併之家。

《解詁》：則惡農，惡讀去聲。倍欲，言所欲者奢。

《新釋》：《説文》：“慢，惰也。”倍，猶多也。若樵夫、漁人之類。

《斠詮》：此句下當增“惡農慢惰倍欲之民”八字。

《解詁定本》：慢，惰也。惰，懶也。倍欲，猶多欲也。

無所於食,則必農,農則草必墾矣。

【校】

馮抄本注,"農"字不叠。

10. 貴酒肉之價,重其租,

【注】

《新釋》:若今酒税、屠税。《管子·國蓄》:"租藉者,所以強求也。"

《錐指》:租,税也。

令十倍其樸。

【校】

匯函本,"樸"作"僕"。

【注】

馮本、品節本、匯函本注:樸,本也。

《純常子枝語》:秦地蓋不出酒肉,必由商販,故商君重徵其税,猶今日各國徵人口税,有值百抽五十之類。

《發微》:《荀子·禮論》:"性者,本始材樸也。"《吕覽·論人》:"則復歸於樸"注:"樸,本也。"俊曰:樸,本也。今諺謂本錢,蓋母錢也。

《解詁》:《吕覽·論人》注:"樸,本也。"《淮南·精神》注:"樸,猶須也。"

《新釋》:樸,本也。

《解詁定本》:租,税也。《匯函》注:"樸,本也。"師轍按:謂加重酒肉之税,令十倍其原價。今世重徵奢侈税,寓徵於禁,亦此政策。

《錐指》:樸猶本也。

然則商估少，

【校】

初校本，“估”作“賈”。

【注】

《解詁》：估通酤，《漢書·景帝紀》注：“酤，謂買酒也。”

《新釋》：行曰商，處曰賈。《周禮·大宰》：商賈阜通貨財。

《箋正》：“估”殆“酤”字之訛。《説文》：“酤，宿酒也，一曰賣酒也。”蓋業酒漿者，亦曰酤。

《錐指》：《白虎通義·商賈》篇：“商之爲言商也，商其遠近，度其有亡，通四方之物，故謂之商也。賈之爲言固也，固其有用之物，以待民來，以求其利者也。行曰商，止曰賈。”

農不能喜酣奭，

【注】

馮本、品節本、匯函本注：奭，大赤色，又盛也。酣奭，謂飲酒盛樂也。

朱本注：奭，盛也。

《諸子平議》：《詩·采芑》篇“路車有奭”，毛傳曰：“奭，赤貌。”字亦作“赩”。《瞻彼洛矣》篇“韎韐有奭”，《白虎通·爵》篇引作“韎韐有赩”是也。奭爲赤貌，此以酣奭連文，蓋謂酒醉而面赤矣。

《發微》：《周氏涉筆》約其文：“則估少而農不酣。”《説文》：“酣，酒樂也。”《吕覽·上農》“野有寢來，或談或歌，旦則有昏，喪粟甚多”，所以戒其喜酣奭也。《弱民》“農有餘食，則薄燕於歲”，即此喜酣奭之意。

《新釋》：酣，酒樂也。奭同熹，説也。《方言》“邯”，或即酣奭之聲轉。

《解詁定本》：匯函注：奭，大赤色，又盛也，謂飲酒盛樂也。賈，馮覯等本作“估”，乃俗字。家大人（朱孔彰）曰：《説文》：“酣，酒樂也。”“奭，盛也。”按：借爲“斞”，酌也，謂酣飲。

《箋正》：俞説近是，但農不能喜酣而面赤，文嫌冗瑣。竊疑喜應讀嬉游無度之“嬉”，所謂盤樂飲酒。奭，疑即大臣“大”字之重出而訛者。以農不能喜酣，語意已足，無取乎再需形容面赤。民不能善酣奭，“善”字宜依王説，“奭”則蒙上文而衍者也。

《香草續校書》：“農”當作“民”，下文可證。彼云“民不能善酣奭，則農不慢”，明“民”字不可作“農”。（作者眉批：“善”字疑局本刊誤，當檢别本。）

《斠補》：案“農”當作“民”，下文“民不能喜酣奭，則農不慢”，既承此言，可證。上文多“農”字，故“民”誤爲“農”。

《錐指》：（引俞説、簡説，文見上。）禮鴻案：簡氏以俞説冗瑣，不爲無理。但“大”、“奭”字形繁簡懸殊，且“酣”、“奭”兩見，而簡一皆以爲剩字而欲删之，尤爲近誣。案《詩・大雅・蕩》曰：“内奰中國。”傳：“奰，怒也，不醉而怒謂之奰。”孔疏：“怒不由醉，而云不醉而怒者，以其承上醉事，嫌是醉時之怒，故辨之焉。”據孔氏説，則毛公此訓由望文而生，凡怒皆得謂之奰，《廣韻》“奰，怒也”是也，不止不醉之怒也。此喜酣奭疑“奭”爲“奰”字之誤，謂醉而至怒，極言其沈湎也。喜當讀嬉，簡説是也。

《次室讀書記》：按“奭”疑“爽”之誤。

大臣不爲荒飽。

【校】

《發微》：《七國考》引，“不”下有“能”字。

【注】

《校正》：《詩・桑柔》“具贅卒荒”，毛傳：“荒，虚也。”《國語・吴語》“荒成不盟”，韋注：“荒，空也。”荒飽蓋猶素餐。

《發微》：胡曰：荒飽猶素餐。

《新釋》:《孟子》書“從獸無厭謂之荒”。

《斠詮》:“飽”疑當作“飲”。

《解詁定本》:荒飽,謂荒嬉醉飽也。

《次室讀書記》:酣、荒承上文酒言,爽、飽承上文肉言。《老子》十二章:“五味令人口爽。”王弼注曰:“爽,差失也,失口之用,故謂之爽。”《莊子·天地》篇“五味濁口使口厲爽”,《淮南·精神》篇“五味亂口,使口爽傷”,皆其義。王逸注《楚辭》曰:“楚人名羹敗曰爽。”然則口不知味與食物失味皆謂之爽也。

商估少,則上不費粟;民不能喜酣奭,則農不慢;大臣不荒,

【校】

綿眇閣本,“商估少”以下“則上不費粟民不能喜酣奭則農不慢大臣不荒”十九字,無。

問經堂本“荒”字下注:上十九字施本脱,各本有。

初校本,“估”作“賈”,“喜”作“善”。

秦駿生本,“不慢”作“不惰”。

《發微》:“善”必“喜”字之誤,《七國考》引正作“喜”。“則上”至“不荒”,問經曰上十九字,施本脱,各本有。

《錐指》:王時潤曰:善酣奭,當依崇文本作“喜酣奭”。禮鴻案:《七國考》引亦作“喜”。

【注】

《解詁》:《詩·小雅》毛傳:“奭,赤貌。”言酣飲面赤。

《校正》:(所據本“喜”作“善”。)“善”,當依上文作“喜”。“荒”下當依上文補“飽”字。

《發微》:胡曰:“荒”下依上補“飽”字。

《新釋》:不慢,謂不惰也。

《斠詮》:(“不荒”)當作“不爲荒飲”。

《解詁定本》:嚴校本“喜”作“善”,誤。此據吴本、綿眇閣本、程

本、馮本、范本、指海本、四庫本、崇文本、匯函本改正。《詩》"好樂無荒"，鄭箋："荒，廢亂也。"

《箋正》：商酤少，謂業酒漿者少耳。

則國事不稽，主無過舉。上不費粟，民不慢農，則草必墾矣。

【校】

匯函本，"主"作"王"。

問經堂本"舉"字下注：上九字程、朱本脱，施、吴本有。（編者按：朱蔚然本及《漢魏叢書》所收程本"則國事不稽，主無過舉"九字不脱，問經堂本此注疑誤。）

【注】

《新釋》：舉，行也。《吕覽・達鬱》："上無過舉。"

《錐指》：《漢書・文帝紀》："酺五日。"文穎曰："漢律三人以上無故群飲，罰金四兩，今詔横賜，得令會聚飲食五日也。"《唐律疏義・名例疏》曰："魏文侯師於李悝，集諸國刑典，造《法經》六篇：一《盜法》，二《賊法》，三《囚法》，囚，《晋書・刑法志》作"網"。四《捕法》，五《雜法》，六《具法》。商鞅傳授，改法爲律，漢相蕭何更加悝所造《户》、《興》、《廄》三篇，謂九章之律。"然則漢律因秦，三人無故群飲罰金，其猶商君成法歟？

11. 重刑而連其罪，

【注】

《發微》：連，連坐也。《史記・司馬相如傳》"連駕鵝"，正義："連，謂重累獲之也。"本書《賞刑》篇"故曰重刑則民不敢試"。

《新釋》：謂連坐也。《周禮・比長》："五家相受，相和親，有罪奇邪，則相及。"及即連也。《韓非子・制分》："連刑如此，則奸類發矣。"《史記・商君列傳》："令民爲什伍，而相牧司連坐。"其法蓋本於周。

《解詁定本》:《史記·商君傳》:"令民爲什伍,而相收司連坐。"司馬貞索隱:"一家有罪,而九家連舉發,若不糾舉,則什家連坐。"

《錐指》:(引朱説,文見上。)禮鴻案:《史記》"收司"當作"牧司"。《方言》十二:"牧,察也。"余别有説。

則褊急之民不鬥,

【注】

《新釋》:《爾雅》:"褊,急也。"

《解詁定本》:褊,狹也。

《錐指》:《説文》:"急,褊也。"……又作"弁急",段玉裁説。

狠剛之民不訟,

【校】

吴本、程本、褒異本、且且庵本、馮抄本、品節本、四庫本,"狠"作"狼"。

崇文本、初校本,"狠"作"很"。

《發微》:("狠")《七國考》引誤作"恨"。

【注】

《新釋》:很,鬩也。訟,爭也。

《解詁定本》:很,不聽從也。訟,爭也。

怠惰之民不游,費資之民不作,

【注】

《發微》:費資,即《原富》分利之説。

《解詁定本》:資,貨也。作,起也。

《錐指》:自明曰:"怠惰費資皆承上事言。作,爲也。"

巧諛、惡心之民無變也。

【注】

《新釋》：惡心，邪心也。《韓非子·外儲說左》曰："夔者忿戾惡心，人多不悦喜也。"無變者，謂無所用其詭變。（編者按：見《外儲說左下》。）

《解詁定本》：《荀子·修身》："以不善和人者謂之諛。"《韓非子·外儲》："忿戾惡心，人多不説喜也。"無變，謂無變詐。

《香草續校書》：變，當如"詐"義。

《新箋》：朱説甚是，而無論證。竊謂"變"借爲"諞"。《説文》："諞，便巧言也，從言，扁聲。"奸巧之言爲諞，即今語詐騙之"騙"也。"變"、"諞"古通用。《禮記·三年問》："四時則已變矣。"《荀子·禮論》篇"變"作"遍"，即"變"、"諞"聲系相通之證。

五民者不生於境内，則草必墾矣。

【校】

馮抄本，"境"作"竟"。

12. 使民無得擅從，

【校】

且且庵本，"從"字旁有"徙"字。

初校本，"擅從"作"擅徙"，注：秦本、范本作"擅從"，訛，元本作"擅徙"。

《解詁定本》：轍按：各本皆作"擅從"。

《發微》：七國考引同秦、范本。

《校釋》：按"從"、"徙"形近致誤，今從嚴校。

【注】

馮本、品節本注：擅從者，不自食而但從人度口也。

匯函本注：擅從者，民不自食而從人度口也。

《發微》：《吕覽·上農》："民農則其産復，其産復則重徙，重徙則死其處而無二慮。""[民]舍本而事末則其産約，其産約則輕遷徙，[輕遷徙]則國家有患，皆有遠者，無有居心。"

《新釋》：（所據本作"使民無得擅從"。）居住本人民之自由，然徙必經官允許。《周禮·比長》："徙於國中及郊，則從而授之；若徙於他，則爲之旌節而行之。若無授無節，則唯圜土納之。"是《周禮》固禁民之擅徙者。

則誅憑亂農農民，無所於食而必農。

【校】

范本、綿眇閣本、吴本、程本、馮本、朱本、褒異本、且且庵本、馮抄本、品節本、匯函本、奇賞本、秦駿生本、四庫本、問經堂本、指海本、崇文本、初校本，"誅憑"作"誅愚"。

品節本、匯函本，"則誅憑亂農農民"作"則誅愚亂農"。

馮本，"則誅憑亂農農民"句少一"農"字。

《繹史》引，"誅憑"作"誅愚"。

《積微居讀書記》："誅愚"二字疑衍。

【注】

馮本、品節本、匯函本注：誅愚，惰農可誅者。誅，責也。

《諸子平議》：誅通作朱。《莊子·庚桑楚》篇"人謂我朱愚"，即此文"誅愚"矣。《太玄·童次七》"修侏侏"，范望注曰："侏侏，無所知也。"義與愚近。作"誅"，作"朱"，並"侏"之假字。《説文·金部》："鈿，鈍也。"亦聲近而義通。

《札迻》：俞釋"誅愚"是也，此疑當作"則誅愚亂農之民無所於食而必農"，"之"字草書與重文相似，故誤爲兩"農"字也。

《解詁》：《廣雅·釋詁》："亂，理也。"又《方言》十三注，亂宜訓治。治亦理也。言使民無擅徙，則雖愚民亦理農事矣。農民舍耕無以爲食,則必農,於是愚躁之民志定則静,言静安於侏愚。

《新釋》:(所據本"誅憑"作"誅愚"。)則,若也。《書·洪範》"當則有大疑"。(編者按:《新釋》以"則誅愚"爲一句讀。)誅愚,即"朱儒"之聲轉。《方言》:"儒,愚也。"《漢書·刑法志》"師朱儒"注:"短人,不能走者。"因借之以喻不徙。《淮南·主術》"短者以爲朱儒枅櫨"則(編者按:"則"疑是"注"之誤):"梁上戴蹲跪人也。"亦有不徙之象。《莊子·庚桑楚》:"不知乎,人謂我朱愚。"彼"朱"即此"誅"也。事失紀曰亂。

《解詁定本》:《左傳》"朱儒是使",《晋語》"侏儒不可使援",與"朱愚"、"誅愚"皆同聲假借字。《廣雅》:"侏儒,短也,又疾也。"

《香草續校書》:下"農"字當作"之"。古人叠字作二點,而草書"之"字作三點,傳寫者因誤認爲叠"農"字耳。"則誅愚亂農之民"七字似一句讀爲順。而下文云"農静誅愚,則草必墾矣",則"誅愚"蓋讀斷。或讀於"亂農"斷句,必非。

《新箋》:誅愚之誅,以《説文》求之,當讀爲"婁"。《説文》:"婁,婁務,愚也。""婁"與"務"皆爲愚義,"務"與"愗"通。《廣雅·釋詁》:"愗,愚也。""婁"即《莊子》之"朱"與《商子》之"誅"也。"朱"、"誅"與"婁"字古通用。《孟子·離婁上》篇"離婁之明",《莊子·駢拇》篇、《天地》篇、本書《錯法》篇,"離婁"並作"離朱",即其證。

《錐指》:(引俞説、孫説,引文見上。)禮鴻案:孫改"農"爲"之",是也。誅愚之義,自俞氏讀爲侏愚,幾成定論,無復異議。惟王時潤雖用其説,而曰:"又案朱愚猶言譸張。"此見王氏《商君書研究》,載湖南大學《文哲叢刊》卷一。蓋始有疑乎俞説之未安。夫欲農不變業,惟在愚之。下云"愚農不知,不好學問,則務疾農",即爲明驗。本章言愚心躁欲之民者,第重在躁欲,謂其躁欲易惑耳。謂愚魯可以亂農,殆甚難安。王氏疑之,不爲好異。特訓誅愚爲譸張,未有所據,故亦不自安耳。竊謂誅愚乃叠韻連語,其義當求之於聲。蓋誅愚者,丵嶽、岝崿、嵯峨、作鄂之轉,聲皆相同。《説文》"丵"下曰:"叢生草也,象丵嶽相並出也。”《文選・木華海賦》“啓龍門之岝嶺”，李善注：“岝嶺，高貌。”嵯峨則即岝嶺之異文耳。《爾雅・釋天》：“太歲在酉曰作噩。”《開元占經》引李廵、孫炎皆作“作鄂”。孫云：“物落而枝起之貌。”蓋謂草木方茂，則葉多枝重而垂，及葉及凋隕，則枝挺起也。然則出也、高也、起也，並喬健之稱。誅愚云者，正謂桀巧之民，不安於農，且足以招愚心躁欲之民相與他務，故曰亂農耳。《書・盤庚中》篇“暫遇奸宄”，王引之曰：“四字並列，暫讀曰漸，漸，詐欺也。《莊子・胠篋》篇‘知詐漸毒’，《荀子・正論》篇‘上幽險則下漸詐矣’，是詐謂之漸。遇讀隅差智故之隅，字又作偶，《淮南・原道》篇曰：‘偶差智故，曲巧僞詐。’皆奸邪之稱也。《本經》篇曰：‘衣無隅差之削。’高誘注曰：‘隅，角也。差，邪也。全幅爲衣裳，無有邪角。’衣邪謂之隅差，人邪謂之隅差，聲義皆相近矣。”詳《經義述聞》三本篇誅愚，又即暫愚偶差之轉。偶差即暫遇誅愚之倒耳。權而論之，暫遇一詞，奸宄一詞，奸宄雙聲，暫遇轉自誅愚、峷嶽、嵯峨，初本叠韻也。暫遇變且分而爲《莊》、《荀》之漸，漸字本義並非智詐；變且倒爲《淮南》之偶差；偶字本義亦非奸邪。蓋義本依聲，不可拘執一字爲説。王氏説《書》四字各自爲義，蓋亦微誤也。今以暫遇解誅愚，則協於亂農之義矣。

愚心躁欲之民壹意，

【校】

范本、綿眇閣本、吴本、程本、朱本、褒異本、四庫本、崇文本，“之”字作“立”。

且且庵本、馮抄本，“之”亦作“立”，旁注一“之”字。

指海本，“之”亦作“立”，注：“立”字誤，《繹史》引作“之”。

問經堂本“之”字下注：各本作“立”，今從施本。

【注】

《斠詮》：崇文本作“立民壹意”，“立”字無義，當爲“之”字之訛。此文正承上文“使民無得擅徙”而言，蓋民得擅徙，則民意不一，惟使之不得擅徙，斯愚心躁欲之民皆一意，而農民靜矣。“之”、“立”二字，篆隸皆形近，是以致訛。

《解詁定本》：“愚心”疑“惡心”之訛，上文作“惡心”，此因蒙朱愚之“愚”而誤。

《新箋》：此“躁”字與“欲”字連文，則非上文躁心之“躁”，亦非急躁浮躁之“躁”，甚明，竊謂躁當讀爲懆，二字同聲系，古通用。《廣雅·釋詁》：“懆，貪也。”躁欲即懆欲，猶言貪欲、貪婪矣。

則農民必靜。

【注】

《新釋》：靜則不躁。

農靜誅愚，則草必墾矣。

【注】

《讀諸子札記》：上文“誅愚亂農”，俞氏《平議》讀爲“侏愚”，則此文“誅愚”二字不當有，蓋涉上文而衍。

《新釋》：言靜若侏儒之不動。

《斠詮》：此處上下文均有脱誤，以文例求之，則《商子》原文當作：“使民無得擅徙，則愚心躁欲之民一意，而朱愚亂農之民無所於食，朱愚亂農之民無所於食則欲農今本作“而必農”，“而”字當移於上句之首，“必”字當是涉下“農民必靜”而訛，愚心躁欲之民一意，則農民必靜，農靜，誅愚亂農之民欲農，則草必墾矣。”亦以中間兩句適相連接而致脱誤，後人遂疑上下文爲復而妄删之，於是其義乃不可通矣。然“農靜”下尚存“誅愚”二字，脱誤之迹猶未盡泯，故得補正之如此。

《箋正》：“農靜誅愚”下宜補“亂農之民欲農”六字，便自完順。

《積微居讀書記》：“誅愚”二字疑衍。

13. 均出餘子之使令，以世使之，

【注】

馮本注：餘子，家長之子弟餘夫也。

朱本注：餘子，禄食者之丁男。

匯函本、品節本注：餘子，家長之子弟餘夫也。

《發微》：《周禮・小司徒》："六鄉致餘子。"注："卿大夫之子當守於王宫者也。"

《解詁》：餘子，當讀如《左傳》之餘子，謂卿大夫之庶子也。

《新釋》：均，平也。《周禮・均人》："均力政。"餘子，庶子也，未任役爲餘子。《周禮・小司徒》："大故致餘子。"使，役也。世，歲也。《周禮》："均力政以歲上下。"

《校釋》：使，役也。世，世世也。此句意謂，凡農家之餘夫均須交於官府，世世役使而著爲功令也。

《錐指》：自明曰："《周官・小司徒》：'大故致餘子。'先鄭謂羨卒，即民之子弟。後鄭以爲卿大夫之子。二説不同。實則餘子之名通貴賤，正以外皆爲餘。《周官》、《周書》、《管子》諸書餘子皆指民之子弟言，《左・宣二年傳》及此文之餘子皆指卿大夫之子言。孫疏獨於《商君書》失引。此文云世使之，高其解舍，大官未可必得，又限其食粟，使不得辟役游事人，以迫之爲農，其爲世禄漸廢門閥既衰之卿大夫子顯然也。此文言世家子，下文言在位臣。"

又高其解舍，令有甬官食槩。

【校】

奇賞本、秦駿生本，"解舍"作"廨舍"。

《發微》：《七國考》引作"廨"。

【注】

馮本注：解音廨。

馮本、品節本、匯函本注：甬，斛也。槩，平斗斛者。甬官，謂量其官；食槩，謂量其食。使餘子之官與食一取足於農，不使之游事人而避役以求官爵也。

朱本注：解舍，官舍。甬，官道。

《校正》：解者，廨之古字。《文選・吴都賦》"廨署棊布"，劉注曰："解猶署也。"又曰："藏官物曰公廨。"

《發微》："槩"疑"餼"之誤。"解"即"廨"之古字。《吕覽・時則》："角斗甬正權概。"《史記》本傳："平斗桶權衡丈尺。"

《解詁》：解，疑同"廨"。《禮記・月令》注：甬，今斛也。槩，平斗斛者。《荀子・宥坐》注："槩，平斗斛之木也。"言餘子必以世使之，又高其廨舍，令有司甬之官，以槩其食，無使濫支。必役於官，乃得食，不可以避免。

《新釋》：解，署也，今字作"廨"。《韓非子・五蠹》："事私門而完解舍。"甬同傭，役也。官，公也。槩同既，餼也。《境内》篇曰："其庶子役其大夫月六日，其役事也，隨而養之。"養謂公食以餼也。

《解詁定本》：家大人(朱孔彰)曰："餘子，卿大夫之庶子也。《管子・五輔》：'上必寬裕而有解舍。'房玄齡注：'解，放也。舍，免也。'高其解舍，謂嚴其黜陟。"師轍按：《周禮・地官》："均人掌均地政。""世使"疑"册使"之訛，謂按餘子之册籍而使力役。或謂，世使，以其世次使之。匯函注："餘子，家長之子弟餘夫也。解，音廨。"是以解舍爲衙署。《韓非子・五蠹》："事私門而完解舍。"

《校釋》：解舍，廨舍也。甬，謂廨舍之牆垣如街也。此句言役使餘子之居所。槩，平斗斛之器。官食槩，謂由官量予被役之餘子以食也。

《新箋》：朱孔彰曰："《管子・五輔》：'上必寬裕而有解舍。'房玄齡注：'解，放也。舍，免也。'高其解舍，謂嚴其黜陟。"朱師轍引。亨按：朱氏以解舍爲免除，是也；以高其解舍爲免其黜陟，則非也。解舍乃戰國時代法制上之術語，謂免除兵役與其徭役也。《韓非子・五蠹》篇："故事私門而完解舍，解舍完則遠戰。"可證解舍是免除兵役。高其解舍者，提高免除兵役及徭役之條件也。蓋商氏之法，免除兵役與徭役有一定之條件，如年幼、年老、體弱、有疾以及用穀物贖免等等。商氏主張免除兵役徭役之條件必須嚴格，故曰"高其解舍"。下文云："不可以辟役。"可見解舍指役事而言。甬官者，蓋掌徭役之官也。《方言》三："自關而東，陳、魏、宋、楚之間，保庸謂之甬。"保庸即保傭，謂力作傭役之人。《廣雅・釋詁》："甬，使也。"使亦役使之義。然則甬與傭乃一聲之轉，有力役之義，甬官當即掌握徭役之官矣。此一解也。又甬者量器之名。《禮記・月令》："角斗甬。"鄭注："角謂平之也。甬，今斛也。""甬"字亦作"桶"，《吕氏春秋・仲春記》正作"角斗桶"。《史記・商君列傳》亦曰"平斗桶"。《説文》："桶，木方，受六升，從木，甬聲。"朱駿聲説："六升當作六斗。"見《説文通訓定聲・東部》。《廣雅・釋器》："方斛謂之桶。"按甬與斛皆爲方形量器，其容積，甬是六斗，斛是十斗。甬官掌爲徭役之人供給穀米之官也。此又一解也。"槩"疑當作"槩"，形似而誤，或"槩"借爲"槩"，二字同聲系，古通用也。"槩"與"氣""餼"古本一字，《説文》："氣，饋客芻粟也，從米，氣聲。"重文作"槩"，又作"餼"，是"槩"即"餼"，饋人之穀米也。《左傳・桓公六年》："齊人饋之餼。"《國語・周語》："廩人獻餼。"餼皆此義。令有甬官食槩，言朝廷設掌徭役食糧之官，食服役之人以餼米也。商氏之法，餘子必須服徭役，服徭役時，由官府供給食糧，其事由甬官掌之，但不可避免徭役。本書《境内》篇："其有爵者乞無爵者以爲庶子，級乞一人。其無役事也，其庶子役其大夫月六日；其役事也，隨而養之。"此言大夫有庶子爲之服役，服役時，由大夫供給庶子之糧食。此與官府供給徭役之人以餼米，用意相同。

《錐指》：解，讀作廨。《廣韻》："廨，公廨。"此蓋謹其出入，使不得游事人也。《七國考》引作"廨"。或曰："解舍爲戰國法制術語，謂免除兵役及其他徭役也。《韓非子・五蠹》篇：'故事私門而完解舍。'可證解舍爲免除兵役。高其解舍者，提高免除兵役條件也。"存參。甬官,主斗斛之官。《禮記·月令》:“仲春角斗甬,正權概。”注:“甬,今斛也。概,平斗斛者。”“概”即“槩”字。此謂餘子在役者有主斗斛之官賦之食,而食則有概,不得多也。甬官與食槩文相對,或讀官食槩連文者,非也。

不可以辟役,而大官未可必得也,則餘子不游事人,則必農,農則草必墾矣。

【校】

朱本,“辟役”作“辟伇”。

品節本,“大官未可必得也”作“大官必得也”。

【注】

《校正》:《文選·阮嗣宗詣蔣公奏記》“辟書始下”,蔡伯喈《郭有道碑文》“遂辟司徒掾”李善注,並云“辟,猶召也”。

《發微》:胡曰:辟,召也。

《新釋》:賢才者乃任大官,故云不可必得。餘子不游事人,言不游事人以求官。《周禮·師氏》:“凡國之貴游子弟學焉。”注:“貴游子弟,王公之子弟。游,無官司者。”《禮記·曲禮》:“宦學事師。”

《斠詮》:“餘子不游事人”句,當重。

《解詁定本》:家大人(朱孔彰)曰:“《廣雅》:‘甬,常也。’謂餘子有常官食數。槩,即《曲禮》‘食饗不爲槩’之槩。注:量也。量其食而不可避役,大官未可必得,故餘子不游事人,則必農矣。”師轍按:《境内》篇:“其庶子役其大夫月六日,其役事也,隨而養之。”是秦餘子有力役之制。匯函注:甬,斛也。槩,平斗斛者。甬官,謂量其官。食槩,謂量其食。使餘子之官與食,一取足於農,不使之游事人而避役,以求官爵也。

《箋正》:此節文有脱誤,無可依以校理。然綜觀上下文,其大旨可以推知。商君法意謂:餘子不容倚賴家長坐食,必令役於官公,量庸受食,且不能僥倖辟役。夫役不能辟,而大官又未可必得,因大官須具才能，且有首功而後得超遷也。則餘子何樂乎游事貴人，而自苦於不可辭之役哉？餘子不樂游事人，自然惟農之歸，而草必墾矣。

《校釋》：辟與避同。

14. 國之大臣諸大夫，博聞、辯惠、游居之事，皆無得爲，無得居游於百縣，則農民無所聞變見方。

【校】

范本、綿眇閣本、吴本、程本、馮本、朱本、褒異本、且且庵本、品節本、匯函本、奇賞本、秦駿生本、四庫本、問經堂本、指海本、崇文本，“惠”作“慧”。

《繹史》引，“惠”作“慧”。

馮抄本，“辯惠”作“辨惠”，“無得爲”作“無得”，“無得居游”作“無爲居游”。

初校本，“辯惠”作“辨慧”。

【注】

朱本注：聞變見方，聞見改觀異方之物。

《解詁》：《法言·重黎》注：“方，比也。”聞變見方，言聞而隨之變，見而欲與比也。

《發微》：《治要》引《尸子》：“今諸侯之君，廣其土地之富，而奮其兵革之強以驕士，士亦務其德行，美其道術以輕上，此仁者之所以鄙也。”《管子·宙合》：“方明者察於事。”注：“方謂法術。”《管子·任法》：“皆設私立方，以教於國。”注：“方謂異道術也。”

《新釋》：國之大臣博聞，能察奸也，博聞謂不壅於聞。辯慧爲亂之贊，《管子·法法》：“故言有辯而非務者，行有難而非善者，故言必中務，不苟爲辯，行必思善，不苟爲難。”此辯慧謂苟辯之類。事，士也。爲同僞，詐也。無得居游於百縣，防其惑民。變，辯也。方同放，蕩也。

《斠詮》：《易·象上傳》“后不省方”，注云：“方，事也。”此“方”字亦當訓爲事。言博聞辯慧之人無得居游於百縣,則農民無自而見聞事變也。

《解詁定本》:家大人(朱孔彰)曰:"方當作放,農民不放效居游也。"

《箋正》:(引王説,文見上。)謹案:……此方字,高可訓爲方術,淺亦可訓爲方技,蓋使農民不得見異思遷,而後能專力於農事。此商君之用心,亦即漢文帝"雕文刻鏤,傷農事者也"之意也。

《校釋》:(引嚴説、簡説,文見上。)按,簡説較優。

《香草續校書》:居,依《説文》重文作"踞"。亦與倨通。游居者,游踞也。《大戴·曾子立事記》云:"巷游而鄉居者乎?"説見前彼校。下文居游同。

《錐指》:(引朱説,文見上。)禮鴻案:此説是也。惟"方"字自有比方依效之義,無須改作"放"耳。朱氏父名孔彰,字仲我。

農民無所聞變見方,則知農無從離其故事,而愚農不知,不好學問。愚農不知,不好學問,則務疾農,知農不離其故事,則草必墾矣。

【校】

馮抄本,"知農不離其故事"作"知知農不離其故事"。

【注】

《發微》:離,列也,見《楚辭·招魂》注。謂羅列其故事也。

《解詁》:知,讀去聲,下同。

《新釋》:故,舊也。事,業也。愚農不知,不好學問。言愚農亦必學問以求農之進步。知,致也,《孟子》書:"千歲之日至,可坐而致也。"致即知也。

《斠詮》:知讀爲智,下文三"知"字同。("則草必墾矣"之上)依文例當增"愚農務疾農"五字。

《解詁定本》:務疾農,疾,急也,謂急於農務。師轍按:上節欲使庶子皆受役,此節欲使大臣不游居,皆所以振勤儉之風,使用力於農。

《校釋》:知農之"知",讀爲智,下"知農"同。務疾農,謂須從速力田也。

《錐指》:("則務疾農")此下當有"愚農疾農"四字。

15. 令軍市無有女子;而命其商,令人自拾甲兵,使視軍興;

【校】

初校本,"拾"作"給",注:秦本、范本作"自拾",此依元本。

《發微》:自拾,《七國考》引同秦、范本。

【注】

馮本:令軍市之商不得私畜子女。拾,掇拾,收拾也。軍興,行軍之糧食用度也。

品節本注:令軍市之人不得私畜子女。拾,掇拾,收拾也。軍興,行軍之糧食用度也。

《發微》:此西法用商爲兵之意。使視軍興者,言團結商人爲兵,使自防衛,視軍興之制也。

《解詁》:馮其昶先生曰:"'商令'二字連讀,謂商之禁令。"軍市無得有女子,恐其亂人心也。使人自給甲兵,視軍興時之例。《禮記·曲禮》疏:"兵,器仗之名。"《周禮·司兵》注:"五兵者,戈、殳、戟、酋矛、夷矛。"《説文》:"兵,械也。"

《新釋》:《書》"臣妾逋逃",疏謂"古人或以婦女從軍"。《墨子·備城門》:"守法……丁女二十人。"此命其商,故特禁其從軍。今東西各國坐商得以女子爲之,即此意。給,足也,備也。甲,胄也。兵,械也。《周禮·司兵》掌五兵:戈、殳、戟、酋矛、夷矛。

《斠詮》:視,比也。

《解詁定本》:《史記·馮唐傳》:"軍使(編者按:使當作市)之租,皆用自饗士。"索隱:"謂軍中立市。"視,比也。興,起也。

《校釋》：軍市，軍營旁所設之市場也。王説："視，比也。"按視亦可釋爲同，同於軍興之時也。

《錐指》：軍市之商常依軍之勢以巧偷豪奪，既仰於軍以取贏，故因多賦以軍實，亦所以抑之也。軍興之時，人給甲兵，平時則否；軍市之商，平時亦賦之。

又使軍市無得私輸糧者，則奸謀無所於伏。

【校】

馮抄本，"糧"作"量"。

【注】

《新釋》：軍糧皆由官辦。軍市，謂軍中立市。《史記·馮唐傳》："軍市之租，皆用自饗士。"輸，委輸也，即以車遷賄之意。《孫子》："國之貧於師者遠輸。"於，處也。

《解詁定本》：《説文》："輸，委輸也。"先大父（朱駿聲）曰："以車遷賄之意。"《左傳》："輸粟於晉。"伏，藏也。

盜輸糧者不私稽，輕惰之民不游軍市。

【注】

馮本、品節本、匯函本注：稽，留也。不許軍市中無關傳而輸糧，不許軍市中買私輸之糧食，盜糧者即發覺不得私留。私輸即盜糧也。

《讀諸子札記》：私輸糧，即下所云盜糧，謂奸民私售者也。輸糧者不私稽，即下所云送糧，謂官役輸送者也。不私稽，謂予以程限，不得稽留也。輸糧上不當有"盜"字，下文云，"今送糧無取僦，無得反庸，車牛輿重設必當名，然則往速來疾，則業不敗農"。即輸糧者不私稽之義。

《發微》：（於"私"句絶。）稽，《説文》："留止也。"《周禮·地官》序官"胥師司稽"，注："司稽，察留連不時去者。"

《新釋》：稽，留也。言没收入官而不得私留。游，謂游居也。

《解詁定本》：稽，留也。

《校釋》：稽，留也。不私稽，不私自扣留也。

《香草續校書》：此"盗"字涉下文而衍。下文云，盗糧者無所售，乃承上文"又使軍市無得私輸糧者，則奸謀無所於伏"也。又云，送糧者不私，即承此"輸糧者不私"也。明此"輸"上不得有"盗"字。

盗糧者無所售，送糧者不私，輕惰之民不游軍市，則農民不淫，國粟不勞，則草必墾矣。

【注】

《讀諸子札記》："送糧者不私"五字，重複無義，當爲衍文。今輒正其文云："又使軍市無得私輸糧，則奸謀無所於伏。輸糧者不私稽，則輕惰之民不游軍市。盗糧者無所售，輕惰之民不游軍市，則農民不淫，國粟不勞，則草必墾矣。"今本有脱文，有複文，遂不可曉。

《發微》：《管子・小匡》"犧牲不勞"，注："過用謂之勞。"

《解詁》：令軍市不得私輸糧，則接濟奸人之弊免，輸糧者不私留，則無所售矣。農民不淫，承無有女子言；國粟不勞，承無得私輸糧言，謂無輸送之勞也。

《新釋》：售同鬻，賣也，《説文》作"𩟗"。《管子・海王》篇："𩟗鹽於吾國。"送即輸也。淫，放濫也。《周禮・宫正》："去其淫怠。"國粟，公粟也。勞，賚也。言國粟不賚於民，留以備軍實。《周禮・倉人》："有餘則藏之，以待凶而頒之。"農不淫則常有餘，自不至有凶頒之事。

《解詁定本》：《管子・小匡》："犧牲不勞，則牛馬育。"房注："過用謂之勞。"(引陶説，文見上。)師轍按：陶校亦有所見，故附録之。

《新箋》：陶鴻慶曰："輸糧上不當有盗字，送糧者不私五字重複，衍文。"亨按：細勘此文，第一"盗"字下當脱"糧者無所售"五字，"盗糧者無所售"爲句，下文之"盗糧者無所售"一句，正是重述前文，是其證。第三"私"字下當脱"稽"字。"送糧者不私稽"正是重述上文之

“輸糧者不私稽”,是其證。商氏之意,乃謂“又使軍市無得私輸糧者”,其結果,總言之,是“奸謀無所於伏”;分言之:其一是“盜糧者無所售”,因其運不出也;其二是“輸糧者不私稽”,因其無私可營,不致遲格也;其三是“輕惰之民不游軍市”,因其無利可圖也。此三種結果又産二種結果,即“農民不淫,國粟不勞”。故重述前文而加論斷曰:“盜糧者無所售,送糧者不私稽,輕惰之民不游軍市,則農民不淫,國粟不勞。”陶校非是。

《錐指》:勞謂耗折也,參《農戰》篇“此謂勞民”説。

16. 百縣之治一形,則從,

【校】

馮本,“形”作“刑”。

【注】

《校正》:“形”爲“刑”之假。《易·鼎》“其刑渥”,李氏集解:“今本刑作形。”《孝經》“形於四海”,《釋文》:“形字又作刑。”是“形”、“刑”互通。一形猶一成也。《禮記·大傳》“百志成故禮俗刑”,《學記》“教之不刑”,鄭注並云:“刑,猶成也。”

《發微》:形,猶成也。

《解詁》:“則從”二字屬上。《禮記·樂記》注:“從,順也。”言法創畫一則民從。

《新釋》:言政治齊一而民從服。

《箋正》:百縣之治一形,謂國於各縣政治,有一定之法式。

《校釋》:一,統一也。形,體制也。各縣施政統一體制也。(“則從”屬下讀)按,“從迂者”之“從”字,難解,且與下文不一,疑衍,今删。

《錐指》:近人陳啓天曰:“刑,體制也。”

迂者不敢更其制，

【校】

四庫本，“迂”作“遷”。

【注】

馮本、匯函本以“迂”連上“從”字讀，注：從，去聲。從迂，從私曲也。

朱本、品節本以“迂”連上“從”字讀，注：從迂，猶骫法者。

《札迻》：下文云“迂者不飾，代者不更，則官屬少而民不勞”。則此當作“則從迂不飾，代者不敢更其制”。今本脱“飾代者不”四字，與下文不相應。

《發微》：“迂者”疑當作“行者”，形近而訛，下言行不飾可證。

《解詁》：迂者，謂泥於古之人。

《新釋》：迂，誇也。

《解詁定本》：《晋語》“不度而迂求”，韋注：“迂，邪也。”制，法度也。

《箋正》：（引孫説，文見上。）謹案：孫補三字似較順適，但從迂不飾，匪夷所思。以蒙見，此處定有脱訛，而“迂”字尤須審定。蓋迂訓回、訓邪，從迂不飾及迂者不飾，均不成文語，上下文自然不相應。紬繹“官屬少而民不勞”句，則“迂”字似應作“迁”。按迁從干，有干求之義。百縣之治一形，謂國於各縣政治，有一定之法式。則干求官位者，不得有所緣飾以濟其私；代起而任官者，亦不敢私擅更動地方之政制，故官屬少而民不勞。官屬少，則徵斂亦不至有法外之煩苛，而有益於農政矣。但商君原文究竟如何，仍未敢斷。

《校釋》：（據《札迻》補正爲“迂者不飾，代者不敢更其制”。）迂，曲也，邪曲也。迂者不飾，謂邪曲之官，不能有所矯飾也。

《錐指》：（引孫説，文見上。）王時潤依孫説補不飾代三字，曰：“從迂二字無義，當爲徙遷之訛。蓋從俗作従，與徙形近，遷俗作迁，與迂形近，故徙遷二字訛從迂耳。下文迂者亦遷者之訛。徙遷指舊令長言，猶今人所謂前任。代者指新令長言，猶今人所謂後任。此言百縣令長之政治須活動於同一法令形式之中，前任遷徙時固不得任意僞飾，後任替代時亦不敢借故紛更。”

過而廢者不能匿其過舉，

【校】

范本、綿眇閣本、吴本、程本、馮本、朱本、褒異本、且且庵本、品節本、匯函本、奇賞本、秦駿生本、四庫本、問經堂本、指海本、崇文本、初校本“舉”上無“過”字。

《繹史》引，“舉”上無“過”字。

初校本注：秦本作“匿其過舉”。

《發微》：秦本作“匿其過舉”，是也，以下即承言之。

【注】

《解詁》：過，誤也。

《新釋》：過，失也。廢，發也。舉謂糾舉。《周禮・大司徒》所謂相賙是也。《史記・商君列傳》：“事末利及怠而貧者舉以爲收孥。”

《解詁定本》：匿，藏也。

《香草續校書》：（所據本作“過而廢者不能匿其舉”。）此文無義。據嚴萬里校引秦四麟本作“匿其過舉”，當從之。下文云“過舉不匿”，則“舉”上有“過”字明甚。惟下句既有“過”字，則上句不當有“過”字，蓋“過”字脱於下，即衍於上耳。當本作“而廢者不能匿其過舉”。過舉即其廢之實迹也。

《錐指》：嚴萬里曰：“秦本作匿其過舉。”禮鴻案：此蓋謂有過當廢者，人必舉之，不得匿也。《立本》篇曰“舉必得而法立”，亦謂舉其過也。下句“過舉不匿”，謂有過則必被舉發而不得匿，“過舉”二字不連讀。此句“匿其舉”，秦本作“匿其過舉”，“過”字乃校者誤讀下句而增之，不當從。

過舉不匿，則官無邪人。迂者不飾，代者不更，則官屬少而民不勞。

【校】

四庫本，“迂者”作“遷者”。

秦駿生本，“飾”作“餙”。

【注】

馮本、品節本、匯函本注：官雖私曲不得亂法，官非其人則廢。廢則舉明廢明舉不敢匿也。代者非其人亦不得更。如此，則官屬少矣。

《解詁》：迂者謂泥於古之人。過，誤也。言百縣之刑一則制定，雖迂者不敢更變，誤而變者不敢匿其事，過舉不匿，則官不欺而無邪人矣。迂泥古者不援古以飾其説，後有代者亦不更變成法，官屬雖少，事亦易理，官少事簡，民自不勞。官清正則民不疑上。

《解詁定本》：飾，謂文飾也。

《新釋》：迂者不飾，加飾則變其本初。代，更卒也。不更者，謂免官役，下故云民不勞。《漢書・食貨志》“月爲更卒”，如淳曰：“更有卒更、踐更、過更。”

官無邪則民不敖，民不敖則業不敗。

【注】

《解詁定本》：《管子・宙合》“若敖之在堯也”，房注：“慢而不恭曰敖。”

《新釋》：敖，放也。

《斠詮》：敖與遨通，謂遨游也。

官屬少，徵不煩，民不勞，則農多日。

【注】

《諸子平議》：“徵”上當補“則”字，方與通篇文法一律。

《校正》:當依俞説,"徵"上補"則"字。

《新釋》:官役皆徵於民。徵,召也。多日,言有餘日。

《解詁定本》:徵,召也。農多日,謂農有餘日也。

《校釋》:(引俞説,補"則"字。)徵,謂徵役也。

農多日,徵不煩,業不敗,則草必墾矣。

【校】

馮本、馮抄本,"徵不煩"作"徵不知煩"。

范本、程本、四庫本,繹史引,"徵不"下有缺文一字。

17. 重關市之賦,則農惡商,商有疑惰之心。

【校】

馮抄本,不叠"商"字。

【注】

《新釋》:《周禮·大宰》"以九賦斂財賄,七曰關市之賦"。賦,《説文》云"斂也"。

《解詁定本》:《周禮·大宰》"以九賦斂財賄,七曰關市之賦",家大人(朱孔彰)曰:"惡商,謂不肯爲商也。"

《錐指》:("則農惡商")惡爲商也。

農惡商,商疑惰,則草必墾矣。

【注】

《校釋》:"惡"字讀去聲。

18. 以商之口數使商,

【注】

《發微》:口數,即上"食口之數"。使,即上"賦而重使之"。

《新釋》：口數，謂人口之數。使，役也。

令之厮輿徒重者必當名，

【校】

范本、綿眇閣本、吴本、程本、朱本、褒異本、且且庵本、馮抄本、四庫本、問經堂本、指海本、崇文本，“厮”作“斯”。

《繹史》引，“厮”作“斯”。

《發微》：（“厮”）《七國考》引作“㒋”。

《解詁定本》：厮，各本皆作“斯”。

【注】

朱本注：使商令，即後三官中之商官。（編者按：此注乃合上句“使商”二字與本句首“令”字連讀。）

《校正》：《漢書・嚴朱吾丘主父徐傳》“厮輿之卒”，沈氏疏證云：《鶡冠子・博選》篇：“四曰厮輿，五曰徒隸。”何休《公羊詁》：“刈草爲防曰厮。”重者，童之假，哀十一年《左傳》“童汪錡”，《禮記・檀弓》“童”作“重”，古從重、從童之字多通用，詳陳氏《禮記鄭讀考》。

《發微》：《淮南・兵略》“無淫輿，無遺輜”，注：“輿，衆也。”

《斠詮》：《吕氏春秋・音初》篇高誘注訓“之”爲“其”，此“令之”亦當訓爲“令其”。厮，崇文本作“斯”，蓋即“之”字舊注誤入正文。重，當作“衆”，聲近而誤。《商子》之意蓋謂令其輿徒衆者必當名耳。故上文曰“以商之口數使商”。

《新釋》：厮，使也。《公羊・宣十二傳》“厮役扈養”，注：“刈草爲防者。”輿，衆也。《左・昭七傳》：“皂臣輿。”《管子・治國》：“厮輿之事。”徒，步行也。《傳》有“徒兵”，謂步兵耳。《吕覽・决勝》：“雖厮輿白徒，方數百里皆來會戰。”重同童，使也。《易・旅》：“得童僕，貞。”當名，言必親赴。者同諸，皆也。

《解詁定本》：《説文》有“斯”無“厮”，“厮”乃“㽄”之訛。斯，析也。《漢書・嚴助傳》“厮輿之卒”，顔注：“析薪者也。”《淮南子・覽冥》“厮徒馬圉”，高注：“厮，役也。”徒，衆也。《左傳》“皂臣輿”，服虔注：“輿，衆也。”又“重器備”，注：“重猶多也。”蓋令商役人衆多者，必當名應役耳。

《箋正》：厮即厮養，與輿徒同類，原文不誤。重亦可通，不必定改爲“衆”。古制力役之徵除在官者惟奴隸厮輿之屬不當名。商君癈井田，力役數十倍於周制。鄭樵《通志·食貨志》引漢孝武即位董仲舒説上曰“古者税民，不過什一……至秦則不然，用商鞅之法，又加月爲更卒，已復爲正，一歲屯戍，一歲力役，至三十倍於古”云云。然雖如是，而奴隸厮輿之屬仍不當名。如本書《境内》篇：“四境之内，丈夫女子皆有名於上，生者著，死者削。其有爵者乞無爵者以爲庶子，級乞一人。其無役事，其庶子役其大夫月六日；其役事，隨而養之。”此有爵者所乞之一人自然爲不當名之身。鞅以農戰圖強，雅不欲人口多流於傭奴以病國，故於有爵者方且限其庶子之數，而令民家富子壯分異，家貧子壯出贅，民有二男以上不分異者則倍其賦。凡此皆欲驅民於本作，使爲國供役者衆。商賈貿遷有無，操奇計贏，其力足以蓄養惰民而爲之厮養。商人多一厮養或輿徒，即國家少一力農勤戰之良民，此豈商君所容許！故曰以商之口數使商，令之厮輿徒重者必當名，蓋謂商之口數既依正供而輸役，即其厮養家丁，在官屬或農家得不當名者，在商仍須輸役當名。重者必當名，言重出者即必令當名耳，並無俟乎其衆多而後當名也。此其意在困商，使商歸農。故下文緊接曰則農逸而商勞。如王説輿徒衆者而後令當名，則亦何足勞商哉！

《校釋》：名，猶今言户口登記，當名，謂與户口登記相合。厮輿徒重者，即厮役衆多而未經登記者。既以口數使商，則未經登記之厮役在所不許，故曰當名。

《新箋》：厮輿徒重四字皆奴僕之名也。《廣雅·釋詁》：“厮，使也。”謂厮是役使之人也。《左傳·昭公七年》：“人有十等，故王臣公，公臣大夫，大夫臣士，士臣皂，皂臣輿，輿臣隸，隸臣僚，僚臣僕，僕臣臺。"是輿者奴隸之屬也。《廣雅·釋詁》:"徒,使也。"亦謂徒是役使之人也。重借爲童,《説文》:"童,男有罪曰奴,奴曰童,女曰妾。"《廣雅·釋詁》:"童,使也。"是童者男性奴隸也。"重"、"童"古通用,《禮記·檀弓下》"與其鄰重汪踦往",鄭注:"重皆當爲童。《春秋傳》曰'童汪踦'。"即其證。當名者,注册於官府,按名服徭役也。

《錐指》:(引王説、簡説,文見上。)禮鴻案:簡説大體是也,然以重爲重出,則不知何者乃爲重出?若云商之厮役重出乃當名,則官與農之厮徒重出即不當名乎?愚謂重當作童。《禮記·檀弓》:"與其鄰重汪踦往,皆死焉。魯人欲勿傷重汪踦。"注:"重皆當爲童。"是其例也。《説文》:"男有罪曰奴,奴曰童。"童爲僮奴本字,厮輿徒童四字同類並列,輿徒亦不連讀。下章"車牛輿重設必當名",重亦不作重出解。簡誤解彼文,故並此誤之耳。"厮"崇文本作"斯",指海本同。此"厮"之古字,當是《商君書》舊本如此,後人以今字改之耳。王以爲誤,亦非也。《文選·沈休文奏彈王源》:"罔計厮庶。"注:"《漢書》曰:'有厮養卒。'"薛傳均《文選古字通疏證》曰:"《説文》云:'斯,析也。'毛公《陳風傳》同。是爲厮者本主析薪,故'厮'字即從'斯'字得聲也。《左傳·哀二年》杜預注'去厮役',《釋文》作'斯',云:'如字,字又作厮,音同。'蓋古者'厮'字多借'斯'爲'厮',如《周易·旅》旅初六爻辭'斯其所取災'王注云:'斯賤之役。'何休注《公羊》云:'艾草爲防者曰厮,汲水漿者曰役。'蘇林注《漢書》云:'斯,取薪者。'韋昭曰:'析薪曰厮。''斯'與'厮'古今字耳。"《漢書·嚴助傳》:"厮輿之卒。"顔師古曰:"厮,析薪者。輿,主駕車者,此皆言賤役之人。"《廣韻》:"徒,隸也。""者"疑當作"皆"。當名猶言應役也。

則農逸而商勞。農逸則良田不荒,商勞則去來賫送之禮無通於百縣,則農民不饑,

【校】

范本、綿眇閣本、吴本、程本、馮本、朱本、馮抄本、四庫本、指海

本、崇文本,“則去來賫送之禮”作“則去商喪寡之禮”。

馮本,“商喪寡”旁有小注:“來賫送。”

馮抄本,“商喪寡”旁有小注:“來齎送。”

問經堂本“送”字下注:上二字各本作“商喪寡”,今從鄭本。

褒異本、且且庵本、匯函本,“賫”作“齎”。

指海本於本句下注:此句有誤,《七國考》作“則去來齎送之禮”,疑以意改。

【注】

《解詁》:農勉則良田不荒,商勞則去來賫送之禮自必減損而不流通於百縣,故農可力農而不饑,風俗不奢行自無所藻飾。

《新釋》:賫,《説文》作“齎”,持遺也。禮,履也,穀也。

《斠詮》:此處依本書文例,疑當增“良田不荒”及“去來賫送之禮無通於百縣”二句,於義方備。

《解詁定本》:賫,俗字,當作“齎”,明評校本正作“齎”。《説文》:“齎,持遺也。”《廣韻》:“齎,祖稽切。”馮覲本亦作“賫送”,綿眇閣本、吴本、范本、四庫本作“商勞則去商喪寡之禮無通於百縣”,指海本同,錢校云:此句有誤,《七國考》作“則去來齎送之禮”,疑以意改。師轍按:作“齎”是。嚴校作“賫”,不注明從何本。

《錐指》:《廣韻》:“齎,遺也,送也。賫,俗。”《七國考》引作“齎”。良田不荒故。“饑”當作“飢”。《説文》:“穀不熟爲饑。飢,餓也。”義别。後仿此。

行不飾。

【校】

馮抄本、秦駿生本,“飾”作“餙”。

【注】

《新釋》:飾,僞也。《爾雅》作“食”。

《錐指》:齎送無通於百縣故。飾,爲淫服觀美也。

農民不饑，行不飾，則公作必疾，

【校】

范本、程本、四库本，“農民不饑”句“民”字作缺文□或注“缺”字。

《绎史》引“農民不饑”作“農□不饑”。

綿眇閣本、吴本、朱本、褒異本、且且庵本、品節本、匯函本、奇賞本、秦駿生本、問經堂本、崇文本，“農民不饑”作“農不饑”。

指海本“饑”字下注：此“民”字程本空一格，依上文補。

《解詁定本》：此句各本無“民”字，程本、范本皆空一格。錢校云，依上文補。輸按：馮覲本有“民”字。

馮抄本、奇賞本，“飾”作“餙”。

秦駿生本，“飾”作“餝”。

范本、程本、四庫本，“則公作必疾”作“則公作□（或注缺字）必疾”。

《繹史》引，“則公作必疾”作“則公作□必疾”。

馮本、馮抄本，“則公作必疾”作“則公作不必疾”。

【注】

《發微》：《農戰》：“先實公倉。”則公作者，公田也。

《新釋》：作，爲也，事也。

而私作不荒，

【校】

匯函本，“不荒”作“必荒”。

《發微》：《七國考》引，作“而私必荒”。

【注】

《發微》：私作者，私田也。

《校釋》：公作，謂役於官。私作，謂力田。

《斠詮》：依本書文例，此下當增“公作必疾而私作不荒”九字。

則農事必勝。

【注】

《新釋》:勝,美也。《管子·治國》:"農事勝則入粟多。"

《錐指》:勝,任也,堪也。

農事必勝,

【注】

《讀諸子札記》:"農事"下"必"字,涉上句而衍。

《斠詮》:兩"勝"字均當讀爲勝任之"勝"。

《解詁定本》:轍按:各本有"必"字,陶校非。

則草必墾矣。

19. 令送糧無取僦,無得反庸,

【校】

范本、綿眇閣本、吳本、程本、褒異本、且且庵本、馮抄本、奇賞本、四庫本、問經堂本、崇文本,"令"作"今"。

《繹史》引,"令"作"今"。

【注】

馮本注:取僦,載之取雇。反庸,攬私載而歸也。如此則往來價也遲久,農事廢弛矣。僦,雇載也,賃也。(編者按:此注文字有舛錯,朱師轍引馮本注與此不同,見下。)

品節本、匯函本注:取僦,取雇載之價也。反庸,攬私載而歸也。如此則往來遲久,農事廢弛矣。僦,雇載也,賃也。

《校正》:《漢書·鄭當時傳》"任人賓客僦",顏注:"僦謂受雇賃而載運也。"又《酷吏·田延年傳》"初,大司農取民牛車三萬兩爲僦",注:"僦,謂賃之與雇直也。"

《發微》:《韓非·外儲左上》"賣庸而播耕者",《漢書·匡衡傳》"家貧,庸以供資用"。俊曰:庸讀爲"傭"。

《解詁》:《廣雅·釋言》:"僦,賃也。"《論語·述而》皇疏:"反,重也。"

《新釋》:送糧,送軍糧也。僦,雇也,謂雇傭。無得反庸,言不給以工價。反,報也,酬也。庸同傭,均直也。

《解詁定本》:馮覲本注:"取僦,取雇載之價也。反庸,攬私載而歸也。如此,則往來遲久,農事廢弛矣。僦,雇載也,賃也。"師轍按:庸借作傭。

《錐指》:庸讀爲傭。《玉篇》:"僦,賃也。傭,賃也。"往曰僦,返曰庸,文相避耳。此謂送糧之車無論往返皆不得私受人載而取值,致載重行遲也。

《校讀》:《續古文奇賞》"僦"下有"價也"二字,當是"僦"字旁注誤作正文。

車牛輿重設必當名,然則往速來疾,

【校】

范本、綿眇閣本、吴本、程本、朱本、馮抄本、四庫本、指海本、崇文本,"重"作"設"。

《繹史》引,"重"作"設"。

問經堂本"重"下注:各本作"設",今從鄭本。

指海本"設"字下注:此"設"字《七國考》作"重"。

初校本,"來"作"徠"。

匯函本,"名"作"民"。

品節本,無"速"字。

《解詁定本》:徠,各本皆作"來"。

【注】

馮本、品節本、匯函本注:重,糧食輜重也。

《校正》:庸、重,亦"傭"、"童"之省假,當"僦"字句、"牛"字句,謂送糧者無得雇賃人,亦不得反賃車牛,其家設有輿童,則必當名也。

《發微》:胡曰:"重者童假,當'僦'字句、'牛'字句……"俊曰:"重"字不必改。《吕覽·上農》:"農不上聞,不敢私籍於庸,爲害於時也。"上聞即當名也。

《新釋》:設,使也,役也。

《解詁定本》:《廣雅》:"輿,載也。"《説文》:"設,施陳也。"謂回時車牛多載貨物,必罰之當名應役。或以"設"爲"役"之誤字,屬下讀,亦通。馮覲以"車牛輿重"爲句,"設"屬下讀,注:"重,糧食輜重也。"

《錐指》:牛以挽車輿者。《漢書·韓安國傳》:"王恢、李息别從代主擊輜重。"顔師古曰:"重,謂載重物車也。"車牛皆徵發之,則載少車輕行速。

《箋記》:輿重,即上文之廝徒輿重。

則業不敗農。業不敗農,則草必墾矣。

【校】

《發微》:《七國考》引,"然則"以下至本句作"然則往來疾,則農業不敗。農業不敗,則草必墾矣"。

20. 無得爲罪人請於吏而饟食之,則奸民無主。

【注】

《解詁》:《爾雅·釋詁》:"饟,饋也。"《漢書·食貨志》注:"饟,古餉字。"

《新釋》:囚糧當因公備,故不饟食。《説文》"盈,从皿,以食囚",即此意。饟,饋也。不饟食則私人之律來絶,故無有主其謀者。主謀,今律稱教唆。

《錐指》:《爾雅·釋詁》:"饟,饋也。"郝懿行《義疏》曰:"《説文》云:'饋,餉也。'《漢書·食貨志》及《後漢書·章帝紀》注並云:'饟,古餉字。'《玉篇》餉，式亮切，饟，式尚、式章二切。是饟餉聲義同。"

奸民無主，則爲奸不勉。

【注】

《諸子平議》："勉"當爲"免"，言爲奸者不得免也。

《校正》：勉，猶勸也。《去強》篇"農困而奸勸"，可悟其義。俞云"勉當爲免，言爲奸者不得免也"，大誤。

《發微》：胡曰："勉，猶勸也。"《去強》："農困而奸勸。"胡説是。

《新釋》：勉同免，謂幸免也。

《斠詮》：勉疑當讀爲勸勉之"勉"。

《解詁定本》：饟，饋也，謂禁止罪人家屬朋友饋送食物，絶其往來，則奸民無人主使，故心懼不敢爲奸。勉讀勸勉之"勉"。家大人（朱孔彰）則謂"勉"當作"免"，言罪人監禁不給食，則爲奸不免於死。

爲奸不勉，則奸民無樸。

【校】

吴本、朱本、品節本、匯函本、指海本、崇文本、初校本，作"農民不傷，奸民無樸"。

范本、程本，作"農民不傷，奸民□□無樸"。

四庫本，作"農民不傷，奸民缺無樸"。

《繹史》引，作"農民不傷，奸民□□無樸"。

馮本、馮抄本，作"農民不傷，奸民奸民無樸"。

褒異本、且且庵本，"樸"下有"樸根株也"四字。

問經堂本"則"字下注：上五字各本作"農民不傷"。今從施、鄭本。

《解詁定本》：明馮覲本、陳仁錫諸子奇賞本，無"農民不傷"句，作"爲奸不免，則奸民無樸"，與各本異。（編者按：馮覲本此二句作"農民不傷，奸民奸民無樸"，《解詁定本》校疑誤。）

【注】

馮本、品節本、匯函本注：樸，根株相附著也，謂爲奸民匿主也。

《諸子平議》：樸之言樸屬也。《考工記》鄭注曰：“樸屬猶附著，堅固貌也。”字通作“僕”，《詩·既醉》篇“景命有僕”，毛傳曰：“僕，附也。”奸民無樸，謂奸民無所附屬也。

《校正》：當作“爲奸不勉，則奸民無樸”，方與通篇文法一律。俞所據本正如此。

《發微》：奸民無根，與無所附屬義通。《文選·子虛賦》注引《廣雅》：“僕，謂附著於人。”《莊子·則陽》“是聖人僕也”，《釋文》：“僕，司馬本作樸。”

《解詁》：樸，本也，言奸民無可爲根據之也。

《新釋》：樸，叢生也。

《斠詮》：嚴校本及崇文本於“爲奸不勉”下，皆作“農民不傷，奸民無樸”。玆依俞氏《平議》所據本及陳仁錫諸子奇賞本改。

《校讀》：綿眇閣本與奇賞本正同，王說是。

《錐指》：（引俞說，文見上。）禮鴻案：奸民無樸即奸民無主，主如孔子於衛主顔讎由之主。農民不敗即農民不傷。此於文複重無理，疑舊有二本，一本作“無得爲罪人請於吏而饟食之，則奸民無主。奸民無主，則爲奸不勉，農民不傷。農民不傷，則草必墾矣”。一本作“無得爲罪人請於吏而饟食之，則奸民無樸。奸民無樸，則爲奸不勉，農民不敗。農民不敗，則草必墾矣”。校者附記“奸民無樸”至第二“農民不敗”二十一字於“農民不傷”之下，以承“則奸民無主”之“則”字，而其中脱去“爲奸不勉”四字，又相承脱去“農民不傷”四字。其後兩文誤合爲一，致今本不可讀耳。“勉”即務勉之“勉”，不當改“免”。

奸民無樸，則農民不敗。農民不敗，則草必墾矣。

【校】

問經堂本，“奸”前有“本”字。

【注】

《諸子平議》:(所據本作“本奸民無樸,則農民不敗”。)“本”字衍文,因讀者誤以樸爲根株,故衍“本”字耳。鄭寀本於“奸民無樸”下有“樸,根株也”四字,此乃舊解之誤入正文者。“本”字之衍,職此之由。

農戰第三

本篇校勘所據版本：范本、綿眇閣本、吴本、程本、馮本、朱本、褒異本、且且庵本、馮抄本、品節本、匯函本、奇賞本、秦駿生本、四庫本、問經堂本、指海本、崇文本、初校本，共十八種。並參閲了《大事記解題》、《繹史》。

古逸本無本篇。

【題解】

馮本、品節本：退游説之士作壹於農戰。

《發微》：《吕覽·上農》："奪之以土功，是謂稽不絶憂，唯必喪其粃……奪之以兵事，是謂厲禍。"此亦以農對戰言。

《解詁定本》：使民力農事，務戰鬥，則國富強矣。

《錐指》：商君之道，農戰而已矣。致民農戰，刑賞而已矣。使刑賞必行，行而必得所求，定分明法而已矣。他無事矣。本師鍾先生曰："農者著於土，則不易散；少於知慮，則不能詐。不散則壹，不詐則樸。民壹且樸，斯一任上之所用，而無不從矣。是處強國兵爭之世而欲自存以得志於天下者，不可不由之道也。"又曰："人知戰之所以定外也，不知戰之所以安内也。"是又深探商君之用心以爲言也。案《吕氏春秋·上農》篇曰："古先聖王之所以導其民者，先務於農。民農，非徒爲地利也，貴其志也。民農則樸，樸則易用。易用（原書注：用字依畢沅據《御覽》補）則邊境安，主位尊。民農則重，重則少私義，少私義則公法立，力專一。民農則其産複（原書注：讀如《禮記·月令》'水澤腹堅'之腹，厚也），其産複則重徙。重徙則死其處而無二慮。民捨本而事末則不令，不令則不可以守，不可以戰。民捨本而事末則其産約，其産約則輕遷徙，輕遷徙則國家有患，皆有遠志，無有居心。民捨本而事末則好智，好智則多詐，多詐則巧法令，以是爲非，以非爲是。"言重農之意甚悉，故並録焉。

1. 凡人主之所以勸民者，官爵也；

【校】

《大事記解題》引，"者"作"也"。

《解詁定本》：《北堂書鈔》卷四十六引《商君書》："凡人主之所以勸民爵者，官爵也。"

《藝文類聚》五十一卷、五十二卷皆引此文，"者"上無"爵"字，是。《書鈔》誤。

國之所以興者，農戰也。

【注】

馮本注：農以富國，戰以強兵。

《評注》：農戰，猶近人所言商戰。

今民求官爵，皆不以農戰，而以巧言虚道，此謂勞民。

【校】

《大事記解題》引，"而以巧言虚道"作"巧以言虚道者，其國必削"。

【注】

《讀諸子札記》:"勞"蓋"營"字之誤。營讀爲熒,惑也。下文云:"作壹則民不偷營,民不偷營則多力。"與此反正相應。

《新釋》:父(尹乾)説,道亦言也,巧言虚道即上所謂辯慧。勞,呶讙也,《説文》作"嘮"。

《解詁定本》:《廣雅》:"勞,懶也。"

《新釋》:勞民,即懶民。

《新箋》:(引陶説、朱説,文見上。)亨按:二家之説皆不切合文意。竊謂"勞"當讀爲"佻"。《爾雅·釋言》:"佻,偷也。"《國語·周語》:"奸仁爲佻。"是"佻"乃苟且奸巧之義。又"佻"與"恌"同,《詩·鹿鳴》:"示民不恌。"毛傳:"恌,愉也。"愉即《爾雅》之偷,《説文》:"愉,薄也。"《左傳·昭公十年》引《詩》正作"佻"。又"佻"與"窕"通,《詩·大東》:"佻佻公子。"《釋文》:"佻本作窕。"即其證。《廣雅·釋詁》:"窕,淫也。"此文之勞民即佻民、恌民、窕民矣。"勞"與"佻"、"恌"、"窕"古通用,《詩·碩鼠》:"莫我肯勞。"《吕氏春秋·舉難》篇高注引"勞"作"逃",即其佐證。

《錐指》:敝精力於無用,故曰勞民。勞民者,勞其民也。

勞民者其國必無力,無力者其國必削。

【校】

品節本,從"今民求官爵"至"其國必削",共三十五字,無。

【注】

《新釋》:兩"者"字皆同"都",多也。

《解詁定本》:無力謂貧弱,懶民衆則國必貧弱,故國削。

2. 善爲國家者,

【校】

馮抄本,無"者"字。

初校本，無“家”字。

【注】

《新釋》：爲，治也。

其教民也，皆作壹而得官爵，

【校】

吴本、褒異本、且且庵本、匯函本、崇文本，無“其教民也”四字。

范本，“作”下有缺文一字，無“壹”字。

問經堂本“其教民也”句下注：“上四字鄭、吴本無，今從施、程、朱本。”

【注】

馮本注：作壹，謂專務於農戰。

《諸子平議》：皆作壹而得官爵，當作“皆從壹孔而得官爵”。下云“民見上利之從壹孔出”，即承此文而言。下云“則作壹”，乃始言其效。然則此文不得云“作壹”，明矣。

《校正》：俞云當作“皆從壹孔而得官爵”，非也。此句乃總提，下云“民見上利之從壹孔空出也則作壹”，即申説此文。

《新釋》：壹，一也。《管子・治國》：“民作一而得均。”

《解詁定本》：作壹，作事專壹也。《管子・治國》：“作一則田墾。”

《錐指》：此猶言民欲得官爵，必先作壹。“作壹”二字不誤，俞樾欲改爲“從壹空”三字，非。

是故不官無爵。

【注】

《發微》：不官無爵，爵即官也，故下徑[竟]言“不如索官”。

《新釋》：言無功則不得予以爵。官，事也，功也。

《解詁定本》：使民專壹於農戰，而後可得官爵，故無功者不任官與爵。《禮記·王制》:"論定然後官之,任官然後爵之。"

《箋正》:"不官無爵"文意晦塞不完,本篇專言農戰,主旨在令人民求官爵,國家勸民,均一出於農戰,疑"是故"下脱"非疾農力戰"五字,容校補。

《校釋》:舊本俱作"是故不官無爵",文脱意晦,依上下文宜作"是故不以農戰則無官爵"乃明,今改。

《新箋》:"是故不官無爵"一句有脱字,甚明。《韓非子·定法》篇引商君之法曰:"斬一首者爵一級,欲爲官者爲五十石之官。斬二首者爵二級,欲爲官者爲百石之官。"據此,商君之法不官亦可有爵,則此文豈得言不官無爵哉?竊謂此句當作"是故不作壹,不官無爵"。蓋寫者書至第一個"不"字誤認作第二個"不"字,因脱"不作壹"三字耳。此句正承上文"皆作壹而得官爵"而言,作壹者專力從事農戰也。乃言人民不專力從事農戰,則不得爲官,不得有爵也。

《積微居讀書記》:"是故"下疑有脱文。

國去言則民樸,民樸則不淫。

【注】

《發微》:《吕覽·上農》:"民農則樸,樸則易用,易用則邊境安,主位尊。"

《新釋》:樸,質也。

《解詁定本》:去言謂不尚空言。樸,質也。《家語·王言》篇:"民敦而俗樸。"淫,放也。

民見上利之從壹空出也,則作壹,

【校】

馮抄本,"上利"作"土利"。

匯函本,"從壹空"作"從壹從空"。

【注】

朱本注:壹空出,言一孔出也。

奇賞本注:空,孔也。

《籀廎碎金》:空讀爲孔。

《發微》:空讀爲孔。《靳令》:"利出一空者。"《弱民》:"利出一孔,則國多物。"《吕覽·不二》:"夫能齊萬不同,愚智工拙,皆盡力竭能,如出乎一穴者,其唯聖人矣乎。"

《新釋》:利,禄賞也。《禮記·表記》:"事君大言入則望大利。"空,孔也。下云"利出一孔"。

《斠詮》:壹空,猶言一孔,一途。

《解詁定本》:空,竅也,孔也。《荀子·議兵》:"秦民所以要利於上者,非戰無由也。"所謂利出一孔。邵瑞彭云《管子·國蓄》篇:"利出於一孔者,其國無敵。"

作壹則民不偷營。

【校】

《大事記解題》引,本句作"作壹則多力,多力則國強"。

【注】

《發微》:《管子·八觀》:"悦商販而不務本貨,則民偷處而不事積聚。"

《解詁》:言所營之業不偷。

《新釋》:壹則能竱。偷,苟且也。

《斠詮》:營,猶惑也。"偷"字蓋淺人不識文義而妄增,其説詳後,彼處作"不儉營","儉"又"偷"字之訛耳。

《箋正》:王氏每以己意塗改原書,時輒詆爲"淺人妄增"、"淺人不識文義"云云,王氏當然最深最識文義,不敢妄增妄改;而亦不盡然。即如此處原書雖有脱訛,然稍虚心審校,便自豁然,無庸輕詆前人。……此節上文言"國去言則民樸,民樸則不淫",又言"民見上利之從壹孔出也，則作壹，作壹則民不偷營"，下文云"民不偷營則多力，多力則國強"，又云"善爲國者，倉廩雖滿不偷於農，國大民衆不淫於言，則民樸壹"，綜觀上下文義，明明"偷"、"淫"兩字對舉，惟國去言，故民樸，樸，故不淫於言；惟上利從壹孔出，故民作壹，作壹，故不偷於農。淺近曉暢，毫無疑義。然則此處"民不偷營"，"偷"本正文，非何人所增，惟"營"字爲誤衍。次句"民不偷營則多力"，乃雙承上文，其"營"字本係"淫"字，特蒙此文而訛耳。

《校釋》：按"營"、"淫"音同易誤。下句"淫"誤爲"營"，而寫者又於此句"偷"下增"營"字，致成衍文。今據删改。

《錐指》：營，求也，謀也。苟且曰偷，不務農戰而謀爲他務，是偷營也。

民不偷營則多力，多力則國強。

【校】

品節本，從"善爲國家者"至"多力則國強"，共六十五字，缺。

【注】

《新釋》：《荀子・王制》："一則多力，多力則強。"

《解詁定本》：偷營，謂苟且經營。多力，謂富強。

《箋正》："營"疑"淫"字之訛，説見前。

今境内之民皆曰："農戰可避，而官爵可得也。"

【校】

程本、四庫本，"皆曰"作"皆可"。

是故豪傑皆可變業，務學《詩》、《書》，

【校】

品節本、匯函本，"豪傑"作"豪傑者"。

【注】

《新釋》:言於《詩》、《書》外别無所學,若科舉之習括帖然。務,專力也。周制教人以四術,而射、御、書、數等均肄習之,則學固不僅在《詩》、《書》耳。

隨從外權,上可以得顯,下可以求官爵,

【校】

馮抄本,"下可以"作"不可以"。

【注】

《發微》:《墾令》:"無以外權爵任與官。"

《讀諸子札記》:隨即從也,"从"乃"以"字之誤。言既務學而又從以外權也。《墾令》篇云"無以外權爵任與官",即此義。若作"隨從",則非其旨矣。

《解詁》:隨從都邑官長之有權者。《禮記・中庸》疏:"顯,謂光明。"

《新釋》:《説文》:"隨,从也。""从,相聽也。"今經傳多以"從"爲之。

《解詁定本》:《説文》:"隨,從也。"師轍按:陶鴻慶謂隨即從也,"從"當作"从","从"乃"以"字之誤,非。外權,見《墾令》篇,謂外交。《管子・樞言》:"賢大夫不恃宗室,士不恃外權。"

要靡事商賈,爲技藝,

【校】

《大事記解題》引,"技藝"作"被藝"。

【注】

《校正》:要靡當是委靡之意,二字連文。此篇兩言"要靡事商賈,爲技藝",一言"事商賈,爲技藝",可證。

《發微》:《詩·小雅》:"或靡事不爲。"要,亦求也,猶言求無事也。《詩·小雅》"翕翕訿訿",傳:"不供事也。"然則求官爵要靡事者,既貪官爵,又求無事也。

《解詁》:《荀子·富國》篇"僭然要時務民",注:"要時,趨時也。"要靡,謂趨於奢靡。事商賈,謂以商賈爲事。

《新釋》:要,又也。靡,披靡、紛多之貌。經商有國内竟外之别,秦法女子經商於國内,《墾令》篇謂"令軍士無有女子而命其商"是也,男子經商於竟外,《去強》篇謂"金一兩生於竟内,粟十二石死於竟外,粟十二石生於竟内,金一兩死於竟外"是也。此商賈謂男子而營商賈於竟内者耳。技,巧也。技藝,斥作奇器淫巧者而言。

《斠詮》:要靡當讀爲"么麽",《鶡冠子·道端》篇云:"無道之君,任用么麽,動即煩濁。有道之君,任用俊雄,動則明白。"彼以"么麽"與"俊雄"對言,與此以"豪傑"與"要靡"對言同義。且彼處"么麽"二字一本訛爲"幼歷",則此文"要靡"二字疑亦緣聲近而訛。

《解詁定本》:要,求也。靡,浮靡也。言民不務本,趨於浮靡,事商賈,爲技藝,以避農戰,數者具備,危國之道也。

《香草續校書》:"要靡"蓋語辭,此文下又兩見,一同;一止云"事商賈,爲技藝",無"要靡"二字。惟其爲語辭,故可省也。

《積微居讀書記》:本篇兩有此語,"要靡"皆與"豪傑"爲對文,謂細微之人也。"要"假爲"幺",《説文》四下部首:"幺,小也。"張揖注《上林賦》及《小爾雅·廣言》並云:"靡,細也。""靡"字或作"曆",《漢書·叙傳》載班彪王命論:"又况幺曆尚不及數子。"又或作"麽",《鶡冠子·道端》篇:"無道之君,任用么麽;有道之君,任用俊雄。"彼以"么麽"與"俊雄"對言,猶此以"要靡"與"豪傑"對言矣。《廣雅》:"紗麽,小也。"《文選》注引《通俗文》曰:"不長曰幺,細小曰紗。""幺曆"、"紗麽"、"要靡"皆以同音通用矣。"麽"當爲本字,"靡"、"曆"皆假借字。《説文》無"麽"字,乃許君脱漏,不得以爲疑也。

《校讀》:王氏云"要靡"當讀爲"么麽"……案:王説是。

《錐指》:(引王説,文見上。)禮鴻案:王説是也。《漢書・叙傳》:“又況幺麿尚不及數子。”鄭氏曰:“麿音麽,小也。”顔師古曰:“鄭音是也。幺麽皆微小之稱也。”“要”與“幺”,“靡”與“麿”、“麽”,皆同聲。

皆以避農戰。具備,國之危也。民以此爲教者,其國必削。

【校】

馮抄本,“具備”作“且備”。

品節本,“上可以得顯”以下讀爲“下可以求官爵要靡事,商君爲技藝皆以避農”。無“戰具備國之危也”七字。

【注】

《諸子平議》:“具備國之危也”六字乃衍文。下云“要靡事商賈,爲技藝,皆以避農戰,民以此爲教,則粟焉得無少,而兵焉得無弱也”。兩文大略相同,而無此六字,故知此亦不當有矣。

《校正》:六字依俞説當删。

《發微》:俞曰:“具備六字當删。”俊曰:《立本》:“錯法而俗成而用具”,“恃其備飾者謂之巧”。此“具備”六字似非衍。《靳令》:“以避農戰,外交以備,國之危也。”互(編者按:“互”下疑脱“證”字)詳下。又:一説計然子曰“知鬥修備”。《韓非子・顯學》篇:“宋榮子之議設不鬥爭。”據此則具備者言具文耳,故國危。

《解詁》:俞曰:“具備國之危也六字,乃衍文。下文云‘要靡……而兵焉得無弱也’。兩文略同,而無此六字。”具備承上,言學《詩》《書》、事商賈、爲技藝之人具備,國乃危矣。

《新釋》:具同俱,外交也。

《斠詮》:《靳令》篇云“以避農戰,外交以備,國之危也”,“具備”疑“以備”之訛,“以備”上脱“外交”二字,“備”當讀爲“憊”。

《箋正》:俞説近是。實則“具備”二字即謂豪傑事《詩》、《書》,要靡爲商賈技藝等情事均具備也。國之危也,以豪傑事《詩》、《書》等情事具備,乃國家之危機也。

《校釋》：具備，謂學《詩》、《書》從外權之豪傑與事商賈爲技藝之要靡二者具備也。

《校讀》：王氏云"具備"疑"以備"之訛，"以備"上脱"外交"二字，"備"當讀爲"憊"。王説是。

《雜指》：《靳令篇》："外交以備，國之危也。"與此文大同，所未詳也。

3. 善爲國者，倉廪雖滿不偷於農，國大民衆不淫於言，則民樸一。

【注】

《斠詮》："不淫於言"四字當重。

《箋正》：王氏意以爲重"不淫於言"句，而後"則民樸一"句有所承，但"則民樸一"句乃總接"不偷於農"、"不淫於言"兩句者，只重"不淫"句則挂漏，不重亦於文理無關也。

《解詁定本》：《孟子》"富貴不能淫"，趙注："亂其心也。"

民樸一，則官爵不可巧而取也。不可巧取則奸不生，奸不生則主不惑。

【注】

《發微》：《史記・秦始皇紀》、《琅邪台刻石》："奸邪不容，皆務貞良。"

《解詁定本》：惑，亂也。

今境内之民及處官爵者，

【校】

馮本"處"下注："一作取。"

【注】

《發微》：處，居也。

《新釋》:處,居也。

《解詁定本》:處,居也。

見朝廷之可以巧言辯説取官爵也,故官爵不可得而常也。

【校】

馮抄本,"辯"作"辨"。

匯函本,"故官爵"作"故官得"。

【注】

《發微》:不可得而常,即下所謂失常也。

《新釋》:常,當也。

《解詁定本》:官爵不可得而常,謂立談而取卿相,得官不以常道。

《積微居讀書記》:官爵可以巧言辯説取得,則新進隨時可以進用,已在位者時時有見擠之虞,故云官爵不可得而常也。

是故進則曲主,退則慮私,所以實其私,然則下賣權矣。

【校】

馮抄本,"退"作"過"。

【注】

《發微》:《禮記·禮器》"曲禮三千",注:"曲,猶事也。"《説文》:"慮,謀思也。"

《淮南·主術》:"不偏一曲,不黨一事。"

《新釋》:尹乾説:曲,巧也。慮,謀也。實,猶益也。權,柄也,勢也。

《斠詮》:"慮"下"私"字,衍文也。《商子》原文當以"退則慮所以實其私"爲句,下文云"夫曲主慮私,非國利也,而爲之者,以其爵禄也;下賣權,非忠臣也,而爲之者,以末貨也"。正承此文而言,然則"慮"下"私"字,即涉下文"曲主慮私"句而誤衍耳。

《解詁定本》:曲主,謂委曲以悦其主。實,富也。賣權,弄權也。

《校釋》:曲主,蔽主也。

《香草續校書》:曲主猶阿主。下文云"希主好惡,使官制物,以適主心",即所謂曲主也。

《錐指》:《韓非子·忠孝》篇:"天下皆以孝悌忠順之道爲是也,而莫知察孝悌忠順之道而審行之,是以天下亂。皆以堯舜之道爲是而法之,是以有弑君,有曲父。"曲主、曲父"曲"字義同。南通王駕吾先生(焕鑣)曰:"曲父謂欺詐其父也,曲主謂欺其主也。《淮南子·脩務訓》:'而曲故不得容者。'注:'曲故,巧詐也。'是曲有欺詐義。"("然則下賣權矣")賣權於下也。

夫曲主慮私,非國利也,

【校】

馮抄本,"慮私"作"實私"。

【注】

《解詁》:《國語·吴語》注、《淮南·主術》注,並曰:"阿,曲從也。"曲主,謂阿主。

而爲之者,以其爵禄也;

【注】

《新釋》:其,期也。

《錐指》:《禮記·王制》:"王者之制禄爵。"注:"禄,所受食也。爵,秩次也。"

下賣權,非忠臣也,而爲之者,以末貨也。

【校】

馮抄本,"末"作"未"。

品節本,“善爲國者”至“而爲之者以末貨也”,共一百三十八字,無。

【注】

《讀諸子札記》:“末”乃“求”字之誤。

《解詁》:《廣雅·釋詁》:“末,逐也。”

《新釋》:末,逐也。

《解詁定本》:《廣雅》:“末,逐也。”謂爭逐貨利。

《箋正》:“末”疑“求”字之訛。

《校釋》:末,本指商賈而言,末貨,謂財貨;朱釋爲逐貨,誤。

然則下官之冀遷者皆曰:“多貨則上官可得而欲也。”

【校】

品節本,“然則”作“今”;“多貨則上官可得而欲也”,無。

馮抄本,“上官可得”作“上可官得”。

【注】

《新釋》:言行賄以求官。下官,卑官也。《周書》曰:“久空大官下官交亂。”冀,覬也,心有所希求曰覬。遷,登也,升也。《韓非子·八奸》:“官職之遷失謬。”

《解詁定本》:冀,望也。遷,猶升也,小官望升大官者,言財多可以行賄,則大官可得。

曰:“我不以貨事上而求遷者,

【校】

品節本,無“曰”字。

馮抄本,“不以”作“以不”。

則如以狸餌鼠爾，必不冀矣。

【校】

綿眇閣本，“餌鼠爾”作“執鼠耳”。

問經堂本“餌”下注：施本作“執”。

【注】

《發微》：爾，語辭。本書《外内》篇：“是謂設鼠而餌以狸也，亦不幾乎。”“幾”“冀”音義相通□言必無望也。《史記・晋世家》“毋幾爲君”，索隱：[“幾音冀，謂望也。”]《吕不韋傳》“則子無幾得與長子”，索隱：“幾，謂望也。”

《解詁》：以狸之大餌於鼠之小。

《新釋》：狸即貍，伏獸似貙，今野貓也。鼠以家猫捕之，非貍所能。《莊子・秋水》“捕鼠不如狸狌”，則家猫而通稱狸者耳。餌，食也。《前漢書・賈誼傳》：“適足以餌大國耳。”

《解詁定本》：狸，貓也。餌，誘也。綿眇閣本作“則如以狸執鼠耳”，疑以意改。

《校讀》：“耳”、“爾”通用，作“執”誤也。

若以情事上而求遷者，

【校】

褒異本、且且庵本，“事上”作“上事”。

【注】

《發微》：情，實也，即貨之對文。《禮記・大學》“無情者不得盡其辭”，注：“情，猶實也。”《國策・秦策》“請謁事情”，注：“情，實也。”

《新釋》：情，誠也。《左・僖二十八傳》：“民之情僞，盡知之矣。”

《斠詮》：情，猶誠也。

《解詁定本》：以情事上，謂以忠誠事上。

《校釋》：以情事上，即以真情實意事上也。

《錐指》：情，實也。

則如引諸絶繩而求繩枉木也，

【校】

范本、綿眇閣本、吴本、程本、馮本、朱本、褒異本、且且庵本、馮抄本、品節本、匯函本、奇賞本、秦駿生本、四庫本、問經堂本、指海本、崇文本、初校本，下“繩”字作“乘”。

《繹史》引，下“繩”字作“乘”。

馮抄本，“諸絶繩”作“赭繩”。

初校本注：乘，秦本作“繩”，疑誤。

【注】

《解詁》：《説文》：“枉，邪曲也。”引將絶之繩，而求乘登邪曲之術。

《新釋》：乘，繩也。《爾雅》：“繩之，謂之縮之。”《詩》傳引作“乘謂之縮”。

《次室讀書記》：繩者所以正木。《韓非子·有度》篇：“繩直而枉木斲。”《鹽鐵論·救匱》篇：“枉木惡直繩。”《潛夫論·考績》篇：“曲木惡直繩。”此義當與之同。絶者，《史記·天官書》正義“直度曰絶”是也。“乘”疑當作“桀”，《説文》：“桀，磔也。”“桀”、“乘”古字多互誤。《周禮·保氏》“夕桀”，錢大昕《十駕齋養新録》十七云是“互乘”之訛。《淮南·地形》篇“窮奇”注：“足桀兩龍。”證以《山海經·海内北經》：“冰夷，人面，乘兩龍。”則“桀”亦“乘”之訛。此皆其反證也。

《解詁定本》：（所據本“繩”作“乘”。）乘，升也。枉，曲也。邵瑞彭云：“繩者所以正木。”《韓[非]子·有度》篇：‘繩直而枉木斲。’《史記·天官書》（正義）：‘直度曰絶。’‘乘’當爲‘桀’之訛字。《字林》：‘榤，杙也。’‘榤’則‘桀’字，此言桀枉木，蓋謂椓杙之。”

《錐指》：“枉”疑當作“杠”。《爾雅·釋天》：“素錦綢杠。”郭璞注：“以白地錦韜旗之竿。”是杠即竿木，言緣繩以升竿木，繩絶則不得上也。

《校讀》:作"繩"義長,若"乘"則何必枉木? 秦本可從。

愈不冀矣。

【校】

范本、吴本、程本、馮本、朱本、褒異本、且且庵本、馮抄本、奇賞本、秦駿生本、四庫本、問經堂本、錢校本、崇文本,"冀"下多一"之"字。

《繹史》引,"冀"下多一"之"字。

問經堂本注:各本有"之"字,施本脱。

《解詁定本》:末句"冀"下各本多"之"字。

【注】

《斠詮》:崇文本"冀"下有"之"字,誤。此"之"字疑當在下文"二者不可以得遷"句上,作"此"字解。

二者不可以得遷,則我焉得無下動衆取貨以事上,而以求遷乎?"

【校】

綿眇閣本,"不可以"作"不可","而以求遷"作"而求遷"。

問經堂本"而以"下注:各本有"以"字,施本脱。

【注】

《解詁》:言動衆取貨於下。

《新釋》:焉,安也。動,同也。

《斠詮》:此段文法,《韓非子·奸劫弑臣》篇仿之。

《解詁定本》:《墨子·經上》:"動或從也。"孫詒讓《墨子閒詁》謂:"'從'當作'徙'。《經下篇》'宇或徙',此與彼文義正同,彼'徙'字今本亦訛爲'從',可證。《説文·辵部》云'徙,迻也'。'或'當爲'域'之正字。或徙,言人物迻其故所處之地域,是動之理也。"師轍按:孫氏妄改本文曲解，而不知引《商君書》以證明戰國時“動”有“或從”之訓，可見讀書之難。

《箋正》：“我焉得無下動衆取貨”訛，疑作“我焉得無下賣權取貨”。

《錐指》：《淮南子・主術》篇：“貪主暴君，撓於其下，侵漁其民，以適無窮之欲。”撓即動也。《方言》：“賦，動也。”郭璞注曰：“賦斂足以擾民也。”賦即取貨，其義與動相成。

百姓曰：“我疾農，先實公倉，

【注】

《解詁定本》：疾，急也。

《新釋》：公，君也。

收餘以食親；

【注】

《新釋》：言供膳食。

爲上忘生而戰，以尊主、安國也。倉虛、主卑、家貧，然則不如索官。”

【校】

問經堂本，“倉虛”作“食虛”。

【注】

《新釋》：索，求也。

《錐指》：索，求也。

親戚交游合，

【注】

《錐指》：謂其見同。

則更慮矣。

【注】

《發微》:更慮,變慮也,猶言變心。

《解詁》:更,讀平聲,言變疾農之慮。

《新釋》:慮,圖也,言改而圖他。

《解詁定本》:索,求也。言力農無利,不如求官,親戚交游意見合而贊成之,則改變宗旨矣。

豪傑務學《詩》、《書》,隨從外權;要靡事商賈,爲技藝,皆以避農戰,民以此爲教,則粟焉得無少,而兵焉得無弱也。

【校】

品節本,"倉虚、主卑、家貧"至"而兵焉得無弱也",共六十二字,無。

綿眇閣本:"兵焉得無弱"句無"得"字。

4. 善爲國者,官法明,故不任智慮;

【校】

初校本,"智"作"知"。

【注】

《新釋》:《管子·任法》:"聖君任法而不任智。"

《解詁定本》:任,用也。《管子·任法》:"聖君任法而不任智。"

《錐指》:準法而已。

上作壹,故民不營私,

【校】

范本、綿眇閣本、吴本、程本、馮本、朱本、褒異本、且且庵本、馮抄本、匯函本、奇賞本、秦駿生本、四庫本、問經堂本、指海本、崇文本,

“不營私”作“不榮”。

《繹史》引,“營私”作“榮”。

品節本,“善爲國者”至“故民不營私”,共二十字,無。

初校本,“營私”作“儉營”。注:秦本作“不營私。”

【注】

《校正》:(所據本“營私”作“儉營”。)“儉”當爲“偷”字之訛,上文云“作壹則民不偷營,民不偷營則多力”,可據訂。

《發微》:(所據本“營私”作“儉營”。)“儉”爲“偷”訛。上文:“作壹則民不偷營。”

《讀諸子札記》:(所據本“營私”作“儉營”。)“儉”乃“偷”字之誤。“民不偷營”,見上文。

《新釋》:(所據本“營私”作“儉營”。)儉同僉,衆也。

《斠詮》:崇文本作“故民不榮”,當從之。“榮”與“營”通。營,惑也。《淮南・精神訓》“而物無能營”,高誘注:“營,惑也。”即其證。又案:“民不營”三字當重,此言上作壹,則民不惑,民不惑,則國力專也。

《解詁定本》:(所據本“營私”作“儉營”。)“儉營”疑“偷營”之訛,上文有“民不偷營”可證。吴本、程本、馮本、范本、四庫本、匯函本、崇文本,作“故民不榮”,亦誤。

《箋正》:(所據本“營私”作“儉營”。)“儉營”爲“偷淫”之訛,説見前。王詮“營”當從崇文本作“榮”,誤。

《校讀》:王氏云:“崇文本作‘故民不榮’,當從之。‘榮’與‘營’通,營,惑也。……又案:‘民不營’三字當重。”季甫案:天一閣本、文津閣本、綿眇閣本及《續古奇賞》、《百子金丹》,皆作“民不榮”,王説可從。

《錐指》:嚴萬里曰:“秦本作不營私。”禮鴻案:秦本誤,此當作“不偷營”。

《斠補》:案朱説是也。惟“民不偷營”下當迭“民不偷營”四字,文意乃完。上文“作壹則民不偷營。民不偷營則多力”與此句法同。

則國力摶。

【校】

綿眇閣本、吴本、朱本、品節本、秦駿生本，"摶"作"博"。

馮抄本，"摶"作"慱"。

初校本注："摶"古與"專"通。《左傳》："若琴瑟之摶一。"《吕氏春秋》"不收則不摶"，注："人不專一也。"《史記・田齊世家》"摶三國之兵"，注："握領也。"秦本、范本作"摶"，"摶"、"摶"形近致訛。今從元本，下同。

《發微》：《繹史》作"力博"。《史記・秦始皇紀》："摶心揖志。"胡曰："三摶字當作摶。"

【注】

《新釋》：摶，專壹也，《説文》作"嫥"。

《解詁定本》：《管子・霸言》："摶國不在敦古。"房注："摶，聚也。"

《錐指》：摶，聚而凝也。

國力摶者強，

【校】

綿眇閣本、吴本、朱本、品節本、秦駿生本、問經堂本，"摶"作"博"。

馮抄本，"摶"作"慱"。

國好言談者削。故曰：農戰之民千人，而有《詩》、《書》辯惠者一人焉，

【校】

范本、綿眇閣本、吴本、程本、馮本、朱本、褒異本、且且庵本、品節本、匯函本、奇賞本、秦駿生本、四庫本、問經堂本、錢校本、崇文本、初校本，"惠"作"慧"。

《繹史》引,“惠”作“慧”。

馮抄本,“辯”作“辨”。

【注】

《新釋》:有同囿,拘也。《詩》、《書》本善,藉以辯慧則非矣。一人,謂其少。

千人者皆怠於農戰矣。農戰之民百人,而有技藝者一人焉,百人者皆怠於農戰矣。

【校】

四庫本,“百人者”句無“者”字。

初校本,“而有技藝一人焉”作“而有技藝者一人焉”。

【注】

《新釋》:怠,能也。

《評注》:以取官爵之易。

國待農戰而安,主待農戰而尊。

【校】

馮抄本,本句作“國待民戰而安,主待農戰而尊矣”。

指海本“主待農戰而尊”句下注:《文選·策秀才文》注,“主”作“君”。

重校本注:主待,《文選·永明十一年策秀才文》引作“君待”。

【注】

《新釋》:待,恃也。《文選·永明九年策秀才文》“今農戰不脩”注引此,“主”作“君”。

《評注》:餉足則國安,親上則主尊。

夫民之不農戰也，上好言而官失常也。

【校】

范本、綿眇閣本、吴本、程本、馮本、朱本、褒異本、且且庵本、馮抄本、品節本、奇賞本、秦駿生本、四庫本、問經堂本、指海本、崇文本，“常”作“之”。

《百子金丹》，“常”作“之”。

《繹史》引，“常”作“之”。

匯函本，“夫民之不農戰也”作“夫民之不農也”，“上好言而官失常也”作“上好言而官失之也”。

馮抄本，句首無“夫”字。

品節本，農下無“戰”字。

【注】

《發微》：官，即本書《去強》：“農工商三者，國之常官也。”

《新釋》：常，法也。

《評注》：餉足則國安，親上則主尊。上好言論，則官爵偏重游説之士，而民悔農戰之無功。

常官則國治，一務則國富。

【校】

初校本，“一”作“壹”。

【注】

《解詁》：常官，言官久於其職。一務，言政務畫一。

《解詁定本》：（所據本“一”作“壹”。）常官，人無倖進之心，故國治。壹務，民有專一之業，故國富。

《校釋》：（所據本“一”作“壹”。）常官，謂任官有常規。壹務，謂摶民於農戰。

國富而治，王之道也。故曰：王道作外，身作壹而已矣。

【校】

品節本，“常官則國治”至“身作壹而已矣”，共三十字，無。

初校本注：“外”字疑误。

【注】

《校正》：吴（編者按：當作“嚴”）云：“‘外’字疑誤。”案：“外”字不誤。上“作”字當爲“無”，言無外乎身之作壹也，“無”、“作”形近致訛。

《發微》：疑是“王道無外身作壹而已矣”，一句讀，“外”字不誤，“作”字爲“無”字之誤。

《讀諸子札記》：此當云“王道以身作壹而已矣”，“作”字涉下而衍，“以”字隸書作“叺”，因誤爲“外”耳。

《解詁》：“作外身”三字疑皆衍文。

《新釋》：外同乂，治也，安也。

《斠詮》：上“作”字當爲“不”字之訛，“外”字不誤，“身”字疑衍，或爲“乎”字之訛。

《解詁定本》：師轍按：《廣雅》：“外，表也。”王道作天下表率，以身作壹而已矣。嚴按非。陶云：“‘作’字涉下而衍，‘以’字隸書作‘叺’，因誤爲‘外’。”亦可通。

《校釋》：此句原文亦可通。“王道作”逗，其義猶“聖王作”之“作”。外，動詞，猶言去也，離也。身指本身之智慮。“外身作壹”猶言去本身之智慮以作壹也。朱釋“外”爲表率，疑誤。

《積微居讀書記》：“作外”之“作”疑“不”字之誤。

《新箋》：（引陶説、楊説、朱説，文見上。）亨按：陶、楊説無據，朱釋尤誤。蓋“外”之訓表，乃表裏之表，非表率之表，古書中從無用“外”爲表率之義者也。竊謂上“作”字當作“非”，形似而誤。《楚辭・九章・惜誦》：“所作忠而言之兮。”《考異》：“作一作非。”即“非”、“作”互誤之證。王道非外，言王道非外事也。身作壹而已矣，言在乎國君本身能專力於農戰政策而已。語義甚明。

《錐指》:朱師轍曰:"按《廣雅》:'外,表也。'王道當作天下表率,以身作壹而已矣。"禮鴻案:《廣雅》之表乃表裏之表,非表率之表,朱説似是而實非。此蓋當作"王道外言作壹而已矣"。外,謂斥遠之。外言即去言。去言作壹,乃本篇之要旨也。《管子·明法》篇:"所以禁過而外私也。"尹知章注:"外,遺也。"

5. 今上論材能知惠而任之,則知惠之人希主好惡,

【校】

范本、綿眇閣本、吴本、程本、馮本、朱本、褒異本、且且庵本、匯函本、奇賞本、秦駿生本、四庫本、問經堂本、指海本、崇文本、初校本,兩"惠"字皆作"慧"。

匯函本,"論"作"掄"。

秦駿生本,下"知"字作"智"。

《繹史》引,兩"惠"字皆作"慧"。

【注】

《發微》:論,掄也。

《新釋》:論,擇也。《説文》作"掄"。《禮記·王制》:"凡官民材必先論之。"希,摩也。

《評注》:(知)同智。希,伺察也。

《解詁定本》:希,望也。

《錐指》:《國語·齊語》"論比協材",韋昭注:"論,擇也。"《吕氏春秋·當染》篇:"故古之善爲君者,勞於論人。"高誘注:"論猶擇也。"

使官制物,以適主心。是以官無常,

【注】

《發微》:《一切經音義》一引《三倉》:"適,悦也。"《漢書·賈山傳》注:"適,快也。"又曰:"使官制物,以適主心。"猶《月令》所云:"毋或作

爲淫巧,以蕩上心。"

《新釋》:物,事也。適,悦也。

《評注》:物,事也。智慧之人,既能希旨順意,將必使之在官以制事,求適乎人主之心,而後來居上矣。(讀作"是以官無常國"。)原作"官無常國",誤。蓋有一智慧者進,自必去其舊人以爲之地,而舊人不得久於其位。

《解詁定本》:制,專主也。物,事也。適,悦也。

《錐指》:官職有常,器用有數。使與制皆謂能左右之,謂變亂官常。

國亂而不一,辯説之人而無法也。

【校】

馮抄本,"辯"作"辨"。

初校本注:案"辯説"上當有脱文。

【注】

《新釋》:謂言事而不究於法。

《解詁定本》:"人"下當脱"衆"字。

如此,則民務焉得無多,而地焉得無荒?

【校】

品節本,無"今上論材能知惠而任之……而地焉得無荒"六十字。

匯函本,無"而"字。

馮抄本,"則民務焉得無多"句,"無"作"尤"。

問經堂本,"而地焉得"下注:各本有"得"字,施本無。

【注】

《發微》:民務多,不作壹也。

《新釋》:多則不一。務,事也。

《詩》、《書》、禮、樂、善、修、仁、廉、辯、慧，

【校】

馮抄本，"辯、慧"作"辨、惠"。

秦駿生本，"辯"作"辨"。

匯函本、崇文本，"修"作"脩"。

《大事記解題》引，"詩"上有"故"字，"辯、慧"作"辨、惠"。

【注】

《評注》：十者皆儒生所致力。

國有十者，上無使守戰。

【注】

《發微》：《去強》篇十事，又言八者；《靳令》篇二事，當互證。

《新釋》：有，囿也。無使守戰，不農戰也。《管子·形勢解》："民者，所以守戰也。"

《評注》：（讀作"國以十者上，無使守戰"。）以十者上，謂以十者爲上也。儒生柔弱不武，故無可使之守戰。以，舊訛作"有"。

國以十者治，敵至必削，不至必貧。

【校】

《大事記解題》引，無"國以十者治"五字。

【注】

《新釋》：以，用也，言僅用十者以治也。不戰則削，不農則貧。

《評注》：文弱而外不任戰，故削。坐食而内不任耕，故貧。

國去此十者，敵不敢至，雖至必卻。

【注】

《新釋》：尹乾説，去同歉，不足也，言國不以十者爲足，而必再使

守戰。

興兵而伐必取,按兵不伐必富。

【校】

奇賞本,"伐"作"代"。

馮抄本,"按"作"案"。

【注】

《發微》:《去強》:"國興兵而伐,則武爵武任必勝;按兵而農,粟爵粟任則國富。"

《新釋》:按,止也。

國好力者以難攻,以難攻者必興;好辯者以易攻,以易攻者必危。

【校】

馮抄本,上兩"攻"字皆作"功";"辯"作"辨"。

【注】

《新釋》:好力謂尚武。

《斠詮》:("國好力者")"者"下當增"曰"字,曰,猶謂之也。"好辯者"下亦宜增"曰"字。

《解詁定本》:國好力,謂國重農戰。重農戰,則敵難以攻之。

《校釋》:兩"曰"字各本無,義晦。今依《説民》篇"國好力曰以難攻,國好言曰以易攻"補。

《錐指》:"好力者"、"好辯者"下,陳啓天並據《説民》篇補"曰"字。案:不補亦可。難攻易攻,解見《説民》篇。

《校讀》:《商君書》此文凡四見,《去強》、《説民》兩篇作"日以難攻"、"日以易攻";《靳令》篇作"此謂以難攻"、"此謂以易攻"。據此,則前《去強》、《説民》兩處"日"字皆當作"曰"字之訛,而此文亦當有

“曰”字。……朱氏曰:“國好力,謂國重農戰,重農戰則敵難以攻之。”季甫按:朱氏……恐誤。按下《説民》篇“民易爲言難爲用”,“國法作民之所難,兵用民之所易,而以力攻者起一得十;國法作民之所易,兵用民之所難,而以言攻者出十必百”。此“以力攻”、“以言攻”正釋上文“好言”、“好力”,而句法與上“以難攻”、“以易攻”相似,則不當釋作“難以攻”,明矣。按:攻謂攻民也。以難、以易,即以力、以言。《説民》篇“民易爲言,難爲用”,即力也,可以釋此。

故聖人明君者,非盡能其萬物也,

【校】

初校本,“盡能”作“能盡”,注:秦本、范本作“非盡能”。

《解詁定本》:師轍按:各本同秦本。

【注】

《解詁定本》:謂不能盡知萬物。

知萬物之要也。故其治國也,察要而已矣。

【校】

品節本,“知萬物之要也”句,“也”作“地”。

【注】

《發微》:要者,壹也,下言“王者得治民之至要”。

《新釋》:要,樞紐總會也。《吕覽·知度》:“知百官之要也。”

6. 今爲國者多無要,朝廷之言治也,紛紛焉務相易也。

【注】

《發微》:下“夫人聚黨與,説議於國,紛紛焉,小民樂之,大人説之”。

《解詁定本》:紛紛,雜亂貌,謂紛紛務相變更。

是以其君惛於説，

【校】

范本、綿眇閣本、吴本、程本、馮本、朱本、褒異本、且且庵本、馮抄本、品節本、匯函本、奇賞本、秦駿生本、四庫本、問經堂本、指海本、崇文本，“惛”作“愍”。

【注】

《新釋》：《説文》：“惛，不憭也。”《秦策》：“今之嗣主忽於至道，皆惛於教，亂於治。”

《解詁定本》：《説文》：“惛，不憭也。”《列子·黄帝》“以黄金摳者惛”，注：“迷惛也。”

《校釋》：朱説：“惛，迷惛也。”言治者紛紛陳説，均求相勝而獨見用於君，故君爲群説所迷，莫知所從矣。

《錐指》：《説文》：“惛，不憭也。”

其官亂於言，其民惰而不農。故其境内之民，皆化而好辯樂學，

【校】

馮抄本，首句無“言”字，“辯”作“辨”。

秦駿生本，“辯”作“辨”。

【注】

《新釋》：《吕覽·知度》：“至治之世，其民不好空言虚詞，不好淫學流説。”此好辯謂好空言虚詞，樂學謂樂淫學流説耳。

事商賈，爲技藝，避農戰。如此則不遠矣。

【注】

《解詁》：《詩·鴛鴦》箋：“遠，猶久也。”

《新釋》：言非遠大之謀。一曰：遠，竱也。上文作“摶”。

《斠詮》:“不遠”上當增“亡國”二字。

《解詁定本》:危亡不遠。

《錐指》:言去危亡不遠也。

國有事,

【校】

品節本,無“則不遠矣國有事”。

則學民惡法,

【校】

匯函本,“學民”上無“則”字。

范本、綿眇閣本、程本、朱本、四庫本,“惡”下缺一字。

吴本、崇文本,“惡”下無“法”字。

問經堂本注:各本脱“法”字,鄭本有。

指海本補“法”字,注:“法”字原空,依《繹史》補。

馮抄本,“惡法”作“惡燕”。

【注】

《新釋》:孔子爲魯司寇誅聞人少正卯,蓋以此。《管子・任法》:“聖人置儀設法而固守之,然固諶杵習士聞識博學之人不可亂也。”《韓非子・五蠹》:“儒以文亂法,俠以武犯禁。”均謂學民多惡法者也。

商民善化,

【注】

《發微》:化,變也,貨之假。《書》:“懋遷有無化居。”傳:“化,易也。”

《新釋》:商人出則從利,入則不守,從利是善化者。化同貨,易也。

《解詁》:《史記・仲尼弟子列傳》"與時轉貨貲",索隱:"《家語》貨作化。"《書・皋陶謨》(編者按:當爲《書・益稷》)"懋遷有無化居",彼傳云"化,易也","徙有之無,魚鹽徙山林,水徙川澤,交易其所居積"。"化"、"貨"二字古亦通用。化,即上文"化"字之義,言商以利惑民,最易使民化也。

技藝之民不用,

【注】

《解詁》:不用,言不堪用以農戰也。

《新釋》:用,勇也。

故其國易破也。夫農者寡而游食者衆,故其國貧危。今夫螟、螣、蚼、蠋,

【校】

范本、綿眇閣本、吴本、程本、馮本、朱本、褒異本、且且庵本、馮抄本、品節本、匯函本、奇賞本、秦駿生本、四庫本、問經堂本、崇文本,"螟"作"蛆",下同。

《意林》引,無"今夫"、"蚼蠋"四字。

《繹史》引,"螟"作"蛆",下同。

綿眇閣本,"螣"作"蟻"。

問經堂本"螣"字注:各本作"螣",施本作"蟻"。

指海本注:"螟"原作"蛆",依《意林》改,下同,與《御覽》二十四引此文合。又,《御覽》八百二十二"蚼"作"蚵",下注"胡多切"。

【注】

馮本"蚼"下注:"音吼。"

《札迻》:《御覽》八百二十二《資産部》引"蚼"作"蚵",注云"胡多切",則今本作"蚼"乃傳寫之誤。《爾雅・釋蟲》"蛶螪何",《釋文》云:

“何，本或作蚵，音河。”又有“蚅烏蠋”。“蚵蠋”疑即“烏蠋”，“蚵”、“烏”一聲之轉。《莊子·庚桑楚》篇“藿蠋”，釋文引司馬彪云：“豆藿中大青蟲也。”即此。

《發微》：《御覽》八百二十二引“蚼”作“蚵”，胡多切。蠋，之欲切。

《解詁》：蛆、螣、蚼、蠋，皆害稼之蟲。《詩·大田》傳：“食苗曰螣。”《吕覽·不屈》注：“蝗食葉曰螣。”《廣雅·釋蟲》：“元蚼，螘也。”《詩·東山》釋文：“蠋，桑蟲也。”《廣雅·釋蟲》：“蛆蟝，馬蚿也。”王引之疏證引寇宗奭云：“即今百節蟲。”

《新釋》：螟、螣、蚼、蠋，均食苗之害蟲。螟食苗心，螣食苗葉。螣，《爾雅》作“蟘”，《説文》作“蟦”，《吕覽》作“蜮”。蚼，蛆也，食苗節者，《詩》、《爾雅》均作“賊”，《吕覽》謂之“次”。《吕覽·審時》：“如此者不蚼蛆。”又曰：“其次羊以節。”次，同“賊”。羊，同“癢”，病也，即病禾節之蚼也。蠋，食苗根者，《詩》、《爾雅》謂之“蟊”，《吕覽》謂之“益”。《吕覽·審時》：“如此者不益。”益，蠲也，即蠋也。

《評注》：螟，蟲之食苗心者，舊訛作“蛆”。按：蛆有二：一爲蝍蛆，即今所謂蜈蚣；一爲蠅子，皆非害稼之蟲。蓋傳本訛脱“螟”之上下作“蛆”，字不可識，因遂訛爲“蛆”也。螣，《詩》傳云：“食葉曰螣。”即蝗也。蝒，舊訛作“蚼”，蚼亦非害稼蟲，蓋與“蝒”字形近而誤。《爾雅》：“蝝，蝮蝒。”注：“蝗子未有翅者。”蠋，《莊子》注：“豆藿中大青蟲。”蓋食豆葉者。

《解詁定本》：馬總《意林》引《商君書》作“螟螣，春生秋死，一出而民數年乏食”。《爾雅》：“食苗心，螟；食葉，螣。”師轍按：綿眇閣本、吴本、程本、馮本、合雅本、品節本、范本，“螟螣”作“蛆螣”，下同。古籍所引皆作“螟螣”，知作“蛆螣”誤。

《校釋》：螟音冥，食苗心蟲也。螣音特，蝗也。蚼，依孫校應作“蚵”，音何，蟲名。蠋音躅，豆藿中大青蟲也。螟、螣、蚵、蠋，均爲害蟲，以比不耕而食者。

《新箋》：孫詒讓曰：“《御覽》八百二十二《資産部》引蚼作蚵，則今本作蚼乃傳寫之誤。《爾雅·釋蟲》:'蚅,烏蠋。'蚵蠋疑即烏蠋,蚵烏一聲之轉。"亨按:孫氏謂此文之"蚼蠋"即《爾雅》之"烏蠋",是也;而謂"蚼"乃"蚵"之誤字,則未必然。余以爲"蚼"字不誤,古韻"蚼"屬侯部,"烏"屬魚部,"侯"、"魚"二字音常相轉。《御覽》引作"蚵",恐是誤字,因古韻"蚵"屬歌部,"歌"、"魚"二部相轉,則較少矣。烏蠋者,《爾雅》郭注曰:"大蟲如指,似蠶,見《韓子》。"邢疏引《韓非子·内儲説上·七術》云:"鱣似蛇。蠶似蠋。人見蛇則驚駭,見蠋則毛起。"可見郭氏認爲烏蠋即蠋,能螫人之蟲也。《詩·東山》"蜎蜎者蠋,烝在桑野",毛傳:"蠋,桑蟲也。"可見蠋是吃桑之蟲。《管子·水地》篇:"龍……欲小則化如蠶蠋。"尹注:"蠋,藿中蟲。"《莊子·庚桑楚》篇:"奔蜂不能化藿蠋。"《釋文》引司馬彪注:"蠋,豆藿中大青蟲也。"可見蠋又是吃豆之蟲。"蠋"古字作"蜀",《説文》:"蜀,葵中蠶也。"可見蠋是吃葵之蟲。由此言之,蚼蠋當是一種害蟲之總名,其形似蠶,其色青,其體常曲,桑葵禾稼及菜蔬之上皆生之,或大或小,或螫人或不螫人,其所以稱爲蚼蠋者,蚼之言勾也,曲也,其體常曲也。《吕氏春秋·審時》篇:"得時之麥,不蚼蛆;先時者……胕動[腫]蚼蛆而多疾。"是蚼蛆乃麥上之害蟲,吕書之蚼蛆,即《商子》之蚼蠋也。

《錐指》:《爾雅·釋蟲》:"食苗心,螟;食葉,蟘。"《説文》:"蟘,蟲食苗葉者。"引《詩》"去其螟蟘"。今《毛詩·小雅·大田》作"去其螟螣"。陸璣《詩》疏:"螣,蝗也。"《説文》螣訓神蛇,是螣爲蟘之借也。蠋者,《詩·豳風·東山》傳曰:"桑蟲也。"蚼者,《説文》曰:"北方有蚼犬,食人。"義與螟螣蠋不屬。《方言》卷十一:"蚍蜉,齊魯之間謂之蚼蟓,西南梁益之間謂之玄蚼。"則以二字爲名,亦非此"蚼"字義。疑"蚼"當爲"蝎",曷旁上半漫滅,遂誤爲蚼也。《釋蟲》:"蝎,蛣蝠。"郭注:"木中蠹。"又:"蝤蛴,蝎。"郭注:"在木中。"又:"蝎,桑蠹。"郭注:"即蛣蝠。"是螟螣皆食禾之蟲,蝎蠋皆蠹木之蟲,各爲類也。而孫詒讓則曰(孫説見上)。今案:《玉篇》蚵下曰:"蚵蠪,蜥易。"本《廣雅·釋魚》。《爾雅》:"蜉,蝤何。"何或作蚵。《説文》:"蜉,商何。"元刻本

《玉篇》:"蚜,螪蚵。"段玉裁、郝懿行以《爾雅·釋文》"螪,《字林》之亦反"訂螪作蝻,商作啻。郝曰:"《集韻》引《爾雅》'蚜,螪何',亦以爲蜥易類也。蓋螪字作蝻,依吕忱音正蜥易之合聲,《集韻》説是。"詳此諸書,蚵蠪與螪蚵同爲蜥易之名,而蚵則未聞。考《廣韻》平聲七歌下云:"蚲蠪。"不知當如何讀。蚲蓋蚜之誤,餘有缺脱耳。又《十三末》蚜下云:"蚵蚜蟲。"似蚵即是蚜,而又螪蚵之省稱也。是作蚵者與螟螣蠋絶不爲類,雖孫君所校,殆不可從也。且《晋書·庾峻傳》云:"有處士之名而無爵列於朝者,商君謂之六蝎,韓非謂之五蠹。"六蝎不見《商君書》,蓋即六蝨,别本作蝎耳。然則商君嘗用蝎比病國之民,謂此蚼爲蝎誤,猶當視孫説爲近也。又案:《帝範·務農》篇注武英殿叢書本。《舊唐書·敬宗紀》"寶曆二年,秘書省著作郎韋公肅注太宗所撰《帝範》十二篇進",疑今注即韋注引《商子》曰:"今夫蛆螣蚼蠋,春生秋死,一出而數年不食。"又曰:"此其爲蛆螣蚼蠋亦大矣。""蛆"並"螟"字之誤。

春生秋死,一出而民數年乏食。

【校】

范本、綿眇閣本、吴本、程本、馮本、朱本、褒異本、且且庵本、馮抄本、品節本、匯函本、奇賞本、秦駿生本、四庫本、問經堂本、崇文本、初校本,"乏食"作"不食"。

《繹史》引,"乏食"作"不食"。

指海本,"乏食"亦作"不食",注:《意林》作"乏食";《御覽》二十四又作"失食"。

【注】

《校正》:(所據本"乏食"作"不食"。)"不"《意林》作"乏",文義較勝。

《校釋》:(改"不食"作"乏食"。)"乏食"二字,各本作"不食",《意林》引作"乏食",義較長,今據改。

《評注》:饑饉荐臻。

今一人耕而百人食之，此其爲螟、螣、蚼、蠋亦大矣！

【校】

《意林》引，“百人食之”作“百人食”。“此其爲螟、螣、蚼、蠋亦大矣”作“有甚於螟螣矣”。

馮抄本，“螟螣蚼蠋”作“螣蛆蚼蠋”。

指海本注：《意林》“有甚於螟螣矣”，蓋節文。

《解詁定本》：《意林》引作“今一人耕而百人食，有甚於螟螣矣”。《御覽》卷二十四、又八百二十二，俱引此節文，互有出入，皆不足據。

【注】

《發微》：《意林》四引曰：“螟螣春生秋死，一出而民數年乏食。今一人耕，百人食，有甚於螟螣矣。”《御覽》二十四引：“螟螣春生秋死，出而民失食。今一民耕而百人食，爲螟螣大矣。”

《新釋》：《劉子・重農》：“螟螣秋生而秋死，一時爲災而數年乏食。今一人耕而百人食之，其爲螟螣亦已甚矣。”語出於此。

雖有《詩》、《書》，鄉一束，家一員，

【校】

馮抄本，“鄉”作“卿”。

【注】

《校正》：一員爲一匝，猶一束也。《詩・玄鳥》“景員維何”，毛傳：“員，均。”孔疏：“員者，周匝之言。”

《發微》：胡曰：“一員者，一匝，猶一束也。”

《斠詮》：麥孟華引“員”作“負”。

《箋正》：“員”字疑誤。

《解詁定本》：鄉一束，家一員，謂學《詩》、《書》者之衆。

《校釋》：員，《説文》：“物數也。”徐鍇云：“古以物爲貨，故數之。”是員爲數名也。“員”亦作“負”，“負”與“負”形近，或爲“負”之誤。

《釋名》:“負,背也,置項背也。”《玉篇》:“負,擔也。”一負,即爲一擔矣。

《新箋》:此言《詩》、《書》鄉有一束,家有一員,則員者乃書籍之單位名詞。《説文》:“員,物數也,從貝口聲。”蓋古語稱一顆圓貝爲一員,引申之,一卷書卷成圓筒,亦稱一員。上古之書用竹簡,編簡成册,故以册爲單位。至遲東周時代,已以布帛寫書,《墨子》常言“書於竹帛”《兼愛下》、《天志中》、《明鬼下》、《非命下》等,可證。布帛所寫之書則卷成一卷,卷爲圓形,故戰國時人稱爲一員,及至漢代則稱爲一卷矣。由員至卷,正是一名詞之衍變。

《錐指》:簡書曰:“員字疑誤。”禮鴻案:員未詳。

獨無益於治也,

【校】

指海本“獨”作“猶”,注:“猶”原作“獨”,依《御覽》八百二十二改。

《發微》:《御覽》八百二十二引作“猶”也。

《錐指》:孫詒讓曰:“《帝範》注引亦作猶。”

【注】

《發微》:“獨”當作“猶”,《莊子·大宗師》“而我猶爲人猗”,“猶”崔本作“獨”。

《讀諸子札記》:“獨”乃“猶”字之誤。

《斠詮》:獨,疑當作“猶”。

《解詁定本》:陶校謂“獨”爲“猶”之訛,師轍按:《御覽》八百二十二引《商子》“雖有《詩》、《書》,猶無益於治”,足證陶説是。

《校釋》:“獨”字與“而”字意相近,轉辭。“也”字與“者”字通。古書中用“也”字於句中者,間可作“者”字解,此爲一例。

非所以反之術也。

【校】

品節本、匯函本,“反之術”作“反之之術”。

初校本,“反之術”亦作“反之之術”,注:秦本、范本,少一“之”字。

《解詁定本》:師轍按……評校本、合雅本亦少一“之”字。

【注】

《發微》:《孟子》“將以返說約也”,可證此“反”字義。

《解詁定本》:反之之術,謂反之於農戰。

故先王反之於農戰。故曰:百人農,一人居者王;十人農,一人居者強;

【校】

崇文本,“居者”下“王十”二字作空格。

【注】

《新釋》:居,坐食也。

半農半居者危。故治國者欲民之農也。

【校】

范本、綿眇閣本、吳本、程本、朱本、褒異本、且且庵本、馮抄本、奇賞本、四庫本、問經堂本、指海本、崇文本,“之農”作“之累”。

《繹史》引,“之農”作“之累”。

國不農,則與諸侯爭權,不能自持也,

【校】

馮抄本,“自持”作“自恃”。

【注】

《評注》:爭權,謂爭雄長。

《解詁定本》:持,操也,不能自操勝算。

《積微居讀書記》:持謂保持,不當訓操。

則衆力不足也。故諸侯撓其弱,

【校】

《繹史》引,"撓"作"橈"。

【注】

《新釋》:撓,擾也。

《解詁定本》:撓,擾也。

乘其衰,大地侵削而不振,則無及已。

【校】

初校本,"大地"作"土地",注:范本"土"作"大",訛。

【注】

《評注》:兵與食日見不足,故積爲衰弱之勢,諸侯窺其虚實以侵削其土地。

7. 聖人知治國之要,故令民歸心於農,歸心於農,則民樸而可正也,

【注】

《新釋》:樸,質也。《吕覽·上農》:"民農則樸,樸則易用。"正同征,徵也。

《評注》:(所據本作"則民樸而易使也"。)民歸農,則黜華尚樸而安於從令。

《解詁定本》:《吕覽·順民》"湯克夏而正天下",高注:"正,治也。"又《上農》篇:"民農則樸,樸則易用。"

紛紛則易使也，

【注】

《發微》:“而可正也紛紛”二句倒文法。

《新釋》:紛，渾也。

《斠詮》:此處疑有脱誤。

《解詁定本》:紛紛，謂樸愚紛散，故易治。

《校釋》:舊本原無“不”字。王説:此處疑有脱誤。按“易使”上疑脱“不”字，今補正。

《新箋》:朱師轍曰:“紛紛謂樸愚分(編者按:《解詁定本》作紛)散，故易治。”亨按:紛紛非分散之義。本篇上文云:“朝廷之言治也，紛紛焉務相易也。”下文又云:“夫人聚黨與，説議於國，紛紛焉，小民樂之，大人説之。”紛紛皆多而又亂之義，是其證也。且此紛紛與樸信並言，解爲分散，亦殊不倫，知朱説非也。余疑“紛”當作“純”，形似而誤。純純，誠懇之貌也。《禮記・中庸》“肫肫其仁，”鄭注:“肫肫，讀如‘誨爾忳忳’之忳，忳忳，誠懇貌也。肫肫或爲純純。”此純純爲誠懇之義之證。

《錐指》:則當爲者。

信可以守戰也，

【校】

范本、綿眇閣本、吴本、程本、馮本、朱本、褒異本、且且庵本、奇賞本、秦駿生本、四庫本、問經堂本、指海本、崇文本，“戰”下無“也”字。

匯函本，“可以”作“有以”，無“也”字。

《繹史》引，無“也”字。

《解詁定本》:各本無“也”字。

【注】

《發微》:信，少詐也。

《斠詮》：崇文本“戰”下無“也”字，誤。

一則少詐而重居，

【校】

范本、綿眇閣本、吴本、程本、馮本、朱本、褒異本、且且庵本、馮抄本、匯函本、奇賞本、秦駿生本、四庫本、問經堂本、指海本、崇文本，“少”作“小”。

《繹史》引，“少”作“小”。

【注】

《發微》：《墾令》“無得居游於百縣”，即此重居義，下言輕其居，反文。《吕覽·上農》：“其産複則重徙，重徙則死其處。”重居即重徙也。

《斠詮》：崇文本作“一則小詐”，誤。

《解詁》：重居，謂安土而重遷也。

《新釋》：安鄉重家。詐，作也。《吕覽·上農》：“民農則其産複，其産複則重徙，重徙則死其處而無二慮，無二慮則少詐矣。”

一則可以賞罰進也，

【注】

《新釋》：敬上畏罪。

一則可以外用也。

【校】

馮抄本，“外用也”作“少外用也”。

【注】

《新釋》：用以備敵。

《評注》：重居，謂安土重遷。進，勉也。外用，謂出師境外。此四語申明上文民樸易使之理。

《解詁定本》:專壹於農則樸而少詐,難於遷徙,故可以賞罰進退,可外用與敵國戰。

《錐指》:外用,戰也。

《箋記》:“外”上當補“内”字。《外内》篇“民之外事莫難於戰”,“民之内事莫苦於農”,是則内外者謂農戰也。

夫民之親上死制也,

【注】

《發微》:本書《壹言》:“夫民之從事死制也。”俊曰:死制,當作致死。“致”、“制”音通而又誤倒耳。下文“不待刑罰而民致死”,《算地》篇:“能盡地力而致民死者,名與利交至。”又曰:“名出於戰,則民致死。”

《新釋》:制,謂君教令所使爲之。《禮記・曲禮》:“士死制。”

《評注》:制,謂命令。

《解詁定本》:《禮記》“士死制”,鄭玄注:“謂君教令所使爲之。”

以其旦暮從事於農,

【校】

匯函本,“旦暮”作“日暮”。

品節本,從“聖人知治國之要”至“以其旦暮從事於農”,共七十五字,無。

【注】

《發微》:“日出而作,日入而息”,即旦暮從事也。

夫民之不可用也,見言談游士事君之可以尊身也,

【校】

范本、綿眇閣本、吴本、程本、馮本、朱本、褒異本、且且庵本、馮抄

本、品節本、匯函本、奇賞本、秦駿生本、四庫本、問經堂本、指海本、崇文本,“尊身”下無“也”字。

馮抄本,“事君”作“事君子”。

《繹史》引,“尊身”下無“也”字。

商賈之可以富家也,技藝之足以餬口也。

【校】

范本、綿眇閣本、吴本、程本、馮本、朱本、褒異本、且且庵本、馮抄本、品節本、匯函本、奇賞本、秦駿生本、四庫本、問經堂本、指海本、崇文本,“餬”作“距”。

《繹史》引,“餬”作“距”。

《發微》:《繹史》作“距口”。俞據本作“距”……俊曰:浙本據俞説改。

《解詁定本》:吴本、綿眇閣本、評校本、品節本,“餬”作“距”,誤。

【注】

《諸子平議》:(所據本“餬口”作“距口”。)“距”字無義,乃“餂”字之誤。《莊子·人間世》篇《釋文》引李云:“餬,食也。”崔云:“字或作互,或作餂。”然則“餂”即“餬”之俗字,足以餂口,即足以餬口也。

《新釋》:餬,食也。《左·隱十一傳》:“而使餬其口於四方。”《莊子·人間世》:“足以餬口。”

《評注》:餬口,謂求食。餬,舊訛“距”。

《解詁定本》:《説文》:“餬,寄食也。”《莊子·人間世》:“足以餬口。”

《新箋》:朱師轍曰:“《説文》:餬,寄食也。”亨按:許氏訓餬爲寄食,《方言》二亦云:“寄食爲餬。”此非“餬”字之原義也。餬之言糊也,餬口者有飲食以糊塞其口也。《左傳·隱公十一年》:“寡人有弟,不能和協,而使餬其口於四方。”若解爲寄食其口,則不可通矣。昭公七年載正考父《鼎銘》曰:“饘於是,鬻於是,以餬余口。”孔疏:“將糜向口,故曰以餬余口。猶今以粥向帛,黏使相著,謂之餬帛。"《莊子・人間世》篇:"挫鍼治繲,足以餬口。"《釋文》引李頤云:"餬,食也。"其均非寄食之義,甚明。寄食之訓,實非達詁,王筠已言之《說文句讀》,朱氏取之以解《商子》,非是。

《錐指》:《春秋》左氏隱十一年傳:"餬其口於四方。"杜預注:"餬,鬻也。"

民見此三者之便且利也,

【校】

秦駿生本,"便且利"作"便於利"。

則必避農。

【校】

范本、綿眇閣本、吳本、程本、馮本、朱本、褒異本、且且庵本、馮抄本、品節本、匯函本、奇賞本、秦駿生本、四庫本、問經堂本、指海本、崇文本"避農"作"避農戰"。

避農,則民輕其居。

【校】

范本、綿眇閣本、吳本、程本、馮本、朱本、褒異本、且且庵本、馮抄本、品節本、匯函本、奇賞本、秦駿生本、四庫本、問經堂本、指海本、崇文本,不重"避農"二字。

初校本注:范本作"避農戰",不迭"避農"字。

《解詁定本》:嚴校,"范本作避農戰,不叠避農字"。轍案:各本同范本。

《錐指》:(引嚴校,文見上。)此不當有"戰"字,范本非。

【注】

《新釋》:危鄉輕家。

輕其居，則必不爲上守戰也。

【校】

《繹史》引，“則”下無“必”字。

【注】

《新釋》：《吕覽·上農》：“民捨本而事末，則其産約，其産約則輕遷徙，輕遷徙則國家有患，皆有遠志，無有居心。”又曰：“［民］捨本而事末則不令，不令則不可以守，不可以戰。”

凡治國者，患民之散而不可摶也，是以聖人作壹，摶之也。

【校】

初校本注：秦本、范本，“摶”作“搏”，與前作“博”，並以形近致訛，下同。

【注】

馮本“摶”下注：音團，聚也。

匯函本注：摶，音團，聚也。

朱本：作壹，專農也。

《發微》：本書《賞刑》：“聖人之爲國也，壹賞、壹刑、壹教。壹賞則兵無敵，壹刑則令行，壹教則下聽上。”

《校釋》：摶與壹同義，謂使民趨於一途。下文所謂壹教，即使民趨於一途之教化也。

國作壹一歲者，十歲强；

【校】

范本、綿眇閣本、吴本、程本、朱本、褒異本、且且庵本、馮抄本、匯函本、奇賞本、秦駿生本、四庫本、問經堂本、指海本、崇文本，無“壹”字。

《繹史》引，無“壹”字。

【注】

《校釋》：按："一"本與"壹"同音同義，用"一"則義較顯，用"壹"則形較明，此各本所以或作"一"、或作"壹"也。作"壹"云者，謂確立專一之方針也；以書旨言，則謂確立農戰爲治國之專一方針也。

作壹十歲者，百歲強；

【校】

范本、綿眇閣本、吴本、程本、馮本、朱本、褒異本、且且庵本、馮抄本、匯函本、奇賞本、秦駿生本、四庫本、問經堂本、指海本、崇文本，"壹"作"一"。

《繹史》引，"壹"作"一"。

【注】

朱本注：百歲猶必世後仁。

修一百歲者，千歲強；千歲強者王。

【校】

馮抄本、匯函本，"修"作"脩"。

初校本，"修一"作"作壹"。

【注】

《諸子平議》：（所據本作"國作一歲者十歲強，作一十歲者百歲強，修一百歲者千歲強"。）作之一字，於文未明；第三句作"修"，又不一律；且十歲強，百歲強，並無"一"字，而云"作一十歲"者，"修一百歲"者，此兩"一"字亦殊嫌贅設矣。反復求之，乃知此文承上句"是以聖人作壹，摶之也"而言，本云："國作壹，一歲者十歲強；作壹，十歲者百歲強；作壹，百歲者千歲強。"乃極言作壹之效也。讀者誤謂"壹"、"一"同字，而於"作壹一歲"句删去"壹"字，於下兩句又誤以"壹十歲"、"壹百歲"連讀，改"壹"爲"一"；末句"作"字，又誤爲"修"，於是其義全失矣。本篇“作壹”字屢見，此文四言“作壹”，乃一篇之大指也，傳寫錯誤，亟宜訂正。

《古書疑義舉例》：此承上句“是以聖人作壹摶之也”而言。本云：“國作壹，一歲者十歲強；作壹，十歲者百歲強；作壹，百歲者千歲強。”乃極言“作壹”之效。本篇“作壹”字屢見，此四言“作壹”，乃一篇之宗旨也。讀者誤謂“壹”“一”同字，而於“作壹一歲”句删去“壹”字，於下兩句又改“壹”爲“一”，末句“作”字又誤爲“修”，於是其義全失矣。

《新釋》：父（尹乾）説，周享年八百。

君修賞罰以輔壹教，

【校】

匯函本、初校本、秦駿生本，“修”作“脩”。

馮抄本，“修”作“脩”，“以輔壹教”作“以輔以壹教教”。

【注】

《解詁定本》：輔，助也，以助專壹教民。

是以其教有所常，而政有成也。

【校】

品節本，“國作壹一歲者”至“而政有成也”，共五十字，無。

【注】

《錐指》：不修賞罰則教不可常，是商君所以爲法家矣。

8. 王者得治民之至要，

【校】

匯函本，“要”作“［要］”。

故不待賞賜而民親上，不待爵禄而民從事，

【注】

《新釋》:《周禮·大宰》:“爵以馭其貴，禄以馭其富。”爵謂爵級，禄謂月俸也。

不待刑罰而民致死。

【注】

《新釋》:刑，罰罪也，字從井刀，今經傳通以刑到字爲之。致，盡也。

《錐指》:刑賞用於平時，有事則民自效矣。

國危主憂，説者成伍，無益於安危也。

【注】

《新釋》:五人爲伍。

《解詁定本》:《周禮》:“五人爲伍。”説者成伍，言其衆也。

夫國危主憂也者，強敵、大國也。人君不能服強敵、破大國也，

【校】

馮抄本，“國危主憂”作“危國憂主”，下“強敵”作“雖敵”。

《繹史》引，“服強敵”作“服強國”。

【注】

《讀諸子札記》:此當云:“夫國危主憂者，以強敵、大國也。人君不能以言服強敵、破大國也。”篇末云:“故唯明君知好言之不可以強兵闢土也。”與此前後相應。

《解詁定本》:國危主憂者，有強敵大國也。

則修守備，便地形，摶民力，以待外事，

【校】

綿眇閣本，“外”字無。

問經堂本，“以待外”下注：施本脱“外”字，各本有。

【注】

《讀書雜誌》：(《管子·立政》篇)“博出入”，案：“博”字義不可通，“博”當爲“摶”字之誤也。俗書“摶”字“搏”，因訛而爲“博”。“摶”與“專”同……《商子·農戰》篇曰：“摶民力，以待外事。”凡《商子》“專”皆作“摶”。《吕氏春秋·適音》篇曰：“耳不收則不摶。”高注曰：“不摶，入不專一也。”《史記·田完世家》“韓馮因摶三國之兵”，徐廣曰：“摶者專。”《漢書·天文志》“卒氣摶”，如淳曰：“摶，專也。”此皆借“摶”爲“專”之證。又《管子·八觀》篇：“先王之禁山澤之作者，博民於生穀也。”“博”亦當爲“摶”，即《商子》所云“摶民力”也。

《新釋》：待，備也。事，攻也。

《新箋》：便地形與修設備、摶民力並列，皆言守國勝敵之術，則便非便利之義，明矣。便乃借爲辨，《小爾雅·廣言》：“辨，别也。”即審别察别之義，此古書常見者也。辨地形即審别地形，以爲戰守之備。“便”、“辨”古通用，《書·堯典》：“平秩東作。”《史記·五帝紀》“平”作“便”，索隱引《尚書大傳》“平”作“辯”，《風俗通義·祀典》篇引《青史子》“平”作“辨”，此“便”、“辨”通用之證。

然後患可以去，而王可致也。

【校】

綿眇閣本，“以”字無。

是以明君修政作壹，去無用，止浮學事淫之民，壹之農，

【校】

范本、綿眇閣本、吴本、程本、馮本、朱本、褒異本、且且庵本、馮抄

本、奇賞本、秦駿生本、四庫本、問經堂本、指海本、崇文本,"事淫"下無"之"字。

《繹史》引,"事淫"下無"之"字。

【注】

《解詁》:《國策·秦策》注:"事,治也。"

《評注》:事,《説文》:"治也。"淫之言游也。

《解詁定本》:明君修政作壹,去無用之務,禁止浮學事淫之民,使之專壹於農。

《校讀》:文津閣本、綿眇閣本"事淫"下無"之"字,是。事通剚。

然後國家可富,而民力可摶也。

【校】

品節本、匯函本,從"夫國危主憂也者"至"而民力可摶也",共八十一字,無。

【注】

《評注》:摶,固結也。

9. 今世主皆憂其國之危而兵之弱也,而強聽説者。

【注】

《解詁》:強,讀上聲。

《新釋》:強,勁也,一曰競也。

《評注》:因國危兵弱而求助游説之士。

説者成伍,

【注】

《評注》:如卒伍之多。

煩言飾詞，

【校】

褒異本、且且庵本，“飾”作“餙”。

秦駿生本，“飾詞”作“餝辭”。

【注】

《新釋》：煩，多也。

《解詁定本》：煩，多也。飾，巧也。

而章無用。

【校】

初校本，“章無用”作“無實用”，注：秦本、范本作“章無用”，訛，今依元本。

【注】

《諸子平議》：“章”乃“竟”字之誤，竟猶終也，言終歸無用也。

《解詁定本》：各本俱作“而章無用”，亦通，不能謂之訛。

《錐指》：孫星衍本、指海本亦作“章無用”，俞氏樾曰：“章乃竟字之誤。”是也。元本作“無實用”，乃因“竟”字既誤而臆改，不足據。

主好其辯，

【校】

馮抄本、秦駿生本，“辯”作“辨”。

不求其實，

【注】

《新釋》：求，究也。

説者得意,道路曲辯,輩輩成群。

【校】

馮抄本,"辯"作"辨"。

【注】

《新釋》:《周語》:"獸三爲群。"

《解詁定本》:《倉頡篇》:"輩,比也。"道路中曲辯之士,比比皆是。

民見其可以取王公大人也,而皆學之。

【校】

品節本、匯函本,從"今世主皆憂其國之危而兵之弱也"至"而皆學之",共六十六字,無。

問經堂本"以"下注:施本無"以"字,各本有。

【注】

《新釋》:言其説而爲王公大人之所取。學,辯説也。

夫人聚黨與,説議於國,

【注】

《發微》:《淮南子·主術》:"亂國則不然,有衆咸譽者無功而賞;守職者無罪而誅。主上闇而不明,群臣黨而不忠,説談者游於辨,修行者競於德。主上出令,則非之以與,法令所禁,則犯之以邪。"

紛紛焉,小民樂之,大人説之,

【注】

《校釋》:説,讀爲悦,義同。

《錐指》:説讀爲悦。

故其民農者寡而游食者衆，游食者衆則農者殆，

【校】

范本、綿眇閣本、吴本、程本、朱本、褒異本、且且庵本、馮抄本、奇賞本、秦駿生本、四庫本、問經堂本、崇文本、初校本，“而游食者衆，游食者衆則農者殆”作“而游食者衆，衆則農者殆”。

指海本不叠“游食者”三字，“殆”作“怠”，注：原作“殆”，依《意林》改。

《意林》，無“故其民”三字，“寡”作“少”，“農者殆”作“農怠”。

《繹史》引，不叠“游食者”三字。

【注】

《校正》：（所據本不叠“游食者”三字。）《意林》作“游食者衆則農怠，農怠則治荒”。“衆”上當補“游食者”三字，兩句文義方一律。殆即怠之假，《易·震卦》王注“驚駭怠惰”釋文：“怠”本作“殆”。《論語·爲政》“思而不學則殆”，釋文：“殆”本作“怠”。

《發微》：《意林》四引曰：“農者少而游食者衆，游食者衆則農怠，農怠則治荒。”

《新釋》：殆，危也。

《斠詮》：（所據本不叠“游食者”三字。）“衆”上疑當增“游食者”三字。

《解詁定本》：《意林》引作：“農者少而游食者衆，游食者衆則農怠，農怠則治荒。”當據改。

《新箋》：殆借爲怠，二字古通用，《書·大禹謨》：“無怠無荒。”《後漢書·崔駰傳》作“無殆無荒”。《詩·玄鳥》“受命不殆”，鄭箋：“不解殆。”解殆即懈怠。《論語·爲政》篇：“思而不學則殆。”《釋文》：“殆，依字當作怠。”並其明證。

《錐指》：不勞而食者衆，故農者更慮。殆讀作怠。《賈子新書·道術》篇：“志操精果謂之誠，反誠爲殆。”《意林》引作“農者少而游食者衆，游食者衆則農怠，農怠則治荒”。作怠者，以本字易假借字。

農者殆則土地荒。學者成俗,則民捨農,從事於談説,

【校】

《意林》,"農者殆"作"農怠";"土地荒"作"治荒"。

指海本注:《意林》云"農者少而游食者衆則農怠,農怠則治荒",蓋節文。

品節本、匯函本,自"故其民農者寡"至"從事於談説",三十九字,皆無。

【注】

《斠詮》:自"夫國危主憂"至"而皆學之",又自"故其民農者寡"至"從事於談説",匯函本均無,疑歸氏所删。然則此書脱誤之處,未始非經後人删節致然也。

《錐指》:捨,去也。

高言僞議,

【注】

《新釋》:僞,飾也。

捨農游食,而以言相高也。

【校】

范本、綿眇閣本、馮抄本、品節本、匯函本、奇賞本,"高"作"王"。

問經堂本"高"下注:施本作"王",非,各本作"高"。

【注】

《解詁》:相高亦長浮誇之習,故同爲蝨。

《斠詮》:陳仁錫本及諸子匯函皆作"相王",疑古本如此。《莊子·德充符》篇:"彼兀者,而王先生。"《釋文》引李注云:"王,勝也。"此"王"字義與彼同。

《校釋》:"王"、"高"兩字義相近,今從嚴校本及崇文本。

《錐指》:“捨農游食而以言相高也”十字,乃後人解釋“則民捨農,從事於談説,高言僞議”數句之語誤入正文。

故民離上,而不臣者成群,此貧國弱兵之教也。

【注】

《發微》:《管子·任法》“信近親愛者不能離也”,注:“離,猶違也。”本書《畫策》“失法離令”,猶言違令也。

《新釋》:臣,服也。《詩》:“率土之濱,莫非王臣。”

《評注》:民游事鄰國,故曰離上而不臣也。

夫國庸民以言,則民不畜於農。

【校】

范本、綿眇閣本、品節本、匯函本、奇賞本、秦駿生本,“庸”作“榮”。

范本、綿眇閣本、品節本、匯函本、奇賞本,“農”作“上”。

馮抄本,“庸”作“熒”,“農”作“上”。

問經堂本“庸”下注:施本作“榮”,各本作“庸”。

【注】

《發微》:庸,用也。《莊子·齊物論》:“庸也者,用也。”《説文》:“庸,用也。從用從庚,更,事也。”畜,當訓爲好。《孟子·梁惠王下》:“畜君者,好君也。”《吕覽·適威》“民善之則畜也”,注:“畜,好也。”

《解詁》:《廣雅·釋詁》:“庸,用也。”

《新釋》:庸,用也。畜同慉,興也。

《解詁定本》:庸,用也。《吕覽·適威》“民善之則畜也”,高誘注:“畜,好也。”

《校釋》:庸,用也,登庸也。榮,顯榮也。爲庸、爲榮,意俱可通。按畜有歸聚之意,畜於農,謂歸於農、聚於農也。

《校讀》：當從諸本作“榮”、作“上”爲是。“榮民以言”即以官爵予巧言虚道也。“不畜於上”即學民惡法、商民善化、技藝之民不爲用也。

《錐指》：庯，用也。畜猶止也。

故惟明君知好言之不可以強兵闢土也。

【校】

匯函本，“土”作“上”。

惟聖人之治國作壹，摶之於農而已矣。

【校】

馮抄本，“惟”作“唯”。

【篇末】

《錐指》：嚴可均曰：“《治要》載《商君子・立法》、《修權》、《定分》三篇，今本無《立法》篇。審其文義，似即《更法》篇後半之佚文。否則《墾令》、《農戰》二篇之後，《去強》篇之前，當是《立法》第四。今本第四、五、六之次皆校者遞改也。”又曰：“覆觀之，定是第四篇。他日刊板，當移正。”又曰：“案《治要》有《立法》一篇，當補於此。”禮鴻案：嚴説並無確據，今依指海本附録第五卷之末。

去強第四

本篇校勘所據版本：范本、綿眇閣本、吴本、程本、馮本、朱本、褒異本、且且庵本、馮抄本、品節本、奇賞本、四庫本、問經堂本、指海本、崇文本、初校本，共十六種。並參閲了《繹史》。

下列版本無本篇：古逸本、匯函本、秦駿生本，共三種。

【題解】

《解詁定本》：論治國强弱之理。謂能以弱去强，乃謂真强。此篇當與《説民》、《弱民》二篇參觀。

《校釋》：此篇多數句爲一義，不成篇章，而其語句又多約略見於他篇。疑此篇原爲讀《商君書》者之節録，後人編次爲一篇。故欲求篇義，幾不可得。然若分句求之，亦多精語，間與商君行事相類，未可以其文雜，遂全斷爲僞而棄之。

《錐指》：此與《説民》、《弱民》二篇義指並同。去强者，國有民而不可用，是民之强也。故當去其强，非謂欲民之無力也，欲其制於我用於我耳。又曰弱民，其意一也。近蒙季甫作《商君書説民弱民篇爲解説去强篇刊正記》，其言犁然有當。愚既酌其説以校釋此三篇，仍附其文於本書之末，俾覽者得參考云。

1. 以強去強者弱,以弱去強者強。

【校】

《意林》卷四引,本句作“以強去弱者弱,以弱去強者強”。

指海本,“以強去強者弱”下注:《意林》下“強”字作“弱”。

【注】

《校正》:《意林》作“以強去弱者弱”,誤,下云“夫以強攻強者亡”可證。

《解詁》:以強去強,雖勝必弱;以弱之道圖強,必強,此勾踐沼(編者按:沼疑爲滅)吴之術。

《解詁定本》:此二句亦見《弱民》篇。師轍按:《意林》引作“以強去弱者弱,以弱去強者強”。然下文云“以強攻強者亡,以弱攻強者王”,則《意林》誤。

《校釋》:首句各本作“以強去強者弱,以弱去強者強”,意頗費解。馬總《意林》所録《商君書》,有“以強去弱者弱,以弱去強者強”句,義較可通。其義蓋謂以民強者攻民弱者,則國弱;以民弱者攻民強者,則國強。民強者,謂民不肯用命死戰,民弱者反是,故如此云云。參閱《弱民》篇。今依嚴校本,並據《意林》及文義,改首句第四字爲“弱”字。

《新箋》:此二句《弱民》篇有説解,綜合觀之,以強去強者弱,謂用強民之政策以除不守法之強民則國弱也。以弱去強者強,謂用弱民之政策以除不守法之強民則國強也。《弱民》篇云:“民弱國強,民強國弱。故有道之國務在弱民,樸則強,淫則弱。當作“樸則弱,淫則強”故曰:以強去強者弱,以弱去強者強。”又曰:“民強而強之,兵重弱。民強而弱之,兵重強。”然則《商子》之意,民強者謂其民強悍不守法也,民弱者謂其民懦弱守法也。民強出於民淫,淫者浮淫,不務農戰,習文學,尚游俠也。民弱出於民樸,樸者樸實,專務農戰,少智慧,無私鬥也。《商子》認爲治國者採用強民之政策,教民習文學,事游俠,則不但不能剷除不守法之強民,而民更敢於犯法,正如《韓非子·五蠹》

篇所謂“儒以文亂法，俠以武犯禁”矣。且輕視農戰，不爲君用，此弱國之道也。故曰：以強去強者弱。治國者採用弱民之政策，壓抑學士與游俠，則民樸實愚昧，無私鬥，重視農戰，爲君所用，不敢犯法，此強國之道也。故曰：以弱去強者強。下文云“夫以強攻強者亡，以弱攻強者王”，其意略同。

《錐指》：民不從令曰強，從令曰弱。治國在去民之強，然去之以使民得強之道，則不足以去其強；惟以弱之之道，則強可去。故以強去強則國弱，以弱去強則國強也。禮樂、《詩》《書》、善修、孝弟、廉辯之屬，胥所謂使民得強之道也。上句《意林》引作“以強去弱者弱”，謬。

國爲善，奸必多。

【注】

《解詁》：國以善名，則奸人泥於善以幸進，故多也。

《解詁定本》：《孟子》所謂徒善不足以爲政，鄭子太叔爲政國多盜之類。

《錐指》：《弱民》有解，而其文脱亂不可讀。説在彼篇。

《校讀》：即“用善則民親其親”之意。

國富而貧治，曰重富，重富者強；國貧而富治，曰重貧，重貧者弱。

【校】

綿眇閣本，“貧治”下有“者”字。

馮抄本，兩“曰”字皆作“日”。

問經堂本，“國富而貧治曰”下注：各本無此字，吴本有。

【注】

朱本注：顧啓元曰：“國富，費省，則益富；國貧，費浩，則益貧。”

《解詁》：重，讀平聲，言富國以貧國之道治之，則益富；貧國以富國之道治之，則益貧。

《解詁定本》：貧治，謂重節儉。富治，謂尚奢侈。重，謂增益也。

《校釋》：（讀作"國富而貧，治曰重富，重富者強；國貧而富，治曰重貧，重貧者弱"。）兩"治"字，王及朱兩校本屬上讀，誤。依文義，蓋謂國由富而貧者，以重富之法治之則強；國由貧而富者，以重貧之法治之則弱。兩"重"字均讀去聲。

《錐指》：富而不使民得淫佚，曰國富而貧治也。

兵行敵所不敢行，強；事興敵所羞爲，利。

【校】

奇賞本，"羞"作"修"。

馮抄本，"事興敵所羞爲，利"作"事孛夆敵所爲利"。

《繹史》引，"羞"作"修"。

【注】

《新釋》：爲，興作也。

主貴多變，國貴少變。國多物削，主少物強。

【校】

馮抄本，"主少物"作"少物"。

【注】

《讀諸子札記》："少物"上"主"字涉上文而衍。

《發微》：物，事也。《詩・烝民》"有物有則"，傳："物，事也。"

《新釋》：國多物削，言國多利孔而財物削。主少物強，言主少利孔而財物強。

《斠詮》："主"當作"國"，蓋涉上文"主貴多變"句而誤。"多""少"二字宜互易，《弱民》篇云："利出一孔，則國多物；出十孔，則國少物。

守一者治，守十者亂。治則強，亂則弱；強則物來，弱則物去。故國致物者強，去物者弱。”可證此處以作“國少物削，國多物強”爲是。

《解詁定本》：主貴多權謀，國貴少變故。物，事也。多物，謂業務紛更。少物，謂政治專壹。

《錐指》：主貴多變，術也；國貴少變，法也。法家三義，曰法、術、勢。商君特多言法，未嘗廢術、勢也。

《校讀》：王氏云：“……此處以作‘國少物削，國多物強’爲是。……”季甫案：此節文多不可解，《弱民》篇文正此篇注脚，王氏據彼改此，其説可從。

千乘之國，守千物者削。

【注】

《讀諸子札記》：“守千物者削”，當作“守一者強，守十者削”。《弱民》篇云：“故主貴多變，國貴少變。利出十孔，則國多物；利出一孔，則國少物。今本“十”“一”二字互誤，説具本條。守一者治，守十者亂；治則強，亂則弱。”與此文有詳略，義則一也。

《新釋》：守千則亂而財物削，千猶多也。以上均解詳《弱民》篇。

《斠詮》：此處疑當作“守一者興，守十者削”。與《弱民》篇“守一者治，守十者亂”同誼。淺人見俗本上文誤作“國多物削”，疑守一者興爲不可通，而妄删之，遂改“守十”爲“守千物”，而此文乃真不可通矣。

《解詁定本》：古制，九夫爲井，六十四井爲乘，出長轂一乘，馬四匹。能出兵車千乘，大國也。守千物，謂紛營衆事，不能專一。老子曰：“抱一，爲天下式。”

《箋正》：此處脱譌最甚，然如王氏詆爲淺人妄删妄改，則殊無證據。須知淺人疑原文而增删，則增删者雖不精當，於尋常文語當可以通解。其不可通者當然係原文舛訛。即如王説守一云云，亦非此間不可少之要語，而王亦不憚改之。雖不淺而妄猶是也，則何以輕詆古人乎！

《校讀》：王氏云："此處疑當作'守一者興，守十者削'……"季甫按：王説是也。

《錐指》：（引陶説、王説，文見上。）禮鴻案：陶、王二説相反，今取王説。説見《弱民》篇。

戰事兵用曰強，戰亂兵息而國削。

【校】

馮抄本，"戰亂兵息"作"戰亂而兵息"。

【注】

朱本注：戰亂當如樂之末章曰亂解之。

《斠詮》："用"下宜增"而"字，"曰"疑"國"之誤。

《解詁定本》："曰"疑"國"字之訛，當作"戰事兵用而國強"，謂事戰鬥，兵常用，則國強；廢戰備，兵久息，則國削。"亂"借爲"敽"，紊也。

《箋正》：王詮增"而"字而改"國"字，意似以爲與次句正對，不知次句不通，何反據之以改上句耶？又案此二句既訛不可通，又與上下文漠不相應，惟《弱民》篇有云："以賞戰民則輕死，故戰事兵用曰強。"此處或係從《弱民》篇錯入者，惟字句仍有訛脱，俟校。

《香草續校書》：事兵與下文亂兵對，則事當訓治，《戰國［策］·秦策》高誘注云："事，治也。""治"、"事"叠韻字，事之訓治，蓋以聲訓。然則即讀事謂治，可矣。《弱民》篇亦云"故戰事兵用曰強"，同此。彼下文又出"治民"字，治兵猶治民也。戰治兵用曰強，戰亂兵息而國削，商君之意，不過一主於戰，治兵宜戰，亂兵亦宜戰。用曰強，息則削矣；息而削，用亦強矣。兩句一正一反，其意同。

《新箋》："息"疑當作"怠"，因字形相似而誤。《弱民》篇解此文云："民畏死，事亂而戰，故兵農怠而國弱。"此文之"兵怠"即彼文之"兵農怠"，特彼文又舉"農"耳。可證"息"爲"怠"字之誤。

《校讀》:王氏云:"'用'下宜增'而'字,'曰'字疑'國'字之誤。"季甫案:《弱民》篇同,不必改字。

《錐指》:戰亂未詳。《弱民》篇曰:"事亂而戰,故兵農怠而國弱。"明此"息"字當作"怠"。戰事兵用,即事戰用兵也。

2. 農、商、官三者,國之常官也。

【校】

程本,"三"作"王"。

【注】

《發微》:本書《弱民》:"農、商、官三者,國之常食官也。"《吕覽·上農》:"凡民自七尺以上屬諸三官。"注:"三官,農、工、賈也。"

《新釋》:"農、商、官三者",官,吏事君也,所以治事。"國之常官",官,事也。《韓非子·顯學》:"今商官技藝之士。"

《集解》:《吕氏春秋·上農》篇:"凡民自七尺以上屬諸三官。"高誘注云:"三官,農、工、賈也。"此文"官"字疑當作"工"。《尚書·堯典》"允釐百工",《史記·五帝本紀》作"信飭百官",《漢書·律曆志》作"允釐百官",是即"官"、"工"音近義通之證。

《解詁定本》:農、商、官爲三官,猶言士、農、工、商爲國四民。農、商、官三者皆國之不可缺者也,故謂之曰常官。

《新箋》:農、商、官之官,謂官吏也。常官之官,謂職業也。《國語·晉語》:"固醫官也。"韋注:"官猶職也。"《禮記·樂記》:"樂之官也。"鄭注:"官猶事也。"可見官有職業之義。然則常官謂經常職業也。《吕氏春秋·上農》篇:"民自七尺以上,屬諸三官,農攻粟,工攻器,賈攻貨。"高注:"三官,農、工、賈也。"是三官亦謂三種職業,非謂主司農、工、賈之官吏也。本篇下文云:"貴人貧,商貧,農貧,三官貧,必削。"所謂三官貧指貴人貧、商貧、農貧而言,貴人貧即官吏貧也。《説民》篇:"三官無蝨。"義同。

《校讀》:朱氏云:"農、商、官三者皆國之不可缺者也,故謂之曰常官。”季甫案：《弱民》篇云：“農闢地，商致物，官法民。”是也。

《錐指》：國之常官，《廣韻》曰：“官，事也。”謂國中執業者也。

三官者生蝨官者六：曰歲、曰食、曰美、曰好、曰志、曰行。

【校】

范本、吴本、程本、馮本、褒異本、且且庵本、馮抄本、四庫本、崇文本，“曰美、曰好”作“曰玩好”。

范本、程本、四庫本、《繹史》，“曰行”下有缺文三字。

綿眇閣本、奇賞本、問經堂本，“曰美”作“曰玩”。

馮抄本，“三官”下無“者”字。

問經堂本注：程、吴本作“曰玩好”，米（編者按：疑爲“朱”之誤）本“玩”作“美”，今從施本。

《繹史》引，“曰美、曰好”作“曰玩好”。

初校本注：范本無“曰美”句，“好”上有“玩”字，“行”下有缺文三字。

《札迻》：魏仲舉《五百家集注韓文・六瀧吏詩》注引“曰美”作“曰玩”，則南宋本蓋與范本同。

《發微》：（引孫説，文見上。）俊曰：據此，有“好”字本是，“美”作“曰玩”乃古人校注。

【注】

馮本注：“蝨”字與“蠹”字同義。按下《弱民篇》：“六，曰歲、曰食、曰美、曰好、曰志、曰行。”則此篇六蝨，宜準諸此。

朱本注：蝨官即擾官，如《抱樸子》“蚤蝨攻君，卧不獲安也”。

《發微》：俞曰：歲也、食也，農之蝨也；玩也、好也，商之蝨也；志也、行也，官之蝨也。

《新釋》：者同都，聚也。蝨，齧人蟲也。蝨官，謂害事。

《集解》：歲謂水旱偏災，食謂游民坐食，皆農之蝨也。“美”當作“弄”，形近而訛。宋本蓋以“美”字無義而改爲“玩”耳。“玩”、“好”皆商人之蝨也。“志”字無義,疑“苦”之訛。《史記·匈奴傳》“不備苦惡”,《集解》引韋昭云:“苦,麄也。”《唐書·韓琬傳》“器不行窳”,《音義》云:“不牢曰行,苦惡曰窳。”故“苦”與“行”皆爲工之蝨也。讀者不達“行”字之義,疑爲當讀去聲,遂改“苦”爲“志”,又改“工”爲“官”,而其義乃不可通矣。又案《弱民》篇文略同,但於“三官生蝨”六句上多“農闢地,商致物,官法民”三句。《吕氏春秋·上農》篇則作“農攻粟,工攻器,賈攻貨”,高誘注:“攻,治也。”彼以農、工、賈並言,猶此以農、商、工並言,故余疑“官”爲“工”之訛。

《解詁定本》:蝨,《説文》:“齧人蟲也。”生蝨官,謂爲官之害,猶蝨之害於人。歲謂偷惰歲功,食謂暴棄食物,皆有害於農;美謂美衣食,好謂重玩好,皆有害於商;志謂有暴慢之志,行謂有貪污之行,皆有害於官。樸,質也。《弱民》篇有此數句,下云:“農有餘食,則燕於歲(編者按:《弱民》此句爲“則薄燕於歲”);商有淫利,有美好,傷器;官設而不用,志行爲卒。”孫校……師轍按:綿眇閣本、吴本、評校本作“曰玩好”,亦無“曰美”句。

《箋正》:“三官者生蝨官者六”句,不可通。

《新箋》:“蝨官”義不可通,當作“蝨害”,“害”“官”因字形相似而誤。蝨者害人之蟲,故謂之蝨害。下文“禮樂蝨官生”,“國無禮樂蝨官”,“蝨官生,必削”,蝨官皆蝨害之誤。又云“六官之樸一人”,“六官”當作“六害”。又云“故攻官,攻力,攻敵”,“攻官”當作“攻害”。

《校讀》:“蝨”下“官者”二字衍文,《弱民》篇“三官生蝨六”可證。《弱民》篇云“農有餘食,則薄燕於歲;商有淫利,有美好,傷器;官設而不用,志行爲卒”,正釋此文。朱説非。

《錐指》:(引嚴校、孫説、俞説、王説,文見上。)禮鴻案:國之常官,《廣韻》曰:“官,事也。”謂國中執業者也。行者,《韓非子·亡徵篇》:“貴私行而賤公功者,可亡也。”王疑工爲官誤云云,於《弱民》篇“官法民”、“志行爲卒”、“官設而不用”等句皆不可通。且本篇云:“貴人貧,農貧,商貧,三官貧,必削。”工非三官之一明矣。不得蔓引《吕氏春秋》爲説。

六者有樸必削。三官之樸三人，六官之樸一人。

【校】

馮抄本，“樸”作“撲”。

【注】

《解詁》：樸，本也。言官之本有三，其爲蝨雖六，而病國則歸於一本。

《新釋》：樸，附也。言農、商、官三事當附於三人爲營之，六官之附由於一人兼管三官。言此者明當專一。

《解詁定本》：此二句不可解，疑有脱簡。

《箋正》：王詮只及末二句（指下“以治法者強，以治政者削”），而“三官之樸三人，六官之樸一人”，二句之難解，與“六官”二字之無來歷，均未之及，豈以爲不待校而已正耶！且此數句與上下文亦不大相應。《弱民》篇云：“農、商、官三者，國之常官也。農闢地，商[致]物，官法民。三官生蝨六：曰歲、曰食、曰美、曰好、曰志、曰行。六者有樸，必削。農有餘食，則薄燕於歲；商有淫利，有美好，[傷器]；官設而不用，志行爲卒。六蝨成俗，兵必大敗，法枉治亂，任善言多。”云云，除有一二處脱誤須補校外，視此間較爲完順，彼此殆相互訛出者耶？

《新箋》：樸，猶本也，根也。《説文》：“樸，木素也。”引申樸可訓本、根。本書《墾令》篇：“貴酒肉之價，重其租，令十倍其樸。”歸有光注：“樸，本也。”《諸子匯函》此樸可訓本之證。又《靳令》篇：“十二者成樸。”義同。三官之樸三人，言農、商、官三種職業之根在於此三種人。“六官”當作“六害”，六害之樸一人，言六種蝨害之根在於一人，一人謂國君，六害之産生皆由國君一人政治之失當。

《校讀》：《弱民》篇無此二句。

《錐指》：樸見《墾令》。“三官之樸”云云未詳。

以治法者強，以治政者削。

【校】

馮抄本，“以治法者強”作“以治去法者強”。

【注】

《讀諸子札記》：“治法”、“治政”，二字皆當倒乙。

《解詁》：法主於制度，政主於文物，但有文物而無制度，不能強也。

《新釋》：治，理獄也。法者，法家也。政者，政官也。以治，猶云治以，言理獄以法家則國強，理獄以政官則國削，即今所謂司法獨立者。《周禮·司徒》之屬有遂人、縣正，而《司寇》之屬又有遂士、縣士，且屢言凡附於刑者歸於士，則理獄古固不屬於政官耳。《説民》篇曰“國治：斷家王，斷官強，斷君弱”，蓋釋此。

《斠詮》：疑當作“以法去法者強，以法致法者削”。與下文“以刑去刑”、“以刑致刑”誼同。《靳令》篇云：“國以功授官予爵，則治省言寡，此謂以法去法，以言去言。國以六蝨授官予爵，則治煩言生，此謂以法致法，以言致言。”文義與此略同，可以爲證。

《解詁定本》：以，用也。治法謂畫一法令，遵而行之；治政謂恃人而治，不重法令。

《校讀》：《弱民》篇云：“法枉治亂，任善言多。治衆國亂，言多兵弱。法明治省，任力言息。治省國治，言息兵強。”正釋此文。王説近是。

《錐指》：當作“以治去治者強，以治致治者削”。説見《靳令》篇。

常官治者遷官。

【校】

范本、綿眇閣本、吴本、程本、馮本、朱本、褒異本、且且庵本、馮抄本、奇賞本、四庫本、問經堂本、指海本、崇文本，“治者”作“法去”。

《繹史》引,“治者”作“法去”。

初校本注:范本“治者”作“法去”,訛。

《解詁定本》:(引嚴校,文見上。)轍按:各本皆同范本。

【注】

《解詁》:常官如治,乃遷,蓋如後世所謂□越遷者。

《新釋》:《説民》篇曰:“常言則治,省刑要。”此云遷官謂省事耳。常,法也。遷,損也,減也。

《斠詮》:崇文本亦作“法去”,當從之。《商子》原文,疑當作“常官法去則治”,與下《説民》篇“刑去常官則治”同誼。“治者遷官”四字疑出後人妄改。

《解詁定本》:常官治者,謂農、商、官三者各有常經,則不過遷移官職而已,言其治之易也。

《箋正》:此句必有脱訛,或直衍文,但決不似王詮。蓋原文雖非完語,尚有義意,如王説直不成文語矣。王且引及《説民》篇語。按《説民》篇文爲“國治:斷家王,斷官強,斷君弱。重輕刑去,常官則治”。此明明“重輕刑去”爲一句,“常官則治似有脱誤”爲另一句。“重輕刑去”者,即本篇“行刑重輕,刑去事成”及他篇“行罰重其輕者,輕其重者,輕者不至,重者不來”,所謂“以刑去刑”之義也。常官謂官有常也。《農戰》篇:“民見朝廷之可以巧言辯説取官爵也,故官爵不可得而常也。”又曰:“是以官無常,國亂而不一。”又曰:“夫民之不農戰也,上好言而官失常也,常官則國治,壹務則國富。”又本篇:“農、商、官三者,國之常官也。”《左傳》曰:“國有常刑。”蓋即典常、常法之義。常官謂官得其常也,官得其常則國可治也。如王詮則成爲“常官法去則治”或“刑去常官則治”兩六字句,王氏或自有其妙解,然非恒人所能通矣,然王氏方詆人之妄增、妄改也。

《新箋》:嚴萬里曰:“范本治者作法去。”朱師轍曰:“各本皆同范本。”亨按:此句解得通。常官謂久任一官也。治謂其官事治,即辦事有成績也。遷官謂升其官也。此句言官吏任官既久,官事又治,則升其官也。但如此解，與上文不聯，疑此句原作"常守法者遷官"，"守"、"官"因字形相似而誤。"法"字當從范本，"者"字當從嚴本。

《校讀》：朱説近是，王説不足據。詳《説民篇》。

《錐指》：指海本亦作"法去"。此疑當作"常官治去，遷官事生"或至，或"常官治省，遷官治大"。"者"爲"省"字形近之誤，"治""大"二字則涉下文脱去也。謂官法有常則治少，紛更則治多。

治大，國小；治小，國大。強之重削，弱之重強。

【校】

馮抄本，"強之重削"作"強重削"。

【注】

《解詁》：(讀作"治大國，小；治小國，大"。)治大國，當以小國之道，治小國，當以大國之道。

《新釋》：解詳《弱民》篇。治大，謂治衆。

《斠詮》：(讀作"治大國，小；治小國，大。強之，重削；弱之，重強"。)案：兩"重"字均當讀爲平聲。

《解詁定本》：(讀作"治大國，小；治小國，大"。)大國民衆事繁，政常難周，當如治小國之精密。小國地狹財乏，治易苟且，當如治大國之宏遠。強須防其削，弱須圖其強。

《校釋》：案本篇與《弱民》篇重出者不少。此處"強之，重削；弱之，重強"，蓋即節取"民強而強之，兵重弱；民強而弱之，兵重強"而語意未完者。

《校讀》："強之"上當增"民強而"三字。"弱之"上當增"民弱而"三字，《弱民》篇可證。

《錐指》：治大治小，猶治多治少也。

夫以強攻強者亡，以弱攻弱者王。

【校】

馮抄本，“攻強者”下無“亡”字。

初校本，下一“弱”字作“強”，注：秦本、范本作“攻弱”，此依元本。

《解詁定本》：各本俱作“以弱攻弱者王”。

【注】

《解詁定本》：以強攻強者亡，如苻堅攻晋之類。以弱攻強者王，如勾踐攻吴之類。

《箋正》：此節脱舛殊甚，另見《弱民》篇者“治大國小，治小國大……故以強政弱，削；以弱政強，王也”云云。彼處節首與此正同而節末亦大體相似，惟中間詳略完闕不同耳，此處殆重出而舛脱耶？

《校釋》：諸本俱誤，上“攻強”字應爲“攻弱”。《弱民》篇“以強攻弱，削；以弱攻強，王也”可證。今據改。

《校讀》：《弱民》篇云：“以強去強者弱，以弱去強者強”，“政作民之所惡，民弱；政作民之所樂，民強。民弱國強，民強國弱。故民之所樂民強；民強而強之，兵重弱；民之所樂民強；民強而弱之，兵重強。故以強重弱，弱重強，王。以強政強，弱，弱存。以弱政弱，強，強去。強存則弱，強去則王。故以強政弱，削；以弱政強，王也。”一段文字，正此二句注脚，雖其間不免脱訛，然大意可曉。朱説非是。

國強而不戰，毒輸於内，禮樂蝨官生，必削。國遂戰，毒輸於敵，國無禮樂蝨官，必強。

【校】

褒異本、且且庵本，“必削”作“必曰”。

【注】

《新釋》：淫佚爲禮樂蝨官。《穀梁・僖四傳》：“遂，繼事也。”

《斠詮》：疑當作“國強而遂戰”，與上文相對成義。

《錐指》:《靳令》篇有"國貧而務戰,毒生於敵,無六蝨,必強;國富而不戰,偷生於内,有六蝨,必弱"二十八字,與上下文義不屬,簡書謂殆從《去強》舛誤而重出,是也。彼"國富而不戰"云云,即此之"國強而不戰,毒輸於内,禮樂蝨官生,必削"也。簡氏釋彼文曰:"國富而不戰,如《孟子》所謂無敵國外患,而驕惰淫佚之弊生,則六蝨備具,不弱而亡何待? 驕惰淫佚,偷也。偷非他人所贈予,亦非國外所輸入,故曰生於内。"其説甚達。然則於内當曰生,於敵當曰輸;《去強》概作輸,《靳令》概作生,並非文理所宜。

舉榮任功曰強,蝨官生必削。

【校】

褒異本、且且庵本,"削"作"曰"。

【注】

初校本注:案"榮"字疑誤。

《校正》:吴(編者按:當作嚴)云:"'榮'字疑誤。"案:《吕覽·節喪》篇"侈靡者以爲榮",高注:"榮,譽也。"《漢書·楊雄傳》"四皓採榮於南山,"顔注:"榮者,謂聲名也。"舉榮任功,謂舉其有名而任其有功也。"榮"字不誤。《算地》篇亦云:"論榮舉功以任之。"

《發微》:"舉榮"六字與上下文氣不倫,疑是《算地》篇"論榮舉功以任之"句下校注文而誤入此者。又曰:"曰強"之"曰"疑"者"之駁文。又引胡曰:"榮,譽也。"

《讀諸子札記》:"榮"蓋"勞"字之誤。《錯法》篇云:"用必出於其勞,賞必加於其功。"是其證也。《算地》篇云:"論榮舉功以任之。""榮"亦當作"勞"。

《斠詮》:嚴氏曰:"'榮'字疑誤。"時潤謹案:"榮"當爲"策"字之誤,"策"俗從竹從宋,與"榮"形似,因而致訛。《算地》篇云"論策舉功","策"亦誤作"榮",可以互證。又按:"曰"疑"國"字之誤,"功"字下似脱"則"字。其原文當云:"舉策任功則國強。"

《解詁定本》:《漢書·揚雄傳》:"四皓採榮於南山。"顔師古注:"榮謂聲名也。"舉榮,謂舉賢,《算地》篇有"論榮舉功以任之",可證不誤。嚴校非。陶校則以"榮"爲"勞"之誤,亦非。

《箋正》:"榮"疑當作"勞",《修權》篇云"授官予爵不以其勞,則忠臣不進",可證。即王氏所引《算地》篇語,亦應作"勞",又"國強而戰"數語,與《靳令》篇略同,彼處言國富、國貧,此則言國強耳。

《校釋》:"勞"字各本作"榮"……簡説較是,今據改。朱釋榮爲名聲,而謂其不誤,與商鞅之旨不合。

《校讀》:朱氏不改字,謂榮爲賢,説甚迂曲。王氏改"榮"爲"策",説亦不可曉。今案:"榮"字疑當作"勞",形近而誤。《修權》篇云:"授官予爵不以其勞,則忠臣不進;行賞賦禄不稱其功,則戰士不用。"又《錯法》篇云:"是以明君之使其臣也,用必出於其勞,賞必加於其功。"皆功、勞對文,可證。

農少商多,貴人貧、商貧、農貧,三官貧,必削。

【注】

《新釋》:貴,匱乏也。上云農、商、官,此云人、商、農,人即官也,如《周禮》亨人、漿人、凌人之類。官,事也。謂人、商、農三事。

《錐指》:貴人、商、農,即三官也。自明曰:"農爲本,商爲末。農少商多,但有貿遷而食不足。食之者衆,生之者寡,日久枯竭,不獨貴人貧農貧,而商亦貧矣。故曰三官貧,必削。"

3. 國有禮、有樂、有《詩》、有《書》、有善、有修、有孝、有弟、有廉、有辯,國有十者,上無使戰,必削至亡;國無十者,上有使戰,必興至王。

【校】

范本、吴本、程本、馮本、朱本、褒異本、且且庵本、馮抄本、奇賞本、四庫本、指海本、崇文本,“弟”作“悌”。

《繹史》引,“弟”作“悌”。

馮抄本,“辯”作“辨”。

問經堂本“弟”下注:施本作“弟”,各本從心,俗字。

【注】

《發微》:俞曰:此十者下變文爲八。《農戰篇》《詩》、《書》、禮、樂、善、修、仁、廉、辯、慧,其數亦爲十而微有不同,疑傳寫增減,各就其事言之。當從《靳令篇》作十二者爲定,彼言善修而此分善修爲二,亦未安。

《讀諸子札記》:“使戰”上皆當有“以”字。《説民》篇云:“國有八者,上無以使守戰,必削至亡;國無八者,上有以使守戰,必興至王。”文與此同。

《新釋》:(“國有十者”)有,囿也。必削至亡,以不盡力於戰故。(“國無十者”)“無”同“撫”,有也,《爾雅》作“憮”。(“上有使戰”)有,又也。

國以善民治奸民者,必亂至削;國以奸民治善民者,必治至強。

【校】

范本、程本、朱本、褒異本、且且庵本、四庫本,“必治至強”作“必治至強國”,國下有缺文二字。

綿眇閣本、吴本、奇賞本、問經堂本、崇文本,“必治至強”作“必治至強國”。

馮抄本,“國以奸民治善民者”奸下無“民”字。“必治至強”作“必治至強曰常刑”。

指海本“必治至強”下注:此下程本衍“國”字,又空二格,吴本無空格,仍衍“國”字,今按文義删正。

《繹史》引,“必治至強”作“必治至強國”,國下有缺文二字。

【注】

《解詁》:此用告奸法以驅民從善也。《史記·商君列傳》:"不告奸者腰斬,告奸與斬敵首同賞,匿奸者與降敵同罰。"

《斠詮》:"至強"下,崇文本有"國"字,當是涉下"國用《詩》《書》"句而誤衍。其上文云"國有十者,上無使戰,必削至亡;國無十者,上有使戰,必興至王"。此等句例,書中屢見,均無"國"字,當據删。

《解詁定本》:善,良也。以治良民之法治奸民,必亂至削;以治奸民之法治良民,必治至強。

《校釋》:以善民治奸民,猶言以治善民之法治奸民。以奸民治善民,猶言以治奸民之法治善民。此蓋節取《説民》篇首節語,參閲該篇。

《校讀》:《説民》篇云"用善則民親其親,任奸則民親其制",又云"章善則過匿,任奸則罪誅",又云"故曰以良民治,必亂至削;以奸民治,必治至強"。正此二句注脚。

《錐指》:説在《説民》篇。《説民》曰:"以良民治,必亂至削;以奸民治,必治至強。"明此兩"治"字下"奸民"、"善民"並後人所加也。《説民》曰:"章善則過匿,任奸則罪誅。"陳啓天曰:"以良民治,謂以治良民之法治民也。以奸民治,謂以治奸民之法治民也。"語似是而實非書恉。

國用《詩》、《書》、禮、樂、孝、弟、善、修治者,敵至必削國,不至必貧國。

【校】

范本、吴本、程本、馮本、朱本、褒異本、且且庵本、馮抄本、奇賞本、四庫本、指海本、崇文本,"弟"作"悌"。

《繹史》引,"弟"作"悌"。

馮本,"敵至必削國"無"國"字。"不至必貧國"作"敵不至必貧國"。

【注】

《讀諸子札記》:"不至"上衍"國"字,涉下文"國不用八者"而誤。

《新釋》:言國僅用八者以爲治而不耕不戰。("敵至必削國")不戰故也。("不至必貧國")不耕故也。

《斠詮》:"善修"下當增"廉辯"二字。下文"八者"當作"十者",方與上文不相歧異。必削下,不當有"國"字,《農戰篇》云:"國以十者治,敵至必削,不至必貧;國去此十者,敵不敢至,雖至必却。"亦無"國"字,當據删。

《解詁定本》:(以"國"字屬下讀。)"削"下"國"字疑衍,後見陶校與余説同。或謂"國"當作"敵"。評校本,以下文"國"字屬上讀,而以"削國"、"貧國"爲句,亦可通。

《箋正》:書中大體同而少有參差之文句至多,必如王詮將校不勝校,即此數句,有八者,有十者,有十二者,"辯廉"二字可增,"仁義"二字何獨不可增乎?

《香草續校書》:(所據本作"國不至必貧"。)"國"字衍,或屬上句讀,非。

《錐指》:陶鴻慶曰:"不至上衍國字。"禮鴻案:《農戰》篇:"《詩》、《書》、禮、樂、善、修、仁、廉、辯、慧,國有十者,上無使守戰。國以十者治,敵至必削,不至必貧。"亦無"國"字。

不用八者治,敵不敢至,雖至必却。

【注】

《發微》:八者,《詩》、《書》、禮、樂、孝、弟、善、修也。

《新釋》:言不僅用八者以爲治,而且耕且戰。

《解詁定本》:却,退也。

興兵而伐,必取,必能有之;按兵而不攻,必富。

【校】

初校本,“必能有之”作“取必能有之。”

【注】

《諸子平議》:“取”下當叠“取”字,蓋有取而不能有者矣,故曰取必能有之也。《靳令》篇作“兵出必取,取必能有之”,當據補。

《發微》:俞曰:“‘取’下當叠‘取’字。《靳令》篇‘兵出必取,取必能有之’,當據補。”俊曰:今本叠“取”字,蓋浙本據俞校而增也。

國好力日以難攻,好言日以易攻。

【校】

范本、程本、四庫本,“好言日以易攻”,“好”下有缺文一字。

馮抄本,“好言日以易攻”作“好爲言日以易攻”。

初校本,“好言”上有“國”字。

《繹史》引,“好言”“好”下有缺文一字。

【注】

《諸子平議》:兩“日”字乃“曰”字之誤。《説民》篇“國好力曰以難攻,國好言曰以易攻”,文與此同,可據以訂正。

《校正》:俞云:“兩‘日’字乃‘曰’字之誤,《説民》篇文與此同,可據以訂證。”

按此本《説民》篇“曰”亦作“日”。“日”字固非,俞謂當作“曰”字,亦非也。“曰”乃“者”字之駁文,《農戰》篇:“國好力者以難攻,以難攻者必興;好辯者以易攻,以易攻者必危。”可證“日”字、“曰”字之皆誤。若如俞説,則“曰”字當如《靳令》篇作“此謂”二字,文義方足解釋其義,當於第三篇釋之,不應於第四篇、第五篇釋之也。

《發微》:俞曰:“兩‘日’字,‘曰’之誤。”《説民》篇:“國好力曰以難攻,國好言曰以易攻。”文與此同。胡曰:“‘日’乃‘者’之駁文。”

《解詁》：俞校兩“日”字乃“曰”字之誤，《説民篇》文與此同，正作“曰”。效力，民之所難，故曰以難攻；出言，民之所易，故曰以易攻。

《新釋》：曰同實，是也。

《斠詮》：《靳令》篇云：“國好力，此謂以難攻；國好言，此謂以易攻。”“曰”字之義，與“此謂”同。作“日”則不可通矣。

《解詁定本》：俞校，兩“日”字乃“曰”字之誤，引《説民》篇爲證。師轍按：俞校是。

《積微居讀書記》：《説民》篇亦有此二語，疑“日”字皆“者”字之誤。《農戰》篇云“國好力者以難攻者字朱校增”，“好辯者以易攻”可證。

《錐指》：（引俞説、王説，文見上。）禮鴻案：嚴萬里校本《説民》篇亦誤作“日”，指海本作“曰”，與俞所據本同。俞所據，孫星衍本也。

國以難攻者，起一得十；國以易攻者，出十亡百。

【校】

馮抄本，“國以難攻者”句無“者”字，“出十亡百”作“出十亡者百”。

初校本，“國以易攻者”句無“國”字。

【注】

《發微》：此一段自“國以難”至“無敵者強”，當與《説民》篇參校。

《解詁》：起一得十，言功大；出十亡百，言害多。

《解詁定本》：起一得十，謂一起兵必得十倍之利。出十亡百，謂十出兵，其損失必百倍也。

《錐指》：（“起一得十”）出少得多。（“出十亡百”）出多而失愈多。

4. 重罰輕賞，則上愛民，民死上；重賞輕罰，則上不愛民，民不死上。

【校】

馮抄本，“則上不愛民”句無“則”字，“民不死上”作“愛民不死上”。

【注】

朱本“重罰輕賞”上眉批：“慎罰易賞。”

《解詁定本》：重罰輕賞則民畏，犯罪者寡，故謂愛民，民爭赴戰而爲上死。重賞輕罰，則民犯罪者衆，故謂不愛民，民怯赴戰，不爲上死。

《錐指》：何謂輕賞？賞必當其功勞，不濫也。夫重罰則民畏法，輕賞則冀幸之心絶，故能死上之事也。謂之上愛民，於子産論政寬猛見之。裴松之《三國志》注引諸葛亮答法正曰：“威之以法，法行則知恩。限之以爵，爵加則知榮。”即商君之説也。在於本書，則如《開塞》所云：“正民者，以其所惡，必終其所好；以其所好，必敗其所惡。”亦足與此相發。利如“智者利仁”之利。行罰而民利者，《説民》篇曰“罰重，爵尊”故也。

興國行罰，民利且畏；行賞，民利且愛。

【校】

范本、吴本、程本、馮本、朱本、馮抄本、四庫本、指海本、崇文本，“畏”作“罰”。

綿眇閣本、褒異本、且且庵本、奇賞本、問經堂本，“畏”作“愛”。

《繹史》引，“畏”作“罰”。“行賞”下有缺文二字。

范本、程本、四庫本，“行賞”下有缺文二字。

綿眇閣本、褒異本、且且庵本、奇賞本，叠“行賞”二字。

馮抄本，“行賞民利且愛”作“賞行上民利且愛民”。

問經堂本於“興國行罰，民利且愛”下注：各本作“罰”，非，今從施本。於“行賞”下注：施本重“行罰”二字，各本無。

【注】

《新釋》：《韓非子・八經》：“賞莫如厚，使民利之；誅莫如重，使民畏之。”語蓋出此。

行刑重其輕者，輕其重者，輕者不生，重者不來。

【校】

馮抄本，“輕其重者”作“輕者重者”，“生”作“至”。

初校本注：舊本此下有“行刑重其輕者，輕其重者，輕者不生，重者不來”十八字，與下《靳令篇》語同而文誼未全，今從秦本删去。

《斠詮》：崇文本亦有“行刑”以下十八字

【注】

《新釋》：解詳《説民》篇。《韓非子·内儲説上·七術》引公孫鞅曰：“行刑重其輕者，輕者不至，重者不來，是謂以刑去刑。”語出此。

《校釋》：本篇多雜輯成文，此十八字不必以其與《靳令》篇語同而文誼不全即删之，故仍從影范本、崇文本補入。但“輕其重者”四字衍，今亦删。説見《靳令》篇。

《校讀》：《商君書》錯簡訛脱莫甚於此篇，而此篇文字大半皆重見於他篇，即此一節，除《靳令》篇外，尚見於《説明［民］》篇，而以《弱民》篇文意爲最完整，三篇彼此互校則文義大明。當從舊本，嚴氏删之，非是。

《錐指》：（引嚴校、王説，文見上。）禮鴻案：指海本亦有。今依蒙氏説，此文當有。唯“輕其重者”四字乃衍文，當删。説見《靳令》。又當移後文“以刑去刑，國治；以刑致刑，國亂。故曰：行刑重輕，刑去事成，國強；重重而輕輕，刑至事生，國削。刑生力，力生強，強生威，威生惠，惠生於力。舉力以成勇戰，以成知謀”數語接於此“重者不來”之下，説見前。彼文微錯，仍校於彼。

國無力而行知巧者必亡。

【注】

《新釋》：《韓非子·揚權》：“聖人之道，去智與巧，智巧不去，難以爲常。”

《解詁定本》注引《韓非子·揚權》,同上。

《錐指》:此之謂"國好言,曰以易攻。以易攻者,出十亡百"也。

怯民使以刑必勇,勇民使以賞則死。

【校】

馮抄本,"勇民使以賞則死"句無"民"字。

【注】

《發微》:《説民》篇:"民勇則賞之以其所欲,民怯則殺之以其所惡。故怯民使之以刑則勇,勇民使之以賞則死。怯民勇,勇民死,國無敵者,必王。"

《解詁》:怯民刑之則畏,畏故勇;勇民賞之則勸,勸故死,而國無敵矣。

《解詁定本》:怯,多畏也。死,謂死敵。

《錐指》:("則死")效死也。

怯民勇,勇民死,國無敵者強,強必王。

【校】

初校本,"勇民死"作"勇巳死"。

《箋正》:范本,"勇巳死"作"勇民死"。

《錐指》:指海本亦作"民"。

【注】

《讀諸子札記》:"巳"乃"民"字之誤,《説民》篇云"怯民勇,勇民死,國無敵者,必王",文與此同。

《校正》:"巳"乃"民"之訛,《説民》篇可證。

《發微》:胡曰"巳乃民之訛,《説民》篇可證"。俊曰:胡校是也,"民""巳"形近易訛,《更法》篇"錯法務民主張",彼誤"巳"爲"民"。《説民》篇:"民勇則賞之以其所欲,民怯則殺之以其所惡。故怯民使之以刑則勇,勇民使之以賞則死。怯民勇,勇民死,國無敵者,必王。”

《斠詮》:“怯民勇”上當增“治國能令”四字,“國無敵”上當增“則國無敵”四字。

貧者使以刑則富,富者使以賞則貧。

【注】

《解詁》:貧民刑之則勤,勤則可以富;富民賞之則樂於輸將,輸將則家雖貧而國富,故多力也。

《新釋》:刑謂刑惰農。《周禮·載師》:“凡田不耕者出屋粟。”《大司寇》:“野刑,上功糾力。”功,農功。力,勤力也。(“富者使以賞則貧”)賞爵出粟。

治國能富者貧,令貧者富,則國多力,多力者王。

【校】

崇文本,“能”下有“令”字。

初校本,“治國能富者貧,令貧者富”作“治國能令貧者富,富者貧”。

【注】

《諸子平議》:此當作“治國能令貧者富,富者貧”,今本傳寫誤倒,則“能富者貧”句,文義不足矣。且據上文云“貧者使以刑則富,富者使以賞則貧”,是“貧者”句宜在“富者”之前也。《説民》篇“治國之舉,貴令貧者富,富者貧”,與此正同,可據訂。

《發微》:引俞説,無異議。

《解詁定本》:貧者威以刑罰使勤勉,則富矣;富者獎以虚榮使奢侈,則貧矣。管仲常操其術,以富四郊之民。事見《管子》。

《校讀》:法家無使民奢侈之法,且商君有“民淫則越志,越志則強”,故有“去強”、“弱民”之説。又謂美好爲六蝨,當無使民奢侈之理，此當是使富民以粟出爵耳。

《錐指》：民貧則國貧，民富而不歸於上，國仍貧，且有蝨。故民貧不可，富亦不可也。《史記》本傳變法之令曰："大小僇力本業耕織，致粟帛多者，復其身。使民出財貨以取爵賞，則民貧而國富。本篇下文曰："粟爵粟任則國富。"《壹言》篇曰："富者廢之以爵，不淫。"事末利及怠而貧者，舉以爲收孥。"即使富者貧，貧者富之法也。收孥，《史記索隱》曰："收録其妻子，没爲官奴婢。"

王者刑九賞一，強國刑七賞三，削國刑五賞五。

【校】

馮抄本，"五"作"伍"。

【注】

《新釋》：刑，罰罪也，字從井、刀，今經傳通以刑到字爲之。

5. 國作一一歲，十歲強；作一十歲，百歲強；作一百歲，千歲強，千歲強者王。

【校】

范本、綿眇閣本、吴本、程本、馮本、朱本、褒異本、且且庵本、馮抄本、奇賞本、四庫本、問經堂本、指海本、崇文本，"國作一一歲"作"國作一歲"。

馮抄本，"千歲強者王"句無"千歲強"三字。

初校本，"作一"作"作壹"。

《繹史》引，"國作一一歲"作"國作一歲"。

【注】

朱本眉批：顧啓元曰，百歲者，必世而後強。

《發微》："作一"數語，前見《農戰》篇。

《箋正》："國作一一歲"下至"千歲強者王"句，另見《農戰》篇，此疑衍文。

《錐指》:賞一謂之作壹。

威以一取十,以聲取實,故能爲威者王。

【校】

馮抄本,"以聲取實"無"取"字。

【注】

《新釋》:聲,名也。爲,作也。

《解詁定本》:威,畏也。威使人畏,能以少取衆,以虚聲取實利。

《錐指》:("以聲取實")先聲奪人。("故能爲威者王")力生強,強生威。國好力,曰以難攻。以難攻者,起一得十。

能生不能殺,曰自攻之國,必削;能生能殺,曰攻敵之國,必強。

【注】

《新釋》:殺,減也。生、殺,均斥力言。

《斠詮》:殺,去聲,生、殺,均指民力而言。能生不能殺,曰自攻之國,即上文所云"國強而不戰,毒輸於内"之謂也。能生能殺,曰攻敵之國,即上文所云"國強而遂戰,毒輸於敵"之謂也。

《解詁定本》:殺,讀如《周禮》"詔王殺邦用"之殺,鄭注:"殺,猶減也。"生、殺,俱指民力而言。《説民》篇云:"能生力,能殺力,曰攻敵之國,必強;能生力,不能殺力,曰自攻之國,必削。"

故攻官、攻力,樂國用其二舍一必強,

【校】

初校本,"攻力"下有"攻敵"二字。"樂國用其二舍一"作"國用其二舍其一"。

【注】

《解詁》:攻官,攻敵國之三官也。攻力,攻敵,國之力也。攻敵國,則攻其土地也。

《新釋》:攻官謂不存冗官,如禁設丞監之類。攻力謂不存力,即殺力也。攻敵謂不存敵而亡敵。

《解詁定本》:攻,讀如《周禮·考工記》"攻木"之攻。《小爾雅·廣詁》:"攻,治也。"攻官,謂去蝨官。攻力,謂重農事。攻敵,謂尚戰鬥。舍,置也。

《新箋》:"攻官"當作"攻害",謂攻蝨害也。攻力謂消耗實力於戰爭也。攻敵謂進攻敵國也。

《積微居讀書記》:攻,治也。

《錐指》:攻官、攻力則能生力,攻敵則能殺力。殺,減也。攻官則官吏從制,攻力則民不淫,此二者皆以去蝨官。

令用三者,威必王。

【注】

《發微》:"令"疑當作"合"。《禮記·檀弓》注"虚而不令",《釋文》:"令,本作合。"

《解詁》:"令"疑"合"字之訛。

《新釋》:令,完也。

《解詁定本》:令,善也。善用三者有威,故必王,或謂"令"爲"全"字之訛。

《新箋》:"令"字雖有善義,但古書無如此用之者,朱説非也。或以爲"全"字之誤,近之矣,但"全"用爲古語所無者,余謂"令"當作"合",因字形相似而誤。"合用三者"猶言兼用三者耳。

《校讀》:"令"疑"合"字之訛。

《錐指》:令用三者,"令"或"合"字之誤。

6. 十里斷者國弱,九里斷者國强。

【校】

馮抄本,"九里"下有"國"字。

初校本注:案"九"當作"五",下《説民》篇亦作"五"。

【注】

《札迻》:《靳令》篇云:"以五里斷者王,以十里斷者强。"《韓非子·飭令》篇,"十"仍作"九"。

《發微》:《禮記·大學》"斷斷兮",注:"誠一之皃"蓋以摶爲訓也。

《解詁》:"五里斷"喻决事之速,"十里斷"喻决事之遲。

《新釋》:解詳《説民》篇。九,《説民》篇作"五"。"五"、"九"聲近。

《解詁定本》:斷,猶决也。嚴校謂"九"當作"五",是。蓋謂斷於遠不如斷於近也。師轍按:《靳令》篇云:"以五里斷者王,以十里斷者强。"文雖不同,而其義一也。

《校讀》:商君此文頗易曉,朱説亦未暢。依《説民》之意,蓋謂斷於上不如斷於下也。作法令民明白易知,其刑其賞使能自斷耳。

《錐指》:嚴萬里曰:"九當作五,下《説民》篇亦作五。"禮鴻案:嚴説是也。

以日治者王,以夜治者强,宿治者削。

【校】

范本、程本、四庫本,"夜"字前有缺文一字。

綿眇閣本、吴本、馮本、朱本、四庫本、問經堂本、指海本、崇文本,"以夜"句無"以"字。

馮抄本,"以日"兩句作"以日治者王者日夜治者强"。

初校本,"宿"前有"以"字。

褒異本、且且庵本,自"十里斷者"至"以日治者王以",十八字無。

問經堂本"以日治者王"下注:上十七字鄭本脱,各本有。

《繹史》引,"夜"字前有缺文一字。

【注】

朱本注：又日夜治者，甚言其治之速。

《解詁》：五里斷，喻决事之速；十里斷，喻决事之遲。以日治速於以夜治，以夜治速於以宿治也。宿，留也。言留而不决待諸他日也。

《新釋》：強，僵也。

《解詁定本》：過夜爲宿，宿，留也。國家治事迅速則強，遲滯則削。

《箋正》："十里斷者國弱，九里斷者國強，以日治者王，以夜治者強，以宿治者削"等句，義晦塞不可解，須俟詳校。

《錐指》：並解在《説民》篇。

舉口數，生者著，死民者削。

【校】

初校本作"舉民衆口數，生者著，死者削。民不逃粟，野無荒草，則國富，國富者強"。注："舉民衆"以下，一切舊本並多淩亂脱誤，今從葉校本乙增。

【注】

《諸子平議》："民"字衍文，此蓋言舉户口之數，生者則著之，死者則削之也。襄二十七年《左傳》："仲尼使舉是禮也。"《釋文》引沈注曰："舉謂記録之也。"此"舉"字義與彼同。《境内》篇云："四境之内，丈夫女子皆有名於上者著，死者削。"則又奪"生"字，當作"生者著，死者削"，可與此文互訂。

《校正》：引俞説，無異議。

《發微》：俞據本作"生者著，死民者削"。校曰："民字衍。《境内》篇：'四境之内，丈夫女子皆有名於上者著，死者削。'彼文奪生字，可與此互訂。"俊曰：今本有"生"字，浙局據俞説增之也。又曰：《墾令》"則以其食口之數，賦而重使之"。

《新釋》：言生著於户版而死則削之，今稱户籍。《周禮・司民》：

“掌登萬民之數,自生齒以上皆書於版,辨其國中與其都鄙及其郊野,異其男女,歲登,下其死生。”登即著,下即削也。

《箋正》:此二句殆從他處錯出,與上下文都無關係。

《錐指》:自此以下並因上貧富強弱之説而推言之,其文易明,故無釋也。蒙氏疑爲别篇文,非也。

民衆從不逃粟,野無荒草。

【校】

馮抄本,“民衆”作“民重”。

【注】

《發微》:逃粟之粟疑是“遷”之誤。《墾令》:“使民無得擅徙。”隸書遷作“迁”,與“粟”形近,涉下“金生而粟死”諸“粟”字而誤。

《新釋》:逃,匿也。荒草,淹地也。《管子·權修》:“野不積草,農事先也。”

《解詁定本》:此户籍之法也。舉凡民衆户口之數,生者著於籍,死者削其名,户籍可考,故民不逃粟,而土地盡墾。逃粟,逃賦税也。《孟子》有“粟米之徵”,趙岐注:“兵糧也。”(引嚴校,文見上。)師轍按:各本俱作“舉口數,生者著,死民者削。民衆從不逃粟,野無荒草。以刑去刑國治,以刑致刑國亂。曰不刑重輕,刑去事成,國強”。共四十三字,而葉本從“舉民衆”至下文“國強”,共五十字,除乙正外,計增七字,始與“重重而輕輕”接。

7. 以刑去刑國治,以刑致刑國亂。

【校】

馮抄本,本句作“以刑以去刑國治,以刑致國亂”。

【注】

《新釋》:《管子·禁藏》:“以有刑至無刑者,其法易而民全;以無刑至有刑者，其刑煩而奸多。”

故曰行刑重輕而輕重，刑去事成，國強；

【校】

范本、綿眇閣本、吴本、程本、馮本、朱本、褒異本、且且庵本、奇賞本、四庫本、問經堂本、指海本、崇文本，“故曰行刑重輕而輕重”作“曰不刑重輕”。

馮抄本，“故曰行刑重輕而輕重”作“曰不刑重輕而輕重”。無“國強”二字。

初校本，無“而輕重”三字。

《繹史》引，“故曰行刑重輕而輕重”作“曰不刑重輕”。

【注】

《新釋》：成，平也。

《解詁定本》：以刑去刑，如晋文公之誅顛頡；以刑致刑，如齊景公之繁刑。

重重輕輕，刑至事生，國削。

【校】

范本、程本、朱本、四庫本，“重重”下有缺文一字。

馮抄本，“重重輕輕”作“重輕重”。

指海本，“重重輕輕”作“重重而輕輕”，注：“而”字原空一格，依後《説民》篇補。

初校本，“重重輕輕”作“重重而輕輕”。

《繹史》引，“重重”下有缺文一字。

【注】

《解詁定本》：行刑重其輕者，則犯罪者寡，故刑去事成，國強。若重其重而輕其輕，則犯罪者衆，故刑至事生，國削。師轍按：商君之言，本於《管子》。《管子·法法》篇："上赦小過，則民多重罪，積之所由生也。"

《校讀》：即上文"重其輕者，輕者不至，重者不來"及《説民篇》"重其重者，輕其輕者，輕者不止，則重者無從止矣"之意。

《積微居讀書記》：説詳《説民》篇。

刑生力，力生強，強生威，威生惠，惠生於力。

【注】

《發微》：《説民》："刑生力，力生強，強生威，威生悳，悳生於刑。"彼文"惠"作"悳"。

《解詁定本》：刑罰驅民於農戰，故能生力。國有力則強，強則有威。威加然後知惠，故威生惠。《説民》篇作"威生悳"，悳、惠一也。

《箋記》："惠"當從《説民》、《靳令》二篇作"悳"。又"力"字（按：指句末"力"字）亦當從《説民》篇作"刑"。

舉日以成勇戰，戰以成知謀。

【校】

馮抄本，"日"作"曰"。

初校本，"日"作"力"。

【注】

《發微》："戰"下疑脱一"勇"字。

《斠詮》：（所據本作"舉力"。）"力"字誤。崇文本作"舉日"，"日"蓋"曰"字之訛。兩"成"字當讀爲盛。下"戰"字當衍。商子原文，當作"舉曰以成勇戰，以成知謀"。猶言皆謂以盛勇戰，以盛智謀耳。"盛"本從成得聲，故得通用。《靳令》篇云："國以功授官予爵，此謂以盛勇戰，以盛知謀。以盛勇戰，以盛知謀，其國必無敵。"據此，則此文上下猶疑有脱誤。

《解詁定本》：舉，用也。

《箋正》：（所據本作“舉力”。）此文於“惠生於力”之下，而曰“舉力以成勇戰，戰以成知謀”，理順辭達，且有相因而至之妙，如王詮直與上文渺不相涉。夫此節自“刑生力”句至“戰以成知謀”句，所注重在一力字，故戰與謀之所以成勇、成知，均係根本於力，亦猶下篇“刑生力，力生強，強生威，威生德，德生於刑”，所注重在一刑字，故該處於“德生於刑”之下緊接曰“故刑多則賞重，賞少則刑重”云云，與此節“惠生於力”之下，緊接“舉力以成勇戰”，均係義意相生，明其效果。王氏偏據《勒令》篇類似之語，謂彼此雷同，見解殊奇。況《靳令》篇於“以功授官予爵”下，曰“此謂以盛勇戰，以盛知謀。以盛勇戰，以盛知謀，其國必無敵”。意義已不十分明確，何反以彼易此耶？

《校釋》：“以成勇戰，以成知謀”，疑乃摘録《靳令》篇語，後人欲與上文相屬，遂增“舉力”及“戰”三字耳。本篇上下文原多不相屬，若以其不相屬，增删字句而使之相屬，則殊不必。

《錐指》：惠生於力，猶惠生於刑矣。以成勇戰，以成知謀，“成”當依《靳令》讀作“盛”。《兵守》篇曰：“慎使三軍無相過，此盛力之道。”“盛”字義與此同。知謀倚於強力，無力而用知，可偷取於一時，未能十舉不失也。又此文當移前，説已見。

粟生而金死，金死而粟生。粟本物賤，事者衆，買者少，

【校】

范本、綿眇閣本、吴本、程本、馮本、朱本、褒異本、且且庵本、馮抄本、奇賞本、四庫本、問經堂本、指海本、崇文本，上五句作“粟生而金死而粟本物賤，事者衆，買者少”。

品節本，“金死而粟生”作“粟死而金生”。無“粟本物賤”以下三句。

初校本，前三句作“金死而粟生，粟死而金生，本物賤”。注：秦本作“粟生而金死，金死而粟生”。

《繹史》引,上五句作“粟生而金死而粟本物賤,事者衆,買者少”。

【注】

《發微》:《説文》:“賣,出物貨也。”“買,市也。”《墨子·經説上》:“買,鬻,易也。”“事”疑是“賣”字。本物,粟也。下“金一兩生於境内”一段即申説此意。

《讀諸子札記》:此當云“金生而粟死,粟生而金死”。下文云“金一兩生於境内,粟十二石死於境外,粟十二石生於境内,金一兩死於境外”,是其證也。秦本作“粟生而金死,金死而粟生”,亦誤。

《解詁》:生,謂饒;死,謂乏。本物,謂粟也。

《新釋》:《管子·權修》“金與粟爭貴”,生金者商,生粟者農。本物,穀物也。《管子·治國》:“粟者,王之本事也。”事,農事也。

《斠詮》:崇文本上五字同秦本,下祗“而粟”二字。今據文義,當作“金生而粟死,粟生而金死”,於義方順,蓋下文“金一兩生於境内”云云,即所謂金生粟死之義也。“粟十二石生於境内”云云,即所謂粟生金死之義也。若依秦、嚴兩本,則義不可通矣。

《解詁定本》:“粟死而金生”當作“金死而粟生”,方與下文義合。楊慎《丹鉛録》引此二句同。品節本作“粟生而金死,粟死而金生”。《管子·權修》篇“金與粟爭貴”,房玄齡注:“所寳惟穀,故金與粟爭貴。”蓋農生粟,商生金。

《錐指》:(引嚴校、朱説,文見上。)禮鴻案:下文曰:“金一兩生於竟内,粟十二石死於竟外;粟十二石生於竟内,金一兩死於竟外。國好生金於竟内,則金粟兩死,倉府兩虚,國弱;國好生粟於竟内,則金粟兩生,倉府兩實,國強。”據國好生粟則金粟兩生之云,則此二句當作“金生而粟死,粟生而金生”,不疑也。蓋生金爲以我之粟易境外之金,故粟死於境外。生粟或可以我之金易境外之粟,則金死於境外矣。然而當知生粟不必爲以我之金易人之粟,驅民於農,乃生粟之大者也。使我生粟有餘,不妨以有餘之粟易境外之金,故金粟兩生也。商君蓋以生粟爲本,而生金爲末。務本則末從而生,事末則本爲之蹶，此其主旨。境内、境外之生死，特其枝流，固不得持以奪此旨也。

農田而奸勸，其兵弱，國必削至亡。

【校】

范本、綿眇閣本、吴本、程本、馮本、朱本、褒異本、且且庵本、馮抄本、奇賞本、四庫本、問經堂本、指海本、崇文本，無"田"字。

品節本，無此三句。

初校本，"田"作"困"。

《繹史》引，無"田"字。

【注】

《諸子平議》：農而奸勸，奸勸猶奸勝也。其"而"字乃"耎"之壞字。耎，弱也。

《新釋》：謂相勸爲奸。

《解詁定本》：本物，謂米粟。從事於農者衆，粟米賤，則農困而相勸爲奸。

《錐指》：本物，粟也。事者衆，買者少，故賤矣。故農困而爲奸事者勸，且農亦將務奸事以自活，然則粟無從生矣。奸，謂商賈奇技淫巧也。然非患事者衆，患買者少也。孰當買之？蓋上買之也。《墾令》曰："使商無得糴，農無得糶。"當作"商無得糶，農無得糴"。謂民間糶糴無得自便也。《漢書·食貨志》載李悝之法曰："糴甚貴傷民，甚賤傷農。民傷則離散，農傷則國貧。故甚貴與甚賤，其傷一也。善爲國者，使民無傷而農益勸。今一夫挾五口，治田百畮，歲收畮一石半，爲粟百五十石。除十一之税十五石，餘百三十五石。食人月一石半，五人終歲爲粟九十石，餘有四十五石。石三十，爲錢千三百五十。除社閭嘗新春秋之祠用錢三百，餘千五十。衣人率用錢三百，五人終歲用千五百，不足四百五十。不幸疾病死喪之費，及上賦斂，又未與此。此農夫所以常困，有不勸耕之心，而令糴甚貴者也。是故善平糴者，必謹觀歲有上中下孰。上孰其收自四，餘四百石。張晏曰："平歲百畮收百五十石,今大孰,四倍,收六百石。計民食終歲長四百石。”中孰自三,餘三百石。張晏曰:“自三,四百五十石也。終歲長三百石。”下孰自倍,餘百石。張晏曰:“自倍,收三百石,終歲長百石。”下孰自倍,餘百石。張晏曰:“自倍,收三百石,終歲長百石。”小饑則收百石,中饑七十石,大饑三十石。故大孰則上糴三而捨一,中孰則糴二,下孰則糴一。使民適足,賈平則止。小饑則發小孰之所斂,中饑則發中孰之所斂,大饑則發大孰之所斂而糶之。故雖遇饑饉水旱,糴不貴而民不散,取有餘以補不足也。”商君受李悝《法經》以相秦,平糴之法,或亦嘗酌取爾。自上糴粟,此謂生粟之道也已。

金一兩生於境内,粟十二石死於境外;金一兩死於境外,粟十二石生於境内。國好生金於境内,則金粟兩死,倉府兩虚,國弱;國好生粟於境内,則金粟兩生,倉府兩實,國強。

【校】

《藝文類聚》卷八十五《百穀部》引,第一句“生”下無“於”字,第二句“粟”下有“一”字,三、四兩句互易。

《太平御覽》卷八四〇《百穀部》引,三、四兩句互易。

范本、綿眇閣本、吴本、程本、馮本、朱本、馮抄本、奇賞本、四庫本、崇文本,上四句作“金一兩生於境内,金一兩死於境外”。

褒異本、且且庵本、品節本、問經堂本、指海本、初校本,“金一兩死於境外,粟十二石生於境内”,作“粟十二石生於境内,金一兩死於境外”。

問經堂本於“粟十二石生於境内”句下注:上十六字各本脱,鄭本有。

指海本於“粟十二石生於境内”句下注:二句原脱,依《藝文類聚》八十五,《御覽》八百四十補正。

初校本,“境”作“竟”。注:“舊本無國弱及下文國強四字,案楊慎《丹鉛别録》、《文集》四十六引並有,今據增。”

《繹史》引,上四句作“金一兩生於境内,金一兩死於境外”。

《籀廎碎金》:六"竟"字孫淵如改"境"。"兩虚"、"兩實"下無"國弱"、"國強"四字,"金一兩死於竟外"嚴鐵橋移"粟十二石死於竟内"上,《類聚》八十五引"金一兩生"下無"於"字,"十二石死"上有"一"字,"倉府"作"府庫","兩虚"下有"國弱"二字,"國好"無"國"字,"金粟兩生"上無"則"字,"兩實"下亦有"國強"二字。

《斠詮》:崇文本脱"粟十二石"兩句。嚴氏曰:"舊本無國弱及下文國強四字。案楊慎《丹鉛别録》、《文集》四十六引並有,今據增。"時潤謹案:崇文本亦脱此四字。("兩實"下注)嚴氏曰:"楊慎引作兩盈。"

《解詁定本》:嚴校:"舊本無國弱及下文國強四字。案楊慎《丹鉛别録》、《文集》四十六引並有,今據增。"師轍按:《藝文類聚》卷八十五,《御覽》卷八百四十俱引《商君書》,"金一兩生於境内"至"倉府兩實國強"一段,皆多"國弱""國強"四字,嚴氏據補甚是。但引《丹鉛[别]録》而不知引二書,未免不知本矣。"國強"下云(編者按,實指"兩實"):嚴校,"楊慎引作兩盈"。

《校釋》:王説:"崇文本脱"粟十二石"兩句。"案影范本亦脱,今依嚴校本。

《箋正》:嚴云:舊本無"國弱"及下文"國強"四字。案楊慎《丹鉛别録》、《文集》四十六引並有,今據增。王詮崇文本亦脱"國弱"等四字。

《錐指》:嚴萬里曰:"舊本無國弱及下文國強四字,案楊慎《丹鉛别録》、《文集》四十六引並有,今據增。"禮鴻案:錢熙祚刻指海本,所據本此無"弱"字,下文無"國"字,錢氏依《御覽》補之。

【注】

《解詁定本》:(所據本"境"作"竟"。)竟,界也。

《香草續校書》:(所據本"境"作"竟"。)此謂國好生金於竟内,則竟内之民皆將務采金而不務種粟,是粟死矣。又必以金易粟,則金亦死矣。故曰金粟兩死,倉府兩虚。國好生粟於竟内,則竟内之民皆將不務采金而務種粟，是粟生矣。又可以粟易金，則金亦生矣。故曰金粟兩生，倉府兩實。商君之意，不過欲國好生粟，不好生金，故其説如是。若論其理，實金生必粟死，粟死必金生，如上文所言，決無兩死兩生之道也。此所謂強詞奪理也。

《錐指》：《説文》："倉，穀藏也。"《曲禮》："在府言府。"鄭注："府，謂寶藏貨賄之處。"是倉以貯粟，府以貯金也。（"倉府兩實"）嚴萬里曰："楊慎引作兩盈。"

9. 強國知十三數：境内倉口之數，壯男壯女之數，老弱之數，官士之數，

【校】

初校本，"境"作"竟"。

崇文本，"知"作"之"。

范本、崇文本，"官士"作"官上"。

《斠詮》：崇文本"知"誤作"之"。時潤謹案：崇文本"官士"作"官上"。

《校釋》："官士"影范本、崇文本作"官上"，誤。今依嚴校本。

【注】

《讀諸子札記》："倉"乃"食"字之誤。《墾令》篇云："禄厚而税多，食口衆者，販農者也。"是其證。

《解詁定本》：倉廩户口之數。陶鴻慶謂"倉"乃"食"字之誤。尹桐陽謂口當作"卣"。師轍按：二家之説皆非。倉廩、户口爲二事，故合下文爲十三數，否則少一數矣。

《箋正》："口"字疑誤。

《新箋》：陶鴻慶曰"倉乃食字之誤"。朱師轍曰"倉廩户口之數"。亨按：下文云"壯男壯女之數，老弱之數"等，已包括食口與户口之數，知陶、朱之説皆非也。余謂此處之口乃録者所寫之□，以代表闕文。上文云："倉、府兩虚。"又云："倉、府兩實。"據此，則闕文當作"府"字，

此句當作"竟内倉府之數"。倉者糧倉,府者府庫也。倉、府、壯男、壯女、老、弱、官、士、説客、利民、牛、馬、芻藁,共十三項。故上下文皆言十三數。如陶、朱之説,僅有十二項,以此益知其非矣。

《錐指》:陶鴻慶曰:"倉乃食字之誤。《墾令》篇云:'禄厚而税多,食口衆者,敗農者也。'是其證。"禮鴻案:"口"疑當爲"府"。蓋"府"字爛脱,校者以空圍記之,因誤作口也。人之口數,則下文壯男、壯女至利民之數當之。(倉、口之數)一、二。(壯男、壯女之數)三、四。(老、弱之數)五、六。《兵守》篇:"三軍:壯男爲一軍,壯女爲一軍,男女之老弱者爲一軍。"(官、士之數)七、八。

以言説取食者之數,利民之數,

【校】

秦本,無"利民之數"。

《斠詮》:時潤謹案:崇文本有"利民之數"句。

《箋正》:嚴曰:秦本無"利民之數"句。

【注】

《解詁定本》:謂游説之士。利,饒也,謂富民也。嚴校,秦本無此句。

《校釋》:嚴説:"秦本無此句。"蓋謂"利民之數"也。

《新箋》:朱師轍曰:"利,饒也,謂富民也。"亨按:古書無稱富民爲利民者,朱説無據,不可信從。余謂利民可有三解:其一,利民即黎民,謂農夫也。奴隸也,農奴也,農民也,皆包括其含義之中。《商子》此處之利民則指封建社會之農民也。其二,利民者以營取利潤爲生之民,謂商人與手工業者也。其三,利當作刑,因字形相似而誤。《開塞》篇:"吾所謂利者,義之本也。"陶鴻慶説:"利乃刑字之誤。"甚確。此本書"刑""利"二字互誤之證。刑民謂受過黥、劓、刖、宫等刑之人及囚在囹圄之人。《賞刑》篇:"國無刑民。"即言刑民之例。又《算地》篇:"刑人無國位。"刑人與刑民同義。此三解以第一解爲好,因商氏重農,故強調掌握黎民之數也。但依上文,利民又似指商人與手工業者。

《錐指》:(“以言説取食者之數”)九。(“利民之數”)十。嚴萬里曰:“秦本無此句。”禮鴻案:蓋謂農也。

馬、牛、芻藁之數。欲強國,不知國十三數,地雖利,民雖衆,國愈弱至削。

【注】

《解詁定本》:《説文》:“芻,刈草也。”“稾,稈也。”(“地雖利”)地形利便。或曰,利謂富也。

《校釋》:所謂十三數,如此節無闕誤,則倉口、壯男、壯女、老、弱、官、士、言説、利民、馬、牛、芻、藁,須各爲其數之一。

《錐指》:(“馬牛芻藁之數”)十一、十二、十三。芻藁爲一。《説文》:“芻,刈艸也。”謂已刈之草。“稾,稈也。稈,禾莖也。”“藁”即“稾”之俗字。

10. 國無怨民曰強國。興兵而伐,則武爵武任必勝;按兵而農,粟爵粟任則國富。兵起而勝敵,按兵而國富者王。

【校】

初校本,“按兵”作“按國”。

《斠詮》:(“按國而國富者王”)此句上“國”字當依崇文本作“兵”。

《箋正》:崇文本,“按國”作“按兵”。

《校釋》:“按兵”二字嚴校本作“按國”,誤。今依影范本及崇文本。

《錐指》:(“按國”之“國”)指海本亦作“兵”。

【注】

《讀諸子札記》:(所據本作“按國而國富者王”。)上“則”字當在

“必勝”上,與下文一律。“按國”當作“按兵”。其文云:“國興兵而伐,武爵武任則必勝;按兵而農,粟爵粟任則國富。兵起而勝敵,按兵而國富者王。”

《斠詮》:“武任”、“而農”下均當有“則”字。其原文當云:“興兵而伐,則武爵武任則必勝;按兵而農,則粟爵粟任則國富。”脱兩“則”字耳。

《解詁定本》:武爵武任,謂以戰功大小賜爵任官。粟爵粟任,謂以致粟多寡賜爵任官。《史記·商君傳》:“有軍功者,各以率受上爵,力本業耕織致粟帛多者,復其身。”是也。

《香草續校書》:上“國”字衍。“兵”一字爲領句。起者,興兵也。按者,按兵也。並承上文而言。按下不得有“國”字。

《錐指》:怨讀爲蕴。《荀子·哀公》篇:“富有天下而無有怨財。”楊倞注:“怨讀爲蕴,言雖富有天下,而無蕴蓄私財也。”怨謂蓄積閒置。《孟子》:“内無怨女,外無曠夫。”《韓非子·外儲説右下》篇:“畜積有腐棄之財,則人飢餓;宫中有怨女,則民無妻。”惟女子多蕴蓄於宫中,故民曠而無妻。此章炳麟《膏蘭室札記》説。禮鴻又案:《新序·雜事》篇云:“後宫多幽女者,下民多曠。”以幽代怨。是怨非怨憤之確證也。致之農戰,則無怨民矣。

説民第五

本篇校勘所據版本：范本、綿眇閣本、吴本、程本、馮本、朱本、褒異本、且且庵本、馮抄本、奇賞本、四庫本、問經堂本、指海本、崇文本、初校本，共十五種。

下列版本無本篇：古逸本、品節本、匯函本、秦駿生本，共四種。

【題解】

《新釋》：《管子》有《形勢》，即有《形勢解》。《墨子》有《經》，即有《經説》。《去强》篇詞義簡括，因復作《説民》以解之。民，明也。《更法》篇"錯法務民"，《趙策》"民"作"明"。

《解詁定本》：説民之性情與用民之術。此篇多與《去强》篇相發明。

《校讀》：本篇文意多與《去强》篇重複，疑即彼篇之注錯誤脱簡在此。别具詳考，列於卷端。（編者按：蒙季甫《商君書校讀》第一本已失，現據蔣禮鴻《商君書錐指》所載蒙氏《〈商君書〉〈説民〉、〈弱民〉爲解説〈去强〉篇刊正記》録之於下，以備參考。）

《商君書》《説民》、《弱民》二篇，與《去强》篇文多重出。

詳繹其文，乃知《説民》《弱民》二篇並爲《去強》一篇之注。《弱民》節目次第全同《去強》，唯間有脱佚。《説民》篇承《弱民》篇之後，節目次第亦大半與《去強》篇同，間有異者，乃《去強》篇錯簡，正可據《説民》篇次第移改。蓋古者注與正文别行，若《春秋》之《公》《穀》，《易》之《彖》《象》，非如後世直繫正文之下，故誤以爲别篇正文而更立一篇耳。今本《去強》第四，《説民》第五，此猶可見古注必多附列正文之後，而《弱民》一篇則遠在二十，此又篇第之誤也。又《去強》篇前半爲《弱民》篇所注釋者，即不復見於《説民》篇；后半爲《説民》篇所注釋者，亦不見於《弱民》篇。而凡爲《説民》篇所注釋者，《靳令》篇中必有之，且節目次第亦多相同，取《韓非子·飭令》校《靳令》，去其增多者，則固與《説民》篇所注釋之正文出入無幾也。疑《去強》原爲兩篇，韓非子取《説民》所釋之一篇作《飭令》，後世又取《飭令》增潤爲《靳令》而附《商君書》中，故多複雜耳。（原書注：禮鴻案：蒙氏謂《去強》原爲兩篇而《韓非》取其一作《飭令》，後世又增潤《韓非》而附《商君書》中，此皆無證驗。曷不可謂《去強》一篇而釋之者分而爲兩篇也？《飭令》文少於《靳令》，當是韓非裁節《商君書》；今云附《商君書》中，一若《飭令》一篇之説初爲《商君書》所無者，尤語失也。）今三篇别遠，檢校不易。兹特以《去強》篇爲正文，《弱民》、《説民》爲注釋，分節比附，一目瞭然。非好爲多舉，正以明其相屬也。其諸字句訛誤當校改者，具見本篇校讀，不復覼縷。至《説民》、《飭令》、《靳令》三篇同異，不及詳列也。

《錐指》：説讀作敓。《説文》："敓，強取也。"段玉裁曰："後人假奪爲敓，奪行而敓廢矣。"《算地》篇曰："刑者，所以奪禁邪也。"敓民義與彼奪同。《韓非子》有《説疑》篇，説亦讀作敓。其篇末曰："四疑者破。"破猶敓也。

1. 辯、惠，亂之贊也。

【校】

范本、綿眇閣本、吴本、程本、馮本、朱本、褒異本、且且庵本、奇賞本、四庫本、問經堂本、指海本、崇文本、初校本，"惠"作"慧"。

馮抄本，"辯"作"辨"。

【注】

《發微》：贊，《廣雅・釋詁》："道也。"亂之贊，謂辯慧足以致亂，爲亂之先路也。

《解詁》：《易・繫辭傳》，《釋文》京注："辨，明也。"《説文》："慧，儇也。"《周禮・州長》注："贊，助也。"《後漢書・班彪傳》注："贊，引也。"

《新釋》：贊，助也。孔子所以惡利口。

《解詁定本》：慧，儇也。贊，助也。……辯慧足以淆是非，故爲亂之助。

《校釋》：贊，助也。

《積微居讀書記》："贊"疑"資"之誤。

《箋記》：《周語》韋昭注："贊，導也。"此即其義。

《錐指》：贊，助也。

禮、樂，淫泆之徵也。

【校】

初校本，"泆"作"佚"。

【注】

《發微》：《説文》："徵，召也。從微省，從壬[會意]，行於微而聞達者即徵之。"是徵之本義爲召，從微起義引申之即有微(編者按：微疑爲徵)意。此言禮樂足以召以淫佚也。

《解詁》:《説文》:"徵,召也。"《淮南·修務》注:"徵,應也。"

《新釋》:禮失之繁則佚,樂失之靡則淫。《關雎》樂而不淫,孔子故稱之。徵,召也,猶兆也。《韓非子》有《亡徵》。

《解詁定本》:淫佚,各本作"淫泆"。泆,水所蕩泆也。《書·酒誥》:"淫泆於匪彝。"《左傳·隱三年》"驕奢淫泆",亦皆作"泆"。"泆"乃正字,"佚"乃借字。徵,召也。……禮樂足以適體志,故爲淫泆之召。

《錐指》:徵,召也,猶《易》言"盜之招也"。

慈、仁,過之母也。

【注】

《發微》:《管子》居爲非母。過之母謂過之始。《老子》:"無名天地之始,有名萬物之母。"是母猶始也。

《解詁》:《賈子·道術》:"親愛利子謂之慈。"又云:"惻隱憐人謂之慈。"《墨子·經説下》:"仁,愛也。"

《新釋》:《韓非子·内儲説上·七術》:"成歡以太仁弱齊國,卜皮以慈惠亡魏王。"《八經·類柄》:"慈仁聽則法制毁。"

《解詁定本》:母,本也。……慈仁不足以懲惡,故爲生過之本。

任、舉,奸之鼠也。

【校】

范本、綿眇閣本、吴本、程本、馮本、褒異本、且且庵本、馮抄本、奇賞本、四庫本、問經堂本、指海本、崇文本,"舉"作"譽"。

問經堂本,"任譽"下注:各本作"譽",朱本作"舉"。

【注】

《發微》:俊曰:鼠讀爲竄。《説文》:"竄,匿也,從鼠在穴中。"按鼠在穴中爲竄,是竄之義引申即爲穴,故曰有鼠則不止。

《解詁》:《爾雅·釋詁》:“任,佞也。”口牙曰佞。《説文》:“譽,稱也。”《詩·振鷺》箋:“譽,聲美也。”上言母,喻本;此言鼠,喻穴。

《新釋》:任舉多比周而相譽。任,保也,若今之保官職。舉,譽也。鼠同貯,積也,一曰處也。《韓非子·六反》:“活賊匿奸,當死之民也,而世尊之曰任譽之士。”

《解詁定本》:“任舉”(各本)作“任譽”,當從之。譽,名美也。《韓非子·六反》:“活賊匿奸,當死之民也,而世尊之曰任譽之士。”……任舉適足啓倖進,故爲奸之鼠。鼠善穿穴害物。《漢書·五行志》:“鼠小蟲,性盜竊。”

《校釋》:任謂任俠,譽謂聲譽。鼠性盜竊,所以喻奸之由生也。

《校讀》:《賞刑》篇云:“任譽清濁不可以富貴。”則此亦當作“譽”爲是。……任譽謂任俠。《韓非子·六反》云:“活賊匿奸,當死之民也,而世尊之曰任譽之士。”據此,則“鼠”亦當爲“竄”字之訛。

《錐指》:《賞刑》篇曰:“博聞、辯慧、信廉、禮樂、修行、任譽、清濁當作“請謁”,不可以富貴。”《韓非子·六反》篇曰:“活賊匿奸,當死之民也,而世尊之曰任譽之士。”蓋任爲任俠,譽爲名譽。然任舉亦非誤字,“舉”“譽”聲近通假耳。《管子·任法》篇“世無請謁任舉之人”,是其證也。王駕吾先生曰:“鼠字疑竄字之誤。《吕覽·審分》‘無所竄其奸矣’,注:‘竄,容也。’奸之竄者,謂奸人容藏之所也。任俠致聲譽,正以飾其奸耳。”禮鴻謂《吕覽·愛士》:“陽城胥渠處,廣門之官夜款門而謁曰:‘主君之臣胥渠有疾。’”注:“處,猶病也。”校《吕覽》者以爲處無病義。惟朱駿聲《説文通訓定聲》謂處假借爲癙,實爲鼠,引《愛士》注。又引《詩·雨無正》“鼠思泣血”,箋:“憂也。”《正月》:“癙憂以痒。”《爾雅·釋詁》:“病也。”據朱氏説,則“鼠”“處”二字聲近義通,處爲癙爲鼠,則鼠亦可讀爲處。處者,居也。奸之鼠也猶云奸之宅也。存參。

《箋記》:鼠,當作“首”,蓋以聲近通借。

亂有贊則行，

【注】

《新釋》：行，橫也。

淫泆有徵則用，

【校】

奇賞本、初校本，"泆"作"佚"。

【注】

《新釋》：用，涌也。

過有母則生，奸有鼠則不止。八者有群，民勝其政。

【注】

《新釋》：母，所以生子。群同涒，食已而復吐之也，事本善而生流弊者似之。

《解詁定本》：八者，辯、慧、禮、樂、慈、仁、任、譽也。群，衆也。八者有黨衆，則權操諸下。

《校釋》：八者謂辯、慧、禮、樂、慈、仁、任、譽八類之人。有群，謂呼應成群也。

國無八者，政勝其民。

【注】

《新釋》：言絶其弊。

《解詁定本》：無八者，則權操自上。

民勝其政，國弱；政勝其民，兵強。故國有八者，上無以使守戰，必削至亡；國無八者，上有以使守戰，必興至王。

【注】

《新釋》：以上釋《去強》篇“國強而不戰”至“無禮樂蝨官必強”。

《校讀》：（自“亂有贊則行”至“政勝其民，兵強”）此節當有脱文，八者數亦不確，詳《靳令》篇。

2. 用善則民親其親，任奸則民親其制。

【注】

《發微》：俊曰：制即法也。《禮記·曲禮》“上必告之以其制”，注：“制，法度也。”

《新釋》：各舉所私。親，近也。任，保也。《史記》所謂相收司連坐者。民親其制，則重法。《韓非子·心度》：“親法，則奸無所萌。”

《評注》：善者有情，故不免袒庇其親；奸人寡恩，故任法而無所恤。制，法也。

《解詁定本》：用治善民之法治民，則民愛其私親。用治奸民之法治民，則民重其法制。

《校讀》：用善，任奸，皆爲民也，非謂治民之法也。朱説非是。

《錐指》：（“制”）上之法制也。

《箋記》：用，當作“明”，形之誤也。任有察義。《韓非子·説林下》：“而拙於任腫膝。”任，即察也。

合而復者，善也；别而規者，奸也。

【校】

范本、吴本、程本、馮本、朱本、褒異本、且且庵本、四庫本、指海本、崇文本、初校本，“規”作“觀”。

初校本注：案字書無“觀”字，疑誤。

【注】

《校正》:吴(編者注:當作嚴)云"字書無'覘'字,疑誤"。按以形求之,當是"覝"字。《説文·見部》"覝",云:"察視也。"《漢書·高帝紀》:"且廉問有不如吾治者,臣重論之。"顔注:"廉,察也。"字本作"覝",其音同耳。此篇重在任奸,曰"任奸則民親其制",曰"任奸則罪誅,罪誅則法勝民,法勝民兵强",曰"以奸民治,必治至强",故曰"别而覝者,奸也"。姑備一説於此。

《發微》:胡曰:當爲"覝"字,《説文》:"覝,察視也。"

《讀諸子札記》:"復"當爲"覆"。合而覆者,民合則相爲掩覆也。"覘"乃"規"字之誤,規讀爲窺。《韓非子·制分》篇云:"然則去微奸[之道]奈何? 其務令之相規[其情者也]。"顧氏《識誤》云"規讀爲窺",是也。别而窺者,民離則相窺而告奸也。下文"章善則過匿,任功(編者按:當作任奸)則罪誅",即此義。

《解詁》:《小爾雅·廣言》:"復,白也。""覘"疑"覘"字之誤。合而復,言民私爲合而抗其上;"别而覘"言别其群而爲上覘事。

《新釋》:("合而復者善也")言合己意則復於上,是常人所謂善者。復,白也。奸,因人之異己乃發之。覘,先見也,蓋"俔"字異文。

《斠詮》:"覘"疑"規"字之訛。《錯法》篇云:"使必盡力以規其功。""規"崇文本亦誤作"覘",可證"覘"爲"規"字之訛。然其文義不可驟曉,不敢臆爲之説。

《評注》:《説文》:"復,往來也。"合而復,謂情與相往來也。覘,窺之借字。别而窺,謂不同情相窺伺也。"覘"原作"覘",字書無此字,蓋形之誤也。

《解詁定本》:復,覆也,伏也。覘,字書無,疑"規"字之訛。綿眇閣本作"規"。《錯法》篇"使民盡力以規其功",吴本、馮本、范本、崇文本,"規"俱誤作"頖"可證。規,法度也。言民相合而互匿其過,用善法爲之害也;有别而不逾規矩,住奸法使之然也。陶校,亦以"覘"爲"規"之誤字。規讀爲闚。《韓非子·制分》篇:"然則去微奸[之道]奈何？其務令之相規[其情者也]。”顧氏《識誤》云：“規讀爲闚。”是也。别而闚者，民離則相闚而告奸也。轍按：陶説亦通。

《箋正》：“規”確“規”字之訛。規，正圓之器，規度，規畫。任奸云者，以奸民治善民，恃告奸之法，使人民相互監伺而不敢違令之謂，故曰“别而規”，猶言各别之而互相規度也。又，《説文》：“窺，小視也。”小視，即監伺。窺，從穴，規聲，故規可爲窺，謂别而互相窺伺，亦通。

《校釋》：按《正字通》謂規從矢，當作“規”。“規”、“規”形益近致誤，今從王説改。以法正人曰規。商鞅行告奸之法，令民各須告奸而以法正之，故曰“别而規之”。不獎告奸，則民俱爲親者諱，是“合而復之”矣。

《新箋》：陶鴻慶曰：復當爲覆，掩覆也。規讀爲窺。亨按：陶説均是。此處所謂合於别，其義略如《墨子》所謂兼與别。合者兼愛他人也，别者只愛自己也。由《商子》本文觀之，此處所謂善與奸有其特殊之含義。善者兼顧他人之利益，從而掩蓋他人之罪惡者也。奸者只顧自己之利益，從而告發他人之罪惡者也。《商子》所下之定義甚明確。此自儒者觀之，前者爲善，後者爲奸。然《商子》之言治，則主張不利用此種善民，因其愛護其親人而不肯告奸也；只利用此種奸民，因其愛護國之法度而肯告奸也。

《錐指》：《境内》篇“規諫”，指海本亦作“規諫”。規者俗字，非訛字。《禁使》篇曰：“至治，夫妻交友不能相爲棄惡蓋非，而不害於親；民人不能相爲隱。”夫告奸之賞固能得奸，欲使親者不相爲隱惡蓋非，必有連坐之法，不告奸之誅，不止賞告奸而已。《韓非子·制分》篇曰：“然則[去]微奸之法[之道]奈何？其務令之相規其情者也。然則使相窺奈何？曰：蓋里相坐而已。禁尚有連於己者，里不相窺，惟恐不得免，有奸心者，不令得忘窺者多也，如此，則慎己而窺彼。發奸之密告過者免罪受賞，失奸者必誅連刑。[如此]則奸類發矣。”文依顧廣圻、孫詒讓、王先慎、劉師培校。即此義也。“别而規”規字當讀爲窺。又案：《新序·雜事》篇，燕惠王遺樂毅書曰：“國有封疆，猶家之有垣牆，所以合好覆惡也。”合好覆惡,即本文合而復之義。

章善則過匿,任奸則罪誅。

【校】

馮抄本,“匿”作“慝”。

【注】

《新釋》:罪無所逃。

《評注》:親親,故原情。親制,故執法。

《解詁定本》:章,表也。匿,藏也。表善則過失藏匿,任奸則有罪必誅。

《校釋》:章與彰通。

過匿則民勝法,罪誅則法勝民。

【校】

馮抄本,“匿”作“慝”。

民勝法,國亂;法勝民,兵強。故曰:以良民治必亂至削,以奸民治必治至強。

【注】

《解詁》:此言告奸之法,勝於用善。

《校釋》:以良民治,謂以治良民之法治民也。以奸民治,謂以治奸民之法治民也。

3. 國以難攻,起一取十;

【注】

《新釋》:國起一兵而取人十兵,則起者國爲難攻。《韓非子・心度》:“能起力於敵者強。”起,興也。

《校釋》:起一取十,謂戰必勝而得利多也。

國以易攻,起十亡百。

【校】

初校本,"十"作"一"。

【注】

《籀廎碎金》:"一"孫淵如改"十","十"是。上《去強》篇,後《靳令》篇,並有此語。錢本亦作"十"。此疑誤刻。

《新釋》:國起一兵而亡人百兵,則亡者國爲易攻。

《校釋》:起十亡百,謂戰必敗而失利多也。

《錐指》:當作"出十亡百"。《去強》篇:"國以難攻者,起一得十;以易攻者,出十亡百。"《靳令》篇:"以力攻者,出一取十;以言攻者,出十亡百。"是其證也。下文"出十必百","必"亦"亡"字之訛,范本、指海本並作"亡"。

國好力日以難攻,國好言日以易攻。

【校】

綿眇閣本、吴本、程本、馮本、朱本、褒異本、且且庵本、馮抄本、奇賞本、四庫本、問經堂本、指海本、崇文本,兩"日"字作"曰"。

【注】

《新釋》:"日"同"實",是也。

《校釋》:(改兩"日"作"曰"。)蓋此句正釋上句,猶言何謂以難攻?國好力也。何謂以易攻?國好言也。此兩"曰"字爲釋文之用辭,若作"日"字,則不易解矣。

《香草續校書》:兩"日"字别本作"曰"者是。《去強》篇亦謂"國好力日以難攻,國好言日以易攻。"俞蔭甫太使《平議》云:"兩日字乃曰字之誤。"引此文作"曰"之本以訂彼。或謂:此本既作"日",與《去強》

篇合，則安知“日”字之非誤，而“曰”字轉誤邪？曰：不然。《靳令》篇云：“國好力此謂以難攻，國好言此謂以易攻。”據彼兩“此謂”字，則作兩“曰”，不作兩“日”，明矣。

《錐指》：兩“日”字皆當作“曰”，説見前。言，謂《詩》《書》辯慧。

民易爲言，難爲用。

【注】

《解詁定本》：民易議論政治，難用之戰鬥。

《校讀》：言，指游説言談。用，指農戰。

國法作民之所難，兵用民之所易，而以力攻者，起一得十。

【注】

《解詁》：《書》□作序，傳：“作，興也。”《易・乾》釋文引馬注：“作，起也。”言國法興起民之所難，則用兵轉難而爲易。此以力攻者，所以功大也。

《解詁定本》：法作民之所難犯，兵用民之所樂從。此謂以力攻，故起一得十。

國法作民之所易，兵用民之所難，而以言攻者，出十亡百。

【校】

初校本，“亡”作“必”。

【注】

《讀諸子札記》：“必”乃“亡”字之誤。“出十亡百”見《去強》篇。本篇上文亦云“起一亡百”。

《解詁》：國法興起民之所易，則用兵轉易而爲難。此以言攻者，所以害之也。

《新釋》：尹乾説：必，斃也。一曰：破也。

《解詁定本》:法作民之所易犯,兵用民之所畏難。此謂以言攻,故出十亡百。

《校釋》:此兩句原文意稍晦。依上文“民易爲言難爲用”解之,則其意應爲令民不爲其所易爲,爲其所難爲,而以力攻者必勝;反是,則必敗也。

《錐指》:作如“作新民”之作,謂倡導鼓舞之。民之所難者戰,今將作之使以爲易,此謂“國法作民之所難”。既作之後,則難者亦易,則因其所易而用之,此謂“兵用民之所易”。故起一得十。民之所易者言,若平時以其易者爲倡,則用民之時,所欲用者皆其難者也。故出十亡百。

4. 罰重爵尊,賞輕刑威。

【注】

《解詁》:罰重,民始知爵之尊;賞輕,民始知刑之威。

《校釋》:此句宜讀爲“罰重則爵尊,賞輕則刑威”,因省兩“則”字,遂費索解。

爵尊上愛民,刑威民死上。

【校】

馮抄本,後“民”字上有“死”字。

【注】

《解詁》:爵尊始知恩,故曰上愛民;刑威始畏罪,故曰民死上。

《解詁定本》:官爵尊貴,則民歆羡而趨於事,故謂上愛民;刑罰嚴厲,則民畏威而勇於戰,故謂民死上。

故興國行罰則民利,用賞則上重。

【注】

《解詁》:興國刑罰重而賞輕,行罰而民不犯,故利;用賞而人知榮，故上重。

《錐指》：賞不濫施，爵必可尊，故見重。

法詳則刑繁，法繁則刑省。

【校】

馮抄本，“詳”作“祥”。

【注】

《新釋》：詳，悉也，盡也，謂無法。（“法繁則刑省”）人知所避，《淮南・氾論》：“此刑省奸禁者也。”

《斠詮》：法詳、法繁必有一誤，《商子》原文疑當作“法簡則刑繁，法繁則刑省”。

《集解》：（“法繁則刑省”）疑當作“法簡則刑省”，“繁”字涉上而誤。《韓非子・八説》篇“法省而民訟簡”，其義與此同，作“繁”則不可通矣。

《評注》：詳，密也。

《解詁定本》：《書・吕刑》“度作詳刑以詰四方”，鄭康成注：“詳，審察之也。”法繁，當作“法簡”。《韓非子・八説》“法省而民訟簡”，義同。

《校讀》：朱、王二説皆不可從。謹案：所謂詳者，謂法令詳明也。《商君書》屢言“法令明”，猶以《君臣》篇云“法令明則民畏刑”，意義全與此同。又，《弱民》篇云“法枉治亂，法明治省”，意亦與此同。則《商子》原文當作“法繁則刑繁，法詳則刑省”，“繁”與“煩”通，亂也。此文“詳”、“繁”二字誤倒。王説猶近之，朱説謬甚。

《錐指》：“法繁則刑省”疑當作“刑繁則刑省”。“刑繁”即下文“行刑重其輕者”，“則刑省”即“輕者不生則重者無從至”。其定刑也繁，則其用刑也省，是所謂以刑去刑也。校者以刑繁、刑省爲矛盾，輒改刑作法耳。王時潤、朱師轍以法繁當作法簡，引《韓非子・八説》篇“法省而民訟簡”爲證；不知《韓子》“簡”字當以顧廣圻説正爲“萌”，不得引以爲證也。

民治則亂，亂而治之又亂。

【注】

《新釋》：言益亂也。

《斠詮》："民治則亂"當作"勢亂則亂"，蓋"勢"以聲近而訛"氏"，"氏"又以形近而訛"民"，讀者不能曉，故改爲"民治"耳。

《箋正》：試於"民治"二字間增一"不"字，則此文便覺可通。

故治之於其治則治，治之於其亂則亂。

【注】

《新釋》：治亂當於未萌。《素問·四氣調神大論》："聖人不治已病治未病，不治已亂治未亂。"

《斠詮》：《定分》篇云"故世治者不可亂，世亂者不可治。夫世亂而治之愈亂，勢治而治之則治"。文誼正與此同，三"世"字均當作"勢"，亦以聲近而誤，與此可以互證。

《箋正》：謹案："勢"果訛作"民"，先以聲近訛，後以形近訛，讀者不曉，又改亂爲治，一如王所推想未免太奇。蓋初以聲訛，胡不若《定分》篇訛世。既以形訛，胡不訛代訛化，而獨先訛氏後訛民，於是讀者不曉而妄改，乃不改其他三字之任何字，偏改此亂字，改亂字又不改成可通若惰若淫等字而獨改爲治，使不可曉者竟成爲不可通，如此累訛累變之，已往讀者似乎有心共造此奇文然者，蒙見古人未必如此好奇，而民與治兩字均未曾改，並不訛。但試於民治二字間增一不字則此文便覺可通，而謂原書脱一不字與謂爲先若何訛，後若何訛，終更若何改，從心所欲，一手造成者似較近情。或曰王詮雖太過，推想亦事所或有，子乃憑空臆加不字，得無令王氏齒冷？然尚有説，此下文不有"民之情也治，其事也亂"之語乎！就近引勘，似可强解。

《錐指》：《易·文言》曰："積善之家，必有餘慶；積不善之家，必有餘殃。臣弑其君，子弑其父，非一朝一夕之故。其所由來者漸矣，由辯之不早辯也。《易》曰'履霜堅冰至'，蓋言順也。"

民之情也治，其事也亂。

【注】

《新釋》：言治於事已生之時。

《評注》：民情本畏法，故其情治；然時復犯法，故其事亂。

《解詁定本》：此謂致治於未亂，保邦於未危。民之情本望治，而其事勢常趨於亂，蓋飢寒衣食之爭，而變亂生焉。

《錐指》：情猶本也、樸也、初也，言民未始不治，但治之之事非其宜，則亂也。

故行刑重其輕者，輕者不生，則重者無從至矣。

【校】

馮抄本，"不生"上"輕者"二字不疊。

【注】

《校正》："生"當爲"至"之訛。下句"至"字即承上句。下云"輕者不止，則重者無從止矣"，兩"止"字亦相承。《靳令》篇亦云："輕者不至，重者不來。"

《發微》：《韓非·内儲説上》："公孫鞅之法也重輕罪。[重罪]者人之所難犯也，而小過者人之所易去也。使人去其所易，無離其所難，此治之道。夫小過不生，大罪不至，是人無罪而亂不生也。一曰，公孫鞅曰行刑重其輕者，輕者不至，重者不來，是謂以刑去刑[也]。"

《新釋》：《韓非子》謂殷之法刑棄灰於街者，即重輕之意，今違警律旨同。

《解詁定本》：《韓非[子]·[内儲]説上》："公孫鞅之法也[重輕罪]。重罪者人之所難犯也，而小過者人之所易去也。使人去其所易，無離其所難，此治之道。夫小過不生，大罪不至，是人無罪而亂不生也。一曰，公孫鞅曰行刑重其輕者，輕者不至，重者不來，是謂以刑去刑[也]。"《史記·李斯傳》："商君之法，刑棄灰於道者。夫棄灰薄罪也，而被刑重罰也。彼唯明主爲能深督輕罪。夫罪輕且督深，而况有重罪乎？故民不敢犯也。"

此謂治之於其治也。

【校】

四庫本，"謂"上有"之"字。

行刑重其重者，輕其輕者，輕者不止，則重者無從至矣。

【校】

馮抄本，"不止"上"輕者"二字不叠。

崇文本，"至"作"止"。

初校本，"至"作"止"，注：舊本多作"無從至"，於文義不合，"至"當作"止"，今改正。

【注】

《諸子平議》："至"當作"止"。上文云："行刑重其輕者，輕者不生，則重者無從至矣。"蓋謂民且不敢犯輕罪，自不敢犯重罪，故重者不至。即《去強》篇所謂"輕者不生，重者不來"也。此云"行刑重其重者，輕其輕者，輕者不止，則重者無從止矣"。蓋謂民既敢於犯輕罪，亦必敢於犯重罪，故重者無從止也。乃涉上文而亦誤作"至"字，則與《商子》之意大謬矣。

《校正》：《韓非子·六反》篇云："夫以重止者，未必以輕止也。以輕止者，必以重止矣。"正與此文相發明。

《發微》：《靳令》："行罰重其輕者，輕其重者，輕者不至，重者不來，此謂以刑去刑，刑去事成。罪重刑輕，刑至事生，此謂以刑致刑，其國必削。”又曰：俞據本作“無從至矣”，校云：“至當作止。”

此謂治之於其亂也。

【校】

范本、程本、朱本、四庫本，“於”下有缺文一字。

吴本，“也”下有缺文一字。

馮抄本，“於”字缺，“之”下有“本也”二字。

故重輕，則刑去事成，國強；

【校】

褒異本、且且庵本，“故”前有“是”字。

【注】

《解詁》：（“重輕”）言重其罪之輕者。

《評注》：輕罪而用重典，則民不敢犯，故曰刑去。

《校釋》：重輕，謂重罰輕罪。下文重重，謂重罰重罪；輕輕，謂輕罰輕罪也。

重重而輕輕，則刑至而事生，國削。

【校】

馮抄本，缺一“輕”字。

【注】

《解詁》：言以重刑施於重罪，輕刑施於輕罪。

《評注》：重罪而用重典，輕罪而用輕典，則民必避重就輕而敢於犯法，其民必頑頓無恥而不可用，一旦疆場有事，使之禦敵則易潰，故國削。

《解詁定本》：此數句（編者按：指“故重輕”至“國削”）與《去強》篇同。其他同者亦不少，解詳前。

《箋記》:下“而”字衍。《去強》篇、《靳令》篇、《韓非子·飭令》篇,並無“而”字。

5. 民勇則賞之以其所欲,

【校】

馮抄本,“賞”作“殺”。

民怯則殺之以其所惡。

【校】

吴本、程本、馮本、朱本、褒異本、四庫本、問經堂本、指海本,“則”作“而”。

褒異本,“其”作“共”。

【注】

《解詁定本》:怯民惡死。

《箋正》:“殺”字疑誤,或即“毆”字之訛。

《校釋》:“刑”字各本作“殺”(簡説,引文見上),按下文“怯民使之以刑,勇民使之以賞”正申説上文,下文既用“刑”字與“賞”字對舉,則此“殺”字當即“刑”字之誤。今改正。

《錐指》:簡書曰“殺字疑誤,或即毆字之訛”。禮鴻案:賞者,民所欲,故行賞以進民之勇;刑者,民所惡,故行刑以殺民之怯。殺,減也,《荀子》曰:“隆禮義而殺詩書。”[殺]非訛字。

故怯民使之以刑則勇,勇民使之以賞則死。怯民勇,勇民死,國無敵者,必王。

【校】

范本、綿眇閣本、吴本、程本、馮本、朱本、褒異本、且且庵本、馮抄本、奇賞本、四庫本、問經堂本、指海本、崇文本,缺“無”字。

【注】

《諸子平議》:(所據本作“國敵者必王”)“國”下當補“無”字。《去強》篇作“國無敵者強,強必王”,可證。

《發微》:俞據本作“國敵者必王”,校云“國下當補無字”。俊曰:浙本即據俞説補“無”字。

民貧則弱,國富則淫。淫則有蝨,有蝨則弱。

【注】

《解詁定本》:淫謂放蕩奢侈。淫害於國,猶人身之有蝨也。

《校釋》:蝨爲嚙人血之物,此爲喻詞,猶言毒害也。

《新箋》:朱師轍讀“民貧則弱”爲句,“國富則淫”爲句。亨按:《商子》處處強調國富,安能言國富則淫哉?朱讀非也。余謂“弱國”當作“國弱”,傳寫誤倒。民貧則國弱爲句,言民貧則國家弱也。富則淫爲句,言民富則淫也。民淫而有蝨,則國家亦將弱矣。

《錐指》:對政而言,民欲其弱也。《弱民》篇曰:“民弱,國強。”國富則淫即民富則淫,變文耳。(“有蝨則弱”)國弱。

故貧者益之以刑則富,富者損之以賞則貧。

【注】

《新釋》:刑生力而富益加也。《靳令》篇曰:“民有餘糧,使民以粟出官爵。”賞爵而損富者之粟,故富者因之而貧。貧謂減其富。

《解詁定本》:民貧以刑督之力農,則富。民富粟多者,使輸粟得官爵以殺其富,故貧。《靳令》篇:“民有餘糧,使民以粟出官爵。”

治國之舉,

【注】

《新釋》:舉,事也。

貴令貧者富,富者貧。貧者富,國強。富者貧,三官無蝨。國久強而無蝨者,必王。

【校】

馮抄本,"而"下無"無"字。

初校本上四句作"貴令貧者富,富者貧。貧者富,富者貧,國強"。注:諸本"國強"字在"貧者富"下,今按文義乙正。秦本與諸本同,"富者貧"下又有"國弱"字,於義悖,當屬妄增。

【注】

《發微》:《去強》:"農、商、官三者,國之常官也。"

《解詁定本》:師轍按:秦本據評校本增"國弱"二字,固非,然嚴鐵橋乙改亦非。按:各本皆作"貴令貧者富,富者貧。貧者富,國強。富者貧,三官無蝨"。蓋富者貧一句,乃下屬成文,謂農、商、官三常官不能貪則貧。故言富者貧,三官無蝨。文義甚通,不必再增乙也。

《箋正》:國久強,"久"字訛,宜在次句"蝨"字之下,若曰"三官無蝨國強,而無蝨久者必王",文義始協。

《錐指》:(引嚴校,文見上。)禮鴻案:秦本多"國弱"二字,信爲妄增。而諸本"國強"在"貧者富"下,則絶非有誤。此文言強言王,王乃進於強者。《商君書》言國勢亦以王爲極,如云"以日治者王,以夜治者強,以宿治者削"是也。特彼所謂王者,乃兼併天下耳。強國可致,王未易幾也;強而中道覆亡者有之矣。使貧者富,乃國強之道。故曰:"貧者富,國強。"然苟民富而無術以節之,則淫佚而蝨生,蝨生而敗國矣。於此時也,必使富者貧。貧乃蝨不生而國無敗,此乃持強之法也。故云:"富者貧,三官無蝨。"能強能持,能(當作然)後能王;故曰"國久強而無蝨者必王"。文理至明。嚴氏乙之,轉失其義。又案:《靳令》篇曰:"民有餘糧,使民以粟出官爵。"此即富者損之以賞則貧之道也。

《箋記》:"久"字當在"必王"上。

6. 刑生力，力生強，強生威，威生德，德生於刑。故刑多則賞重，賞少則刑重。

【注】

《發微》：《去強》“刑生力，力生強，強生威，威生惠，惠生於力”。案：“惠”“悳”二字形近。

《新釋》：言刑多即所以重賞，因刑能生德耳。

《解詁定本》：即上文罰重爵尊，賞罰（編者按：當作輕）刑威之意。

《校讀》：朱氏云：“即上文‘罰重爵尊，賞輕刑威’之意。”季甫案：朱説是。蓋刑多則賞能重，賞少則刑能重。重謂爲民所重也。此正釋“刑多”、“賞少”之意。

《錐指》：刑多則賞足重，賞少則刑足重，非謂厚賞重刑也。

民之有欲有惡也，

【注】

《新釋》：欲、惡爲七情之二，《吕覽・大樂》：“天使人有欲，人弗得不求；天使人有惡，人弗得不避。”

欲有六淫，惡有四難。

【注】

《解詁》：六淫即《去強》篇六蝨：歲、食、美、好、志、行也。四難即《算地》篇：飢求食、勞求佚、苦索樂、辱求榮也。

《新釋》：六淫即六蝨，《算地》篇曰：“羞、辱、勞、苦者，民之所惡也。”

《解詁定本》：六淫，六欲也。《吕覽・貴生》“六欲皆得其宜”，高誘注：“六欲，生、死、耳、目、口、鼻也。”蓋心淫於死生，耳淫於聲，目淫於色，口淫於味，鼻淫於臭。四難謂嚴刑、峻法、力農、務戰。尹桐陽以《算地》篇“羞、辱、勞、苦者，民之所惡也”釋此四難，亦通。

《校釋》:欲、惡爲對言之反詞。惡讀去聲。

《錐指》:六淫即六蝨,四難未詳。朱師轍曰(引文見上)。案:朱説恐未是。且下文曰"賞出一則四難行",以力農務戰各爲一難,則可;以嚴刑峻法當之,則舛矣。

從六淫,國弱;

【注】

《新釋》:從,縱也。

行四難,兵強。故王者刑於九而賞出一。

【注】

《諸子平議》:此當作"刑於九而賞於一"。《去強》篇曰:"王者刑九賞一,強國刑七賞三,削國刑五賞五。"是刑九賞一,乃刑多賞少之意,非如《農戰》篇所云"利從一孔出"也,不當作"出一",明矣。下云"民之所欲萬,而利之所出一",與此義本不相蒙,今作"賞出一",蓋涉下文而誤。

《校正》:俞云:"當作刑於九而賞於一,乃刑多賞少之意。"非也。《商君書》大都重在作一,此篇曰"民非一則無以致欲,故作一,作一則力摶"。《去強》篇雖有"刑七賞三"、"刑五賞五"之説,然亦重在刑九賞一。故曰"國作一一歲,十歲強"云云。然則當如原本作"出一",明甚。

《發微》:俞曰:當作"刑於九而賞於一"。《去強》篇"王者刑九賞一"。

《箋正》:俞曰:"此當作刑於九而賞於一……"謹案:"賞出一"亦通。"出"與"於"原不相遠。又,此處刑賞多少從民欲惡言,下文亦以欲惡言,上下一貫,不能謂不相蒙也。

《校釋》:下文兩言"出一",與此言"出一"義同,不必改。

《校讀》:刑賞自有所出,"刑出於九,賞出於一",亦即刑多賞少之意,不必改字。

《錐指》:(引俞説、簡説,文見上。)禮鴻案:簡(書)破俞(樾)不相蒙之説,是也。然“出”與“於”自有辨。於者,吾加諸彼;出者,彼取於我之詞也。賞出一正即《農戰》篇利從一孔出之義。俞説皆誤。

刑於九則六淫止,賞出一則四難行。

【注】

《新釋》:民望賞而難行者易行。

六淫止則國無奸,四難行則兵無敵。民之所欲萬,

【校】

馮抄本,“萬”作“方”。

【注】

《解詁》:止,則六者無樸矣。行,則名利之柄操於上矣。

《新釋》:民之所欲萬,言其欲多。

而利之所出一,

【注】

《解詁》:利之所出者一,謂農戰也。

民非一政無以致欲,故作一。

【校】

馮抄本,“無以致欲”作“無一政欲”。

初校本,“民非一政無以致欲”作“民非一則無以致欲”,注:秦本、范本“則”作“政”,誤。

【注】

《新釋》:致,實也,滿也。

作一則力摶，力摶則強。

【注】

《解詁定本》：摶，聚也。

《錐指》：《農戰》篇曰："民見上利之從壹孔出也，則作壹；作壹則民不偷營，民不偷營則多力；多力則國強。"又曰："上作壹，故民不偷營，偷誤作儉，今正。則國力摶；國力摶則強。"

強而用，重強。

【校】

四庫本，無"而"字。

【注】

《解詁》：重強，益強也。

《新釋》：用之於戰。重，益也。

《解詁定本》：強而用，謂強而用於戰。

《校釋》：重讀平聲，又也，更也。

《錐指》：用以攻敵，不用則亂。

故能生力、能殺力。

【校】

馮抄本，"故能"作"能故"。

《解詁》：殺力，謂減其力。

【注】

《新釋》：戰所以殺力。殺，減也。

《解詁定本》：殺，猶減也。

《錐指》：作一則力摶，此生力也。強而用，此殺力也。貧富亦同，治國能使貧者富亦生力，使富者貧亦殺力也。

曰攻敵之國，必強。塞私道以窮其志，啓一門以致其欲，

【校】

褒異本、且且庵本，“以致其欲”句“其”下有“所”字。

問經堂本注：鄭本作“其所欲”，各本無“所”字。

【注】

《新釋》：《韓非子・詭使》：“法令行而私道廢。”

《解詁定本》：塞，絶也。窮，困也。啓，開也。啓一門以致其欲，謂力農戰則可得官爵。

《校讀》：此即開塞之意。私道，即《算地》篇所謂私利、私賞。

使民必先行其所要，然後致其所欲，故力多。

【注】

《讀諸子札記》：“使民”二字爲句。“要”乃“惡”字之誤，隸書“惡”或作“悪”，因誤爲“要”矣。上文云“民勇則賞之以其所欲，民怯則殺之以其所惡”，是其證。先行其所惡，後致其所欲，所謂法行則知恩也。《來民》篇云：“此必與其所欲，而不使行其所惡也。”義與此相反。

《解詁》：要，謂上之所求也。

《斠詮》：“要”疑當作“惡”，蓋承上文“民之有欲有惡也”句而言。

《解詁定本》：（引陶校，文見上。）師轍按：陶説是。

《校釋》：“惡”字各本作“要”（引王説，文見上）。今據改。所惡，指四難；所欲，指六淫。

《校讀》：所惡，指四難；所欲，指六淫。

《錐指》：（引王説，文見上。）禮鴻案：王説是也。上文曰“惡有四難，賞出一則四難行”。

力多而不用，則志窮。志窮則有私，有私則有弱。

【注】

《讀諸子札記》：有弱之“有”，涉上而衍。《去強》篇云“以強去強

者弱”，明不當有“有”字。

《新釋》：弱，溺也。

故能生力不能殺力，曰自攻之國，必削。

【注】

《解詁》：殺力謂減其力。生力，勇於公戰也。殺力，怯於私鬥也。

故曰：王者國不蓄力，家不積粟。

【注】

《校讀》：國不蓄力謂民皆致力於農戰也，家不積粟謂民以粟出官爵也。

國不蓄力下用也，家不積粟上藏也。

【校】

馮抄本，“蓄”作“畜”。

【注】

《純常子枝語》：商君既使民一於農，又不使家有積粟而輸之官，蓋其取民之制至重。高麗所以制民之法與之略近，是以民不聊生矣。

《解詁》：下用，言下肯用其力以報國，故不蓄。上藏，言藏之於上，故不積。

《解詁定本》：《國語》“蓄力一紀”，韋注：“蓄，養也。”國不必蓄力而可以戰，下用命也。家不必積粟而無饑荒，上藏倉庫也。

《錐指》：下用，用下之力。上藏，藏之於上。

7. 國治，斷家王，斷官強，斷君弱。

【注】

《讀諸子札記》：“斷家”、“斷官”、“斷君”二字，皆當倒乙。下文云:"家斷則有餘,故曰日治者王;官斷則不足,故曰夜治者強;君斷則亂,故曰宿治者削。"即申説此義。

《解詁》:斷家,言事於家即決,不待斷於官;斷官,言事於官即斷,不待斷於君。

《新釋》:治,理也,謂國之理獄。言獄斷於法家則王。斷,決也。家謂法家。商君任法,故習法令者得專家名。《周禮·小司寇》:"以三刺斷庶民獄訟之中。"《管子·山至數》:"非法家也。"《四稱》:"有家不治,借人爲圖。"《前漢書·藝文志》:"法家者流,蓋出於理官。"("斷官強")言獄斷於政官則國僵,強同僵,偃也。("斷君弱")言獄斷於君則國弱。

《解詁定本》:陶校謂三斷字,皆當乙轉,始與下文相合。師轍按:可不改。

《箋正》:"國治"句疑誤,似宜作"治國"。"斷家王,斷官強"云者,謂法立令行,人民奉法從公之義。制斷於民家,其君可以由強至王也。

《校釋》:此句猶言治國有三法:行告奸法,則民自斷於家,奸無大小俱無所逃,必王;不行告奸法,而由官代查其奸,則有漏網之虞,僅足以強;至於民不告奸,官不查奸,而由君總斷其有奸與否,則漏網者更多,國必弱矣。

《香草續校書》:"國治"當作"治國",下文云"治國者貴下斷",可證。倒作"國治",無義。

《校讀》:此謂法令鮮明,賞罰民皆能自決,不必取斷於上也。

《錐指》:言治國者有此三等。斷家,斷於家也。斷官、斷君同。

重輕刑去,常官則治。

【注】

《斠詮》:(讀作"重輕,刑去常官則治"。)重輕,即上文"行刑重其輕者"之誼。刑去常官則治,即上文"刑去事成國強"之誼。

《箋正》:王詮“重輕”爲行刑重其輕者,誠當。至以“刑去常官則治”爲一句,以“刑去事成國強”詮之,殊謬。須知此文乃兩四字句,若曰“重輕刑則刑可措,官有常則國乃治也”。必若王詮謂刑去而後常官則治邪?抑謂刑去常官而後治邪?刑去常官及常官何以須刑去而後言則治,均難索解,然王方據此以證《去強》篇“常官治者遷官”處,亦云奇矣。

《校讀》:季甫案:王氏讀“重輕”句,“刑去常官則治”句,朱氏讀“重輕刑去”句,“常官則治”句,謹案:《商君書》屢言“行刑重輕,刑去事成”,又《農戰》篇云“常官則國治”,當以朱讀爲是。又案:此二句疑他篇錯簡濫入,又兼有脱文。

《錐指》:《農戰》篇曰:“官法明,故不任智慮。上作壹,故民不偷營。”又曰:“常官則國治,壹務則國富。”可以詮此文。夫官法明而有常,官民得共遵循,無得以私慮亂之,故國可治也。故下文曰:“治明則同,治闇則異。同則行,異則止。行則治,止則亂。”同即常也;異,不常也。

省刑要葆,賞不可倍也。

【校】

初校本,“葆”作“保”。

【注】

《發微》:保,疑當作“孚”。《説文》:“保,養也,從人從𤓽省。𤓽,古文孚;孚,古文保。”又出“㒒”,云:“古文保不省。”是“孚”字與“𤓽”形(近),遂訛爲“采”,復改從“保”字矣。孚賞者,信賞也。《説文》“孚”從爪從子,一曰信也。,古文孚,從𥝌。𥝌,古文保。省刑要孚賞者,謂省刑之要在孚賞,猶言信賞則必罰也。或曰,保乃褒之省。《説文》褒從衣、㒒省聲,㒒,古文倸。

《新釋》:保,什保,伍保也。《周禮·大司徒》:“令五家爲比,使之相保。”保賞者,謂保者告奸而賞之也。倍,背也。不可倍者,謂其信。

《韓非子·定法》:“公孫鞅之治秦也,設告相坐而責其實,連什伍而同其罪,賞厚而信,刑重而必。”《史記·商君傳》:“令民爲什伍而相收司連坐,告奸者與斬敵首同賞。”

《解詁定本》:省刑要保,謂使民互相爲保,有奸必告,則民不敢犯法,故刑減省。倍,猶背也。謂賞必信。吴本,“保”作“葆”,誤。

《新箋》:要借爲約,“要”“約”古通用,本書《修權》篇:“文武者法之約也。”又云:“則奸臣鬻權以約祿。”並借約爲要,此本書二字通用之例。此約字謂約束也,保謂保證也。《史記·商君列傳》:“令民爲什伍而相收司連坐。”收司讀爲糾伺。即所謂約保也。此句言省刑而令民相約束相保證也。

《校讀》:要,約也,謂法令約束。保謂保伍。省讀如“吾日三省吾身”之“省”。謂省此刑要賞,四者不可使倍。

《錐指》:(引朱説,文見上。)禮鴻案:朱説要保與倍,是也。此省字蓋當讀爲眚。《小爾雅·廣詁》曰:“省,過也。”王煦疏曰:“省與眚通。《左氏》、《穀梁》莊二十二年‘肆大眚’,《公羊》作肆大省。《康誥》云‘人有小罪非眚’,王符《潛夫論》作匪省。《周官·司徒職》:荒政,七曰‘眚禮’,先後鄭俱訓作省。是眚省通也。《虞書》:‘眚災肆赦。’《史記》注引鄭注云:‘過失雖有害則赦之。’《左氏·襄九年傳》云:‘肆眚圍鄭。’杜注:‘眚,過也。’《史記·秦本紀》云:‘飾省宣義。’裴駰正義云:‘省,過也。’是省眚訓義同也。要者,約也,言凡有過當刑者,皆令民相要約連保也。”如朱説,則當云“要保省刑”矣,恐迂曲不可從。賞不可倍,此賞字指告奸之賞言。

有奸必告之,

【注】

《新釋》:《周禮·大司徒》所謂“相賙”是也,奸,亂也,若謀内亂及爲敵人之間諜是。《韓非子·心度》“賞告而奸不生”,《制分》:“奸不容細,私告任坐使然也。”

則民斷於心，

【注】

《發微》:《禮記·樂記》"臨事而屢斷"，注:"猶決也。"《太元》:"元錯斷多決。"《淮南·説林》:"是而行，故謂之斷。"

《新釋》:斷，端也，正也。

《解詁定本》:民斷於心，謂民心知法嚴，不敢爲非。

《錐指》:民斷於心，又斷家之本。

上令而民知所以應。

【注】

《新釋》:端故應令。《管子·任法》:"上令而下應，主行而臣從，此治之道也。"

《錐指》:常官治明之效也。

器成於家而行於官，則事斷於家。

【注】

《新釋》:器由專家而制成。云行於官者，若今之檢定。《管子·侈靡》:"先後功器。"先後謂辯别其差等。事，工也，言工因行於官而器物正。

《解詁定本》:百姓所作器用，不爲淫巧，樸實適用，有裨民生。爲公家所利用，故器成於家而行於官，所謂事斷於家也。

《錐指》:官所可者乃得行也。《禮記·王制》曰:"作淫聲異服奇技奇器以疑衆，殺。用器不中度，不粥於市。兵車不中度，不粥於市。布帛精粗不中數，幅廣狹不中量，不粥於市。奸色亂正色，不粥於市。錦文珠玉成器，不粥於市。衣服飲食，不粥於市。五穀不時，果實未孰，不粥於市。木不中伐，不粥於市。禽獸魚鱉不中殺，不粥於市。"此之類也。

故王者刑賞斷於民心，器用決於家。

【校】

初校本"決於家"作"斷於家"，注：范本作"決於家"。

【注】

《新釋》：以上復釋《去強》篇"王者刑九賞一"。《管子・重令》以號令、斧鉞、禄賞爲治國之三器，此故舉器用以喻王者刑賞耳。

《錐指》：（引嚴校，文見上。）禮鴻案：此依前後文當作"斷"。

治明則同，治闇則異。

【注】

《新釋》：治，理獄也。同，公也。異，猶專也。

《解詁定本》：同，讀如《周語》"龢同可觀"之"同"。韋注："一心不二曰同。"治明則同，謂上下同心。《説文》："異，分也。"《墨子・經》："異，二體不合不類。"治闇則異，謂上下分離。

《校讀》：治明則賞罰以公，故同；治闇則賞罰任私，故異。

同則行，異則止。

【注】

《解詁》：同，齊一之謂也；異，不齊一也。

《解詁定本》：同心則政令通行，異志則庶事阻滯。

行則治，止則亂。治則家斷，亂則君斷。

【校】

馮抄本，"亂則君斷"作"亂則失作君失斷"。

【注】

《新釋》：上云："斷家王，斷君弱。"

治國者貴下斷。

【注】

《新釋》：下，家也。

故以十里斷者弱，以五里斷者強。

【校】

馮抄本，"故"上有"則"字。

【注】

《新釋》：（"五里"作"九里"。）十同葉，攝也，兼也。里，理也，治獄者之稱。九同軌，法也，言以政官兼治獄則國弱，以法家主治獄則國強。《韓非子·飭令》："使士不兼官故技長。"蓋謂理官又兼政官，此則政官不兼理官耳。《墨子·明鬼》："昔者齊莊君之臣有所謂王里國、中里徼者，訟三年而獄不斷。"王里謂大理，中里其次者。《管子·法法》："皋陶爲李。"《五行》："后土辯乎北方，故使爲李。"則里又以李爲之。

《箋正》："十里斷者弱"兩句不可解，《去強》篇有之，《韓非子》亦有此語，不能謂爲全訛，從來詮注者均未之釋，注《韓非》者則泛泛不切，究竟此兩句應作何解，仍未能曉。商、韓二子之意大抵均謂重刑輕賞，法立誅必，則刑賞斷於民心而後國可治，故曰"刑賞斷於民心"，"治國者貴下斷"。下文亦曰："有道之國，治不聽君，民不從官。"均以致治之本，先斷定於民家。里字在《説文》亦訓家，謂有田有土可耕可住可以爲家，謂里即家與"治則家斷"義近可通，但謂"以五家斷者"即強，"以十家斷者"即弱，亦未免大相徑庭，是此二句仍無確解，獨不審校詮商、韓者，前此若干家均未校釋，亦未識疑，豈都莫逆於心邪？故存疑以待考。

《校釋》：以十里斷者弱，以五里斷者強，義難解。以上文推之，以十里斷蓋謂官斷；以五里斷蓋謂家斷。意者商鞅之法，五里以內斷於家，十里以外則斷於官乎？里，乃家數，非路數。

家斷則有餘，故曰日治者王；

【校】

范本、綿眇閣本、吴本、程本、馮本、朱本、褒異本、且且庵本、奇賞本、四庫本、問經堂本、指海本、崇文本，“故”下無“曰”字。

馮抄本，“曰”下無“日”字。

初校本“故曰日治者王”下注：范本無“曰”字，下同。

【注】

《新釋》：法官專於理獄，故日治之而有餘。《韓非子·有度》：“治不足而日有餘”。《管子·問》：“令守法之官日行。”

《解詁定本》：家斷謂刑賞斷於民心，則政簡，日有餘，故曰日治。《韓非子·有度》：“治不足而日有餘。”是也。

官斷則不足，故曰夜治者強；

【校】

范本、綿眇閣本、吴本、馮本、朱本、褒異本、且且庵本、奇賞本、問經堂本、指海本、崇文本，“故”下無“曰”字。

程本、四庫本，“故”下作缺文一字，無“曰”字。

【注】

《新釋》：政官事繁，惟日不足，故治獄多於夜行之。強，僵也。

《解詁定本》：官斷謂事皆經官決定。已有日力不足之虞，故曰夜治。

君斷則亂，故曰宿治者削。

【校】

范本、綿眇閣本、吴本、程本、馮本、朱本、褒異本、且且庵本、馮抄

本、奇賞本、四庫本、問經堂本、指海本、崇文本,“故”下無“曰”字。

【注】

《新釋》:君一日萬機,故至宿治。

《解詁定本》:國政皆須待君主決定,則政事遲滯,故曰宿治。

《校釋》:以上三句言以斷之方法,定治之遲速,以治之遲速,定國之強弱。日治,謂當日即治之;夜治,謂當夜即治之;宿治,謂越日夜乃治之。斷於家乃可日治,斷於官勉能夜治,至斷於君則非宿治不可矣。

故有道之國,治不聽君,民不從官。

【注】

《解詁》:不聽君,不從官,非不聽不從也,不待君與官而可已斷也。其原皆由於政勝民,法勝民,故無政、無法不可爲國。

《新釋》:言訟不聽於君。聽,平也。《周禮·小司寇》:“以五刑聽萬民之獄訟。”從,亦聽也。言民之訟不聽於政官。

《斠詮》:治不聽君,即“官斷”之謂也。民不從官,即“家斷”之謂也。

《解詁定本》:有道之國,法令畫一,故臣據法而治。民不必聽命於君主,民遵法而行事,不必依附其長官。商君法治之精神,今日歐西諸國,言法治者,不能逾也。

《箋正》:此節文字,雖似整潔,然意義晦澀,甚難理解。如家斷有餘,何以曰日治?日治者何以王?餘如官斷、君斷,何以曰夜治、宿治?並何以強、何以削?且日治、宿治均尚可通,夜治何説乎?此正與上文“十里斷者弱,五里斷者強”同一不可解,而過去之斠詮者均置諸不議之列,再三研求,在本書中,既未有可以互相證明之處,他書亦鮮有此類文語,只好共付闕疑,俟將來之校訂耳。

《校釋》:蓋既行保甲告奸法,使民依法相治,不必於法外聽君從官也。

《錐指》:不聽於君,君不煩也。民不從官,從法也;以法自治而已。《靳令》篇曰:“以五里斷者王,以十里斷者強(編者按:當作弱)。宿治者削。”俞氏於“宿治”上補“日治者王、夜治者強”八字,是也。王先慎解《韓非子·飭令》篇“以五里斷者王,以九里斷者強”(編者按:亦當作弱),曰:“謂行法之速也。”可謂得之矣。特《韓子》亦脱“日治者王、夜治者強”八字,故説之猶未甚晰耳。今案:五里速,十里遲;日治速,夜治遲,宿治更遲。日者,當日;夜者,即夕;宿者,越宿。凡治令欲民必奉行。民斷於心,斷於家則令行速矣,此其上也。民不奉行,官斷而使之,則雖有不奉令之民,猶有奉法之官,不行者可以使行,抑可以爲次矣。然必以官斷家,勢將有所不及,故曰:“官斷者不足。”若民不奉令,官不能理,必待君之自斷,則弊滋治煩,不待擬議而可知矣。夫治欲其省,故《墾令》篇云“無宿治,則邪官不及爲私利於民”;《靳令》篇云:“靳令則治不留”;又曰“國以功授官予爵,則治省言寡。此謂以治原作法,今正。去治,以言去言。國以六蝨授官予爵,則治煩言生,此謂以治致治,以言致言”。夫欲治省,則唯在速治無留,故曰五里、十里,曰家斷、官斷、君斷,曰日治、夜治、宿治,其義皆一而可明者也。《荀子》言入秦之所見云:“其百姓樸,其聲樂不流汙,其服不挑,甚畏有司而順[,古之民也]。[及都邑官府,]其百吏肅然,莫不恭儉敦敬忠信而不楛[,古之吏也]。[入其國,觀]其士大夫,出於其門,入於公門,出於公門,歸於其家,無有私事也;不比周,不朋黨,倜然莫不明通而公也[,古之士大夫也]。[观]其朝廷,其間聽決百事不留,恬然如無治[者,古之朝也]。”因稱之曰:“四世有勝,非幸也,數也。[是所見也。故曰:]佚而治,约而詳,不煩而功,治之至也。秦類之矣。”此蓋商君之遺俗也。然則五里、十里,日治、夜治、宿治,奚不可解之有?

算地第六

本篇校勘所據版本：范本、綿眇閣本、吴本、程本、馮本、朱本、褒異本、且且庵本、馮抄本、品節本、匯函本、奇賞本、秦駿生本、四庫本、問經堂本、指海本、崇文本、初校本，共十八種。

古逸本無本篇。

【題解】

《發微》：此篇似商君告孝公者，篇中臣請語其過，又臣之所謂過也。《國語·越語下》：范蠡曰：唯地能包萬物以爲一，同男女之工，無曠其衆，五穀稑孰，民乃蕃滋。

《解詁定本》：算，計也。計地之廣狹，民之衆寡，以使民，務盡其地力。

《錐指》：算，計也。計地廣狹，狹則開，廣則徠也。以首數語名篇。

1. 凡世主之患，用兵者不量力，治草萊者不度地。

【注】

《新釋》：田廢生草謂之萊。《周禮·遂人》："萊五十畝。"

《評注》：不自量兵力强弱，而憤兵赴敵。

《解詁定本》:患,憂也。《詩·楚茨》序:"田萊多荒。"疏:"田廢生草謂之萊。"度,量也。

《錐指》:多少曰量,長短曰度。《詩·小雅·楚茨》序:"田萊多荒。"孔疏:"田廢生草謂之萊。"

故有地狹而民衆者,民勝其地;地廣而民少者,地勝其民。

【校】

品節本,"地勝其民"作"地爲其民"。

【注】

《發微》:《徠民篇》:"地狹而民衆。"《史記·貨殖傳》:"地小狹,民人衆。"《鹽鐵論·園池》:"三輔迫近於山河,地狹人衆。"《通典一》引崔寔《政論》:"今青、齊、兖、冀人稠土狹,不足相供。而三韓左右及凉、幽州内附近郡皆土曠人稀,厥田宜稼,悉不肯墾,今宜徙貧民不能自業者於寬地,此亦開草闢土振民之術也。"

《新釋》:勝,過也。

《評注》:("民勝其地")此即《管子》人滿之患。("地勝其民")此爲土滿之患。

民勝其地務開,

【校】

品節本、匯函本,皆無此六字。

【注】

《斠詮》:"務"上宜有"者"字。

《評注》:開,墾草也。

《解詁定本》:勝,猶過也。開,闢也。謂務在闢草萊。

《校釋》:務開,求開墾荒地也。

《錐指》:即開阡陌也。《漢書·食貨志》:"秦孝公用商君,壞井田，開阡陌，急耕戰之賞，雖非古道，猶以務本之故，傾鄰國而雄諸侯。"朱熹"開阡陌"辨曰："説者皆以開爲開置之開，言秦廢井田而始置阡陌，非也。按阡陌舊説爲田間之道，蓋即《周禮》所云遂上之徑、溝上之畛、洫上之涂、澮上之道也。其水陸占地不爲田者頗多，先王非不惜而虚棄之，所以正疆界、止侵爭、時蓄洩、備水旱，爲永久之計也。商君行苟且之政，但見田爲阡陌所束，而耕者限於百畝，是以奮然開之，以盡人力地利，故秦《紀》、鞅《傳》皆云'爲田開阡陌封疆而賦税平'，蔡澤亦曰'决裂阡陌以靜生民之業'也。"《文集》七十二，此用殿本《史記考證》節文。

地勝其民者事來。

【校】

品節本、匯函本，無此七字。

初校本，"來"作"徠"。

【注】

《新釋》：廣招徠也。

《斠詮》：事，猶務也。下文"上下事之"之"事"義同。

《評注》：來謂招來他國之民，猶《月令》言來商旅也。

《解詁定本》：徠，至也，謂宜從事招至流亡。

《校釋》：事徠，求招徠外民也。

《錐指》：徠，招鄰國之民來就耕也。

開則行倍。

【校】

品節本、匯函本，無此四字。

初校本注：案此下當有缺文。

【注】

《新釋》：行，田間道，謂畛畷，字通作"塍"。倍，益也，加也。

《斠詮》:行,將也。匯函本無以上三句,當是不曉其文義而妄删。

《解詁定本》:能開草萊,出産將倍於常也。

《校釋》:王説:"行,將也。"按王説誤,此"行"字應釋爲"事半功倍"之"事"。

《新箋》:"開"下當有"徠"字,傳寫誤脱。上文開地徠民並言,是其明證。行,將也。開徠則行倍,言開地則地將加倍,徠民則民將加倍。

民過地,則國功寡而兵力少;

【注】

《新釋》:功,力也。兵徵於農,民過地故兵力少。

《評注》:租税不足,而籌餉不及也。

《解詁定本》:民過地,謂民多地少,則生産不足,故兵力減少。

《錐指》:自明曰:"國功即《周官》大府司會所謂九功,即大宰九職任民之所生者。"禮鴻案:《天官·大宰》:"以九職任萬民,一曰三農,生九穀;二曰園圃,毓草木;三曰虞衡,作山澤之材;四曰藪牧,養蕃鳥獸;五曰百工,飭化八材;六曰商賈,阜通貨賄;七曰嬪婦,化治絲枲;八曰臣妾,聚斂疏材;九曰閒民,無常職,轉移執事。"又:"以九賦斂財賄。"《司會》:"以九賦之法令田野之材用,以九功之法令民職之財用。"《大府》:"掌九賦九功之貳。"注:"九功,謂九職也。"孫詒讓疏曰:"授其事則爲職,獻其成則爲功,其實一也。"是也。又黄以周曰:"周初徵民之常經,衹有九職、九賦二法。而其國用之所仰給者,衹在九賦之一徵,九職力徵,衹以充府庫,以備非常之需。"然則商君所謂國功,蓋兼九賦九功而言也。

地過民，則山澤財物不爲用。

【校】

范本、程本、朱本、四庫本，“用”下有缺文一字。

【注】

《評注》：人力不足，則金鐵魚鹽有遺利。

《解詁定本》：地過民，謂地多民少，則地利不能開，故財物不爲用。

《錐指》：貨棄於地也。

夫棄天物、遂民淫者，世主之務過也，

【校】

馮抄本，“棄”作“故”。

【注】

《發微》：《禮記》：“貨惡其棄於地也，不必取於人。”棄天物即棄於地之説也。遂民淫，逐末也。

《新釋》：遂，成也。淫，佚也。世主，各國之主。務，行也。過，失也。

《斠詮》：“務”字疑當在“過”字下。

《解詁定本》：遂，從也。言秦有民而不知用，有地而不知墾，是謂棄天物、遂民淫，由世主規畫之誤。

《校讀》：王氏云：“務”字宜當在“過”字下。季甫案：王説非。下“此其所加務者過也”可證。

《錐指》：力不出於身，故淫。

而上下事之，故民衆而兵弱，地大而力小。

【注】

《發微》：上下事之，謂不求開而任之也。《荀子·王霸》“事至佚而功”，注：“事，任也。”此其證。本篇“事詩書談説之士”，事亦訓爲任，故又曰“捨勢而任説”，又曰“君子事勢以成名”。

《解詁定本》：而上下事之，謂主與臣皆如此，宜其民衆國弱，地大力小。

故爲國任地者，

【注】

《新釋》：《周禮·載師》“掌任土之法”，八言任地。任，用也。

《解詁定本》：《周禮·大司馬》“以任邦國”，鄭注：“任，猶事也。”

《錐指》：《書·禹貢》：“任土作貢。”《疏》引鄭玄云：“任土，謂定其肥磽之所生。”又，《周禮·地官·載師》：“掌任土之法。”注：“任土者，任其力勢所能生育，且以制貢賦也。”

山林居什一，藪澤居什一，

【校】

秦駿生本，“山林”作“山澤”。

【注】

《解詁定本》：《易·繫辭傳》：“則居可知矣。”《釋文》：“居，處也。”《説文》：“藪，大澤也。”先大父（朱駿聲）曰：“謂澤之地多水少草木所聚者。”《風俗通》：“水草交厝名之爲澤。”

《錐指》：（“山林”）《徠民》篇作“山陵”。（“藪澤居什一”）《風俗通義·山澤》篇：“《詩》云‘彼澤之陂，有蒲與荷’，《傳》曰：‘水草交厝名之爲澤。澤者，言其潤澤萬物，以阜民用也。’”《爾雅·釋地》“十藪”，郝懿行曰：“《説文》云：‘藪，大澤也。’左氏襄二十五年《正義》引李巡曰：‘藪，澤之别名也。’《周禮·冢宰》注云：‘澤無水曰藪。’《澤虞》注云見《序宫》：‘水希曰藪。’”

《斠補》：案：“山林”當依《來民》篇作“山陵”，下同。古書山陵，字往往誤“林”,《莊子·齊物論》篇“山林之畏佳”,《六韜·絶道》篇“依山林險阻水泉林木而爲之固”,《吕氏春秋·禁塞》篇高誘注“若山林高大也”。皆山陵之誤,與此同例。

谿谷流水居什一,

【注】

《解詁定本》:《爾雅》“山瀆無所通谿”,又“水注川曰谿,注谿曰谷”。《説文》:“泉出通川爲谷。”

《錐指》:《爾雅·釋水》:“水注川曰谿,注谿曰谷。”邢昺疏:“李巡云:‘水出於山入於川曰谿,注谿曰谷,謂山谷中水注入澗谿也。’”郝懿行曰:“谷注於谿,谿注於川。”

都邑蹊道居什四,

【校】

馮抄本,“都”上有“居”字。

【注】

《諸子平議》:“都邑蹊道”下有闕文,今據《來民》篇補云:“都邑蹊道居什一,惡田居什一,良田居什四。”

《校正》:當依俞説“道”下“居”上補“居什一惡田居什一良田”十字。

《發微》:本書《來民》篇:“地方百里者,山陵處什一,藪澤處什一,谿谷流水處什一,都邑蹊道處什一,惡田處什二,良田處什四。”俞曰:“居什四”據《來民》篇補。俊曰:浙本從俞説。又,引《校正》(文見上)。

《新釋》:邪徑曰蹊,大路曰道。

《斠詮》:俞氏曰(引文見上)。時潤謹案:當作“惡田居什二”。

《解詁定本》:《左傳》:“凡邑有宗廟先君之主曰都,無曰邑。”《廣雅》:"蹊,道也。"《通俗文》:"邪道曰蹊。"師轍按:"都邑蹊道居什四"句誤,此下亦有脱文。《徠民》篇作"山陵處什一,藪澤處什一,蹊谷流水處什一,都邑蹊道處什一,惡田處什二,良田處什四",可證本文之誤。

《校讀》:按,俞引"惡田"句誤,"一"當作"二"。

《錐指》:(引俞説、王説,文見上。)禮鴻案:《吕氏春秋·貴因》篇:"舜一徙成邑,再徙成都。"注:"《周禮》四井爲邑,邑方二里也。四縣爲都,都方二案當作三十二里也。邑有封,都有成。案當作城然則邑小都大。"《文選·思玄賦》:"不識蹊之所由。"舊注:"蹊,路也。"

此先王之正律也。

【注】

《新釋》:《爾雅》:"律,法也。"

《解詁定本》:《爾雅》:"律,法也。"

《箋記》:正讀曰徵。《周禮·小宰》:"聽政役以此居。"鄭注:"政,謂賦也。"字亦從正,義並作賦。

故爲國分田數小,畝五百,足待一役,此地不任也。

【注】

《籀廎碎金》:"百足"疑"不足"。

《新釋》:分,頒也。小,少也。待,供也。

《評注》:去山林藪澤谿谷流水之三,都邑蹊道之四,可耕之田不過什之三耳,故曰少。少,舊訛小。五百畝之租税,僅足敷一人力役之用,其弊在曠土之多。

《解詁定本》:《説文》(徐鍇本):"六尺爲步,步百爲畝。秦田二百四十步爲畝。"《左傳》"爲此役也",注:"役,事也。"

《箋正》:"地不任也"句疑有訛,因五百畝待一役,不可謂地力不任。任者,勝也。

《香草續校書》：此"不"字疑"必"字之誤。一役，謂卒一人也。一人之食，計五百畝足以待之，故曰畝五百足以待一役。此地必任也，言地必勝其任，作"不任"則義背矣。又案下文云，方土百里，出戰卒萬人者，數小也。開方百里得萬里，故出卒萬人。然則五百畝待一人之食，亦即一里待一人之食也。商君之法，方里五百畝，與孟子方里九百畝異。特五百畝不能成方，蓋約計之數耳。如孟子《滕文公》篇言，夏后氏五十而貢，殷人七十而助。五十七十皆不能成方。

《新箋》：（句讀爲"故爲國分田，數小畝五百，足待一役，此地不任也"。）亨案：小畝者，周制之畝也。大畝者，秦、漢制之畝也。《鹽鐵論·未通》篇曰："古者制田，百步爲畝。先帝……制田，二百四十步爲一畝。"《説文》曰："六尺爲步，百步爲畝。秦田二百四十步爲畝。"末句，徐鉉本無，徐鍇本有。《漢書·食貨志》顔注引鄧展曰："古百步晦。漢時二百四十步爲晦。""畝"、"晦"同字可見古制一百方步爲一畝，秦、漢制二百四十方步爲一畝。《周禮·小司徒》鄭注引《司馬法》曰："六尺爲步，步百爲畝。"《韓詩外傳》四："廣一步長百步爲一畝，廣百步長百步爲百畝。"此皆據周制而言也。《楚辭·離騷》曰："又樹蕙之百畝。"王注："二百四十步爲畝。"洪補注："秦孝公之制，二百四十步爲畝。"《悲回風》："故荼薺不同畝兮。"王注同。此皆指秦、漢制之畝也。周制每夫受田百畝，即小畝一百；而秦制每夫受田小畝五百，此乃以秦地廣民稀之故也。

《錐指》：（引簡説，文見上。）禮鴻案：足待一役，疑當作"不足待一役"。"爲國分田數小"者，數小指人，言分田之道常使人數小於田之所能供者。故"畝五百不足待一役"者，此地力不能供也。"百里可以出戰卒萬人"者，人數小於地力之所能供也。方里爲井，井九百畝，畝五百僅能食五家耳，尚不足一方里，不能待一役甚明。更以《漢書·食貨志》李悝之言徵之，百畝歲收百五十石，則畝五百得七百五十石。人月食一石半，即日五升。七百五十石，供萬五千人一日之食耳，尚不能當萬人隔宿之糧，豈能待一役也？簡疑五百畝待一役不可謂地力不任者，殆非也。

方土百里，出戰卒萬人者，數小也。

【注】

《新釋》：小，少也。方土百里，爲田九十億畝，除山林藪澤谿谷流水都邑蹊道什分之七外，尚餘田二十七億畝。每家受田百畝，有事而家出一人，當得戰卒二萬七千人。此僅出萬人，故云數少。

《評注》：方土百里，僅出戰卒萬人，由於人數之寡。

《解詁定本》：《周禮》諸男之國、封疆方百里。又制軍，萬有二千五百人爲軍，小國一軍。賈疏："子男爲小國。"方土百里，出戰卒萬人，是數小也。國小地狹，地不足用，而能待役，以分田數小，能盡地力而無遺利也。匯函、品節二本以"故國分田"爲句讀。

《箋正》：數小，猶言最少數也。

此其墾田足以食其民，都邑遂路足以處其民，

【校】

馮抄本，"墾田"下缺"足"字。

【注】

《發微》：《徠民》篇："山陵藪澤谿谷可以給其材，都邑蹊道足以處其民。"以彼證此。

《新釋》：遂，道也。

《評注》：遂即鄉遂之遂，謂郊外也。

《解詁定本》：《周禮》"五縣爲遂"，注："鄰、酇、鄙、縣、遂，猶郊内比、閭、族、黨、州、鄉也。"《春秋演孔圖》"開階立遂"，宋均注："遂，道也。"

《錐指》：遂與隧同。《莊子・馬蹄》篇："山無蹊隧。"釋文："隧，徐音遂，崔云：'道也。'"

山林藪澤谿谷足以供其利，藪澤堤防足以畜。

【校】

馮抄本，“堤防”作“數防”。

初校本注：案此下當有脱文。

【注】

《發微》：“畜”下當是脱“其民”二字。畜，聚也。《易·師》：“君子以容民畜衆。”《釋文》：“畜，聚也。”

《新釋》：利，用也。秦地高，故以堤防蓄水之用。《周禮·稻人》：“以豬蓄水，以防止水。”《左·襄九傳》：“畜水潦。”

《斠詮》：嚴氏曰：“此下當有脱文。”時潤謹案：“藪澤”二字宜衍。畜，讀爲蓄。

《評注》：（“畜”）蓄之借字。此言從先王之正律，地力未盡者有數端：草田未墾者，墾之足以裕民食，一也；山林藪澤谿谷礦石未開，有金鐵之利，大木未斬，有梁棟之利，[二也]；澤梁無徵，有萑蒲竹箭魚鱉之利，三也；流水所經，加以堤防，足以溉田，四也。

《解詁定本》：《荀子·王制》“脩堤梁”，注：“堤所以防水。”《周禮》：“以防止水。”師轍按：“藪澤堤防足以畜”下，疑脱“其饒”二字。

《箋正》：（引嚴校、王説，文見上。）謹案，王因山林句有藪澤，遽謂此處宜衍，殊誤。藪澤於民既有兩種利賴，不妨再舉。又畜自可通，不勞又讀爲蓄。

《校釋》：按畜與蓄通。

《校讀》：此文疑當作：“谿谷堤防足以供其利，山林藪澤足以畜。”

《錐指》：堤防，以障扞畜渫藪澤之水也。

《箋記》：“畜”下脱“其利”二字。

故兵出糧給而財有餘,兵休民作而畜長足,此所謂任地待役之律也。

【校】

馮抄本,“財”作“則”。

【注】

《發微》:《禮記·王制》:“三年耕必有一年之食,九年耕必有三年之食。”所謂畜長足也。《徠民》:“先王制土分民之律也。”《吕覽·上農》:“此其任地之道也。”

《新釋》:畜,積也。

《評注》:(“作”)耕作。畜謂穀食之儲蓄,《禮記》所謂耕九餘三者是也。

《解詁定本》:畜,積也。

2. 今世主有地方數千里,食不足以待役、實倉,而兵爲鄰敵,

【注】

《新釋》:言兵不爲國用。爲,如也。

《評注》:爲鄰敵,謂莫能相尚。

《解詁定本》:爲,猶與也。言兵與鄰國對敵,而不能戰。

《錐指》:隣讀作遴。《説文》:“遴,行難也。”隣敵謂不敢赴敵。

臣故爲世主患之。夫地大而不墾者,與無地者同,民衆而不用者,與無民者同。

【校】

初校本,兩“同”字上皆無“者”字。“與無地同”下注:秦本、范本“地”下有“者”字,下同。

《解詁定本》:師轍按:各本(“無地”下)皆有“者”字。

故爲國之數，務在墾草；用兵之道，務在一賞。

【注】

《新釋》：數，術也。《校讀》説同。

《評注》：（“數”）術也。非戰勝不賞。

《解詁定本》：數，術也。

《錐指》：《吕氏春秋·長攻》篇“固其數也”，注：“數，術。”

私利塞於外，則民務屬於農；

【注】

《新釋》：私利猶云私使。屬，趨也。

《評注》：屬，專屬也。輕末務，則他途無利而專力於農。

《解詁定本》：《晋語》“是自背其信而塞其忠”，注：“塞，絶也。”屬於農，謂專力於農。

《錐指》：《考工記》：“察車之道，欲其樸屬而微至。”注：“樸屬猶附著堅固也。”

屬於農則樸，樸則畏令。私賞禁於下，則民力摶於敵；摶於敵則勝。

【校】

馮抄本，“則樸”上無“屬於農”三字。

馮抄本，“勝”作“敵”。

【注】

《新釋》：《周禮·大宰》：“予，以馭其辛。”予，謂私賞也。

《評注》：畏則不敢不從。聚而固結曰摶。除殺敵不能獲上賞，故民競於戰。

《解詁定本》：私賞禁於下，謂非功不賞。公賞以戰功爲主，其他恩賞，皆私賞也。摶，聚也。

奚以知其然也？夫民之情，樸則生勞而易力，窮則生知而權利。

【校】

馮抄本，“夫民之情”作“夫之民情”，“樸”作“撲”。

【注】

《新釋》：勞，勤也。易，猶輕也。尹乾説：情，性也。利所以濟窮。權，度也。

《評注》：（知）同智，無外務故樸，無他希望故窮。樸則耐勞，窮則思奮。

《解詁定本》：權利，計算利益也。

《校釋》：“權利”兩字非近代法律中之一名詞，而爲一短語。權，動詞，計也。下文“權而索利”可證。

易力則輕死而樂用，權利則畏罰而易苦；

【注】

《錐指》：此當作“易力則畏法而易苦，權利則輕死而樂用”。“易力則畏法而易苦”根上“樸則生勞而易力”來，指農者言。上文云“屬於農則樸，樸則畏令”，此云畏法即彼云畏令。此云易苦，故下云“易苦則地力盡”也。“權利則輕死而樂用”根“窮則生知而權利”來，指戰士言。此云樂用，故下云“樂用則兵力盡”。夫唯指戰士言，故曰輕死。若但欲其盡地力而已，則安用其輕死乎？

易苦則地力盡，樂用則兵力盡。

【校】

程本、馮本、四庫本，“地力”作“地方”。

問經堂本注：各本作“力”，程本作“方”，非。

【注】

《新釋》：易苦即上云易力。《説文》：“汝潁之間謂致力於地曰聖。”聖，即苦也。地力猶云地利。《韓非子·五蠹》：“盡其地力，以多其積。”《吕覽·勿躬》：“辟土藝粟，盡地力之利。”

夫治國者能盡地力而致民死者，名與利並至。

【校】

初校本，“並至”作“交至”，注：秦本、范本作“並至”。

【注】

《發微》：《農戰》：“不待刑罰而民致死。”

《新釋》：致，猶令也。（“交至”）交，俱也。

《評注》：治地以致利，戰勝以得名。

《校釋》：（作“交至”。引嚴校、簡説，文見上。）按交至與並至義同。

3. 民之性，飢而求食，勞而求佚，苦則索樂，辱則求榮，此百姓之情也。

【校】

初校本，“百姓之情”作“民之情”，注：秦本、范本作“百姓之情人”。（編者按：《四部叢刊》影印天一閣范本作“百姓之情也”，與初校本注所引不同。）

【注】

《新釋》：索，求也。

《評注》：（“索”）求也。

《箋正》：百姓與民，一十二五。况上文言民，下句不宜更作百姓。民之性，性疑作生。否則下文應作此民之性也，或直無此民之情也句始協。

《錐指》：（引嚴校、簡説，文見上。）禮鴻案：上言性，下言情，奚爲不協？《荀子·性惡》篇每言“順人之性，從人之情”，而終之以堯、舜之問答,曰"人情甚不美",是古人性情混言之證也。

民之求利,失禮之法,

【校】

四庫本,"失禮之法"作"失之禮法"。

【注】

《新釋》:禮、法一也,禮治未萌,法治已生。

《錐指》:《禮記·曲禮》曰:"恭敬撙節退讓以明禮。"又曰:"臨財毋苟得。"

求名,失性之常。奚以論其然也?

【校】

馮抄本,"之"下無"常"字。

【注】

《新釋》:常,恒也。論,知也。《淮南·説山》:"以近論遠。"

《錐指》:"論"當作"諭"。《淮南子·主術》篇:"衰絰菅屨,辟踊哭泣,所以諭哀也。"注:"諭,明。"

今夫盗賊上犯君上之所禁,而下失臣民之禮。

【校】

范本、吴本、程本、馮本、朱本、褒異本、且且庵本、馮抄本、四庫本、指海本、崇文本,"臣民"作"天子"。

品節本、匯函本、初校本,"臣民"作"臣子"。

問經堂本作"臣民",下注:上二字各本作"天子",非。今從施本。

初校本注:"元本、范本'臣'作'天',大誤,此據秦本。"

馮抄本,"失"作"夫"。

【注】

《新釋》:盗賊,盗臣賊子也,盗亦賊也,若叛逆之類。

故名辱而身危，猶不止者，利也。

【校】

馮抄本，“名”下有“不”字。

【注】

《新釋》：《老子》：“絕巧棄利，盗賊無有。”其不止者，因利故耳。

其上世之士，

【注】

《香草續校書》：上世之士。謂其行誼高出世人之上者也。

《錐指》：猶言高世之士。

衣不暖膚，食不滿腹，苦其志意，勞其四肢，傷其五臟，

【校】

范本、綿眇閣本、吴本、程本、馮本、朱本、褎異本、且且庵本、馮抄本、品節本、匯函本、奇賞本、秦駿生本、四庫本、問經堂本、指海本、崇文本、初校本，“暖”作“煖”，“腹”作“腸”。

馮抄本，“肢”作“支”，“臟”作“藏”。

指海本“滿腸”下注：《御覽》三百七十五“腸”作“腹”，《意林》同。“志意”下注：《御覽》“志”作“心”，《意林》同。

《校正》：《意林》“腸”作“腹”，“志”作“心”。

《發微》：《御覽》三百七十五引“上世之士，衣不暖膚，食不滿腹，苦其心意，勞其四肢”；六百八十九引亦作“腹”。《意林》四引曰：“上世之士，衣不暖膚，食不滿腹，苦其心意，勞其四肢。”

《解詁定本》：《意林》引“煖”作“暖”，“腸”作“腹”，“志”作“心”。《御覽》三百七十五引同，“四肢”作“四胑”。按《説文》：“胑，體四胑也。”或“體”作“肢”。

《錐指》：嚴可均改“腸”作“腹”，云：“各本作腸，從《意林》改。”

【注】

《新釋》:《説文》:“臚,皮也。”籀文作“膚”。腸,大小腸也。“肢”一作“胑”,體四胑也,謂手足,字又通“支”。五臟,心、肺、脾、肝、腎也。

《評注》:如原憲鶉衣藜羹是也。從事於學則志意苦,衣食不足則四肢勞而五臟傷。

而益裕廣耳,

【校】

馮抄本,“裕”作“俗”。

匯函本、品節本,此五字無。

馮本注:裕,一作“俗”。一無此五字。

初校本注:案此句有脱誤。

【注】

《發微》:廣耳當作廣胖,言士窮而心廣體胖者,爲名也。“胖”旁脱“半”,又誤“月”爲“耳”。

《新釋》:益,扼也。裕廣,寬大也。謂處扼而不介意。

《斠詮》:嚴氏曰:“此句有脱誤。”謹案:“耳”當爲“者”字之訛。此句似無脱誤。又案:匯函本無此句,當是疑其脱誤而妄删。

《評注》:益譽廣聞,刻勵以求令名也,然已非養生之道。譽,舊訛裕。聞,舊訛耳。性,舊訛生。

《解詁定本》:裕,足也。廣,大也。謂士之勞苦困乏其身,爲益裕廣大名譽計耳,非性之常也。所以爲之者,名也。嚴校非。

《箋正》:王謂無脱誤,而又校“耳”爲“者”,雖不脱而固誤也。況改“耳”爲“者”,本句既無意義,與上下文又不甚相切,何煩此一校也。王又譏匯函本妄删,詎知匯函原爲節選本,去取其自由,王氏胡得譏之?吾仲(簡仲芬)謂“耳”爲“聞”字殘缺之餘,原文當爲“益裕廣聞”,近是。其實“耳”字已可作“聞”用,不必其定是“聞”也。又案《管子·

小匡》篇云:“大霸天下,名聲廣裕。”正可借以證此。

《校釋》:按常語“久耳大名”,即“耳”可作“聞”之證。簡説可通,文無脱誤。朱説與簡説同。

《錐指》:(引嚴校、簡説,文見上。)禮鴻案:王念孫曰:“而猶以也。《墨子·尚賢》篇曰:‘使天下之爲善者可而勸也,爲暴者可而沮也。’又曰:‘上可而利天,中可而利鬼,下可而利人。’謂可以也。《尚同》篇曰:‘上用之天子,可以治天下矣;中用之諸侯,可而治其國矣;下用之家君,可而治其家矣。’而以互用。”《經傳釋詞》七

非生之常也,而爲之者,名也。

【校】

品節本、匯函本,“生”作“性”。

【注】

《諸子平議》:“生”、“性”古通用。此“生”字當讀爲“性”,上文曰:“求名失性之常。”

《校正》《發微》《解詁》均引俞説,無異義。

《新釋》:父(尹乾)説:“生,性也。”

《斠詮》:(引俞説,文見上。)“生”即“性”字脱爛其半耳,上文“求名失性之常”作“性”不作“生”,此段正與上文相應,用字不當歧異。

《評注》:民之於利既不恤身名而趨之,其於名卒又不憚艱苦而求之。

《解詁定本》:(引俞説,文見上。)師轍按:俞説是也。品節本作“性”。此句與上文“求名失性之常”相應。

《錐指》:(引俞説、王説,文見上。)禮鴻案:上下文字異義同,古書通例,王豈未見俞氏《古書疑義舉例》乎?

故曰：名利之所凑，則民道之。

【校】

范本、綿眇閣本、吴本、程本、朱本、褒異本、且且庵本、馮抄本、四庫本、問經堂本、指海本、崇文本，“凑”作“奏”。

初校本注：案，“道”字疑誤。

《解詁定本》：凑，綿眇閣本、吴本、程本、評校本、馮本、錢本、范本、四庫本，俱作“奏”。

【注】

《校正》：吴（編者按：當作嚴）云“道字疑誤”，案：《禮記·禮器》“則禮不虚道”，《中庸》“故君子尊德性而道問學”，鄭注並曰：“道猶由也。”此“道”字義與彼同。《錯法》篇“不道其門”，亦謂不由其門。

《發微》：道，謂民出於大道也，猶蹈也。胡曰：“道猶由也。”《解詁》：“道，由也。”

《新釋》：凑，會也。道，由也。

《斠詮》：嚴氏曰：“道字疑誤。”時潤謹案：道字不誤。道，由也。商子之意，蓋謂名利之所凑，則民由之耳。凑，崇文本作“奏”，“奏”、“凑”二字古通用。《周禮·合方氏》注“津梁相奏”，《釋文》：“奏本作凑。”《爾雅·釋獸》“奏者貙”，《釋文》：“奏本作凑。”是即“奏”、“凑”二字通用之證。《史記·晁錯傳》“道軍所來”，《集解》引臣瓚“道，由也”。《漢書·東方朔傳》、《翟義傳》、《西南夷傳》注，並云：“道，由也。”《禮記·禮器》篇“則禮不虚道”，《中庸》篇“故君子尊德性而道問學”，鄭康成注並云：“道，由猶（當爲猶由）也。”是即道訓爲由之證。

《評注》：（奏）同輳，古通借字。《漢書·成帝紀》“帝率群臣，横大河，奏汾陰”，即假“奏”爲“輳”之例也。道，由也，謂名利輻輳之途，民自由之也。

《解詁定本》：奏，進也。“奏”與“凑”皆通，不必改作“凑”。凑，聚也。“道”借爲“導”，行也。謂名利之所在，則民趨之。嚴按非。

《香草續校書》：道訓由、訓從，並恒訓也。……嚴萬里校獨於此

“道”字疑誤，殊不可解。

《斠補》：案“奏”即“凑”之借字，義亦爲聚，固不必改作“凑”，但亦不當訓爲“進”。《漢書·王莽傳》“四海輻奏”，亦以奏爲凑《官本》、《南監本》並作凑，與此同例；“道”當借爲“蹈”，於義較長，謂“民利之所聚，則民蹈之”也。《列子·黄帝》篇“向吾見子道之”，亦以“道”爲“蹈”《莊子·達生》篇正作“蹈”，與此同例。

4. 主操名利之柄，而能致功名者，數也。

【注】

《新釋》：數，術也，法也。《韓非子·制分》：“夫治法之至明者，任數不任人。”

《評注》：數，術也。

《解詁定本》：數，術也。《韓非子·制分》：“夫治法之至明者，任數不任人。”

《校釋》：數，術也。法也，度數也。此“數”字與《錯法》篇“法無度數”與《靳令》篇“以數治”之“數”字同義。

《錐指》：國之功名，即前所云“名與利交至”。下文亦曰：“故湯武禁之，則功立而名成。”

聖人審權以操柄，審數以使民。數者，臣主之術而國之要也。

【注】

《新釋》：主，君也。

故萬乘失數而不危，臣主失術而不亂者，未之有也。今世主欲辟地治民而不審數，臣欲盡其事而不立術，故國有不服之民，主有不令之臣。

【校】

品節本、匯函本，“臣欲盡其事”作“人臣欲盡其事”。

初校本,“主有不令之臣”作“生有不令之臣”。

【注】

《校正》:生,當爲“主”之訛。

《發微》:胡曰“生”當爲“主”字之訛。按:《問經》正作“主”。

《新釋》:天子地方千里,爲地百萬方里,每百方里出車一乘,地百萬方里,則出車萬乘矣。《司馬法》:六尺爲步,步百爲畝,畝百爲夫,夫三爲屋,屋三爲井,井十爲通,通十爲成,成出革車一乘。《孟子》書方里而井。《管子·侈靡》:斷方井田之數,然則通者十萬里,成則百萬里也。(“主有不令之臣”)尹乾説:主,君也。令同聆,聽從也。

《箋正》、《校釋》、《香草續校書》説同《校正》。

《評注》:(辟)同闢。不順其名利之心,驅而之耕戰,則必大違其私意,而臣民不用命矣。

《解詁定本》:主,嚴校本作“生”,誤。……令,善也。《左傳》:“寡君有不令之臣達。”

《校讀》:不令,猶言不奉使令。

《錐指》:辟讀爲闢。

故聖人之爲國也,入令民以屬農,出令民以計戰。

【校】

范本、綿眇閣本、吴本、程本、朱本、褒異本、且且庵本、馮抄本、四庫本、問經堂本、指海本、崇文本,“屬”作“數”。

匯函本,“入令民以屬民”無“入”字,“出令民以計戰”無“出”字。

【注】

《新釋》:計,校也。

《評注》:(所據本作“入令民以數農”。)數,上聲,計也。(“數農”)數其利也。(“計戰”)計其名也。

《解詁定本》:各本俱作“數農”。數,計也。

《校釋》:屬農,歸農也。

《錐指》:(引朱説,文見上。)禮鴻案:下文曰:"入使民屬於農,出使民一於戰。"則屬農爲有據。

夫農,民之所苦;而戰,民之所危也。犯其所苦,行其所危者,計也。

【校】

四庫本,"犯其所苦"無"所"字。

【注】

《讀諸子札記》:"計"下當有"利慮名"三字。利指農言,名指戰言,下文"故民生則計利,死則慮名"云云,即承此言。

《解詁定本》:以計使之然也。陶校謂"計"下有"利慮名"三字,非。

《評注》:計,謂計其名利。

故民生則計利,死則慮名,名利之所出,不可不審也。

【校】

范本、綿眇閣本、吴本、程本、馮本、朱本、褒異本、且且庵本、秦駿生本、馮抄本、奇賞本、四庫本、問經堂本、指海本、崇文本,"名利之所出"作"利之所出"。

【注】

《諸子平議》:"名"下當叠"名"字,盍曰名利之所出,不可不審也。故下云"利出於地,則民盡力;名出於戰,則民致死",正承此文而言。古書遇重文,止作二小畫識之,傳寫奪去耳。

《古書疑義舉例》:因兩"名"字相連,誤脱耳。

《發微》:俞曰:"名"下當迭"名"字。俊案:浙本據補。

《新釋》:計,謀也。慮,思也。

利出於地,則民盡力;名出於戰,則民致死。

【校】

馮抄本,“名出於戰”作“民出於戰”。

【注】

《解詁定本》:民求利,惟有墾地,故盡力。求名,惟有力戰,故致死。

入使民盡力,則草不荒;出使民致死,則勝敵。勝敵草不荒,富強之功可坐而致也。

【校】

匯函本,“入使民盡力”句無“入”字,“出使民致死”句無“出”字。

范本、綿眇閣本、吴本、程本、馮本、朱本、褒異本、且且庵本、馮抄本、奇賞本、秦駿生本、四庫本、問經堂本、崇文本,“勝敵草不荒”句“草”下有“木”字。

指海本注:“草”下原衍“木”字,依上文删。

初校本,“勝敵草不荒”作“勝敵而草不荒”。

《解詁定本》:各本作“勝敵草木不荒”。

【注】

《新釋》:荒,草淹地也。

5. 今則不然,世主之所以加務者,皆非國之急也。

【注】

《新釋》:加,重也。

《解詁定本》:加務,謂加意所務之事。

身有堯舜之行，而功不及湯武之略，此執柄之罪也。

【校】

初校本，"略"下有"者"字。

【注】

《新釋》：略，治也。柄，政權也。《韓非子·八經》："君執柄以處勢。"

《評注》：略，謂十之二三也。執柄，謂大臣當國者。

《解詁定本》：《説文》："略，經略土地也。"《廣雅》："治也。"執柄，猶今言操政權。《周禮》："太宰以八柄詔王馭群臣。"鄭注："所秉執以起事者也。"《莊子·天道》："天下奮棅。"司馬注："威權也。"棅爲柄之或體。

《錐指》：《淮南子·兵略》篇："貪金玉之略。"注："略，獲得也。"（"此執柄之罪也"）不能執柄。

臣請語其過：

【注】

《新釋》：謂言其所以失過之由。

夫治國捨勢而任説説，則身修而功寡。

【校】

馮抄本、品節本、匯函本，缺一"説"字。

馮抄本、品節本、匯函本、秦駿生本、初校本，"修"作"脩"。

四庫本，"身修"作"修身"。

馮本注：下"説"字一本衍。

【注】

《讀諸子札記》：上"説"字當作"談"。下云"故事《詩》、《書》談説之士，則民游而輕其君"，即承此言。

《新釋》:勢即執,穜也,謂力農。脩同修,飾也。

《斠詮》:下"説"字疑衍。

《評注》:捨目前之勢而用論説之士,言其迂遠也。説仁義則上之身修,説孝弟忠信則下之身修,然究未有赫赫之功。商君務霸術,故非之。

《解詁定本》:捨勢,謂捨權。尹桐陽言:"勢即執,穜也。謂力農。"非。上"説"字當爲"談"字之訛。脩,當作"勞"。邵瑞彭云:"衍一説字,脩疑爲偷。"師轍按:邵説亦通。品節本少一"説"字,邵校與之合。陶鴻慶云:"上説字當作談。"與余所校相同。

《校釋》贊同朱説。

《校讀》:朱氏云:"修當作勞。"案:"修"字不當改,"身修"即上文身存堯舜之行,"功寡"即上文功不及湯武之略。

《錐指》:身修即所謂"身有堯舜之行",朱師轍欲改"修"爲"勞",非。

故事《詩》、《書》談説之士,則民游而輕其君;

【注】

《發微》:事,任也。

《新釋》:藉《詩》、《書》以爲談説之資,則《詩》、《書》失其本用。("民游而輕其君")好他適也。

《評注》:游,謂游事他國。輕其君,猶陳恒所謂何所無君也。

《解詁定本》:事,任也,用也。

《校讀》:君,疑當作"居",《農戰》篇與此文意相同,亦作"輕其居"。

事處士,則民遠而非其上;

【校】

范本、綿眇閣本、馮抄本、匯函本、奇賞本、秦駿生本,"遠"作

“追”。

品節本,“遠”作“退”。

問經堂本注:各本作“遠”。施本作“退”,非。

《解詁定本》:“民遠”品節本作“民退”,係以意改。

【注】

《新釋》:處士不官於朝,因與君遠。

《評注》:處士,隱居不仕者。遠,不親也。如段干木踰垣而避、泄柳閉門不納是也。非其上,鄙棄其上也。

《校讀》:處士,謂若巢父、許由。

《錐指》:(“《詩》、《書》談説之士”,“處士”)此二者,韓非所謂儒以文亂法。

事勇士,則民競而輕其禁;

【校】

馮抄本,“其禁”乙倒。

【注】

《發微》:競疑即競字。《錯法》篇:“功賞明則明競於功。”《靳令》篇:“則兵民畢競勸。”《説文》:“誩,競言也,從二言。競,強語也,一曰逐也,從言,從二人。”

《新釋》:競,抗也。禁,戒也。言以武而抗上禁。

《評注》:俠以武犯禁。

《解詁定本》:競,爭也。

《校讀》:謂如俠以武犯禁之類。

《錐指》:所謂俠以武犯禁。故商君之法,爲私門者各以輕重被刑,見《本傳》。

技藝之士用,則民剽而易徙;

【校】

范本、綿眇閣本、吴本、程本、馮抄本、奇賞本、四庫本,“技藝之士”作“投藝之民”。

馮本、朱本、褒異本、且且庵本、品節本、匯函本、秦駿生本、問經堂本、指海本、崇文本,“士”作“民”。

馮抄本,“則”下無“民”字,“徙”作“徒”。

問經堂本注:程、朱本作“技”,吴、施本作“投”。(編者按:今所見程本作“投”不作“技”,問經注可疑。)

《解詁定本》:各本作“投藝之民用”。

【注】

《發微》:《説文》:“剽,一曰劫人也。”(假爲剽)《漢書·陳湯傳》:“其人剽悍。”注:“剽,輕也。”《墾令》:“使民無得擅徙。”

《新釋》:剽,輕也,《説文》作“僄”。

《評注》:技藝之民,謂有一技足以糊口者,如許行之徒捆屨織席爲食是也。剽,輕也。無家室田宅,故易徙。

《解詁定本》:剽,輕也。

《錐指》:《孟子》所謂“民無恒產因無恒心”。《漢書·地理志》:“自全晋時已患其剽悍。”師古曰:“剽,急也,輕也。”

商賈之士佚且利,則民緣而議其上。

【校】

范本、吴本、程本、馮本、朱本、褒異本、且且庵本、馮抄本、品節本、匯函本、奇賞本、秦駿生本、四庫本、問經堂本、指海本、崇文本,“士”作“事”。

【注】

《發微》:《素問·五藏生成論》“針石緣而去之”,注謂匯緣。《史記・貨殖傳》："陳掾其間。"掾，假借爲緣也。陳掾，朱駿聲曰："經營馳逐之謂，猶云匯緣也。"

《新釋》：緣，飾也。

《評注》：(佚)同逸，不勞也。緣，因也。議其上，議其偏重於廛市也。

《解詁定本》：《廣雅》："佚，樂也。"緣，因也。

《校讀》：謂因緣而事上。

故五民者加於國用，則田荒而兵弱。

【校】

初校本，"民"下無"者"字。注：案，"加"字疑衍。

【注】

《校正》：吴(編者按：當作嚴)云："加字疑衍。"案：下云，"則田荒而兵弱"，與"國用"字義不相貫，"加"字非衍。"用"當爲"中"之訛。《墾令》篇："五民者不生於境内，則草必墾矣。"文法正相同。

《發微》：此五民食於國則田荒而兵弱，故曰加於國用，此即戒分利之人多也，"加"字不衍。五民即上五士也。胡曰："用"當爲"中"之訛。《墾令》："五民者不生於境内，則草必墾矣。"

《讀諸子札記》：嚴校疑"加"爲衍字，於文不順，"於"乃"務"之壞字，"務"或作"敄"，與"於"相似，故"敄"誤爲"於"。"用"乃"中"之誤字。古文"中"作"𠁩"，"用"作"𠁷"，故"中"誤爲"用"。上文云："世主之所以加務者，皆非國之急也。"下文云："此其所加務者過也。"並其證。

《新釋》：加，重也，言重爲國用。

《斠詮》：嚴氏曰："加字疑誤。"謹案："用"字疑當在"於國"上。

《評注》：不耕而富，不戰而貴，故曰田荒兵弱也。

《解詁定本》：加，增也。謂國重用五民，則田荒兵弱，"加"字不衍，嚴校非。綿眇閣等本，"五民"下有"者"字。陶校(引文見上)亦以嚴氏謂"加"字衍爲非。

《校釋》：按“五民加於國用”，猶言國所用之人又增五民，亦可通。

《錐指》：（引嚴校、王説，文見上。）禮鴻案：國之所用，農戰而已。今事此五民，加於農戰之民之上，故曰五民加於國用。嚴、王不知國用之實有所指，謂此文有誤，非也。

《斠補》：（引嚴、陶、朱説，文見上。）案：“五民”下有“者”字，是。“加”非衍文，但亦不當訓增。《孟子·公孫丑》篇“夫子加齊之卿相”，趙注：“加猶居也。”此文“加”字，義亦同居。陶校“用乃中之訛”，是。“於乃務之壞字”，則非。“加於國中”猶“居於國中”耳。《墾令篇》：“五民者不生於境内，則草必墾矣。”“生於境内”與此“加於國中”，文意略同，可證“於”非誤字。

談説之士資在於口，處士資在於意，勇士資在於氣，

【注】

《新釋》：資，藉也。意，志也。氣壯則勇。《説文》：“勇，氣也。”以勇由氣成耳。

技藝之士資在於手，

【注】

《新釋》：《荀子·禮論》“持手而食者不得立宗廟”，注：“持其手而食，謂農、工食力也。”此則專斥技藝士言耳。《韓非子·定法》：“匠者手巧也。”

《錐指》：口、意、氣、手，皆在身。

商賈之士資在於身，

【注】

《新釋》：以身負物。

《解詁定本》:資,貨也,用也。商賈負販,故資在身。

《評注》:此"士"字亦泛言國人耳,非技藝商賈皆謂之士也。資,取也,謂取求於世主之具也。

故天下一宅而環身資,

【校】

范本、綿眇閣本、吴本、程本、馮本、朱本、褒異本、且且庵本、品節本、匯函本、奇賞本、秦駿生本、四庫本、問經堂本、指海本、崇文本,"天下"作"天子"。

初校本,"環"作"圜"。

【注】

《發微》:《徠民》篇曰:"彼土狹而民衆,其宅參居而並處。"是宅猶家也。"圜"字不可解,疑讀爲環,有繞之義。《漢書·郊祀志下》集注:"圜,繞也。"

《讀諸子札記》:"圜"當爲"環"。《韓非子·五蠹》篇:"自環者謂之私。"《説文》引作"自營爲私"。圜身資者,謂民視天下如一家,則輕去其國,而自營其身資也。

《新釋》:一宅,一家也。天下一宅者,謂以天下爲家,不必居於己國也。圜,轉也,運也。身資即上所云資口、資意、資氣、資手、資身也。

《錐指》:("環身資"作"圜身資"。)圜猶環也。范本、指海本即作"環"。身之所在,資亦隨之,故曰圜身資,故不難乎去本國而他適,斯天下如一宅。

民資重於身而偏托勢於外。

【校】

吴本、問經堂本、崇文本,"偏"作"徧"。

問經堂本注：各本作“偏”，吴本作“徧”。

初校本注：各本作“偏”。

【注】

《新釋》：於身，在身也，與農資藏於地異。偏托，寄寓也，謂客籍，與正户之爲土著民者異。勢於外，謂得勢於外而不危，《靳令》篇所謂外交以備是。

《錐指》：重於身，重在於身也。此重於身與下文藏於地相對。偏猶私也。

挾重資，歸偏家，堯、舜之所難也。故湯、武禁之，則功立而名成。

【校】

四庫本，“功立”作“立功”。

【注】

《發微》：《廣雅·釋詁》：“偏，邪也。”引申之是偏家即私家。下言民資藏於地而偏托危於外。

《解詁》：言天子居之一宅，而資不過圜身，民乃資重於身，而徧托勢於他國，挾重資歸於偏家，雖堯、舜亦以爲難，而湯、武之所不得禁也。偏家，猶云私家。

《新釋》：歸偏家者，謂歸偏托而家於外邦。對正户而言，因云偏家。《韓非子·亡徵》：“正户貧而寄寓富，可亡。”又曰：“羈旅僑士，重帑在外，上間謀計，下與民事者，可亡。”難，猶病也。

《評注》：（删“資重於身而偏托勢於外，挾重資，歸偏家”十六字。）天子不過一宅，而環伺身之前後左右者，無非談説之士，以及處士、勇士、技藝、商賈，各挾其所有，以求取於上之民，雖堯、舜猶難遍給也。資民下原有“資重於身”數語，疑是“民資藏於地”一段脱文，今删。此亦衛鞅托詞，其實湯武之禁有何確據乎？

《解詁定本》：圜，周也。言此五民，視天下如一家，而周身則其資，故易藉外勢，挾重資，敖游列國，不似農民樸質，安土重遷，此其民堯舜所難治也。師轍按：各本俱作"故天子一宅而環身資"，陶校："圜當爲環……"姑存其説，陶氏未見諸本，故云"圜"當作"環"，實不須多此周折。

《錐指》：（"堯舜之所難"）難治。

聖人非能以世之所易勝其所難也，必以其所難勝其所易。

【注】

《評注》：所易，謂尋常。所難，謂獨異之處也。

故民愚，則智可以勝之；世智，則力可以勝之。

【校】

初校本，兩"智"字作"知"。

【注】

《新釋》：勝，克也。

臣愚，則易力而難巧；

【注】

《發微》：《開塞》："民愚則知可以王，世知則力可以王；民愚則力有餘而知不足，世知則巧有餘而力不足。"

《新釋》：臣，民也。

《斠詮》：臣，當爲"民"字之誤。上文云："故民愚，則智可以勝之；世智，則力可以勝之。"《開塞》篇云："民愚則智可以王，世智則力可以王；民愚則力有餘而智不足，世智則巧有餘而力不足。"皆作"民"不作"臣"，當據改。《校釋》贊同此説。

《評注》：（改作"民愚，則易力而難巧"。）故智足以勝之。

《解詁定本》:臣,民也。

世巧,則易智而難力。

【注】

初校本,“智”作“知”。

【注】

《新釋》:巧由智生,《吕覽·上農》:“民捨本而事末則好智,好智則多詐,多詐則巧法令。”《解詁定本》引同《新釋》。

《評注》:(改作“世智,則易巧而難力”。)故力足以勝之。“智”“巧”字舊倒,誤。

故神農教耕而王天下,師其智也。湯、武致强而征諸侯,服其力也。

【校】

馮抄本,“天下”上無“王”字。

且且庵本,“師”作“帥”。

【注】

初校本,“智”作“知”。

【注】

《發微》:“神農”四句見《開塞》。

《新釋》:神農,炎帝號。神,治也。教民治稼,因號神農。

《斠詮》:征當讀爲正。正,君也,見《廣雅·釋詁》。君諸侯與王天下相對成義。

《評注》:(“師其智也”)此智勝愚之證。(“服其力也”)此力勝智之證。

今世巧而民淫，方傚湯、武之時，

【校】

吴本、程本、馮本、朱本、褒異本、且且庵本、品節本、匯函本、秦駿生本、四庫本、問經堂本、指海本、崇文本，“傚”作“倣”。

綿眇閣本、奇賞本，“傚”作“傲”。

馮抄本，“方傚”作“厲俗”。

【注】

《發微》：“傚”俗字，當作“效”。《説文》：“效，象也。”《墨子・小取》：“效者，爲之法也。”又作“傚”。《春秋元命苞》：“教之爲言傚也，上行之，下傚之。”

《新釋》：言宜以力勝之。方，當也。傚，法也。

《評注》：（所據本“傚”作“倣”。）倣，效也。倣湯武，謂服之以力也。

《解詁定本》：《説文》有“效”無“傚”。效，像也，與斆孝義略同。吴本、評校本、程本、范本、錢本、品節本，作“倣”。按“倣”俗字，當作“仿”，仿“效”皆通。綿眇閣本作“傲”，誤。

而行神農之事，

【注】

《新釋》：謂以知服。

以隨世禁，故千乘惑亂，此其所加務者過也。

【校】

綿眇閣本、吴本、褒異本、且且庵本、馮抄本、奇賞本、秦駿生本、問經堂本、指海本、崇文本，“惑”作“式”。

品節本，“惑”作“戒”。

馮抄本，“亂”下有“世”字。

范本、程本、馮本、朱本、四庫本，“惑”作“式”，“亂”下有缺文一字。

初校本注：范本“惑”作“式”。案，“千乘”字疑亦誤。

【注】

《發微》：“隨”讀爲“隋”，即“墮”字。《莊子・讓王》“卞隨”，《荀子・成相》作“卞隋”。

《解詁》：“方”本作“式”，亦通，《爾雅・釋言》：“式，用也。”蓋語詞。

《新釋》：隨，隳壞也。世禁，謂今世所禁忌事也。尹乾説世君皆羸弱無力而欲以知服人。隨，羸弱也。禁，君也，《爾雅》作“林”。《説文》：“惑，亂也。”加，重也。

《斠詮》：“隨”當爲“隋”字之譌，“隋”本作“隓”，亦作“憜”，或作“墮”，俗作“隳”。隓，毁也，壞也。商子之意，言千乘之國以毁禁亂也，故下文云“此其所加務者過也”。嚴氏曰：“范本，惑作式。案千乘字疑亦誤。”謹案：“千乘”字不誤。千乘，大國也。“惑”字，崇文本亦作“式”，當從之，不當作“惑”。《爾雅・釋言》：“式，用也。”用，猶以也，言千乘之國以此亂也。

《評注》：隨，遺之借字，謂放棄也。《詩・小雅》“莫肯下遺”，鄭《箋》讀遺曰隨。此即“隨”、“遺”通借例也。式，猶《詩》“式號式呼”之“式”，發語聲也。

《解詁定本》：禁，吉凶之忌也。嚴校：“千乘”字疑誤。師轍按：各本皆作“千乘”，不誤。千乘，大國也。惑，各本俱作“式”。《爾雅》：“式，用也。”謂千乘用此而亂。惑亂，疑淺人臆改。惑，疑也。以隨世禁，謂從世之忌諱，喻爲治拘於流俗也。

《箋正》：此處舛脱如嚴説是。王謂商子意以千乘之國以毁禁亂。但毁禁必亂，萬乘亦然，百乘亦然，小國亦然，大國亦然，執何以特舉千乘之大國？豈謂萬乘、百乘及小國能毁禁不亂乎？況戰國時千乘者已不稱大國乎！是千乘之譌已顯然，特未有可證校宜闕疑，不宜强解。

《校讀》:此處疑有脱文,《開塞》篇"今世强國務兼併,弱國務力守,上不及虞、夏之時,而下不修湯、武。湯、武塞,故萬乘莫不戰,千乘莫不守",與此文略同。又千乘、萬乘並舉,可見此"千乘惑亂"下猶有脱文也。

《錐指》:(引嚴校,文見上。)禮鴻案:隨,讀爲墮,壞也。禁者,以力禁知也。以當今乃用湯、武之禁之世,故曰世禁;"禁"字根上文"湯、武禁之"來,"世"字根"今世巧而民淫,方效湯、武之時"來。今不用禁而反墮之,則是惑亂也。范本"式"乃"或"之誤,或通惑。王時潤曰:"千乘,大國也。"説可通。

6. 民之生,度而取長,稱而取重,權而索利。

【校】

程本、朱本、四庫本,"稱而"作"稱其"。

問經堂本注:吴、施本作"而"。程、朱本作"其",非。

【注】

《發微》:《説文》:"度,法則也。"《左·襄公二十八年傳》:"(晏子)對曰:'不受邶殿,非惡富也,恐失富也。且夫富如布帛之有幅焉,爲之制度,使無遷也。'"《小爾雅·廣衡》:"衡有半謂之秤,秤二謂之鈞。"《漢書·律曆志》:"衡權者,衡平也,權重也,衡所以任權而均物平輕重也。"

《解詁》:度,所以知長短;稱與權,所以知輕重。

《新釋》:生,性也。取,欲也。

《斠詮》:生當讀爲性。《校釋》説同。

《評注》:度,以丈尺量短長也。稱,權輕重也。權,算籌出入也。索,求也。取長、取重、索利,皆言民情之多欲,爲有國者所利用也。

《解詁定本》:先大父(朱駿聲)曰:五度,分、寸、尺、丈、引也。度起於人手取法,故从又。稱,銓也。《管子·版法》"一稱數",注:"斤兩也。"《漢書・律曆志》:"權者,銖、兩、鈞、石也。"

《香草續校書》:生,讀爲性。……猶上文"民之性,飢而求食,勞而求佚"云云,明生即性也。……

《錐指》:生讀爲性。

明君慎觀三者,則國治可立,而民能可得。

【校】

朱本,"民能可得"作"民能事得"。

問經堂本注:各本作"可",朱本作"事"。

【注】

《新釋》:能,才藝也。

《評注》:治,法也。能,力也。

《解詁定本》:《吕覽》高誘注:"能,力也。"

《校讀》:"治"疑"法"字之訛。

國之所以求名者少,而民之所以避求者多。

【校】

范本、綿眇閣本、吴本、程本、馮本、朱本、褎異本、且且庵本、馮抄本、品節本、匯函本、奇賞本、秦駿生本、四庫本、指海本、崇文本、初校本,"名"作"民"。

【注】

《評注》:國求民,謂入農而出戰也。民避求,即上所謂五者之民。

《錐指》:(所據本"求名者少"作"求民者少"。)求於民者少,農戰而已。

入使民屬於農，出使民一於戰。故聖人之治也，多禁以止能，任力以窮詐。

【校】

匯函本，兩“使”字上無“入”、“出”字。

初校本，“一”作“壹”。

【注】

《發微》：“入使民”二句見前。

《新釋》：使其能歸於壹。止，限也。

《新箋》：能當讀爲態。《楚辭·九章》：“國庸態也。”《論衡·累害》篇“態”作“能”。《史記·司馬相如傳》“君子之能，”集解引徐廣曰：“能一作態。”並其證。態，奸巧也。《荀子·臣道》篇：“有態臣者。”《成相》篇：“反覆言語生詐態。”《戰國策·秦策》：“民多僞態。”又曰：“下惑奸臣之態。”諸“態”字皆奸巧也。此文“多禁以止態”，猶云多禁以止奸也。王念孫《荀子雜志》讀態爲慝，是也。

《錐指》：（“多禁以止能”）止於農戰。（“任力以窮詐”）不得事五民之事。

兩者偏用，則境内之民一。

【校】

問經堂本、崇文本，“偏”作“徧”。

【注】

《新釋》：偏同徧，兼也。

《評注》：抑五民而農，使利出一孔。徧，備也。

《解詁定本》：偏，假借爲徧，周匝也。徧用，言皆用也。

《箋正》：偏用，“偏”字疑誤，似應作“備”，於義始協。

《校釋》：按“偏”字如誤，則應作“徧”，以“徧”“偏”形近而誤也。但細察上下文，“偏”字凡數用，如偏托勢、偏家、偏用、偏托危，俱含有專字之意。偏用猶言專用，於義亦協。又案偏用之偏與偏廢之偏，義近；蓋"多禁以止能，任力以窮詐"，固不惜有所偏也。

《校讀》："偏"字疑"徧"字之訛。

《錐指》：偏讀爲徧。王念孫曰："古多以偏爲徧。"詳見《墨子雜誌·非攻》篇。

民一則農，農則樸，樸則安其居而惡出。

【校】

范本、綿眇閣本、吴本、程本、馮本、朱本、褒異本、且且庵本、馮抄本、品節本、匯函本、奇賞本、秦駿生本、四庫本、問經堂本、指海本、崇文本，"民一則農"句無"民"字。

馮抄本，兩"樸"字皆作"撲"。

初校本，"一"作"壹"，"安其居"作"安居"。

《解詁定本》：安居，各本作"安其居"。

【注】

《發微》："農樸"一段亦見前。

《評注》：（改作"一則安其居而惡出"。）不復藉口與意氣身手以避上之所求，故而輕去其鄉。

故聖人之爲國也，民資藏於地，而偏托危於外。

【注】

朱本注：偏托，游説技藝之類。

《發微》：托危，即上文托勢。

《新釋》：（"民資藏於地"）言其務農。（"偏托危於外"）言不能得勢於外。偏托，謂寄寓。

《評注》：資，"貲"之借字，財也。民之資財皆出於土田，而又自懼無他智巧以外托於異國。

《解詁定本》:《書·秦誓》"惟截截善偏言",注:"偏,少也。"托,寄也,依也。危,險也。民力農則富,依外則危,故少依外也。

《校讀》:偏托,即歸偏家之意。

《錐指》:資在於地,不能隨身,欲去而之外,則危也。

資於地則樸,托危於外則惑。

【校】

馮抄本,"樸"作"撲","於外"作"於木"。

品節本、匯函本、指海本,"資"下有"藏"字。

指海本注:此"藏"字原脱,依上文補。

【注】

《發微》:資於地,當作"資藏於地"。

《新釋》:惑,疑懼也。

《評注》:惑,疑懼也。

《錐指》:("資於地")"資"下指海本依上文補"藏"字。("則惑")惑則不敢。

民入則樸,出則惑,故其農勉而戰戢也。

【校】

綿眇閣本,無"民入則樸,出則惑"七字。

馮抄本,"樸"作"撲"。

問經堂本,於"民入則樸出則惑"注:七字施本脱,各本有。

【注】

《諸子平議》:此"戢"非戢止之義,當讀爲捷。《詩·鴛鴦》篇"戢其左翼",《釋文》引《韓詩》曰:"戢,捷也。"蓋戢與捷聲近而義同。下云"戰戢則鄰危",若以本字讀之,義不可通矣。

《發微》:俞曰:"戢讀爲捷。《詩·鴛鴦》'戢其左翼',《釋文》引《韓詩》:'戢,捷也。'"俊曰:《立本》篇"恃其衆者謂之葺"。

《校正》、《解詁》、《斠詮》引俞説,無異議。

《新釋》:戢,捷也。

《評注》:居鄉則純樸,出疆則遑惑,民之安於土著如此,故耕戰皆能盡力。戢,止齊也,謂不潰亂不逃亡也。

《解詁定本》:《爾雅》:"戢,聚也。"言民力專於戰。或曰,戢借爲輯,謂勉力於農事,而輯和於戰鬥。(引俞説,文見上。)師轍按:《韓詩》:"戢,捷也。"捷其噣於左也。先大父(朱駿聲)謂捷借爲插。是捷非戰捷之捷,俞説誤矣。

《校讀》:俞説是。

《錐指》:(引俞説,文見上。)禮鴻案:戢,不訓止,亦不訓捷。《國語·周語》:"兵戢而時動。"注:"戢,聚也。"此戢皆當訓聚。惟聚故摶,上文曰:"民力摶於敵。"

民之農勉則資重,戰戢則鄰危。

【校】

馮抄本,"重"下有"機"字。

品節本、匯函本,"民"下無"之"字。

《解詁定本》:匯函本、品節本,"民"下無"之"字。

【注】

《新釋》:粟多則其資重。鄰,鄰國也。

《評注》:勉於農則財聚,勇於戰則敵懼。

《錐指》:鄰當謂鄰國,資重、鄰危,文相對。自明讀此鄰亦爲遴,似未確。

《斠補》:朱云:匯函本、品節本"民"下無"之"字。案:此承上文"故其農勉而戰戢也"而言,農上有"民之"二字,不詞。匯函本、品節本無"之"字,是也。"民"字亦涉上文"民入則樸"而衍。

資重則不可負而逃，鄰危則不歸於無資。

【校】

品節本，“歸”作“患”。

【注】

《發微》："不歸"句不可解，疑衍"不"字。

《新釋》：("不可負而逃")謂其難遷。(又句讀爲"鄰危則不歸，於無資"。)("不歸")不偏托也。於，居也。無，扶有也，言居本國而扶有重資。

歸危外托，狂夫之所不爲也。故聖人之爲國也，觀俗立法則治，察國事本則宜。

【校】

馮抄本，"歸危"下無"外"字，"狂"作"在"。

【注】

《新釋》：宜，安也。

《評注》：狂夫，謂有心疾之人。

《錐指》：農戰，國本也。

不觀時俗，不察國本，則其法立而民亂，事劇而功寡，此臣之所謂過也。

【校】

范本、綿眇閣本、吴本、程本、馮本、朱本、褒異本、且且庵本、品節本、匯函本、奇賞本、秦駿生本、四庫本、問經堂本、指海本、崇文本，"則其法立而民亂"句，"則"作"故"。

馮抄本，"則"作"同"。

品節本、匯函本、秦駿生本，此篇至此止。

《解詁定本》："則其"各本俱作"故其"。

【注】

《發微》:事劇即下刑煩。

《新釋》:劇,繁多也。

《評注》:劇,繁也。

《解詁定本》:劇,繁多也。

《錐指》:《荀子・解蔽》篇:"不以夢劇亂知。"楊倞注:"劇,煩囂也。"禮鴻案:字正作"勮"。《説文》:"勮,務也。"段氏曰:"務者,趣也,用力尤甚也。"又《釋名・釋言語》曰:"勮,巨也,事功巨也。"

7. 夫刑者所以奪禁邪也,而賞者所以助禁也。

【校】

綿眇閣本,無"奪"字。

問經堂本,"奪"字下注:施本無"奪"字,各本有。

初校本注:元本無"奪"字。

《解詁定本》:嚴校:元本無"奪"字。師轍按:綿眇閣本,亦無"奪"字;吴本、程本、評校本、馮本、錢本、范本皆有。

【注】

《解詁定本》:奪,謂強劫而制之。

《新釋》:《開塞》篇曰:"王者以賞禁。"

《錐指》:賞、刑互相助耳。故曰:"罰重爵尊,賞輕刑威。"

羞、辱、勞、苦者,民之所惡也;顯、榮、佚、樂者,民之所務也。

【校】

馮本、馮抄本,"苦"下有"也"字。

范本、程本、四庫本,"苦"下有缺文一字。

【注】

《新釋》:《説民》篇所謂惡有四難是也。《韓非子・心度》:"民之性惡勞而樂佚。”《吕覽·用民》:“欲榮利,惡辱害。”

《解詁定本》:佚,安也。

故其國刑不可惡,而爵禄不足務也,此亡國之兆也。

【校】

四庫本,“刑不可惡”作“刑不惡”。

【注】

《發微》:謂刑不畏而爵禄不勸,故亡國。

《新釋》:刑中而令民畏,則惡。

《斠詮》:可,當作“足”。

刑人復漏,則小人辟淫而不苦刑,

【校】

馮抄本,“漏”作“滿”。

【注】

《發微》:漏,脱漏也。見《素問·解精微論》“有毚愚僕漏之問”注。按:猶言漏網也。

《新釋》:刑不密則多漏。復,多也。辟,僻也。《弱民》篇曰:“無辟淫之心。”刑輕則民不苦。而,耏也,罪不至髡曰耏,輕刑之名。

《斠詮》:“小人辟淫而不苦刑”句當重。

《解詁定本》:辟,邪也。師轍按:此下當複“小人辟淫而不苦刑”一句。又下文“徼”下,當有“倖”字。

《箋正》:“復”字疑誤。

《錐指》:復即覆隱之覆,説見《説民》篇“合而復者,善也”下,罪人不得曰漏。

則徼倖於民上。徼於民上以利求，顯榮之門不一，則君子事勢以成名。

【校】

范本、綿眇閣本、吴本、程本、馮本、朱本、褒異本、且且庵本、馮抄本、奇賞本、四庫本、問經堂本、指海本、崇文本，“徼於民上以利求”句無“民”字。

初校本注：案，“則徼”下數語當有脱訛，又范本文（編者按：當作下）句無“民”字，諸本有。

《解詁定本》：各本（“徼於”下）皆無“民”字。

【注】

《校正》：吴（編者按：當爲嚴）云：“范本文句無民字。”案：“文”當爲“次”之誤。

《發微》：顯榮之門，即私門也。事，任也。見前。

《新釋》：（讀爲“則徼，倖於上徼於民，上以利求，顯榮之門不一”。）徼，幸也，《説文》作“儌”。此謂民徼由於上之倖耳。於，在也。倖，使民倖免於罪也。求同逑，合也，納賄而予以官，是利求也。一，定也。勢，盛權力也，謂藉外權。

《斠詮》：（“徼於民上”）徼下當有“倖”字。

《解詁定本》：小人徼倖於民上，唯利是求，則顯榮之門不一，故君子藉勢力以成名。

《箋正》：嚴説不誣。且自“刑人復漏”句即已不協。王詮僅謂“則小人”句宜重，不知小人辟淫不苦刑，何故徼倖於民上？徼倖於民上，又何故以利求顯榮之門不一？如此詮校，徒令人迷於五里霧耳。

《校釋》：“則徼”下數語脱訛，尚待考校。

《校讀》：此文“徼於民上”句不當重，“以利求”下當脱“免”字，言小人徼倖以求免於刑也。“顯榮之門不一”當屬下“則君子事勢以成名”爲一句。朱氏云：“小人徼倖於民上，惟利是求……（引文見上）”説亦非是。

《錐指》:嚴萬里曰:"案:則徼下數語當有脱訛。又范本下句無民字,諸本有。"禮鴻案:疑衍"徼於民上"四字,利求當作求利。"刑人復漏,則小人辟淫而不苦刑,則徼倖於民上以求利"爲一句,承上"刑不可惡"言。徼倖於民上者,幸上之漏刑也。"顯榮之門不一,則君子事勢以成名"爲一句,承"爵禄不足務"言。辟讀爲僻。

小人不避其禁,故刑煩;

【注】

《新釋》:言故犯之。

《錐指》:是國有不服之民也。

君子不設其令,則罰行。

【注】

《新釋》:使之事勢。設,立也。令,同命,名也。《壹言》篇曰:"以上之設榮名、置賞罰之明也。"行,横也。

《箋正》:此處舛誤甚多,如"小人不避其禁"及"君子不設其令"句,均不知所從出。……設疑誤。

《校釋》:簡説:"設字疑誤。"待考。

《新箋》:或曰:"設字疑誤。"亨按:設猶施也,謂執行也。《説文》:"設,施陳也。"《廣雅・釋詁》:"設,施也。"是設有施義之證。行當作舛,篆文行作𠛊,舛作𡕩,形似而誤。《廣雅・釋詁》:"舛,背也。"即背謬。此句言君子不執行君上之令,則用罰必背謬矣。

《錐指》:("君子不設其令")主有不令之臣也。設者,《荀子・君道》篇:"善顯設人者也。"王先謙曰:"設,用也,顯設人猶言顯用人。《臣道》篇云:'正義之臣設。'言正義之臣用也。"《議兵》篇云:"請問王者之兵設,何道何行而可?"言用何道何行而可也。案:設當讀斷,與《臣道篇》正義之臣設句法同。是則不設其令,猶言不用其命。

刑煩而罰行者，國多奸徵，則富者不能守其財，

【校】

綿眇閣本、吳本、馮本、褒異本、且且庵本、奇賞本、問經堂本、指海本、崇文本，“徵”作“欲”，無“則”字。

范本、程本、朱本、四庫本，“徵”作“欲”，“則”字作缺文。

馮抄本，“富”下無“者”字。

初校本無“徵”字，注：“則”元本作“故”。范本缺一字，缺上有“欲”字，或此處有脱句也。今從秦本作“則”，“則”上有“徵”字，依文義删去。

【注】

《新釋》：徵，宄也。《書》：“寇賊奸宄。”《楚辭·惜賢》“盪渭涹之奸咎兮”，咎即宄也。父（尹乾）説：“徵，微也，細也。奸徵謂奸細。”《晏子春秋·内篇諫上》“楚巫微導裔款”，《御覽》“微”作“徵”。

《斠詮》：“國多奸”三字當重。

《箋正》：此處舛誤甚多……試就錯落諸語補綴而整理之，則宜曰：“刑人復復字疑誤漏，則小人淫辟而不苦刑，不苦刑則不避其禁。以利求顯榮之門不一，則君子事勢以成名而徵倖於民上，徵倖於民上則不設設疑誤其令。小人不避其禁，故刑煩。君子不設其令，則罰行。刑煩而罰行者國多奸。”云云，似較順適。但臆造之辭，寧有根據？存疑以俟將來爾。

《錐指》：刑煩罰行者，《去強》篇曰“重重而輕輕，刑至事生”也。（“則富者不能守其財”）嚴萬里曰：“則元本作故。范本缺一字，缺上有欲字，或此處有脱句也。今從秦本作則，則上有徵字，依文義删去。”禮鴻案：徵字可存，當屬上句。奸徵者，奸之徵也。《説民》篇曰：“禮樂，淫佚之徵也。”范本與秦本蓋同源，徵誤爲欲耳。遼釋行均《龍龕手鑑》：“嶶，陟陵反，今作徵，召也。”此徵之所由誤爲欲也。孫星衍本“則”作“欲”，嚴可均校改作“徵”“則”二字，“徵”屬上讀，蓋亦據秦本也。

而貧者不能事其業，田荒而國貧。

【注】

《校讀》："田荒"上疑脱"則"字。

田荒則民詐生，國貧則上匱賞。

【注】

《發微》：匱賞，謂窮於賞。《壹言》："賞匱而奸益多。"

《解詁》：《詩·既醉》傳："匱，竭也。"

《解詁定本》：匱，乏也。

《錐指》：疑賞匱之倒。《壹言》篇曰："賞匱而奸益多。"

故聖人之爲治也，

【校】

范本、綿眇閣本、吴本、程本、馮本、朱本、褒異本、且且庵本、馮抄本、奇賞本、四庫本、問經堂本、指海本、崇文本，"故"下有"天地設而民生，當此之時也"十一字。

指海本注：二句乃下篇發端語，復衍於此，與上下文不相屬，當删。

初校本注：元本、范本，"故"下有"天地設而民生，當此之時也"十一字，乃《開塞》篇文誤入此，今依秦本删去。

《諸子平議》：此乃下《開塞》篇之起語。《開塞》篇曰："天地設而民生之，當此之時也，民知其父而不知其母。"首二語誤入此篇，於上下文皆不屬，當删。

《解詁》、《發微》引俞説。

《解詁定本》：（引嚴校，文見上。）師轍按：各本皆有此十一字。

刑人無國位,戮人無官任。

【注】

《新釋》:言曾被刑者無爵位也,若今之曾處徒刑不得應文官考試然。《韓非子·亡徵》:"刑餘用事者可亡。"刑餘謂曾被刑之人。戮,辱也。戮人者,若今褫奪公權之人然。

《錐指》:刑人、戮人未詳其別。《太平御覽》六百四十五引《慎子》曰:"有虞之誅,以幪巾當墨,以草纓當劓,以菲履當刖,以艾韠當宮,布衣無領當大辟,此有虞之誅也。斬人肢體,鑿其肌膚,謂之刑。畫衣冠,異章服,謂之戮。"然則戮當輕於刑歟?

刑人有列,則君子下其位;衣錦食肉,則小人冀其利。君子下其位則羞功,小人冀其利則伐奸。

【注】

《發微》:俊曰:伐奸謂以奸相尚也,夸伐之也。

《解詁》:此言刑戮之人不可用也。用於朝列,衣錦食肉,則君子恥之而輕其位,小人冀之而不憚爲奸。《小爾雅·廣詁》:"伐,美也。"伐奸,言以奸爲美也。

《新釋》:列,位也。下,猶輕。("衣錦食肉")謂官任也。羞,休也。伐,發也,生也。

《斠詮》:"衣錦食肉"句上疑當有"戮人"二字。蓋"君子下其位"既反承上文"刑人無國位"句,則"小人冀其利"亦當反承"戮人無官任"句也。伐奸之伐,當讀爲伐善施勞之伐。下文所云立爵民羞,即下其位則羞功之謂也;設刑民樂,即冀其利則伐奸之謂也。

《解詁定本》:列,位也。下其位,謂輕視其禄位。冀其利,謂希望其權利。羞功,謂羞其勛賞。伐奸,謂矜伐其知巧。

《箋正》:"伐"字疑蓋善可伐,奸不可伐。設刑民樂,只可云不苦刑,不得云伐奸。與謂曰伐,毋寧曰作,雖臆脱(編者按:當作臆説)而較通。

《校釋》:按王説是。蓋賞不當,則小人以奸爲能而亦不免於伐矣。

《錐指》:《管子・立政》篇:"刑餘戮民不敢服絻。""絻"一本作"絲"。王念孫《讀書雜誌》曰:"刑餘戮民不得與四民同服,非但不敢服絻而已,作絲者是也。《繁露》作'刑餘戮民不敢服絲玄纁',是其證。古者爵弁服、玄衣纁裳,皆以絲爲之。"("羞功")差與小人同列效功。("小人冀其利則伐奸"。引王説、簡説,文見上。)禮鴻案:伐讀爲伐善之伐,是也。自多其爲奸得利以驕人者,奸民之常態耳。且自商君謂之奸,彼爲奸者豈知己之爲奸?奚不可伐之有?羞功伐奸,羞伐相反爲義,改爲"作"則不相對。

故刑戮者,所以止奸也;而官爵者,所以勸功也。今國立爵而民羞之,設刑而民樂之,此蓋法術之患也。

【校】

馮抄本,"設刑而民樂之"句,無"民"字。

【注】

《新釋》:勸,勉也。濫爵故羞。("設刑而民樂之")言不足辱。蓋,蔽。

《解詁定本》:言用法術不當之患。

《錐指》:法術之所患也。

故君子操權一正以立術,

【校】

初校本注:"一正"字疑有誤。

【注】

《校正》:吴(編者按:當作嚴)云:"一正字疑有誤"。案《説文・廌部》"灋"云:刑也。"法"云:今有省金云,古文"正"當爲"佱"之訛,是

“㑺”即古“法”字，言操權壹刑以立術也。《論語·憲問》篇：“齊桓公正而不譎。”《漢書·鄒陽傳》引作“法而不譎”。宋氏《發微》云：“古《論語》本作㑺，後人罕見㑺字，遂改㑺爲正。”《修權》篇“一曰法”，“三曰權”。“法者君臣之所共操也”，“權者君之所獨制也”，亦權、法並舉。

《新釋》：正，政也。《韓非子·心度》：“明君操權而上重，一正而國治。”

《斠詮》：一當讀作壹。正當讀作政。此古書通假字，非誤也。

《解詁定本》：一正，讀作一政。古多通假，非誤。《韓非子·心度》：“明君操權而上重，一政而國治。”

《校釋》：按王説是，今爲易解計，改正爲政。一政，猶言一教也。朱説同。

《錐指》：嚴萬里曰：“一正字疑誤。”禮鴻案：一正不誤。正如《荀子》之“隆正”，猶言標準。

立官貴爵以稱之，

【校】

范本、綿眇閣本、吴本、程本、馮本、朱本、褒異本、且且庵本、馮抄本、奇賞本、四庫本、問經堂本、指海本、崇文本，“之”作“臣”。

初校本注：范本“之”作“臣”，誤。

【注】

《新釋》：稱，舉也。

《解詁定本》：稱謂權其輕重而授官爵。

《校讀》：“稱”字疑有誤。

《錐指》：（引嚴校，文見上。）稱，舉也。

論榮舉功以任之，

【校】

范本、綿眇閣本、吴本、程本、馮本、朱本、褒異本、且且庵本、馮抄

本、奇賞本、四庫本、問經堂本、指海本、崇文本,“之”下有“者”字。

初校本注:案“榮”字疑誤。范本“之”下有“者”字。

【注】

《新釋》:論,擇也。榮,聲名也,謂賢者。《去強》篇曰:“舉榮任功曰強。”尹乾説:“論,勞也,賚也,論榮猶云賚榮。”

《斠詮》:“榮”當爲“策”字之訛,其説見前。商子之意蓋謂立官貴爵則下位羞功之患可免,論策舉功則冀利伐奸之患可免,與上文正一氣相承。因有訛字,故難猝曉耳。

《解詁定本》:論榮,謂論賢,詳《去強》篇注。

《箋正》:王詮,“榮”當爲“策”字之訛……謹案:篇中所再三詳言者,入使民屬農,出令民以戰。且極力反對任説,而以事《詩》、《書》游説之士爲非,並無舉策論功之議。“榮”字殆爲“勞”字之誤。

《校釋》同意簡説,曰:朱説“論榮謂論賢”,誤。

《校讀》:榮,當作“勞”。説見前。

《錐指》:(引嚴校、簡説,文見上。)禮鴻案:“者”字不當有。

則是上下之稱平。上下之稱平,則臣得盡其力而主得執其柄。

【校】

馮抄本,“執其柄”作“執而柄”。

指海本,“臣得”作“臣復”。

初校本,“執”作“專”。

《解詁定本》:各本皆作“執其柄”。

【注】

《解詁定本》:稱,衡量也。

《校讀》:立官貴爵,上之稱下也;論榮舉功,下之稱上也。

《錐指》:稱,權稱也。

開塞第七

本篇校勘所據版本：范本、綿眇閣本、吴本、程本、馮本、朱本、褒異本、且且庵本、馮抄本、品節本、匯函本、奇賞本、秦駿生本、四庫本、問經堂本、指海本、崇文本、初校本，共十八種，並參用了《大事記解題》、《繹史》。

古逸本無本篇。

【題解】

《尉繚子·兵教下》：臣聞人君有必勝之道，故能併兼廣大，以一其制度，則威加天下，有十二焉：……四曰開塞，謂分地以限，各死其職而堅守也。

《籀廎碎金》：《淮南子·泰族訓》"商鞅之啓塞"，許注："啓之以利，塞之以禁，商鞅之術也。"據此，《商子》當本作"啓塞"，漢人避諱改之。《史記·商君列傳》索隱："按《商君書》，開謂刑嚴峻則政化開，塞謂布恩賞則政化塞，其意本嚴刑少恩。又爲由開阡陌。及言斬敵首賜爵，是耕戰書也。"

《校正》：《史記·商君[列]傳》："余嘗讀商君開塞耕戰書，與其人行事相類，卒受惡名於秦，有以也夫。"《開塞》即指此篇。《索隱》云："開謂刑嚴峻則政化開，塞謂布恩賞則政化塞,其意本於嚴刑少恩。”非也。

《發微》:開首宜與《君臣》篇參看。《壹言》:“開而不塞則短長,長而不攻則有奸,塞而開則民渾,渾而不用[則力多]。”《淮南·兵略》“明於禁舍開塞之道”,《要略》“凡屬書者所以窺道開塞”。《七國考》十二引《淮南子》“商鞅之啓塞”,許慎注:“啓之以令,塞之以禁,商鞅之術也。”俊曰:《史記·商君[列]傳》,太史公曰:“余[嘗]讀商君開塞耕戰書。”

《新釋》:《史記·商君[列]傳》,太史公曰:“……余嘗讀商君開塞耕戰書……”《索隱》以爲“開謂刑嚴峻則政化開,塞謂布恩賞則政化塞,其意本於嚴刑少恩”。今觀其書謂“此道之塞久矣,而世主莫之能開也。”然則開塞者,開道之塞也……

《次室讀書記》:《淮南子·泰族》篇作“啓塞”,《鹽鐵論·非鞅》篇作“開塞”,漢景名啓,避諱改爲開,古書“啓”字因此多作“開”,此篇應從《淮南》改正。

《解詁定本》:塞,隔也,湯武之道不明,故開其塞。《史記·商君傳》司馬貞《索隱》:“開謂刑嚴峻則政化開,塞謂布恩賞則政化塞。”與本篇之義不合。

《校讀》:(引朱氏題解,文見上。)季甫案:《商君書》言開塞者有二,《説民》篇云“塞私道以窮其利,啓一門以致其欲”,又《壹言》篇云“上開公利而塞私門以致民力”,又云“夫開而不塞則短長,長而不攻則有奸,塞而不開則民渾,渾而不用則力多”,皆謂開公利、塞私道,則《開塞》一篇宜本此意。而此篇乃言開湯武之道,與前後所言開塞之義亦不合。司馬貞所見殆又不同,可見此書之脱落錯謬而爲後人所移易增改者多矣。

《錐指》：孫詒讓曰："《淮南子·泰族訓》：'商鞅之啓塞。'許注：'啓之以利，塞之以禁，商鞅之術也。'據此，《商子》當本作啓塞，漢人避諱改之。"《史記索隱》曰："案《商君書》，開謂刑嚴峻則政化開，塞謂布恩賞則政化塞，其意本於嚴刑少恩。"晁公武《郡齋讀書志》曰："司馬貞蓋未見其書，妄爲之説耳。《開塞》乃其第七篇，謂道塞久矣，今欲開之，必刑九賞一。刑用於將過，則大邪不生；賞施於告奸，則細過不失。大邪不生，細過不失，則國治矣。"禮鴻案：晁解開塞二字爲得，而其説猶混於刑賞，則失也。開塞者，謂開已塞之道也。已失之道孰謂？謂湯、武以力征誅併諸侯定天下之道也。故曰："湯、武之道（原書注：二字據王時潤説增。）塞，故萬乘莫不戰，千乘莫不守。（原書注：此即諸侯無長，天下不定，王業不成。）此道之塞久矣，而世主莫之能廢也（原書注：廢讀爲發，即開也），故三代不四。"又《算地》篇曰："今世巧而民淫，方效湯、武之時。"是也。《索隱》以開塞二字並列，大誤；又豈如晁氏所言止於國治而已哉？至"今日願啓之以效"以下，乃言用嚴刑以生力強國之方，是又兼併開塞之本，而非即開塞也。司馬、晁氏皆以用刑説開塞，義隔。許氏《淮南》注説誤與司馬相似。

1. 天地設而民生之，

【注】

《新釋》：設，闢也。

《解詁定本》：《易·繫辭》"天地設位"。

《錐指》：天地設，猶《易》言天地定位。

當此之時也，民知其母而不知其父，

【注】

《發微》、《新釋》、《解詁定本》並引《吕覽·恃君》：“昔太古嘗無君矣，其民聚生群處，知母不知父。”

《發微》：斯賓塞《社會原理》：恩達門民族於小兒方離乳，男女之結合即解，故忘却父子之關係，而於母子獨歷久，猶能記憶。

其道親親而愛私。親親則别，

【校】

范本、綿眇閣本、吴本、程本、馮本、朱本、褒異本、且且庵本、馮抄本、四庫本、問經堂本、指海本、崇文本，“親親則别”句缺一“親”字。

《繹史》引，同上各本。

【注】

《諸子平議》：“親則别”當作“親親則别”，傳寫奪一“親”字。

《解詁定本》：别，分也。

《發微》：浙本據俞説增“親”字。

《新釋》：非其親者則别立。《墨子·兼愛》云：“别士之言。”

《評注》：（改爲“親親則民别”。）别，謂各從其黨。“親”“民”二字原本脱落，依上下文增。

《錐指》：别即《墨子》言“兼别”之别。《兼愛下》篇曰：“誰陳奇猷謂誰爲語辭，不爲義。以爲二士，使其一士者執别，使其一士者執兼。是故别士之言曰：‘吾豈能爲吾友之身若爲吾身，爲吾友之親若爲吾親？’是故退睹其友，飢即不食，寒即不衣，疾病不侍當作持養，死喪不葬埋。”是所謂别也。

愛私則險。民衆而以别、險爲務，則有亂。

【校】

范本、綿眇閣本、吴本、程本、朱本、褒異本、且且庵本、馮抄本、四庫本、指海本、崇文本,“則險”作“則陰陽”。

《繹史》引,同上各本。

問經堂本注:各本“險”字作“陰陽”二字,今從鄭本。

范本、綿眇閣本、吴本、程本、朱本、馮抄本、四庫本、指海本、崇文本,“民衆”作“民險衆”。

《繹史》引,同上各本。

馮本、褒異本、且且庵本、品節本、匯函本、奇賞本、秦駿生本、問經堂本,“民衆”作“民生衆”。

問經堂本“生”字下注:生,各本作“險”,今從鄭本。

初校本,“有”作“民”。“民衆”下注:范本作“陰陽民險衆”,誤。

【注】

朱本注:陰陽,猶向背也。

《校正》:吴於“民衆”云:“范本作陰陽民險衆,誤。”按:“别”字句,“險”字句,“民衆而以别險爲務”,與下文“民衆而無制”句法相似。

《新釋》:險,憸也。《莊子·漁父》:“不擇善否,兩容頬適,偷拔其所欲,謂之險。”

《斠詮》:(作“民衆而以别險爲務則民亂”。)此文疑當作“親則别愛,私則阻險,民衆而以别險爲務,則有亂”。蓋親則别愛,言初民各私其親,其愛有别也。上文“民知其母而不知其父”,即“親則别愛”之謂矣。“阻險”之“阻”,當讀若《春秋左氏傳》“阻兵而安忍”之“阻”,謂憑恃其險以自利而妨人也。因“險”字以形誤而爲“陰”,於是加“勿”字於“阻”字右傍“且”下,遂成“陽”字矣。後人以陰陽恒言,又改“陽陰”爲“陰陽”。校者知爲阻險之誤,旁注“阻險”二字於訛字之側,轉寫者不知而並存之,遂成陰陽阻險。又因其誼不可通,遂疑“阻”字即“陽”字闕壞其半而誤衍者,於是删去“阻”字,而移“險”字於“民”字之下,其誼乃益不可通矣。《來民》篇云“人之復險阻澤水者過半”,“險阻”二字亦訛爲“陰陽”,説具本篇,可以互證。“民衆而以别險而(編者按:當作‘爲’)務則有亂”,謂民既衆矣,而又以别愛阻險爲事,則必至於亂也。正於下文"民衆而無制，久而相出爲道，則有亂"文法一律，"民"下不當有"險"字，"亂"上不當作"民"字。

《評注》：愛其所私，則非所私者不相恤，故險。

《解詁定本》：險，惡也。柯劭忞云："險"爲"儉"之壞字，志害狹也。嚴校：范本作"陰陽民險衆"，誤。師轍按：各本同范本，惟評校本作"愛私則陰陽民生"，亦誤。

《箋正》：親親而愛私，明明兩義對舉，故下文云"親親則别，愛私則險"，蓋斯民自親其親，誼將别視其匪親，自愛其私，勢將儉用財物，《禮運》所謂"以親（編者按："親"字《禮運》作"篤"）父子以睦兄弟"及"貨力爲己"之意。古人"險"、"儉"通用，儉之訓爲嗇，嗇愛濇也。《老子》"治人事天莫若嗇"，河上公注嗇爲貪。貪爲愛之失當者，故曰：愛私則險。王氏不知此旨，輕據范本"陰陽"兩字之誤，遂妄定"愛私"句爲"私則阻險"，文義已自不通，又憑空搆造原本若何，因若何，校若何，改若何，删移從心所欲，一手制定。且妄古人淺古人，結果妄與淺均非他人，而爲自己。夫明明易知易解之文，而反改爲不通，即如"親則别愛"詎成文語？乃謂知母不知父，即親則别愛，豈不可笑？夫知母不知父者，民智未開，雖知親親而未極親親之誼之謂也。信如王説，知母不知父，轉爲親而有别，是初民直較後民聰明，能别母父之親疏，而今之父母同愛者爲無别矣。又云：初民各私其親，其愛有别，然則後民殆將互公其親，其愛無别也乎？……次則王氏謂阻險爲憑險自利妨人爲亂，"阻"字乃王所妄增，不足論。姑就其説而究之，試問亂之云者，必阻兵安忍而後當之乎？抑如下文"務勝則爭，力征則訟"亦可當之乎？吾惟覺則爭、則訟，即此亂字之解，而憑險阻兵自利防人，似乎非一般人民所能爲之事，不審王氏何苦故入初民以據地自雄負隅抗命之大罪也。復次，王氏引"徠民"云云，《來民》篇之陰陽水澤句非無絲毫意義之可通，而險阻云云亦王氏妄改，未必可據爲典要，王氏乃以妄改於彼者，取而妄證於此，輾轉自由，將盡神州之古籍，一切可以己意定正而無俟乎考校，則甚矣。尼山氏多聞闕疑之膽小於鬩也。

《校釋》:險字王解爲險阻之險,簡解爲與儉通用之險,均於義未協。《周禮》"險聲歛",注:"險謂偏弇也。"是險有偏之義,以釋本篇之險字,似較協,因愛私必偏也。

《香草續校書》:險字似非義。嚴萬里連下文民衆校,引范欽本作陰陽民險衆,云誤。竊謂:范本誠誤矣,而一陰字實不誤,此險正合作陰,"陰"、"險"字形相近,故誤"陰"爲"險"。愛私則陰,其義可解。所謂陰私也。下文"别險"同。

《校讀》:險,隘也。謂狹隘不能相容處。

《錐指》:"民衆"二字當屬下爲句。親親故别,别故愛私,愛私故行險以賊人,故亂也。

當此時也,民務勝而力征。

【校】

馮抄本,"務"作"負"。

【注】

《新釋》:《墨子·明鬼》"諸侯力正",《史記·天官書》作"力政",正、政皆與征同。

《解詁定本》:征,伐也。

《校讀》:征,當讀作證,謂以言相爭也。

務勝則爭,

【校】

范本、綿眇閣本、馮抄本、匯函本,"務"作"負"。

問經堂本"務"字下注:施本作"負",各本作"務"。

【注】

《錐指》:嚴萬里曰:"范本務作負。"禮鴻案:務是。務猶求也。

力征則訟。訟而無正，則莫得其性也。

【校】

馮抄本，兩“訟”皆作“頌”。

【注】

《新釋》：正，長也。《逸周書·嘗麥》：“王命大正正刑書。”《周禮·王制》：“史以獄成告於正，正聽之。”性，猶情也。

《解詁定本》：訟，爭也。《説文》：“正，是也。”先大父（朱駿聲）曰：“正，本訓當爲候中也，象方形。”師轍按：《小爾雅》：“鵠中者謂之正。”正爲矢之標準，民爭而無標準以判其是非，則不能順民之性。或曰《爾雅》：“正，長也。”《禮記·王制》：“史以獄成告於正，正聽之。”

故賢者立中正，設無私，而民説仁。

【校】

品節本、奇賞本、秦駿生本，無“正”字。

范本、綿眇閣本、吴本、程本、馮本、朱本、褒異本、且且庵本、馮抄本、匯函本、四庫本、問經堂本、指海本、崇文本，無“正”字。“説”作“曰”。

初校本“正”字下注：范本無“正”字，誤。“説仁”下注：范本“説”作“曰”，誤。

《繹史》引，無“正”字。

【注】

《新釋》：立，立爲正長。中正，公正也。

《解詁定本》：各本俱無“正”字，故評校本以“故賢者立中設無私”爲一句，尹桐陽以“故賢者立”爲一句，“中正設”爲一句。二家句讀皆非。説，借爲悦，樂也。

《錐指》：正者，所以定是非、予奪、多寡者也。莫得其性猶言莫得其欲。告子曰：“食色，性也。”即謂是也。《禮記·樂記》曰：“人生而静,天之性也。感於物而動,性之欲也。"《記》分言之,商君、告子統言之,欲非離乎性也。訟而無正,則得失不均;得多者縱情,奪失者詘志,此謂莫得其性也。荀子有言曰:"彊脅弱也,智懼愚也,民下違上,少陵長,不以德爲政即此中正之正;如是,則老弱有失養之憂,而壯者有分爭之禍矣。事業所惡也,功利所好也,職業無分;如是,則人有樹事之患,而有爭功之禍矣。男女之合,夫妻之分,婚姻聘内送逆無禮;如是,則人有失合之憂,而有爭色之懼矣。"凡所謂憂患禍懼,皆莫得其性也。説,讀爲悦。

當此時也,親親廢,上賢立矣。

【注】

《新釋》:上,尚也。《墨子》有《尚賢》上中下篇。

《評注》:上,尚之借字。

2. 凡仁者以愛利爲務,

【校】

初校本,"愛"下無"利"字。

《斠詮》:(所據本"愛"下無"利"字。)"愛"下當依崇文本增"利"字。

《解詁定本》:(所據本"愛"下無"利"字。)師轍按:綿眇閣本、程本、馮本、指海本、范本、吴本、四庫本,"愛"下有"利"字,當從之。

【注】

《箋正》:崇文本誤,王詮更誤,愛利不得謂之仁,惟愛人者爲仁耳。故崇文本之"利"字乃"私"字之訛。私之意義甚博,不衹謂利也。

《校釋》:愛利,愛人,利人也,猶《墨子》所謂"兼相愛,交相利"。

《錐指》:(引王説,文見上。)禮鴻案:指海本亦有"利"字,王説是。《莊子·徐无鬼》篇:"夫民不難聚也,愛之則親,利之則至,譽之則勸,致其所惡則散,愛利出乎仁義。"

而賢者以相出爲道。

【校】

馮抄本,"賢"作"矣"。

【注】

《發微》:出,當訓爲勝,相出爲道於物競也。《説文》:"出,進也,象艸本益滋上出達也。"《釋名·釋言語》:"出,推也,推而前也。"是"出"字引申之有勝義。下文"上賢者,以道相出也"。

《新釋》:出,同屈,服也。相服猶云互服。

《評注》:出,謂加於人上。

《解詁定本》:仁者以愛利萬物爲務,賢者以出私上賢爲道。陶云:"出當爲屈,言自高其賢以相屈服。"或曰《釋名》:"出,推,推而前也。"賢者以推舉賢人爲道,亦通。

《校釋》:相出,猶言相助也。

《香草續校書》:出,蓋讀爲詘,詘諧出聲,故得假借。詘者猶所謂"相形見詘"之"詘"也。蓋不賢者與賢者相形,則不賢者詘矣。賢者與尤賢者相形,則賢者又詘矣。故云:"賢者以相出爲道。"猶云賢者以相詘爲道也。相詘之久,而此欲詘彼,彼亦欲詘此,則亂生矣。故下文云:"久而相出爲道,則有亂。"又下文云:"賢者以道相出也。"出並讀詘。

民衆而無制,

【注】

《新釋》:制,法令也。

《解詁定本》:制,法度也。

久而相出爲道，則有亂。

【注】

《發微》：《説文》："亂，不治也。"

《讀諸子札記》：出，當爲屈。言自高其賢以相屈服也。"久"乃"仁"字之誤，"仁"字古或作"?"，因誤爲"久"矣。又案："有亂"之"有"讀爲又。與上文"民衆而以別險爲務則民亂"語氣相承。

《新釋》：謂治之中有亂者。一曰有，國也。

《斠詮》：有，當讀爲又。

《錐指》：有，讀爲又。

故聖人承之，作爲土地、貨財、男女之分。

【注】

《新釋》：承同仍，因也。土地，不動產也。貨財，謂動產。男女，謂婚姻。

《解詁定本》：承，奉也，愛也，謂聖人奉受其教而立制度。

《評注》：承既弊之後。分，去聲，謂定分也。

分定而無制，不可，故立禁；

【注】

《評注》：分定而無制，猶不免侵占、盜竊、淫佚之失，故因之以立禁。

禁立而莫之司，不可，故立官；

【注】

《新釋》：司，主也。

《評注》：禁立無司之者，不能守其晝一，故因之以立官。

官設而莫之一,不可,故立君。

【注】

《評注》:無統一之人,則官自爲法,而治術不齊,故因之以立君。

《解詁定本》:《左傳》:"天生民而立之君,使司牧之。"《小爾雅》:"司,立也。"一,謂統一。

既立其君,則上賢廢而貴貴立矣。

【校】

初校本"君"上無"其"字,注:馮本、范本"君"上有"其"字。

3. 然則上世親親而愛私,中世上賢而説仁,下世貴貴而尊官。

【校】

馮抄本,"則"作"後","賢"作"臤"。

【注】

《新釋》:下,猶近也。《莊子·盜跖》:"下世之所語。"

《評注》:説同悦。説仁,猶言好仁。

《解詁》:鄭杲曰:"商君始以帝、王、霸之道説秦,不用,變而爲一切之言,然其稱述古今之變則不盡誣也。"

上賢者,以道相出也;而立君者,使賢無用也。親親者,以私爲道也;

【校】

范本、綿眇閣本、吴本、程本、馮本、朱本、品節本、奇賞本、秦駿生本、四庫本、問經堂本、指海本、崇文本,"以道相出"句,"道"作"贏"。

馮抄本,"以道相出"句"道"作"贏"。"賢"作"臤"。

褒異本、且且庵本、匯函本,"以道相出"句"道"作"贏"。

《繹史》引，“以道相出”，“道”作“贏”。

初校本注：范本“道”作“贏”，誤。

【注】

《斠詮》：嚴氏以范本（“道”）作“贏”爲誤。其實不然，以贏相出，即承上文“凡仁者以愛利爲務，而賢者以相出爲道”二句而言。蓋言有能以愛人、利人爲務，而以贏餘相出爲道者，則群然以仁賢歸之。晏子所謂陳氏之德民歌舞之，莊生所謂諸侯之門仁義存焉，皆此之謂也。春秋戰國時之所謂仁賢，大率類此矣。其在春秋，則魯之三家，晋之趙、魏、韓，齊之陳氏，皆是也；其在戰國，則四公子之倫是也。蓋上文之所謂愛利即指“以贏相出”而言。“以贏相出”者，謂出其土地貨財之贏餘，以市恩也。市恩不已，則篡竊之事起矣。故商子於“仁者”二句下，即繼之曰：“民衆而無制，久而相出爲道，則有亂。”誠有慨乎其言之也。然有王者作，則必爲之制以禁之，是以商子又曰“故聖人承之，作爲土地、貨財、男女之分”，又曰“分定而無制，不可，故立禁”，蓋有嚴明之君出，則信賞必罰，慎重名器，魁柄不至下移。彼流俗之所謂仁賢，固無所施其技也。故曰：“立君者，使賢無用也。”嚴校乃以范本作“贏”爲誤，蓋猶未達商君之恉耳。

《箋正》：“相出爲道”當釋爲“通功易事，相生相養”之道。“民衆而無制，久而相出爲道，則有亂”，謂人民日繁，雖知親親仁民相生養，然使無制限、無分際，終難持久不敝，故曰“有亂”。於是而聖人者起，爲之定分，爲之立禁。分定、禁立而官司、君主之事以興。此自篇首迄本節，皆爲由草昧進文明、法制、名分，由簡入繁之自然程序，直可謂爲人群政治進化史大綱，何等明白曉暢！王氏誤認“亂”字之事實只有阻兵合篡竊，遂穿鑿附會，以“相出爲道”即施與市恩，豈知市恩惟權臣豪家能行，而相出乃平民百姓男耕女織，工製器、商通貨，抱布貿絲，以粟易器械，各出所有，以相資爲生之謂。《管子》曰：“古者未有君臣上下之别，未有夫婦妃匹之合，獸處群居，以力相爭（編者按：‘爭’《管子》作‘征’），於是智者詐愚，強者凌弱，老幼孤獨不得其所。

故知者假衆力以禁強虐而暴人止,爲民興利除害,正民之德而民師之,是故道術德行出於賢人。"云云。此與商君所言正同,乃未有君以前之情實。王氏乃代以有君後之春秋、戰國之形勢,年代相差殆二千年而強,詎非大誤?至引《莊子》之説,則更荒謬。陳氏尚云出羸餘以市恩,若侯門仁義,則莊生憤言,謂宇宙無是非,小竊,盜鉤者誅;大竊,盜國、盜法制、仁義、聖知,不但不誅,方且享美名而安樂利。此與陳氏事根本不侔,與商書更風馬牛不相及。王氏竟能冶於一爐,奇極!須知"相出爲道",乃人民之由仁義行,非權豪之竊行仁義。又商君之所謂仁、賢,乃指群治初進,親親愛私,民衆務勝力爭,而未有取正時所有;知出群倫,爲人民立中正、設無私,以利濟民庶之仁、賢。亦即管子所謂假衆力以禁強止暴,爲民興利除害之賢人,絶非王氏所舉春秋、戰國之仁、賢,尤非王氏所謂流俗之仁、賢。至於定分、制禁、設官、立君,乃擴張立中正、設無私之草創政治,而進於法制修明之開明政治,事非相反,商君既自言之。故"上賢廢"與"使賢無用"云者,謂雖有仁、賢,而國家之定分、禁制,君上之令,官司之守,有典有則,不容軼出其範圍也。而王氏乃曰,有嚴明之君出云云,而流俗之所謂仁、賢,固無所施其技,且敢譏嚴氏爲未達商君之恉。豈知商君但云立君而賢即無用,並不計君之嚴明與否哉!

《解詁定本》:上賢者以道出其私。

《校釋》:(所據本作"以羸相出也"。)"羸"字嚴校本作"道",誤,今從影范本及崇文本。按:親親,上賢、貴貴,皆各有其道,不得以道專屬之上賢。羸,餘財也,以羸相出,以餘財相助也。僅以餘財相助,固不足稱賢,而凡稱賢者,必其能以餘財相助者也。儒家諱言利,既删"愛利"之"利"字,又改"羸"爲"道",殊失商子之旨。

《錐指》:(引嚴校,文見上。)禮鴻案:指海本亦作"羸"。王時潤謂"羸"字不誤,以羸相出謂出其土地貨財之羸餘以市恩。簡書謂相出乃平民百姓男耕女織,工製器、商通貨,抱布貿絲,以粟易器械,各出所有以相資爲生之謂。愚謂"羸"字當是,而二説皆失。羸者,才力有餘之謂，實即“能”字之假也。《庚羸卣》“羸”作“[illegible]”，吴大澂釋作“羆”，王國維曰：“左氏《經》‘敬羸’，《公羊》作‘敬羆’，可證古‘羸’字或從‘能’也。”説見強運開《説文古籀三補》。是“羸”、“能”通假之證。出，如出類拔萃，又《説文》“羼”下云“羊相厠。一曰：相出前也”之“出”。民初無所依歸，有賢人出，而民從之。然賢者之中又有差次焉，數賢爭以賢相長，則民之從違無定，不爲之制，則亂生，故定分、制禁、設官、立君，俾制在於一君而賢者不能相長，然後民可定也。夫賢之爲言，固有優劣、高下之意焉，故曰“以能相出”。若謂通功易事，豈與“賢”字相接乎？校者不知“羸”字之義，故依上文改之。

而中正者，使私無行也。此三者，非事相反也，

【注】

《諸子平議》：“中正”當作“立中”，因“立”與“正”形近而誤，遂倒其文爲“中正”耳。上文曰“故賢者立中，設無私，而民曰仁”，此文承彼而言，則當爲立中，不當爲中正矣。且“立中者使私無行”，與上文“立君者使賢無用”兩文相對，益知今本之非。

《校正》：俞云“中正”當作“中立”。案：上文“故賢者立中正”，俞所據本脱“正”字，故云此當作“立中”，實則此文“中正”，即承上而言。

《斠詮》：俞氏據上文“賢者立中，設無私，而民曰仁”句，以爲“中正”當作“立中”，謂因“立”、“正”形近而誤，遂倒其文爲“中正”，其實非也。據嚴校本，則上文當作“賢者立中正，設無私，而民説仁”，其無“正”字，作“曰仁”者，范欽本也。但嚴校既以范本爲誤，而不及元本、秦本，則元刻本及秦四麟本未誤，明矣。嚴校本有乾隆五十八年自序，其人實遠在俞氏之前，而俞氏校《商子》未嘗稱引，是俞氏於秦、嚴本均未之見也，故其所校正多嚴本所未誤者。至於此條，則又據已訛之上文，改不訛之下文，尤覺未審耳。

民道弊而所重易也,世事變而行道異也。

【注】

《新釋》:弊,壞也。

《評注》:易,變易也。謂先時所趨重者,有時而變易也。

《解詁定本》:言風俗薄而法令須改變。

故曰:王者有繩。

【校】

初校本,"者"作"道"。

《解詁定本》:("王者有繩"作"王道有繩"。)各本"道"作"者"。

【注】

《新釋》:繩,法也。

《解詁》:《禮記·樂記》注:"繩,猶度也。"

《解詁定本》:繩,法也。或曰,王道如繩墨之有準則。

4. 夫王道一端,而臣道亦一端,

【校】

范本、綿眇閣本、吴本、程本、馮本、朱本、褒異本、且且庵本、馮抄本、奇賞本、秦駿生本、四庫本、問經堂本、指海本、崇文本,"夫"作"先"。

《繹史》引,同上各本。

品節本,無"夫"字。

匯函本,"夫王道一端"作"君道一端"。

【注】

《新釋》:臣,鞅之自稱。臣道者,謂臣所言之道。

《解詁定本》:尹云(見上《新釋》)……

《校讀》:"夫"當從諸本作"先"爲是。此"臣"字非泛指人臣,蓋商君自稱。其意謂先王之道一端,而臣道又一端也。

《錐指》:“王”疑“主”訛。

所道則異,而所繩則一也。

【校】

馮抄本,“而所繩則一也”句無“則”字。

【注】

《錐指》:《算地》篇曰:“主操名利之柄,而能致功名者,數也。聖人審權以操柄,審數以使民。數者,臣主之術而國之要也。故萬乘失數而不危,臣主失術而不亂者,未之有也。”蓋主操其柄而臣行其法,其事則一,其職不同,故曰所道異而所繩一也。然則繩之實唯何?曰:下文云“效於今者前刑而法”法當作治是也。

故曰:民愚則智可以王,世智則力可以王。民愚則力有餘而智不足,世智則巧有餘而力不足。

【校】

初校本,四“智”字皆作“知”。

【注】

《發微》:“民愚”兩句略見《算地》篇。

民之生,不智則學,力盡而服。

【校】

初校本,“智”作“知”。

【注】

《新釋》:言學問以去愚而致知。生性也。

《斠詮》:“生”假爲“性”。“而”通作“則”。

《箋正》:神州學者鮮有謂力可服人者,“力盡而服”决非生之通性，王詮未審何據。

《校釋》："性"字各本作"生"。王説："生假爲性。"蓋古書"生"、"性"通用，今改爲性，使其義較明耳。

《錐指》：（引王説、簡説，文見上。）禮鴻案：簡氏以儒道之見疑爲法家，此不通之甚者也。愚爲王氏答曰：所詮即據本書，即據本篇，即據本句，神州學者有謂力可服人者，即在商君當人。

故神農教耕而王天下，師其知也；

【校】

綿眇閣本、匯函本、奇賞本、秦駿生本、四庫本，"知"作"智"。《繹史》引，同上各本。

【注】

《發微》："神農"四句見前《算地》。

《新釋》：其時民愚，故師知。

湯、武致強而征諸侯，服其力也。

【注】

《斠詮》："征"當作"正"。《廣雅·釋詁一》："正，君也。"

《校釋》：按古書"正""征"通用。

夫民愚，不懷智而問；

【校】

初校本，"智"作"知"。

【注】

《新釋》：懷，抱也。問，猶學。

《解詁定本》：懷，抱也。

世智，無餘力而服。

【校】

馮抄本，“無餘”作“而無餘”。

故以智王天下者併刑，力征諸侯者退德。

【校】

范本、綿眇閣本、吴本、程本、馮本、朱本、褒異本、且且庵本、品節本、匯函本、奇賞本、秦駿生本、問經堂本、指海本、崇文本，“智”作“愛”。

馮抄本，“智”作“受”。

《繹史》引，“智”作“愛”。

綿眇閣本，“德”作“聽”。問經堂本“德”字下注：各本作“德”，施本作“聽”，非。

初校本、四庫本，無“智”字。

《發微》：德，施本作“聽”，非。

【注】

指海本，“刑”字下注：併即屏，否則“棄”字之誤。

朱本注：併刑，屏去其刑也。

《諸子平議》：（所據本作“故以愛王天下者併刑”。）“併”當讀爲“屏”，謂屏除之也。以愛則屏刑，以力則退德，兩文相對。作“併”者假字。

《校正》：俞云：“併”當讀爲“屏”，謂屏除之，是也。惟所據本以下衍“愛”字，遂謂以愛則屏刑，以力則退德，兩文相對，則非。故以，猶所以，王天下與力征諸侯爲對。

《發微》：“故以”作“故曰”，與上二“故曰”一律。退，疑當作“復”。《孟子》：“湯武反之也……”《易·序卦傳》：“復，反也。”《詩·黄鳥》：“復我邦族。”《説民》：“合而復者，善也。”下言刑之反於德。

《讀諸子札記》：此當云"故以知王天下者並刑，以力征諸侯者退德"。上文云："神農教耕而王天下，師其知也；湯、武致強而征諸侯，服其力也。"此文即承上而言。併，當從俞氏讀爲屏。

《新釋》：言不用刑。以，猶能也。並，屏除也。退，猶後也。

《斠詮》："故以"下當依崇文本增"愛"字，"力征"上當增"以"字。併刑之併，當依俞氏《平議》讀爲屏除之屏。

《解詁定本》：俞樾曰："併當讀爲屏，謂屏除之也。"師轍按：俞説是也。《莊子・天運》："爵併焉。"注："併，除棄也。"（編者按：當爲"至貴，國爵併焉"，《釋文》："併，棄除也。"）

《箋正》：俞説是，兩句比列，一"以"字似可貫注。王必增一"以"字，殊勤。"故以"字下所脱文應爲"知"字，本篇標名《開塞》，内容完全殫發任知、任力之消長與運用，故曰："民愚則知可王，世巧則力可王。"又曰："民之生，不知則學，力盡則服。"又曰："神農教耕而王天下，師其知也；湯、武致強而征諸侯，服其力也。"據此，則此文當爲"故以知王天下者併刑"，而崇文本作"以愛"，確誤。

《錐指》：（作"故以王天下者併刑"。）"以"下脱"知"字，陶鴻慶、簡書説。崇文本、指海本以下皆有"愛"字，蓋校者意補，不如二氏説當。孫星衍本以下亦有"愛"字，嚴可均改"智"，則又先陶、簡發正矣。（"力征諸侯者退德"）《韓非子・五蠹》篇："上古競於道德，中世逐於智謀，當今爭於氣力。"《八説》篇略同。

聖人不法古，不修今。

【校】

匯函本、秦駿生本、初校本，"修"作"脩"，下同。

【注】

《新釋》：脩，循也。《韓非子・五蠹》"聖人不期修古"，修即脩也。

《斠詮》："脩"當作"循"。

《錐指》："脩今"之"脩"當爲"循"，字之誤也。《群書治要》引《商君書》佚篇曰:“聖王之治國也,不法古,不循今。”是其證。又《更法》篇曰:“法古無過,循禮無邪。”“法”與“循”文相對,亦其旁證。下同。

法古則後於時,

【注】

《新釋》:言不合時。

修今則塞於勢。

【校】

匯函本、秦駿生本、初校本,“修”作“脩”。

【注】

《新釋》:塞,阻也,言勢爲衆所阻。

《解詁定本》:脩,行也。塞,隔也。邵瑞彭云:“脩當作循,下同。”師轍按:“循”、“脩”古通用。

周不法商,夏不法虞,三代異勢,而皆可以王。

【校】

范本、綿眇閣本、吴本、程本、朱本、褒異本、且且庵本、馮抄本、四庫本、問經堂本、崇文本,“王”作“正”。

指海本,“王”字下注:“王”原誤“正”。

《繹史》引,不誤。

【注】

《新釋》:異,殊也。

《評注》:(“王”作“正”。)三代皆因時制宜,事不必同,而皆可以正天下。

故興王有道，而持之異理。武王逆取而貴順，爭天下而上讓，

【校】

馮抄本，"興"作"夅"。

【注】

《發微》：胡曰："上"者"尚"假。

《新釋》：武王以臣弑君，故曰"逆取"。作禮以明讓。上，尚也。

其取之以力，持之以義。

【注】

《新釋》：持，保也。

今世強國事兼併，弱國務力守，

【注】

《新釋》：《説文》：兼，併也。

《評注》：強則爲長蛇封豕，弱則爲勇夫重閉。

上不及虞、夏之時，而下不修湯、武，湯、武塞。故萬乘莫不戰，千乘莫不守。

【校】

匯函本、秦駿生本、初校本，"修"作"脩"。

綿眇閣本，"下不修"作"下修"。

問經堂本，"而下不"下注：施本脱"不"，各本有。

品節本、匯函本，"湯、武塞"作"之法"。

四庫本，"千乘"作"萬乘"。

【注】

《發微》："湯、武塞"三字疑衍。

《新釋》：言不持之以義。湯、武塞，湯、武持義之道塞。

《斠詮》：兩“湯武”下均當有“之道”二字。“下不修湯、武之道”正與“上不及虞、夏之時”相對成文，若無“之道”二字，則兩句不倫矣。上文云：“武王逆取而貴順，爭天下而上讓，其取之以力，持之以義。”即所謂湯武之道也。又曰：“今世強國事兼併，弱國務力守。”即所謂湯武之道塞也。此云“萬乘莫不戰”，即承“強國”句而言，“千乘莫不守”，即承“弱國”句而言。故下文云“此道之塞久矣”，即謂湯武之道塞也。今本脱兩“之道”字，則文不成義矣。推原其所以致脱之由，蓋古人於重叠字句，每省不書，只於字下作二小畫以識之。此文兩“湯武之道”句適相連續，寫者省而不書，只作“而下不修湯=武=之=道=塞”，故轉寫時脱去四字耳。此例沈約《宋書・禮樂志》中即有之，而以古鐘鼎文爲最多。

《解詁定本》：“塞”上疑奪“道”字。品節本作“湯、武之道塞”（編者按：品節本“湯武塞”作“之法”），文義較明。言湯武之道蔽塞，不知致強而征諸侯。

《箋正》：此處或上下文必有脱誤，特不如王所斠。本篇以“開塞”作目。開塞云者，即張弛闢闔之義，乃泛言政策而非專指某時、某人、某道，所以提及虞、夏、湯、武，亦衹引喻舉例，决非法某、脩某。假如王説，是謂商鞅於秦孝公之時主行湯、武之道矣。姑無論孝公、商鞅之治秦，未曾步趨湯、武，且先與《商君書》全部宗旨矛盾。商君所建政策，孝公所施政治，即《商君書》大旨，《更法》篇已反復發揮盡致。即本篇亦再三致意曰：“聖人不法古，不脩今，法古則後於時，修今則塞於勢。”曰：“三代異勢而皆可以王，興王有道而持之異理。”此其反對法古修今，何等明白堅决？乃忽於此種斷論下，續以復古之説，商君詎荒謬至此？鞅果似此悖謬，此書早自湮滅，何能留待王氏斠詮？然則所謂“不修湯、武，湯、武塞”云者，謂不修湯武因時制宜之術耳。《莊子・天下》篇“古之道術”云云，“道術”並稱，義訓相似。再質言之，則此文直可釋爲，上之既不及虞、夏郅治之時，下之又無有因時救世之術之湯、武，無湯、武，故大小國咸敝於戰守而不安耳。又按：王謂今世强國務兼併、弱國務力守，爲湯、武之道塞，吾却謂兼併、力守，即湯、武征伐與兼弱攻昧之道。不綜識大旨，而斤斤於字句之出入，烏往而得正解邪？

《錐指》：（引王説、簡説，文見上。）禮鴻案："之道"字有無，文義無甚出入。以上下文觀之，依王説增補爲宜。王氏解此，甚得商君之旨；而簡氏非之，謬也。夫商君所謂"不法古，不循今"，亦謂不必泥古、泥今，唯其適於世用之爲貴而已。其言治一主於力，湯、武力征，固所法也。然所以法之者，豈仁義禮制邪？特法其力征兼併而已矣。謂之法古可，謂之不法古可，何嫌謂孝公、商君主行湯、武之道，須知言法其道只取其同於己之一端以爲己説張本，初未限定跬效步隨，毫釐不失，如簡氏所見之佁也。簡之言曰："所謂不修湯、武，湯、武塞者，謂不修湯、武因時制宜之術耳。"不知彼所謂修湯、武因時制宜之術，即王氏與愚所謂主湯、武之道也。且此處言法古循今，固可分指矣。古者，虞、夏禪讓是也；今者，商君之世强攻弱守、未嘗有至强者兼而一之是也。商君之意，正欲秦修湯、武之征伐，兼併天下；不用虞、夏之禪讓，是謂不法古；不沿今世諸國因循積弱，是謂不循今。法古循今，與夫知行湯、武之征誅而無術以致其征誅者，同謂之塞。《開塞》一篇，即以言如何開湯、武征誅之道於既塞之後也。又如簡氏所説，今世兼併力守即湯、武征伐與兼弱攻昧之道，則是湯、武之道至今商君之今猶行也，豈得謂此道之塞久矣哉？不顧文理之安如此，而譏王氏不綜識大旨，抑何以服人也？且《算地》篇明言"今世巧而民淫，方傚湯、武之時"，孰謂商君不效湯、武？商君全書言先王者六《算地》、《慎法》篇各一，《修權》、《禁使》篇各二。言"古之明君"者一《錯法》篇，言先聖人者一《定分》篇，而《徠民》篇言"先王"者一不與焉，必將盡削其文乎？簡氏挾其成見，不知適時則古今皆善，不適時則雖創猶非，何足以論立法之意邪？近賢之論法家，所見多有類簡氏者矣，迷誤來學，殆不可免，用揭而辨之，俟無偏頗之君子論定焉。難曰：湯、武征誅兼併，商君之世强國亦兼併，而曰"湯、武之道塞"，何邪？曰：固嘗言之，知行征誅而無術以致之，猶謂之塞也。兼併未嘗非湯、武之道，特不能致其極而一天下，是猶未足以盡其道矣。夫曰修湯、武之道，修之爲言，其中固有宏綱密畫待舉而行之者，非徒言效而已也，此篇後半所論，用嚴刑於民以圖強者是也。塞之能開與否，即在此修之一字。然則當時強國兼併而曰湯武道塞，何疑之有？

《校讀》：《算地》篇云"民愚則知可以勝之……故千乘惑亂"，與此文大同小異，皆謂當今宜修湯、武之道，以力征諸侯，而今之諸侯皆效湯、武之時務相兼併，而不修湯、武致強之道而上法神農虞夏之所爲也。此文乍讀易以爲：今既強國事兼併，弱國務力守，則是已能修湯、武之道矣，則惑矣。故疏明之於此。

《斠補》：朱云(引文見上)，案品節本是也。上"湯、武"下亦當有"之道"二字，"湯、武之道塞"，緊承"而下不修湯、武之道"而言，今本兩"之道"字並脱，文意不完。

此道之塞久矣，而世主莫之能廢也，

【注】

《新釋》：此道，謂湯、武持義之道。廢同發，開也。《韓非子・守道》"羿巧於不失廢"，廢即發也。

《評注》：塞，不通也。道不通，便當改途易轍，此爲變法本旨。

《解詁定本》："廢"借爲"發"。《廣雅》："發，開也。"莫之能廢，謂莫能開其塞。或云：言世主莫能廢湯、武之道。

《箋正》："莫之能廢也"句，義與全文不屬，"廢"字疑誤。

《校釋》：(訂作"而世主莫之能開也"。)"開"字各本作"廢"。(引簡説，文見上。)按本篇名《開塞》，開塞有興廢之意，義適相反。今既言"此道之塞久矣"，則下句應云"莫之能開也"，於句義始協，而篇名乃有所本矣。故改"廢"爲"開"。《郡齋讀書志》説："開塞，謂道塞久矣，今欲開之，必刑九而賞一。"也可證廢宜爲開。

《校讀》："廢"疑"發"字之訛。

《錐指》：廢讀爲發，發即開也。《墨子・非命上》篇“廢以爲刑政”，中篇作“發而爲刑政”，下篇作“發而爲政乎國”。《史記・貨殖列傳》：“子貢廢著鬻財於曹、魯之間。”《漢書》作“發貯鬻財”，是廢通發之證。

《箋記》：“廢”當作“啓”，形近之誤。下文“今日願啓之以效”，正蒙此爲言。

故三代不四。

【校】

馮抄本，“代”作“伐”。

【注】

《新釋》：言夏、商、周三代之盛不能增而爲四。

《解詁定本》：三代不能有四。

非明主莫有能聽也，

【校】

褒異本、且且庵本，無“有”字。

馮抄本，“有”作“不”。

問經堂本“有”字下注：各本有此字，鄭本無。

今日願啓之以效。

【校】

品節本、匯函本，無此句。

【注】

《發微》：效，明也。今日願啓之以明也。下文效於古、效於今，言明於古、今也。

《新釋》：啓，開也。《淮南・泰族》：“商君之啓塞。”效，法也。

《解詁定本》:啓,開也。

《校釋》:啓之以效,猶言明之以法也。"效"字在先秦墨家爲一專門名詞。《墨子·小取》篇云:"效也(編者按:原無'也'字)者,爲之法也;所效者,所以爲之法也。故中效則是也;不中效,則非也。"本篇所用"效"字宜以此意釋之。

《香草續校書》:日,疑當作"臣"。

《錐指》:("效")證驗也。

6. 古之民樸以厚,今之民巧以僞。

【校】

馮抄本,"樸"作"撲"。

范本、綿眇閣本、吴本、程本、馮本、朱本、褒異本、且且庵本、馮抄本、品節本、匯函本、奇賞本、秦駿生本、四庫本、問經堂本、指海本、崇文本,"今之民"作"今時民";

《繹史》引,"今之民"作"今時民"。

【注】

《評注》:古今民風不同。

故效於古者,先德而治;效於今者,前刑而法,

【校】

范本、綿眇閣本、吴本、程本、朱本、褒異本、且且庵本、四庫本、問經堂本、指海本、崇文本,"先德而治"作"先得而防","效於今者"作"治於今者"。

馮本、馮抄本、品節本、匯函本、奇賞本、秦駿生本,"先德而治"作"先德而防","效於今者"作"治於今者"。

指海本"先得而防"下注:《繹史》"得"作"德"。

《繹史》引,"先德而治"作"先德而防","效於今者"作"治於

今者”。

《解詁定本》:嚴校:“今之民以下,元本、范本,之作時,德作得,治作防,效作治,惑作感,並多舛誤,今依秦本校正。”師轍按:綿眇閣本、吴本、評校本、程本、馮本、錢本同元本,作“今時民巧以僞。故效於古者,先得而防;治於今者,前刑而法,此俗之所感也”,不當據秦本妄改。

【注】

《諸子評議》:(所據本作“故效於古者,先得而防;治於今者,前刑而法”。)“得”當爲“德”,“德”、“刑”對文。作“得”者,古字通。

《新釋》:(所據本作“先得而防”。)得,德也。《荀子·成相》“尚得推賢不失序”,今字作“德”。防,猶閑也。前刑而法,言世巧當以刑維之。前,猶先也。《韓非子·心度》“民樸而禁之以名則治,世知維之以刑則從”,語出此。

《評注》:先德而治,謂以德爲先而足以治民也。前刑而法,謂以刑爲先而後民畏法也。

《解詁定本》:刑讀如儀刑之刑。

《錐指》:法,疑“治”誤。

此俗之所惑也。

【校】

范本、綿眇閣本、吴本、程本、朱本、馮抄本、四庫本、問經堂本、指海本、崇文本,“惑”作“感”。

初校本注:“今之民”以下元本、范本“之”作“時”,“德”作“得”,“治”作“防”,“效”作“治”,“惑”作“感”,並多舛誤,今依秦本校正。

【注】

《新釋》:(作“此俗之所感”。)感,驚也。

《評注》:惑於仁暴之迹,是古而非今也。“惑”舊訛“感”。

《解詁定本》:《吕覽·有度》“物感之也”,高注:“感,惑也。”

今世之所謂義者，將立民之所好，而廢其所惡；此其所謂不義者，將立民之所惡，而廢其所樂也。

【校】

馮抄本，"而廢其所惡"作"而廢其惡"。

匯函本，"將立民之所好，而廢其所惡；此其所謂不義者"十八字，無。

【注】

《新釋》：刑爲民之所惡。《錯法》篇曰："人情好爵禄而惡刑罰。"《韓非子·二柄》："殺戮刑罰者，民之所惡也。"《奸劫弑臣》："嚴刑重罰者民之所惡。"

《斠詮》：此其，猶言此之。"義"上"不"字當衍。蓋今世之所謂義，指當時而言。此之所謂義，商君自謂也。立所好而廢所惡，與子太叔之尚寬同，乃當時之所謂義也。立所惡而廢所樂，與子產之尚猛同，乃商君之所謂義也。"不"字蓋淺人不識其文義而妄增。

《解詁定本》：《錯法》篇："人情好爵禄而惡刑罰。"《韓非子·二柄》："殺戮刑罰者，民之所惡也。"

《箋正》："此其"句續上句而詳申其旨，夫惟以立好廢惡爲義，故立惡廢樂者爲不義，蓋均指當世而言，古人爲文不恤反復詳盡，故下文曰"二者名貿實易"，言義與不義之名實均不同也。王詮乃謂"此其"爲商君自言，不但語氣不合篇中商君自舉之文，如後"吾所謂利者"云云，何等明確，此處何偏作此模糊語耶！

《校釋》："此"字疑誤，或爲"也"字，屬上句；或爲"而"字，屬下句。

《香草續校書》：（"而廢其所惡；此其所謂不義者"讀爲"而廢其所惡此。其所謂不義者"。）此，當作"也"。

《錐指》："此"當作"也"，屬上讀。

二者名貿實易，

【校】

馮抄本，“名貿”作“名貨”。

秦駿生本，“名貿”作“民貿”。

【注】

初校本：案：“貿”、“易”二字疑誤，當作“同”、“異”。又《禮・檀弓》“貿貿然來”，釋文：“貿一音牟。”則貿或侔字之假借，侔亦訓同，作“名同實異”亦可，然無他證可據。《五經文字》：“貿，經典相承隸省作貿。”

《諸子平議》：貿者，侔之假字。言其名相侔，其實則相易也。漢《高彪碑》“貿昔藋檀”，亦是假貿爲侔。《集韻》曰：“貿，又音侔。”

《校正》：《爾雅・釋言》：“貿，買也。”貿易猶買賣耳。吴云：當作“同異”，又云：貿或侔之假借，俞引《高彪碑》，皆曲説。

《新釋》：貿之與易，形聲雖異，其義則同。《爾雅》：“貿，市也。”所以交易者。

《斠詮》：俞説是。蓋當時之所謂義，與商君之所謂義，其名雖同，其實則異。故曰：二者名侔實易，言名同而實異也。

《解詁定本》：俞説是也。先大父（朱駿聲）《説文通訓定聲》“侔”下云：“字亦以牟、以貿爲之。”

《箋正》：名貿實易，謂二者名實均易也。貿亦易也。蓋今之所謂義者，却非義，所謂不義者，確爲義，是名之貿也。立好廢惡，而民反傷其惡，立惡廢樂，而民反安其所樂，是實之易也。貿易有交易之義意，而義與不義之名實，立好廢惡、立惡廢樂之因果，均適相異，若互易者然，故曰名貿實易，用字精審無可推移。設爲名同實異，則“同”、“異”二本字在，何反以“侔”代“同”、“貿”又代“侔”、“易”以代“異”？且如王詮“不字宜衍”則爲“義”一也，用“同”字已嫌不切，况“侔”只能訓“似”，視“同”字義已少間，“貿”且不可道里計矣。况明明“義”、“不義”二者，而得謂同邪？至易、異之間不遠千里，王氏輒以淺妄古人而自深若此，何也！

不可不察也。

【校】

綿眇閣本，作“此不可不察也”。

【注】

《新釋》：察，知也。

《評注》：言二者名同實異，不可貪虛名而忘實患也。

立民之所樂，則民傷其所惡；

【注】

《評注》：樂，德也。

立民之所惡，則民安其所樂。

【校】

馮抄本，“則”下無“民”字。

【注】

《評注》：惡，刑也。水懦弱而民玩，故多死；火猛烈而民畏，故鮮死。用寬不如用猛，論理原自不謬，但出自天資刻薄之人，則非也。

何以知其然也？夫民憂則思，思則出度；

【校】

初校本注：“出”字疑誤。

【注】

《札迻》：出度，疑當作“生度”，下云“淫則生佚”可證。

《校正》：吴云：“出字疑誤。”案當爲“由”。

《發微》：孫曰："當作生度，下淫則生佚可證。"胡曰："出當爲由。"俊曰：《說文》："出，進也。"本篇"賢者以相出爲道"，則出度爲進度也，"出"字不誤。

《新釋》：出，服也。

《評注》：民有所戒懼，不敢率意而行，於是乎有思，思則慎，慎則不敢，不出於法度。

《解詁定本》：孫說是。又按，"出"疑"由"之訛。度，法度也。

《校釋》：孫說："出度"疑當作"生度"，下文"淫則生佚"可證。按："生"、"出"兩字義近，不誤。

《箋正》："出"字不誤，謂思則所出必循法度也。

《香草續校書》："出"字與下文"生"字爲對。出亦生也。《吕氏春秋·大樂紀》高注云："出，生也。"（編者按：高注爲"出，猶生"。）又《勸學記》注云："生，猶出[也]。"是二字同義。故此云"思則出度"，下文云"淫則生佚。"出度，即生度也。謂思則生法度，而不至於蕩佚耳。嚴萬里校疑"出"字誤，非。孫詒讓《札迻》云"出度，疑當作生度。"則仍以"出"爲誤字也，亦未是。

《錐指》：嚴萬里曰："案出字疑誤。"禮鴻案：出亦生也。《史記·秦本紀》："爾後嗣將大出。"《索隱》曰："出，猶生也，言爾後嗣繁昌，將大出子孫也。故《左傳》亦云：'晋公子姬出也。'"

《斠補》：此云"思則出度"，下云"淫則生佚"。"出"、"生"互文，出猶生也。《吕氏春秋·本味》篇："此伊尹生空桑之故也。"《御覽》四百二引"生"作"出"，《易·說卦》傳"萬物出乎震"，虞注："出，生也。"《廣雅·釋詁》："生，出也。"皆其證。是"出"非誤字，亦不必改作"生"；尤非"由"之誤矣。

樂則淫，淫則生佚。

【校】

范本、綿眇閣本、吴本、程本、朱本、褒異本、馮抄本、品節本、奇賞本、秦駿生本、四庫本、問經堂本、指海本、崇文本,“生”作“主”。

《繹史》引,同上各本。

匯函本,“生”字不全。

馮抄本,“佚”作“失”。

《解詁定本》:各本俱作“主佚”,誤。

《校釋》:“生佚”之“生”字,影范本、崇文本俱作“主”,誤。

【注】

《評注》:安樂則無所檢制而淫,淫則流爲邪蕩放佚。

《校釋》:按“生”“出”兩字義近,不誤。

故以刑治則民威,民威則無奸,

【校】

秦駿生本,“刑”作“淫”。

【注】

《新釋》:威,畏也。

《斠詮》:威當讀爲畏,言以刑治斯民畏,民畏斯無奸也。“威”、“畏”二字古本通用。《尚書・皋陶謨》篇“天明畏”,《釋文》云“馬本作威”;《洪範》篇“威用六極”,《史記・宋微子世家》作“畏用六極”;《吕刑》篇“德威惟畏”,《墨子・尚賢下》篇作“德威惟威”;《考工記・弓人》“恒當弓之畏”,鄭注云“故書畏作威”。並其證也。

《評注》:民畏刑,則不敢犯法,“威”、“畏”義同。見《莊子・漁父》“未嘗見夫子遇人如此其威也”注。

《錐指》:威,畏也,見《詩・小雅・棠棣》傳。

無奸則民安其所樂;以義教則民縱,民縱則亂,

【校】

馮抄本,無“安”字。

【注】

《新釋》:以義教,即上云今世之所謂義。則民縱,以廢其所惡。

《評注》:法寬則以無所禁約而生亂。

亂則民傷其所惡。

【校】

馮抄本,"則"下無"民"字。

【注】

《新釋》:言傷於刑。

《評注》:去奸民則盜竊不作,而民安其居;用寬典則養成大惡,而民罹重辟。鄭子太叔盡殺萑符之盜,正以過事寬仁之故。

吾所謂刑者,義之本也;

【校】

范本、綿眇閣本、吳本、程本、馮本、朱本、褒異本、且且庵本、馮抄本、品節本、匯函本、奇賞本、秦駿生本、四庫本、問經堂本、指海本、崇文本、初校本,"刑"作"利"。

《繹史》引,"刑"作"利"。

【注】

《讀諸子札記》:"利"乃"刑"字之誤,承上以刑治,以義教而言。

《新釋》:(作"吾所謂利者,義之本也"。)"吾所謂利"即上所謂"民所惡之刑"也,刑則無奸,故曰"義之本"。《書・康誥》:"義刑義殺。"父(尹乾)說:"利,威也。"

《斠詮》:"利"、"義"二字當互易,商子原文當作"吾所謂義者,利之本也",此兩句正與上文"此其所謂義者"云云相應。而"世所謂義者"兩句,則與上文"今世之所謂義者"云云相應。"義"、"利"二字之所以顛倒,亦緣後人不識其文義而妄改耳。又按,商子所謂"以其所惡必終其所好”，此鄭人之於子産，所以繼孰殺而歌誰嗣也。“以其所好必敗其所惡”，此子太叔之治鄭所以始寬而終之以殺也。此本法家精理，不易驟解，兼以上下文字多訛誤，故其義益晦，今爲正其訛誤而疏明之，庶幾可見廬山真面目乎。

《箋正》：王謂“義”、“利”二字宜互易，並徵引上下文爲比勘，用心却苦，然殊無當。又以妄改、不識文義譏人，亦適自譏。商君本篇全以知力刑義兩端四事相對闡發，上半篇言知力之開塞，後半篇論刑義之因果，相互闡明，有時參伍錯綜，有時平稱比擬，自“故以刑治則民威”句起，至“暴之道也”句止，整整齊齊，以分疏刑義二事之因果得失，即以反證上節“今世之所謂義者”及“所謂不義者”兩項之謬誤，明白曉暢，毫無參差。吾人但循誦一二遍，不難推見原文，知“利”字爲“刑”字之訛。蓋“以刑治則民威，民威則無奸，無奸則民安其所樂”，民能“安其所樂”，即主張以義教者所希望，亦即義之效實，故曰“吾所謂刑者，義之本也”。“以義教則民縱，民縱則亂，亂則民傷其所惡”，民至“傷其所惡”，即是以亂被刑，而致刑之原乃由於義教，故又曰“世所謂義者，暴之道也”。不曰刑而曰暴，刑以罪生，刑之本身無善惡，惟以義縱民使陷於刑網者，上之罪，亦義之過，故曰暴。暴亦刑。不必刑而刑，初不期刑，而終至於刑，此義所以反爲暴之道也。王氏並此不知，輕於詆人，且援引子産治鄭，侈然曰“此法家精誼，不易驟解”云云，其志荒矣！詎知寬猛之説，吾神州三家村束髮受書童均貫識之哉！

而世所謂義者，暴之道也。

【注】

《讀諸子札記》：“道”當爲“首”“道”與“首”古字通，説詳俞氏《古書疑義舉例》。老子《道德經》云：“夫禮者，忠信之薄，而亂之首。”此云暴之道，猶言亂之首耳。“首”與“本”義同。

《新釋》：暴，猶亂也。

《錐指》:(引陶説,文見上。)禮鴻案:道者,所由也,如字讀自通。

夫正民者,以其所惡,必終其所好;以其所好,必敗其所惡。

【注】

《發微》:《吕覽·順民》"湯克夏而正天下",注:"正,治也。"

《新釋》:刑至無刑。正,治也。

《解詁定本》:此言以刑治,雖民之所惡,然可使無游惰而衣食足,故謂必終得所好;以義教,雖民之所好,然安佚驕縱而貧窮生,故謂必敗壞其所惡。

《錐指》:《韓非子·八説》篇:"慈母之於弱子也,愛不可爲前。然而弱子有僻行,使之隨師;有惡病,使之事醫。不隨師則陷於刑,不事醫則疑於死。慈母雖愛,無益於振刑救死,則存子者非愛也。子母之性,愛也;臣主之權,策也。母不能以愛存家,君安能以愛存[持]國?"

7. 治國刑多而賞少。

【校】

范本、程本、朱本、四庫本,"少"下有缺文三字。

馮抄本,"少"下有"者無賞"三字。

初校本句末注:一切舊本此下並有脱句,案文義當補"亂國賞多而刑少"七字。

【注】

《新釋》:此"刑"當從井作"荆",罰罪也。與從并省之"刑"、"到"字别。

《校讀》:多少,猶重輕也。

故王者刑九而賞一,削國賞九而刑一。

【注】

《讀諸子札記》:"賞九而刑一"當作"賞五而刑五",謂稱其過善以行賞罰也。下文"夫過有厚薄,則刑有輕重;善有大小,則賞有多少,此二者,世之常用也"云云,皆指賞五刑五之國言之。若作"賞九刑一",則與下文義不相屬,大非商子之意矣。《去強》篇云"王者刑九賞一,強國刑七賞三,削國刑五賞五",是其明證。

《新釋》:《去強》篇曰:王者刑九賞一,削國刑五賞五。《韓非子·心度》:"刑勝而民靜,賞繁而奸生。故治民者刑勝,治之首也;賞繁,亂之本也。"其語出此。

夫過有厚薄,則刑有輕重;善有小大,則賞有多少,此二者,世之常用也。

【校】

品節本、匯函本、初校本,"小大"作"大小"。

【注】

《校讀》:此言世皆用此爲治也。

刑加於罪所終,則奸不去;賞施於民所義,則過不止。

【校】

范本、綿眇閣本、吳本、程本、馮本、朱本、褒異本、且且庵本、品節本、匯函本、奇賞本、秦駿生本、四庫本、問經堂本、指海本、崇文本,"民所義"作"民上義"。

《繹史》引,同上各本。

馮抄本,作"刑加於罪,罪所終則不去;賞施於民民於義所則不止"。

【注】

《發微》:此終亦當依上訓成,言至罪已成而加刑,則奸不去,刑蓋先有防之也,下言刑用於將過,則罪未成之説也。上言"以義教則民(編者按:民字王稿原脱)縱",又曰"世所謂義者,暴之道也"。言賞於罪之已暴，則不足以禁過，故不止也，故下書施於告奸，則未之暴者。

《新釋》：言當重輕。終，極也。民所義在隱人惡。義，善也。

《評注》：所犯者大，然後加罪，則小奸無所畏忌。專於民之尚義而賞之，則民競爲仁慈，而小過不爲攻發。

《解詁定本》：罪惡既重，然後加刑，則犯罪者衆，故奸不去。民以爲義，不察施賞，則衆競飾非，故過不止。

《校釋》：此兩句猶言罪已構成而後刑之，則不能防奸於未然；民所義者不必可貴，然而賞之，則無異獎過也。故云"奸不去"、"過不止"。

《校讀》：終，極也。此對今世所常用之法言。

刑不能去奸，而賞不從止過者，必亂。

【校】

范本、綿眇閣本、程本、馮本、朱本、褒異本、且且庵本、馮抄本、品節本、匯函本、奇賞本、秦駿生本、四庫本、指海本、初校本，"從"作"能"。

《繹史》引，同上各本。

《大事記解題》引，作"刑不能去奸，而賞不能正過者，必有故"。

【注】

《評注》：不從止過，謂不從止過用意也。

故王者刑用於將過，則大邪不生；

【校】

《大事記解題》引，"故"字屬上讀。

【注】

《新釋》：若今之罪未遂犯。《管子・權修》："微邪不可不禁也，微邪者大邪之所生也。"邪謂不正。

《校讀》:“將”讀如“君親無將”之“將”。

《錐指》:行刑重其輕者,輕者不生,重者不來也。案《大戴禮記·禮察》篇曰:“禮者禁將然之前,而法者禁於已然之後。”彼儒者之言也,若商君則直欲以法禁將然之前矣。

賞施於告奸,則細過不失。

【校】

《大事記解題》引,“失”作“及”。

【注】

《發微》:《史記·商君列傳》:(令民相牧司)連坐,不告奸者腰斬,告奸者與斬敵首同賞。

《新釋》:《韓非子·奸劫弑臣》:“商君説秦孝公賞告奸。”語出此。細,微也,隱也,若今内亂外患罪之陰謀犯。不失,謂必獲得之。

《評注》:不失,謂無所掩蓋。

《校讀》:《畫策》篇云……(引“故善治者刑不善而不賞善”至“賞善之不可也,猶賞不盜”。)可參看。

治民能使大邪不生、細過不失,則國治,國治必強。一國行之,境内獨治;二國行之,兵則少寢;

【校】

《大事記解題》引,“失”作“及”;“則國治,國治必強”作“則國法必強”。

【注】

《新釋》:《韓非子·内儲説上·七術》:“公孫鞅之法也重輕罪者,人之所難犯也,而少過者,人之所易去也。使人去其所易,無離其所難,此治之道。夫小過不生,大罪不至,是人無罪而亂不生也。”寢,息也。

《解詁定本》:寢借爲寖。先大父(朱駿聲)曰:"寖,猶息也。"

《校釋》:少寢,稍息也。二國治強,足以相敵,均不敢輕啓釁端,故兵事得以稍息也。

天下行之,至德復立。

【注】

《新釋》:復,厚也。

此吾以殺刑之反於德,而義合於暴也。

【校】

品節本、匯函本,無"殺"字。

【注】

《諸子平議》:"殺"乃"效"字之誤,此吾以效刑之反於德,猶言"此吾以明刑之反於德也"。《荀子·正論》篇:"故桀紂無天下,而湯武不弑君,由此效之也。"楊倞注曰:"效,明也。"蓋古語如此。

《校正》:俞云:"殺"乃"效"之誤。此吾以效刑之反於德,猶言"此吾以明刑之反於德也"。案其義甚是。"殺"、"效"形不相近,武梁祠堂畫象"豫讓煞身",孫叔敖碑陰"爲賊寇所煞","煞"即"殺"字。此文當本作"效",後訛"煞",遂爲"殺"耳。《禮·禮運》"殽於地",疏:"殽,效也。"楊子《太元》"密於腥臊,三日不覺殽",注:"殽,效也。"或此文假"殽"爲之。

《發微》:俞曰:"殺"乃"效"之誤。猶言吾以明刑之反於德也。《荀子·正論》"由此效之也",注:"效,明也。"俊曰:上文效於古、效於今,亦訓明。胡曰:俞説甚是。

《新釋》:殺,減也。《韓非子·心度》:"刑者,愛之自也。"愛謂仁德。

《斠詮》:"此"字當在"吾"以下,言吾以此明刑之反於德而義合於暴也。又按,反於德之反當讀若孟子反經之反,《孟子·盡心》篇"君子反經而已矣",趙邠卿注云:"反,歸也。"商子之意蓋言吾以此明刑之歸於德也。刑歸於德,即上文以其所惡必終其所好之意。義合於暴,即上文以其所好必敗其所惡之意。

《評注》:合,同也。義合於暴,紀昀所謂"小仁乃大仁之賊"是也。

《次室讀書記》:按"殺"字疑衍。

《解詁定本》:反於德,謂反合於德。

《校釋》:"效"字各本作"殺",俞説:"殺乃效字之誤……"今據俞説改。按以明釋效,乃效之引申義。參閱前節注六。

《校讀》:"殺"字當衍。《百子金丹》引無"殺"字可證。此二句乃反映上文"吾所謂義者利之本,而世所謂義者暴之道"二句。

《錐指》:反通返。

8. 古者,民藂生而群處,亂,故求有上也。

【校】

綿眇閣本、吴本、馮本、朱本、褒異本、且且庵本、品節本、匯函本、奇賞本、秦駿生本、問經堂本、崇文本,無"亂"字。

《意林》引,作"古者,民叢生而群處,亂,乃立君"。

匯函本,"藂"作"之"。

《藝文類聚》:"藂"作"聚"。無"亂"字。

范本、程本、四庫本,"亂"字作缺文。

《繹史》引,"亂"字作缺文。

初校本注:元本、范本缺"亂"字,秦本有。

指海本,"亂"下多"乃立君"三字,注:原本無此四字,"群處"下空一格,依《意林》補。又,《藝文類聚》五十二引亦無此句,疑節文。

《解詁定本》:各本俱無"亂"字,秦本乃據《意林》增,然當以《類聚》所引爲是。

【注】

《發微》:《吕覽·蕩兵》:“昔太古嘗無君矣,其民聚生群處。”又曰:“此無君之患。”彼聚生猶此藂生。(編者按:《蕩兵》篇無此,所引見《恃君》篇。)

《新釋》:藂,即叢,聚也。上,主也。

《解詁定本》:藂,聚也。上,謂君也。

《評注》:藂,俗“叢”字。《錐指》同。

然則天下之樂有上也,

【校】

《藝文類聚》,“上”字下無“也”字。

范本、綿眇閣本、吴本、程本、馮本、朱本、褒異本、且且庵本、品節本、匯函本、奇賞本、秦駿生本、四庫本、問經堂本、崇文本,無此句。

《繹史》引,無此句。

指海本注:此句原脱,依《藝文類聚》補。

初校本注:元本、范本無“然則天下”句,秦本有。

將以爲治也。今有主而無法,其害與無主同;有法不勝其亂,與不法同。

【校】

《藝文類聚》、指海本,“不勝其亂”前多“而”字,“與不法同”作“與無法同也”。

指海本注:“無法”原作“不法”,又脱“而”字及“也”字,並依《藝文類聚》補正。

《解詁定本》:按,《藝文類聚》卷五十二引:“古者,民聚生而群處,故求有上也。然則天下之樂有上,將以爲治也。今有主而無法,其害與無主同;有法而不勝其亂,與無法同也。”唐本《商君書》如此,足證今本之誤。

【注】

《解詁定本》:勝,克也。有法不能定亂,則與無法同。

《校釋》:(“與不法同”改作“與無法同”。)“無法”之“無”字各本作“不”,疑誤,今依上文“有主而無法”改。

天下不安無君,

【注】

《評注》:非不欲求治。

《解詁定本》:安,樂也。

而樂勝其法,

【注】

《評注》:作奸於法外,以求勝於上。

則舉世以爲惑也。

【校】

四庫本,“惑”作“感”。

【注】

《評注》:此真不解之惑。

夫利天下之民者,莫大於治;而治莫康於立君;

【注】

《校正》:《易·晋》“康侯用錫馬蕃庶”,釋文引鄭注:“康,尊也,廣也。”《史記·屈原傳》“而寳康瓠”,《索隱》引李巡曰:“康,謂大。”此文莫康,與上文莫大、下文莫廣一意。

《發微》:胡曰:康,大也。

《新釋》:康,大也。

《評注》:康,安也。

《解詁定本》:康,樂也。

《錐指》:康、廣,皆大也。

立君之道,莫廣於勝法;

【注】

《新釋》:勝,任也。

《評注》:廣,亦大也。勝法,使法常勝。

《解詁定本》:廣,大也。勝,任也。

《錐指》:勝法即任法。《淮南子·詮言》篇:"聖人勝心,衆人勝欲。"王念孫謂:"勝,任也,言聖人任心,衆人任欲也。"《説文》:"勝,任也。""任"與"勝"聲相近。任心任欲之爲勝心勝欲,猶戴任之爲戴勝。説詳《讀書雜誌》。《韓非子·五蠹》篇:"夫垂泣不欲刑者,仁也;然而不可不刑者,法也。先王勝其法,不聽其泣。"勝其法即任其法,與勝法語例同。

勝法之務,莫急於去奸;去奸之本,莫深於嚴刑。

【校】

《大事記解題》引,"急"作"先"。

【注】

《新釋》:深,重也。嚴,密也。

故王者以賞禁,以刑勸,

【校】

《大事記解題》引,此句作"故王者藉刑以去刑"。無"以賞禁以刑勸"六字。

【注】

《新釋》：賞告以禁奸。《算地》篇曰："而賞者所以助禁[也]。"勸，治也。《靳令》篇曰："以刑治。"

《評注》：賞告訐以禁奸。刑其不善則善者勸。

《解詁定本》：以賞禁邪，以刑勸善。

《校讀》：賞施於告奸，是以賞禁也；刑重民不敢犯，故不刑而民善，是以刑勸也。

《錐指》：賞於告奸，故奸得禁。懲於彼，則勸於此。

求過不求善，藉刑以去刑。

【校】

范本、程本、馮本、四庫本，"求過"下有缺文五字。

《繹史》引，同上各本。

馮抄本，"求過不求善"作"求過不求過，求善不求善"，多五字。

《大事記解題》引，無"求過不求善"五字。

綿眇閣本、吴本、問經堂本、崇文本，"藉"作"籍"。

《籀廎碎金》：孫本作"籍"，鐵橋亦未校，改似誤。

【注】

《發微》：《書・呂刑》："刑期於無刑。"

《解詁》：觀此篇，可知商君之意，亦刑期無刑耳，豈一嗜殺人者哉？哀世庸君取其説，亦未嘗不可以輔治。特其心主於希世取位，急於求售，故語稍激而敝生焉。若能如子産之告子太叔，諸葛武侯之告法孝直者，則見當矣。

《新釋》："求過不求善"句下注：使都發罪。"藉刑以去刑"句下注：重輕刑去。

《評注》：藉，借也。舊訛作"籍"。

《解詁定本》：藉，借也。

《校讀》：刑不善而不賞善，是求過不求善也。明刑之猶至於無刑，是藉刑以去刑也。

【篇末】

秦駿生本：窮本知變，直盡天地之情；濟時豪傑，胸中自有成竹。其少孫儒效，只功名心躁，揣摩術工耳。然儒者亦曰禮樂刑政，四達不悖，則王道備。名法二字，抹倒公孫不得。

匯函本：黄廷臣曰：原古推今，直説到立君、制法、去奸、任刑，商子才識高遠，方有此等議論。

陸貞山曰：一篇中所論，上古時務勝力争，上賢立禁，立官立君，皆關係世教而遞叙，下爲後來開塞立論之本。

壹言第八

本篇校勘所據版本：范本、綿眇閣本、吴本、程本、馮本、朱本、褒異本、且且庵本、馮抄本、奇賞本、四庫本、問經堂本、指海本、崇文本、初校本，共十五種。

下列版本無本篇：古逸本、品節本、匯函本、秦駿生本，共四種。

【題解】

《發微》：《吕覽·執一》："王者執一而爲天下（編者按：許維遹本"天下"作"萬物"）正。軍必有將，所以一之也。國必有君，所以一之也。天下必有天子，所以一之也。天子必執一，所以摶之也。一則治。兩則亂。"

《解詁定本》：言治民之道在於壹務。

《錐指》：篇題壹言者，《農戰》篇曰"明君修政作壹，去無用，止浮學事淫之民，壹之農"是也。篇内自"上爵尊而倫徒舉"以上，述農戰之旨，以下述開塞之旨。

1. 凡將立國，制度不可不察也，

【校】

范本、綿眇閣本、吴本、程本、馮本、朱本、褒異本、且且庵本、奇賞本、四庫本、問經堂本、指海本、崇文本,"察"作"時"。

【注】

《新釋》:將,創也。

《解詁定本》:《更法》篇:"各當時而立法。"《算地》篇:"不觀時俗,不察國本,則其法立而民亂。"下文亦言"制度時",足證當作"時",嚴校本作"察"非。

《箋正》:王詮:"陳仁錫本察作時。"謹案:陳本誤。蓋不可不察,正所以求其時也。

《校讀》:天一閣本、文津閣本、綿眇閣本,"察"作"時",是也。下文"制度時"可證。"制度時"即下文"因世而爲之治,度俗而爲之法"是也。

治法不可不慎也,壹務不可不謹也,事本不可不摶也。

【校】

初校本,"壹務"作"國務"。

【注】

《諸子平議》:事猶立也,言立本不可不摶也。《禮記·郊特牲》篇"信事人也",鄭注曰:"事,猶立也。"是其義矣。字亦作"傳"。《周官·大宰》職"以任百官",鄭注曰:"任,猶傳也。"《釋文》曰:"傳,側吏反,猶立也。"賈疏曰:"東齊人物立地中爲傳。"

《籀廎碎金》:俞蔭父云:"事猶立也,言立本不可不摶也。"當如常訓,不必改詁爲立。

《校正》:俞云:"事,猶立也。"案:事猶《書·説命》、《史記·曹相國世家》、《韓非子·内儲説上·七術》"事事"之"事",不必訓立,下云"能事本而禁末者富",《來民》篇云"而百萬事本",又云"而使之事本",又云"客之兵不得事本者幾何",可證。

《發微》:俞曰:"事,猶立也。"胡曰:"不必訓立。"俊曰:琅琊台刻石:"勤勞本事,上農除末"。事本猶言本事,不言禁末,即所謂除末也。

《解詁》：俞樾曰：《禮記·郊特牲》注："事，猶立也。"此説可用。

《解詁定本》：事本謂從事於農戰。《吕覽·適音》"不牧則不摶"，注："不摶，不專一也。"（編者按：原注"不摶"上有一"入"字。）

《校讀》：（"治法不可不慎也"）據下文"慎"亦當作"明"。"壹務不可不謹也"句，此文當作"國務不可不壹也"。

《錐指》：（引俞説，文見上。）禮鴻案：事本者，事之本也。下文曰"民之從事死制"，從事承事本言，死制承制度言，甚明。事本謂農戰，故下曰"事本摶，則民喜農而樂戰"。唯農戰爲一切國事之本，故《農戰》篇曰："國有事則學民惡法，商民善化，技藝之民不用，故其國易破也。夫農者寡而游食者衆，故其國貧危，今夫螟、螣、蚼、蠋，春生秋死，一出而民數年不食。今一人耕而百人食之，此其爲螟、螣、蚼、蠋亦大矣。雖有《詩》、《書》，鄉一束，家一員，獨無益於治也，非所以反之之術也。故先王反之於農戰。"事本之事即《農戰》篇有事之事，俞説非也。又案：治法者，制度之實；事本者，國務之實。孟子言道揆法守，治法猶法守，制度猶道揆也。《農戰》篇曰："善爲國者，官法明，故不任知慮；上作壹，故民不偷營，則國力摶。"此爲四事，《農戰》篇爲二事，一而已矣。

制度時，則國俗可化而民從制；治法明，則官無邪；國務壹，則民應用；事本摶，則民喜農而樂戰。

【校】

范本、綿眇閣本、吴本、程本、馮本、朱本、褒異本、且且庵本、奇賞本、四庫本、問經堂本、指海本、崇文本，"時"上無"制度"二字。

馮抄本，"制度時，則國俗可化而民從制"作"制度不可不時也，時則國俗可化而民從制"；"國務壹，則民應用"作"國務壹，則立民應用"。

【注】

《新釋》:制度時,言宜於時。化,教行也。民應用,應上令而爲國用。

《錐指》:("制度時,則國俗可化而民從制")"當時而立法,因事而制禮。禮法以時而定,制令各順其宜,兵甲器備各便其用。"見《更法》篇。"民愚則知可以王,世知則力可以王。古之民樸以厚,今之民巧以僞,故效於古者先德而治,效於今者前刑而法。""法"疑當作"治",此見《開塞》篇。此商君以爲治國之都凡,不可不先定者也。("治法明,則官無邪")民從制,官無邪,互言之也。治法明則賞罰明,則民從事死制。又《靳令》篇曰:"重刑明民《韓非子》有此民字大制。"即此所謂制度也。

夫聖人之立法化俗,而使民朝暮從事於農也,不可不知也。

【校】

范本、緜眇閣本、吴本、程本、馮本、馮抄本、朱本、褒異本、且且庵本、奇賞本、四庫本、問經堂本、指海本、崇文本,"知"作"變"。

馮抄本,"化俗"作"化治"。

初校本,"朝暮"作"朝夕",注:秦本"俗"作"治",誤。范本"夕"作"暮"。"不可不知也"注:一切舊本"知"作"變",此依秦本。

【注】

《發微》:《吕覽·上農》:"故敬時愛日。"即朝夕從事之説。

《新釋》:(所據本"知"作"變"。)變同辯,明也。

《新箋》:嚴萬里曰:"一切舊本知作變,此依秦本。"亨按:作"變"者當是古本,秦本則以不知"變"字之義而改爲"知"也。"變"借爲"辨",不可不變,即不可不辨也。"變""辨"古通用。《易·革》:"大人虎變。"《音訓》:"變,晁氏曰:'京作辨。'"此其證。又《易·坤》:"由辯之不早辯也。"《釋文》:"辯,荀作變。"《禮記·禮運》:"大夫死宗廟謂之變。"鄭注:"變當爲辯,聲之誤也。"《孟子·告子上》:"萬鍾則不辯禮義而受之。"《音義》:"辯,丁本作變。"此亦"變""辨"通用之佐證。

《校讀》:嚴氏云:"一切舊本知作變。"今案:作"變"是也。此言聖人之立法使民不可不隨時應變也。《群書治要》引《商君書·立法》篇云:"先王當時而立法,度務而制事,法宜其時則治,事適其務故有功。然則法有時而治,事有當而功,今時移而法不變,務易而事以古,是法與時詭而事與務易也。"正與此"制度時"之義合。則此所謂"不可不變",正《立法》篇所謂"時移則法,不可不變"之意。作"變"義長。

《錐指》:(引嚴校,文見上。)禮鴻案:變讀爲辨。《荀子·正論》篇:"不知逆順之理,小大至不至之變者也。"即小大至不至之辨。秦本臆改,不足從。

夫民之從事死制也,以上之設榮名、置賞罰之明也。不用辯說、私門而功立矣。

【校】

馮抄本,"以上之設榮名"作"上以上之設榮名"。"辯說"作"辨說"。

奇賞本,"設榮名"作"說榮名"。

【注】

《發微》:《農戰》:"夫民之親上死制也。"又:"門"疑"鬥"之訛,涉下"私門"而誤。

《新釋》:置,設也。《算地》篇曰:"君子不設其令則罰行。"令同命,名也。明,信也。《秦策》:"公孫鞅信賞罰以致治。"《管子·七法》:"賞罰不明則民幸生。"《權修》("明")作"信"。私門,私人之門也。《管子·明法》:"十至私人之門,不一至於庭。"

《解詁定本》:言排游說,杜私門,而功立。《管子·明法》篇:"十至私人之門,不一至於庭。"

故民之喜農而樂戰也,見上之尊農戰之士,而下辯説技藝之民,而賤游學之人也。

【校】

馮抄本,“辯説”作“辨説”。

【注】

朱本注:下,卑之也。

《新釋》:農戰之士,農家及兵家也。游學,謂浮學也。《農戰》篇曰:“止浮學事淫之民。”

故民一務,其家必富,而身顯於國。上開公利而塞私門,以致民利,私勞不顯於國,私門不請於君,

【校】

初校本,“一”作“壹”。下同。

【注】

《發微》:務,勉也。

《解詁》:勞在於己之身家者爲私勞。或但在於君,而於國無稗者,亦爲私勞。

《新釋》:喜農故富。身顯於國,以戰得爵。《韓非子·和氏》“商君教秦孝公……禁游宦之民而顯耕戰之士”,即此所謂身顯於國也。因公予禄曰公利。《韓非子·八説》:“匹夫有私便,人主有公利。”致,盡也。請,謁也。人主賢,用能之士進,則私門之請止。

《解詁定本》:請,求也。《韓非子·和氏》篇:“商君教秦孝公……塞私門之請而遂公家之勞,禁游宦之民而顯耕戰之士。”

《錐指》:(“私門不請於君”)以治法明。

若此而功臣勸,則上令行而荒草闢,淫民止而奸無萌。

【校】

馮抄本,“淫民止”作“淫民上。”

【注】

《解詁定本》:萌,兆也。

《校讀》:始生曰萌。

《箋記》:“無萌”疑當作“萌無”,“萌”與“民”通。漢《成陽靈台碑》“以育苗萌”,《楊震碑》“凡百梨萌”,並以萌爲民。《文選·上林賦》“以贍萌隸”,注引韋昭云:“萌,民也。”是其證也。

治國能摶民力而壹民務者強,能事本而禁末者富。

【校】

范本、綿眇閣本、吴本、程本、馮本、朱本、褒異本、且且庵本、馮抄本、奇賞本、四庫本、問經堂本、指海本、崇文本,“摶”作“持”。

馮抄本,“壹民務”作“一民務”,“禁末者”作“禁樂其”。

2. 夫聖人之治國也,能摶力,能殺力。

【校】

范本、程本、馮本、朱本、四庫本,“也”後有缺文一字。

馮抄本作“夫聖君之治國也,治能摶力,能殺力;能殺力”。

【注】

《發微》:“殺”疑當作“散”,與“摶”對文。説文出“㣊”,云古文“殺”,與“散”作“散”者相近。

《新釋》:殺,減也。

《解詁定本》:《周禮·廩人》“詔王殺邦用”,鄭注:“殺猶減也。”

《錐指》:摶力以致強,殺力以持強。

制度察則民力摶,摶而不化則不行,行而無富則生亂。

【注】

《新釋》:察,明也。

《解詁定本》:察,審也。民力摶聚而不能融化之,則不能行事;行事而無財,則生亂。

《箋正》:"化"字誤,疑作"用",下文"能摶力而不能用者必亂",可證。

《校釋》:(引簡説,文見上。)按:"化"字爲"摶"字之反義,摶者化之,兼含有"用"與"殺"之意,不誤。

《新箋》:"富"字義不可通,疑本作"當","當""富"形似而誤。

《錐指》:("摶而不化則不行")《荀子·天倫》篇云:"因物而多之,孰與騁能而化之?"此"化"字義同,《易》所謂"變而通之以盡利"是也。("行而無富則生亂")民之從事,以能致富,無富故亂。富者有淫,故又廢之,兩者相持,此所謂摶力殺力也。

故治國者,其摶力也,以富國強兵也;

【校】

范本、綿眇閣本、吴本、程本、馮本、朱本、褒異本、且且庵本、馮抄本、奇賞本、四庫本、問經堂本、指海本、崇文本,缺"治"字。

【注】

《諸子平議》:"國"上有闕文。據上文云"夫聖人之治國也,能摶力,能殺力",下文云"治國者貴民一",則所闕者當是"治"字。

《發微》:俞據本"國"上無"治"字。校云,當補。浙本從之。

其殺力也,以事敵勸民也。

【校】

馮抄本,"勸"作"歡"。

【注】

《發微》:事敵,有事於敵。

《新釋》:事,攻也。

《解詁定本》:以從事於敵國勸民,所以減殺民力也。今泰西諸國,每以國民對外,減殺其内爭,合於商君殺力之旨。

《錐指》:以,用也。下"摶力以壹務,殺力以攻敵","以"字義同。

夫開而不塞則短長,長而不攻則有奸;

【注】

《讀諸子札記》:"短"乃"知"字之誤。"知"與"智"同。長讀上聲,"長而不攻",當作"知長而不攻"。攻,治也。"知長而不攻"與"力多而不攻"相對成文。《墾令》篇云"民不貴學則愚,愚則無外交",《靳令》篇云"物多末衆,農弛奸勝,則國必削",可證此文之義。

《解詁》:短長,猶言是非,開而不塞則民將是非其上。"長而不己(編者按:己當作攻)"句上當有"短"字,今無之者,蓋省文也。

《新釋》:言短亦因而長。攻,斥攻敵言。《韓非子·心度》"王道在所開,在所塞,塞其奸者必王",謂攻敵以塞奸耳。(編者按:《韓非子集釋》,"開"作"聞"。)

《解詁定本》:民知開而不塞,則短長其上,長此而不攻去之,則生奸。

《校釋》:民智開而不塞,則長短不一;於其長者不攻去之,則必爲奸也。

《校讀》:開,謂開公利;塞,謂塞私門。

《錐指》:開塞者,辯説、游學、技藝所由得利禄之門,或開之,或塞之也。此與上云"上開公利而塞私門",皆與《開塞》篇言開塞不同。

塞而不開則民渾,

【注】

《解詁定本》:渾敦樸厚也。

渾而不用則力多，力多而不攻則有奸蝨。

【注】

《讀諸子札記》：則有奸蝨，"奸"字涉上而衍。自外言之故曰奸，自内言之故曰蝨。"力多而不攻，則有蝨"，與"知長而不攻，則有奸"亦相對成文。《去強》篇云"國強而不戰，毒輸於内，禮樂蝨官生，必削"，《靳令》篇云"國富而不戰，偷生於内，有六蝨，必弱"，可證此文之義。

《新釋》：《去強》篇云"攻力"。

《解詁定本》：奸之生，如蝨之藏於衣縫間也。

故摶力以壹務也，殺力以攻敵也。

【注】

《校讀》：《説民》篇："民之所欲萬而利之所出一，民非一則無以致欲，故作一。作一則力摶，力摶則強，強而用重強，故能生力能殺力，曰攻敵之國，必強。……力多而不用則志窮……故能生力不能殺力曰自攻之國，必削。"與此文意正同，可參證。

治國者貴民壹，民壹則樸，樸則農，農則易勤，勤則富。

【校】

馮抄本，"樸"作"撲"。

【注】

《新釋》：勤，勞也。

富者廢之以爵不淫，淫者廢之以刑而務農。

【校】

馮抄本，"不淫"、"淫者"之間多一"淫"字。

【注】

《校正》："廢"當讀如《左傳・文二年》"廢六關"之"廢"。《家語・

顔回》篇作"置六關",《公羊傳・宣八年》"廢其無聲者",何注:"廢,置也,置者不去也。"《去強》篇:"貧者使以刑則富,富者使以賞則貧。"《説民》篇:"故貧者益之以刑則富,富者損之以賞則貧。"文義正相似。

《解詁》:廢之以爵,即《説民》篇所謂損之以賞也。

《新釋》:廢,損也。使以粟出官爵,貴之而實損之,謂其損富者之粟耳。

《斠詮》:"不"字上當增"而"字。

《解詁定本》:廢,止也。富者歆以爵賞,禁其淫佚;淫者威以刑罰,使之務農。

《校讀》:廢之以爵,謂以粟出官爵則富廢矣,富廢則不淫也。"不淫"上當增"則"字。淫者廢之以刑則務農,即"刑於九則六淫止"之意。

《錐指》:殺、攻、廢,一也。廢之以爵,即《靳令》篇云"民有餘糧,使民以粟出官爵",廢之以刑,即本傳所謂"事末利及怠而貧者舉以爲收孥"。

《箋記》:"廢"亦當作"啓",《開塞》篇"而世主莫之能啓也","啓"今亦誤作"廢",是其證。"不淫"上當有"而"字,與下文一律,而猶則也。

故能摶力而不能用者必亂,能殺力而不能摶者必亡。

【注】

《錐指》:徒耗民力,不能息之,無本者也。

故明君知齊二者,其國強;不知齊二者,其國削。

【注】

《解詁》:齊者,並用之也。

《新釋》:齊,調和也。

《斠詮》:齊,當讀爲劑。所謂二者,即指摶力、殺力而言。

《解詁定本》：齊，謂二者相調和。二者，摶力、殺力也。

《香草續校書》：齊之言劑也。謂調劑於摶力、殺力二者，則其國强。不知調劑二者，則其國削也。《説文·刀部》云："劑，齊也。"是"齊"、"劑"義本相通。古"調劑"之"劑"蓋止作"齊"。劑從刀，當以質劑、約劑爲本義。質劑見《周禮·小宰》職，約劑見《大師》職。

《校讀》：王氏云："齊當讀爲劑……"季甫案：劑，調也。

3. 夫民之不治者，君道卑也；法之不明者，君長亂也。

【校】

馮抄本，"卑"作"果"；"不明者"，無"者"字。

【注】

《新釋》：道，治也。

《斠詮》：道，由也。

《箋正》："道"應與《論語》"道之以政"、"道之以德"之"道"同義趣。

《校釋》：道卑之道，動詞，由也。道卑，由於卑而不威也。長亂之長，讀上聲，動詞，助也。

故明君不道卑，不長乱也。秉權而立，垂法而治，

【校】

范本、程本、馮本、朱本、四庫本，"垂法而"下有缺文二字。

馮抄本，"垂法而治"作"垂法而以之治"。

初校本，"垂法而治"作"垂法而法制"。

（下面各注所據本作"垂法而法制"。）

【注】

《讀諸子札記》：（"垂法而法治"）下"法"字當衍。

《校正》："立"字句，"而法"句。垂法而法，與《立本》篇"一曰輔法

而法”句法相似。

《新釋》:法不亂也。

《斠詮》:當依崇文本删下“法”字。

以得奸於上而官無不,賞罰斷而器用有度。

【注】

《讀諸子札記》:“官無不”疑當作“官無邪”。上文云“治法明則官無邪”是其證。

《新釋》:(讀作“以得奸於上,而官無不賞,罰斷而器用有度”。)以,能也。於,同予,貢也。官無不賞,賞得奸者。罰斷而器用有度,借器用以喻罰斷,《管子·小匡》:“制斷器。”而,如也。度,法也。

《斠詮》:“不”疑當作“邪”,或屬下爲句。

《解詁定本》:得奸而官無不賞,必罰而器用有度。(引陶説,文見上。)師轍按:陶説亦通,以“賞”字屬下讀。

《箋正》:王詮:“不疑當作邪,或屬下爲句。”謹案,“不”與“否”同義,回,邪也。若如王説屬下句讀,則不可通矣。

《校讀》:“不”當作“邪”……或當讀作“否”。“賞”字仍當屬下句讀。《墾令》篇云“過而廢者不能匿其舉,過舉不匿則官無邪人”,與此意正同。器用有度,即《説民》篇所謂“器成於家而行於官”之意。

《錐指》:王時潤曰:“不疑當作邪。或屬下爲句。”禮鴻案:“無邪”是也。上云“治法明則官無邪”,此云“垂法而治”即彼云“治法明”,此云“以得奸於上而官無邪”即彼云“官無邪”也。就官而言,故曰得奸於上。下“賞罰”句就民而言。(“賞罰斷而器用有度”)《説民》篇曰:“王者刑賞斷於民心,器用斷於家。”《周禮·[夏官]司馬·槀人》:“掌受財于職金以齎其工。弓六物,爲三等;弩四物,亦如之;矢八物,皆三等;箙亦如之。春獻素,秋獻成,書其等以饗工。乘其事,試其弓弩,以下上其食而誅賞。”此賞罰斷而器用有度之例。

《箋記》:不,讀爲非也。《儀禮·士相見禮》:“主人對曰:某不敢爲儀。”注:“今文不爲非。”《書·吕刑》:“何敬非刑,何度非及。”《墨子·尚賢下》並作“不”。“不”、“非”雙聲,義得通用。

若此則國制明而民力竭,

【校】

范本、綿眇閣本、吴本、程本、馮本、朱本、褒異本、且且庵本、馮抄本、奇賞本、四庫本、問經堂本、崇文本,“制”後有“民”字。

初校本,無“民”字。

指海本,無“民”字,注:“國制”後原衍“民”字,今按文義删去。

馮抄本,“制”作“治”。

【注】

《新釋》:言力竭於農戰。

《錐指》:竭力以爲上用也。

上爵尊而倫徒舉。

【校】

馮抄本,作“上爵尊而信徒舉”。

【注】

初校本注:“倫徒,字當有誤。”

馮校本注:“倫徒,猶言倫類。”

《解詁》:倫徒,猶曰疇類。舉,猶興也。言上爵尊則民之疇類皆奮興也。

《新釋》:言戰士得舉而有爵。倫,勞也。徒,衆也,謂步卒。《吕覽·當賞》:“若賞唐國之勞徒。”

《解詁定本》:國法明而民盡其力,上爵尊而衆舉其事,倫徒謂群衆。

《校讀》:“倫”字疑“偷”字之訛,偷,惰也。令民以粟出官爵,官爵既尊,則偷惰之徒皆舉於農事矣。

《錐指》:嚴萬里曰:“案,倫徒字當有誤。”禮鴻案:此不必爲誤。倫徒舉,猶言人才至耳。夫上錫爵以致功勞,若爵不足慕,則人必不自竭也。《算地》篇曰:“其國刑不可惡而爵禄不足務也,此亡國之兆也。”

今世主皆欲治民,而助之於亂,非樂以爲亂也,安其故而不窺於時也。

【校】

范本、程本、馮本、朱本、四庫本,“而助之於亂”句,“於”作缺文。

綿眇閣本、吴本、褒異本、且且庵本、奇賞本、問經堂本、指海本、崇文本,“助之於乱”,無“於”字。

初校本,“助之於乱”,“於”作“以”,注:以,秦本作“於”。

【注】

《新釋》:窺,視也,察也。

《斠詮》:(所據本作“助之以亂”。)“以”字不當有,崇文本無。

《次室讀書記》:窺者,“規”之借字。

《解詁定本》:窺,視也。

《校釋》:王説:“以字不當有,崇文本無。”按有“以”字亦通。蓋安故而不窺於時,即以亂之道助民亂也。

《錐指》:(引嚴校、王説,文見上。)禮鴻案:未見“以”字所以不當有者。(“安其故而不窺於時也”)《説文》曰:“窺,閃也。閃,窺頭門中也。”蓋謂探視。

是上法古而得其塞,下修令而不時移,

【校】

馮抄本,無“法”字。

指海本,"令"作"今"。注:今,原作"令",依下文改。

【注】

《諸子平議》:"令"乃"今"字之誤。"下修今"與"上法古"爲對文。下文曰"故聖人之爲國也,不法古,不修今",是其證。

《校正》:俞云:"令乃今之誤。"令,當依俞説改"今"。

《新釋》:("上法古而得其塞")父(尹乾)説,不變通曰塞。《韓非子·心度》:"强不塞者王。"("下修令而不時移")修,循也。《韓非子·心度》:"聖人之治民,治法與時移。"

《斠詮》:"修"當作"循",下同。

《解詁定本》:"令"當作"今"。上法古而不知變通開塞,下修今而不知與時轉移。《韓非子·心度》篇:"聖人之治民,治法與時移。"

《錐指》:("是上法古而得其塞")任知不任力則得塞。("下修令而不時移")(引俞説、王説,文見上。)禮鴻案:《楚辭》曰:"聖人不凝滯於物,而能與世推移。"

《斠補》:俞説是也。惟"修"當作"循",下"不修今"同。《開塞篇》作"不脩今","脩"亦當作"循"。説附見《更法》篇。"修"、"脩"古通,因易爲"修"矣。《定分》篇:"遇民不修法,則問法官。"孫詒讓曰:"修當爲循。"與此同例。

而不明世俗之變,不察治民之情,

【注】

《錐指》:("不明世俗之變")古之民樸以厚,今之民巧以僞,是也。("不察治民之情")民愚則知可以王,世知則力可以王;民愚則力有餘而知不足,世知則巧有餘而力不足。民之生,不知則學,力不盡而服。是也。並《開塞》篇。

故多賞以致刑，輕刑以去賞。

【校】

四庫本，“輕”作“經”。

【注】

《新釋》：不賞告奸。

《解詁定本》：賞多而奸愈滋，刑輕而民益玩。

《校釋》：多賞則玩，玩則無所憚而不（編者按：“不”字疑衍）爲奸，故多賞反足以致刑。重刑乃可去刑，輕刑則罪者固不足以刑，而告奸者亦不足以賞，故云“輕刑以去賞”。

《校讀》：此即《開塞》篇“以其所好，必終其所惡”之意。文津閣本“輕”作“經”，誤。

夫上設刑而民不服，賞匱而奸益多。

【注】

《發微》：《算地》：“國貧則上匱賞。”

《新釋》：匱，乏也。

故民之於上也，先刑而後賞。

【注】

《解詁》：先刑者，陷於刑者多也。後賞，不以賞爲榮也。

《新釋》：《禮記・表記》：“殷人先罰而後賞。”罰，謂刑罰。

《解詁定本》：“故民之於上也”當作“故上之於民也”。

《校讀》：《算地》篇云：“刑人無國位，戮人無官任。”是被刑之人固爵賞之所不加，今多賞輕刑，故有先刑而後賞者也。

《錐指》：《算地》篇曰：“刑人無國位，戮人無官任。刑人有列，則君子下其位；衣錦食肉，則小人冀其利。君子下其位則羞功，小人冀其利則伐奸。”義與此同。羞功即後賞，伐奸即先刑。蓋賞多則賞不足重，故民後之；刑輕則刑不足畏，故民犯刑以冀奸利。先、後與“仁者先難後獲”之先、後同義。《説民》篇：“罰重，爵尊；賞輕，刑威。”足與此文相發。朱師轍曰“民之於上也，當作上之於民也”，存參。

故聖人之爲國也，不法古，不修今，因世而爲之治，度俗而爲之法。

【注】

《純常子枝語》：“脩”當爲“循”。《錯法》篇“度數已立而法可脩。”“脩”亦當爲“循”。二字形近，古書多互舛。

《發微》：《開塞》：“聖人不法古，不脩今。”

《新釋》：（“不法古，不修今”）《韓非子·五蠹》：“聖人不期修古，不法常可，論世之事，因爲之備。”

故法不察民之情而立之，則不成；

【注】

《發微》：《説文》：“情，人之陰氣有欲者。”《禮記·大學》：“無情者不得盡其辭。”《論語》：“曾子曰：如得其情。”

《新釋》：今立法權在國會，以其能察民情耳。

治宜於時而行之，則不干。

【注】

《發微》：《説文》：“干，犯也，從反入，從一。”《書·允證》（編者按：當作“胤征”）：“以干先王之誅。”《左·文四年傳》：“其敢干大禮以自取戾。”注：“干，犯也。”

《新釋》：干同扞，格也。

《解詁定本》：干，亂也。

《新箋》：朱師轍曰：“干，亂也。”亨按：干，借爲扞，《説文》：“扞，忮也。”忮,逆也。《莊子·大宗師》篇《釋文》引《説文》:“扞,抵也。”扞即扞格抵觸之義。朱訓未切。

《校釋》:干,干犯也。

《錐指》:干,犯也,謂民不犯逆之。

故聖王之治也,慎爲察務,歸心於壹而已矣。

【注】

《解詁定本》:馮覲以“慎爲察”句讀。

《新釋》:“務”字下注:當務之急。

《箋正》:“慎爲察務”宜作“慎法察務”,“法”字篆書從廌,與“爲”形近而訛。

《錐指》:(引簡説,文見上。)禮鴻案:簡説是也。上文曰:“治法不可不慎也,國務不可不謹也。”是其證。

錯法第九

本篇校勘所據版本：范本、綿眇閣本、吴本、程本、馮本、朱本、褒異本、且且庵本、馮抄本、奇賞本、秦駿生本、四庫本、問經堂本、指海本、崇文本、初校本，共十六種。

古逸本、匯函本無本篇，品節本只有"同列而相臣妾者……治亂之謂也"，共三十八字。

【題解】

《發微》：《更法》："錯法務民主張。"

《解詁定本》：錯，施行也。

《錐指》：錯，置也。

1. 臣聞古之名君，錯法而民無邪，

【注】

《新釋》：錯，施行也。《韓非子·八説》："錯法以道民也。"

《校釋》：錯法之"錯"字與"措"通，施布也。錯法，施法也。

舉事而材自練，

【注】

《發微》：《吕覽·簡選》"可以勝人之精士練材"，注："練材，拳勇有力之材。”

《新釋》:舉,與也。練,歷也。

《解詁定本》:練,猶閱歷也。

《校釋》:練,練達也。

賞行而兵強。

【注】

《斠詮》:“賞行”二字當乙,下文“行賞而兵強者”句正承此句而言。

《校釋》:“行賞”各本作“賞行”。王説(引文見上)。按上文錯法舉事均置動詞於上,“行”亦動詞,宜置於“賞”字上,今乙正。

《斠補》:“賞行”當作“行賞”,與上文言“錯法”、“舉事”一律,下文“行賞”而兵強者,爵禄之謂也。可證此文之誤倒。

此三者,治之本也。夫錯法而民無邪者,法明而民利之也。舉事而材自練者功分明,

【注】

《新釋》:功,事也。功分明,謂各事其事。

《錐指》:功分,猶職分。

功分明則民盡力,民盡力則材自練。行賞而兵強者,禄爵之謂也,禄爵者,兵之實也。

【校】

初校本,“禄爵”作“爵禄”。

【注】

《新釋》:實,本也。

《解詁定本》:賞之以爵禄,故兵強。

《錐指》:法者,爵禄之所由予;事者,爵禄之所加;立法以示民,使以事求爵禄,中程者予,不中程者否。是三者之中,爵禄最其實也,故以下專言之。

以故人君之出禄爵也道明,道明則國日強,道幽則國日削。

【校】

馮抄本,"國日強","國"下多"中"字。"道幽"作"道凶"。

初校本,"以故"作"是故","禄爵"作"爵禄"。

【注】

《新釋》:道,謂出爵禄之道。幽,暗也。

《斠詮》:道,由也。

《校釋》:"道明"之"道"字……蓋動詞而非名詞也。道明,謂所由之路光明;道幽,謂所由之路黑暗。

《解詁定本》:(作"是故人君之出爵禄也道明"。)"道明"二字疑沿下文而衍,"是故"各本皆作"以故"。幽,暗也。

《箋記》:"道明"二字不當重。

故禄爵之所道,存亡之機也。

【校】

奇賞本、秦駿生本、初校本,"禄爵"作"爵禄"。

【注】

《發微》:"所道"之"道",當讀爲"導",與下文"不道其門"同。

《解詁》:"所道"之"道",與"導"同。

夫削國亡主,非無爵禄也,其所道過也;

【注】

《次室讀書記》:過,涉上文"道"形誤衍,又脱"幽"字。"道幽"、

“道明”雙承上文。

三王五霸，其所道不過爵禄，而功相萬者，其所道明也。

【注】

《新釋》：不過，猶云無非。萬，邁也。

《解詁定本》：《吕覽・貴當》：“此功之所以相萬也。”高誘注：“萬，倍也。”

《箋正》：“其所道不過”應斷句，“爵禄”下尚有脱文，如“同”字之類，若曰“爵禄相同而功效乃相萬者”，然後可通。

《校釋》：（引簡説，文見上。）按不過猶言不外，爲一狀詞，與上“過”字異義，“不過”含有“亦”字之意。“不過爵禄”與“非無爵禄”，正對比立論，實可解也。

《香草續校書》：謂其功萬倍於爵禄也。

《錐指》：（引簡説，文見上。）禮鴻案：此當以“其所道不過爵禄”爲讀。其所道不過爵禄者，謂三王五霸所道亦不過爵禄而已。“不過爵禄”與“非無爵禄”文正相對；云非無，則見其未嘗少；云不過，則見其未有加。文義甚明，並無脱文。簡以“過”“不過”相對，誤矣。《孟子・滕文公》篇：“或相倍蓰，或相什伯，或相千萬。”《吕氏春秋・貴當》篇：“此功之所以相萬也。”注：“萬，倍也。”

是以明君之使其臣也，用必出於其勞，

【注】

《新釋》：用，舉也。出，由也。

《校讀》：“用”當作“爵”。下文“民力盡而爵隨之，功立而賞隨之”，可證。

賞必加於其功。

【注】

《新釋》:《韓非子·外儲説右下》引昭襄王曰:“吾秦法,使民有功而受賞。”

功賞明,則民競於功。

【注】

《發微》:《算地》篇:“事勇士則民競而輕其禁。”

《讀諸子札記》:此當云“用賞明,則民盡力以競於功”,承上“用必出於其勞,賞必加於其功”而言。下文云“爲國而能使其民盡力以競於功,則兵必强矣”,又承此而言也。

《新釋》:競,逐也。

《解詁定本》:競,爭也。

《錐指》:(引陶説,文見上。)禮鴻案:功賞明者,謂賞當其功而無欺。言功賞足以包勞用,云用賞明則不辭。陶補字是,改字未確。

爲國而能使其民盡力以競於功,則兵必强矣。

【校】

馮抄本,“民”作“臣”。

2. 同列而相臣妾者,貧富之謂也;

【校】

馮抄本,“同”作“國”。

【注】

《新釋》:列,等也。《書》:“列爵惟五。”

《解詁定本》:列,等比也。

《校釋》:同列,謂同爲官吏。

同實而相併兼者，強弱之謂也；

【注】

《新釋》：實，地也。《淮南・原道》："獸蹠實而走。"

《解詁定本》：實，富也。或曰，同實謂國土大小相等。

《校釋》：同實，謂同屬國家。

有地而君或強或弱者，亂治之謂也。

【注】

《校釋》："治亂"二字各本作"亂治"，今依常用法乙正。

苟有道里，地足容身，士民可致也。

【校】

范本、綿眇閣本、吴本、程本、馮本、朱本、褒異本、且且庵本、馮抄本、奇賞本、秦駿生本、四庫本、問經堂本、崇文本、指海本，"里"作"理"。

范本、程本、馮本、朱本、四庫本，"容"前有缺文一字。

馮抄本，"容"前有"以"字。

《讀諸子札記》："道里"范本作"道理"，當從之。

【注】

《解詁》：此即《孟子》"地方百里而可以王"之意。

《新釋》，("苟有道里")治理也。("地足容身")言其地小。("致")來也。

《解詁定本》：苟有道里，猶俗言苟有辦法。或曰，道里猶言地方。

《校釋》：作"道理"或"道里"義均晦，待考。

《校讀》：作"理"是。言苟有道能理，雖土地僅足容身，可以致士民也。

《錐指》：嚴萬里曰："范本里作理。"禮鴻案：作"理"非也。道者，道路;里者,里居。此與《孟子》"天下之旅皆悦而願出於其路,天下之民皆悦而願爲之氓"相似。

苟容市井,財貨可聚也。

【校】

四庫本,"財"作"則"。

初校本,"聚"作"衆"。

【注】

《發微》:(所據本"可聚"作"可衆"。)衆,當作"聚"。

《讀諸子札記》:(所據本"可聚"作"可衆"。)"地足容身"二句與"苟容市井"二句文義相配,皆承"苟有道理"而言。又按"致""衆"二字疑當互易。(編者按:致,見上文"士民可致也"。)

《新釋》:苟,賈也。《管子·乘馬》:"其商苟在市者三十人。"九夫爲井,井有市。《管子·小匡》:"處商必就市井。"市井爲財貨之所出。

《錐指》:疑當作"苟有市井",涉上文容身而誤。

有土者不可以言貧,有民者不可以言弱。

【校】

初校本注:《周氏涉筆》引作"有地不憂貧,有民不憂弱"。

【注】

《新釋》:《禮記·大學》:"有土此有財。"民爲邦本。

《校釋》:(引嚴校,文見上。)按,引文較原文義明。

地誠任,不患無財;

【注】

《發微》:任,任土也。

《解詁定本》:任,用也。

《雒指》:任地義見《算地》篇。

民誠用,不畏強暴。德明教行,則能以民之有爲己用矣。

【校】

馮抄本,"行"作"化"。

【注】

《雒指》:此云教德,蓋猶韓非言刑德。賞以爵禄曰德,督以威刑曰教。

故明王者,用非其有,使非其民。

【校】

馮抄本,"有"作"用",以下又多"非其用有善"五字。

初校本,"王"作"主"。

【注】

《新釋》:父(尹乾)説:"用非己之所有,而爲民之所有。"其,欺也。謂與爵禄。

《雒指》:("用非其有")用民之有,故非其有。("使非其民")君與民本不相有,能用術數則民爲君用,非必欲君愛民、民愛君若父子腹心然也。故曰"使非其民"。或曰,能來外民亦可謂使非其民。《吕氏春秋·用民》篇:"夙沙之民自攻其君而歸神農,密須之民自縛其主而與文王。湯武非徒能用其民也,又能用非己之民。能用非己之民,國雖小,卒雖少,功名猶可立。"用非己之民,所謂用非其有也。

3. 明王之所貴,惟爵其實,爵其實不榮,則民不急列位;

【校】

范本、綿眇閣本、吴本、程本、馮本、朱本、褒異本、且且庵本、馮抄本、奇賞本、秦駿生本、四庫本、問經堂本、指海本、崇文本,"惟"

作“唯”。

范本、程本、朱本、褒異本、且且庵本、四庫本，不叠“爵其實”三字，有缺文三字。

綿眇閣本、吴本、奇賞本、秦駿生本、問經堂本、指海本，亦不叠“爵其實”三字，但無缺文。

指海本，“惟爵其實”，“實”作“賞”；“則民不急列位”，“列位”作“其列”。注：“賞”原作“實”，又空三格，並依《御覽》一百九十八删正。又《藝文類聚》五十一“其賞”作“爵賞”。“其列”原作“列位”，依《御覽》改，此與上“其實”句爲對文。《藝文類聚》引作“列爵不顯”。

初校本，“不榮”前多“而榮顯之”四字。校注：秦本無“而榮顯之”字，范本全作闕文，並不叠“爵其實”字，今依元本。

《發微》：“實”字當是“賞”之訛。《御覽》一百九十八引：“明王之所賞（編者按：当作“貴”）唯爵。其賞不榮，則民不急；其列不顯，則民不事；爵易得也，而（編者按：当作“則”）民不貴。”

【注】

馮本“不榮”下注：其實不榮，言受爵者得其顯榮之實。

《新釋》：（所據本作“惟爵其實，爵其實不榮顯之”。）惟爵其實，實謂不欺。榮顯之，與虚爵異。列，亦位也。《左・僖十五年傳》：“入而未定列。”

《箋正》：“惟爵其實”等三句似有脱訛，細究則元本誼長。蓋上文有“明君之使其臣也，用必加於其勞，賞必加於其功，功賞明則民競於功”。即爵賞所加必核於名實，而無能以巧言飾辭，或請謁、任譽、冒濫以進之謂，故曰爵其實而榮顯之。蓋無爵而不榮不顯，故不足以鼓舞萬民，而不核功實，可以冒濫，雖爵亦不足以爲榮顯，人民亦將不貴其爵，不以死爭位矣。《商君書》意在説理，不尚修辭，語多簡略生澀，驟視似難通，細審乃知其意。若率爾勾乙或竟塗抹，則直強鑿混沌矣。

《校釋》：爵其實謂以爵之名加於有功之實者，如此乃足顯榮。無功之實而有爵之名,則不足榮顯矣。

不顯,則民不事爵;爵易得也,則民不貴上爵。

【校】

指海本,不叠"爵"字。"不貴"後無"上爵"二字,注:原本此下衍"上爵"二字,又上句"爵"字誤重,並依《藝文》、《御覽》删正。

【注】

《新釋》:事,思也,營也。("不貴上爵")易得則爵禄賤也。

列爵禄賞不道其門,則民不以死爭位矣。

【校】

《藝文類聚》卷五十一引,作"明主之所貴唯爵。爵賞不榮,其民不急;列爵不顯,則民不事;爵易得,則民不貴;禄賞不道,則民不以死爭位也"。

《太平御覽》卷一百九十八引,作"明王之所貴唯爵。其賞不榮,則民不急;其列不顯,則民不事;爵易得也,則民不貴"。

《錐指》:《藝文類聚》五十一引此文曰:"明主之所貴唯爵。爵賞不榮,其民不急;列爵不顯,則民不事;爵易得,則民不貴;禄賞不道,則民不以死爭位矣。"《御覽》一百九十八引作"明王之所貴唯爵。其賞不榮,則民脱"不"字急;其列不顯,則民不事;爵易得也,則民不貴"。錢熙祚刻指海本,已據二書删正今本。今録其所定於次,疑昧者可豁然也:明王當作"主"之所貴唯爵。其賞不榮,則民不急;其列不顯,則民不事;爵易得也,則民不貴;列爵禄賞不道其門,則民不以死爭位矣。

【注】

《發微》:此道亦讀爲《論語》"道之以政"之"道"。《君臣》篇:"道民之門,在上所先。"

《新釋》:道,由也。一曰:道,同首,一也。《説文》:"惟初大始,道立於一。"

《解詁定本》:不道民以爵禄之途,則民不肯趨戰鬥而爭禄位矣。師轍按:自"明王之所貴"以下多誤。《藝文類聚》五十一引作"明主之所貴唯爵。爵賞不榮,其民不急;列爵不顯,則民不事;爵易得,則民不貴;禄賞不道,則民不以死爭位也"。《御覽》九百十八(編者按:當爲一百九十八)引與《類聚》略同,惟"主"作"王","爵賞"作"其賞","其民"作"則民","列爵"作"其列","得"下有"也",無末二句。當據二書改正。

《校釋》:以死爭位,謂以死戰爭爵位也。

《校讀》:今依《御覽》所引,略加刪改,定其文如次:明主之所貴惟爵。其賞不榮,則民不急;其列不顯,則民不事;爵易得也,則民不貴列爵;禄賞不道其門,則民不以死爭位矣。

人君而有好惡,故民可治也。人君不可以不審好惡。

【注】

《讀諸子札記》:人君而有好惡,當作"人生而有好惡"。好惡以民言,不以君言。下文"夫人情好爵禄而惡刑罰"云云,即申説此義。今本作"人君",涉下文而誤。

《解詁定本》:審,慎也。

《箋正》:"君"字誤。吾仲(簡仲芬)謂"君"當作"生",涉下文"人君"而致誤。吾謂"君"當作"情",亦引下文"人情好爵禄而惡刑罰"爲佐。

《校讀》:"君"字疑當作"情",涉下文而誤。

好惡者,賞罰之本也。夫人情好爵禄而惡刑罰,

【校】

指海本"刑罰"下注:《御覽》二百七十一,"人"作"民","惡"

作“畏”。

【注】

《新釋》:《韓非子·制分》:“好惡者上之所制也。民者,好利禄而惡刑罰,上掌好惡以御民力,事實不宜失矣。然而禁輕事失者,刑賞失也。”

人君設二者以御民之志,而立所欲焉。

【校】

指海本,“設”下有“此”字,注:“設”下原脱“此”字,依《御覽》補。

【注】

《新釋》:《管子·明法解》:“明主之道,立民所欲以求其功,故爲爵禄以勸之;立民所惡以禁其邪,故爲刑罰以畏之。”此云“立所欲”者承上“好爵禄”言耳。

夫民力盡而爵隨之,

【校】

范本、綿眇閣本、吴本、程本、馮本、朱本、褒異本、且且庵本、馮抄本、奇賞本、秦駿生本、四庫本、問經堂本、崇文本,“爵”作“君”。

指海本,“爵”作“名”,注:“名”原作“君”,依《御覽》改。

《解詁定本》:按各本“爵隨”皆作“君隨”,證以《御覽》,知“君”乃“名”字之誤。名謂爵位也。秦四麟以意改“爵”,嚴校從之,而不注各本,非是。

功立而賞隨之。人君能使其民信於此如明日月,則兵無敵矣。

【校】

《太平御覽》卷二百七十一引,作“夫民情好爵禄而畏刑罰,人君設此二者以御民。夫民力盡而名隨之,功立而賞隨之。君能使其民信此明於日月,則兵無敵也”。

馮抄本,“信於此如”作“信於如此”。

指海本,“信於此如明日月”作“信此明於日月”,注:“於”字原誤在“信”下,又“明”上衍“如”字,並依《御覽》改正。

《解詁定本》:《御覽》二百七十一引作“夫民情好爵禄而畏刑罰,人君設此二者以御民。夫民力盡而名隨之,功立而賞隨之。君能使其民信此明於日月,則兵無敵也”。可互校各本。

【注】

《新釋》:(“人君能使其民信於此”)此,斥隨爵隨賞言。

《斠補》:“如明日月”當作“明如日月”。《御覽》二七一引作“明於日月”,於猶如也。今本“明如”二字誤倒,不詞,當乙正。

4. 人君有爵行而兵弱者,有禄行而國貧者,有法立而亂者,

【注】

《斠詮》;“亂”上當依下文增“治”字。

《解詁定本》:據下文“亂”上當有“治”字。

《箋正》:“亂”上疑脱“國”字。

《校釋》:(所據本“而亂者”作“而治亂者”。)“治亂”二字各本無“治”字。今據王説增。此節兩治亂字,治名詞,亂形容詞。所以形容治者,猶弱之形容兵、貧之形容國。

此三者,國之患也。故人君者先便請謁而後功力,則爵行而兵弱矣。

【校】

范本、綿眇閣本、吴本、程本、馮本、褒異本、且且庵本、馮抄本、奇賞本、秦駿生本、四庫本、崇文本、指海本,“力”後有“之精”二字。

朱本，“力”後有“之請”二字。

問經堂本，“力”後有“之請”二字，注：吴、程、施本作“精”，今從朱本。

馮抄本，“先”作“使”，“而後”前有“道”字。

【注】

《讀諸子札記》：“便”下當有“僻”字。《君臣》篇云“或事便僻而請之”，是其證。

《新釋》：《管子·任法》：“世無請謁任舉之人。”請謁，謂夤緣以遷進者。便，利也。

《斠詮》：“人君”當作“君人”。

《解詁定本》：謁，請也。請謁，請求也。各本“功力”下有“之精”二字，嚴校删去，非也。蓋“精”乃“賞”字之訛。

《香草續校書》：便，便嬖。

《錐指》：（引朱説，文見上。）禮鴻案：“後功力之賞”義不可通。此云先後，猶貴賤也。書意謂功力當在所貴耳，若功力乏賞，則何貴賤先後之可言乎！篆文“之”字與“先”字上半相同，“精”字與“請”字形近，蓋即“先”“請”二字之誤而衍者。（“則爵行而兵弱矣”）此行賞之失。

民不死犯難而利禄可致也，

【校】

馮本，“死”作“使”。

【注】

《讀諸子札記》：“死”上當有“輕”字。《戰法》篇云“民習以力功難，難故輕死”，是其證。

《新釋》：言不死於戰爭。

《錐指》：舉事之失。“死”上疑當有“出”字或“輕”字。《戰法》篇曰“難故輕死”。出死者，《賞刑》篇：“出死而爲上用。”《荀子·富國》

篇:“出死斷亡以覆救之。”又:“爲之出死斷亡而不愉”。“不”字依王念孫增。《韓非子·安危》篇(編者按:當爲《守道》篇):“戰士出死而願爲賁、育。”出當讀爲黜,亦輕也。

則禄行而國貧矣,法無度數而事日煩,則法立而治亂矣。

【校】

吴本、褒異本、且且庵本、崇文本,“而事日煩”作“而日煩”。

范本、綿眇閣本、程本、馮本、奇賞本、秦駿生本、四庫本,“而事日煩”作“而事煩”。

問經堂本,“而事日煩”下注:吴本作“日煩”,程、施作“事煩”,今從朱本。

范本、程本、馮本、四庫本,“法立”前有缺文一字。

四庫本,“煩”下注一缺字,“矣”作“夫”。

馮抄本,“法無度數而事日煩,則法立而治亂矣”作“法輔教而事煩而致法立而治亂矣”。

【注】

《解詁定本》:法無度數,謂權量度數不立,無畫一之法。

《校釋》:法無度數,謂法無定準。

《校讀》:數,即《算地》篇“審數以使民”之“數”,謂禄賞刑罰之度數也。

《錐指》:錯法之失。

是以明君之使其民也,使必盡力以規其功。

【校】

范本、吴本、程本、馮本、朱本、褒異本、且且庵本、四庫本、崇文本、指海本,“規”作“規”。

馮抄本,“規”作“視”。

【注】

《讀諸子札記》:“規”蓋“競”字之誤。上文云“爲國能使其民盡力以競其功”,是其證。

《新釋》:規,圖也。

《斠詮》:下“使”字當在“必”字下。規,崇文本作“䙳”。蓋“規”字隸書作“䙳”,因而致訛。《説民》篇云“别而䙳者奸也”,“規”亦誤作“䙳”,可以互證。

《箋正》:下“使”字在“必”字上,與在“必”字下均通,在上比較義長。

功立而富貴隨之,無私德也,故教法成。如此,則臣忠君明,治著而兵强矣。

【校】

范本、吴本、程本、馮本、朱本、褒異本、且且庵本、馮抄本、四庫本、崇文本、指海本、初校本,“法”作“流”。

問經堂本“教法”下注:各本作“流”,今從施本。

初校本“如此”下注:按此句當有缺誤。

【注】

《校正》:(“故教法成”作“故教流成”。)案,“成”上疑脱“德”字。上文云“德明教行”可證。

《新釋》:(“無私德也”)言非私恩。《韓非子·外儲説左》:“以功受賞,臣不德君。”(“故教流成”)流,化也。

《斠詮》:嚴氏曰:“此句疑有闕誤。”時潤謹案:“流”當作“化”,此文當以“故教化成”爲句,“如此”二字屬下讀。

《解詁定本》:王時潤曰:“流當作化。”師轍按:“故教流成”句,“如此”句,《廣雅·釋詁》:“流,化也。”“流”字不必改。嚴、王校俱非。又按“流”綿眇閣本作“法”,亦通。

《校釋》:"化"字各本作"流"。(引王説,文見上。)今據王説改"教流"爲"教化"。

《錐指》:(引嚴校、王説,文見上。)禮鴻案:"如此"屬下是也。"流"疑"德"字之訛,草書形相近耳。上文曰:"德明教行。"

故凡明君之治也,任其力不任其德,

【校】

范本、綿眇閣本、吴本、程本、馮本、朱本、褒異本、且且庵本、馮抄本、奇賞本、秦駿生本、四庫本、問經堂本、崇文本、指海本,"任其力不任其德"作"任其德不任其力"。

【注】

《解詁定本》:各本作"任其德不任其力",似與商君意不合,當從嚴校本。

是以不憂不勞,而功可立也。

【校】

馮抄本,"憂"作"優"。

【注】

《新釋》:憂,優也。謂無勞則不優賞之。《賞刑》篇:"故賢者不憂。"

度數已立,而法可修。故人君者,不可不慎己也。

【校】

秦駿生本,"修"作"脩"。

【注】

《錐指》:"修"當作"循"。

夫離朱見秋毫百步之外，而不能以明目易人；烏獲舉千鈞之重，而不能以多力易人。夫聖人之存體性，不可以易人。

【校】

初校本，“毫”作“豪”。

馮抄本，“離朱”作“商末”，“而不能以”作“而以能”。

【注】

《諸子平議》：易者延也。《詩·皇矣》篇鄭箋曰：“施，猶易也，延也。”是“易”與“延”同義也。離朱之明目，烏獲之多力，聖人之體性，皆不能延及於他人之身，故曰不可易也。

《札迻》：易，“賜”之借字。古鐘鼎款識皆以“易”爲“賜”。易人，猶言“賜予人也”。

《校正》：易，謂變易。言三者不能以變易人，惟恃法也。《畫策》“故曰仁者能仁於人，而不能使人仁；義者能愛於人，而不能使人愛；是以聖人有必信之性，又有使天下不得不信之法”，即此意。

《發微》；易，即交易之易，言離朱、烏獲不能以明目（按：“目”字王稿誤脱）多力與人易，聖人不能以體性與人易，即《孟子》“能與人規矩，不能使人巧”之意，不必改字。

《解詁》：《國語·齊語》注：“易，變易也。”言離朱之明目、烏獲之多力、聖人之體性，不可以變易人使如己。

《新釋》：《孟子》“離婁之明”。離婁，即離朱也，《慎子》作“離珠”，《集韻》作“矖瞜”，《説文》：“瞴婁，微視也。”故以之爲明目者之稱。易，交易也。《説文》作傷。《史記·秦本紀》“武王有力好戲，力士任鄙、烏獲、孟説皆至大官”，此云烏獲則爲孝公前人，先武王遠甚，非武王時之烏獲也。烏，武也。獲，獵所得也。烏獲猶云武獲，蓋爲古有力者之稱，後武士多冒名之，如美女之稱西施然。多，大也。《孫子·形（編者按：當爲軍形）》篇“舉秋毫不爲多力”。《弱民》篇曰：“聖賢在體性也，不能以相易也。”存，即在耳。

《斠詮》：俞、孫兩説均嫌牽強。此三“易”字，實當讀若《論語》“賢賢易色”之“易”。易人，即世俗所謂换人也。《小爾雅·廣詁》篇：“换，易也。”《説文解字》、《玉篇》、《廣韻》同訓，是即“易”、“换”同誼之證。言離朱、烏獲、聖人不能以其明目、多力、體性，與人相易也。

《解詁定本》：《莊子·天地》篇：“黄帝游乎赤水之北，登乎崑崙之山，南望而歸，遺其元珠，使知索之不得，使離朱索之。”趙岐《孟子》注：“離朱，即離婁也。能識於百步之外，見秋毫之末”。（引孫説，文見上。）師轍按：易，讀如《易·繫辭》“交易而退”之“易”。《説文》：“换，易也。”易人，猶言换與人也。皇甫謐《帝王世紀》云：“秦武王好多力之士，烏獲之徒並皆歸焉。秦王於洛陽舉周鼎，烏獲兩目血出。”《史記·秦本紀》：“武王有力好戲士（編者按：當作“好戲，力士”），任鄙、烏獲、孟説皆至大官。王與孟説舉鼎，絶臏。八月，武王死，族孟説。”師轍按：商君死距武王薨三十年。

《箋正》：俞、孫兩説自然失當，要不若王説之陋而無理。聖人治國或平天下，烏用體性與人相易，且如何能相易，豈非奇論。蓋鞅意在崇法治而斥人治，若曰雖有聖知不能以聖知治人，猶之乎離朱不能恃其明以治人，烏獲不能恃其勇以治人。此與《孟子》“離婁之明、公輸子之巧，不以規矩不能成方圓；師曠之聰，不以六律不能正五音；堯舜之道，不以仁政不能平治天下”同一設喻。蓋“易”字原本蜥易守宫之别名，以語言假借爲難易之易，而引申爲治理之易。《禮》“易墓非古也”，注：“易，謂芟除草木。”芟除草木亦治之之謂也。故《廣韻》訓易有難易、簡易、變易、治也、改也等義。《孟子》“易其田疇”，又“深耕易耨”，“易”皆作“治”字用。

《校釋》：以上四説（編者案：指俞、孫、王、簡）俱欠妥。易人之“易”字宜作“移風易俗”及“夷子思以易天下”之“易”字解，謂變易、變化也。猶曰聖人不能以其所存之體性變易他人，而使之亦存體性，然能易人以立功者，惟以法耳。烏獲爲秦武王時力士，距商鞅死約三十年，詳《史記·秦本紀》，可見此篇非鞅所作。

《錐指》：《莊子·駢拇》篇：“而離朱是已。”釋文：“司馬云：‘黄帝時人，百步見秋毫之末；一云：見千里針鋒。《孟子》作離婁。'"或曰："烏獲爲秦武王時力士，距商鞅死約三十年，詳《史記·秦本紀》。可見此篇非鞅所作。"禮鴻案：《説文》："鈞，三十斤也。"（引王説，文見上。）禮鴻案：易當如王氏訓爲移。易人，謂移於人也。《畫策》篇曰："仁者能仁於人，而不能使人仁；義者能愛於人，而不能使人愛；是以知仁義之不足以治天下也。"足以詮此文。

《箋記》：烏獲蓋古力士，猶羿之後有羿也。

然而功可得者，法之謂也。

【注】

《解詁定本》：無聖人之才能，而可得聖人之功者，以有法度可遵守也。

《校讀》："法"上當據《弱民》篇補"舉"字。又《弱民》篇"背法而治"下至篇末，疑是此篇脱文。

《錐指》：此下有脱文，錯在《弱民》篇，蒙氏説。

戰法第十

本篇校勘所據版本：范本、綿眇閣本、吴本、程本、馮本、朱本、褒異本、且且庵本、馮抄本、奇賞本、四庫本、問經堂本、指海本、崇文本、初校本，共十五種。

下列版本無本篇：古逸本、品節本、匯函本、秦駿生本，共四種。

【題解】

《錐指》：《漢書·藝文志·諸子略》："法家，《商君》二十九篇。"《兵書略》："權謀家，《公孫鞅》二十七篇。"王時潤謂二略所著録即一書（湖南大學《文哲叢刊》卷一）。案：劉向典校六藝經傳諸子，而兵書校於任宏，初不相謀。劉歆繼父業，總爲《七略》，有並存之例。班固據《七略》作《志》，乃加删省，其迹猶見於注。章學誠《校讎通義》专明之，謂之互著。據《志》注，《兵書略》權謀家省伊尹、太公、管子、孫卿子、鶡冠子、蘇子、蒯通、陸通、淮南王九家，技巧家省墨子一家。是謂劉歆於《兵書略》中本録此十家也。而諸子儒家有孫卿子、陸賈，道家有伊尹、太公、筦子、鶡冠子，墨家有墨子，縱横家有蘇子、蒯子，雜家有淮南《内》《外》。嘗試論之，孫卿子在諸子儒家，淮南王在雜家，而又著録於兵書略權謀家：孫卿子則以

《王霸》、《議兵》諸篇故，淮南王則以《兵略》篇故，不必全書皆言兵也。墨子在諸子墨家而又見於《兵書略》技巧家，則以《備城門》以下諸篇故，不必全書皆言兵也。《商君書》昌言兵農，其專言兵者又有此下三篇及後《境内》篇，固得互存於諸子兵書。班氏循而不省，或係偶爾漏删，或因《商君》、《公孫鞅》題號不同而失删也。王氏謂兩略所録即一書，其説甚是。至二十九、二十七篇數不同，則劉向、任宏所據之本本不必同，分合多寡之間已不可考，不得斠令畫一矣。

1. 凡戰法必本於政勝，則其民不爭；

【注】

《發微》：《淮南・兵略》："修政於境内而遠方慕其德，制勝於未戰而諸侯服其威，内政治也。"

《讀諸子札記》："政勝"二字當重。

《新釋》：《淮南・兵略》："兵之勝敗本在於政，政勝其民，下附其上，則兵強矣；民勝其政，下畔其上，則兵弱矣。"其云下附其上者，即此民不爭意也。

《校讀》："則上"當重"政勝"二字。

《錐指》：陶鴻慶曰："政勝二字當重。"禮鴻案：此重一"政"字即得，"凡戰法必本於政"句，"政勝則其民不爭"句。下文"故王者之政"，即承此"必本於政"而言。《説民》篇曰："民勝其政，國弱；政勝其民，兵強。"《畫策》篇："能勝強敵者，必先勝其民者也。"

《箋記》：當重"政"字。商君之意，蓋以戰法寓諸政令，政令之勝敗即戰法之勝敗也。下文"其政出廟算者"即申此意。《説民》篇云"政勝其民兵強"。又，據《説民》篇文，"則"字當在"其民"下。

爭則無以私意，以上爲意。

【校】

初校本，“爭”上有“不”字。

【注】

《新釋》：上下一心。《孫子·計》篇：“道者，令民與上同意也。”

《斠詮》：崇文本無下“不”字，誤。

《評注》：（“爭”上有“不”字。）教戰之法，其道不繫乎勇武，務在政成而民和。民和則私意少而急公家之難。

《解詁定本》：（“爭”上有“不”字。）戰法先以修内政爲本，所謂戰勝於廟堂之上。政修則民不爭，不爭則不以私意害公，而以君上之意爲意。上下協和，故戰必勝。《孫子·計》篇：“道者，令民與上同意也。”

《錐指》：孫星衍本、指海本亦無“不”字，義長。“爭”字冒下二句。

無以私意，則怯於邑鬥。

故王者之政，使民怯於私鬥，而勇於寇戰。

【校】

范本、綿眇閣本、吴本、程本、馮本、朱本、褎異本、且且庵本、馮抄本、奇賞本、四庫本、問經堂本、指海本、崇文本，“王者”作“王兵”，“私鬥”作“邑鬥”。

初校本，“私”作“邑”，注：范本“邑”作“私”。（按：《四部叢刊》所收上海涵芬樓影印天一閣范本“邑”不作“私”，與嚴萬里注不同。）

《東塾讀書記》引，“王者”作“王兵”，“私鬥”作“邑鬥”。

【注】

《發微》：《史記·商君傳》：“受上爵爲私鬥者，各以輕重被刑。民勇於公戰，怯於私鬥。”

《新釋》：邑門爲國鬥。《韓非子・八奸》："邑鬥之勇無赦罪。"《左・文七傳》："兵作於内爲亂，於外爲寇。"

《評注》：畏法故怯於邑鬥，奉公故勇於寇戰。

《解詁定本》：《韓非子・八奸》："邑鬥之勇無赦罪。"注："邑鬥，謂勇者（編者按：上五字應爲"邑鬥勇者，謂"）恃力，與邑人私鬥。"《左・文七傳》："凡兵作於内爲亂，於外爲寇。"寇戰，謂與敵國戰。

《錐指》：《韓非子・八奸》篇"軍旅之功無踰賞，邑鬥之勇無赦罪。"舊注："邑鬥勇勇上脱之字，謂持其力與人私鬥。"此作"邑鬥"是。寇戰，攻敵也。

《箋記》："邑鬥"當作"私鬥"。《史記・商君傳》載商鞅定變法之令，有私鬥字，又言："行之十年，秦民大悦，民勇於公戰而怯於私鬥。"

民習以力功難，故輕死。

【校】

范本、綿眇閣本、吴本、馮本、奇賞本、指海本、崇文本、初校本，"功"作"攻"。程本、朱本、褒異本、且且庵本、四庫本、問經堂本，"力"作"立"，"功"作"攻"。

初校本，"難"字重。

《解詁定本》：各本"力"作"立"，誤。又俱無下"難"字，疑嚴校本衍。

【注】

《解詁》：《漢書・賈誼傳》集注引蘇林："輕，易也。"言民習以其力攻難則易死。

《評注》：習，謂習慣。以力攻難，非謂戰也，如開墾草田之類。習於作苦，故多力而易奮。

《校釋》："故"上嚴校本叠一"難"字，屬下讀，影范本、崇文本俱不叠。朱説："吴本、四庫本無下'難'字。"按叠者衍文。因民輕死乃由於習以力攻難，非由於難也。今删。

《錐指》:(叠一"難"字。)"民習以力攻"逗,"難"字句絶,"難故輕死"又一句。欲民習於以力攻敵,始甚難也。既已習之,則難者亦易矣,故輕死。《説民》篇曰:"國好力,曰以難攻;國好言,曰以易攻。民易爲言,難爲用。國法作民之所難,兵用民之所易。"此云"民習以力攻,難",即國法作民所難之説。"難故輕死",即"兵用民之所易"之説。崇文本不叠"難"字,非也。

見敵如潰,潰而不止,則免。

【注】

《發微》:(以"潰潰"連讀。)《淮南·兵略》:"善用兵者,勢如决積水於千仞之堤。"《詩·大雅·召旻》傳:"潰潰,亂也。"又爲"讃"之假,《説文》:"讃,中止也……《司馬法》曰:師多則人讃讃止也。"

《解詁》:《左氏·僖三十一年經》注:"免,猶縱放不殺之也。"見敵,如敵□而潰潰而不止,則聽其免,此所謂窮寇勿追也。

《新釋》:潰,壞散也。《左·文三傳》:"凡民逃其上曰潰。"潰而不止則免,恐其反鬥。免,放縱也。

《斠詮》:"如"與"而"通。

《評注》:方與敵遇,即如敵之既潰,氣足以攝之也。真潰矣,且潰而不敢中止矣,於是免而勿追。孫子所謂窮寇莫追也。

《解詁定本》:《爾雅》:"潰潰,怒也。"《廣雅》:"免,隤也。"隤者,下也。見敵如怒而不止,則能攻下之。評校本讀"見敵如潰"句,言見敵如潰散,潰散而不止,恐有伏,故縱之而不窮追。免,猶縱也。

《箋正》:王氏意以《商子》文義作"見敵而潰",此則不知何解。夫輕死攻難之兵,何至見敵而輒潰?見敵而潰者,於商子何所取?爲國治兵者,誰欲其兵見敵而潰?兵之見敵而潰,寧待善政、善教而後能?竊謂此"如"字萬不可涉"而"字義,見敵如潰猶書謂從惡如奔,從諫如流,言兵之捨死趨敵,勢之勇猛不可制止,如水之潰然。蓋潰雖非善字,而以形容好戰輕死之兵之勇往直前,恰到好處。但勇往之氣只可利用於一時,決難持久。潰而不止則免,“免”字疑爲“危”字之訛,以潰而不止必危,故復申之曰“故兵法大戰勝,逐北無過十里,小戰勝,逐北無過五里”云。《商君書》本篇言兵之用必本於政,政勝則民不爭,怯邑鬥而勇寇戰,且習於輕死趨敵、見敵如潰。但趨敵過甚恐蹈危機,故曰潰而不止則危,而舉兵法云云,斯正窮寇勿追之義也。

《校釋》:(引王説、簡説,文見上。)王説與上下文均不協,簡説須改字就義,失之牽強。朱説較爲得之,亦與下文不協。原文如無缺誤,似不如讀爲“見敵如潰潰而不止,則免”。如,若也。潰,潰退,潰敗也。潰潰而不止,猶言潰而又潰,續潰不止也。免,謂不可再追攻也。見之主詞爲民,而潰之主詞則爲敵,非民。全句猶云:民見敵,若敵潰而又潰至不止時,則不可再追攻也。如此解釋,既與上下文相協,亦不必改字就義矣。

《錐指》:“免”字義未詳。

故兵法:大戰勝,逐北無過十里;小戰勝,逐北無過五里。

【校】

馮抄本,“大戰”下無“勝”字。

《東塾讀書記》引,兵法前無“故”字。

【注】

《發微》:《司馬法·仁本》篇:“古者逐奔不過百步。”又,《天子之義》:“古者逐奔不遠。”

《新釋》:逐,追也。北,敗也。《孫子·軍爭》:“窮寇勿迫。”

《評注》:十里、五里,言其少。

《解詁定本》:《説文》:“逐,追也。”《史記·樂書》:“北者,敗也。”

《錐指》:兵力欲其厚,氣欲其怒,過用則耗竭。勝勿窮追,所以盛力蓄怒,求爲可繼也。今傳《司馬法》曰:“古者逐奔不過百步,縱綏不過三舍。”裴駰《史記晋世家集解》引“縱綏”作“從遁”。曰:“三舍,九十里也。”

2. 兵起而程敵，

【注】

《發微》：程，量也。孟子曰："量敵而後進"。《孫子・謀攻》："知己知彼。"程敵者，知彼也。又，《計》篇："主孰有道，將孰有能，天地孰得，法令孰計，兵甲孰強，士卒孰使，賞罰孰明，吾以此知勝負矣。"《六韜・兵徵》："太公曰：勝負之徵，精神先見，明將察之。"

《新釋》：程，量也。

《解詁》、《解詁定本》：《廣雅・釋詁》："程，量也。"

《評注》：程，量度也。《荀子・致仕》篇："程者，萬物之準。"注："度量之總名。"度量所以量度物之長短多寡，故引申之爲量度也。

《校釋》：程敵，量敵也，與《禮記・儒行》"引重鼎不程其力"之"程"字同義。

《錐指》：《禮記・儒行》篇："引重鼎不程其力。"鄭玄注："程，猶量也。"程敵即量敵。

政不若者勿與戰，

【校】

馮抄本，"政"下有"而"字。

范本、程本、馮本、朱本、四庫本，"不"前有缺文一字。

【注】

《新釋》：若，如也。《孫子・謀攻》："不若則能避之。"

《評注》：能信用其民者，必能得其死力，是誠不可與爭鋒。

食不若者勿與久，

【注】

《新釋》：勿與久持。《墨子・號令》："其延日持久。"

《評注》：食且盡，利在速戰。

《解詁定本》:勿與久相持。

《校釋》:勿與久,謂不與作持久戰。

《新箋》:朱師轍曰:"勿與久相持。"亨按:一"久"字不能有久相持之意,朱氏增字爲訓,非也。久者拒也。《説文》:"久,從後灸之"灸"當作"久",象人兩脛後有歫也"歫"即"拒"字。《周禮》曰:'久諸牆以觀其橈。'"是久之本義爲拒。詳見拙著《墨經校詮》卷二。此言食糧之豐足不如敵人,則勿與之相拒,勿與之相持也。

《錐指》:久謂相歫日久。《説文》:"久,從後灸之,象人兩脛後有歫也。《周禮》曰:'久諸牆以觀其橈。'"段玉裁曰:"火部曰:'灸,灼也。'灸有迫箸之義,故以灸訓久。《士喪禮》:'鬲幎用疏布久之。'鄭曰:'久讀爲灸,謂以蓋塞鬲口也。'《既夕》:'苞、筲、甕、甒皆木桁久之。'鄭曰:'久讀爲灸,謂以蓋案塞其口。'此經二久字本不必改讀,蓋久本義訓從後歫之,引申之,則凡歫塞皆曰久。鄭以久多訓長久,故易爲灸以釋其義。《考工記》:'灸諸牆以眂其橈之均。'鄭曰:'灸猶柱也,以柱兩牆之間。'許所偁作久,與《禮經》用字正同。許蓋因經義以推造字之意,因造字之意以推經義,無不合也。相歫則其候必遲,故引申爲遲久。"《戰國・楚策》:"張儀説楚王曰:'臣聞之,兵不如者勿與挑戰,粟不如者勿與持久。'"

敵衆勿爲客,

【注】

《解詁》:敵衆勿爲客,言須爲主,以逸待勞。

《新釋》:起兵伐人謂之客。《孫子・九地》:"凡爲客之道。"

《評注》:寧我薄人,無人薄我。夾水而軍,半濟而擊,可也。兩軍對壘,攻其無備,亦可也。

《解詁定本》:《國語・越語》"弗爲人客",韋注:"攻者爲客。"敵衆不可輕易爭利,當以逸待勞,則爲主而不爲客。

《校釋》:舊兵法以攻爲客,以守爲主。勿爲客,謂不取攻勢也。

《香草續校書》:勿爲客,則宜爲主。攻人爲客,應敵爲主。

《錐指》:《春秋公羊·莊廿八年傳》:"伐者爲客,伐者爲主。"何休注:"伐人者爲客,讀伐長言之;見伐者爲主,讀伐短言之。齊人語也。"

敵盡不如,擊之勿疑。

【校】

馮抄本,"疑"上缺"勿"字。

【注】

《新釋》:如,及也。

《評注》:盡不如,謂三者之中無一足恃也。擊之勿疑,恐其援兵至且餉道通也。

故曰:兵大律在謹。

【注】

《新釋》:謹,慎也。《荀子·議兵》:"敬敵無曠。"

《評注》:紀律在部伍嚴肅。

《解詁定本》:用兵大律在於謹慎。《荀子·議兵》"敬敵無曠"是也。

《次室讀書記》:"大"疑"丌"之誤。丌者,"其"之古文,見《韓□□碑》、《玉篇》、《汗簡》。

論敵察衆,則勝負可先知也。

【校】

范本、綿眇閣本、吴本、程本、馮本、朱本、褒異本、且且庵本、馮抄本、奇賞本、四庫本、問經堂本、指海本、崇文本,作"論敵察,則衆勝負可先知也"。

《斠詮》:崇文本“則”在“衆”上,誤。

《校讀》:(引王説,文見上。)季甫按,天一閣本、文津閣本、綿眇閣本並與崇文本同。

【注】

《發微》:《淮南·兵略》“夫論除謹,動靜時,吏卒辨”,即此所謂謹也、論敵察衆也。高注:“論賢除吏。謹,慎也。”(編者按:高注“論賢除吏”上有“論除”二字。)

《解詁》:《爾雅·釋詁》:“察,審也。”

《新釋》:負,敗也。《孫子·謀攻》:“不知彼而知己,一勝一負。”《法言·重黎》:“自屈者負。”

《評注》:察,明也。衆,己之衆也。不戰而勝負可決,《孫子》所謂“知彼知己,百戰不殆”也。

《解詁定本》:各本“則”在“衆”上,是以“論敵察”爲句。嚴校改,不注明,非。

3. 王者之政,勝而不驕,敗而不怨。

【校】

初校本,“政”作“兵”。

《解詁定本》:(作“王者之兵”。)各本“兵”作“政”。

【注】

《新釋》:《秦策》“王兵勝而不驕”,語出此。

《錐指》:《戰國策·秦策》:“王兵勝而不驕,伯主約而不忿。”

勝而不驕者,術明也;敗而不怨者,知所失也。

【注】

《新釋》:術,道也。

若兵敵強弱，將賢則勝，將不如則敗。

【校】

初校本"弱"字下注：按"弱"字誤，或下有缺文。

【注】

朱本眉注：顧起元曰：強弱，言強弱相均。

《校正》：吴（編者按：當作嚴）云："弱字誤，或有缺文。"案："敵強"當乙轉。

《發微》引與上説同。

《讀諸子札記》："敵"字疑當在"強弱"下。本作"兵強弱敵"，言兵之強弱彼此相敵，則視將之賢否以决勝敗也。

《新釋》：敵，等也。《秦策》："四國之兵敵。"

《斠詮》：兵敵強弱，當作"敵強兵弱"。

《次室讀書記》：《鹽鐵論·復古》篇"兵敵弱而易制"，語出於此。"弱"字疑衍。

《解詁定本》：當作"若兵弱敵強"。陶（鴻慶）校："敵"字疑在強弱下……（引見上）亦通。

《箋正》：（引嚴校、王説，文見上。）謹案，嚴説是。蓋商子原意似謂兵敵相若則將賢者勝耳，若兵弱敵強，勝敗已不待問，非諳於敵我之形者，未有敢冒然以國與軍作孤注者也，豈兵起而知程敵、知敵我之政、知敵我之食與衆者宜出哉。故王説於語似通，於理殊陋。

《校釋》：（於"強弱"下增"相若"二字。）各本於"強弱"字下無"相若"二字。……按"弱"字下增"相若"兩字，即文理俱通，嚴謂有闕文者是也。今依文義增。

《香草續校書》：（"若兵敵強弱"）謂強弱相等也。

《錐指》：（引嚴校及王説、簡説，文見上。）禮鴻案：作"敵強兵弱"是也。此文意在抑揚其詞，極言政出廟算之要，故謂將賢則兵弱亦勝，政出廟算則將不如亦勝。語意逆推而上，曉然可知，豈如簡説商子原意謂"兵敵相若則將賢者勝"乎？若以兵弱必敗，則將不如亦勝又何説焉？且如韓信背水之戰，兵纔數萬，趙軍號二十萬，而能破趙，信之自言曰："信非得素拊循士大夫也，是所謂驅市人而戰之。"是非兵弱將賢而勝乎？然則王説於語實通，於理不陋。

《校讀》：（引嚴校，文見上。）"弱"字當爲"若"字之誤，言兵相敵、強相若則勝負在將也。此文本分三層，自"兵起程敵"以下，一爲我不若敵，二爲敵不若我，則此當爲敵我相若者明甚。

《斠補》：兵敵強弱，即謂兵之強弱彼此相敵也。文本無誤，嚴、朱説並非；陶説亦拘泥。

若其政出廟算者，將賢亦勝，將不如亦勝。

【校】

馮抄本，"賢"作"矣"。

【注】

《發微》：《淮南子·兵略》："廟戰者帝。""凡用兵者，必先自廟戰，主孰賢，將孰能……故運籌於廟堂之上而決勝乎千里之外。"《鄧析子·無厚》："慮不先定，不可以應卒；兵不閑習，不可以當敵；廟算千里，帷幄之奇；百戰百勝，黄帝之師。"

《新釋》，首句下注：廟算，朝算也。政出廟算，即上所謂"政勝"。《孫子·計》篇："未戰而廟算勝者，得算多也。"説者謂古者興師命將，心致齋於廟，授以成算，然後遣之，因稱廟算。其説狹。或者廟算謂妙算與？句末注：以廟算勝也。即《孫子·謀攻》所謂"不能而能屈人之兵"者。

《解詁定本》：《孫子》："未戰而廟算勝者，得算多也。"杜牧曰："廟算者，計算於廟堂之上。"師轍按：古者國家大政謀於太廟，凡國功曰廟算、廟謨也。

《校釋》："廟算"爲先秦兵法之一專門名詞。《孫子·計》篇："夫未戰而廟算勝者，得算多也；未戰而廟算不勝者，得算少也。"杜牧注："廟算者，計算於廟堂之上也。"張預注："古者興師命將，必致齋於廟，授以成算，故謂之廟算。”以今語釋之，則廟算爲政府預定之政略與戰略也。

《錐指》：《孫子・計》篇：“夫未戰而廟算勝者，得算多也；未戰而廟算不勝者，得算少也。”杜牧注：“廟算者，計算於廟堂之上也。”張預注：“古者興師命將，必致齋於廟，授以成算，故謂之廟算。”

4. 持勝術者，必強至王。

【校】

范本、綿眇閣本、吴本、程本、馮本、朱本、褒異本、且且庵本、馮抄本、奇賞本、四庫本、問經堂本、指海本、崇文本，“持”上有“政久”二字。

初校本注：秦本“持”上有“政久”字。

《解詁定本》：各本俱有“政久”二字，是。與下文“行是久必王”相應。嚴校從元本删去，非。兹從各本補。

【注】

《新釋》：《吕覽・慎大》：“善持勝者，以術強弱。”

《解詁定本》：《吕覽・慎大》：“唯有道之主能持勝。”又曰：“善持勝者，以術強弱。”

《校釋》：嚴校本無“政久”二字。……按影范本、崇文本亦俱有“政久”字。“政久持勝術者必強至王”乃上句“政出廟算”之進一解。“政久”之“政”，與“政出”之“政”，爲同物。勝術即指廟算而言。上句言一戰而先有廟算，則可勝。此句言久施勝術，則必強而王，蓋進論廟算之重要也。若删“政久”兩字，則此句之義既晦，亦與上句不相屬矣。

《錐指》：嚴萬里曰：“秦本持上有政久字。”禮鴻案：指海本亦有政久字，是也。此即篇首所謂“凡戰法必本於政”也。

《箋記》：“政久”當作“政之”，“久”字涉上文而誤。

若民服而聽上，則國富而兵勝，

【校】

問經堂本，“上”作“士”。

【注】

《發微》：《淮南·兵略》：“下不親上，其心不用；卒不畏將，其形不戰。”

《新釋》：聽，從也。《錐指》注同。

行是必久王。

【校】

朱本本行眉注：又曰（編者按：即顧啓元曰）：“此處多有脱漏。”

【注】

《札迻》：當作“行是久必王”，今本誤倒，不可通。

《新釋》：謂能與敵持久而已國王。

《校釋》：（引孫説，文見上。）按今本“行是必久王”不誤，可通。行是之是，指上句“政久持勝術”而言。此句爲“政出廟算”之又進一解。猶曰：政久持勝術者又能使民服而聽上，國富而兵勝，則不惟可王於一時，且必久王矣。上句重在久持勝術之效，此句重在民服而聽上之效。若如孫説，則其行均爲久，其效均爲王，兩句有重複之嫌。

其過失，無敵深入，

【注】

《新釋》：謂用兵之過失。無，猶輕也。

《解詁定本》：《説文》：“無，豐也。”先大父（朱駿聲）曰：“今借爲有鮇字。”

此文無敵，乃“無”字本訓。無敵，謂敵衆多也。

《校釋》：“無敵”二字一逗，謂藐視敵人也。

《新箋》:朱師轍曰:"《説文》:'無,豐也。'無敵謂敵衆多也。"亨按:朱説殊牽強。余謂無敵者謂未遇敵人也。蓋敵人堅壁清野以誘我,我如深入,則陷於危境,如下文所云也。此乃用兵者之過失。

俈險絶塞,

【注】

《札迻》:(以"深入俈險絶塞"爲句。)"俈險"義難通,俈當爲偝,形近而誤。偝與背同。《禮記·明堂位》注:"負之言偝也。"《釋文》云:"偝本作背。"

《發微》:《淮南·兵略》:"硤路津關,大山名塞,龍蛇蟠,屈笠居,羊腸道,發笱門,一人守隘而千人弗敢過也,此謂地勢。因其勞倦怠亂飢渴凍暍……此謂因勢。""相地形,處次舍,治壁壘,審煙斥,居高陵,舍出處,此善爲地形者也。因其飢渴凍暍、勞倦怠亂、恐懼窘步,乘之以選卒,擊之以宵夜,此善因時應變者也。"

《新釋》:俈,階也。絶,度也。《東周策》:"秦敢絶塞而伐韓者。"

《解詁定本》:(引孫説,文見上。)師轍按:孫説是。《廣雅》:"背,負也。"《周策》:"秦敢絶塞而伐韓。"

民倦且飢渴,而復遇疾,此其道也。

【校】

馮抄本,"而復遇疾"作"而遇復疾"。

【注】

初校本注:"其過失"以下一切舊本並多舛誤。今案文義,當作"兵之過失在深入敵,阻險絶塞,民倦且飢渴,而復遇疾,此敗道也"。

《新釋》:兵徵於民,故兵又稱民。疾,壯也,謂敵氣壯。其同幾,危也。

《解詁定本》:"此"當作"北",形近而訛。北,敗也。謂敗北乃其道也。

《校釋》:(改“其”爲“敗”。)句中“敗”字,各本作“其”,依嚴説改。……按“無敵”二字一逗,謂藐視敵人也。朱説(引文見上)亦可通。

《錐指》:(引嚴校、孫説,文見上。)禮鴻案:孫改“偕”爲“偝”,嚴改“其過失”爲“兵之過失”,“其道”爲“敗道”,皆是。惟改“無敵深入”則非。無當讀作慢。無屬輕唇音微紐,慢屬重唇音明紐,古音微紐歸明也。《廣雅》:“曼,無也。”曼可訓無,則無可訓慢矣。《韓非子·詭使》篇:“威利,所以行令也。而無利輕威者,世謂之重。”無利輕威即慢利輕威,無敵深入即慢敵深入也。絶者,《文選·封燕然山銘》注:“《漢書》曰:‘衛青復將六將軍絶漠。’臣瓚曰:‘直度曰絶。’”塞者,《戰國策·秦策》曰:“世主不敢交陽侯之塞。”注:“塞,隘處也。”偝險則猝不易退,絶塞則疲不堪進,是敗道也。

故將使民者乘良馬者,不可不齊也。

【注】

初校本注:“使民者”下當有闕文。

《新釋》:(“故將使民者”)將,帥也。使,吏也,謂軍吏。《墨子·號令》“使卒民不欲寇”,謂吏卒民也。(“乘良馬者”)借馭馬以爲馭吏之喻。《韓策》:“秦馬之良,探前趹后蹄間三尋者不可稱數。”《風》詩言物不出本竟(編者按:當作“境”),此故舉良馬以爲此。(“不可不齊也”)齊,猶謹也。

《解詁定本》:上“者”字乃“若”字之訛,當作“若乘良馬者”。齊,謂整齊調和也。

《校釋》:“齊”字疑爲“謹”字之誤,上文“兵大律在謹”是其證。

《錐指》:(引嚴校、朱説,文見上。)禮鴻案:此未詳,疑嚴説近是。

立本第十一

本篇校勘所據版本：范本、綿眇閣本、吴本、程本、馮本、朱本、褒異本、且且庵本、馮抄本、奇賞本、四庫本、問經堂本、指海本、崇文本、初校本，共十五種。

下列版本無本篇：古逸本、品節本、匯函本、秦駿生本，共四種。

【題解】

《新釋》：《商君書》二十九篇，以法名篇者四：曰更法、曰錯法、曰戰法、曰慎法。此篇名曰立本，篇中仍屢言法，似以法爲本矣。然細頑此篇"兵生於治"、"生於法"、"本於心"三語，當以心爲治法之本。然則立本者，謂兵以治、法爲本，而治、法以心爲本。心即人心，孟子所謂人和也。

《解詁定本》：立治國強兵之本也。

1. 凡用兵，勝有三等：若兵未起則錯法，錯法而俗成，而用具。

【注】

《札迻》："俗成"二字當重，今本誤脱。

《新釋》:用,財用也。

《解詁定本》:孫詒讓曰:"俗成二字當重,今本誤脱。"師轍按:孫説是也。蓋用兵制勝之道,其次序有三:兵未起先修法度,法度修而民俗成,民俗成而器用具,然後可戰。

《錐指》:《史記》本傳曰:"令鞅爲左庶長,卒定變法之令……有軍功者各以率受上爵,爲私鬥者各以輕重被刑。"此錯法之説行於秦者也。又《韓非子·初見秦》篇此篇非韓非作,蓋作於秦昭王時,莫能得其主名曰:"今秦出號令而行賞罰,有功無功相事也,出其父母懷衽之中,生未嘗見寇耳,聞戰,頓足徒裼,犯白刃,蹈爐炭,斷死於前者皆是也。"若此,可謂俗成者矣。

此三者必行於境内,而後兵可出也。行三者有二勢:一曰輔法而法行,二曰舉必得而法立。

【校】

初校本,"一曰輔法而法行"句無"行"字。

《斠詮》:(作"一曰輔法而法"。)"法"下當依崇文本增"行"字。

《校釋》:("而法行")"行"字嚴校本闕,今依影范本及崇文本。

【注】

《發微》:(作"一曰輔法而法"。)"輔法而法"之下疑有脱文,脱一字。

《解詁》:助法者則可使法之行,此一勢也。所舉之事皆必得而不徒爲具文,則法自立,此又一勢也。

《新釋》:勢,猶要也。輔,助也。輔法,謂法外諸政治。舉,選舉也。得,謂得人。

《解詁定本》:《韓非子·八説》:"勢者勝衆之資也。"《廣雅》:"輔,助也。"行三者有二利:一曰以法爲輔而法行,二曰舉事必當而法立。

《香草續校書》:(作"一曰輔法而法"。)"而法"下脱一字,疑是"行"字。

《錐指》：三等以錯法爲本，然法不能自行、自立，必有行之、立之者。《畫策》篇曰："國皆有法，而無使法必行之法；國皆有禁奸邪、刑盜賊之法，而無使奸邪盜賊必得之法。爲奸邪盜賊者死刑，而奸邪盜賊不止者，不必得；必得而尚有奸邪盜賊者，刑輕者不得誅也。必得者，刑者衆也。故善治者刑不善而不賞善，故不刑而民善。不刑而民善，刑重也。刑重者，民不敢犯，故無刑也。"是法以必得而立，以重刑而行。必得者，設告奸之賞、不告奸之罰也。舉，即告奸也。"輔法"上當有脱文，其"刑"字歟？

故恃其衆者謂之葺，恃其備飾者謂之巧，恃譽目者謂之詐。

【校】

馮抄本，"恃其衆者"作"特其衆者"。

范本、綿眇閣本、吴本、程本、馮本、朱本、褒異本、且且庵本、馮抄本、奇賞本、四庫本、問經堂本、指海本、崇文本，"備飾"上有"福"字。

朱本，"飾"作"餙"。

【注】

《發微》："譽目"疑當作"其譽"，與上"恃其衆"、"恃其備飾"一律，因"譽其"二字倒置，又誤"其"爲"目"耳。《説文》："葺，茨也。"無衆意，疑當作"戢"。《説文》："藏兵也。"《詩・時邁》"載戢干戈"，傳："聚也。"《國語・周語》"夫兵戢而時動"，注："聚也。""聚"字即有衆義。《[淮南子・]兵略》："不可巧詐也。……動作周還，倨句詘伸，可巧詐者，皆非善者也。"

《解詁》：《楚辭・悲回風》注、《文選・吴都賦》注，並曰："葺，累也。"言人之積累者多，如今言烏合之衆也。巧，言欺而無信也。詐者，虚而難據也。恃其衆，如苻堅之伐晋是也。恃其備飾，如楊廣之以繒帛纏樹以誇示胡客是也。譽目，猶言名譽，恃譽目，如唐太宗之困於高麗，元世祖之困於倭，以大國喪師於小國是也。

《新釋》：葺，集也，謂烏合。飾，工也。備飾者，謂兵械精，軍容美也。《方言》七："吴越飾皃謂竘，或謂之巧。"父(尹乾)説：目，美也。譽美者，謂虚聲也。

《斠詮》：崇文本"備飾"上有"福"字，疑古本當作"福飾"，《廣雅·釋詁》二："福，備也。""備"字疑舊注誤入正文。

《解詁定本》：《説文》"葺，茨也。"以茅蓋屋曰茨。言恃衆者如以茅蓋屋，雖多而不堅固也。備飾，謂守備美觀，而無實力也。譽目，謂徒有虚聲也。

《新箋》："譽目"二字義不可通，"目"當作"臣"，形似而誤。譽臣，有名之臣也。又疑"譽"當作"謩"，亦形近而誤。"謩"即"謨"字。《書序》"皋陶矢厥謨"，《釋文》："謨，字又作謩。"《左傳·襄公二十一年》："圣有謩勛。"此古書用"謩"字之例。《爾雅·釋詁》："謨，謀也。"恃謩臣者謂之詐，言恃計謀之臣，不過以詐術欺鄰敵而已，非富強之本也。

《錐指》：(引朱説，文見上。)"葺"當作"茸"，字之誤也。王安石《相鶴經》："六十年，大毛落，茸毛生。"南宋龍舒本如此，明應云鸑本作"茸"，是也。田藝蘅《留青日札摘抄》卷三"獅子條"："《漢書》：'烏弋山離國出獅子。'孟康曰：'獅子似虎，正黄，有頓耏，尾端茸毛大如斗。'"《漢書·西域傳》注正作"茸毛"。皆"茸"誤爲"葺"之例。"茸"假借爲"宂"，《集韻》上聲二腫韻："𠔿，乳勇切，不肖也。一曰傝𠔿，劣也，通作茸。"傝𠔿即闒茸，是"茸"得借爲"宂"也。宂者，《説文》云："散也。"《漢書·成帝紀》："關東流宂者衆。"顔師古曰："宂散，失其事業也。"《後漢書·光武紀》："流宂道路。"兵恃其衆，則怠而不堅，故曰謂之茸，謂之散。備謂械備。《兵守》篇曰："使客無得以助攻備。"飾者，《荀子·王制》篇曰："兵革器械者……我今將修飾之，拊循之，掩蓋之於府庫。"是也。

此三者恃一，因其兵可禽也。

【校】

朱本，"因"作"囙"。

【注】

《解詁》:《吕覽·盡數》注:"因,依也。"言三者依於其一以自恃,則兵可禽。禽同擒。

《新釋》:因,猶故也。禽,擒也,《説文》作"捦"。《韓策》:"兵爲秦禽。"

《斠詮》:"因"字疑衍,或當爲"固"字之訛,"固"者"故"之借字。

《解詁定本》:禽,獲也。《韓策》:"兵爲秦禽"。

《箋正》:"因"字訛,"擒"字亦不可通。下文:"力盡則備,是故無敵於海内。"又曰:"三者有論,故强可立也。"據是,則"擒"字疑"强"或"用"字之訛。

《校釋》:王説近是。"因"字或爲"則"字之誤。禽與擒同,謂虜獲也。

《香草續校書》:讀至"因"字句。或於"一"字句"因"字屬下,當非。

故曰:强者必剛鬥其意,鬥則力盡,力盡則備,是故無敵於海内。

【注】

《新釋》:(讀"强者必剛鬥其意"爲"强者必剛,鬥其意"。)故,古也,謂古兵家語也。剛,不屈撓也。"鬥其意"下注:言以戰鬥爲快事。意,快也。《説文》以"啻"之,"意"與下"備"爲韻。"鬥則力盡"下注:言與人鬥則必竭力經營之。"力盡則備"下注:竭力經營則有備。《墨子·七患》:"備者,國之重也。"

《解詁定本》:剛,强也。言强者必有奮鬥之志,有鬥志則盡其力,能盡其力則有備,是故無敵於海内。評校本以"强者必剛"句,"鬥其意"句;或有以"其意"屬下讀者。

《校釋》:(讀"强者必剛鬥其意"爲"强者必剛鬥,其意"。)"其意"二字,王、朱校本俱屬上讀,非是。蓋此二字乃釋上句"强者必剛鬥"

之意，爲“鬥則力盡，力盡則備”也。

《新箋》：此句當作“強者必剛其鬥意”，“其鬥”二字，傳寫誤倒爲“鬥其”耳。強者謂強國也。剛其鬥意猶言堅其鬥志，謂堅強民之戰鬥意志也。備者無往不利之名也。《禮記·祭統》曰：“福者，備也。備者，百順之名也。無所不順，謂之備。”可證備有無往不利之義。此言民戰鬥則盡其力，盡其力則無往不利，故無敵於海内也。下文“而飾於備勢”之“備”亦此義。

《錐指》：“是”字疑當爲“足”，屬上讀。“備足”與“力盡”對文，謂械備足也。剛鬥其意，即上文所説俗成。鬥則力盡，力盡則備足，即所謂俗成而用具也。《周禮·考工記》曰：“秦無廬。”鄭注：“不置是工也。廬讀爲纑，謂矛戟柄竹攢柲。”……夫秦之無廬也，非無廬也，夫人而能爲廬也。此所謂備足者已。

《斠補》：此當以“強者必剛鬥其意”爲句，且當作“強者必剛其鬥意”。“其鬥”二字誤倒，義遂難通，句亦難斷矣。

2. 治行則貨積，

【注】

《新釋》：《孟子》所謂善得民財。

《解詁定本》：治行則貨積，孟子所謂善政得民財。

貨積則賞能重矣。

【校】

馮抄本，“貨積”下無“則”字。

賞一則爵尊，爵尊則賞能利矣。

【校】

初校本，“一”作“壹”。

【注】

《解詁定本》:賞出於壹,則爵不可倖得,故爵尊。爵尊則民以得賞爲榮。

《錐指》:賞壹,壹於戰也。爵不濫,故尊,則上能收爵賞之利矣。荀子所謂"利而後利之"也。

故曰:兵生於治而異,俗生於法而萬轉,過勢本於心而飾於備勢。

【校】

朱本、馮抄本,"飾"作"餙"。

【注】

《發微》:萬轉,疑當作"萬搏"。

《解詁》:轉,猶專也。言兵之強弱由於治而各不同。

《新釋》:(讀爲"兵生於治而異俗,生於法而萬轉過勢,本於心而飾於備勢"。)謂不和於俗,即上所謂俗成者。《史記·秦始皇本紀》:"匡飭異俗。"《李斯傳》:"孝公用商鞅之法,移風易俗,民以殷盛,國以富強。"易俗即異俗也。轉,變也。《韓非子·心度》:"法與時轉則治,治與世宜則有功。"過,勝也,謂勝敵之勢。《孫子》、《管子》均有《勢》篇。本於心,即孟子所謂人和也。飾,工也。備,用也。飾於備勢,謂善於用勢也。

《解詁定本》:俗,習也。評校本以"兵生於治而異"句,"俗生於法而萬轉"句,"過勢本於心而飾於備勢"句。師轍按:若如此讀,"過"字疑衍。

《校釋》:"故曰"以下三句,蓋申説篇首所謂錯法、俗成、用具三者。其義乃謂治爲兵本,治不同則兵不同;法爲俗本,法不同則俗變化;其心求勢足過人,則必謹修守備也。朱校本以"俗"字及"過勢"二字分屬上讀,誤。

《新箋》：朱師轍曰："過字疑衍。"亨按："過"當作"運"，形似而誤，非衍字也。勢者即上文所謂"輔法而法行，舉必得而法立"之權勢與形勢也。運勢本於心而飾於備勢，言國君運用權勢出於一心，又能造成無往不利之形勢也。備乃無往不利之義，見上。

《錐指》：未詳。

三者有論，故強可立也。

【校】

馮抄本，"論"作"諭"。

【注】

《新釋》：父（尹乾）說："三者，治、法、心也。論同倫，叙也，言三者施之有叙。""故強可立也"下注：言強可以持久。

《解詁定本》：兵強雖在於修政，而其用不同；雖在於行法，而萬變其勢；兵之用雖本於一心，而在於修守備與勢力，三者能討論其要，則強可立也。

《新箋》：玩味文意，論當讀爲倫。《詩・正月》"有倫有脊"，毛傳："倫，道也。"《論語・微子》"言中倫"，《集解》引包注："倫，道也，理也。"有倫即有條理也。"論""倫"古通用。

《校讀》：（引朱說，文見上。）竊疑此數[句]必有誤衍，今輒以意改云："兵生於治而異勢，俗生於法而萬轉，器生於用而備於勢，勢本於心，三者有論，故強可立也。"正反映篇首數句，言兵雖生於治而強弱之勢則異，俗生於法而變化萬端，器雖生於用而形則備於飾，行三者之勢則本於心，三者得論，則強可立也。

是以強者必治，治者必強；

【校】

馮抄本，"治者必強"作"必治者必強"。

指海本，"治者必強"作"治者必富"。

富者必治，治者必富；強者必富，富者必強。故曰：治強之道三，論其本也。

【校】

馮抄本，"論"作"諭"。

初校本，"治強之道"下無"三"字。

【注】

《新釋》：論，立也。篇名"立本"以此。

《解詁定本》：嚴校本，"道"下無"三"字。今據各本補。

《校釋》："三"字嚴校本無，今依影范本及崇文本增。朱説："吴本，四庫本，'道'下有'三'字。"

《錐指》：范本、崇文本、吴勉學本、四庫本、指海本，"道"下有"三"字，亦未詳。

兵守第十二

本篇校勘所據版本：范本、綿眇閣本、吴本、程本、馮本、朱本、褒異本、且且庵本、馮抄本、奇賞本、秦駿生本、四庫本、問經堂本、指海本、崇文本、初校本，共十六種，並參用了《繹史》。

下列版本無此篇：古逸本、品節本、匯函本，共三種。

【題解】

《解詁定本》：言用兵守城之法。

1. 四戰之國貴守戰，負海之國貴攻戰。

【注】

《新釋》：道路四通曰四戰，如三晋是。負，恃也，言恃海以爲險。《管子·事語》："齊諸侯，方百里，負海子七十里。"《秦策》："齊東負海。"

《解詁定本》：負，背也。四戰之國，如三晋，利於守戰。負海之國，如齊，利於攻戰。

《校釋》：負海，背海也。

四戰之國，好舉興兵以距四鄰者，國危。

【注】

《諸子平議》："舉"衍字，蓋即"興"字之誤而衍者。

《古書疑義舉例》："舉"字即"興"字之誤而衍。《管子·事語》篇："彼壤狹而欲舉與大國爭者。""舉"字即"與"字之誤而衍。《呂氏春秋·異寶》篇："其主俗主也，不足與舉。""舉"字亦即"與"字之誤而衍。《淮南子·泰族》篇："夫欲治之主不世出，而可與興治之臣不萬一。""興"字亦即"與"字之誤而衍。

《校正》：俞云：舉，衍字。

《新釋》：舉，偁也。《墨子·非攻》："量我師舉之費。"距，困也。

《箋正》："舉"字似贅，好舉而興兵以距四鄰，要無不通。

《校釋》：（引俞説、簡説，文見上。）按簡説是。

《新箋》：俞樾曰："舉，衍字。"亨按："舉""興"當衍一字。"距"字常用爲抗拒之拒，但鄰國來攻，必須興兵抗抵，何得云"好興兵以距四鄰者國危"乎？可見此"距"字非用爲抗拒之拒也。《廣雅·釋言》："距，困也。"此"距"字當訓爲困，此言興兵以困擾四鄰者，則國危也。

四鄰之國一興事，而己四興軍，故曰國危。

【校】

范本、朱本，"己"作"已"。

四戰之國，不能以萬室之邑舍鉅萬之軍者，其國危。故曰：四戰之國務在守戰。

【校】

范本、綿眇閣本、吴本、程本、馮本、朱本、褒異本、且且庵本、奇賞本、秦駿生本、四庫本、問經堂本、指海本、崇文本，"舍"作"含"。

《繹史》引，"舍"作"含"。

【注】

《新釋》:《司馬法》:“夫三爲屋,屋三爲井”。萬室爲萬屋,非斥萬家而言。每家出兵一人,則每屋出三人,萬屋當出三萬人。舍,集也。鉅萬,謂數萬。

《解詁定本》:舍,各本俱作“含”。含,藏也。嚴氏是否從元本,未注明。舍,止也。萬家之邑,糧食芻薪材具蓄積,不能供鉅萬之軍者,其國危。

《校釋》:舍,讀去聲,謂駐紮兵營也。

《校讀》:王氏云:崇文本“舍”作“含”,誤。李甫按,天一閣本、文津閣本、綿眇閣本、續古文奇賞並與崇文本同。今按,“含”字不誤。含,藏也。萬室之邑含鉅萬之軍,即寓兵於民之意,故下文有壯男、壯女、老弱皆編爲兵之制。然此兵止用以城守,非用以攻戰之兵也。

《錐指》:《史記·貨殖傳》“子孫修業而息之,遂至鉅萬”,集解:“萬萬也。”《漢書·食貨志》“庶人之富者累鉅萬”,師古曰:“鉅,大也。大萬,謂萬萬也。”案,萬萬之軍,非當時所得有,蓋誇飾之辭,極言其欲多耳。

2. 守有城之邑,不知以死人之力與客生力戰,其城拔。

【校】

初校本,“知”作“如”。

馮抄本,“拔”作“技”。

【注】

《新釋》:人能致死以戰,因曰死人。覆取之曰拔。《秦策》:“拔燕酸棗。”

《次室讀書記》:客生,不辭,疑“客作”之訛。《管子·法禁》篇“末生不禁”,證以《侈靡》篇、《治國》篇,“生”亦“作”之訛字……《高士傳》“夏馥爲冶工客作”。《魏志》注引《魏略》“焦先飢則爲人客作”。《能改齋漫録》:“江西俚俗罵人曰客作兒。”《野客叢書》謂受雇者爲客作,已見於南北朝，袁翻謂人曰："邢家小兒，爲人客作。"知客作之稱古今所同也。僞李義山《雜纂》亦有客作語。《弇洲續稿》一百五十六《題南陽國師傳後》，紫玉大通禪師曰，頓客作漢。

《解詁定本》："不知"嚴校本作"不如"，誤，今從各本改正。韋昭曰，攻者爲客。《漢書·高帝紀》注："拔者破城邑而取之，言若拔樹木，並得其本根也。"

《新箋》："死人之力"疑皆當作"人之死力"，傳寫之誤。死力與生力相對，可證。又按"其城拔者"，依文意當作"其城不拔者"，傳寫脱"不"字。

《校讀》："邑"下"不"字當在上句句首。"如"與"而"通。言不守有城之邑，而以死人之力與客生力戰，則城必拔也。

《箋記》："拔"上當有"不"字，下文"客不盡夷城"即作"不"字，可證。

者死人之力也，客不盡夷城，客無從入，此謂以死人之力與客生力戰。

【注】

《諸子平議》：上"客"字衍文，"城"字當在"不"字之上，其文曰"城不盡夷，客無從入"，與下文"城盡夷，客若有從入"相對爲義。夷，平也。

《新釋》：夷，平也。從，縱也。

《解詁定本》：者，當作"若"，如《戰法》篇"者乘良馬"同一誤字。夷，傷也。夷城，謂破壞城，言守有城之邑，不知用民死力與敵生力戰，其城必破，若能得死力，則敵不盡破壞城，無從得入，此謂以民死力與敵生力戰。

《箋正》：（引俞説，文見上。）謹案：俞説嫌贅，依原文何嘗不上下相對成意。古人爲文，何曾字俳句偶。"客不盡夷城，客無從入"與"城不盡夷，客無從入"意義固無别也。此段文字，比較完美可讀。然有大訛處,則爲“其城拔者”句。非“拔”字傳訛即“城”字下有闕文。其城既拔矣,死人之力尚足多乎?此等重要字句,差毫釐而失千里,諸子均未之及,而斷斷於“客”字之有無,“城”字之上下,何耶?

《校釋》作“其城難拔,死人之力也”,下注:難拔,各本原無“難”字。(引簡説,文見上。)按簡疑此句有闕誤,是。死人之力,謂死守。城既死守,則必難拔,固不得以城拔由於死守也。依文義今增一“難”字,或增一“不”字亦可。

《校讀》:“此謂以死人之力與客生力戰”句下注:此二句當衍。

城盡夷,客若有從人,則客必罷,中人必佚矣。以佚力與罷力戰,此謂以生人力與客死力戰。

【校】

馮抄本,“佚”作“俟”。

【注】

《發微》:此兵法以逸待勞也。罷,勞也。佚,逸也。

《解詁》:《書·堯典》傳:“夷,平也。”佚,與“逸”同。罷,與“疲”同。

《新釋》:罷,疲也。中人,謂城中之人。《韓非子·外儲説右上》:“吴起,衛左氏中人也。”

《解詁定本》:罷,勞也。敵罷勞,城中人安佚,兵法所謂以佚待勞。

《錐指》:“若”字當爲“客”字之誤而衍者。上文云“客無從人”,亦無“若”字。城既盡夷,客有從人,决矣。罷讀爲疲。中人,城中之人,主也。死力,已死之力,與前云“死人之力”謂决死者異也。

皆曰:圍城之患,患無不盡死而邑。

【校】

《永樂大典》,“邑”作“已”。

褒異本、且且庵本、問經堂本,“邑”作“亡”。

問經堂本注:各本作“邑”,今從鄭本。

奇賞本、秦駿生本,“邑”作“已”。

《繹史》引,“邑”作“已”。

指海本注:“邑”字誤,《繹史》引作“已”。

初校本“邑”字下注:鄭本作“亡”。

【注】

《解詁》:而,猶汝也。言人皆曰:圍城之患,患無不盡死汝邑。

《新釋》:皆同楷,法也,謂兵法。患,謂敵人所患。而,汝也。邑,猶城也。

《解詁定本》:皆言圍城之患,患於一邑盡死。師轍按:評校本,“邑”作“亡”。或言“無”借爲“撫”,謂患撫循人民不盡力死守而城亡。

《香草續校書》:邑,疑當作“已”。已,止也。言其患不至於盡死不止。故曰,患無不盡死而已。

《錐指》:嚴可均校“邑”字云:“鄭氏作亡。”鄭氏者,鄭寀本也。“亡”“已”字形相近。若如鄭本,則亡謂逃亡。

《箋記》:患無不盡死力而守邑。案:此二字據上文義補。

此三者,非患不足,將之過也。

【注】

《解詁》:然所言以死人之力與客生力戰,以生人力與客死力戰,與以死人之力拔城,三者皆不患力不足,而不能者,將之過耳。

《新釋》:(“此三者非患”)此三,柴叁也。不齊之貌。言不能盡死以守城。(“不足”)言力不盛。(“將之過”):將,帥也。過,失也。

《解詁定本》:三者謂萬乘之邑舍鉅萬之軍、以死力與生力戰、以佚力與罷力戰。言將不知用此三者,故爲將才不足之過。

《箋正》:此文自“皆曰”以下至“將之過也”句,中間脱訛極甚。據云,此三者非患不足,則此文中必有列舉可患之三事。今三事不聞,而“患無不盡死而邑”句又無意義，可見舛訛之衆，應俟詳校。至句末“也”字之有無，所謂無關宏旨者也。

《香草續校書》：據上文，則“三”當作“二”。“患”下有脱文，以意求之，當增“兵之”二字。

《新箋》：朱師轍曰：“評校本邑作亡。”亨按：“邑”作“亡”，是也。亡，無也。“三”疑當作“二”，二者指上文“以死人之力與客生力戰”及“以生人力與客死力戰”而言，前文只有此二者，並無三者也。“圍城之患，患無不盡死”，言圍人之城，其患在於守城之人無不盡死，因如此則不能攻下也。“而亡此二者”言守城者不能以其死力與敵生力戰，又不能以其生力與敵死力戰也。“非患不足，將之過也”，言如此，其患不在人力不足，乃爲將者不善利用之過也。又疑“死”下當有“力”字。

《校讀》：“此三者”上當有脱文，不然必有誤字。

《錐指》：（引簡説，文見上。）禮鴻案：簡説近是，然此文既他無佐證，無可校也。今以意爲之説，或可備一解。蓋守圍城，既有三軍，不患人不足而患三事。三事者：無一，不盡死二，邑三也。無，即慢敵，説見《戰法》篇。壯男過壯女之軍則慢。“邑”與“悒”通，《玉篇》：“悒，憂悒也。”壯男壯女過老弱之軍則生憂憐。此云“守城之道，盛力也”，下云“慎使三軍無相過，此盛力之道”，正相應矣。皆曰“皆”字或“故”之誤，指海本校曰：“邑字誤，《繹史》引作已。”如《繹史》，則此句通上皆爲攻城者之詞，曰患守者無不盡死耳矣。然與下文不相接，疑《繹史》亦臆改，不足據耳。

守城之道，盛力也。

【校】

《永樂大典》，本句作“守城之道，重在城也”。

范本、綿眇閣本、吴本、程本、馮本、朱本、褒異本、且且庵本、奇賞本、秦駿生本、四庫本、問經堂本、指海本、崇文本，無“也”字。

馮抄本，作“守城之道，城也”。

《繹史》引，無“也”字。

【注】

《新釋》：道，術也。盛，多也。力，合生力死力言，下云此盛力之道。

《解詁定本》：《廣雅》：“盛，多也。”守城之道，增多守禦之力。

《校釋》：盛力之盛，音成。原義在器曰盛，受物曰盛，今引申爲團聚之意。盛力，謂團聚民力也。下文盛食之盛，亦音成，則應解爲攜帶。盛食，謂裹糧也。

《校讀》：王氏云：“崇文本，力下無也字。”案天一閣本、文津閣本、綿眇閣本、續古文奇賞並與崇文本同。今案，無“也”字也。

故曰客，治簿檄，三軍之多，分以客之候車之數。

【校】

《永樂大典》，末句作“分矣客之候軍之效”。

馮本注：數，一作“效”。

馮抄本，末句作“分矣客之候車之效”。

【注】

《發微》：“客治”之“客”，當作“敬”解，與“主客”之“客”不同，或即“愙”字之訛。

《新釋》：讀爲“故曰客治簿”，下注：治，稽也。簿，兵籍也。一稱伍籍，《周禮》謂之“比居”。“檄三軍之多”句下注：謂我檄軍以備客。檄，木簡書也，用以徵召。“分以客之候車之數”句下注：視客國土大小出車若干，即知客士卒若干。候，胡也，戟也。兵車衡軶上置劍戟，故名“候車”，《司馬法》謂之“鈀車”。“鈀”字從金，以車上有劍戟耳。

《解詁定本》：簿，軍籍。檄，軍書。候車，斥候之車。師轍按：“曰”當爲“有”字之誤。言故有敵來，則治軍籍文書，分三軍之衆以禦敵，觀敵之兵車分幾路來攻，亦分幾路禦之也。

《箋正》:此二語不可通,疑有舛脱,語意似謂客將至則簿檄三軍之衆,而依吾所候得客軍之數,酌分吾軍之數,使能相當云爾。

《校釋》:(引簡説、朱注,文見上。)依此釋之,句義亦難全明。

《校讀》:(引朱注,文見上。)季甫案:句有脱誤難解。

《錐指》:(引簡説,文見上。)禮鴻案:"客治簿檄"當爲一句。簿者,士卒軍實之籍。檄者,所以徵調。《漢書·高帝紀》:"吾以羽檄徵天下兵。"師古曰:"檄者,以木簡爲書,長尺二寸,用徵召也。其有急事,則加以鳥羽插之,示速疾也。魏武奏事云:'今邊有警,輒露檄插羽。'是也。"客讀爲愙,謹也。客治簿檄,即謹治簿檄。

三軍:壯男爲一軍,壯女爲一軍,男女之老弱者爲一軍,

【校】

《永樂大典》,無"三軍"二字。

【注】

褒異本注:用壯女奇,唐詩:"婦人在軍中,兵氣恐不揚。"何耶?

且且庵本注,同上。

《純常子枝語》:此言四戰之國,守兵之法。近人筆記多以此爲練女兵,未達其意。

《發微》:《墨子·備城門》:"廣五百步之隊,丈夫千人,丁女子二千人,老小千人,凡四千人。"

《新釋》:《周禮》:"鄉大夫之職……辨其可任者,國中自七尺以及六十,野自六尺以及六十有五,皆徵之。"老謂六十上下,弱謂二十以下十五以上,即《周禮》之六尺、七尺也。按,《周禮》疏:七尺謂年二十……六尺謂年十五……《論語》云"可以托六尺之孤",鄭注云:"六尺之孤,年十五已下。"

《錐指》:蒙文通曰:"譙周《古史考》言:'秦用商鞅計,制爵二十等,以戰獲首級者計而受爵。是以秦人每戰勝,老弱婦女皆死,計功賞至萬數。天下謂之上首功之國。'《史記集解》引秦戰勝而婦女老弱皆

死，正以婦女老弱皆在行間，與於三軍之役。則婦女亦以首功受爵矣。《魏氏春秋》陳群奏云：'典籍之文，婦人無分土命爵之制。在禮，婦因夫爵。秦違古法，非先王之令典。'《御覽》引《魏氏春秋》爲孫盛書，殆以中國於古婦人無爵，因夫之爵；秦違古法，正謂秦之婦人有爵，故非先王之令典。秦爵二十級皆以首功，婦人有爵，正以婦人服兵役有首功。以此三事相證，三軍有壯女之軍，事自可信。《後漢書·鄭泰傳》言：'關西諸郡，頗習兵事，婦女戴戟操戈，挾弓負矢。'自隴以西，婦人任戰之習，漢末猶然。秦起汧渭之首，决有此俗，夫復何疑？"《儒學五論·廣論·秦代之社會篇》後引蒙氏説同。禮鴻案：《墨子·備城門》篇："廣五百步之隊，丈夫千人，丁女子二千人，老小千人，凡四千人，而足以應之。""丈"舊作"大"，"四千"脱"四"字，依王引之訂。《旗幟》篇言女子爲梯末之旗，《號令》篇言丁女子老少人一矛，又守城之賞及於男女老少，是女子與於戎伍也。近人朱希祖著論，以《備城門》以下二十篇皆漢世燕、趙等諸侯王備邊塞時所作城守書，而托之墨子。其言若是，則亦漢時女子任兵之證，蓋亦本秦俗也。

此謂之三軍也。

【校】

馮抄本、《永樂大典》，"謂"作"爲"。

吴本、褒異本、且且庵本、秦駿生本、崇文本、初校本，"謂之"作"之謂"。

《永樂大典》無"也"字。

壯男之軍，使盛食勵兵，陳而待敵。

【校】

初校本，"勵"作"厲"。

【注】

《新釋》：厲，利也。《秦策》："綴甲厲兵。"待，俟也。

《解詁定本》:《穀梁傳》范注:"在器曰盛。"盛食謂飽餐。《秦策》:"綴甲厲兵。"注:"厲,利也。"厲,各本皆作"勵",則言激勵其兵也。

《校釋》:陳讀爲陣,義同。

《錐指》:盛食,飽食也。陳俗作陣。

壯女之軍,使盛食負壘,陳而待令。

【校】

四庫本,"陳"作"城"。

【注】

《新釋》:以器載食曰盛食。壘同梩,土舉也。

《解詁定本》:負,背也。壘,軍壘也。

《新箋》:朱説可通,但余謂負者揹在背上也。壘當讀爲蔂。《淮南子·説山》篇:"蔂成城。"高注:"蔂,土籠也。"古書亦用虆、樏、虆,皆爲土籠之義,説見拙著《老子正詁》卷下。壯女之軍盛食負蔂者,以備"作土以爲險阻……"之用也。上文云:"壯男之軍,使盛食厲兵,陳而待敵。"厲兵即磨厲兵器,與負蔂相對成文。

《錐指》:《説文》:"壘,軍壁也。"負壘,蓋出在壁外。

客至,而作土以爲險阻及耕格阱,

【校】

《永樂大典》,"及"作"反"。

綿眇閣本、奇賞本,"阱"作"艸"。

四庫本,"土"作"上"。

【注】

初校本注:"及耕格阱"不成文,疑"耕"字誤,或有逸脱。

《札迻》:"耕格"當作"柞格"。《周禮·雍氏》"令爲阱擭",鄭注云:"阱,穿地爲塹,所以禦禽獸,其或超踰,則陷焉。擭,柞鄂也。"《國語・魯語》"鳥獸成,設穽鄂",韋注云:"穽,柞格也。""柞"、"耕"形近而誤。"阱"字上下疑有脱字。(編者按:韋注原爲"鄂,柞格也"。)

《發微》:《墨子・雜守》:"作土不休。"

《新釋》:及,岌也,所謂土山。耕,井也。格同落,藩也。阱,陷也。

《校釋》:按"阱"字上下或即脱一"陷"字。柞蓋高出,所以格之;阱乃深入,所以陷之。今據孫説改"耕"爲"柞",又依文增義一"陷"字於"阱"字下,以足其意。

《香草續校書》:"耕"字疑涉"阱"字形近而衍。

發梁徹屋,給從徙之,

【校】

《永樂大典》,"給從徙之"作"給徒從之"。

范本、綿眇閣本、吴本、程本、馮本、朱本、褒異本、且且庵本、奇賞本、秦駿生本、四庫本、問經堂本、指海本、崇文本、初校本、馮抄本,"徹"作"撤","徙"作"從"。

《繹史》引,"徙"作"從"。

【注】

《新釋》:("發梁撤屋")發,彏也,[徹]今字作"撤"。梁,水橋也,以木爲之者。("給從從之")給,合也,足也。從,聚也。《墨子・雜守》:"積木各以長短大小惡美形相從。"

不洽而熯之,使客無得以助攻備。

【校】

奇賞本、秦駿生本,"洽"作"給"。

且且庵本,"客"作"容"。

【注】

《諸子平議》:上"從"字下有闕文,下"從"字當在"不洽"之下,

“洽”亦當爲“給”。此文當云:“給從而□之,不給從而熯之。”蓋承“發梁撤屋”而言,所發之梁,所撤之屋,其材尚可作他用,若其力有餘,則取之而歸;若其力不足,則從而熯之,無使爲敵用也。給與不給,以力之有餘不足言,或兼時之緩急,地之遠近也。“給”、“洽”古通用。《爾雅·釋天》“大歲在未曰協洽”,《童子逢盛碑》作“協給”,是也。上作“給”,正字;下作“洽”,假字。上下文用字不同者,古書往往有之。至上句所闕字,則不可以意補矣。

《古書疑義舉例》:上“從”字下有闕文,下“從”字當在“不洽”之下,“洽”亦當爲“給”,古字同聲而通用也。此文當云:“給從而□之,不給從而熯之。”蓋承“發梁撤屋”而言,所發所撤,其材尚可作他用。若其力有餘,則取之而歸;若力不足,則從而熯之,無使爲敵用也。給與不給,反復相明;乃上用“給”字,下用“洽”字,又有闕文,讀者遂不知爲何語矣。

《札迻》:“發梁撤嚴可均校改“徹”,是,當據正。屋,給從從之,不洽而熯之。”嚴可均校作“給從從之”,俞云:“當云:‘給從而□之,不給從而熯之。’”案:此當作“給徙徙之,不給而熯之”,謂所發徹之材可徙入城邑則徙之,急卒不及徙則焚之。《墨子·號令》篇云:“外空室盡發之,木盡伐之,諸可以攻城者,盡内城中。材木不能盡内即燒之,無令客得用之。”此云“徙”,即《墨子》所謂“内城中”也。嚴、俞校並失之。

《校正》:案,“耕”乃“柞”之訛。《魯語》“水虞於是禁罝麗設穽鄂”,韋注:“穽,陷也。鄂,柞格,所以誤獸也。”此文“阱”字即“穽”字,謂爲柞格之阱,以誤敵也。楊慎《丹鉛總録》九引“撤”作“徹”,“給”作“以”。未知所據何本。“徹”與“撤”同,“給”作“以”,實勝今本。“洽”當如俞説作“給”。《晋語》“豫而後給”,韋注:“給,及也。”謂客至而作土,以爲險阻,及柞格之阱,發梁撤屋以相從,如從之不及,而熯之,無使之敵用也。“給”字當是“洽”旁校語,因奪“以”字,遂移“給”字於上耳。

《發微》:《墨子·雜守》:“材木不能盡入者燔之,無令寇得用之。”

備,《兵略》:"器見者人爲之備。"

《新釋》:洽,合也。熯,燒也。《墨子·雜守》:"寇薄,發屋伐木……材木不能盡入者燔之,無令寇得而用之。"

《解詁定本》:此當作"給徙徙之,不給而熯之"。謂所發徹之材,可徙入城邑,則徙之,急卒不及徙,則焚之。《墨子·號令》篇云:"外空室盡發之,木盡伐之,諸可以攻城者,盡内城中。材木不能盡内即燒之,無令客得用之。"此云"徙",即《墨子》所謂"内城中"也。嚴、俞校並失之。《説文》有"徹"無"撤"。《廣雅》:"徹,壞也。""給"、"洽"古通。

《箋正》:嚴、俞兩説大體相似,均堅壁清野之法,即孫説亦未能出此範圍,不過抄録《墨子》改"從"爲"徙"。夫給徙徙入城中,與給從從入城中,寧有二義,乃必謂嚴、俞並失,夫嚴苟失,孫又烏能獨得耶?

《校釋》:熯,音燃,焚也。

《香草續校書》:(作"給從從之,不洽則熯之"。)洽,亦即給。……從,本訓隨。……此承上文發梁撤屋而言。蓋謂所發之梁,所撤之屋,其材苟可以取,則取之以歸。不可取,則熯之,無以資敵。故曰給從從之,不給而熯之。即給隨隨之,不給而熯之。實猶云可取取之,不可則燒之耳。

《錐指》:(引俞説、孫説,文見上。)禮鴻案:讀洽爲給,俞説是。改從爲徙,孫説是。給徙逗,徙之句。不洽而熯之,"而"猶"則"也見《經傳釋詞》。《説文》:"㣟,發也。徹,通也。"無"撤"字,"撤"乃俗字。《詩·小雅·十月之交》:"徹我牆屋。"箋:"徹毁我牆屋。"《楚辭·天問》:"何令徹彼岐社?"王逸注:"徹,毁也。"故嚴改作"徹"。依《説文》則正字當作"㣟","徹"乃假借字耳。

老弱之軍，使牧牛馬羊彘，草木之可食者，牧而食之，以獲其壯男女之食。

【校】

初校本，“木”作“水”。

【注】

《新釋》：（“草木”作“草水”。）視獸所食草水，即知人亦可食。《墨子·非樂上》“因其水草，以爲飲食”，謂因禽獸所食以爲人食耳。牧而食之，以無毒也。食，飤也，字一作“飼”，謂以食食人。獲，得也。

《解詁定本》：“水”各本皆作“木”，是，當從之。彘，豕也。獲，得也。

《錐指》：彘，豕也。（“收而食之”）以草水食四畜也。（“以獲其壯男女之食”）四畜以食壯男壯女也。

而慎使三軍無相過。

【校】

《永樂大典》，“過”作“遇”。

【注】

馮本注：壯男勿謾壯女，壯男壯女勿過老弱，余在□方時猶悲憐在心，況三軍乎？

朱本眉注：楊慎曰：“男女無通，使不得聞悲喜事；老幼無通，使不得有願（編者按：當作顧）恤事。”褒異本、且且庵本同，但無“楊慎曰”二字。

《新釋》：過，和也，雜也。

《解詁定本》：無相過，言不許往來也。

《校釋》：蓋當守城危急之時，如使壯男與壯女過從，或壯男壯女與老弱過從，均足令其氣餒，不能盛力矣。

壯男過壯女之軍，則男貴女，而奸民有從謀而國亡。

【校】

《永樂大典》"過"作"遇"。馮本同。

【注】

《發微》："從"疑讀爲"縱"。"亡"即"無"字。

《新釋》：奸，淫也。今律有奸非罪，非禮而合曰縱媒。從，縱也。謀，媒也。國，惑也。亡，荒也。《書》："内作色荒。"

《新箋》："從"當讀爲"縱"，《廣雅·釋詁》："縱，亂也。"蓋壯男見其妻女等任守城之苦役，必生珍惜之情，如奸民有叛亂之陰謀，則國亡矣。

《錐指》："奸民"以下未詳，疑有誤也。

喜與，其恐有蚤聞，勇民不戰。

【注】

《發微》："蚤聞"疑作"蝨聞"，即奸蝨之蝨，謂以奸聞也。

《解詁》：言恐男貴女，而奸民從而有謀，或造訛言，壯男蚤聞之則喜女，與恐亡之心交生於中，則不戰也。

《新釋》：喜同娭，戲也，今字作"嬉"。與，匹也。喜與，謂戲而相匹。蚤同騷，丑也，臭也。

《解詁定本》：壯男過壯女之軍，則男貴女，而奸民有所相謀，而國亡。蓋男女相狎，歡娛憂懼之心生，則壯氣衰，故勇民怯於戰也。

《新箋》：蚤聞義不可通。疑"聞"當作"鬦"，形似而誤。金韓孝彦《篇海》云："鬦，俗鬭字。"喜與爲句，共處爲與，言壯男壯女樂於共處也。其恐有蚤鬦爲句，蚤借爲早，言壯男壯女惟恐早日有戰鬥也。

壯男壯女過老弱之軍，則老使壯悲，弱使強憐。悲憐在心，則使勇民更慮，而怯民不戰。

【校】

《永樂大典》，“過”作“遇”。

馮抄本，“悲憐在心”句無“悲憐”二字。

【注】

《發微》：更慮，變心也。

《錐指》：（“則使勇民更慮”）“使”字涉上下文而衍。

故曰，慎使三軍無相過，此盛力之道。

【校】

《永樂大典》，“過”作“遇”。

【注】

《發微》：《靳令》篇：“以盛勇戰。”《韓非子·飭令》作“以成勇戰”。（編者按：當爲“以威勇戰”。）

【評】

秦駿生本：所謂訏謨遠猷也，孔明入告於內，信是千古同符。

馮本：評同上。

靳令第十三

本篇校勘所據版本:范本、綿眇閣本、吴本、程本、馮本、朱本、褒異本、且且庵本、馮抄本、奇賞本、四庫本、問經堂本、指海本、崇文本、初校本,共十五種。

下列版本無本篇:古逸本、品節本、匯函本、秦駿生本,共四種。

【題解】

《解詁定本》:嚴校:"靳,秦本作飭。"師轍按,飭,謹也。靳,假借爲飭。靳、謹一聲之轉。各本皆作《靳令》。此篇之文,多與《去強》、《説民》二篇相同。《韓非子·飭令》篇全鈔此篇,不同者十之一二而已。

《箋正》:謹案,《靳令》篇文與《韓非子·飭令》篇大同,非纂集《商書》者謬入韓文,即韓氏著述商語。今以兩書互校異同,吾覺《商書》必係誤入,其説有二:一、商子生前不聞著書,書出後人之追録,舛誤駁雜在所不免。韓非著書於世,《五蠹》、《説難》生時便已馳名,其書條理井然。今以《靳令》、《飭令》相比,則《飭令》整潔,而《靳令》中除與《飭令》雷同者外,大抵均從《商君書》他篇已見者錯落重出,如"國貧而務戰"、"六蝨曰禮樂"、"國好力此謂以難攻"、"行罰重其輕者"

等段，均係他處所已言者，足見商書雜而韓書純，純近真而雜近僞。二、韓非著書，體謹例嚴，自作之與述古，界限非常清白，其述古如《解老》、《儲説》等引用古説及於諺語，均經注明原委，絶無後世剿襲竊鈔之陋習。今謂《飭令》出自《韓非》，何致百數十語均合商説，"古今人心理大同，一二偶然切合者時時有之，絶無全篇百數十語若合符節者"。設韓引商書，必先自注明，今韓書具在，並無引商之語，其爲韓非手創自無疑義。韓既自作，則《商君書》之所以與非雷同者，其由於後人集述誤入韓文可知矣！大抵纂集《商君書》者，本其推崇商鞅之成心，以爲商韓一家，商又先，覺韓所言者商必先言之，於是節取韓非《飭令》一篇《商君書》之所無者，更名《靳令》，雜取商書他篇文語意義與《靳令》近似者，參列其中，使人讀之不疑爲非商子之文，以爲如是足以標榜鞅之學説。然擇焉不精，適足以減少《商君書》之聞譽。觀於《商君書》全部之舛誤重雜，甚至如《徠民》篇中引及鞅没後數十年長平之戰，且所論形勢、所稱名字均係鞅没後多年之事，則《商君書》之出於追述，謬誤多而難信，與此《靳令》篇之剿自韓非書可以證矣。

《校釋》：按此篇多同於《韓非子·飭令》篇，其不同者，非雜亂錯舛不可讀，即不類於商鞅之主張，大概由於後人襲取《韓非子》而又雜以他語成之耳。

《錐指》：此篇與《韓非子·飭令》篇文大同。簡書以爲撰《商君書》者節取《韓子》，又雜取《商子》他文與《飭令》近似者參列其中。其所持爲證有二：一曰商書雜而韓書純，純近真而雜近僞。一曰韓非生前著書，體例謹嚴，自作之與述古，界限非常清白。禮鴻案：商君一書非鞅自著，此不必諱者。然全書惟言軍制法度諸實事者自爲一類，不甚可考，其屬於通諸者，除《徠民》一篇爲不類外，餘均宗旨純一，略無牴牾，顯然出於一手，即此篇亦非例外也。簡所謂純雜者，徒謂文字整潔與否。夫觀諸子書，亦觀其義而已。簡氏不能明指篇中義有牴牾，而謂之雜，可乎？若以文字從順修整與否論真僞先後，獨不見《尚書》僞古文視真古文從順，唐、宋之文又視《盤》、《誥》修整乎？其謂韓非生時著書，自作述古界限極明，又爲未然。非固生時著書，然其書中亦有他人附益者。如《初見秦》、《有度》等篇，决非韓非自著，案之年代可知。且如《存韓》篇末直載李斯駁議，更無引語，安在所謂自作之與述古界限非常清白乎？且篇中言"以五里斷者王，以十里斷者強，宿治者削"，又曰"民有餘糧，使民以粟出官爵，官爵必以其力，則農不怠"，又曰"以力攻者出一取十，以言攻者出十亡百。國好力，此謂以難攻；國好言，此謂以易攻"之數語者，韓非《飭令》有之，商子《農戰》、《去強》、《説民》、《弱民》諸篇亦有之，（原書注：《弱民》："使民以食出，各必有力則農不偷。"即此"使民以粟出官爵"云云之訛。）而韓非他篇無之。夫爲《農戰》諸篇所同有，此見與全書義旨之符也。韓子他篇無之，見韓子《飭令》實取《商子》也。爲《飭令》所有，見非撰録《商子》書者雜取《商子》他文以入《飭令》而爲《商子》之《靳令》也。然則商、韓誰爲相襲，其有能辨之者矣。

【校】

馮抄本作《靳令第十二》。

1. 飭令則治不留，

【校】

范本、綿眇閣本、吴本、程本、馮本、朱本、褒異本、且且庵本、馮抄本、奇賞本、四庫本、問經堂本、指海本、崇文本、初校本，“飭”作“靳”。

初校本注：秦本“靳”作“飭”。

指海本注：《韓子·飭令》篇“靳”作“飭”。

【注】

《札逐》：此篇文與《韓非子·飭令》篇同，作“飭”是也。

《新釋》：靳同斤，明也；一曰謹也。《韓非子》作“飭”，飭亦謹耳。

《斠詮》：不留，謂不稽留，即不遷延之意。《韓非子》作“飭令則法不遷”，是其證。

《解詁定本》：不留，不稽留也。

《新箋》：篇名及篇中“靳令”二字，《韓非子·飭令》篇皆作“飭令”。“靳”自是誤字，疑本作“勅”，以形近誤爲“靳”。篆文敕作𢿰，靳作𩊚，形更相似。“勅”、“飭”古通用，《易·噬嗑》：“先王以明罰勑法。”《釋文》：“勑，《字林》作勅。”《漢書·藝文志》引“勑”作“飭”，是其證。故《商子》作“勅令”，《韓非子》作“飭令”。當以“飭”爲本字。《説文》：“飭，致堅也。”飭令即堅決貫徹命令之意。

《錐指》：（引嚴校、孫説，文見上。）禮鴻案：《韓非子·飭令》篇“飭”字張鼎文本作“飾”，盧文弨曰：“古通用。”是也。又《韓非子·定法》篇兩言“法不勤飾於官”，勤飾亦即勤飭，是勤飭同義連文，勤蓋借爲謹也。“靳”與“謹”、“勤”音類相同，則“靳”可通作“謹”也。“靳”、“飭”形聲皆遠，未必衆本皆誤而秦本獨是。又《説文》曰：“靳，當膺也。”段注曰：“《左傳》曰：‘吾從子如驂之有靳。’杜預曰：‘車中馬也，言己從書如驂馬之隨靳也。’《正義》曰：‘驂馬之首當服馬之胸，胸上有靳，故云我從子如驂當服之靳。’按《左傳》：‘晋車七百乘，韅、靷、鞅、靽。’杜曰：‘在胸曰靷。’此正在胸曰靳之誤，以《秦風》傳“靳環”或作“靷環”證之，其誤正同矣。游環在服馬背上，驂馬外轡貫之，以止驂之出，故謂之靳環。靳者驂馬止而不過之處，故引申之義爲靳固。"《釋名・釋形體》曰："筋，靳也。靳，本作力，依畢沅校。肉中之力，靳固於身形也。"然則靳即爲固。法令强固，不可侵壞，義亦可通也。

法平則吏無奸。

【校】

馮抄本，"法"作"出"。

法已定矣，不以善言害法。

【注】

《新釋》：言不得比附援引及爲類似之解釋以害法。善言，謂巧言。

《解詁定本》：法定衹論功過，不以情有可原，而末減以害法。

任功則民少言，任善則民多言。行治曲斷，

【注】

《諸子平議》："曲"字無義，疑"由"字之誤，言行治由乎斷也。

《札迻》：治，《韓子》作"法"，似是。

《新釋》：治，法也。《韓非子・揚權》"與二俱行"，謂行法也。曲，促也。

《解詁定本》：治，《韓非子》作"法"。顧廣圻校："曲"當作"由"。俞樾亦謂"曲"疑"由"字之誤。

《箋正》：（引俞説、孫説，文見上）謹案：俞、孫兩説甚近。《管子・法法》篇云"故（曰）明君者事斷者也"，與此義正同。

《錐指》：（引俞説、孫説，文見上。）禮鴻案：此蓋謂行法須曲盡其斷耳，不改字亦通也。

以五里斷者王，以十里斷者強，

【注】

《籀廎碎金》：此篇與《韓子·飭令》篇文同。《韓子》"十"作"九"。《去強》篇亦作"九里"。

《新釋》：行政取單獨，司法貴合議，今法家之通論也。此云五里、十里，謂理官五人或十人出庭耳。人衆則法平而斷速，故行之而王或既王而強。《韓非子·飭令》："行法曲斷，以五里斷者王，以九里斷者強。"《八經》篇曰："不公會則猶豫而不斷，不斷則事留。"公會，謂合議也。

《箋正》：俞、孫兩説甚近。《管子·法法》篇云"故明君者，事斷者也"，與此義正同。"以五里斷"二句費解。《韓非子·飭令》篇下句作"以九里斷者強"，宋刊本原注於"五里"句下謂"能參驗五里然後斷定其罪，如此者王也"，於"九里"句下注謂"且王且強"，於本文義意殊無發明。

《香草續校書》：此文未審誤否。《去強》篇云："十里斷者國弱，九里斷者國強。"嚴萬里校云："九當作五。"又《説民》篇云："治國者貴下斷，故以十里斷者弱，以五里斷者強。"並以強弱對言。此言"以五里斷者王，以十里斷者強"，與彼獨乖，故疑其有誤。然五里、十里，其義究不甚曉。據《説民》篇言貴下斷，則或指里宰，而五里之宰與十里之宰何至有強弱之反對？則又似此文轉得之。上文言曲斷，當亦即下斷之意。然則曲者，鄉曲之曲也。

《新箋》："強"當作"弱"，蓋傳寫之誤。《去強》篇云："十里斷者國弱。"《説民》篇云："以十里斷者弱。"是其證也。

《錐指》："強"當作"弱"。《説民》篇："以十里斷者弱，以五里斷者強"。強與王相當也。《去強》篇"五里"誤作"九里"，嚴萬里已校正。

宿治者削。

【注】

《諸子平議》:“宿治者削”上,尚有“日治者王,夜治者強”八字,當據《去強》、《説民》二篇補。

《解詁》:“宿治者削”上有“日治者王,夜治者強”八字,當據《去強》、《説民》二篇補。

《新釋》:子路片言折獄而無宿諾。無宿諾,謂不留治。

《校釋》:(引俞説,文見上。)按“以五里斷者王”,即言“日治者王”;“以十里斷者強”,即言“夜治者強”。參閲《説民》篇注即知,不必補。

以刑治,以賞戰,求過不求善。

【注】

《新釋》:《弱民》篇曰:“以刑治,民則樂用;以賞戰,民則輕死。”《鶡冠子·兵》:“賞以勸戰,罰以必衆。”罰,謂刑罰也。求過,即下所云自伐。

《錐指》:(“以刑治”)《開塞》篇:“效於今者前刑而法。”“法”當作“治”。(“以賞戰”)《弱民》篇:“以賞戰民則輕死。”《去強》篇:“怯民使以刑必勇,勇民使以賞則死。”(“求過不求善”)此《説民》篇所謂“以奸民治”也,詳見彼篇。此承以刑治言之。

故法立而不革,則顯民變誅,計變誅止,責商殊使,

【校】

四庫本,“法立”作“立法”。

范本、吴本、程本、馮本、朱本、褒異本、且且庵本、四庫本、問經堂本、指海本、崇文本,“責商殊使”作“貴齊殊使”。

綿眇閣本、奇賞本,“責商殊使”作“責齊殊使”。

問經堂本"貴"字下注:各本作"貴",施本作"責"。

初校本注:"則顯"以下一切舊本舛誤相仍,今無從是正。范本"商"作"齊","使"作"便",亦不成文。

《解詁定本》:(讀作"故法立而不革,則顯民變誅計,變誅止,貴齊殊使"。)師轍按:"誅計"當爲"奸計"之訛。"貴齊"嚴校作"責商",今仍從各本作"貴齊"。

【注】

《發微》:誅,當訓"責"。計,疑"訐"誤。責,疑"貴"之訛。顯民也、貴商也、尊爵厚禄也,皆對文。此文當作"則顯民變誅訐止",下"變誅"二字衍。

《新釋》:("故法立而不革")言其審慎。革,急也。"則顯民變誅"句下注:顯,代也。顯民,若今代議士,即國會議員也。變,辯也。誅,討論也。《尚書·洪範》:"謀及庶人。"《周禮·鄉大夫》職云:"大詢於衆庶,[則]各帥其鄉之衆寡而致於朝。"《朝士》職云:"面三槐,三公位焉,州長衆庶在其後。"《小司寇》職云:"致萬民而詢。"又曰:"其位……三公及州長百姓北面。"曰庶人,曰衆庶,曰萬民,曰百姓,皆與顯民同義。父(尹乾)説:顯,憲也。《詩》"顯顯",《中庸》作"憲憲"。顯民,若今立憲國之立法議員,以齊民當選,故稱曰民。"計變誅"句下注:計,數也,屢也。屢辯論,若今立法院之法案經過三讀會。"止責商"句下注:止,毋也。責同積,重也。商,議也,言毋庸再議。"殊使"二字下注:殊,分也。使,吏也,理也。謂治獄吏與行政分也,今所謂司法獨立是。

《解詁定本》:革,改也。

《校釋》:自"則顯"以上十一字,至"則顯"以下二十三字,爲《韓非子·飭令》篇所無,幾全不可讀。

《新箋》:"變誅"義不可通,疑當作"變計","計""誅"形近,並涉下句而誤。此三句言法度立而不改易,則顯民變其故計,顯民之故計已變,則朝廷之誅罰可以不用也。

《錐指》:(引嚴校,文見上。)禮鴻案:指海本“責商”作“貴齊”,“使”作“便”。案:此文誠不可讀,然其間亦有可知者。“革”疑“靳”字爛脱其半,即靳令之靳也。“法立而不靳”爲一讀,以下則説其弊也。商當依范、錢本作“齊”,“責”當作“質”,並字之誤也。“質齊”即《周禮》之“質劑”。《天官·小宰》“聽買賣以質劑”,注:“質劑,謂兩書一札,同而别之,長曰質,短曰劑,今之券書也。”賈疏:“有人爭市事者,則以質劑聽之。長曰質、短曰劑者,按《地官·質人》云:‘大市曰質,小市曰劑。’鄭注:‘大市,人民馬牛之屬,用長券;小市,兵器珍異之物,用短券。’言兩書一札同而别之者,謂前後作二券,中央破之,兩家各得其一。”是質劑爲買賣之券書也。此文若曰:法立而不靳,則奸民得變亂質劑,收百都之利以要尊爵厚禄,因自以爲得也。其云“自伐”,即《算地篇》所謂“小人冀其利則伐奸”是也。《墾令》篇言百縣,此言百都,都者縣之屬。顧炎武曰:“《史記·商君[列]傳》:‘筑冀闕宫廷於咸陽,秦自雍徙都之,而集小都、鄉、邑聚爲縣,置令丞,凡三十一縣。’上“都”國都之都,下“都”都鄙之都。”自明曰:“謂革爲靳之誤,至塙。‘則顯民變誅計’句絶。顯民見《康誥》,謂顯示於民。責作貴,使作便,亦至塙。止當作之,《小雅·車舝》‘高山仰止’,釋文云:‘仰止,本或作仰之。’是止、之互訛之例。尊爵承貴言,厚禄承商言。貴與商,已見《去強》篇。此文之意,謂立法不固,徒示民以舞文避責之計耳。此舞文避責之貴商,殊使百都之尊爵厚禄以自伐也。”

百都之尊爵厚禄以自伐。

【注】

《發微》:《墾令》:“聲服無通於百縣。”

《新釋》:父(尹乾)説:百,猶衆。都,大都小都。《周禮》:“大都在畺地,小都在縣地。”(編者按:《周禮·載師》原文作“以小都之田任縣地,以大都之田任畺地”。)尊爵厚禄以自伐,若今之檢察官提起公訴然。自,辠也。伐,發也。《周禮·鄰長》“掌相糾相受”,相糾,舉察人之辠也。《韓非子·飭令》:“厚爵以周術,行都之過。”謂以周糾之術舉發都人之罪也。

《解詁定本》:“百都”當作“百官”。自伐,《韓非子》作“周術”,“周”一本作“用”。言法立不改,則貴顯之民變其奸計,不敢犯法。奸計止,則貴族與齊民皆易使,故百官尊爵,人主乃能厚禄以行其馭下之術。《左·莊廿八傳》“且旌君伐”,杜注:“伐,功也。”言人君以厚禄馭下,乃能自立其功。韓非言“周術”,與商君言“自伐”,其義一也。

國無奸民,則都無奸市。

【校】

馮抄本,“國無奸民”作“行都之過”。

初校本,“奸市”作“奸示”。

《籀廎碎金》:《韓子》宋本作“行都之過”,今本與《商子》同。

《發微》:(“奸市”作“奸示”。)“奸示”疑“奸商”之訛,或本作“奸末”,《徠民》篇曰:“恃奸務末作以處。”

《讀諸子札記》:(“奸市”作“奸示”。)“示”乃“市”字之誤。見《韓非子·飭令》篇。

《斠詮》:(“奸市”作“奸示”。)崇文本作“奸市”,《韓非子》同,當據改。

《校釋》:奸市,各本多作“奸示”,不通。王説:“崇文本作奸市,《韓非子》同,當據改。”今從之。

【注】

《新釋》:(“奸市”作“奸示”。)示,告也。言無奸可告。

《解詁定本》:奸市,嚴校本作“奸示”,兹從各本。《韓非子》亦作“奸市”。或曰:《楚辭·懷沙》“窮不得所示”,王逸注:“示,語也。”義亦通。

《錐指》:(引王説,文見上。)禮鴻案:指海本亦作“市”。案,變敵質劑,是奸市也。

物多末衆，農弛奸勝，則國必削。

【校】

范本、程本、馮本、朱本、褒異本、且且庵本、四庫本，“衆”字前有缺文一字。

范本、綿眇閣本、吴本、程本、馮本、朱本、褒異本、且且庵本、奇賞本、四庫本，“弛”作“弘”。

問經堂本，“弛”作“宏”。

崇文本，“弛”作“㢧”。

馮抄本，“末衆”作“事者衆也”。“農弛奸勝”作“農而奸”。

指海本，“農弛奸勝”下注：“弛”原作“宏”，依《韓子》改。

【注】

《諸子平議》：“宏”字義不可通，乃“㢧”字之誤。《史記·司馬相如傳》“徼㢧受詘”，《索隱》曰：“㢧，倦也。”農㢧奸勝，謂農夫倦殆而奸邪者勝也。凡從“谷”之字，隸變作“厷”，故《文選·子虛賦》“㢧”作“㢧”，“㢧”字闕壞，止存右旁“厷”字，因誤爲“宏”矣。《去強》篇：“農而奸勸，其兵弱，國必削至亡”。亦以農奸對文成義，奸勸猶奸勝也。其“而”字乃“耎”之壞字。耎，弱也。

《校正》：俞所據本作“宏”，謂“宏”乃“㢧”之誤。按“宏”本作“弛”，“弛”誤爲“弘”，遂誤爲“宏”耳。

《新釋》：（讀爲“物多末，衆農弛”。）物，事也。多，重也。末，謂商賈游辯。《周禮》有三農，故云衆。

《解詁定本》：物多末衆，謂器物多而淫巧衆。弛，緩也。“弛”各本作“弘”，誤。

《校讀》：末，謂商賈技藝。

《錐指》：《去強》篇：“本物賤，事者衆，買者少，農困而奸勸，其兵弱，國必削至亡。”與此文相似。《去強》篇下又言“粟爵粟任則國富”，與此文下言“使民以粟出官爵，官爵必以其力，則農不怠”，義又相同。疑此“物多末衆”四字當作“本物賤，事者衆，買者少”九字，有訛脱耳。

乾道本《韓非子》作“物多者衆”,“者衆”二字,猶存舊觀於訛闕之餘,可證也。通此文與上質齊奸市云云觀之,大意在重農抑商也。

民有餘糧,使民以粟出官爵,

【校】

馮抄本,“糧”作“良”。

【注】

《新釋》:出,進也。一曰服也。《境内》篇曰“出官爵”,《弱民》篇曰“則使民以食出”。《史記·秦始皇本紀》:“百姓納粟千石,拜爵一級。”《前漢書·食貨志》:“文帝從(晁)錯之言,令民入粟邊,六百石爵上造。稍增至四千石爲五大夫,萬二千石爲大庶長,各以多少級數有差。”制均出此。

《香草續校書》:出,本訓進,《説文·出部》云:“出,進也。”謂使民以粟進官爵也。然則後世納粟拜爵之例,實本商君之法。

官爵必以其力,則農不怠。四寸之管無當,必不滿也。

【注】

《校正》:當,底也。《韓非子·外儲説右上》:“雖有千金之玉巵,至貴而無當,漏不可盛水。”又曰:“今爲人而漏其臣之語,是猶無當之玉巵也。”可參證此文“當”字之義。

《新釋》:(“官爵必以其力”)粟生由於力田。(“必不滿也”)管,竹中空者。當,底也。《説苑·説林》:“三寸之管而無當,天下弗能滿。”

《次室讀書記》:……《韓非子·飭令》篇亦作“三寸”,當作“三寸”。古文“三”、“四”積畫,因而致誤。

《解詁定本》:《説文》“出,進也。”使民以粟之多寡進官爵,是官爵必以力農得之,故農不怠惰。《淮南子·説林》“三寸之管而無當”,高誘注:“當,猶底也。”

《錐指》:《淮南子·説林》篇:“三寸之管而無當。”注:“當,猶底也。”

授官予爵出禄不以功,是無當也。

【校】

范本、綿眇閣本、吴本、程本、馮本、朱本、褒異本、且且庵本、奇賞本、四庫本、問經堂本、指海本、崇文本,“出禄”間有一“則”字。

馮抄本,“出禄”間有一“利”字。

指海本“出則禄不以功”句下注:《韓子》“則”作“利”。

《解詁定本》:各本“出”下有“則”字。

【注】

《諸子平議》:(所據本“出禄不以功”作“出則禄不以功”。)此本云“授官予爵出禄不以功,則是無當也”,傳寫者誤移“則”字於“禄”字之上,遂不可通。

《斠詮》:崇文本“禄”上有“則”字。《韓非子》作“授官爵出利禄不以功”,“則”疑爲“利”之訛,“予”字疑涉下文“授官予爵”句而衍。

《解詁定本》:四寸小管無底,貯物猶不能滿,况國家有限之官位爵禄,而以與無功之人,是猶貯無當之管也。

《箋正》:(引王説,文見上。)“授官予爵出禄”及“授官爵出利禄”完全同一義意,各以句法參差遂令字有多少,於本義要無出入。崇文本“則”字當然衍文,即認爲“利”字之訛,亦不便遽據以删“予”字。

2. 國貧而務戰,毒生於敵,無六蝨,必强;國富而不戰,偷生於内,有六蝨,必弱。

【校】

范本、綿眇閣本、吴本、程本、馮本、朱本、褒異本、且且庵本、馮抄本、奇賞本、四庫本、問經堂本、指海本、崇文本,“六蝨必弱”前無

"有"字。

馮抄本,"國富"作"國當","偷生於内"作"偷於内","有六蝨,必弱"作"六蝨必靜"。

【注】

《諸子平議》:(所據本作"國富而不戰,偷生於内,六蝨必弱"。)此當作"國富而不戰,毒輸於内,六蝨生,必弱"。《去強》篇云:"國強而不戰,毒輸於内,禮樂蝨官生,必削。"與此文略同,可證也。因奪"毒"字,而"輸"又誤作"偷",遂移下句"生"字於上,非其本文矣。

《籀廎碎金》:俞云:當作"國富而不戰,毒輸於内,六蝨生,必削"。《去強》篇云:"國強而不戰,毒輸於内,禮樂蝨官生,必削。"與此文略同。此因奪"毒"字,而"輸"又誤作"偷",遂移下句"生"字於上,非其本文矣。

《校正》:當依俞説作"毒輸於内,六蝨生,必削"。

《解詁定本》:毒生於敵,謂毒中於敵也。六蝨,歲、食、美、好、志、行也,見《去強》篇。偷,猶苟且也。

《斠詮》:(引俞説,文見上。)謹案:《去強》篇云:"國強而不戰,毒輸於内,禮樂蝨官生,必削。國強而遂戰,毒輸於敵,國無禮樂蝨官,必強。"彼處戰、不戰皆指國強而言,則此處戰、不戰亦當並指國富而言。蓋貧國以務戰而強,乃必無之事。今反云"國貧而務戰必強",不可通矣,作"富"爲是。又彼處於内、於敵之上皆作"毒輸",亦當據改。俞氏所據本"六蝨必弱"上無"有"字,故俞增"生"字,崇文本與俞氏所據本同。今依嚴校"偷生"二字當即"毒輸"之訛,蓋"毒輸"二字脱爛,訛爲"生偷"。校者不得其義,又改爲"偷生"耳。

《箋正》:(引俞説、王説,文見上。)俞説無當。此處偷生義較毒輸爲更適。蓋國富而不戰,如孟子所謂無敵國外患,而驕惰淫佚之弊生。國而驕惰淫佚,則六蝨備具,不弱而亡何待?驕惰淫佚,偷也。偷非他人所賜予,亦非國外所輸入,故曰生於内。偷可包毒,毒不必指偷。善讀古書者方當据此以正《去強》篇之訛,奈何反執彼而非此?

至王氏謂國貧宜作國富,雖當近是,但其謂國貧以務戰而強爲必無之事,謂國貧而務戰必強爲不可通,則又一孔之見,不通之論。歷觀中國史籍所載,好戰而強之國,大抵起於貧瘠苦寒之地。若有一富一貧而並世之國家,大抵貧者強而且好戰,富者畏戰而必弱。……王氏果何據而謂原文不通哉?又按,“毒生於敵”句,“生”作“輸”較適。又按此數句文與全篇義意不甚相屬,竊意“是無當也”句下應直接“國以功授官予爵”爲順。此數語殆從《去強》篇舛誤而重出者,容待善本詳校。

《校釋》:自“國貧”至“必弱”兩句,《韓非子》無,而與見於《去強》篇者大同小異,蓋取諸此歟?

《錐指》:(引簡説,文見上。)禮鴻案:簡説是。《韓非子》亦無此數語。

《校讀》:王氏改“貧”作“富”是,“偷生”二字可不必改。“偷”即“毒”也。《説民》篇“國富則淫,淫則有蝨”,又《開塞》篇“淫則生佚”,“佚”與“偷”相鄰,可知作“偷生”亦通,不煩改字也。

國以功授官予爵,此謂以盛知謀,以盛勇戰。

【校】

馮抄本,“國”字作“□”,“勇戰”前無“以盛”兩字。

【注】

《新釋》:《去強》篇曰:“舉力以成勇戰,戰以成知謀。”《韓非子·飭令》:“此謂以成知謀,以成勇戰。”然則“盛”當同“成”,明也,謂明知與明勇也。

《校讀》:盛,猶大也。

以盛知謀，以盛勇戰，其國必無敵。國以功授官予爵，則治省言寡，此謂以法去法，以言去言。

【校】

指海本，“以法去法”作“以治去治”。注：兩“治”字原並作“法”，依《韓子》改，下亦以治與言爲對文。

【注】

《發微》：（“此謂以法去法，以言去言”）以功與爵者也。

《解詁定本》：《尚書大傳》“周公盛養成王”，注：“盛猶長也。”以法去法，《韓非子》作“以治去治”，誤。“以法去法”，謂法立而刑罰省。“以言去言”，謂實行則虚言息。

《校讀》：《韓非子》作“以治去治”，當據改。

《錐指》：“以法去法”當作“以治去治”，承上治省言之，與下以治致治一律，《韓非子》正作“以治去治”。或反以“治”爲誤，可謂謬矣。

國以六蝨授官予爵，則治煩言生，

【校】

問經堂本，“六蝨”下注：《玉海》引《庾峻傳》作“六蝎”。

【注】

《新釋》：《韓非子・心度》：“明法而治不煩。”生，猶多也。

《解詁定本》：煩，亂也。

此謂以治致治，以言致言。則君務於説言，官亂於治邪。邪臣有得志，

【校】

馮抄本：“以治致治”作“以治政治”。

【注】

《讀諸子札記》：“務”當爲“瞀”，瞀亦亂也。

《新釋》：言以煩治致煩治，以多言致多言。六蝨中有行，行謂言也。務，瞀也，眩惑之意。

《斠詮》：（“以治致治”）當作“以法致法”，上文“以法去法”，《韓非子》亦誤“法”爲“治”，即其證。

《解詁定本》：依上文，（“以治致治”）當作“以法致法”。“務”借爲“瞀”，眩惑之意。

《箋正》：務，崇文本作“鶩”，義長。（編者按：崇文本作“務”，非作“鶩”。）

《校釋》：（“以治致治”改作“以法致法”。）“以法致法”四字，各本作“以治去治”（編者按：各本皆作“以治致治”，陳誤）。（引王説，文見上。）今據改。

《校讀》：王説非。

《錐指》：疑當衹作君務於説，官亂於治。（引簡説，文見上。）禮鴻案：“務”借爲“瞀”，惑也。

有功者日退，此謂失。

【校】

初校本注：此句疑有缺文。

【注】

《新釋》：言其治失。

《解詁定本》：“失”下當奪一“法”字，承上文“法定”而言。

《校釋》：（“此謂失”改作“此謂失守”。）“失守”之“守”字各本缺。嚴説：“此句疑有缺文。”按缺文疑爲“守”字，以涉下文“守十者亂”誤删，今增。

守十者亂，守一者治。法已定矣，而好用六蝨者亡。

【校】

馮抄本，無“法”字，“亡”作“王”。

馮抄本、初校本，"一"作"壹"。

【注】

《新釋》:("一"作"壹")《弱民》篇曰:"守一者治，守十者亂。"壹即一也。

民澤畢農，則國富。

【校】

初校本，"民澤"字疑有誤。

【注】

《籀廎碎金》:嚴萬里云:"案'民澤'字疑有誤。""澤"疑"釋"之誤，下又奪一字。

《校正》:吴(編者按:當作"嚴")云:"民澤"字疑有誤。按:《賞刑》篇"從牛於農澤"，"民澤"疑"農澤"也。

《發微》:民澤，猶山澤也。

《新釋》:澤同懌，樂也。畢，疾也，《墾令》篇曰:"壯民疾農不變。"

《斠詮》:澤，疑即"畢"字之誤而衍者。

《解詁定本》:《爾雅》:"畢，盡也。"澤借爲擇，柬選也。民擇業盡在於農，則國富。

《錐指》:(引嚴校、王説，文見上。)自明曰:"王説雖是，而未得其情。畢何緣誤作澤?澤疑本作睪，乃畢之誤。《荀子・王霸》篇曰:'睪牢天下而制之。'楊注云:'睪或作畢。'是'睪'、'畢'互訛之例。本作'畢'，誤作'睪'，又誤作'澤'。後人不知更正，因本書習見民畢農，輒增'畢'字而未删耳。"

六蝨不用，則兵民畢競勸，而樂爲主用，

【校】

馮抄本，"兵"後多一"之"字。

【注】

《發微》:“兵民”下“畢”字涉上“畢”而衍。

《新釋》:畢,盡也。《吕覽·審分》:“忠敦之士畢競勸騁騖。”

其境内之民爭以爲榮,莫以爲辱。其次,爲賞勸罰沮。其下,民惡之,憂之,羞之,修容而以言,恥食以上交,以避農戰。

【校】

初校本,“境”作“竟”。

馮本,“羞之”作“修之”。

【注】

《新釋》:言恥自食其力。上,尚也。

《解詁定本》:沮,止也。治國其次爲賞以勸其功,爲罰以禁其淫,使民惡辱而求榮,憂貧而力耕,羞恥而勇戰。“恥食”當爲“恥貧”之訛,“上”當作“外”,謂恥貧窮,以事外交,以避農戰,故下文云“外交以備”,可證。

《新箋》:“恥”當作“取”,形似而誤。修容而以言取食者,言人民修飾其儀容,以言論取得利禄也。以上交以避農戰者,言以交結貴族以避免農戰也。

《錐指》:“竟”上疑當有“上”字。“容”誤,當作“善”,下文言六蝨有修善,蓋修善之士,尚仁義,稱先王,皆法家以爲虚言無益而欲痛絶之者,故上文曰:“不以善言害法,”又曰“任功則民少言,任善則民多言”,皆善與言連舉,可爲此當作“修善而以言”佐證。(“以言”)以,用也。或曰:修容而以言,謂如盗跖譏孔氏“縫衣淺帶,矯言僞行”是也。“食以上交”四字連讀,謂非法之民恥於以食禄之故而自結於上也,《管子·國蓄》篇:“君有山海之金,而民不足於用,是皆以其事業交接於君上也。”此即食以上交矣。

外交以備，國之危也。

【校】

初校本“外交以備”下注：“備”字誤，或有缺文。

【注】

《校正》：吴（編者按：當作嚴）云：“備字誤，或有缺文。”案，《農戰》篇有“具備國之危也”，六字爲衍文，當是此篇之誤入者，則“備”字不誤。“外交以備”殆即彼篇所謂“隨從外權”之意。

《新釋》：《農戰》篇曰：“皆以避農戰，具備。”具同俱，交也，即此所云“外交以備”者。

《斠詮》：備，疑當作“憊”。

《解詁定本》：《農戰》篇云：“皆以避農戰，具備，國之危也。”其文義與此略同。嚴校非。

《校釋》：嚴説：“備字誤，或有缺文。”按，外交以備，謂游士藉交外國，以爲應援之備，似無缺誤。

《新箋》：“國”字當重。“外交以備國”爲句，“國之危也”爲句。備借爲憊，憊猶病也。《説文》“憊或作痛”，“痛”字從疒。《莊子·山木》篇：“士有道德，不能行，憊也。”《釋文》：“憊，司馬作病。”（編者按：《釋文》在“何先生之憊邪”句下。）此備有病義之證。“備”、“憊”古通用。《易·遁》：“有疾，憊也。”《釋文》：“憊，荀作備。”《既濟》：“三年克之，憊也。”《釋文》：“憊，陸作備。”並其證也。外交以憊國，言其民與“外國”交通，以病其本國也。

《校讀》：“外交以備”當在“農戰”二字上。當作“外交以避農戰”，“以備”二字衍文。《墾令》篇云：“民不貴學問則愚，愚則無外交，則國勉農而不偷。”（編者按：引文有誤，當作“民不貴學則愚，愚則無外交，無外交則國安不殆。”）可證。

《錐指》：（“外交以備”）此四字蓋衍文。“外交”涉上文“上交”而誤衍。“以備”涉上文“以避”而誤衍。“避”、“備”聲相近也。

有飢寒死亡，不爲利禄之故戰，此亡國之俗也。

【校】

馮抄本，“亡國”作“王國”。

【注】

《新釋》：言不喜利禄而死戰。

《解詁定本》：民有飢寒死亡，不肯戰鬥以取利禄，是曰惰民，此亡國之俗也。

《校釋》：自“則務於言説”至“亡國之俗也”，爲《韓非子·飭令》篇所無。

《校讀》：朱説誤也。此文“其次”與“其下”對文，“危”與“亡”對文。“其下，民惡之、憂之、羞之”句，當在“有飢寒死亡”之上，誤倒在此。此文意謂：善用法者以賞禁、以刑勸，則兵民畢竟勸而樂爲主用。其次，不善用法以賞勸、以罰沮，任用六蝨，則民外交以避農戰，此危國之道也。其下，民輕爵賞，雖有飢寒死亡不爲利禄而戰，則亡國之俗也。層次井然，朱氏望文生訓耳。

《錐指》：有飢寒死亡，謂寧飢寒死亡也。《史記·魯仲連傳》：“連有蹈東海而死耳，吾不忍爲之臣也。”“有”字義與此同。

3. 六蝨：曰禮樂、曰《詩》《書》、曰修善、曰孝悌、曰誠信、曰貞廉、曰仁義、曰非兵、曰羞戰。

【校】

初校本，“悌”作“弟”。

【注】

《諸子平議》：上言六蝨，下言十二者，而中所列凡九事，於數皆不合。疑禮樂詩書孝悌當爲六事，本作曰禮、曰樂、曰詩、曰書、曰修善、曰孝、曰悌、曰誠信、曰貞廉、曰仁義、曰非兵、曰羞戰，故總之爲十二也。然則何以稱六蝨？曰“六蝨”二字乃衍文也。六蝨之文，見《去強》篇，其文曰：“農商官三者，國之常官也。三官者生蝨官者六：曰歲、曰食、曰玩、曰好、曰志、曰行。”此説六蝨最得，蓋歲也、食也，農之蝨也；玩也、好也，商之蝨也；志也、行也，官之蝨也。《去強》篇又曰：“國有禮、有樂、有《詩》、有《書》、有善、有修、有孝、有悌、有廉、有辯，國有十者，上無使戰，必削至亡。”然則商子之意不以此爲六蝨，明矣。而《去強》篇又曰：“國用《詩》、《書》、禮、樂、孝、悌、善、修治者，敵至必削國，不至必貧。國不用八者治，敵不敢至，雖至必卻。”則又變十爲八。《農戰》篇曰：“《詩》、《書》、禮、樂、善、修、仁、廉、辯、慧，國有十者，上無使戰。”是其數雖亦爲十，而所列十事又微有不同。疑傳寫或增或減，非必皆其本文所言之數，各就其事言之耳，實當從此文作十二者爲定。且此言修善，而彼分善修爲二，於義亦未安也。今定爲十二事，而以“六蝨”二字爲衍文，似得之矣。

《新釋》“曰仁義”下注：曰同越，踰也，違也，謂六蝨違悖禮樂仁義諸端之本旨也，非以六蝨冠下而言。六蝨：一歲、二食、三美、四好、五志、六行，《去強》、《弱民》兩篇均已明言，未嘗及禮樂仁義諸端也。且禮樂仁義諸端其數不止於六，則尤不得以六蝨括之矣。如以仁義諸端爲蝨，胡是篇内一則曰“以壹輔仁”，再則曰“述仁義於天下”乎？前後矛盾陽甚惑焉。讀是書者，慎毋窺一文而以爲全豹也。“曰非兵、曰羞戰”下注：曰同若，更端詞也。

《解詁定本》：《去強》篇云：“生蝨官者六：曰歲、曰食、曰美、曰好、曰志、曰行。”又云：“國有禮、有樂、有《詩》、有《書》、有善、有修、有孝、有弟、有廉、有辯，國有十者，上無使戰，必削至亡。”與此不同，此篇當有誤。俞氏樾謂“六蝨”二字衍，以禮、樂、《詩》、《書》、孝、弟爲六事，合修善、誠信、貞廉、仁義、非兵、羞戰爲十二者之數，亦未免武斷。

《箋正》：書中歷舉禮、樂、《詩》、《書》等而謂有之國貧削，無之國富強者凡四，詳略不同，各篇文字本不一律，加以訛誤舛脱，致成此大同小異之論調。俞氏欲悉定爲十二事，可謂斷鶴續鳧，無有當處。至謂此處“六蝨”二字爲衍文，《去強》篇之歲、食等六事爲六蝨子目，尤不盡然。彼云"生蝨官者六",言三官所生爲官之蝨者六事,非曾謂此即六蝨也。書中尚有"以六蝨授官予爵"及"六蝨不用"等語,如俞説,以志行玩好授官爵猶可,以歲食授官爵寧復可通?故依文義,與其謂歲食等爲六蝨,轉不若禮樂詩書等,數雖懸絶,情實尚較相近。蝨者,寄生有害,韓非五蝨(編者按:當是"五蠹")之類也。《説民》篇云,"國富則淫,淫則有蝨",又云"欲有六淫",疑六淫即謂六蝨,惜六淫之目書中仍未見耳。若諸言蝨,如蝨官生、三官無蝨等,均泛指病官敝治之事,不定爲六與否也。又按,"六蝨"二字既曰衍文,則下文"此謂六蝨勝其政也"句,不更爲衍文乎?

《校釋》:(引俞説、簡説,文見上。)按俞説依文求之,故以歲、食等爲六蝨;簡説依義求之,故不以歲、食等爲六蝨。所謂六蝨者究爲何六事,因原書引用不一,而又雜以舛誤,已無從考定矣。

《新箋》:(引俞説,文見上。)俞校未切。余疑此文當作"六蝨:曰禮、樂,曰《詩》、《書》,曰修善、孝弟,曰誠信、貞廉,曰仁、義,曰非兵、羞戰"。傳寫衍三個曰字耳。共舉六項,即所謂"六蝨"也。六項中每項又包括性質相近或聯繫密切者兩項,共十二項,故云"國有十二者"。

《校讀》:俞氏謂"六蝨"二字衍文,以《去強》篇所言"六蝨"與此不同故也。然此下仍屬言六蝨,亦指十二者而言,則"六蝨"二字非衍文矣。《商君書》此篇全襲《韓非子》,故此六蝨亦疑摹倣《韓非》五蠹而來,與《去強》篇不相謀也。至十二者之數鄙意亦不敢苟同。按《説民》篇以"辯慧禮樂慈仁任譽"爲八者,亦云"國有八者,上無以使守戰,必削至亡",與此文及《去強》、《農戰》意皆同。《説民》所列八事中,除禮、樂外皆此文所無,合之適十二事,較俞氏析禮樂詩書孝悌爲六事者爲確。

國有十二者，上無使農戰，必貧至削。

【注】

《新釋》：（"國有十二者"）十，是也，《爾雅》作"時"。二者，斥非兵、羞戰。（"必貧至削"）不農則貧，不戰則削。

《錐指》：此言十二者，而中間所列凡九事，《農戰》、《去強》、《賞刑》三篇並有其文，名目或同或異，數目或十或八，或不舉數。蓋六者乃汪中所謂虚數，必斠而一之，則非矣。

十二者成群，此謂君之治不勝其臣，

【注】

《新釋》：言非兵、羞戰者多而成群。《韓非子·詭使》："私學成群，謂之師徒。"又，臣，民也。

官之治不勝其民，此謂六蝨勝其政也。十二者成樸，必削。

【校】

馮抄本，"樸"作"撲"。

【注】

《新釋》：樸，實也，言已成爲事實。

《錐指》："成"疑當做"有"，涉上成群而誤。《去強》、《弱民》並云："六者有樸，必削。"

是故興國不用十二者，

【注】

《新釋》：以上"十"皆同"時"，是也。

《校釋》：自本段首句"六蝨"至"不用十二者"，《韓非子·飭令》篇全無。

故其國多力，而天下莫之能犯也。

【校】

范本、吴本、程本、馮本、朱本、褒異本、且且庵本、馮抄本、奇賞本、四庫本、崇文本，“之”作“不”。

問經堂本“之”字下注：各本作“不”，今從施本。

指海本注：“之”原作“不”，依《韓子》改。

初校本，無“之”字。

兵出必取，取必能有之；按兵而不攻，必富。

【校】

馮抄本，“按”作“案”。

【注】

《新釋》：息兵務農，其國愈富。《秦策》：商君“教民耕戰，（是以）兵動而地廣，兵休而國富”。語出此。

朝廷之吏，少者不毁也，多者不損也。

【注】

《新釋》：（“朝廷之吏”）若《周禮》之司勛。（“多者不損也”）《周禮》：“戰功曰多。”此少者、多者謂戰功之或少或多耳。不毁，謂不棄。不損，不減也。

《解詁定本》：吏，《韓非子》作“事”，是。“吏”、“事”二字，篆文形似而訛。事，職也。毁，缺也。損，減也。

《新箋》：“毁”字于意不合，疑當作“𣪚”，“𣪚”“毁”形近而誤。𣪚借爲埤，《説文》：“埤，增也。”《廣雅・釋詁》：“埤，益也。”此言朝廷之吏，其員額有定數，員數少者不可增加，員數多者不可減損。此文少與多義相對，𣪚與損義相對，則“毁”爲誤字，明矣。

《校讀》：《韓非子》吏作“事”。“毁”、“損”二字，必有一誤。

《錐指》:或曰……(引《新箋》,文見上。)此説甚韙,如此,則官不濫矣。

效攻而取官爵,

【注】

《新釋》:效,交也。呈也。《韓非子·用人》:"治世之臣效功於國以履位。"

《錐指》:《禮記·曲禮》篇:"效馬效羊者右牽之。"注:"效,猶呈見也。"

廷雖有辯言,

【校】

馮抄本,"辯"做"辨"。

初校本,"雖"上無"廷"字,注:秦本、范本"雖"上有"廷"字,疑當作"朝廷",缺"朝"字,今依元本删去。

《解詁定本》:各本及《韓非子》"雖"上俱有"廷"字,不當删。

《札迻》:《韓子》有"廷"字。

《斠詮》:崇文本亦有"廷"字,則作"朝廷"爲是。

不得以相先也。

【校】

初校本,"得"作"能"。注:范本"能"作"得"。

《札迻》:(作"不能以相先也"。)"能"亦作"得"。

《斠詮》:崇文本"能"亦作"得",並通。

《解詁定本》:各本及《韓非子》"能"俱作"得"。

《校讀》:《韓非子》"先"作"干"。

【注】

《新釋》:先,進也。一曰:先同詵,致言也。所謂先容。

《校釋》:(“相先”改作“相干”。)干,各本作“先”,義晦。今據《韓非子·飭令》篇改。干,干進也。

此謂以數治。

【注】

《新釋》:數,法也。

以力攻者,出一取十;以言攻者,出十亡百。國好力,此謂以難攻;國好言,此謂以易攻。

【校】

馮抄本,“一”作“壹”。

奇賞本,自“以力攻者”句至下文“此謂以刑致刑,其國必削”句,共一百五十九字無。

4. 重刑少賞,上愛民,民死賞;重賞輕刑,上不愛民,民不死賞。

【校】

馮抄本,“上愛”後缺一“民”字。

【注】

《諸子平議》:“死賞”皆當作“死上”,聲之誤也。《去強》篇曰:“重罰輕賞,則上愛民,民死上;重賞輕罰,則上不愛民,民不死上。”可證此文之誤。

《新釋》:(“重刑少賞”)重,多也。(“民死賞”)以賞爲榮。

《解詁定本》:(引俞説,文見上。)師轍按:《韓非子》亦作“死賞”,不得謂此文有誤。

《香草續校書》:兩“死賞”俞蔭甫太史《平議》據《去強》篇訂作“死上”,是也。“上”、“賞”論古音同部,本亦在假借之例。然竊疑此原文實作“死尚”。“死尚”即“死上”也,後人昧其借“尚”爲“上”,以“死尚”爲無義,因改作“賞”。雖於假借之例未背,然借“賞”爲“上”不恒見,不若借“尚”爲“上”之恒見也。

《錐指》:(引俞説,文見上。)作“死賞”亦自可通。死賞,即謂死上之賞也。《韓非子》亦作“死賞”。《去強》篇曰“勇民使之以賞,則死”,正其義也。或曰:賞少則民何以死之?曰:正唯賞少,故賞足重而民死之也。下云“利出一空”,即賞少之謂。

利出一空者,其國無敵;利出二空者,國半利;用出十空者,其國不守。

【校】

指海本,“國半利,用出十空者”作“國半用,利出十空者”,句下注:“利”字原在“用”上,依《韓子》乙轉。

初校本,“用”作“利”。

《校讀》:“國半利”《韓非子》作“其兵半用”,當據改。

【注】

《新釋》:《管子·國蓄》:“利出於一孔者,其國無敵;出二孔者,其兵不詘;出三孔者,不可以舉兵;出四孔者,其國必亡。”空,即孔也。

《解詁定本》:(“用出十空者”作“利出十空者”。)空,孔也。“利利”各本作“利用”,“國半利用”爲句。評校本以“國半”爲句,非是。嚴校改“用”字爲“利”,以上“利”字屬上句讀,亦非。

重刑明大制,不明者六蝨也。

【注】

《新釋》,(“大制”)謂大法也。

《斠詮》:此處有訛脱。

《解詁定本》:《越語》“君行制”,韋注:“制,法也。”言重刑所以明大法。用重刑而大法不明者,六蝨爲之害也。

《雒指》:《韓非子》"明"下有"民"字。蓋謂以刑爲大制而明示於民也。此有"民"字,義更昭晰,無亦得也。民而不明大制,則爲蝨。

六蝨成群,則民不用。

【注】

《新釋》:用,勇也。

《解詁定本》:不爲主用。

是故興國罰行則民親,賞行則上利。

【校】

范本、綿眇閣本、吴本、程本、馮本、朱本、褒異本、且且庵本、四庫本、問經堂本、指海本、崇文本,"親"作"視"。

馮抄本,"民"作"名"。"賞行"作"賞刑"。

初校本,"上利"作"民利",注:范本作"上利"。

【注】

《雒指》:指海本亦作"上利",是也。《説民》篇曰:"故興國行罰則民利,用賞則上重。"上重、上利一也,既見尊重,故能得其利。《韓非子》作"使人則上利",蓋合賞罰以爲言,言無論刑賞,上皆得其利也,亦"上利"之證。又案:自"重刑明大制"至"賞行則上利",《韓非子》只作"重刑明民大制,使人則上利"二句,語意不明。蓋此篇言"六蝨"處,入《韓子》書時皆删去之,此處亦因兩"六蝨"字而加删節,致語脉失其聯貫也。此最《韓子》取自《商君書》之明證。

行罰重其輕者,輕其重者,輕者不至,重者不來,

【校】

馮抄本,"輕其重者,輕者不至"八字作"輕不止"。

初校本注:“輕其重者”句,當在下“罪重刑輕”上,以舊本相承,不敢擅乙。

《解詁定本》:《韓非子》無“輕其重者”句,當據删。

《校讀》:行罰,《韓非子》作“行刑”。

【注】

《諸子平議》:“不至”乃“不生”之誤。當據《去強》篇訂。

《校正》:吴(編者按:當作嚴)云:“輕其重者”句,當在下“罪重刑輕”上。俞云“不至”乃“不生”之誤,當據《去強》篇訂。案《韓非子·内儲説上·七術》:“一曰:公孫鞅曰:‘行刑重其輕者,輕者不至,重者不來,是謂以刑去刑。’”據此,則吴(編者按:當作嚴)欲乙“輕其重者”是,俞欲改“不至”爲“不生”,非也。“至”與“來”同義,《去強》篇數語本是此篇誤入,又誤“至”爲“生”,乃據以訂此篇,並訂《韓子》,顛已。

《斠詮》:“輕其重者”句不當有。《韓非子·飭令》篇亦無此四字,當據删。

《錐指》:(引王説,文見上。)禮鴻案:王説是,《説民》篇亦無,《韓非子·内儲説上·七術》篇亦無。(“輕者不至,重者不來”)俞樾曰:“不至乃不生之誤,當據《去強》篇訂。”禮鴻案:俞校“至”爲“生”,其義甚長。然《韓非子·内儲説上·七術》篇云:“公孫鞅之法也,重輕罪。重罪者,人之所難犯也;而小過者,人之所易去也。使人去其所易,無離其所難,此治之道。夫小過不生,大罪不至,是人無罪而亂不生也。一曰:公孫鞅曰:‘行刑重其輕者,輕者不至,重者不來,是謂以刑去刑。’”則《商君書》舊本有作“至”者矣。“至”之與“生”,雖有别異,要非乖戾,姑録之以見舊本云。

此謂以刑去刑,刑去事成。

【注】

《箋記》:當補此(“其國必強”)四字,與下“其國比削”對文。《去強》篇:“行刑重輕,刑去事成,國強;重重而輕輕,則刑至事生,國削。”

並“國強”、“國削”對文，可證。《韓非子·飭令》篇亦脱此四字。

罪重刑輕，刑至事生，此謂以刑致刑，其國必削。

【校】

馮抄本，“罪重刑輕”作“重輕重輕”，“至”作“止”，“致”後無“刑”字。

【注】

《諸子平議》：此本作“重重輕輕，刑至事生”，亦當據《去強》篇訂。

《校正》：俞云本作“重重輕輕，刑至事生”，亦當據《去強》篇訂。案《商君書》不必處處皆同，當如原本。依《韓非》所引無“輕其重者”句，則本文當云“輕其重者，罪重刑輕，刑至事生”，更爲明顯。

《錐指》：（引俞説，文見上。）禮鴻案：俞説是。《説民》篇：“行刑重其重者，輕其輕者，輕者不止，則重者無從止矣。”

聖君知物之要，故其治民有至要。

【注】

《新釋》：物，事也。

故執賞罰以壹輔仁者，心之續也。

【校】

馮抄本，“續”做“瀆”。

【注】

《新釋》：故同固，堅也。續，紹，猶召也。

《解詁定本》：《淮南子·脩務》“教順施續”，注：“續猶傳也。”執賞罰以輔行仁政，此聖人治國之心傳也。

《新箋》：“續”借爲“裕”，二字古通用。《禮記·深衣》：“續衽鉤邊。”鄭注：“續或爲裕。”即其證。《國語·周語》：“叔父若能光裕大德。"韋注："裕，寬也。"《賈子·道術》篇："包容衆物謂之裕。"是裕爲寬宏容衆之義。心之裕言君心寬宏，無所偏狹，故賞罰公平。

《錐指》：（讀爲"故執賞罰以壹輔，仁者，心之續也"。）《農戰》篇："君修賞罰以輔壹教。""壹輔"二字不成義，當改爲"輔壹教"三字。或曰：文中除"力生強"至"德生於力"略仿於《去強》篇及《説民》篇外，其餘若所謂"輔仁者，述仁義"，皆顯背商子之旨，可證此篇爲雜湊而成者。禮鴻案：德生於力，德非即此言仁義乎？夫此之仁義，商君之仁義也；分均出後，跖之仁義也；爲是説者，所見亦拘矣。"輔"字屬上，輔仁亦不當連讀。

聖君之治人也，必得其心，故能用力。

【校】

馮抄本，"聖君"作"君聖"。

【注】

《新釋》：重人和也。《韓非子·心度》："而用兵者服戰於民心……兵戰其心者勝。"

《錐指》："用"下疑脱"其"字。其心、其力，皆指民。心者，好賞惡刑也。

力生強，強生威，威生德，德生於力。

【校】

綿眇閣本、吴本、褒異本、且且庵本、奇賞本、問經堂本、崇文本，無"於"字。

范本、程本、馮本、朱本、四庫本，"於"字作缺文。

指海本"德生於力"下注："於"字原空一格，依前《去強》篇補。

【注】

《諸子平議》：（所據本作"德生力"。）按此皆蒙"力生強"而言，乃又云“德生力”,於義難通。據《去強》篇云“刑生力,力生強,強生威,威生惠,惠生於力”,與此文略同,惠即德也。又據《説民》篇云“刑生力,力生強,強生威,威生德,德生於刑”,亦與此文略同,刑即力也。然則此文當作“德生於力”。

王君獨有之,能述仁義於天下。

【校】

初校本,“王君”作“聖君”,“能”字前有一“故”字。

【注】

《純常子枝語》:商君之意,治國則以法刑農戰,治天下則以法行仁義也。始皇勒石嶧山、會稽,屢言禮義廉貞,蓋師其意。

《發微》:商子既以仁義爲弱國之蝨,又曰述仁義於天下,何也?

《新釋》:述同術,行也。

《解詁定本》:述,陳也。

《校釋》:按此節爲《韓非子·飭令》篇所全無。文中除“力生強”至“德生於力”略仿於《去強》篇及《説民》篇外,其餘若所謂“輔仁者”、“述仁義”皆顯背商子之旨,可證此篇爲雜湊而成者。吴(編者按:吴當作朱師轍)説:“續猶傳也。執賞罰以輔行仁政,此聖人治國之心傳也。”

《新箋》:“述”當讀爲“遂”。二字古通用。《左傳·文公十二年》:“秦伯使術來聘。”《公羊傳》“術”作“遂”。《禮記·月令》:“審端經術。”鄭注:“術,《周禮》作‘遂’。”《學記》:“術有序。”鄭注:“術當爲遂。”並其證也。《月令》:“百事乃遂。”鄭注:“遂,成也。”此言聖君能成仁義於天下。

《校讀》:法家反對仁義。《商君書》中屢屢見之。獨此云“述仁義於天下”,疑與本書之旨不符,然據《開塞》篇云“王者刑用於將過則大邪不生,賞施於告奸則細過不失”云云,“天下行之至德復立,此吾以刑之反於德”云云,又云“吾所謂義者,利之本也”云云,此之“仁義”,當即彼之“至德”,然則法家固自有仁義,其仁義即生於重刑也。

《錐指》:述猶行也,《説文》:“述,循也。循,行順也。”

子海精華編

主編　王承略　副主編　聶濟冬

商子匯校匯注　下

周立昇　趙呈元　徐鴻修
錢曾怡　董治安　葛懋春　編著

鳳凰出版社

修權第十四

編校説明

本篇校勘所據版本：范本、綿眇閣本、吴本、程本、馮本、朱本、褒異本、且且庵本、馮抄本、品節本、奇賞本、四庫本、問經堂本、指海本、崇文本、初校本，共十六種。

下列版本無本篇：古逸本、匯函本、秦駿生本，共三種。

【題解】

《發微》：《吕覽·慎勢》："權鈞則不能相使，勢等則不能相併，治亂齊則不能相正。"又曰："因其勢也者令行，位尊者其教受，威立者其姧止，此畜人之道也。"

《評注》：此篇大旨，以權爲主，以法信爲用，以刑賞爲經，以公私爲緯。所以信民者刑賞，所以行刑賞者惟法，而刑賞之所出則爲權。權必守之以法，約之以信者，權有私而法信無私也。……此借取衡尺寸以明法不可廢。

《解詁定本》：修，治也。人君修其權柄，則國治矣。

《錐指》：操法去私則權在，唯君執之也。

1. 國之所治者三：

【校】

《群書治要》、指海本、初校本，作"國之所以治者三"。

指海本注：原脱“以”字，依《群書治要》補。

《解詁定本》：各本無“以”字。

一曰法，二曰信，三曰權。

【注】

《發微》：《韓非子·心度》：“主之所以尊者，權也。”《外儲説右下》：“况君仁者乃備其權而外其勢乎。”《難三》：“術者藏之於胸中，以偶衆端而潛御群臣者也。”《容齋續筆》卷十四：“《尹文子·大道》：“道不足以治則用法，法不足以治則用術，術不足以治則用權，權不足以治則用勢。勢不足則反權，權用則反術，術用則反法，法用則反道，道用則無爲。”

《解詁定本》：《文選·五等論》注引《國語》賈注：“權，秉也。”

《錐指》：行法以信，信法在君。

法者君臣之所共操也，

【注】

《發微》：《吕覽·處方》：“法也者，衆之所同也，賢不肖之[所以]其力也，謀出乎不可用，事出乎不可同，此爲先王之所守[舍]也。”

《斠詮》：操猶守也。

《解詁定本》：麥孟華曰：“操猶守也。”

信者君臣之所共立也，權者君之所獨制也。

【注】

《發微》：《六韜》：“守土無借人國柄，借人國柄則失其權。”

《新釋》：今所謂統治權是。《管子·七臣七主》：“權勢者，人主之所獨守也。”

《解詁定本》：《晋語》“二三子之制也”，韋注：“制，專主也。”

《錐指》:《韓非子·定法》篇言法術之别,此言法、言信,韓非所謂法也。言權,韓非所謂術也。《定法》文已引在《弱民》篇。

主人失守則危,

【注】

《評注》:(“主人失守則危”改作“主人失權則危”。)(“權”)舊訛作“守”。大權旁落,則權奸養隱民以行弑奪,故危。

《解詁定本》:失守,謂失其權柄。

君臣釋法任私則亂。

【校】

范本、綿眇閣本,吴本、程本、馮本、朱本、褒異本、且且庵本、馮抄本、品節本、四庫本、問經堂本、指海本、崇文本、初校本,“則”作“必”。

指海本“必亂”下注:《治要》“必”作“則”。

《集解》:《治要》作“則亂”。

《解詁定本》:《群書治要》“必”作“則”。

【注】

《評注》:釋,捨也。捨法任私,則賞罰不公,故亂。

《解詁定本》:釋,猶去也。任,用也。

《錐指》:釋,置也。

故立法明分而不以私害法則治,

【注】

《發微》:《鄧析子·轉辭》:“夫治之法莫大於私不行,今也立法而行私,其亂也甚於無私。”(編者按:末字《四部叢刊》本作“私”,疑當爲“法”字。)

權制獨斷於君則威，民信其賞則事功，不信其刑則奸無端矣。

【校】

范本、綿眇閣本、吴本、程本、馮本、朱本、褒異本、且且庵本、馮抄本、奇賞本、四庫本、問經堂本、崇文本、初校本，無"矣"字。

指海本"矣"字下注：原脱"矣"字。

馮抄本，"不信"作"下信"。

初校本，"不信"作"成信"。

問經堂本"不"字下注：各本作"不"，鄭本缺，此字疑當作"立"。

品節本，自"民信其賞則事功"句往下至"其分明也"句，共一百五十三字，無。

《發微》：《治要》"功"下無"成"字，下句作"不信其刑，則奸無端矣"。紀尹德川氏本作"下信"。

《解詁定本》：《群書治要》作"民信其賞則事功，不信其刑則奸無端矣"，各本同《治要》，惟"端"下無"矣"字。

《校讀》：（"不"作"成"，屬上讀。）成，天一閣本、文津閣本、綿眇閣本、《群書治要》並作"不"，誤。

《斠補》：嚴本"功"下有"成"字，朱本從之。

【注】

《發微》：《墨子・經上》："端，體之無序而最前者也。"《説文》："耑，物初生之題也，上象生形下象其根也。"據此，則奸無端猶言無所生也，與《墾令》"奸民無樸"同旨。《鄧析子・元厚》："下不得自擅，上操其柄，而不理者，未之有也。"

《新釋》：端，初生也。《墨子・號令》："其端失火。"

《評注》：（改"端"爲"起"。）"起"原作"端"，今改，從下《刑賞》篇。信其賞加於功，則民勉於功以冀賞；信其刑必及奸，則民懲於奸以辟刑。起，作也。

《解詁定本》：《墨子・經》："端，體之無序而最前者也。"奸無端，謂奸無端而生。

《錐指》：端，萌也。

《斠補》：功，成也。事功，猶事成也。《爾雅・釋詁》：“功，成也。”《周官・稾人》：“乃入功於司弓矢及繕人。”鄭注：“功，成也。”並其證。嚴氏不明古訓，乃於“功”下妄加“成”字，朱本從之，失之疏矣。

唯明主愛權重信，而不以私害法也。

【校】

范本、綿眇閣本、吴本、程本、馮本、朱本、褒異本、且且庵本、馮抄本、奇賞本、四庫本、問經堂本、崇文本、初校本，無“也”字。

指海本“也”字下注：原脱“也”字。

初校本，“唯”作“惟”。

【注】

《評注》：以上三者，雖權、信與臣共之，而其原仍清之於君權所屬也。

故上多惠言而不克其賞，則下不用；

【校】

范本、綿眇閣本、吴本、程本、馮本、朱本、褒異本、且且庵本、馮抄本、奇賞本、四庫本、問經堂本、崇文本，作“故不多惠言而剋其賞，則下不用”。

指海本注：原本“上”作“不”，“克”作“剋”，又脱“不”字。

奇賞本眉批：“剋其賞”疑。

初校本，“故”下無“上”字，“不克”作“剋”。注：舊本“多”作“不多”，於文義悖，今删去。

【注】

《諸子平議》：（所據本作“故不多惠言而剋其賞”。）“不”字衍文也。多惠言而剋其賞，乃口惠而實不至之意，故與“數加嚴令而不致其刑"相對爲文。

《古書疑義舉例》:此謂口惠而實不至也,故與"數加嚴令而不致其刑"相對爲文。後人不曉,改作"不多惠言",失其旨矣。

《解詁》:多惠言而剋其賞,則賞不信,故下不爲之用。

《新釋》:即《禮記》所謂"口惠而實不至"者。剋,減也。

《集解》:《治要》作"故上多惠言而不克其賞"。"克"疑"充"字之訛,蓋"上"訛"下",因改爲"不","充"訛爲"克",又改爲"剋"耳。嚴、俞兩説,均未審諦。

《評注》:"克"俗字"竟"也。口惠而實不至,則民不赴功。

《解詁定本》:各本"故"下有"不"字,而"克"上奪"不"字,嚴校不知"不"字乃"上"字之訛,妄行删去。俞氏亦未能糾其誤。兹據《群書治要》卷三十六引作"故上多惠言而不克其賞"訂正。《廣雅》:"惠,賜也。"《爾雅》:"克,能也。"言上多賜與之言,而不能行其賞,則下不用命。

《錐指》:《群書治要》引作"故上多惠言而不克其賞",是也。不克,猶不致也。

數加嚴令而不致其刑,則民傲罪。

【校】

范本、綿眇閣本、馮抄本、奇賞本、初校本,"加"作"如"。

問經堂本"加"字下注:各本作"加",施本作"如",非。

初校本注:"如"字疑當作"加","如""加"形近致訛。

《群書治要》,"嚴令"作"嚴命"。

吴本、問經堂本、崇文本,"傲"作"敖"。

問經堂本"敖"字下注:程朱、施本作"傲",今從鄭、吴本。

范本、綿眇閣本、吴本、程本、馮本、朱本、褒異本、且且庵本、馮抄本、奇賞本、四庫本、問經堂本、崇文本、初校本,"罪"作"死"。

指海本"罪"字下注:"罪"原作"死"。

《錐指》:指海本亦作"加",《治要》作"數加嚴命"。

【注】

《發微》:《管子・七臣七主》:"法令者君臣之所共立也,權勢者人主之所獨守也。故人主失守則危,臣吏失守則亂,罪決於吏則治,權斷於主則威,民信其法則親。""上多喜善,賞不隨其功則士不爲用。數出重法而不克其罪,則奸不爲止。""數出重法而不克其罪"即商君所本。

《解詁》:數加嚴令而不致其刑,是罰不必,故民多敖上而□於死也。

《新釋》:如,徑也,行也。致,實也。傲,玩也。

《評注》:數,屢也。("傲罪"作"敖上"。)敖,"傲"之借字,慢也。窺其虛言相恐,故慢上而不畏忌。

《解詁定本》:數加嚴令而不能必用其刑,則民倨傲而不畏罪。

《校釋》:傲罪,影范本、嚴校本、崇文本作"敖死"(編者按:范本、嚴校本作"傲死",非"敖死"),今依《治要》引文改。傲罪,謂不以罪爲意也。

《箋記》:《治要》作"傲罪",是。韓子《六反》篇"民慕其利而傲其罪",正與此同。

凡賞者文也,刑者武也,

【注】

《新釋》:《管子・禁藏》:"賞誅爲文武。"《孫子・行軍》:"令之以文,齊之以武。"文謂仁恩,武謂威罰也。

《解詁定本》:賞者,如以文德懷人;刑者,如以武力威人。

文武者法之約也,

【注】

《新釋》:約,的也。

《評注》:約,要也。凡事删繁擇要,則由博而約,故約之義爲要也。

《解詁定本》:約,纏束也。

《錐指》:約猶樞紐。《韓非子》以刑賞爲二柄。

故明主慎法。

【校】

初校本,"慎"作"任",注:范本"任"作"慎",義長。

《校釋》:《治要》引文及崇文本俱作"慎",今從之。

【注】

《校正》:吴(編者按:當作嚴)云:"范本任作慎,義長。"案"慎"字訛。商君全書意在任法。下文云"是故明王任法去私"。

明主不蔽之謂明,不欺之謂察。

【校】

《群書治要》,無"明主"二字。

馮抄本,"明主"作"明王","不蔽"作"不弊"。

《集解》:《治要》無"明主"二字,當據删。

《評注》:句首原有"明主"字,衍文。

《斠詮》:"明主"二字疑衍。

【注】

《評注》:此言明察之實用。

《解詁定本》:明主不爲人所蔽欺,故能明察。

故賞厚而信,刑重而必。

【校】

范本、綿眇閣本、吴本、程本、馮本、朱本、褒異本、且且庵本、馮抄

本、奇賞本、四庫本、問經堂本、崇文本、初校本,“信”作“利”。

指海本“信”字下注:原作“利”。

范本、程本、馮本、朱本、四庫本,“必”字前有缺文一字。

馮抄本,“必”字前有“不”字。

初校本,“必”字前有“威”字。

《集解》:《治要》及崇文本均無“威”字,當據删。

《解詁定本》:“利”《群書治要》作“信”。綿眇閣本、評校本、吴本、崇文本及《治要》俱無“威”字,是。程本、范本、四庫本作缺文。

《校釋》:“必”字上嚴校有“威”字,《治要》引文及崇文本俱無,今據删。

【注】

《新釋》:(作“刑重而威,必”。)(“威”)《荀子·君子》“刑當罪則威,不當罪則侮”,是刑以威爲本也。吴本、崇文本、《治要》均無“威”字,誤。“必”字下注:謂賞罰皆有定也。《墨子·號令》:“命必足畏,賞必足利。”畏即威也。《韓非子·定法》:“刑重而必。”

《解詁定本》:《韓非子·定法》篇“賞厚而信,刑重而必”,正用此文。

《錐指》:《治要》作“賞厚而信,刑重而必”。此亦舊本有二,一如《治要》,一作“賞厚而利,刑重而威”耳。然國之所以治者三,二曰信,則作“信”作“必”義長矣。

不失疏遠,不私親近。

【校】

范本、綿眇閣本、吴本、程本、馮本、朱本、褒異本、且且庵本、馮抄本、奇賞本、四庫本、問經堂本、崇文本、初校本,“私”作“違”。

指海本“私”字下注:原本“私”作“違”。

《集解》:《治要》“違”作“私”,當據改。

《校釋》:“不私”字嚴校本、影范本、崇文本作“不違”,意晦,今依

《治要》改。

【注】

《新釋》:不失疏遠,謂賞不失疏遠也。("不私親近"作"不違親近"。)謂刑不違親近也。違,離也。《賞刑》篇曰:"親昆弟有過不違。"

《評注》:(改作"故賞厚而不失疏遠,刑重而不違親近"。)此言明察之實用。原作"故賞厚而利,刑重而必。不失疏遠,不違親近"。傳寫之誤。

《錐指》:不失,謂賞;不違,謂罰。《賞刑》篇曰:"親昆弟有過不違,而况疏遠乎?"違,避也。舉親近,則疏遠在其中;舉疏遠,則親近在其中矣。舉重以明輕也。

故臣不蔽主而下不欺上。

2. 世之爲治者,多釋法而任私議,此國之所以亂也。

【校】

奇賞本,"爲"作"謂"。

【注】

《發微》:釋,捨也。

《新釋》:法爲顯民所公議,捨之而任其私議則國亂。《管子·法法》:"明君在上位,民毋敢(編者注:引文脱"立"字)私議自貴者。"《論語》:"天下有道,則庶人不議。"議,謂私議也。

《評注》:私議,謂議親、議貴也。

《箋記》:(作"多釋法度而任私議"。)據下文補。《慎法》篇亦云:"莫不釋法度而任辯慧。"

先王縣權衡,立尺寸,而至今法之,其分明也。

【校】

《群書治要》、范本、綿眇閣本、吴本、程本、馮本、朱本、褒異本、且且庵本、馮抄本、奇賞本、四庫本、指海本、崇文本，“縣”作“懸”。

馮抄本，“今”作“令”。

【注】

《解詁定本》:《説文》:“縣，繫也。”先大父（朱駿聲）云:“俗字作懸。”先王懸權衡以鈞輕重，立尺寸以度長短，後世法之，以其分明而不可廢也。

《校釋》:“縣”與“懸”同，古通用。

夫釋權衡而斷輕重，廢尺寸而意長短，雖察，商賈不用，爲其不必也。

【校】

《群書治要》、指海本，“爲其不必也”句下有“故法者國之權衡也”八字。指海本注:原脱此八字。

《集釋》:增“故法者國之權衡也”，各本皆無此句，今據《治要》增。

《校釋》:補“故法者國之權衡也”句，各本俱無，今依《治要》補。

【注】

《發微》:意，億也。《韓非子・用人》:“釋法術而任心治，堯不能正一國；去規矩而妄意度，奚仲不能成一輪；廢尺寸而差短長，王爾不能半中。”《禮記・經解》:“禮之於正國也，猶衡之於輕重也。故衡誠懸不可欺以輕重。”《群書治要》《申子・大體》:“衡設乎無爲而輕重自得。”《類聚》引《申子》:“君必有明法正義若懸權衡以稱輕重，所以一群臣也。”

《新釋》:意，度也。《靈樞・逆順肥瘦》:“匠人不能釋尺寸而意短長。”察，明也。必，分極也，一曰定也。

《評注》:意，億之借字。意，度也。雖絲毫不爽，而商賈必不用。（改“不必”爲“不類”。）類，善也。不類，言不如成法之善類。類，舊訛必，今從下文更正。

《解詁定本》:察,明也。雖能察明輕重長短,然而商賈不用者,爲其不能必無錯誤也。《群書治要》"爲其不必也"下,多"故法者國之權衡也"一句。

《錐指》:("意長短")意,度也。("爲其不必也")此下《治要》有"故法者國之權衡也"八字,是也。此屬下"夫倍法度而任私議,皆不類"不類"當作"不知類"者也"爲句。知商賈必用權衡尺寸,而不知國必用法,此不知類也。無此八字,則不知類無著矣。

夫倍法度而任私議,皆不知類者也。

【校】

《群書治要》,"倍"作"背"。

范本、綿眇閣本、吳本、程本、馮本、朱本、褒異本、且且庵本、馮抄本、品節本、奇賞本、四庫本、問經堂本、崇文本、初校本,"類"上無"知"字。

指海本有"知"字,句下注:原脱"知"字。

《讀諸子札記》,無"知"字,注:"不類"當作"不知類"。

《集解》:《治要》"類"上有"知"字,當據補。

《錐指》:《治要》"類"上有"知"字,當據增。

《校釋》:"類"字上各本無"知"字,亦依《治要》補。

【注】

《發微》:類,善也。

《新釋》:倍,背也。類,善也,法也。

《斠詮》:麥孟華引,"類"作"必"義長。

《評注》:倍,背之借字。任,用也。

《解詁定本》:《周髀算經》"倍正南方",注:"倍,猶背也。"《方言》:"類,法也。"

《校释》:"類"字應作《墨子》"以類取,以類予"之"類"字解,即今所謂類推者是也。

《雒指》:倍讀爲背。

不以法論智能,賢不肖者唯堯,而世不盡爲堯。

【校】

《群書治要》引,“不以法論智能”至“不可任也”,共三十二字,無。

馮抄本,“不肖”作“不尚”。

初校本,“智”作“知”,“唯”作“惟”。

【注】

《解詁》:言不恃法而以爲論,而其智能賢其賢,不肖其不肖者,惟堯耳。而世不盡爲堯,故信己不如信法也。

《新釋》:四凶亦得用之。

《解詁定本》:蓋法者,論功而爵禄,堯舉舜於畎畝之中,未試以事而授之高位,是不以法論知能、賢不肖。有堯之聖,始能用舜,而世不盡如堯之聖。

《香草續校書》:此商君能知堯,可謂特識。蓋堯之爲堯,若共縣之列於朝而不去,若元愷之伏於野而不聞,豈非不以法論知能賢不肖者乎。故孔子之贊堯也曰:“唯天爲大,唯堯則之。”天生麟鳳,亦生梟獍,唯堯可以比擬。商君之意,猶孔子意也。

《雒指》:“能”當作“罷”。《荀子・王制》篇:“賢能不待次而舉,罷不肖不待須而廢。”王先謙曰:“罷,謂弱不任事者。”荀書多以賢罷對舉。《王霸》篇:“無國而不有賢士,無國而不有罷士。”《非相》篇:“君子賢而能容罷。”《正論》篇:“故至賢疇四海,湯、武是也。至罷不容妻子,桀、紂是也。”《成相》篇:“基必施,辨賢罷。”與此同。此以智罷對舉,賢不肖對舉,智罷猶賢罷矣。

是故先王知自議譽私之不可任也,

【校】

馮抄本,無“知”字。

《集解》:《治要》無"知"字,下句同,當據删。(編者按:《群書治要》無此句,疑《集解》誤引。)

【注】

《解詁定本》:《説文》:"譽,稱也。"自議謂不依法議。譽私謂稱其私人。《管子·法法》篇:"明君在上位,民毋敢立私議自貴者。"

故立法明分,中程者賞之,毁公者誅之,

【校】

《群書治要》,兩"之"字皆無。

【注】

《新釋》:程,法也,式也。《韓非子·難一》:"中程者賞,弗中程者誅。"

《斠詮》:麥孟華引作"不中程者誅之"。

《解詁定本》:《漢書·張蒼傳(編者按:當爲《高帝紀》)》注:"程,法式也。"

賞誅之法不失其議,故民不爭。

【注】

《讀諸子札記》:議當讀爲儀。《周語》"儀之於民",韋注云:"儀,準也。"

《新釋》:議,宜也。

《評注》:賞誅之法不與其議相差失,故民服其公而無所於爭。

《校釋》:"義"字各本作"議",疑誤。此節法與私議對言,立法明分,不得謂之不失其議。"議"字當爲"義"字之誤。謂不失法之所宜也。

不以爵禄使近親，則勞臣不怨；不以刑罰隱疏遠，則下親上。故官賢選能不以其勞，則忠臣不進；

【校】

《群書治要》，“使”作“便”。

范本、綿眇閣本、吴本、程本、馮本、朱本、褒異本、且且庵本、馮抄本、奇賞本、四庫本、問經堂本、崇文本、初校本，自“不以爵禄”至“官賢選能”，共二十八字無。

品節本自“不以爵禄”至“則戰士不用”，共五十字無。

指海本“使近親”作“便近親”。“官賢選能”下注：“原本脱此五句。”

初校本“不以其勞”上有“授官予爵”四字。

《集解》：《治要》於“故民不爭”句下有此二十八字，當據補。又，“授官予爵”下注：“《治要》及崇文本無此四字，當據删。”

《解詁定本》：（“授官予爵”）各本無此四字。《治要》亦無。多“不以爵禄使近親，則勞臣不怨；不以刑罰隱疏遠，則下親上。故官賢選能”二十八字。

【注】

《錐指》：（“故民不爭”）《治要》此下有“不以爵禄便近親，則勞臣不怨；不以刑罰隱疏遠，則下親上。故”二十四字，當據增。“故”字屬下。隱，困阨也。

行賞賦禄不稱其功，則戰士不用。

【校】

范本、綿眇閣本、吴本、程本、馮本、朱本、褒異本、且且庵本、馮抄本、奇賞本、四庫本、問經堂本、崇文本，“賦”作“賤”。

指海本“賦禄”下注：“賦”原作“賤”，誤甚。

初校本“賦禄”下注：“賦”字誤，以形求之或當作“賜”。范本作

“賤”,尤誤。

《解詁定本》:(引嚴校,文見上。)轍按:各本亦誤作“賤”,《治要》作“賦”是。

【注】

《諸子平議》:“賤”當作“賦”,形近而誤。《漢書・哀帝紀》“皆以賦貧民”,師古注曰:“賦,給與也。”

《斠詮》:俞説是。

《校正》:吴(編者按:當作嚴)云,“賦”字誤,或當作“賜”。案《漢書・哀帝紀》“皆以賦貧民”,《賈山傳》“以賦縣傳”,顔注並曰:“賦,給與也。”《翼奉傳》“賦醫藥”,注謂“分給之”。此“賦”字義同。

《解詁》:《吕覽・分職》注:“賦,予也。”《國語・晋語》注:“賦,授也。”

《新釋》:賦,班也。《韓非子・八奸》:“賦禄者稱其功。”《管子・七臣七主》:“上多喜善,賞不隨其功,則士不爲用。”

《評注》:賤禄,濫予也。論功行賞,貴者賞以爵,爵不及於賤者則稍之以禄,所以勸忠臣,勵戰士也。若賞及其私,則將卒解體矣。不用,謂不盡其用。

《解詁定本》:《晋語》“賦職任功”,韋昭注:“賦,授也。”嚴校謂“賦”字誤,非。《荀子・禮論》“貧富輕重,皆有稱者也”,楊倞注:“稱,謂各當其宜。”

3. 凡人臣之事君也,多以主所好事君。

【校】

馮抄本,“主”下有“之”字。

【注】

《評注》:上有好則下必甚也。

君好法，則臣以法事君；君好言，則臣以言事君。

【校】

綿眇閣本、問經堂本，“好法”、“好言”後有“也”字。

問經堂本，“君好法也”句下注：各本無兩“也”字，施本有。

《東塾讀書記》引，“好法”、“好言”後有“也”字。

君好法，則端直之士在前；

【校】

馮抄本，“士”作“事”。

【注】

《新釋》：端，正也。《管子·七臣七主》：上好本，則端正之士在前。

《評注》：端，正也。《孟子》所謂法家拂士也。

君好言，則毀譽之臣在側。

【注】

《發微》：《管子·七臣七主》：“凡夫（編者按：當作“夫凡”）私之所起，必生於主。夫上好本，則端正之士在前；上好利，則毀譽之士在側。”

《新釋》：《管子·七臣七主》：“上好利，則毀譽之士在側。”

《評注》：《孟子》所謂讒諂面諛之人。

公私之分明，則小人不嫉賢，而不肖者不妒功。

【校】

范本、綿眇閣本、吴本、程本、馮本、朱本、褒異本、且且庵本、馮抄本、品節本、奇賞本、四庫本、指海本、崇文本、初校本，“嫉”作“疾”。

馮抄本，“則”作“在”，“肖”作“尚”，“妒”作“始”。

【注】

《新釋》:《荀子·大略》:"隱良者謂之妒。"

《評注》:疾,忌也。妒,亦忌也。功,謂有功之人。

《解詁定本》:疾,惡也。

《校釋》:"疾"與"嫉"通用,惡也。

故堯舜之位天下也,非私天下之利也,爲天下位天下也。

【校】

《群書治要》,"故堯舜之位天下也"至"明於治亂之道也",共四十四字無。

褒異本,本篇截至"故堯",自"舜之"以下及《來民》至《定分》,各篇皆脱。

【注】

《新釋》:位同涖,臨也,治也。

《評注》:位,"涖"之借字,臨也,謂南面臨民也。

《解詁定本》:《易·繫辭》:"聖人之大寶曰位。"位天下,君天下之位也。

《新箋》:位當讀爲莅,《左傳·定公元年》:"魏子莅政。"杜注:"莅,臨也。"《國語·晋語》:"臨長晋國者。"《華嚴經音義》上引賈注:"臨,治也。"此文所謂位天下即莅天下,謂臨治天下也。其本字爲"竦",《老子》:"以道莅天下,其鬼不神。"《釋文》:"莅,古無此字,《説文》作竦。"《淮南子·俶真》篇高注用《老子》正作"竦",是其證也。《説文》:"竦,臨也。"

《錐指》:自明曰:"《定分》篇作立天下,與此文義同。王厚齋曰:'古文立、位同字。'經典通作涖、莅,本字作竦。"禮鴻案:《説文》:"竦,臨也。"

論賢舉能而傳焉，

【校】

馮抄本，“賢”作“旲”，“傳”作“摶”。

【注】

《新釋》：堯舜傳賢，商君稱也，則不以世及爲然。《秦策》：“孝公行之八年，疾且不起，欲傳商君。”殆心慕堯舜者與？

非疏父子親越人也，

【注】

《新釋》：堯子丹朱，舜子商均。越，遠也。《吕覽·去私》：“堯有子十人，不與其子而授舜，舜有子九人，不與其子而授禹，至公也。”《韓子·五蠹》：“非疏骨肉愛過客也。”過，越也。

明於治亂之道也。

【注】

《評注》：此言堯舜傳賢出於大公。

故三王以義親，

【校】

品節本，自本句往下至“存亡之本也”，共九十一字無。

《發微》：德川本《治要》“親”下有“天下”二字，是也，餘本無。

《評注》：（作“三王以義親其子”。）句首原有“故”字，衍文。“其子”二字原本譌脱。

【注】

《讀諸子札記》：“以義親”下當有“天下”二字。

《解詁定本》：陶校“義親”下，當有“天下”二字。三王以仁義親天下。

《錐指》:“親”下當脱二字。《開塞》篇:“神農教耕而王,天下師其知也;湯、武致強而征,諸侯服其力也。”《墨子·尚賢中》篇:“堯、舜、禹、湯、文、武所以王天下正諸侯者”。此處疑脱“天下”二字。

五伯以法正諸侯,

【校】

初校本,“伯”作“霸”。

【注】

《新釋》:法所以正人。

《評注》:(伯)同霸,按“伯”爲正字,“霸”爲假借字。伯,方伯也,諸侯得專征伐者。

《斠詮》:(句讀作“故三王以義親,五霸以法正”。)“伯”作“霸”,“諸侯”二字屬下句。

《解詁定本》:五伯以法令正諸侯。

《箋正》:王詮於“義親”、“法正”斷句,而以“諸侯”屬第三句,非是。吾仲(簡仲芬)箋謂:“‘五伯以法正諸侯’爲一句,若使上二句字數平均,則第三句不成文義。王氏欲以是書爲文學教科,故不妨蹈加圈之陋,是曾再三注意者,當非筆誤,故爲箋出。”然王詮本此等處正甚多也。

皆非私天下之利也,議爲天下治天下。

【校】

《群書治要》,“議爲天下治天下”句至“而莫之能傷也”,共二十七字無。

初校本,無“議”字,注:舊本“爲天下”上有“議”字,當屬衍文,故删去。

《解詁定本》:綿眇閣本、吴本、程本、馮本、范本皆有“議”字。

【注】

《新釋》:議同儀,法也。謂法堯舜。

《解詁定本》:議,乃"誠"之訛;誠,信也。嚴校删去,非。

是故擅其名而有其功,天下樂其政,而莫之能傷也。

【注】

《評注》:此言三王傳子,五伯正諸侯,亦出於大公。傷,害也。

《錐指》:自明(洪誠)曰:"此段語氣由上節來,言公天下,不以法論賢不肖,然於公私賢不肖治亂之道猶分明不失也。"

今亂世之君臣,

【校】

馮抄本,"之"作"人"。

區區然皆欲擅一國之利而蒐一官之重,

【校】

范本、綿眇閣本、吴本、程本、馮本、朱本、且且庵本、馮抄本、奇賞本、四庫本、問經堂本、崇文本、初校本,"皆"下無"欲"字。

指海本有"欲"字,"利"字下注:原脱"欲"字。

《發微》:《治要》"皆"下有"欲"字,是也。

《集解》無"欲"字,注:《治要》"皆"下有"欲"字,當據補。

《錐指》:《治要》"皆"下有"欲"字,當據增。

范本、綿眇閣本、吴本、程本、馮本、朱本、且且庵本、馮抄本、奇賞本、四庫本、問經堂本、指海本、崇文本,"蒐"作"當"。

指海本注:《治要》"當"作"蒐"。

初校本,"蒐"作"管"。

馮抄本,兩"一"字皆作"壹"。

《發微》:《治要》"管"作"蒐",非。揚刻《治要》校曰:"本書蒐作當。"亦非。

【注】

《發微》:管讀爲綰。《韓非子·愛臣》篇:"將相之管主而隆國家。"即此"管一官之重"之"管"孫詒讓於彼文謂"管"當作"營",非也。《後漢書·竇憲傳》李注:"斡,主也。或曰:古管字。"《墨子·非命上》"必有幹主",畢沅曰:"幹當爲斡,此管字假音。"孫詒讓《間詁》曰:"《後漢書·食貨志》注:斡讀爲管,同,謂主領也。"

《新釋》:區區,愛也,字一作"煦煦"。《吕覽·務大》:"區區然[焉]相樂也。"皆,嘉也,樂也。("蒐"作"管"。)管,主領也。

《評注》:區區然,謂鄙細之態。

《解詁定本》:擅,專也。《廣雅》:"區區,小也。"《群書治要》"皆"下有"欲"字,"管"作"蒐"。日本細井德民等校《群書治要》云:"本書蒐作當。"轍按,各本皆作"當"。"蒐"乃"筦"字之訛,"筦""管"通。《漢書·劉向傳》"筦朝政",《通訓》云:"筦,猶主領也。"

《校釋》:區區然,得志貌。與《吕氏春秋》'區區焉相樂也'同義。

《錐指》:區區,愛欲之貌。《廣雅·釋訓》:"區區,愛也。"("蒐"作"管"。)管猶擅也。

以便其私,此國之所以危也。故公私之故,存亡之本也。

【校】

《群書治要》,"故公私之故,存亡之本也"十字無。

范本、吴本、程本、馮本、朱本、且且庵本、馮抄本、四庫本、指海本、崇文本,"故"作"敗"。

問經堂本"故"字下注:各本作"敗",今從施本。

初校本,"故"作"交",注:秦本、范本"交"作"敗",誤。

【注】

《解詁定本》:各本俱作"敗",獨綿眇閣本作"故"。敗,乃"效"之訛。效，篆文作“效”，與“敗”形近。《方言》：“效，明也。”效亦假爲校。

《評注》：堯舜三王五伯以公而興且存，亂世之君臣以私而敗亡。

4. 夫廢法度而好私議，則奸臣鬻權以約禄，

【校】

范本、綿眇閣本、馮抄本、品節本、奇賞本，“鬻”作“粥”。

【注】

《校正》：約，要也。要，求也。

《解詁》：《禮記·學記》疏：“約，謂期要也。”

《新釋》：鬻，賣也。約，釣也，要也。

《評注》：廢法度，則大臣賣官鬻爵，有司假公濟私，而君權替矣。

《解詁定本》：鬻，賣也。《左傳》：“鮒也鬻獄。”約，要求也。奸臣鬻權以求賄。

《校釋》：鬻權，賣權也。約禄，薄禄也。

《錐指》：（“則奸臣”作“而奸臣”。）“而奸”“而”字猶“則”也。“約”猶“固”也。

秩官之吏隱下而漁民。

【校】

《發微》：德川本《治要》作“杖官”，非，下同。

【注】

《發微》：《潛夫論·明忠》：“君不明則大臣隱下而遏忠。”

《新釋》：秩，次也。《説文》作“豒”。父（尹乾）説，秩官對奸臣言，秩官謂失職也。隱，占也，侵也。漁，捕取也。《管子·法禁》：“漁利蘇功。”《漢書·宣帝紀》：“欲其毋侵漁百姓，難矣。”

《評注》：隱下，欺下情之不得上達而威脅之也。

《解詁定本》：秩官之吏，隱蔽於下，以欺漁百姓。

《錐指》：秩官之吏，未詳。《説文》："秩，積也。""䄷，爵次弟也，從豊弟。《虞書》曰'平䄷東作'。"今《書》作"平秩"，然則"秩"借爲"䄷"，次弟也。秩官之吏，其主詮次者歟？《農戰》篇："下官之冀遷者皆曰：'多貨則上官可得而欲也。'曰：'我不以貨事上而求遷者，則如以貍餌鼠耳，必不冀矣；若以情事上而求遷者，則如引諸絶繩而求乘枉本也，愈不冀矣。二者不可以得遷，則我焉得無下動衆取貨以事上，而求遷乎？'"自明（洪誠）曰："詮叙之事掌於司士，侯國亦有此官。竊以爲秩，次也；次，列也。見《吕氏春秋·季冬紀》高注。此秩官之吏，猶言列位之吏耳。列位見《錯法》篇。即《王制》所謂庶人在官者，府吏胥徒之屬也。奸臣鬻權則胥吏漁民，古今一轍。主詮叙者但能漁吏，不能漁民。"

諺曰：蠹衆而木折，隙大而牆壞。

【校】

《意林》、《太平御覽》，兩"而"字皆作"則"。

指海本注：兩"而"字，《御覽》九百五十二並作"則"，《意林》同。

《校正》：兩"而"字《意林》作"則"，似勝。

問經堂本，"木"作"本"。

【注】

《新釋》：蠹，木中蟲也。隙同虩，蠅虎也。棲於牆壁間，始在穴中，跳躍而出。《韓非子·亡徵》："木之折也必通蠹，牆之壞也必通隙。"大猶衆也。《管子·法法》："仁者、知者、有道者不與大慮始。"

《解詁定本》：諺，俗語也。蠹，木中蟲。隙，壁際孔也。《意林》、《藝文類聚》俱引此二句，兩"而"字俱作"則"，《治要》作"而"。

故大臣爭於私而不顧其民，則下離上。下離上者，國之隙也。

【注】

《評注》：民怨其上則離心離德，正猶牆之有隙，久且覆壓隨之也。

《解詁定本》:於猶其也。

秩官之吏隱下以漁百姓,此民之蠹也。

【校】

吴本、程本,“百”下重一“百”字。

馮抄本,“秩官”作“杖官”,“此”作“比”。

【注】

《評注》:如木中有蟲蝕之,中空必折也。

故國有隙蠹而不亡者,天下鮮矣。

【校】

范本、綿眇閣本、吴本、程本、馮本、朱本、且且庵本、馮抄本、品節本、奇賞本、四庫本、問經堂本、崇文本、初校本,“故”下無“國”字。

指海本有“國”字,“亡者”下注:原脱“國”字。

《集解》:《治要》“故”下有“國”字,當據補。

《校釋》:各本“故”下無“國”字,今依《治要》補。

《錐指》:《治要》“故”下有“國”字,是也。

是故明王任法去私,而國無隙蠹矣。

【校】

《群書治要》,無“是”字,“明王”作“明主”。

指海本注:《治要》“王”作“主”。

重校本句末注:此篇《治要》載有全文,今據改補四十七字。

【注】

《解詁》:此篇所論,洵足爲世主之藥石,宜乎昭烈教後主,以爲可益人意智也。

來民第十五

編校説明

本篇校勘所據版本：范本、綿眇閣本、吴本、古逸本、程本、馮本、朱本、且且庵本、馮抄本、品節本、匯函本，奇賞本、泰駿生本、四庫本、問經堂本、指海本、崇文本、初校本，共十八種。並參用了《大事記解題》、《繹史》。

褒異本無本篇。

【題解】

馮本、品節本、匯函本並注：三晋民有餘而地不足，秦地有餘而民不足，秦勝晋而不能有其民者，愛爵而重復也。誠使三晋之士慕義而來者，秦不愛爵而封之，不重復，而令其三世不與兵事(馮本"兵事"作"只事")，則三晋之民可盡也。復者，復除其兵役之事(馮本"事"作"士")，而使之專務農業也。

《繹史》：篇内多言鞅以後事，非商子本書也。

《舊學蓄疑》：商子《來民》篇稱其君曰"王"，又曰"三晋不勝秦四世矣。自魏襄以來，野戰不勝，守城必拔"。又曰"三世無知軍事"。案：孝公子惠文王即位十四年，始更元年，其稱王實在此時。又，商子《徠民》篇載長平之戰。案：事在秦昭襄王四十年，距商子之死凡七十八年……俱係後人篡入。

《新釋》:《論語》記葉公問政,子曰:"近者悦,遠者來。"來者徠民也。

《評注》:來,嚴本作"徠"。眉批:此篇非商君原書。蓋原文既亡,序書者以他説補之。然文極恣肆,非商君所能及,持論之純亦非商君所能及也。按下文,作者係昭襄王時人。

《解詁定本》:徠,至也。論招徠三晋之民之術。綿眇閣本、程本、吴本、馮本、錢本、評校本、范本、合雅本俱作"來民"。師轍按:《説文》有"來"無"徠",作"來"是。馬驌《繹史》謂"篇内多言鞅以後事,非《商子》本書也"。

《校釋》:徠民,影范本、崇文本俱作"來民"。"來"、"徠"古通用,今從嚴校本。馬驌《繹史》謂"篇内多言鞅以後事,非商子本書也"。本篇非鞅所作,别詳《商君書的考證》。

《箋正》:吾仲(簡仲芬)於此篇舉兩疑問:一、商鞅死於周顯王三十一年癸未,長平之役在赧王五十五年,相距七十九年,此篇乃引及長平之戰;二、秦至惠王始稱王,商鞅在時尚稱公,此篇乃屢稱王。又篇中如"民之情","所欲者田宅也,而晋之無有也信,秦之有餘也必",及"臣竊以王吏之明爲過見"等語氣,大似范、張、蔡、李游士之詞,無復《更法》、《墾令》質直斬截之氣。以此斷爲僞托,説誠不誣。實則《商君書》絶非鞅所手著,而爲後人追述,故不免龐雜支離,金砂混聚。惟其出於追述,故有叙事,有論斷,有答問,體例至不整齊,本不足爲害。惟既代鞅立説,自應設鞅處竟,使人讀之,確似鞅所曾言然者。如此篇長平之戰云云,豈鞅爲後世預言家之流乎?又篇中所論形勢,亦大非商鞅與孝公在時情形,此纂述者粗疏不可爲諱者也。

《錐指》:汪中曰:"商子《徠民》篇稱其君曰王。案:孝公子惠文王即位十四年始更元年，其稱王實在此時。”（原書注：《舊學蓄疑》。）案：近人錢穆曰：“《徠民》篇云：‘今三晋之不勝秦四世矣。自魏襄以來，小大之戰，三晋之所亡於秦者不可勝數。若此而不服，秦能取其地，不能奪其民也。夫秦之所患者，興兵而伐，則國家貧；安居而農，則敵得休息。此王所不能兩成也，故三世戰勝而天下不服。今以故秦事敵，而使新民作本，兵雖百宿於外，境内不失須臾之時，此富強兩成之效也。’又曰：‘周軍之勝，華軍之勝，長平之勝，秦之所亡民者幾何？’此其文明出長平戰後，而所以爲秦謀者至精。其意欲乘屢勝之鋒，使戰敗者不得休息，故有徠三晋民耕於内而秦民事戰於外之畫。若在孝公變法時，方務開阡陌，盡地力，内力之未充，其出而戰也。亦窺機抵隙，因便乘勢，非能亟戰而操必勝之權也。無論秦之聲威未震，關東之民不肯襁負而至；即至矣，亦只以擾秦而亡之；欲求國内一日之安不可得，又何論於亡三晋而一天下哉？史公序商鞅變法，條理悉備，其一民於耕戰則有之矣，徠三晋民耕於内，而驅秦民戰於外，史公無此説也。後世言商君變法者往往以開阡陌與徠民並稱，失之遠矣。”其説甚辨，故録之。

【校】

初校本，“來民”作“徠民”。

1. 地方百里者，山陵處什一，

【注】

《解詁定本》：處，居也。

藪澤處什一，谿谷、流水處什一，都邑、蹊道處什一，惡田處什一，

【校】

初校本，“惡田處什一”作“惡田處什二”。

【注】

《評注》：蹊，小路。道，康莊。惡田，瘠土。（“惡田處什一”作“惡田處什二”。）“二”原作“一”，今以數核之，則當爲“二”。蓋惡田居良田之半也。

《解詁定本》：（作“惡田處什二”。）各本作“惡田處什一”，誤。

良田處什四，

【校】

馮抄本，“什四”作“什一四”。

朱本、指海本，“什”作“十”。

初校本注：秦本作“什一”。

《校釋》：嚴說“秦本作什一”。按影范本、崇文本俱作“什四”，秦本誤。

《錐指》：嚴萬里曰：“秦本作什一。”禮鴻案：秦本誤。

【注】

《斠詮》：嚴氏曰：“秦本作什一。”按：崇文本亦作“什四”，義長。疑商子原文當作“惡田處什二，良田處什四”，蓋山陵以下四項居十分之四，合之良田居十分之八，則其十分之二應爲惡田也。

以此食作夫五萬。

【校】

范本、程本、朱本、且且庵本、四庫本，“以”字作缺文。

吴本、問經堂本、崇文本，“以”作“□”

綿眇閣本、古逸本、馮抄本、指海本、初校本，無“以”字。

問經堂本“□”下注：各本缺，吴本作“□”。

《繹史》引，“以”字作缺文。

馮本、品節本、匯函本、奇賞本、秦駿生本，“以此”作“而民”。

《解詁定本》：“以此”綿眇閣本無“以”字。吴本、程本、評校本、錢本、范本俱作“□”，合雅本作“而民”，皆誤。

【注】

朱本眉注：楊慎曰，以什一徵其界内之地，以給五萬之衆也。

品節本注：食作之夫，所力作之人也。

《新釋》：作夫，謂當役之農。《周禮·小司徒》職：“凡起徒役毋過家一人，以其餘爲羨，唯田與追胥竭作。”《鄙師》：“凡作民則掌其戒令。”

《斠詮》：地方百里可以食作夫五萬，則秦地方五千里，宜可以食作[夫]二百五十萬人，而下文僅云足以食作夫百萬者，以歸義者既復之三世，而陵阪丘隰又十年不起徵，故也。

《評注》：(“以此食作夫五萬”改作“足食作夫五萬”。)食作，謂蒼頭之耕作者。夫，非“夫三爲屋”之夫，農人也。《説文》：“夫，從大一。”大象人形，一象髮簪，去婦孺言故曰夫。“足”舊訛“口此”二字，蓋以足從“口止”，傳寫者誤分爲二字，或又於止旁加匕作此，故訛爲“口此”也。

《箋正》：王氏謂：“地方百里可以食作夫五萬，則秦地方五千里，應可食作夫二百五十萬人。”意蓋謂方千里爲方百里之十倍數，故方五千里可食作夫二百五十萬人，此真大誤。王且謂秦地方五千里而商君只云食作夫百萬，爲因復歸義者三世及陵阪丘隰不起十年徵之故，王氏或自信研究入微，善體商君用意。但商書原謂方千里者五。夫方千里者五與方五千里，相差爲五與一之比。今王氏直謂爲方五千里，是一字之顛倒，已爲秦孝公增闢四倍之境地。戰國時諸夏之疆宇，就如孟軻所稱“海内之地方千里者九”，亦恐不及此數之半。復次，食作夫云者與《算地》篇出戰卒不同，食作夫者分田給農夫耕作也。下文"足以造作夫百萬"約略言之。且舉增殖之最小數，猶言以秦地之有餘而發明惠以徠民，最少足以於原有秦民之外，增殖新民百萬也。故後文又曰"夫實曠土，出天寶，百萬事本，其所益多也"，又云"今以故秦事敵，而使新民作本"，可知此食作夫百萬是專指招徠之農夫言，不是合論秦地能出戰士之數言。王氏不察而謬混爲一，可乎？且古人雖寓兵於農，决無人盡爲兵之事。如春秋時大國三軍，只三萬數千人，然大國地方百里，除山陵川澤等約三之一。以方里一井九百畝，一夫受田百畝論，約略全國有農夫六萬人以上而三軍固僅三萬數千人耳。况六萬以上之人，只謂受田之正役耳，其餘夫尚不在此，度且二倍以上。而况春秋時之大國，已不只方百里，如魯亦方百里者五。今王氏謂歸義者復三世無與軍，故宜可食作夫二百五十萬人者只出百萬，此種糊塗之精覈已屬奇特。其實方百里食作夫五萬，方千里便應增百倍而食作夫五百萬。依商原文方千里者五，共應食作夫二千五百萬。若依王説方五千里便應食作夫一萬二千五百萬矣。此一筆無聊賬，偶因王説戲及，不知王氏見之，亦爲莞爾否？

《校讀》：下云"造作夫"當是指新來耕之農，不計原有，王説非。又按：此處所言與《王制》略同，《王制》以九分，此以什分。《王制》方百里之地，三分去一，尚餘田六百萬畝，百畝一夫，可食六萬夫；此百里之地，十分去四，餘者與《王制》相當，但以惡田二而當一，故止食五萬夫，然則亦夫百畝歟？

《錐指》：地方百里者得方一里者萬，田土占十之六，爲方一里者六千。方里而井，井九百畝，一夫受田百畝，井食農夫九家。六千九倍之，可食農夫五萬四千。以中有惡田，故損之，約略得五萬也。作夫即農夫也。

其山陵、谿谷、藪澤可以給其材。

【校】

初校本,“谿谷藪澤”作“藪澤谿谷”。

《解詁定本》:藪澤谿谷,各本皆作“谿谷藪澤”。

【注】

《新釋》:給,供也。

都邑、蹊道足以處其民。

【校】

崇文本,“蹊”作“谿”。

【注】

《評注》:都邑乃卒歲時所居,蹊道所以築近田之廬舍,義見《韓嬰詩傳》。

先王制土分民之律也。

【校】

馮抄本,“土”作“二”。

【注】

《新釋》:律,法也。

《解詁定本》:以百里之地,養作夫五萬,足以給其材而安其居,此先王制土分民之定律也。

2. 今秦之地方千里者五,而穀土不能處二,田數不滿百萬。

【校】

《大事記解題》引,無“今”字、“之”字,“二”作“三”。

馮抄本,“田數不滿百萬”作“田數不滿而百萬”。

《校釋》:“什二”各本作“二”,依上文及句義缺一“什”字,今增。

【注】

《新釋》:穀,善也。土,所以爲田者。二,謂五分之二。

《評注》:穀土,謂可耕之田。不及其二,則曠土居其三也。

《錐指》:方千里者一爲方一里者百萬,去山陵、藪澤、谿谷、都邑、蹊道十之四計之,得田六十萬方里。凡方千里者二,得田百二十萬方里。既穀土不能處二,故田不滿百萬也。云百萬者,以方里計之。此非謂土不足,謂已墾者稀也。

其藪澤、蹊谷、

【校】

馮抄本、匯函本、初校本,"蹊"作"谿"。

《解詁定本》:"谿谷"各本作"蹊谷",誤。

名山、大川之材物貨寶,又不盡爲用,

【校】

綿眇閣本、馮抄本,"材"作"財"。

馮抄本,無"貨"字。

此人不稱土也。

【校】

馮本、品節本、匯函本"人"字下注:衍字。

【注】

《解詁》:言人太少,故欲來民以治其土。

《評注》:土滿之患。

《解詁定本》:秦地方五千里,穀土不能居什分之二,田數不滿百萬,其藪澤、谿谷、名山、大川、材物、貨寶,又不能盡其用,是人寡不能盡土地之力也。

《錐指》：謂耕者少而土多。

秦之所與鄰者，三晋也。

【校】

《大事記解題》引，無“與”字。

問經堂本“三晋”下注：各本作“三晋”，鄭本無“三”字。

【注】

《新釋》：韓、趙、魏三家分晋，因號三晋。

《評注》：趙居其東，韓、魏偏東南而當其衝。

《解詁定本》：韓、魏、趙三家分晋，故稱三晋。

《錐指》：《孟子・梁惠王》篇：“晋國，天下莫強焉。”趙歧注：“韓、魏、趙本晋六卿，當此時號三晋。”

所欲用兵者，韓魏也。

【注】

《評注》：韓、魏爲山東屏障，韓、魏不破，則秦兵不東。

彼土狹而民衆，其宅參居而並處，

【校】

《大事記解題》引，“並”作“非”。

【注】

《新釋》：參，錯雜也。

《評注》：參居，謂三家合一。並處，謂二家合一。地不足以居民也。

《解詁定本》：《爾雅》：“宅，居也。”《方言》：“參，分也。”《漢書・藝文志》注：“並，合也。”

《校釋》：其宅參居而並處，謂多人合居一宅也。

《校讀》:朱氏之意(引朱説,文見上。)謂一宅之内,分爲數家而合居也。

其寡萌賈息,

【校】

馮抄本,"其"作"甚"。

品節本、匯函本,此五字無。

初校本,此句有脱誤,葉校連下"民"字讀,亦無誼。

【注】

《札迻》:寡萌賈息,義難通,疑當作"賓萌貸息"。"賓"、"寡"及"貸"、"賈",並形近而誤。賓萌即客民,對下民爲土著之民也。《吕氏春秋·高義》篇:"墨子曰:'翟度身而依,量腹而食,比於賓萌。'"高注云:"賓,客也。萌,民也。""萌"與"氓"通,字亦作"甿"。古凡外來旅居之民謂之氓,《周禮·旅師》謂之新甿,是也。民、氓散文通,對文則異,詳《周禮正義》。貸息,謂以泉、穀貸與貧民而取其息。此言韓、魏國貧,其有餘資而貸息者,皆外來之客民。其土著之民則皆上無通名,下無田宅,而恃奸務末作以處。明客民富而土著貧也。

《校正》:疑"寡萌"當乙轉。《吕覽·高義》篇:"比於賓萌。"高注:"萌,民也。"《文選·上林賦》"以贍萌隸",《長揚賦》"遐萌爲之不安",李善注兩引韋昭説同。《漢書·劉向傳》"民萌何以勸勉",《霍去病傳》"及厥衆萌",顔注並云:"萌與甿同。"其萌寡賈息者,賈息猶貨殖,言其民少商賈而生財息也。

《新釋》:寡萌,少生産也。賈息,謂藉商賈以營利。

《評注》:(改"其寡萌賈息"爲"其家萌隸息民"。)謂子弟也。隸,左氏《春秋》所謂"庶人有隸子弟"也。息,《東觀漢紀》所云"子息"是也。家,舊訛"寡"。隸,舊作"賈"。今以意改。

《解詁定本》:《左傳》"寡我襄公",注:"寡,弱也。"《吕覽》高誘注:"萌,民也。"謂小民無地可耕,多從事商賈以求利息。孫、嚴校俱非。

《箋正》:嚴説脱誤是。孫説"賓萌貸息"文義仍不完順。此處商書但言韓、魏地狹民稠耳,國貧之實况甚多,正不必以客民貸息爲最重要事而特及之。上文"其宅参居並處",此句殆申言其繁密若肩摩轂擊,駢肩累息。如云韓、魏之地小民衆,既無廣大安宅而参居並處,猶複滋生繁息云耳。姑存疑以待校。

《校釋》:"其賓萌貸息"句,各本作"其寡萌賈息"。(引嚴、孫、朱三説,文見上。)按,朱説是。

《錐指》:(引孫説、朱説,文見上。)孫、朱二説未詳孰是。然如朱説,則與下"民上無通名,下無田宅,而恃奸務末作以處"句複,當以孫爲長也。

《校讀》:朱氏不改字説亦通,然下文"民"字即當衍。

民上無通名,下無田宅,而恃奸務末作以處。

【校】

馮抄本,"末作"作"本作"。(編者按:"作"旁又有一"竹"字。)

【注】

《新釋》:名,兵籍也。兵徵於農,民無田,故名不通於上。宅,謂田廬也。《詩·信南山》:"中田有廬。"《説文》:"廬,寄也,秋冬去,春夏居。"《管子·侈靡》:"甲兵之本,必先於田宅。"末作,末事也,謂商賈。《韓非子·奸劫弑臣》:"困末作而利本事。"

《評注》:("上無通名")不列名於版。("下無田宅")無餘夫之田宅。("處"屬下讀作"處人之復"。)奸務、末作,謂無恒産而藉力謀生,非奸慝之奸也。復之義爲免徭役,無恒産而代人徭役以爲食,若免人之徭役者然,故曰處人之復,如須靡版築傳説代其力以爲食之例也。

《解詁定本》:《禮記·儒行》:"上通而不困。"鄭注:"[上通]謂仕道達於君也。"奸務末作,謂非正當業務。處,猶安也。言民上不能通名於朝,下無田宅可以耕居,而恃奸務末作以安其生。

《新箋》:(引孫説,文見上。)亨按:孫釋寡民是也,釋賈息非也。

三晋土著之民豈能皆上無通名，下無田宅哉！余謂賈息民當連讀。《左傳・昭公二十九年》："平子每歲賈馬。"杜注："賈，買也。"《詩・小明》："無恒安息。"毛傳："息猶處也。"《周禮・野廬氏》："宿息井樹。"鄭注："宿息，廬之屬，賓客所宿及晝息者也。"賈息民者，賃室而居之民也。此三句言外來客民與賃室而居之民皆上無通名，下無田宅，而恃奸務末作以處也。

《校讀》：通名，謂舉民之口數於上。非通名於朝廷，朱説亦非是。

《錐指》：《吕氏春秋・上農》篇："農不上聞，不敢私籍於傭。"孫詒讓曰："上聞，謂賜爵也。前《下賢》篇説魏文侯東勝齊於長城，虜齊侯獻諸天子，天子賞文侯以上聞。今本訛作"卿"，畢依《史記・樊噲傳》如淳注引校正。《史記・樊噲傳》：'賜上間爵。'《集解》：'如淳云：間或作聞。'《索隱》：本作'聞'（編者按：三字無），引張晏云：'得徑上聞。'晋灼曰：'名通於天子也。'然則此農得上聞者，亦謂名通於官也。商子《徠民》篇：'民上無通名，下無田宅。'無通名即不上聞也。"

人之復陰陽澤水者過半。

【校】

初校本注："復陰陽"未詳，疑亦有誤。

【注】

《新釋》：言多不能田之地。復，病也，《方言》作"瘦"。山南曰陽，山北曰陰。

《斠詮》：《漢書・高帝紀》："復勿租税二歲。"顔師古注云："復者，除其賦役也。"陰陽二字，當爲險阻之訛。蓋險阻之田磽确，澤水之田低窪，皆不可耕種，因此而復其租税者過半數也。

《評注》：陰陽，謂山也。《詩》所謂"相其陰陽"是也。《爾雅》"山南曰陽，山北曰陰"，是其證也。陰陽水澤過半，謂山取木石，澤取魚鼈及諸散材，或以舟載人，皆代人勞力之事也。

《解詁定本》：陰陽乃險阻之訛。復借爲復，地室也。《詩・綿》：

“陶復陶穴。”《淮南子·氾論》:“古者民澤處復穴。”皆借爲覆。言韓、魏民貧,穴居澤處者衆。今河南汜水縣沿鐵路尚多穴居之民,山西亦衆,古風猶在。

《箋正》:王氏據一復字,輕改陰陽爲險阻。而仍不能自圓其説。王氏每自矜文法,試問“人之復陰陽澤水者過半”,何能釋如王氏所説之意義?王某根據復字爲改釋本文之利器,而於復字之義先自不明。夫云復者,復其身也;除其賦役,其復之三世勿知軍事,與勿租税截然爲二。蓋使“復”可以函勿税租義,則《漢紀》宜但言復,而不應贅以勿租税之冗文。蓋力役、布縷、粟米之徵,原本三事,故民有以年老而獲復者,有以國家慶典而獲復者,有以功績獲復者,其例不一。有與免租税共行者,有不與免租税共行者。有復之一年者,有復之二三年者。有復之終身,復一世、二世及永遠復之者,如漢高之於豐沛,即永復之者。有既復而又賜粟、帛,賜脯者,要皆與免除租税爲二事也。即讓一步言,復有免租税義,試問不可耕種之田,何有於租税,既無租税,更何半之復與不復耶?王氏喜鑿,每鑿必死混沌,又何必?竊以此處必有舛訛,然於不可通處而詳審之,則原書亦有可通之理,而無取乎妄改妄斷,今略説於下。《説文》:“復,往來也。”“陰,水之南,山之北也。”《爾雅》:“山南曰陽。”澤水污下,原不可以居民,然韓、魏地狹民稠,民之上無通名,下無田宅,恃奸務末作者,輒叢居於水澤污下之地,此類地不與尋常田土同,可以任意耕作居處。其燥濕氾濫,是隨氣節而變遷。大抵春秋時可居住者,至夏秋或被湮没;夏秋時往居處,至冬春或過於枯寒。故窮民之叢居河湖斥鹵,均係逐時轉移,無一年不變,且亦來去循環,避溼就燥,故曰復,復者往來重復之謂。猶言貧民之無田宅,而往來居住於水澤之陰陽者,殆逾半數。《管子·宙合》篇云“春采生,秋采蓏,夏處陰,冬處陽”,可例此。不獨古韓、魏然,今湘、楚、江、皖各省,濱江湖、沿河海一帶貧民,無地寧居者,尚多叢集水際,結束蓬柵而處。除勞力末作者外,大抵奸詐盗僞之民多。且湖田、沙田之農民,大都於冬季水涸之時,移就湖、河之濱,結茅闢地，樹麥與菽，乘春夏水潦未至時，幸得收穫，終歲之蓄，於焉是賴。大水將至，則又結居高阜，以田以漁，以遂其生。此類湘省洞庭湖中尤多，王氏宜見而知之，雖是否商書原文義意不可知確乎，即文究義，相去不遠，且屬事實，較之輕改原書，謬釋字義而仍不妥洽者，似有間也。

《校讀》："復"與"伏"同義。陰謂山北也。《爾雅・釋丘》："丘高曰陽丘。"又《穀梁傳》："水北爲陽，山南爲陽。"《説文解字》："陰，闇也。水之南、山之北也。"皆以山之南、北爲訓，此其本義也。"人之復陰陽澤水者"，謂人之伏匿於山林水澤，以漁獵爲生者也，此與"恃奸務末作以處"者各别。朱氏混而一之，誤矣。

《錐指》：(引嚴校、簡説，文見上。)禮鴻案：簡説蓋爲近之。但其所言，濱海濱湖之地則然，未必韓、魏如此也。愚謂此但言民庶既多，則並山阿水濱皆居之耳。"復"宜讀如"陶復陶穴"之"復"。《詩・大雅・綿》曰："陶復陶穴，未有家室。"箋曰："復者，復於土上；鑿土曰穴，皆如陶然。"《釋文》："復，累土於地上也。《説文》作𡨦。"案：《説文》："𡨦，地室也。"陶者，詩疏引《説文》云："瓦器竈也。"然則累土如竈形以居之，曰復，即《禮記・禮運》所謂營窟是也。蓋韓、魏之貧民艱於屋材，故居室陋耳。《淮南子・氾論》篇："古者民澤處復穴。"注："復穴，重窟也。一説：穴毁堤防厓岸之中以爲窟室也。"復穴即此云復陰陽。陰，山北；陽，山南也。澤處即此云澤水。

《斠補》：朱氏謂"復"借爲"𡨦"，是也。惟以"陰陽"爲"險阻"之訛，恐非。"陰陽"疑本作"陰隰"，《爾雅・釋地》："下濕曰隰。""隰"、"陽"形近，故致誤耳。

此其土之不足以生其民也，以有過秦民之不足以實其土也。

【校】

《大事記解題》引，"此其土之不足以生其民也"作"土不足以生其民"。

初校本,“以有過秦民”作“似有過秦民”,注:范本“似”作“以”。

《解詁定本》:各本俱作“以”,“以”假作“似”。《易·明夷》:“文王以之。”荀諝、向秀本作“似”。

【注】

《諸子平議》:“有過”上不當有“以”字,衍文也。此蓋言韓、魏之土不足生其民,秦民不足以實其土,二者相較,則韓、魏土之不足,殆有甚焉,故曰:“有過秦民之不足以實其土也。”

《斠詮》:“以”即古“似”字,非衍文。

《評注》:三晋人滿之患,甚於秦之土滿。

《解詁定本》:韓、魏地狹民衆,地不足以養其民,過於秦地廣民稀,民不足以實其土。

《錐指》:(引嚴校,文見上。)禮鴻案:指海本亦作“以”。作似作以,皆當讀爲殆。殆從台聲,台從㠯聲,以即㠯之隸變,似又從㠯得聲也。

意民之情,

【注】

《新釋》:意,度也。

《評注》:意,度也。

《解詁定本》:以意度民之情。

《錐指》:意讀作抑,發語詞也。王念孫曰:“抑字或作意。《論語·學而》篇‘抑與之與’,《漢石經》抑作意。《墨子·非攻》篇曰:‘意將以爲利天下乎?’《莊子·駢拇》篇曰:‘意仁義其非人情乎?’意並與抑同。”《讀書雜誌·餘編》

其所欲者田宅也。

【注】

《籀廎碎金》:欲,孫改“生”,“欲”是。

而晋之無有也信，秦之有餘也必，

【注】

《諸子平議》："信"字、"必"字絶句。承上言，魏、韓之土不足生其民，則其田宅之無有也信矣；秦之民不足實其土，則其田宅之有餘也必矣。故曰：晋之無有也信，秦之有餘也必。

《解詁》：俞曰："信"字、"必"字絶句。

《新釋》：必，定也。

如此而民不西者，秦士戚而民苦也。

【校】

《大事記解題》引，作"而民不西者"。

【注】

《發微》：戚，親也，與"苦"對文。

《新釋》：戚，憂也。

《解詁定本》：秦在三晋之西，不西，不來秦也。戚，憂也。俞樾讀"信"字、"必"字絶句。

《校讀》：士，戰士；民，農民。

3. 臣竊以王吏之明爲過見，

【校】

范本、綿眇閣本、吴本、古逸本、程本、馮本、朱本、且且庵本、品節本、匯函本、奇賞本、秦駿生本、四庫本、問經堂本、指海本、崇文本，"竊"作"切"。

馮抄本，"竊"作"功"。

《繹史》引，"竊"作"切"。

【注】

《舊學蓄疑》：商子《來民》篇稱其君曰"王"。又曰："三晋不勝秦四世矣，自魏襄以來，野戰不勝，守城必拔。”又曰：“三世無知軍事。”案：孝公子惠文王即位十四年，始更元年，其稱王實在此時。

《新釋》：以明見爲過見。過，失也。

《解詁定本》：竊，各本俱作“切”，下文同。《漢書·霍光傳》注：“切，深也。”不必改作“竊”。過見，謂所見之誤。

此其所以弱不奪三晋民者，

【注】

《解詁定本》：奪，取也。

《香草續校書》：（讀作“見此其所以弱不奪三晋民者”。）見，猶知也。《周易略例》陸釋云：“見本作知。”然“知”“見”二字，不在叠韻通借之例，蓋二字義近通用。《吕氏春秋·自知》論高注云：“知猶見也。”知可訓見，則見亦可訓知矣參見《管子·霸言》篇校。“弱”字衍。下文云“三晋之所以弱者”，此亦有“所以”字，故涉彼而衍也。

《錐指》：“弱”字涉下文衍。

愛爵而重復也。

【校】

馮抄本，無“重”字。

【注】

馮本、品節本、匯函本並注：復者，復除其戰卒之役，三世不使爲兵，而專事農畝也。

朱本眉注：顧啓元曰：復者，世其禄也。

《發微》：《史記·商君列傳》：“大小僇力本業，耕織致粟帛多者復其身。”

《新釋》：重，不輕也。復，除也，謂除役，《周禮》謂之捨。《墨子·號令》：“復之三歲。無有所與，不租税。”《韓非子·備内》：“權勢起則復除重。”

《解詁定本》:《漢書・高帝紀》:“復勿租税二歲。”注:“復者,除其賦役也。”《合雅》注:“復者,復除其戰卒之役,三世不使爲兵,而專事農畝也。”

《校釋》:重復,久復,愛復與下節“復之三世”之諸“復”字,均同義,謂免役或並免賦也。

《香草續校書》:“復”字之義見下文云。“今使復之三世,無知軍事。秦四竟之内,陵阪丘隰不起十年徵,者於律也。”蓋即除其賦役之説。《漢書・高帝紀》顔注云:“復者,除其賦役也。”無知軍事,除其役也。不起徵,除其賦也。

《錐指》:愛,吝也。《孟子》曰:“百姓皆以王爲愛也。”又曰:“吾非愛其牛。”義同此。下文“此愛於無也”,義亦同。重猶愛也。復者,《漢書・王子侯表》:“德哀侯廣玄孫長安大夫猛,詔復家。”師古曰:“復家,蠲賦役也。”《刑法志》:“中試者復其户。”師古曰:“復謂免其賦税也。”《武帝紀》:“年八十,復二筭;七(編者按:《漢書》作九)十,復甲卒。”張晏曰:“二筭,復二口之筭也。復甲卒,不豫革車之賦也。”《晁錯傳》:“秦之發卒也,有萬死之害,而亡銖兩之報。死事之後,不得一算之復。”然則復有免税、免役明矣。下文云“復之三世無知軍事”,此免役之復;“陵阪丘隰不起十年征”,此免税之復也。簡書以復者復其身,與免除租税爲二事,持論甚堅,愚故引《武帝紀》、《晁錯傳》明文以見其不然云。案《去疆》篇曰:“重罰輕賞,則上愛民,民死上;重賞輕罰,則上不愛民,民不死上。”《説民》、《靳令》篇語相似。《壹言》篇:“多賞以致刑,輕刑以去賞。”《畫策》篇:“善治者刑不善而不賞善。賞善之不可也,猶賞不盜。”今以愛爵重復爲過見,固已與商君素論不類矣。

其説曰:“三晋之所以弱者,其民務樂而復爵輕也;

【注】

《評注》:復,免徭役。爵,謂農爵也。

《校釋》:復爵輕與復爵重之"復"字,與前注之"復"字異義,作又字解。

今秦之所以強者,

【校】

范本、吴本、古逸本、程本、朱本、且且庵本、四庫本、問經堂本,"所以強者"作"以強強者"。

馮抄本,"所以強者"作"所強者"。

指海本"所以強者"下注:原脱"所"字。又,"強"字誤重,今按文義改正,與上"三晋"句一例。

初校本,"秦"上無"今"字,注:舊本"秦"上有"今"字,據文義删。

【注】

《諸子平議》:(所據本作"今秦之以強強者"。)上言三晋之所以弱者,此當言今秦之所以強者,奪"所"字,衍"強"字。

其民務苦而復爵重也。

【校】

《大事記解題》引,"其"作"秦"。

【注】

《解詁》:《漢書・高帝紀》注:"復,謂除其賦役也。"

《評注》:此言民樂則弱,苦則強也。但秦俗強悍,自古已然,此特王吏托詞耳。

今多爵而久復,是釋秦之所以強,

【校】

馮抄本,"是"作"昰"。

【注】

《新釋》:多猶厚也。久,謂非一歲。釋,舍。

《評注》:多爵久復,則民務亦不復苦矣。

《解詁定本》:釋猶去也。

而爲三晋之所弱也。”

【校】

且且庵本,無“三”字。

初校本,“所”下有“以”字。

此王吏重爵愛復之説也,

【注】

《讀諸子札記》:重爵愛復,當作“愛爵重復”,兩見上下文。

《新釋》:愛,猶吝也。

而臣竊以爲不然。

【校】

范本、綿眇閣本、吴本、古逸本、程本、馮本、朱本、且且庵本、馮抄本、品節本、匯函本、奇賞本、秦駿生本、四庫本、問經堂本、指海本、崇文本,“竊”作“切”。

《繹史》引,“竊”作“切’。

夫所以爲苦民而强兵者,

【注】

《評注》:所以苦民之由,正欲求勝於敵。

將以攻敵而成所欲也。兵稱曰:

【校】

初校本,“稱”作“法”。注:各本俱作“稱”。

《解詁定本》:("稱"作"法"。)各本俱作"稱",誤。

【注】

《評注》:兵稱,當是古兵家言。

"敵弱而兵強。"

【注】

《評注》:謂先謀所以弱敵者,而兵始強。

此言不失吾所以攻,而敵失其所守也。

【校】

馮抄本,"而敵失其所守也"句"失"作"之"。

【注】

《錐指》:以故秦事敵而使新民作本,兵雖百宿於外,竟内不失須臾之時,此不失吾所以攻也。春違其農,夏食其食,秋取其刈,冬凍其葆,使不得休息,此敵失其守也。《史記·虞卿列傳》:"語曰:強者善攻,弱者不能守。"

今三晋不勝秦四世矣,

【校】

馮抄本,"三"作"之"。

【注】

《校正》:《荀子·議兵》篇:"四世有勝非幸也。"注:"四世:孝公,惠王,武王,昭王也。"

《新釋》:三十年曰世,由商君卒年上溯至魏襄子時約一百二十餘年,故云四世;非父子相繼爲世義也。

《評注》:自孝公至昭襄凡四世。

自魏襄以來，

【校】

范本、綿眇閣本、吴本，古逸本、程本、馮本、朱本、且且庵本、馮抄本、品節本、匯函本、奇賞本、秦駿生本、四庫本、問經堂本、指海本、崇文本，“魏襄”下有“王”字。

《繹史》引，“魏襄”下有“王”字。

【注】

《校正》：此在秦昭王時，非商君本文，當是後人竄入。

《新釋》：魏襄，魏桓子之父。《左傳》所謂魏曼多是也。《系本》：獻子生簡子取，取生襄子侈（編者按："侈"當作"多"），襄子生桓子駒，襄子侈即魏曼多也。

《評注》：襄王，惠王子，名赫。按商君車裂在周顯王三十一年，魏襄王立於周慎靚王三年，已在二十年之後，今乃云自魏襄王以來，可決其非商君書。

《校釋》：三晋不勝秦四世，乃魏襄以來事，而商鞅在魏襄前，故人多以此爲非鞅作之證。

《解詁定本》：各本魏襄下俱有“王”字。按：《史記》魏襄王與秦惠文君同時，爲商君後事。此篇疑法家所附益。下文華軍、長平之勝，亦商君後事，可證。或“襄”爲“惠”字之譌。

《箋正》：孝公與魏惠並世，《史記·秦本紀》“孝公元年，河山以東強國六，與齊威、楚宣、魏惠、燕悼、韓哀、趙成侯”云云，又，“會往者厲、躁、簡公、出子之不寧，國家内憂，未遑外事，三晋攻奪我先君河西地，諸侯卑秦，醜莫大焉。獻公即位，鎮輔（編者按：當作“撫”）邊境，徙治櫟陽，且欲東伐，復穆公（編者按：脱“之”字）故地，修穆公之政令。寡人思念先君之意，常痛於心”。是秦在孝公以前常爲三晋所侵陵，獻公雖奮志圖強，猶未能得志於三晋也。而此云“今三晋不勝秦四世矣，自魏襄以來”云，乃引及歿後數十年之事，然則謂此書爲後人追述而纂述粗疏，於此益信。

《錐指》:(引王説、簡説,文見上。)禮鴻案:簡説固是。然謂此篇麤疏則可,並謂他篇粗疏則未是。案:起魏襄王元年,止秦昭王四十七年白起長平之役,秦更三君,惠文王、武王、昭王是也。魏更四君,襄王、哀王、昭王、安釐王是也。韓更五君,昭侯、宣惠王、襄王、釐王、桓惠王是也。趙更四君,肅侯、武靈王、惠文王、孝成王是也。此文自蒙魏襄而言,爲四世也。

野戰不勝,守城必拔,

【校】

秦駿生本,"必"作"不"。

小大之戰,三晋之亡於秦者,不可勝數也。

【校】

范本、綿眇閣本、吴本、古逸本、程本、馮本、朱本、且且庵本、馮抄本、品節本、匯函本、奇賞本、秦駿生本、四庫本、問經堂本、指海本、崇文本,"三晋之"下有"所以"二字。

初校本,"之"下有"所"字。

綿眇閣本,"亡"作"忘"。

《繹史》引,"三晋之"下有"所以"二字。

《校讀》:"之"下有"所"字,注:文津閣本、綿眇閣本,"所"下有"以"字。又綿眇閣本"亡"作"妄"(編者按:當作"忘"),誤。

【注】

《評注》:周慎靚王三年,秦敗韓師於修魚,斬首八萬。及赧王之世,拔韓宜陽,敗韓、魏於伊闕,斬首二十四萬。救韓之役,斬魏軍十三萬,沉趙卒二萬於河。長平之役,坑趙卒四十萬,拔野王、上黨、武安、皮牢諸城。其餘小戰,尚不在此數,故曰不可勝數也。

《錐指》:其大者,下文所謂周軍之勝、華軍之勝、長平之勝,是也。

若此而不服，

【注】

《新釋》：若，如也。

秦能取其地而不能奪其民也。

【注】

《評注》：未足以服其心。

4. 今王發明惠，

【校】

朱本、且且庵本，“發”作“法”。

【注】

《新釋》：發，布也。

《錐指》：《淮南子·説林》篇：“長而愈明。”注：“明猶盛也。”《詩·小雅·車舝》“景行行止”，傳：“景，大也。”箋：“景，明也。”疏曰：“明亦大也。”此明猶盛也，大也。《賞刑》篇明賞、明刑、明教，義同。

《校讀》：秦孝公未嘗稱王。

諸侯之士來歸德就義者，

【校】

《大事記解題》引，此句作“今諸侯之士來歸者”。

范本、程本、朱本、且且庵本、四庫本，“德就”二字作缺文。

《繹史》引，“德就”二字作缺文。

吳本、馮本、品節本、匯函本、奇賞本、秦駿生本、指海本、崇文本、初校本，無“德就”二字。

馮抄本，“歸德就義”作“歸士之義”。

綿眇閣本、問經堂本，有“德就”二字。

問經堂本注:各本脱"德就"二字,今從施本。

【注】

《新釋》:入秦國籍,今稱歸化。

今使復之三世,無知軍事。

【校】

馮抄本,"復"作"任"。

【注】

《新釋》:世,歲也。知,與也。《説文》作"伎"。

《評注》:免其祖孫三世徭役,使之無與軍事。

秦四境之内,陵阪邱隰不起十年往,者於律也,足以造作夫百萬。

【校】

初校本,"境"作"竟"。

范本、綿眇閣本、吴本、古逸本、程本、馮本、朱本、且且庵本、馮抄本、品節本、匯函本、奇賞本、秦駿生本、四庫本、崇文本、初校本,"邱"作"丘"。

品節本、匯函本,無"往者於律也"五字。

《繹史》引,"邱"作"丘"。

初校本,"往"作"征"。

《解詁定本》:("十年往"作"十年征"。)征者,各本作"往者",誤。

【注】

《新釋》,"者"字屬"十年征"句。注:起,興也。征,徵也。於,據也。律,法也。《更法》篇云:"據法而治者,吏習而民安。"

《斠詮》:陵阪,以磽確言;丘隰,以低窪言。不起十年征,猶言十年不起征。者,當讀爲著。"也"字疑衍。著於律,猶漢人言著於令也。造作，疑當做“食作”。

《評注》：（改作“不越十年，足以造作夫百萬，賢於往者之律也”。）“越”字下注：舊訛作“起”。十年，猶言不過十年。“足以造作夫百萬”下注：原本此句倒誤在下。“賢於往者之律也”下注：先王制土分民之律，每百里食作之夫五萬。秦地方五千里，穀土不能處二，是耕作之民尚不及百萬也。今招客民墾荒，則凡陵阪邱隰之不耕者，不及十年皆可成熟，是使耕作之民倍於曩昔之律也。原本倒誤在上，作“往者於律也”，非是。

《解詁定本》：《爾雅》：“大阜曰陵，陂者曰阪。”《説文》：“丘，土之高也，非人之所爲也。”隰阪，下溼也。者於律，當作“著於律”。王能明發恩惠，令諸侯之民歸義於秦者，復之三世，除其軍役；四境之内，陵阪丘隰之地，十年不起征，著爲定律，則足以造作夫百萬。蓋秦地廣人稀，用此術以招致諸侯之民也。

《箋正》：造作夫，似謂給授耕作之農夫云爾，不能以前文“食作夫”字而徑改。且“造”字縱誤，而前文之“食”字，亦未必非訛也。

《校讀》：徠異國之民，使耕磽荒之地，如此可新造作夫百萬人。“造”字不誤。

《錐指》：“者”字逗，“於律也”屬下讀。《爾雅・釋地》：“大阜曰陵，陂者曰阪郭璞注：“阪陂不平”，下溼曰隰（編者按：《爾雅》原文作“下者曰溼”）。”《廣雅・釋丘》：“小陵曰邱。”邱即丘。又，《説文》：“丘，土之高也。”陵阪丘皆陂陀，隰則下溼，生産寡薄，故於來歸之初尤寡其賦也。（讀作“於律也足以造作夫百萬”。）律，先王制土分民之律。造猶致也。此謂稽之於律，足以多致作夫矣。《畫策》篇：“善治民者，塞民以法，而名地作矣。”“作”、“造”同義。今云“造”，避“作夫”耳。

曩者臣言曰：

【注】

《新釋》：曩，曏也。

“意民之情，其所生者田宅也。

【校】

初校本，“生”作“欲”。

【注】

《籀廎碎金》：（作“其所欲者田宅也”。）“欲”孫改“生”。“欲”是。

晋之無有也信，秦之有餘也必，若此而民不西者，秦士戚而民苦也。”今利其田宅而復之三世，此必與其所欲而不使行其所惡也。

【校】

古逸本，“利其”作“利有”，“與”作“興”。

《大事記解題》引，“今利其田宅而復之三世”作“利其田宅而復之，三世無知軍事”。

【注】

《校正》：《荀子·議兵》篇：“中試則復其户，利其田宅。”楊注：“復其户，不傜役也。利其田宅，不徵衆也。顔師古曰：利謂給其便利之處。”盧校云：“不徵衆，衆字誤，疑作税。”又云：“是故地雖大，其税必寡，是危國之兵也。”注：“優復既多則税寡，資用貧乏故國危。”

《新釋》：利，謂給其便利之處。《荀子·議兵》：“中試則復其户，利其田宅。”

《斠詮》：（“今利其田宅”）麥孟華引“其”作“以”。（“復之三世”）“之”、“其”二字同義，故上言“利其”，下言“復之”，相互見義耳。

《評注》：民所欲在田宅，利之以田宅，則與其所欲矣。民所惡在傜役，復及三世，則又不行其所惡矣。

《箋記》：《通典》曰：商鞅誘三晋人，利其田宅，無知兵事，而務本於内，任其所耕，不限多少，而使秦人應敵於外。

然則山東之民無不西者矣。

【校】

范本、綿眇閣本、吴本、程本、古逸本、馮本、朱本、且且庵本、馮抄本、品節本、匯函本、奇賞本、秦駿生本、四庫本、問經堂本、指海本、崇文本,“則”作“即”。

《大事記解題》引,此句作“即山東之民無不西者矣”。

《繹史》引,“則”作“即”。

《斠詮》:崇文本“則”作“即”,“即”、“則”古通。

【注】

《新釋》:山東,謂華山以至殽、塞諸山,皆在咸陽之東,專斥秦而言。《秦策》“反復東山之君”,鮑本作“山東”,是也。《韓非子·忠孝》:“山東之言縱横,未嘗一日而止也。”

《評注》:(“然”)一字截句,如此也。此與《孟子》“然而不王者”、“然而不亡者”之“然”同例,不得混連下讀。(“則”作“即”。)則也。(“山東之民”)六國之民也。

《解詁定本》:山東之民,謂韓、魏諸國之民。秦居華山之西,故以韓、魏諸國爲山東。

《錐指》:顧炎武曰:“古所謂山東者,華山以東。《管子》言‘楚者,山東之強國也。’《史記》引賈生言‘秦併諸侯山東三十余郡’,《後漢·陳元傳》言‘陛下不當都山東’謂光武都雒陽。蓋自函谷關以東,總謂之山東。”《日知録》三十一。

且直言之謂也,不然。夫實壙什虚,出天寶,

【校】

品節本、匯函本,“且直言之謂也”句至“其所益多也”,共二十六字無。

且且庵本,“什”字作“仕”。

初校本,"且直言"作"且非直虚言","實壙什虚"作"實曠土",注:一切舊本並作"且直言之謂也,不然。夫實壙什虚,出天寶",今按文誼,移"虚"於"言"上,增"非"字,改"壙土"字。

【注】

《札迻》:此文舊本故多舛互,然嚴校亦不確。"實壙什虚"當作"實壙虚"。《吕氏春秋·貴卒》篇云:"於是令貴人往實廣虚之地。"此"實壙虚"與《吕覽》"實廣虚"義同。嚴專輒改竄不可據。《漢書·晁錯傳》云:"徙遠方以實廣虚。"

《新釋》:言非空言所能奏效。直,特也。不然,非也。("夫實壙什虚,出天寶"作"夫實壙什,虚出天寶"。)夫,農夫也。壙即曠,空也。什,地也,《淮南·原道》作"實"。虚,大丘也。《説文》:"九夫爲井,四井爲邑,四邑爲丘,丘謂之虚。"天寶,大寶也,謂穀物。

《斠詮》:(作"且非直虚言之謂也,不然。夫實曠土,出天寶"。)"不然"二字疑衍。

《評注》:(前兩句改作"且直謂之不然"。)此言如此良策,且直以爲不然也。與下文"而王猶以爲未可"同。原本訛作"且直言之謂也,不然",蓋"言"本"謂"之訛,"之"字下又復"謂"字,更誤衍"也"字故也。壙虚,荒土也。實,以客民實之也。"虚"字上原有"什"字,衍文。出天寶,謂耕獲出菽粟也。

《解詁定本》:且此直言徠民之策,必可行也,故下文言徠民之利。天寶,天産之寶也。《禮記》:"地不愛其寶。"孫詒讓曰(引文見上)。按嚴校改爲"且非虚言之謂也,不然。夫實壙土,出天寶",孫氏已辨其非。今仍據綿眇閣本、程本、吴本、錢本、范本、四庫本改正。"什"字,孫氏以爲衍文,評校本作"仕",亦誤。或謂"什"乃"作"字之訛,作虚,謂開荒也。

《校釋》:王説:"不然二字疑衍。"按"不然"二字,在此乃承上啓下,反乎直言而更深言之意,非衍也。

《新箋》:嚴氏以意改原文,不可從。當依一切舊本。但"直"當作

“其”,形似而誤。“且其言之謂也不然”爲句,其言指上文“王吏”之言,謂王吏之言所云不然也。“什”當是誤字,或以爲“作”字之訛,可備一解。余謂“什”當作“任”,“任”與“什”與“仕”皆形近,故誤。古稱利用土地爲任。本書《算地》篇曰:“故爲國任地者。”又曰:“此地不任也。”又曰:“此所謂任地待役之律也。”《吕氏春秋》有《任地》篇。又《上農》篇曰:“此大任地之道也。”並其證也。任虚者謂利用空虚之土地也。

《錐指》:(引嚴校、孫説、王説,文見上。)禮鴻案:孫説“實壙什虚”當爲“實壙虚”,至確。然則“虚”字不當移上。且此文陳事勢已甚明切,不待曰“且非直虚言之謂也”以申重之也。疑“直言”二字本“悳”字之訛。“言”古文與“心”字篆文形近,見《墨子閒詁·尚同中》篇引洪頤煊説。“且”借作“徂”,往也。《詩·鄭風·溱洧》:“士曰既且。”釋文:“且音徂,往也。”是也。“且悳之謂也”句義屬上,所以終山東之民無不西之意,言民以德惠而往就之也。上文“諸侯之士來歸義者”,孫星衍本作“歸德就義”,“且悳”即“歸德”。“不然”二字宜如王説爲衍文。蓋上文云:“而臣竊以爲不然,夫所以爲苦民而强兵者。”此文亦有“夫”字,故相承衍“不然”二字也。天寶,土之所産,穀物之類也。《莊子·庚桑楚》篇:“春氣發而百草生,正得秋而萬寶成。”自明曰:“往德之言,見《禮記·郊特牲》,曰:‘束帛加璧,往德也。’可作且悳之佐證。”

而百萬事本,

【校】

馮抄本,無“而”字。

【注】

《新釋》:本謂農,言有百萬人以務農。

《評注》:百萬,即上所謂“造作夫百萬”,客民之墾荒者也。事本,務本也,商末而農本也。

其所益多也,

【注】

《解詁定本》:增百萬之民務農,其獲益實多也。

豈徒不失其所以攻乎?

【注】

《評注》:非惟足兵,抑且足食。

5. 夫秦之所患者,

【校】

且且庵本,“夫”作“大”。

興兵而伐,則國家貧;

【注】

《評注》:耕作之人少而租税減。

安居而農,則敵息。

【校】

馮抄本,“安”下無“居”字。

初校本,“敵息”作“敵得休息”。句下注:范本少“得休”字。

《校釋》:崇文本亦少“得休”字,亦可通。

【注】

品節本、匯函本,“敵息”旁注:生息。

《評注》:求財賦之足而使民勉農,則休養敵人之力。

此王所不能兩成也。

【校】

《繹史》引,“所不能”作“所以不能”。

匯函本,“王”作“上”。

【注】

《評注》:成,成全也。

故三世戰勝而天下不能令。

【校】

品節本、匯函本,“三”作“四”,無“令”字。

初校本,“不能”作“不服”;“令”作“今”,屬下句。注:舊本“服”作“能”,今依文誼改。

《斠詮》:(“令”作“今”,屬下句。)匯函本作“四世戰勝”,與上文“三晋不勝秦四世矣”句合,當據改。

《解詁定本》:諸子匯函本、合雅本作“四世戰勝”,與上文合,當從之。“不能令”嚴校本改“能”爲“服”,改“令”爲“今”,以“今”字屬下讀,非也。“而天下不能令”謂不能命令天下,此文甚順,何必武斷妄改。或嚴氏所見本,“令”作“今”,然范本亦作“令”,故仍從各本改正。

《校釋》:四世,各本作“三世”,依上文“四世不勝秦”句改。“今”字,影范本、崇文本俱作“令”,今依嚴校本。

《香草續校書》:據上文言“今三晋不勝秦四世矣”,則此“三”字當作“四”,古“四”作“亖”,所謂“三”“四”積畫而誤也。下文云:“且古有堯舜,當時而見稱;中世有湯武,在位而民服。此三王者,萬世之所稱也。”案,言堯舜湯武,明是四王,何云三王?則彼“三”字亦當作“四”。《畫策》(編者按:當是《境内》)篇“四更”,俞蔭甫太史《平議》云:“四字乃三字之誤。”此“四”之誤作“三”,猶彼“三”之誤作“四”矣。

【注】

《發微》:《墨子·耕柱》:“今大國攻小國也,攻者農夫不得耕,婦人不得織，以守爲事，攻人者亦農夫亦不得耕，婦人不得織，以攻爲事。”

《新釋》：（“令”作“今”，屬下句）世，次也。三次，謂周軍、華軍、長平。能同聆，聽從也。

《評注》：謂三世戰勝，而號令不及天下也。三世：謂昭襄以上三世：孝公、惠文王、武王也。

《錐指》：（作“故三世戰勝而天下不服”。引嚴校、王説，文見上。）禮鴻案：由秦而言，則當爲三世。説見前。

以故秦事敵，而使新民作本，

【注】

馮本、品節本、匯函本“而使新民作本”句下注：新民，三晋之民來歸者也。作本，專務農業也。

朱本眉注：又曰（編者按：接前“顧啓元曰”言），故秦，秦之故兵。

《發微》：商君意欲使故秦土著之民爲兵，新徠之民爲農。《吕覽·上農》：“后稷曰：所以耕織者，以爲本教也。”

《新釋》：故，舊也。故秦，謂秦舊籍之民，《韓非子》謂之正户。事，攻也。新民，新徠之民。作本，謂務農。

《評注》：以秦之土著爲兵，而以客民爲農。客民既不逃亡，土著又能力戰。

《解詁定本》：故，舊也。合雅本注云：“新民，三晋之民來歸者也。”作本，專務農業也。

兵雖百宿於外，境内不失須臾之時，

【校】

初校本，“境”作“竟”，下文同。

【注】

馮本、品節本、匯函本“時”字下注：時，農時也。

《發微》:《吕覽·上農》:“敬時愛日,非老不體,非疾不息,非死不捨。”

《新釋》:《左·昭(編者按:當作“莊”)三傳》:“凡師一宿爲舍。”《燕策》:“一夕宿於外。”須臾,少時也。《前漢書·禮樂志》作“須摇”。(編者按:當作“斯須”。)

《評注》:雖使累月不班師,而國中三時不害,不至草宅而禽饗。

《解詁定本》:宿,舍也。《左傳·昭公(編者按:當是“莊公”)三年》:“凡師一宿爲舍。”須臾,斯須也。

此富强兩成之效也。

【注】

《新釋》:效,驗也。

臣之所謂兵者,非謂悉興盡起也,論境内所能給軍卒、車騎,

【注】

《新釋》:給,供也。《周禮·車僕》有“戎路”、“廣車”、“闕車”、“蘋者”、“輕者”,皆兵車也。騎,跨馬也。《禮記·曲禮》:“前有車騎。”《燕策》:“騎六千疋。”《六韜·均兵》:“騎者,軍之伺候也。”《史記·年表》:秦獻公二十一年,“章蟜與晋戰石門”。徐廣曰:“章蟜,一云車騎。”

《評注》:給,備也。

令故秦兵,新民給芻食。

【校】

馮本、品節本、匯函本,“令故秦兵”作“令故秦民事兵”。

馮抄本,“兵”作“共”。

《解詁定本》:令故秦兵,合雅本作“令故秦民事兵”。

【注】

品節本"新民"旁注:新民,三晋歸來之民。

《讀諸子札記》:此當云:"臣之所謂兵者,非謂論竟内所能悉興盡起也,令故秦兵給軍卒、車騎,新民給芻食。"即上文所謂"以故秦事敵而使新民作本"也。傳寫倒亂,則不可通。

《新釋》:令,使也,用也。兵,《説文》云:"械也。"《周禮》"五兵",《書》"詰爾戎兵",《孟子》"堅甲利兵",皆謂兵械,此所云兵乃斥執兵械之人言耳。《燕策》"招天下之精兵",《史記》信陵君"得選兵八萬人",項羽將諸侯兵三十餘萬人,均人兵也。《説文》:"古文兵從廾千作倂。"(編者按:當作'從人廾千"。)蓋謂人兵。食,穀也。

《評注》:芻以食馬,食以養兵。

《解詁定本》:芻,刈草也。令舊秦民爲兵,新民供芻草糧食。

《錐指》:兵,事敵也。

天下有不服之國,則王以此春圍其農,夏食其食,秋取其刈,冬陳其寶。以大武揺其本,以廣文安其嗣。

【校】

吴本、且且庵本、問經堂本、崇文本,"圍"作"闈"。

問經堂本"圍"字下注:程、朱、施本作"闈",鄭、吴、施本作"圍"。(按:查程本、朱本、綿眇閣本,皆作"圍"。)

馮抄本,"王以此"作"王此以"。

【注】

朱本注:顧啓元曰:"文、武,即《修權》章刑、賞。"

《諸子平議》:("圍"作"闈"。)"闈"當作"違","寶"當作"葆",皆同聲假借字。"陳"當作"湅",形近而誤也。此數語見《周書·大武》篇,其文曰:"四時:一、春違其農,二、夏食其穀,三、秋取其刈,四、冬湅其葆。"孔晁注曰:"湅(編者按:此下脱"葆"字)謂發露其葆聚。"商君所説，即本《周書·大武》之文，故曰“以大武摇其本”也。又曰，“以廣文安其嗣”，今《周書》無《廣文》篇。而《文傳》篇曰：“文王受命之九年，時維暮春在鄗，召太子發曰，‘嗚呼，我身老矣，吾語汝，我所保與我所守，傳之子孫’。”然則所謂“以廣文安其嗣”者，豈即此篇乎？

《校正》：俞所據本“圍”作“闈”，謂“闈”當作“違”、“實”當作“葆”，是也。又云：“陳”當作“凍”。按：《周禮·大武》解孔注：“凍[葆]謂發露其葆聚。”凍無發露意，疑本作“陳”。《周語》“陳錫載周”，韋注：“陳，布也。”《爾雅解詁》：“敶，布也。”“敶”即“陳”字，皆與發露義近。然則當據此以訂《周書》，不當引彼以改《商子》。

《新釋》：自“春圍其農”至“冬陳其實”，均《逸周書·大武》篇語。“圍”《逸周書》作“違”，“違”、“圍”聲轉通用。（“夏食其食”）《逸周書》作“夏食其穀”。（“秋取其刈”）刈，所刈之禾。（“冬陳其實”）父（尹乾）説：陳，敀也，取也。實，穀也。《逸周書》作“冬凍其葆”。凍，移動也。與敀義近。葆即實耳。（“以大武摇其本”）《逸周書》有《大武》篇。本，始也。（“以廣文安其嗣”）廣文，大文也。《管子·勢》篇：“大文三曾，而貴義與德；大武三曾，而偃武與力。”嗣，繼也，猶後也。

《斠詮》：今本《逸周書·允文》解第七、《大武》解第八，孫詒讓《斠補》云：“允當作光，光與廣聲近，古多通用。”今按，孫説較俞爲審。

《評注》：（改“春圍其農”作“春閑其農”。）閑，《爾雅·釋詁》：習也。舊訛作“闈”。（“夏食其食”）登麥於夏，故食其食。（“秋取其刈”）刈，穫也。（“冬陳其實”）實，粒食也。《詩》“稼穡維寶”。以大武摇其本，謂以兵力撓客民舊國，而使無歸志也。文即《修權》篇“賞者文也”之文，謂復其徭役也。安其嗣，即上所謂復三世也。

《解詁定本》：《管子·地形》篇（編者按：當是《形勢》篇）：“其功逆天者，天圍之。”宋本作“圍”，明趙用賢本作“違”。王念孫謂“圍”、“違”假借字。刈，割也。陳，列也。春農作則違其農，夏麥熟則食其食，秋則刈取其禾稼，冬則發其實藏，以武力摇其國本，以文德綏其嗣君。俞樾謂（引俞説，文見上）。師轍按：商君之意雖本於《逸周書》，然不必全鈔其文，俞説拘滯。又按《逸周書・允文解》第七，《大武解》第八，孫詒讓《周書斠補》謂“允”當作“光”，“光”、“廣”聲近。其説較俞氏爲确。

《箋正》：俞氏因“春圍其農”數語出《周書・大武》篇，謂商説即本《周書》，故曰“以大武摇其本”云，並謂廣文亦本《周書》。今書既無廣文，則又疑即《文傳》篇。孫於《逸周書》“光”、“允”之辯另一問題。王氏遽引爲廣文之來原，且謂較審於俞説，此刻舟膠瑟而穿鑿傅會之説也。蓋大武者，兵力也；廣文者，德化也。原書之意，謂先以武力摇動六國之根本，再以德化安輯其後嗣而撫有之。如《管子・羈言》篇（編者按：《管子》無《羈言》篇，當是《霸形》篇）云：“楚欲吞宋、鄭，思人衆兵強，而能害己者必齊也。是欲以文克齊，而以武取宋、鄭也。”意亦類此。蓋此時楚對齊修好聘使，文德之運用也。又《勢》篇第四十四（編者按：當作“四十二”）云：“大文三曾，而貴義與德；大武三曾，而偃武與力。”古者文與德輒連及，言文每函德誼，言德亦有文誼。如誕敷文德，戡亂以武，守成以文等均是。且謂春圍其農等即所謂大武以摇其本則可，謂用《周書》之《大武》篇以摇其本則不可。苟謂春圍其農云云，即所謂以《周書・大武》篇摇其本，試問將何據而指爲《周書・光文》篇以安其嗣乎？膠滯不通，奈何以斷古書哉？

《校釋》：各本“違”作“圍”或“闈”，“湅”作“陳”，“葆”作“寶”，今依俞説改。（引俞説、簡説，文見上。）按俞、簡兩説俱可通，如俞説，則兩其字分代敵我。如簡説，則同指敵國。以文法言，簡説爲是。

《錐指》：（引俞説、王説，文見上。）禮鴻案：以《大武》摇其本，以《廣文》安其嗣，“其”字皆指敵國。俞氏引《文傳》文，則是安己嗣矣，其誤甚明。今案：《允文解》首曰：“思静振勝，允文維紀。”孔晁注曰：“以静規勝，康（編者按：“康”字崇文本《周書・大武》引孔注作“秉”）文紀武。”蓋以康訓允，康者，宏大之也。允無大義而形與光近，光廣皆有大義，孫以允當爲光，蓋由此也。《允文》曰：“咸問外戚，書其所在；選同氏姓，位之宗子。”朱右曾《集訓校釋》曰：“問，存問也。外戚，勝國之甥舅。同氏姓,其子孫宗族也。位立古通用,宗子繼别以收族。”此正安其嗣之事也。然則孫義頗允,而王用之,是也。愚不能得《周書斠補》覆檢,故爲推論如此。此云“以《大武》摇其本,以《廣文》安其嗣”,謂用《大武》、《廣文》二篇所言之道也。蓋此二篇者,周之陰謀書本謝墉説,戰國時世頗傳習,故引以爲説也。乃簡書之説曰:“原書之意,謂先以武力摇動六國之根本,再以德化安輯其後嗣而撫有之。”固是也。而又曰:“謂春圍其農等即所謂大武以摇其本則可,謂[用]《周書》之《大武》篇以摇其本則不可。苟謂春圍其農云云即所謂以《周書·大武》篇摇其本,試問將何據而指爲《周書·光文》篇以安其嗣乎?”以此譏王氏膠滯不通,此正簡之失考而膠滯耳。《吕氏春秋·不廣》篇:“齊攻廩丘,趙使孔青將死士而救之。與齊人戰,大敗之,齊將死,得車二千,得尸三萬,以爲二京。甯越謂孔青曰:‘惜矣,不如歸尸以内攻之。越聞之:古善戰者,莎隨奔服,彼得屍而財費乏,車甲盡於戰,府庫盡於葬,此之謂内攻之。’孔青曰:‘敵齊不尸日本松皋圓曰:“敵讀曰適。”則如何?’甯越曰:‘戰而不勝,其罪一;與人出,不與人入,其罪二;與之尸而弗取,其罪三。民以此三者怨上,上無以使下,下無以事上,是之謂重攻之。’甯越可謂知用文武矣。用武則以力勝,用文則以德勝,文武盡勝,何敵之不服?”此言文武與本篇同意。亦可見文武爲當時習用之語也。

《新箋》:“陳”“凍”二字均解不通。余疑此字當作“掠”,俗書“掠”作“掠”,與“陳”“凍”形近,故誤。《小爾雅廣詁》:“掠,取也。”《左傳·昭公二十年》:“輸掠其聚。”杜注:“掠,奪取也。”“寶”、“葆”皆當讀爲“保”,《禮記·月令》:“四鄙入保。”鄭注:“小城曰保。”此即今之“堡”字也。冬掠其保謂冬時以兵掠奪鄰敵之城邑。

王行此十年之内,諸侯將無異民,

【注】

《新釋》:同歸於秦。

《評注》:既無異民,又誰與秦敵乎?

《解詁定本》:諸侯將無異民,言其皆將歸秦也。

《香草續校書》:異民,謂異國之民也。諸侯之民苟有遷,皆歸秦,不歸異國。故諸侯無異國之民。

《錐指》:言諸侯之民皆爲王有也。

而王何爲愛爵而重復乎?

【校】

范本、綿眇閣本、吴本、程本、朱本、且且庵本、馮抄本、四庫本、問經堂本,"愛"作"受"。

指海本"愛爵而重復乎"句下注:"愛"原作"受",依前文改。

《諸子平議》,"愛"作"受",注:"受"乃"愛"字之誤,"愛爵而重復",見上文。

《解詁定本》:"愛爵"各本作"受爵",誤。

【注】

《評注》:何爲過信吏言。

6. 周軍之勝,華軍之勝,

【校】

馮抄本,"華軍"作"華富"。

《校讀》:據下文,此下亦當有"長平之勝"一句。

【注】

《發微》:《韓非子・初見秦》:"天下又比周而軍華下。"

《解詁》:周軍之勝必指洛陽之役,華疑謂太華山石門之役,三晋之兵已入秦地,《過秦論》謂秦"斬華爲誠"(編者按:當作踐華爲城),則太華必秦兵守禦要地。此役斬首六萬,故商君言"斬首而東之",蓋逐三晋之師於境外矣。《通鑒》:"周顯王三年,秦敗魏師、韓師於洛陽。"注:"洛陽在洛水之北,周公遷殷民於此,謂之成周。""五年,秦獻公敗三晋之師於石門,斬首六萬,王賜以黼黻之服。"注:"《水經注》馮翊云陽縣有石門山。《括地志》:在雍州三原縣西北三十二里。"

《新釋》:("周軍之勝")周,成周也,謂洛陽。《史記·年表》:秦獻公十九年,"敗韓、魏洛陽(編者按:當作洛陰)"。地在今河南洛陽縣東北二十里。("華軍之勝")華,謂華山下。《史記·秦本紀》:孝公元年"出兵東圍陝城",今爲河南陝縣,地與華山近,故曰華軍。《秦策》"天下有比志而軍華下",高誘謂爲華山之下,是矣。

《評注》:昭襄王十四年,趙魏伐韓,秦白起救韓,敗之伊闕,斬首二十四萬。伊闕近西周,故曰"周軍"。三十四年,白起擊魏華陽軍,斬首十五萬。所擊爲華陽軍,故曰"華軍"。

《解詁定本》:周軍之勝,不見於《國策》、《史記》。華軍之勝,當爲華下之戰,《史記》:"秦昭襄王三十三年,客卿胡傷[陽]攻魏[卷]、蔡陽、長杜,取之。擊芒卯華陽破之,斬首十五萬。魏入南陽以和。"《秦策》張儀謂"天下有比志而軍華下"是也。實商君後事。東之,東向也。

《校釋》:周軍之勝,疑爲秦昭襄王五十二年取西周之役。

《香草續校書》:周軍之勝,疑即伊闕之戰。《戰國·西周策》云:"秦攻魏將犀武軍於伊闕,進兵而攻周。"又《魏策》云:"秦敗東周,與魏戰於伊闕,殺犀武。"《史記·韓世家》云:"釐王三年,使公孫喜率周、魏攻秦。秦敗我二十四萬,虜喜伊闕。"是伊闕之戰,周實與韓魏連合,故稱周軍之勝也。華軍之勝,即《秦策》言"天下有比志而軍華下,大王以詐破之"者。說秦王語,《策》以爲張儀。吴師道校注云:"張儀當作韓非。"案:《韓非子·初見秦》篇與《策》同,但非至秦,在始皇時,而篇中語皆說昭王,故以爲張儀則太前,以爲韓非又太後,仍當存疑。又,《魏策》云:"秦敗魏於華,走芒卯而圍大梁。"《史記·秦記》云:"昭襄王[三]十三年,客卿胡傷[陽]攻魏。(編者按:引文此下脱"卷、蔡陽、長社,取之"七字。)擊芒卯華陽,破之,斬首十五萬。"是也。然則華軍之勝,在秦昭十三年。周軍之勝，在韓釐三年，當秦昭十四年，實周王赧二十一、二十二兩年，商君之死久矣。商君死在秦孝公二十四年，實周顯王三十一年。且下文又云“且周軍之勝、華軍之勝、長平之勝”，又兼及長平。則更在後。據《秦紀》載：秦攻趙，“趙發兵擊秦，相距。秦使武安君白起擊，大破趙於長平，四十餘萬盡殺之”。在昭襄四十七年，周王赧五十五年也。據此説之，知此篇實爲後人附益之書，非商君原書。且如上文言“今三晋不勝秦四世矣，自魏襄以來，野戰不勝，守城必拔，小大之戰，三晋之所亡於秦者，不可勝數也”。魏襄之立，依《竹書紀年》在秦惠文王更六年。實周慎靚王二年明年紀元。即依《史記》在惠文初三年。實周顯王三十四年。商君亦死。其云四世者。必指惠文以後，决非孝公之前。孝公之前，三晋尚强，又何至如所云云也。又，上文以愛爵重復爲不然。愛爵重復，非即商君之法乎？何爲其不然！其所稱王吏愛爵重復之説，非即商君之説乎？何爲其不然！是附益商君之書而實違其宗旨者矣。蓋自商君死後，遺法行之數十年，已漸悟其非，故有此説，要其説視商君爲不刻也。

秦斬首而東之。

【注】

馮本、品節本、匯涵本，句下注：東之，不能使民之西歸也。

《校正》，“周軍之勝，華軍之勝”至本句句下注：此非商君本文。

《新釋》：韓魏在秦之東。東之，謂東向也。

《評注》：東之，謂勞師東下也。

《解詁定本》：東之，東向也。

《校讀》：東之，驅之東去，使不西向。

東之無益亦明矣，而吏猶以爲大功，爲其損敵也。

【注】

《評注》：勞師襲遠，無益於國，然以其損敵也，吏猶奏其事以爲大功。

《錐指》:韓魏在東,戰敗國蹙,收其民退保,更引而東也。秦徒不能得其民以爲粟,故曰無益。

今以草茅之地,

【注】

《解詁定本》:未墾之地。

來三晋之民而使之事本,

【校】

初校本,"來"作"徠"。

【注】

馮本、品節本、匯涵本,句下注:事本也,農也。

《評注》:使之務農。

此其損敵也,與戰勝同實,

【校】

馮抄本,"同"作"周"。

【注】

《新釋》:實,結果也。《管子・參患》:"得衆而不得其心,則與獨行者同實。"

《評注》:其爲損敵國之民數同。

而秦得之以爲粟,

【注】

《新釋》:爲,生也。《管子・中匡》:"壤可以爲粟。"

《評注》:而又能歲益其粟。

《解詁定本》:《小爾雅》:“爲,治也。”言秦招徠客民墾田,可增糧食。

此反行兩登之計也。

【注】

《札迻》:兩登,猶言兩得也。《公羊·隱五年傳》云“登來之也”,何休注云:“登讀言得,齊人名求得爲得來,作登來者,其言大而急,由口授也。”此以“登”爲“得”,與《公羊》正同。

《讀諸子札記》:反,當爲“居”字之誤。居者謂新民,行者謂故民也。上文云:“夫秦之所患者,興兵而伐,則國家貧;安居而農,則敵得休息,此王所不能兩成也。”又云:“今以故秦事敵,而使新民作本,兵雖百宿於外,竟内不失須臾之時,此富強兩成之效也。”皆以居行相對成義。兩登亦即兩成。《爾雅·釋詁》:“登,成也。”是也。

《新釋》:登,成也。

《斠詮》:(引孫説,文見上。)謹案,登猶成也。孫説非是。

《評注》:反行,謂易戰陳之殘殺爲授田久復之仁慈也。兩登,兩得也。既損於敵,又益於國,故曰“兩登”。

《解詁定本》:(引孫説,文見上。)師轍按:《爾雅》:“登,成也。”與上文“此富強兩成之效也”,其義相同,孫説非。陶校:“反行”當作“居行”。居謂新民,行謂故民。師轍按:可不必改。

《校讀》:富強作成,是也。反行,當作得。蓋言反則得粟,行則地下。孫説是,朱説大謬。

《錐指》:(引陶説,文見上。)禮鴻案:反猶皆也,兼也。反行即兩登,古人自有此文法,謂既能損敵,又能得粟耳。《戰國·韓策三》:“韓甚疏秦,然而見親秦。計之,非金無以也,故賣美人。美人之賈貴,諸侯不能買,故秦買之三千金。韓因以其金事秦,秦反得金與韓之美人。”又曰:“韓亡美人與金。”案:見,胡甸切,示也。“見親秦”者,謂陽爲親秦也者也。反得即兼得也。《論衡·謝短》篇:“夫儒生所短,不徒以不曉簿書;文吏所劣,不徒以不通大道也。反以閉闇不覽古今,不能各自知其所業之事未具足也。”反猶皆也。

且周軍之勝、華軍之勝、長平之勝,

【注】

《舊學蓄疑》:《商子·徠民》篇載長平之戰,按事在秦昭襄王四十七年,距商鞅之死凡七十八年。

《校正》:據《史記·秦本紀》,長平之戰在昭襄王四十七年,爲周赧王五十五年,上溯鞅卒於周顯王三十一年,相距七十八年,是書之非鞅作明矣。

《解詁》:《史記·白起列傳》集解引徐廣曰:長平在泫氏,《通鑒》周顯王十一年“秦敗韓師於西山”,注:自宜陽熊耳東連蒿高,南至魯陽,皆韓之西山。按《地理志》:泫氏在上黨郡,宜陽在弘農郡,密高在潁川郡,魯陽在南陽郡,蓋皆韓地。張儀勸秦伐韓云:塞斜谷之口,當屯留之道。屯留正與上黨接界。儀又云,秦攻新城宜陽。是秦伐韓兵,經上黨而後即宜陽也。此所云長平之勝,豈即西山之師歟?周顯王十一年爲秦孝公之四年。

《新釋》:長平,長安也。《史記·秦本紀》:獻公“二十一年,與晋戰於石門,斬首六萬,天子賀以黼黻”。《括地志》堯門山俗名石門,在雍州三原縣西北三十三里,地與長安近,故曰長安之勝。説者以戰國時趙、魏地均有長平,秦孝公前,史無與趙、魏戰長平事,而不知此平與安通,以致異議紛紜,迂矣。

《評注》:白起殺趙長平卒四十五萬,事在昭襄王四十七年。見《史記·六國表》。

《解詁定本》:《史記》:秦昭襄王四十七年,武安君白起“大破趙於長平,四十餘萬盡殺之”。亦商君後事。汪中《舊學蓄疑》云:長平之戰距商君之死凡七十八年,此係後人篡入。

《箋正》:此句疑有脱誤。又此篇决非鞅説。吾仲(簡仲芬)謂此篇所徵引事實，如前三晉不勝秦四世及本節周軍、華軍、長平諸役，皆鞅歿後事也。

《校釋》：長平之勝，指秦昭襄王四十七年白起大破趙於長平之役。

《錐指》：（引王説，文見上。）或曰："周軍之勝疑爲秦昭王五十二年取西周之役。"禮鴻案：以序言之，時在先者序亦宜先，伊闕之役則合，西周之役則不合。以事言之，伊闕、華陽、長平三役，殺敵十數萬至數十萬，皆爲大役。即秦亦不能無折傷，故此文有"秦之所亡民者幾何"之語，若西周之役則《史記》之曰："昭王五十一年，西周君背秦，與諸侯約從，將天下鋭兵出伊闕攻秦，令秦毋得通陽城。於是秦使將軍摎攻西周，西周君走自來歸，頓首受罪，盡獻其邑三十六城，口三萬。秦王受獻，歸其君於周。五十二年，周民東亡，其器九鼎入秦。周初亡。"《史記·秦本紀》是秦一出師，周君即懼而來歸，周秦毁折均寡，此不當舉以明秦之有失亡也。且此自就三晉言之，若西周則何與焉？據兹三端，或説爲非。

秦所亡民者幾何？

【注】

《錐指》：謂戰死。

民客之兵不得事本者幾何？

【校】

范本、馮抄本，"民客"作"民容"。

【注】

《新釋》：客謂外來之民，非本籍者，韓非子謂之寄寓。

《評注》：民亡則户口虚耗，不得事本則田荒，是固（編者按：當作"故"）功不補患矣。

《解詁定本》:民客之兵,民謂故秦兵,客謂招來新民。言新舊之民爲兵者,不能耕種。

《校讀》:“民客”不可解,“民容”亦無義,“客”字疑誤。此言秦之農民不得耕作者幾何也。

《錐指》:在外爲客。之,往也。

臣竊以爲不可數矣。

【校】

范本、吴本、古逸本、程本、馮本、朱本、且且庵本、馮抄本、品節本、匯函本、奇賞本、秦駿生本、四庫本、問經堂本、指海本、崇文本,“竊”作“切”。

問經堂本“切”字下注:程、朱、吴本作“切”,施本作“竊”。

《繹史》引,“竊”作“切”。

【注】

《新釋》:數,計也。

假使王之群臣有能用之,費此之半,

【校】

馮抄本,“此”作“比”。

【注】

《諸子平議》:上“之”(編者按:“用之”之“之”)字衍文,“費此”二字誤倒。當云:有能用此費之半。

《校正》:當依俞説删上“之”字,乙轉“費此”字。

《新釋》:此同貲,財也。《墨子・非攻下》:“又計其費此。”

《斠詮》:(引俞説,文見上。)謹案,之費,猶此費也,“此”字蓋舊注之誤入正文者。

《評注》:用勝敵之策,費三戰之半。

《解詁定本》:(引俞説,文見上。)師轍按:"有能用之"句,俞説非。

《箋正》:俞説上"之"字衍,"費此"二字誤倒,與王氏説"此"字爲舊注誤入正文,語意無别。……余以爲此八字當作兩句:"有能用之"爲一句,"費此之半"爲一句,似此文義明通,便不勞乎點竄矣。

《校釋》:今依簡説。

《校讀》:王説是。

弱晉強秦,

【校】

范本、程本、馮本、四庫本,"強秦"上有一字缺文。

馮抄本,"強秦"二字上有一"不"字。

《繹史》引,"強秦"上有缺文一字。

若三戰之勝者,王必加大賞焉。今臣之所言,民無一日之繇,官無數錢之費,

【注】

朱本眉注,顧啓元曰:"繇,傜役也。"

《新釋》:繇,役也,《説文》作"傜"。《史記·秦始皇本紀》:"黎庶無繇。"《禮記·王制》(編者按:此處脱一"注"字):"不給其傜役。"字或以"傜"爲之。

《評注》:繇同傜。費,無芻糧之費。

《解詁定本》:《爾雅》:"繇,憂也。"或爲民無一日之繇役。《禮記·雜記》:"給傜役。"

《錐指》:繇,役也。

其弱晉强秦，有過三戰之勝，而王猶以爲不可，則臣愚竊不能知已。

【校】

馮抄本，“竊”作“切”。

初校本，“竊”字無。

范本、綿眇閣本、吴本、古逸本、程本、朱本、馮抄本、奇賞本、秦駿生本、四庫本、指海本、崇文本，無“知”字。

且且庵本、問經堂本，“知”作“解”。

《繹史》引，無“知”字。

問經堂本注：各本無“解”字，今從鄭本。

《解詁定本》：評校本作“則臣愚竊不能解已”，合雅本“解”作“知”。綿眇閣本、吴本、程本、范本、錢本作“則臣愚竊不能已”。

《箋正》：句有誤，崇文本作“臣愚竊不能已”。

【注】

《評注》：以臣之愚竊，謂事不能已。

《錐指》：若曰：非臣之愚所能知也。

7. 齊人有東郭敞者，

【注】

《新釋》：居東郭，因以爲姓，敞其名也，蓋齊東郭牙之後。

《解詁定本》：東郭敞，齊東郭牙之後。

《錐指》：《史記·平準書》“東郭咸陽”，《索隱》：“東郭，姓；咸陽，名也。案《風俗通》，東郭牙，齊大夫，咸陽其後也。”禮鴻案：《韓詩外傳》四東郭牙，桓公時人，又見《吕氏春秋·重言》篇。此東郭敞蓋亦牙之後也。

猶多願,願有萬金。

【注】

《新釋》:(讀爲"猶多,願願有萬金"。)猶,欲也。《禮記·禮器》:"匪革其猶。"《詩》"猶"作"欲"。願同原,生生之意。《孟子》書"故源源而來",《説文》引作"謜","源"、"原"、"願",皆聲轉字。

《斠詮》:猶當讀爲尤。

《評注》:("猶"作"尤"。)最也。本書多訛作"猶"。

《解詁定本》:猶多願,謂更多願望。

《錐指》:猶與猷同,語助也。王引之曰:"《盤庚》曰:'女猷黜乃心,無傲從康。'言汝黜乃心也。《傳》訓"猷"爲"謀",失之。下同。又曰:'女萬民乃不生生,暨予一人猷同心。'言不與予一人同心也。猷亦語助耳。"《經傳釋詞》一是也。

其徒請賙焉,

【校】

馮抄本,"請賙"作"清賙"。

【注】

朱本注:賙周同,賑也。

《新釋》:賙,救也。謂給其徒。《説文》作"授"。《詩·云漢》:"靡人不周。"《禮記·月令》:"周天下。"《論語》:"君子周急不繼富。"《孟子》書:"周子則受。"周,皆即賙。

《評注》:賙,濟急也。

《解詁定本》:賙,謂給不足也。

《錐指》:《玉篇》:"賙,給也,贍也。"案:此請之於未有之時,要之於既有之後也。

不與,

【注】

《香草續校書》:與,訓"許與"之"與",不與者,不許也。

《錐指》:與,許也。

曰:"吾將以求封也。"

【注】

《新釋》:言以出爵。

《評注》:封,殖貨也。

《解詁定本》:求封,謂求爵賞。

《香草續校書》:上文云"願有萬金",云願有,是當時固未有也。然則其徒請賙焉者,請俟他日有萬金之後賙之,非即請賙於當日也,而竟不許。曰:吾將以求封。故下文云:此愛於無也。

《錐指》:封,殖也。將以此萬金求增殖也。

其徒怒而去之宋。

【注】

《新釋》:之,往也。

曰:"此愛於無也,

【校】

綿眇閣本,"曰"字無。

問經堂本注:各本有"曰"字,施本脱。

范本、吴本、古逸本、程本、朱本、且且庵本、馮抄本、四庫本、問經堂本、指海本、崇文本,"愛於無"作"無於愛"。

綿眇閣本、馮本、品節本、匯函本、奇賞本、秦駿生本,"愛於無"作"無益於愛"。

《繹史》引,“愛於無”作“無於愛”。

《解詁定本》:(作“曰:‘此無益於愛也’”。)據綿眇閣本改正,合雅本同。嚴校本作“此愛於無也,故不如與之有也”,上句係臆改。

【注】

《解詁》:愛於無,言所愛者乃虚願,非實有。

《新釋》:愛爵。

故不如以先與之之有也。

【校】

范本、程本、馮本、朱本、四庫本,“以先”二字作缺文。

綿眇閣本、吴本、古逸本、且且庵本、品節本、匯函本、奇賞本、秦駿生本、問經堂本、指海本、崇文本,“以先”二字無。

《繹史》引,“以先”二字作缺文。

范本、吴本、古逸本、程本、馮本、朱本、且且庵本、馮抄本、品節本、匯函本、奇賞本、秦駿生本、四庫本、指海本、崇文本、初校本,“之”字不重。

《繹史》引,“之”字不重。

綿眇閣本、問經堂本,“與之之有”作“與之之利”。

問經堂本“與之利”下注:施本作“之利”,各本作“有”。

馮本、品節本、匯函本,“有”下有一“得”字。

《斠詮》:崇文本作“無於愛”,無“以先”二字。

《解詁定本》:(“與之之有”作“與之之利”。)合雅本,“之利”二字,作“有得”。

《箋正》:此處誤,崇文本亦不可通。

《校釋》:此句崇文本作“此無與愛也,不如與之有也”。影范本同,惟“與”字上有缺文二。今從嚴校本。各本於此句俱費解,待重校。

【注】

《讀諸子札記》：此當云："故曰，此愛於無以失其有也，不如與之。""先"即"失"字之誤。傳寫倒亂，又有脱誤耳。下文云："今晋有民而秦愛其復，此愛非其有，以失其有也，豈異東郭敞之愛非其有以亡其徒乎？"語意與此相承，足明其誤。

《解詁》：先與之者，言先與其徒，則其徒不去，猶可有其徒。

《新釋》：有徒。

《評注》：東郭敞之無徒，以其吝也，不如不吝而有徒也。

《解詁定本》：爵賞不可必得，而徒已去，是無益於愛，故不如先與之有利也。

《香草續校書》：（所據本作"故不如以先與之有也"。）有，謂其徒也。其徒怒而去之宋。下文云"豈異東郭敞之愛非其有以亡其徒乎"，則此句義實當云：故不如以先去其有也。不曰先去其有，而曰先與之有，措辭之譎。（原書眉批：此當審。）

《錐指》：（作"故不如以先與之有也"。）王時潤曰："崇文本作無於愛，無以先二字。"禮鴻案：指海本同崇文本。今案"以先"二字涉下文"愛非其有，以失其有"以失二字而誤衍。崇文本、指海本無之，是也。作"無於愛"則非。"曰此愛於無也"者，東郭敞之徒所言，謂其未致萬金，先已吝之，即後所謂"愛非其有"也。"故不如與之有也"者，作者斷之之詞，故讀爲固，《賞刑》篇："夫固知愚貴賤勇怯賢不肖，皆盡其胸臆之知。"固讀爲故，則此故可讀爲固。言固不如許其請而得其供役之利也。

今晋有晋而秦愛其復，

【校】

古逸本、馮本、品節本、匯函本、秦駿生本、初校本，"今晋有晋"作"今晋有民"。

【注】

《解詁定本》：（"今晋有晋"作"今晋有民"。）各本"民"作"晋"，誤。

此愛非其有，以失其有也，

【注】

《新釋》：（“此愛非其有”）愛復。（“以失其有也”）失民。

《評注》：民尚爲晋之民，秦乃遥計徭役之免而吝之，是吝恩德於吝所不及之民而反失晋民歸向之心也。

《錐指》：晋民來而後可用其力，而得言復；不來則無復可言，故曰愛非其有。晋民來則有其利，今愛復，晋民不來，秦民客之兵而不能農，利不可有，故曰失其有。

豈異東郭敞之愛非其有以亡其徒乎？

【注】

馮本、品節本、匯函本並注：敞所願之金，未來之金也，而敞愛之不與其徒；三晋之民未必來歸，而秦愛其復。比喻切當。

《新釋》：亡，逃也。

《評注》：敞之多願是願有萬金，而非真有萬金也，故曰愛非其有。

8. 且古有堯、舜，當時而見稱；中世有湯、武，在位而民服。此三王者，萬世之所稱也，以爲聖王也。

【校】

古逸本，“三王”作“三三”。

品節本、匯涵本，“萬世之所稱也”句無“也”字。

秦駿生本，自“且古有堯、舜”句至篇末共八十五字無。

【注】

《新釋》：王，君也。

《斠詮》：“三”當作“四”，古字積畫是以致訛。“稱”下當衍“也”字。

《解詁定本》：“三”當作“四”。

《校釋》:各本"四王"作"三王","稱"下有"也"字。(引王説,文見上。)今據删改。

然其道猶不能取用於後。

【注】

《新釋》:言不爲後世所取用。

今復之三世,

【校】

馮抄本,無"三"字。

而三晋之民可盡也。

【注】

《評注》:望風來歸,故可盡。

是非王賢立今時,而使後世爲王用乎?

【校】

范本、綿眇閣本、吴本、古逸本、程本、馮本、朱本、且且庵本、品節本、匯函本、奇賞本、四庫本、問經堂本、指海本、崇文本,"立"作"力"。

《繹史》引,"立"作"力"。

初校本注:此句當有脱誤,范本"立"作"力",亦非。

《解詁定本》:王賢,馮本作"賢王"。(編者按:查馮本、馮抄本,皆作"王賢",非"賢王"。朱師轍校誤。)立,各本作"力",是。

【注】

《發微》:賢,勞也。勞力,今所謂及時勉力,行徠民之政也。《詩》"我從事獨賢",傳:"賢,勞也。"范本是。《廣雅·釋詁一》:"賢,勞也。"

《解詁》：言今以王之賢立於位尚不能聽，而使後世爲王用此策，是以非聖之才而能辨别所説而聽聖人之所不聽，吾知其難矣。

《新釋》：賢，堅也。堅立，言不爲人所摇。（“而使後世爲王用乎”）後所取用。

《斠詮》：“賢”字當在“王”上。

《評注》：賢，勝也。

《解詁定本》：復三世之策，非王賢力行於今時，後世決難用也。

《箋正》：原文可通，范本義較長。如王説以“賢”在“王”字上，則不可通矣。

《校釋》：賢，善也；力，致力也。王賢力今時，言王善致力於今時也。

《校讀》：朱説是也。“立”字當從范本作“力”，此文大意謂：堯、舜、湯、武，萬世所稱，以爲聖人，而其道後世猶莫取而用之，今臣之策若非王賢明，力行於今時，而欲使後世能爲王用臣之策乎？

《錐指》：（引嚴校，文見上。）禮鴻案：此謂賢名立於今時，非有脱誤。

然則非聖别説，而聽聖人難也。

【校】

品節本、匯涵本、奇賞本，此兩句作“然則非聖人之難，用聖人難也”。

馮本注：一作“非聖人之難，用聖人之難也”。

【注】

《新釋》：商君蓋以聖自命。别説，謂説别於衆人。（“而聽聖人難也”）惟明主乃能聽聖言。

《斠詮》：别當讀爲不。説，古“悦”字。聽聖人，謂使聖人聽也。明陳仁錫《諸子奇賞》、歸有光《諸子匯函》均作“然則非聖人之難，用聖人之難也”，未知所據何本，疑臆改。

《解詁定本》：《禮記·鄉飲酒義》："貴賤之義别矣。"鄭注："别，猶明也。"明陳仁錫《諸子奇賞》、歸有光《諸子匯函》、王志遠《諸子合雅》，俱作"然則非聖人之難，用聖人難也"，不知所據何本，疑臆改。

《箋正》："别"原具"不"義。"説"讀作"悦"，殊無當。原文意蓋謂，非聖人不説，而聽聖言而信用之難也。如王説則爲，非聖不悦，而使聖人聽之難也。不知作何解釋。陳、歸兩氏本，雖不知所依據何本，要與原文意義相近，不如王氏所説之支離而不可通也。

《校讀》：此言非聖人别有能賢於臣之説，而能使人主聽之，而聽聖人之言難也。

《錐指》：别説猶邪説，"聽"字當逗，謂聖人不聽非聖别説也。王吏愛爵重復之説，作此篇者以爲非聖别説者也。以廣文安其嗣，一九四六年九月，得見孫氏《周書斠補》於西湖羅苑，其言與余所推論者不異，不復追改。

【篇末】

《繹史》：篇内多言鞅以後事，非商子本書也。

古逸本：此篇以管子又似魏公子無忌之文。屈曲辯難，奇峰峻鍔，精英互繞，令人恍惚不可狎視。

匯函本：羅一峰曰：《來民》一篇，反復議論，組織葩藻，言切實而意獨至。錢鶴灘曰：鞅以富強之術強秦，使孝公能大有爲，鞅能正其心術以佐之，則秦亦三王可四，但王道非鞅之所優耳。袁了凡曰：此篇似管子又似魏公子無忌之文。

秦駿生本：臚列如枰子，錯落如星圖。

刑約第十六

（篇亡）

賞刑第十七

編校説明

本篇校勘所據版本：范本、綿眇閣本、吴本、程本、馮本、朱本、褒異本、且且庵本、馮抄本、品節本、奇賞本、四庫本、問經堂本、指海本、崇文本、初校本，共十六種，並參閲了《繹史》。

下列版本無本篇：古逸本、匯函本、秦駿生本，共三種。

【題解】

《發微》：《管子・七臣七主》篇："亂世煩政，非無法令也，其所誅賞者，非其人也。"《吕覽・不二》："必同法令，所以一心也。智者不得巧，愚者不得拙，所以一衆也。勇者不得先，懼者不得後，所以一力也。故一則治，異則亂；一則安，異則危。夫能齊萬不同，愚智工拙，皆盡力竭能，如出乎一穴者，其唯聖人乎？"

《解詁定本》：治國之要，在賞與刑。賞刑壹，則國治矣。

1. 聖人之爲國也，一賞、一刑、一教。

【校】

馮抄本、初校本，"一"作"壹"。下同。

【注】

朱本注:顧啓元曰:"一"、"壹"同。

《新釋》:爲,治也。

《評注》:爲,治也。一,畫一而不二也。

一賞則兵無敵,一刑則令行,一教則下聽上。夫明賞不費,明刑不戮,

【校】

馮抄本,"戮"下有"民"字。

明教不變,而民知於民務,國無異國。

【校】

馮抄本,"民務"作"明務"。

初校本,"異國"作"異俗"。

【注】

《新釋》:務,事也。《荀子·非十二子》:"勞民而不當民務。"

《評注》:不變,謂不待變化也。("而民知於民務")謂不費、不戮、不變,而民自知所務也。此下原有"國無異國"四字,按之後文,絶無照應,當是衍文。

《解詁定本》:賞得其要則不廢財,民知畏刑則不必戮,教有定章則不變更。("民務")《荀子·非十二子》篇:"勞民而不當於民務。"異俗,各本作"異國",誤。

《錐指》:明猶盛也,説見《徠民》篇。教以變易民俗也,惟教成,故不教而民自從上。

明賞之猶至於無賞也，明刑之猶至於無刑也，明教之猶至於無教也。

【注】

《解詁》:《詩》"陟岵"、"白華"兩傳並曰:"猶，可也。"

《新釋》:猶，漸也。

《斠詮》:三"猶"字皆當讀爲"尤"。

《評注》:(於"明賞"前增"故"字。)尤，原作"猶"。原本發端無"故"字，嫌其與上不接，當是訛脱。

《校釋》:王説:"三猶字皆當讀爲尤。"尤，猶言極也。

《新箋》:猶，當讀爲猷。二字本是一字。《爾雅·釋宫》:"猷，道也。"此言明賞、明刑、明教之道可至於無賞、無刑、無教之境界也。

2. 所謂一賞者，利禄、官爵摶出於兵，無有異施也。

【校】

馮抄本，"施"作"予"。

【注】

馮本"摶"下注:音團。

《發微》:摶，讀爲專。《易·繫辭上》"其靜也專"，釋文:"專，陸作摶。"王注:"專，專一也。"

《新釋》:摶出於兵。《史記·商君傳》:"有軍功者，各以率受上爵。"

《斠詮》:摶當讀爲專。

《評注》:摶，併也。施，予也。非戰勝不予，故一也。

《解詁定本》:摶，專一也。

《校釋》:摶出於兵，猶言專出或一出於兵。

夫固愚知貴賤勇怯賢不肖，

【校】

朱本、指海本，“固”作“故”。

初校本，“愚知”作“知愚”。

【注】

《新釋》：固，括也。

《斠詮》：固，讀爲故。

《評注》：知同智。

《解詁定本》：固，借爲故，《論語》：“固天縱之將聖。”

《校釋》：夫固，與“夫故”同義。

《錐指》：王時潤曰：“固讀爲故。”禮鴻案：王讀是，下文曰“夫固當壯者務於戰”，語例同。

皆盡其胸臆之知，竭其股肱之力，出死而爲上用也。天下豪傑賢良從之如流水，是故兵敵而令行於天下。

【校】

范本、綿眇閣本、吴本、程本、馮本、朱本、且且庵本、馮抄本、品節本、奇賞本、四庫本、問經堂本、指海本、崇文本，“是”作“夫”。

馮抄本、品節本、初校本，“兵”下有“無”字。

《繹史》引，“是”作“夫”。

【注】

《評注》：出死，謂奮身不顧，出於萬死之地也。

萬乘之國不敢蘇其兵中原，

【注】

《諸子平議》：《荀子·議兵》篇：“蘇刃者死。”楊倞注曰：“蘇，讀爲傃，傃，向也，謂相向格鬥者。”此“蘇”字讀與彼同。

《新釋》：蘇，陳也。《爾雅》作“旅”。《書·序》：“旅天子之命。”《史記》以“魯”爲之。

《斠詮》：（引俞説，文見上。）謹按：此“蘇”字似當讀爲“大蒐”之“蒐”。

《評注》：蘇，去聲。《荀子·議兵》篇“蘇刃者死”，注：“謂相向格鬥者。”

《次室讀書記》：《鹽鐵論·國疾》篇：“大夫色少寬，面文學而蘇賢良。”又《箴石》篇：“盛色而相蘇。”義與此同。

《解詁定本》：《荀子·議兵》“蘇刃者死”，楊倞注：“蘇讀爲傃，傃，向也。”

《箋正》：王説非是，俞説較通。古者師行，軍中有樵蘇，《司馬法》曰：“樵蘇后戰，師不宿飽。”蘇其兵中原，即謂用兵中原而樵蘇於中原也，如云胡人不敢南下而牧馬，本謂不敢南侵，乃不曰不敢南侵，而曰不敢牧馬，正與不敢蘇其兵中原同類。

《校釋》：《史記》“樵蘇後爨，師不宿飽”，注云：“取薪曰樵，取草曰蘇。”蓋古者行軍，樵蘇而後戰。不敢蘇其兵中原，猶言不敢以其兵取草於中原也。取草且不敢，遑論於戰？極言其不敢也。簡説是，而意欠明，故爲申述之。

《新箋》：蘇，逆也。此言萬乘之國不敢抗拒王者之兵於中原也。《荀子》之蘇亦爲逆義。《楚辭·九章·橘頌》：“蘇世獨立，横而不流兮。”蘇亦逆也。

《錐指》：（引俞説，文見上。）禮鴻案：俞引《荀子》“蘇刃”，是也。蘇借爲啎章炳麟《小學答問》説，義爲迎逆。中原猶中野，與下文不敢捍城“城”字相對。戰則於野，攻則薄城也。其兵，“其”字指伐者，伐者舉兵加人而人不敢逆，此謂不敢蘇其兵。王時潤謂“蘇”字似當讀爲“大蒐”之“蒐”，簡書即謂用兵於中原而樵蘇於中原也，不特不得“蘇”字之義，抑且瞢於主客之辨，並中原之義亦失之矣。

千乘之國不敢捍城。

【校】

馮本,"城"作"成"。

【注】

《籀廎碎金》:捍城即干城。

《新釋》:捍,衛也。《説文》作"扞"。《左・成十二傳》:"此公侯之所以扞城其民。"尹乾説:"捍,干也,犯也。"

《解詁定本》:《莊子・大宗師》釋文引《説文》:"捍,抵也,衛也。"

萬乘之國若有蘇其兵中原者,戰將覆其軍。

【校】

吴本、程本、馮本、四庫本、問經堂本,"覆"作"復"。

品節本,"若有"作"不敢"。

【注】

《新釋》:覆謂威力兼備,若羅網所掩覆,一舉皆見禽制。《左・莊十一傳》:"覆而取之曰某師。"

《評注》:蘇其兵於中原,謂以兵格鬥於原野之中也。

千乘之國若有以捍城者,攻將凌其城。

【校】

初校本,"有"下無"以"字。

《繹史》引,"凌"作"陵"。

【注】

《發微》:《吕覽・論威》"雖有江河之險則凌之",注:"凌,越也。"《漢書・天文志》"陵歷斗食",注引韋昭:"突掩曰凌(編者按:當作陵)。"

《新釋》:凌,乘也,覆也。

《評注》:(“捍城”改作“捍其城”。)捍其城,謂閉城抗拒也。原作“捍城”,蓋傳寫脱誤。

《解詁定本》:凌,越也。

戰必覆人之軍,攻必凌人之城,

【校】

馮抄本,作“戰必履人之軍,攻必凌人之城郭”。

《繹史》引,“凌”作“陵”。

盡城而有之,盡賓而致之,雖厚慶賞,何費匱之有矣?

【校】

馮抄本,“盡賓”作“名實”。

初校本,“致”下無“之”字。

【注】

《讀諸子札記》:“賓”與“慶賞”義不相涉。“賓”蓋“實”字之誤。致下又脱“之”字。此承上“戰必覆人之軍”而言,故曰“盡實而致之”。《徠民》篇云“此其損敵也,與戰勝同實”,即此“實”字之義。

《新釋》:賓,服也。致,至也。

《斠詮》:“賓”當作“貨”,或“寶”字之訛,“致”字下疑當增“之”字。

《評注》:有,謂有其土地財貨。賓,士之未臣者。致,羅致也。

《解詁定本》:《楚語》“其不賓也久矣”,韋注:“賓,服也。”《孟子》“則有慶”,趙岐注:“慶,賞也。”《禮記・月令》“則財不匱”,鄭注:“匱,乏也。”

《箋正》:王詮謂“賓”爲“寶”或“貨”字之訛,非是。吾仲(簡仲芬)謂“賓”爲賓服,原文不訛,可從。

《校釋》:盡賓而致之,嚴校本缺“之”字,今依影范本及崇文本。簡説:“賓爲賓服。”按句義猶言盡服而歸之。

《錐指》:(引王説,文見上。)禮鴻案:王説爲得之,簡書用其弟仲芬之説,謂"賓"爲賓服,曲説耳。又按:"賓"或"實"字之訛。《禮記·哀公》篇:"今之君子好實無厭。"鄭注曰:"實猶貨也。"王引之曰:"《説文》:'實,貨也。'此言好實無厭,則實爲貨財也。《表記》:'其君子尊仁畏義,恥費輕實。'鄭彼注曰:'實謂貨財也。'文十八年《左傳》:'聚斂積實,不知紀極。'《楚語》:'令尹問蓄聚積實。'韋、杜注並曰:'實,財也。'皆與此'實'字同義。"《經義述聞》又"致"字下范本有"之"字。

昔湯封於贊茅,文王封於岐周,方百里。

【校】

《北堂書鈔》四十六作"殷湯封於贊茅,文王於岐山,地方百里"。

指海本作"地方百里",注:抄本《北堂書鈔》四十六作"岐山"。原書脱"地"字,依《北堂書鈔》補。

【注】

《諸子平議》:隱十一年《左傳》:"而與鄭人蘇忿生之田,温、原、絺、樊、隰城、欑茅。"杜注:"欑茅在修武縣北。"此言湯封贊茅,即其地也。《漢書·地理志》:"河南郡偃師尸鄉,殷湯所都。"臣瓚曰:"湯居亳,今濟陰縣是也。"其地與修武不遠。皇甫謐《帝王世紀》乃有三亳之説,而謂湯都在南亳穀熟。穀熟故城在今商丘縣,則去修武絶遠,與湯封贊茅之説,不可通矣。《商子》先秦古書,足可依據。湯都偃師,即可以此爲證。

《校正》:依俞説,贊茅即隱十一年《左傳》之欑茅。

《新釋》:父(尹乾)説:"贊,酇也。"《説文》:"南陽有酇縣。"在今河南永城縣南。茅,牧也。《爾雅》:"郊外謂之牧。"牧距□邑二百里,湯所居之;薄在今商丘縣南四十里,距酇約二百餘里。則薄爲酇之牧地,因稱贊茅。《左·隱十一傳》"酇茅之田",在今河南修武縣北二十里大陸村,與此異地。岐,《説文》作"郊",周文王所封,在右扶風美陽中水鄉,或從山作"岐",因岐山以名之也,今陝西岐山、扶風二縣地。

《吕覽·古樂》:“周文王處岐,諸侯去殷三淫,而翼文王。”《前漢書·地理志》“賜受郊豐之地”、“方百里”,孟子書“湯以七十里,文王以百里”。《管子·輕重甲》:“湯以七十里之薄兼桀之天下。”此湯、文皆云方百里,大概詞耳。

《評注》:贊茅,當即《左氏傳》之欑茅,今河南修武縣有欑城。《史記·魏世家》注:“修武軹縣,有茅亭。”是贊茅在大河北修武縣境無疑也。岐周,今陝西鳳翔縣。

《解詁定本》:《左傳》:“與之陽、樊、温、原、欑茅之田。”《晋語》作“攢茅”,即贊茅,皆同聲假借字。今河南修武縣北有大陸村,云即贊茅地。《北堂書鈔》引《商君書》,作“殷湯封於贊茅,文王於岐山,地方百里”。《易》:“王用享於岐山。”岐山即今陝西岐山縣。《釋名·釋州國》:“周地在岐山之南,其山四周也。”

《錐指》:(引俞説,文見上。)禮鴻案:封,當讀爲“邦”,下封於岐周同。《説文》“郊”下曰:“周文王所封。”于鬯曰:“封,讀爲邦。上文‘邦,國也’,謂周文王所國也。下文郙,炎帝太嶽之允(胤)甫侯所封,亦謂甫侯所國也。”《説文職墨》二《史記·周本紀》:“古公亶父,止於岐下。”集解:“徐廣曰:‘岐山在扶風美陽西北,其南有周原。’駰案:皇甫謐曰:‘邑於周地,故始改國曰周。’”

湯與桀戰於鳴條之野,武王與紂戰於牧野之中。

【校】

馮本,“桀”作“傑”,“武王”作“武文”。

朱本、指海本,后“於”字作“與”。

【注】

《新釋》:鳴條,春秋時之條邑也。今山西安邑縣北三十里有鳴條崗。“牧”《説文》作“坶”,朝歌南七十里地,《周書》:“武王與紂戰於坶野。”在今河南汲縣北、淇縣南紂都近郊三十里,即武王斷紂處也。

《評注》:鳴條,今山西安邑縣鳴條岡,蓋地以山名也。牧野,在今河南淇縣南,“牧”一作“坶”。

《解詁定本》:《楚辭・天問》“何條放致罰”,王逸注:“鳴條也。”師轍按:在今山西安邑縣北。《書・牧誓》鄭注:“牧野,紂南郊地名。”《説文》作“坶野”。先大父(朱駿聲)《尚書古注便讀》:“郊外謂之野,坶野,商之遠郊,在朝歌南七十里,今河南衛輝府汲縣、淇縣之間。”

《錐指》:《史記・殷本紀》正義:“《括地志》云:‘高涯原在蒲州安邑縣北三十里南坡口,即古鳴條陌也。鳴條戰地,在安邑西。’”又《周本紀》正義:“《括地志》云:‘衛州城,古老云:周武王伐紂,至於商郊牧野乃築此城。’酈元注《水經》云:‘自朝歌南至清水,土地平衍,據皋跨澤,悉牧野也。’《括地志》又云:‘紂都朝歌,在衛州東北七十三里朝歌故城是也。本妹邑,殷王武丁始都之。’《帝王世紀》云:‘帝乙復濟河,北徙朝歌,其子紂仍都焉。’”

大破九軍,卒裂土封諸侯;

【校】

品節本,“軍”作“重”。

范本、綿眇閣本、吴本、程本、馮本、朱本、且且庵本、馮抄本、四庫本、問經堂本、指海本、崇文本,“卒裂土封諸侯”作“弈爲列諸侯”。

品節本、奇賞本,“卒裂土封諸侯”作“封爲列諸侯”。

《繹史》引,“卒裂土封諸侯”作“弈爲列諸侯”。

【注】

《新釋》:萬二千五百人曰軍。周制天子六軍,諸侯大國三軍,次國二軍,小國一軍。此云九軍,蓋六軍爲現役兵,九軍則豫備、後備、國民等兵而言耳。《莊子・德充符》“雄入於九軍”,崔、李云:“天子六軍,諸侯三軍,通爲九軍。”其説殊非。尹乾説:“九同仇,敵也。”

《評注》:(改“卒裂土封諸侯”作“夾介者列爲諸侯”。)夾,輔也。介,《詩》“介爾景福”,傳:“助也。”《周書・多方》“爾曷不夾介,乂我周王”,即言何不輔助也。原本作“弈爲列諸侯”,蓋誤合夾介爲弈也,古文“亦”作“[illegible]”，[illegible]夾形近，弈本從亦，艸隸變從大，“大”之篆文爲“[illegible]”，因訛“介”爲“大”，合二文爲弈也。

《解詁定本》：《周禮・小司徒》：“五旅爲師，五師爲軍。”《夏官・序官》：“萬五千人爲軍，王六軍，大國三軍，次國二軍，小國一軍。”《莊子・德充符》“勇士一人雄入於九軍”，崔、李云：“天子六軍，諸侯三軍，通爲九軍。”轍按：大破九軍謂破紂與諸侯之兵也。裂，分也。“卒裂土封諸侯”各本俱作“弈列爲諸侯”，“弈”評校本作“奕”，是。奕，大也。謂大封列爲諸侯。嚴校，係從秦四麟本妄改。

《校讀》：古天子六軍，無言九軍者。

《錐指》：九軍未聞。《周禮・司馬》：“王六軍。”春秋襄十四年《左傳》：“成國不過半天子之軍，周爲六軍，諸侯之大者三軍可也。”是周天子六軍。《竹書紀年》：“周穆王三十七年，伐楚，大起九師，東至於九江。”九師或即九軍。則其制又異，未知夏、殷如何。《莊子・德充符》篇：“勇士一人，雄入於九軍。”《釋文》：“崔、李云：‘天子六軍，諸侯三軍，通爲九軍。’”簡文云：“兵書以攻九天、攻九地，故謂之九軍。”皆臆説不足據。自明曰：“夏啓大戰於甘，召六卿而誓之。誠如鄭義六卿爲將三代同，夏、殷軍制當如周法。然以周法而論，常度爲六軍，用之則隨役之大小，六鄉六遂正副之卒盡發，共有十二軍也。此九軍未必爲確數，殆如古《泰誓》九有、《商頌》九圍之例，可以汪中《釋三九》之説待之。《莊子》一人與九軍爲多寡之對詞，猶《論語》言匹夫、三軍，戰國時人言軍數，每多於古，時爲之也。”（“卒裂土封諸侯”，引朱説，文見上。）禮鴻案：范本作“弈爲列諸侯”。朱説亦未能通，存參。

士卒坐陳者，里有書社；

【注】

《新釋》：《尉繚子・兵令上》：“立陳，所以行也。坐陳，所以止也。立坐之陳相參進止，將在其中。”然則坐陳者，乃對立陳言耳。一曰：坐，挫也。坐陳，謂挫敵陳與？里，釐也，賜也。《史記・殷本紀》作理。有,以也。古者二十五家爲里,里各立社。書社者,書其社之人名於籍。《管子·版法解》:"武王伐紂,士卒往者,人有書社。"《吕覽·慎大》:"諸大夫賞以書社。"《史記·孔子世家》:"(楚)昭王將以書社地……封孔子。"

《評注》:坐,如《左·桓十二年傳》"楚伐絞,坐其北門"之"坐",守也。陳,身列戎行也。里有書社,猶《淮南·兵略訓》所謂以里聽者,賞以里也。

《解詁定本》:坐陳,謂臨陳。《管子·版法》:"武王伐紂,士卒往者,人有書社。"《左·哀十五傳》"齊與衛書社五百",杜預注:"二十五家爲一社,籍書而致之。"

《校釋》:陳讀陣。坐陣,猶言臨陣也。

《錐指》:春秋桓十二年《左傳》:"坐其北門。"惠棟補注曰:"案兵法有立陳、坐陳,見《尉繚子》。立陳,所以行也;坐陳,所以止也。《傳》曰:'裹糧坐甲。'又曰:'王使甲坐於道。'又云:'使士皆坐列。'《司馬法》曰:'徒以坐固。'荀子曰:'庶士介而坐道。'及此傳坐其北門,皆坐陳也。"書社者,《荀子·仲尼》篇注曰:"謂以社之户口書於版圖。"《説文》曰"《周禮》二十五家爲社",段玉裁曰:"《風俗通義》曰:'《周禮》説二十五家爲社,但爲田祖報求。'許云周禮者,《周禮》説也。賈逵、杜預注《左傳》,高誘注《吕覽》,薛瓚注《五行志》皆同。《晏子春秋》:'桓公以書社五百里封管仲。'《吕覽》:'越以書社三百里禮鴻案:吕覽無里字,此誤增封墨子。'《史記》:'將以書社七百里封孔子。'皆謂二十五家爲里,里有社,故云書社若干里。"是也。

車休息不乘,縱馬華山之陽,縱牛於農澤,縱之老而不收。

【校】

初校本,"縱"作"從"。

【注】

問經堂本注:農澤,謂宏農之澤,即桃林也。宏農即名以此歟?

《發微》：從讀爲縱。《論語·八佾》"從之"，集解："從，讀曰縱。"

《新釋》：從，縱也，放也。華，《説文》作"𠌶"，嵞山也，在弘農華陰，在今陜西華陰縣里（編者按：里字疑誤）十里。《西山經》："大華之山削成而四方。又小華之山。"《禮記·中庸》："載華嶽而不重。"《禮記·樂記》："馬散之華山之陽而弗復乘，牛散之桃林之野而弗復服。"農澤即桃林，《漢書·地理志》弘農郡有弘農縣，故秦函谷關，桃林即在其地。弘農縣者，蓋以農澤名耳。今河南靈寶縣西有馬牧澤，是其地。

《斠詮》：三"從"字皆當讀爲"縱"。

《評注》：車，兵車。（"老而不收"）終於不用。

《解詁定本》：從，各本俱作"縱"，放也。僞書《武成》："歸馬於華山之陽，放牛於桃林之野。"《爾雅》："華山爲西嶽。"

《錐指》：《史記·周本紀》作"從馬於華山之陽，牧牛於桃林之虚"。《史記·樂書》："牛散桃林之野。"集解："徐廣曰：'在弘農縣，今曰桃丘。'"《書·武成》疏引杜預云："桃林之塞，今宏農華陰縣潼關是也。"此云農澤，蓋以弘農而稱歟？閻若璩謂："桃林塞爲今靈寶縣西至潼關廣圍三百里皆是。華山乃陽華山，非太華山。今商州雒南縣東北有陽華山，與桃林之野正南北相望，壤相接。"詳見《尚書古文疏證》六下。

此湯、武之賞也。故曰：贊茅、岐周之粟，以賞天下之人，不人得一勝；

【校】

馮抄本，"岐"作"此"，"之"下缺"人"字。

初校本，"勝"作"升"。

重校本注：秦本作"升"。

【注】

指海本"勝"下注：即"升"字。

《諸子平議》:勝讀爲升,古字通用。《三輔黄圖》曰:"御宿園出栗,十五枚一勝;大梨如五勝。"勝,皆"升"之假字。

《發微》:俞據本作"一勝",校曰:"讀爲升。《三輔黄圖》:'出栗十五枚一勝,大梨如五勝,皆升之假字。'"今浙本改作"一升",當是從俞説而改。

《集解》:崇文本"升"作"勝"。王念孫曰:"勝當爲幐字之誤也。《説文》:'幐,囊也。'"(引俞説,文見上。)俞説是。

《斠詮》:崇文本"升"作"勝"。今案:俞説爲是。

《解詁定本》:"一升"各本皆作"一勝",是。此淺人妄改耳。(引俞説,文見上。)

《次室讀書記》:朱師轍注:"吴本、四庫本、崇文本作一勝。(引俞説,文見上。)"案:《意林》引《典論》伯雅受七勝,中雅受六勝,季雅受五勝。《御覽》引均作"升"。俞説是也。王念孫《讀管子雜誌》以"勝"爲"幐"之誤,非。

《香草續校書》:"不人"即"人不",倒文也。下文"不人得一錢",同。

《錐指》:范本、孫星衍本、崇文本、指海本"升"作"勝"。(引俞説,文見上。)禮鴻案:《廣雅·釋器》:"幃謂之幐。"王念孫著《疏證》後下墨籤曰:"《商子·賞刑》篇云:'贊茅岐周之粟,以賞天下之人,人不得一幐。'《韓子·外儲説左》篇云:'猶羸幐而履蹻。'《秦策》:'羸縢履蹻,負書擔囊。'《趙策》:'羸幐負書擔橐。'"見王國維所刻《廣雅疏證補正》。是王氏以此文"勝"字爲"幐"之誤也。《説文》:"幐,囊也。"存參。

以其錢賞天下之人,不人得一錢。

【注】

《新釋》:秦以黄金爲上幣,銅錢爲下幣。上幣若今之本位貨幣,下幣若今之輔助貨幣,此錢謂銅錢也。《墨子·號令》:"及相盗者值一錢以上。”

故曰：百里之居而封諸功臣，大其舊；

【校】

范本、綿眇閣本、吴本、程本、馮本、朱本、且且庵本、馮抄本、四庫本、問經堂本、指海本、崇文本、初校本，“功”作“其”。

馮本、品節本，“大其舊”作“大倍於舊”。

奇賞本，“大其舊”作“大倍其舊”。

初校本，“居”作“君”。注：范本“君”作“居”，秦本“其功”作“功臣”。

《繹史》引，“功”作“其”。

【注】

《新釋》：（讀作“故曰百之君而封，侯其臣，大其舊”。）封，大也，謂爲天子。侯其臣，言封功臣爲侯。《吕覽・慎大》：“與謀之士封爲諸侯。”舊，故舊也。大，謂尊之。

《評注》：（改“而封諸功臣大其舊”作“侯其臣大其舊”。）封臣以侯，擴其舊疆。

《解詁定本》：陳仁錫本作“大倍其舊”，王志遠本作“大倍於舊”，皆臆改。嚴校：“范本君作居，秦本其臣作功臣。”師轍按：“君”各本皆作“居”，不誤，謂所居之國百里，而能封諸侯逾於百里，故不必改“居”爲“君”始通。

《校釋》：大其舊，猶言其臣所封者，視百里之君舊日所有者猶多也。

《錐指》：百里之居謂湯、武，其臣謂所封諸侯。大其舊者，大於贊茅、岐周之爲百里也。大其舊不必倍於百里，加“倍”字者失之。

自士卒坐陳者，

【校】

馮本、品節本，"自"字缺。

【注】

《新釋》：自同眔，及也。

里有書社；賞之所加，寬於牛馬者。何也？善因天下之貨以賞天下之臣，

【校】

初校本，"臣"作"人"。

【注】

《發微》：《史記·貨殖傳》："故善者因之。"

故曰明賞不費。湯、武既破桀、紂，海内無害，天下大定，築五庫，藏五兵，偃武事，行文教，倒載戟戈，

【校】

《太平御覽》一百九十一"湯武"六句引作："湯、武破桀、紂，海内無患，遂築武庫，藏五兵，偃武也。"

《玉海》一百八十三引同，無"海内"句。

指海本，"害"作"患"，"築"上有"遂"字。注：原作"害"，依《初學記》廿四、《太平御覽》百九十改。原脱"遂"字，依《太平御覽》補。

初校本，"戟"作"干"。注：秦本、范本作"戟戈"。

【注】

《新釋》：害，割也。言無割地而獨立。五庫，《禮記·月令》："審五庫之量。"蔡氏章句："一曰車庫，二曰兵庫，三曰祭器庫，四曰樂器庫，五曰宴器庫。"五兵，《周禮》："五兵：戈、殳、戟、酋矛、夷矛。"《荀子·儒教》："武王誅紂，反而定三革，偃五兵。"

《斠詮》:“戟”當爲“戦”之誤,“戦”與“干”通。

《解詁定本》:偃,息也。“干”各本作“戟”,“戟”爲“戦”之誤。《説文》:“戦,盾也。”先大父(朱駿聲)云:“經傳皆以干爲之。”《商子》古籍,尚用本義,俗儒妄改爲“戟”耳。

《錐指》:《禮記·月令》“季秋”注:“五戎謂五兵,弓矢、殳、矛、戈、戟也。”疏:“按:《周禮》‘司兵掌五兵’,鄭司農注:‘五兵者,戈、殳、戟、酋矛、夷矛。’後鄭又注云:‘步卒之五兵則無夷矛,而有弓矢。’如鄭所云,則此注據步卒五兵,弓矢一也;殳長丈二,二也;矛長二丈,三也;戈長六尺四寸,四也;戟長一丈五尺,五也。”《司馬法·定爵》篇:“弓矢禦,殳矛守,戈戟助。凡五兵。當長以衛短,短以救長。迭戰則久,皆戰則強。”孔廣森《大戴禮記·千乘》篇補注,五兵定從鄭義,今亦從之。

搢笏作爲樂,以申其德,

【校】

馮抄本,“笏”作“物”。

【注】

《新釋》:笏,貴人所執以指畫書事者。搢,插也。《墨子》作“搢忽”。《禮記·玉藻》:“笏,天子以球玉,諸侯以象,大夫以魚須文竹,士竹本象可也。”《淮南·齊俗》:“昔武王執戈秉鉞以伐紂勝殷,搢笏杖殳以臨朝”,“以申其德”。《吕覽·古樂》:“湯……率六州以討桀罪,功名大成,黔首安寧,湯乃命伊尹作爲大護,歌晨露,修九招六列,以見其善。……武王……以六師伐殷……克之於牧野,歸乃薦俘馘於京太室,乃命周公爲作大武。”

《解詁定本》:《禮記·内則》“搢笏”,注:“所以記事也。”《晋書·輿服志》:“古者貴賤皆執笏,有事則搢於帶。”言搢笏之士,作爲樂歌以頌其德。評校本以“搢笏”二字爲句,亦通。

《錐指》:(引朱説,文見上。)禮鴻案:《禮記·樂記》:“武王克殷,濟河而西,馬散之華山之陽而弗復乘,牛散之桃林之野而弗復服,車甲釁而藏之府庫而弗復用,倒載干戈,包之以虎皮,將帥之士使爲諸侯,名之曰建櫜。然後天下知武王之不復用兵也。散軍而郊射,左射貍首,右射騶虞,而貫革之射息也。裨冕搢笏注:搢猶插也而虎賁之士説劍也。”説與脱同。《釋文》:“説,吐活切。”然則搢笏與作樂皆爲偃武事而興文德,其事則明爲二事,朱説非也。又作樂音,即大武之樂,有舞容焉,《樂記》所謂“總干而立,武王之事,發揚蹈厲,太公之志,武亂皆坐,周召之治”是也。朱專以爲樂歌,亦非。又案,自“從馬華山之陽”以下本武王事,而此亦繫之於湯者,便文也。

當此時也,賞禄不行,而民整齊。

【校】

馮抄本,“時”作“事”。

故曰:明賞之猶至於無賞也。

3. 所謂一刑者,刑無等級,自卿相、將軍以至大夫、庶人有不從王令、犯國禁、亂上制者,罪死不赦。

【校】

范本、綿眇閣本、吴本、程本、馮本、朱本、且且庵本、馮抄本、品節本、奇賞本、四庫本、問經堂本、指海本、崇文本,“所謂一刑者,刑無等級”作“所謂一刑無等級”。

《七國考》,作“秦之法一刑無等級”。

《繹史》引,作“所謂一刑無等級”,“王令”作“王法”。

【注】

《新釋》:刑無等級,《周禮》八辟中有議賢、議能、議功、議貴諸條,其刑似有等級。然《管子·禁藏》不爲親戚故貴易其法,則又似無等級矣。《秦策》:“商君治秦,法令至行,公平無私,罰不諱強大,賞不私親近,法及太子,黥劓其傅。”卒之太子即位,尋仇殺之,後人因以爲口實。夫刑無等級,罪及親貴,非獨商君有此説此事也,而孟子論瞽瞍殺人亦曰以皋陶執之,獨猶商君,抑有何邪? 且太子之殺商君也,曲在太子,不在商君,故蔡澤謂秦之商君其卒可願,願即寃耳。劉氏《新序》謂惠王殺之亦非。乃太史公獨責商君“天資刻薄”,“卒受惡名”。於太子不置一詞,得毋是非之心梏亡於親貴之説乎,抑因身被宫刑而遷怒於法家乎? 豈知刑不近人情,咎在沿法而不在更法,刑不中事實,咎在滅法而不在任法也,願以質之知人論世之君子。犯國禁,《周禮》:“士師之職,掌國之五禁之法以左右刑罰……三曰國禁。”禁,法也。罪死不赦,死,卒也,終也。罪死不赦,猶云罪終不赦。赦,捨也。《管子·地數》:“有動封山者罪死而不赦。”

《評注》(改“刑無等級”作“無問等級”。)不議親貴也。

有功於前,有敗於後,不爲損刑;有善於前,有過於後,不爲虧法。

【注】

《新釋》:損,減也。虧,毀也。《韓非子·孤憤》:“無令而擅爲,虧法以利私。”

《評注》:功不抵罪,善不掩過。

《解詁定本》:損,減也。虧,毀也。

忠臣孝子有過,必以其數斷。

【校】

馮抄本,“數”作“類”。

【注】

《新釋》:數,法也。

《評注》:數,法也。斷,定讞也。此承有功有善言之。

《校釋》:以其數斷,謂以其法斷也。

《解詁定本》:罪必當其輕重,不爲末減。

守法守職之吏,有不行正法者,罪死不赦,刑及三族。

【校】

范本、綿眇閣本、程本、馮本、朱本、馮抄本、品節本、奇賞本、四庫本、指海本、初校本,“正法”作“王法”。

《七國考》引,作“守職之吏,有不遵王法者”。

《繹史》引,“正法”作“王法”。

《解詁定本》:“王法”各本作“正法”。

【注】

《新釋》:守法吏,謂法官。守職吏,謂政官。《管子·問》:“令守法之官日行。”《韓非子·詭使》:“吏聽吏從教者。”斥行政吏與聽訟吏言耳。行,由也。《管子·重令》:“不行令者死。”刑及三族,《司馬法》:“夫三爲屋。”《周禮·司烜氏》:“邦若屋誅。”謂同井之三人耳,注以爲夷三族,非也。此云刑及三族,乃殺同官之三人。《史記》集解:“張晏曰:‘三族,父母兄弟妻子也。’如淳曰:‘父族母族妻族也。’”其説均非。《左傳》鄢將師矯令尹子常之命,以滅三族,沈尹戌謂其殺三不辜。既非父母兄弟妻子之説,又非父族母族妻族之説也。蓋古者什伍相保,軍國大事,如叛亂,如通敵,相保者知而不告則連坐之。《墨子·號令》:“其以城爲外謀者三族。”即此意耳。荀子之言曰:“一人有罪,三族皆夷。”此亂世以族論罪也。後世淫威之君若明燕王者,竟夷方孝孺十族,實開千古未有之奇,嗚嘑忍哉!

《評注》:(“有不行正法者”)故出,故入。

《錐指》:《史記·秦本紀》:“文公三十年,法初有三族之罪。”集解:“張晏曰:‘父母、兄弟、妻子也。’如淳曰:‘父族、母族、妻族也。’”

周官之人，知而訐之上者，自免於罪，

【校】

范本、綿眇閣本、吴本、程本、馮本、朱本、且且庵本、馮抄本、奇賞本、四庫本、問經堂本、指海本、崇文本，“訐”作“謂”。

《繹史》引，“訐”作“謂”。

【注】

《諸子平議》：（所據本“訐”作“謂”。）“周”當爲“同”，“謂”當爲“謁”，皆字之誤。

《校正》：俞所據本“訐”作“謂”，以爲“周”當爲“同”，“謂”當爲“謁”。案：“謂”當依此作“訐”，“周”字亦不必改。

《發微》：俞據本作“知而謂之上者”。校曰：“周”當爲“同”，“謂”當爲“謁”。胡曰：“謂，當依此作訐。”

《解詁》：俞校：“周，當爲同。”

《新釋》：周官，同官也。謂同官之相保者。《韓非子・八經》：“伍、官、連、縣而鄰，謁過賞，失過誅。”伍官亦謂同官者。訐，告訐也。自免於罪，免連坐之罪。《韓非子・制分》：“告過者免罪受賞，失奸者必誅。”

《評注》：知同官不行正法而告訐之，不連坐。

《解詁定本》：周，備也。《説文》：“訐，面相斥罪相告也。”俞樾謂“周”當爲“同”，“訐”當爲“謁”，皆字之誤。師轍按：俞説非。各本“訐”作“謂”，義亦通。

《校釋》：發人陰私曰訐，實視“謁”字更爲恰適。

無貴賤，尸襲其官長之官爵、田禄。

【校】

品節本，無“刑無等級……官爵、田禄”三十一字。

【注】

《解詁》：《爾雅・釋詁》：“尸，主也。”

《新釋》:尸,世也。官長,謂被訐者。

《評注》:能告訐官長之罪者,即以其爵秩予之。

《解詁定本》:《釋名・釋喪制》:"衣尸曰襲。襲,匝也。"言以告訐之人,無分貴賤,代其長官之禄位,如尸之襲代也。

《新箋》:《爾雅・釋詁》:"尸,主也。"古語所謂尸,乃承當之義。《書・五子之歌》:"太康尸位。"尸位謂承當天子之位也。《書・序》"康王即尸天子。"尸天子謂當天子也。《左傳・成公七年》:"殺老牛,莫之敢尸。"莫之敢尸,謂莫敢承當殺牛之事也。《穀梁傳・隱公五年》:"卑不敢尸大功。"尸大功,謂承當大功也。並其例證。此文尸襲其官長之官爵田禄,謂承襲其官長之官爵田禄。或曰:"尸,代也。"

故曰:重刑連其罪,則民不敢試。民不敢試,故無刑也。

【注】

《新釋》:不敢試,言不敢以身試法。試,嘗也。

《解詁定本》:罪相連坐,則民不敢以身試法。

夫先王之禁,刺殺,斷人之足,黥人之面,非求傷民也,以禁奸止過也。故禁奸奸止,莫若重刑。

【校】

《太平御覽》卷六百四十八《刑法十四》"造肉刑條"引作"斷人之足,黥人之面,非求傷民也,以禁奸止過。故禁奸止過,莫若重刑"。

馮抄本,"故禁奸奸止,莫若重刑"作"故奸奸止,莫若重刑"。

指海本,作"故禁奸止過,莫若重刑"。注:原本"奸"字誤重,又脱"過"字,依《御覽》六百四十八改,與上文合。

初校本,"故禁奸奸止"作"故禁奸止過"。

《解詁定本》:各本皆作"故禁奸奸止"。

【注】

《發微》:俊按《御覽》六百四十八引"斷人"至"重刑"與今本同。

《新釋》:禁,法也。刺殺,《説文》:“君殺大夫曰刺。”刺,直傷也。殺,戮也。斷足,謂斬止(編者按:當爲趾)。《管子·侈靡》:“斷足滿稽。”黥,墨刑,在面也。《周禮》謂之“上服”。

《評注》:(“刺殺”)大辟。(“斷人之足”)刖也。(“黥人之面”)刺字於面,名曰墨辟。

《解詁定本》:黥刑刻其面,以墨窒之。

《校讀》:“禁刺殺”下當有“而”字。

《錐指》:《戰國[策]·秦策》:“黥劓其傅。”高誘注:“刻其顙,以墨實其中,曰黥。”

刑重而必得,則民不敢試,故國無刑民。國無刑民,故曰:明刑不戮。

【注】

《新釋》:刑重而必得,言不漏網。

《解詁定本》:(“刑重而必得”)必得其罪。

晉文公將欲明刑以親百姓,

【注】

《新釋》:下云晉國治,此故云親百姓。《韓非子·飾邪》:“先王盡力於親民,加事於明法。”法即刑也。

《解詁定本》:晉文公,獻公子重耳也。

於是合諸卿大夫於侍千宫,

【校】

《太平御覽》卷六百三十六作“於是合諸卿大夫於冀宫”,《通典》引同《太平御覽》。又,《太平御覽》卷六百四十六《刑法部》引無此句。

馮本,品節本,無“侍”字。

指海本,“侍千宫”作“冀宫”,“諸侯”作“諸卿”。注:原本“卿”作“侯”。又,“冀”字誤爲“侍千”二字,並依《通典》百六十九,《御覽》六百三十六改正。

【注】

《籀廎碎金》:《御覽》六百三十六《刑法部》引作“於是合諸卿大夫於冀宫”。《通典》一百六十九《刑門》引同,當據改。

《發微》:《御覽》六百三十六引作“於是合諸卿大夫於冀宫”。

《新釋》:諸侯,列侯也。《趙策》:“五伯貴爲列侯者,不能在相位。”則各國之有諸侯,在春秋時已然。秦封商鞅爲列侯,踵舊制耳。侍同寺,廷也,有法度者也。《韓子》作“田於圃陸”,與此異地。一曰:“於是合諸侯”爲一句,“大夫於侍”爲一句。合諸侯者,謂會各國諸侯也。《論語》:“桓公九合諸侯。”於,如也,往也。大夫於侍者,謂晉大夫往會所而侍君也。千宫,宫,官也。千官者,謂晉臣之多。《周禮·小宰》“掌建邦之宫刑”,杜子春云:“宫,當爲官。”《荀子·正論》:“天子千官,諸侯百官。”《吕覽·君守》:“大聖無事而千官盡能。”一曰:“千宫與上句連讀,侍千宫者即《左傳》虒祁宫,晉之宫名。”《韓非子·十過》作“施夷”,施、虒、侍、夷、祁皆聲轉。千,仁也。夷亦仁,夷千義同。今山西曲沃縣西四十九里有虒祁宫故址,地接聞喜縣界。

《錐指》:“侯”字不當有,“侍千”亦必有訛。此疑當作“合諸大夫士於武宫”。下云:“晉國之士稽焉皆懼。”即承此“士”字言之。蓋“侍”爲“武”字形近之訛,“士”字顛倒,誤爲“千”字,又錯在“侍”字下耳。《春秋·僖二十四年左傳》:“朝於武宫。”注:“文公之祖武公廟。”又指海本據《通典》一百六十九,《御覽》六百三十六,校改此文爲“合諸卿大夫於冀宫”。案:僖三十三年《左傳》:“臼季使過冀。”注:“冀,晉邑。”又僖二年《傳》:“荀息假道於虞。曰:‘冀爲不道,入自顛軨,伐鄍三門。冀之既病,則亦唯君故。’”注:“冀,國名。平陽皮氏縣東北有冀。”顧炎武《杜解補正》曰:“服虔謂:鄍晉邑也。冀伐晉,虞助晉人伐冀師。故曰:‘冀之既病,則亦唯君故。’將假道,故稱前恩以誘之。”

其説爲長。馬宗璉《補注》曰:"《水經注》引上地名:'河東皮氏縣冀亭,古之冀所都。'是冀爲一國之證。"然則冀本古國,晋滅之以爲邑,而冀宫者,即其地之宫歟? 抑《史記·商君列傳》:"築冀闕宫庭於咸陽。"索隱曰:"冀闕,即魏闕也。冀,記也,記列教令當於此門闕。"豈冀宫即冀闕之類,爲教令之所在歟? 然《左傳》、《國語》、《史記》並無冀宫之名,亦恐《通典》、《御覽》有誤,不盡可據也。

顛頡後至,吏請其罪,

【校】

且且庵本,"後"作"復"。

范本、吴本、程本、馮本、朱本、且且庵本、馮抄本、品節本、奇賞本、四庫本、崇文本、初校本,無"吏"字。

綿眇閣本,"吏請其罪"作"請罪"。

指海本,文字同,注:"吏"字原脱,依《通典》、《御覽》補。

《繹史》引,無"吏"字。

【注】

《新釋》:顛頡,晋文愛臣。曾從晋文奔狄,事見《左·僖二八傳》。請其罪,後至之罪。

《評注》:吏請議其罪。

《解詁定本》:《太平御覽》卷六百三十六引《商君書》作"於是合諸卿大夫於冀宫,顛頡後至,吏請其罪"。又六百四十六引亦作"吏請其罪"。

君曰:"用事焉。"吏遂斷顛頡之脊以殉。

【校】

《通典》卷一百六十九《刑七》,無"君曰用事焉吏"六字及"以殉"二字。

《御覽》卷六百三十六引,文與《通典》同。

《御覽》卷六百四十六,"脊"作"首","殉"作"徇"。

指海本文字同,注:"斷顛頡之脊"《御覽》卷六百四十六作"斬顛頡之首"。下"斷以殉"作"斬以徇"。

初校本"吏"下注:按文倒,當作"焉用事吏",或云,"吏"字當屬下句。

【注】

朱本"君曰:用事焉"下注:顧啓元曰:"謂營私事焉用作吏也。"又曰:"假道重刑,借行其刑也。"按文"之脊"下多一"曰"字。

《發微》:《説文》:"斷,截也。""蠿,截也。"此斷即蠿字。《書鈔》四十五《刑法下》引商鞅云:"晋文公斷顛頡之脊以殉晋國,爲其晚至故也。"

《讀諸子札記》:"吏"字當在"請其罪"上,其文云:"吏請其罪,君曰:用事焉。"《韓非子·外儲説右上》篇載此文云:"於是公有所愛者曰顛頡後期,吏請其罪,文公隕涕而憂。吏曰:'請用事焉。'遂斬顛頡之脊以徇百姓。"文有詳略,義則一也。嚴校云:當作"焉用事吏",或"吏"字當屬下句,皆非。

《新釋》:用事焉,事,刺也,殺大夫之詞。《前漢書·蒯通傳》"不敢事刃於公之腹者",《張衡傳》作"傳",《説文》以剚爲之。《周禮·大司馬》:"及致建大常,比軍衆,誅後至者。"又曰:"質明弊旗,誅後至者。"顛頡後至,依法當誅,文公故云用事。斷顛頡之脊,謂要斬之。《左·僖二八傳》"殺顛頡以徇於師",是其事。殉,《説文》作"徇",行示也,《司馬法》:"斬以徇。"

《集解》:《韓非子·外儲説右上》篇作"吏請其罪,文公隕涕而憂。吏曰:'請用事焉。'遂斷顛頡之脊,以殉百姓"。其餘不同之處尚多,當據以訂正。

《評注》:用,行也。謂吏速行事也。("吏遂斷顛頡之脊以徇")謂徇於軍中也。舊訛作"殉",今更正。眉批:顛頡之殺,以伐曹之役燕僖負羈宫,非以後至而殺也。

《解詁定本》:《左傳》:“晉侯入曹,令無入僖負羈宫,魏犨、顛頡怒,燕僖負羈氏,文公愛魏犨材,舍之,殺顛頡以徇於師。”“殉”當作“徇”,徧也。《御覽》卷六百四十六引《商君書》作“吏遂斷顛頡之首以徇”。又六百三十六引“首”作“脊”。《北堂書鈔・死刑九》引商鞅云:“晉文公斷顛頡之脊,以殉晉國,爲其晚至故也。”

《校釋》:“吏”字當屬下讀。“用事焉”爲一種命令語,猶今俗話“辦了他”也。若改爲“焉用事”,則成一種詰問語,與上下文不甚銜矣。

《錐指》:(引嚴校,文見上。)禮鴻案:嚴前説非也。吏者,軍吏之類,不得稱顛頡爲吏。《韓非子・外儲説右上》篇:“公有所愛者曰顛頡,後期。吏請其罪,文公隕涕而憂。吏曰:‘請用事焉。’遂斬顛頡之首,以徇百姓。”據韓子文,則此文“吏”字當在“請”字上。“君曰用事焉”者,文公許吏行法之詞。韓子謂當時文公不忍行法於顛頡,《商君書》無此意,此爲小異,然文字正可據正也。愚曩説如此,及讀錢氏校刊指海本,“請其罪”上依《通典》、《御覽》補“吏”字,私喜鄙説之不謬。惟此“吏”字逕爲脱文,非錯亂在下,不必移“焉”下吏字耳。(“吏遂斷顛頡之脊以殉”)“殉”當作“徇”,下同。《説文》:“彴,行示也,從彳,勻聲。《司馬法》:‘斬以彴。’”《玉篇》:徇同彴字。案此言顛頡之死與《春秋左氏傳》不同,傳聞異也。

晉國之士,稽焉皆懼,曰:顛頡之有寵也,斷以殉,况於我乎!

【校】

《通典》,“晉國之士,稽焉皆懼”作“人皆懼”。“斷”字下有“脊”字,“殉”作“徇”,“况”前有“而”字。下接“乃無犯禁者,晉國大治”二句。

《御覽》卷六百三十六引,文同《通典》,“大治”作“大理”。

《御覽》卷六百四十六引,“皆懼”前無“稽焉”二字。“寵”下無“也”字。“斷”作“斬”,“殉”作“徇”,“况”前有“而”字。

馮抄本,“稽”作“䅢”。

指海本,“斷”字下有“脊”字,“况”上有“而”字。注:原脱“脊”、“而”字,依《通典》及《御覽》六百三十六補正。

【注】

《諸子平議》:稽猶同也。《尚書·堯典》“曰若稽古”,《正義》引鄭注曰:“稽,同也。”《禮記·儒行》篇“古人與稽”,鄭注曰:“稽,猶合也。”合與同義亦相近。稽焉皆懼,猶云同然皆懼也。

《發微》:《御覽》六百四十六引作“用事焉,吏遂斷顛頡之脊以徇,晋國之士皆懼曰:顛頡之有寵,斬以徇,而况我乎”。稽焉皆懼,俞曰:“稽,同也,猶云同然皆懼。”

《新釋》:土(編者按:當爲士字),軍士也。稽,下首也。《説文》作“䭫”。况於我乎,於,在也。

《評注》:稽,察也。

《解詁定本》:稽,議也。《禮記·緇衣》“行必稽首所敝”,鄭注:“稽猶考也,議也。”言晋國之士,竊議其事,皆畏懼也。《太平御覽》卷六百三十六,作“斷脊以徇,况於我乎”。下多“乃無犯禁者,晋國大理”九字。又六百四十六引作“斬以徇”。兩卷所引,俱無“稽焉”二字。

《新箋》:依文意,稽當爲畏懼之貌,蓋借爲㥯,同聲係古通用。《韻會》:“㥯,畏也。”但古無㥯字,以音求之,稽與悸與怵皆一音之轉,《説文》:“悸,心動也。”謂驚懼而心動也。又《説文》:“怵,恐也。”稽焉猶悸焉、怵焉耳。

《箋記》:《管子·白心》篇:“自知曰稽。”稽焉,猶知之也。

舉兵伐衛,取五鹿,伐曹南圍鄭之埤,東徵之畝,

【校】

范本、綿眇閣本、吴本、程本、馮本、朱本、且且庵本、馮抄本、品節本、奇賞本、四庫本、問經堂本、指海本、崇文本、初校本,“衛”作“曹”,

無“取”字,“伐曹南圍”作“及反”。

《繹史》引,與各本同,“及反”倒作“反及”。

初校本,注:“舉兵”以下多脱誤,五鹿衛地,不應屬之伐曹,圍鄭事在戰城濮後二年,不應越次先叙。葉校本作“舉兵伐衛,取五鹿,伐曹救宋”,下接“勝荆人”句,蓋據《左傳》任意删改,非有原書引證,故存之。

指海本,同范本,注:《繹史》“及反”二字倒。

【注】

《札迻》:(所據本作“舉兵伐曹五鹿,及反鄭之埤,東徵之畝”。)嚴云:“葉校本作‘舉兵伐衛,取五鹿,伐曹救宋。’”嚴可均校作“伐衛,取五鹿,伐曹,南圍鄭之埤”。案:“徵”當作“衛”。《吕氏春秋·簡選》篇云:“晋文公反鄭之埤,東衛之畝。”高注云:“使衛耕者皆東畝,以遂晋兵也。”此文與彼正同。上云伐曹取五鹿,自是所傳之異。先秦諸子與《左傳》紀事不必同,葉、嚴校並改曹爲衛,失之。

《籀廎碎金》:“徵”疑亦當作“衛”。

《新釋》:舉兵伐曹,《左傳》云:“侵曹。”五鹿,衛地,在今直隸濮陽縣北。及同扱,取也。《左·僖二八傳》:“晋侯伐衛取五鹿。”及反之埤,反,覆也。言覆鄭之城陴而取之。《晋語》:“文公誅觀狀以伐鄭,反其陴。”東徵之畝,《吕覽·决勝》:“晋文公反鄭之陴,東衛之畝。”《韓非子·外儲説右》:文公“伐衛,東其畝”。徵,衛之聲轉字也。晋文驅衛之耕者由西而東,則衛之西爲晋有矣。

《集解》:《韓非子》作“興兵伐原,克之。伐衛,東其畝,取五鹿。攻陽,勝虢,伐曹。南圍鄭,反之陴。罷宋國,還與荆人戰城濮,大敗荆人,返爲踐土之盟,遂成衡雍之義。一舉而八有功。所以然者,無他故異物,從狐偃之謀,假顛頡之脊也”。文意較詳,可參觀之。

《評注》:(所據本作“伐曹五鹿”。)五鹿,衛地。此蓋借之以爲衛也。

《解詁定本》:曹,國名。文王子振鐸,封於曹。曹共公不禮於晋文公。文公五年，侵曹，伐衛，取五鹿。杜預《左傳》注："五鹿，衛地。"《晋語》："文公誅觀狀以伐鄭，反其陴。"韋昭注："反，撥也。陴，城上女垣。"師轍按：埤，借爲陴。《左傳》："子産授兵登陴。"《韓非子》：文公"田於圃陸……以明法之信也。而後百姓皆懼。曰君於顛頡之貴重如彼甚也，而君猶行法焉，况於我則何有矣。文公見民之可戰也，於是遂興兵伐原，克之，伐衛，東其畝，取五鹿。攻陽，勝虢，伐曹。南圍鄭，反之陴。罷宋國，還與荆人戰於城濮，大敗荆人，返爲踐土之盟，遂成衡雍之義。一舉而八有功。所以然者，無佗故異物，從狐偃之謀，假顛頡之脊也"。孫詒讓曰："案徵當作衛……"師轍按：孫説是也。證以《韓非子》，益信"徵"作"衛"之確。

《箋正》：孫説"徵"爲"衛"，是。按諸《韓非子・外儲説右上》第三十四云："文公見民之可戰[也]，於是遂興兵伐原，克之。伐衛，東其畝，取五鹿。攻陽，勝虢，伐曹。南圍鄭，之埤。罷宋國，還與荆人戰於城濮，大敗荆人，返爲踐土之盟。"叙事校詳，且可證《商書》伐曹下接五鹿之誤，與"東徵之畝""徵"爲"衛"字之訛。夫吕、商、韓三家同引晋事，詳略及先後次序原不必同，然就商君訛脱之跡而細究之，則確乎伐曹，"曹"字下應脱"及衛"二字，而"及反"之"及"字即於"曹"下脱去而誤衍於"反"字上者，至"徵"字之由"衛"訛成更顯然也。又"反鄭之埤"，"反"字下應補闕文。

《校釋》：案"及"字乙於"五鹿"上，並據孫説改"徵"爲"衛"，則文與事俱可通矣。

《錐指》：《春秋左氏》僖二十三年、二十八年《傳》注："五鹿，衛地。"顧棟高《春秋大事表》曰："今直隸大名府五鹿城二，屬元城縣者，即沙鹿城；屬開州者，此衛地五鹿是也。"(作"鄭之埤，東徵之畝"，引嚴校、孫説及簡説，文見上。)禮鴻案：《左傳》、《國語》載文公侵曹伐衛同時，此云"伐曹五鹿"者，"曹"下當依簡説移補下文"及反"之"及"字，謂伐曹及取衛五鹿也。非以五鹿爲曹地。傳記不聞五鹿屬曹，孫謂所傳之異不必與《左傳》同，蓋非也。東衛之畝亦本與五鹿爲一時事，以文與“反鄭之埤”爲對，故分在下。既下云衛，故上遂省之。簡謂“及”字當移“曹”下是也，謂“及”下更當有“衛”字則未是。“反鄭之埤”與《吕覽》文同，《國語》：“文公誅觀狀以伐鄭，反其陴。”注：“反，撥也。《吕氏春秋》注：“反，覆。”陴，城上女垣。”簡謂“反”下有缺文，則大謬矣。

勝荆人於城濮。

【注】

《新釋》：荆，楚也。城濮，衛地，今山東濮縣南七十里有臨濮城，即城濮也，《左・僖二十八年》晉文公敗楚於城濮。

《評注》：荆，楚也。城濮，今山東濮州。

《解詁定本》：杜預《左傳》注：“荆，楚本號。城濮，衛地。”

《錐指》：李貽德《春秋左傳賈服注輯述》：“城濮，賈曰：‘衛地也。’《晋世家》注案，莊二十七年，‘公會齊侯於城濮’。杜解亦曰衛地。顧氏棟高曰：‘今曹州府濮州南有臨濮城。’”禮鴻案：《左傳》侵曹伐衛濮城之戰，並在僖公二十八年。《國語》“反鄭之陴”，次於城濮戰後。

三軍之士，止之如斬足，行之如流水。三軍之士，無敢犯禁者。

【校】

范本、綿眇閣本、奇賞本，“止”下無“之”字。

馮本、品節本，“止”下、“行”下無“之”字。

馮抄本，“止”下“之”字作“王”，“流”下無“水”字。

【注】

《發微》：《管子・牧民》：“下令於流水之原。”本書《畫策》：“從令如流。”《尉繚子・戰威》篇：“止如堵牆，動如風雨。”《群書治要》三十七

《新釋》：行之如流水，言不停滯。《管子・輕重甲》：“天下歸湯若

流水。”

《評注》:三軍皆懲於顛頡而不敢違命也。

《校讀》:“行之如流水,三軍之士”此句當衍。

故一假道重輕於顛頡之脊,而晋國治。

【校】

《通典》,“而晋國治”作“晋國大治”。

《御覽》,“而晋國治”作“晋國大理”。

范本,“脊”下有“曰”字。“而”下無“晋”字,作“□”。

吴本、程本、朱本、且且庵本、崇文本,“重輕”作“重刑”,“脊”下有“曰”字,“晋”作“致”。

馮本、四庫本、問經堂本,“輕”作“刑”,“晋”作“致”。

馮抄本,“脊”下有“曰”字,“晋”作“吾”。

品節本,無“晋”字。

指海本,“輕”作“刑”,治上有“大”字。注:此五字原作“曰而致國治”,不可通,依《通典》、《御覽》改,又《御覽》“治”作“理”,避唐諱。

《繹史》引,“重輕”作“重刑”,“脊”下有“曰”字,“晋”作“致”。

初校本注:“重輕”即本書所謂行刑重其輕者,秦本作“重刑”,誤。又“而晋國治”秦本作“而曰吾國治”,亦誤。

《發微》:《御覽》六百三十六引“晋國大理”。施本“致”作“晋”,各本作“致”。“而”上有“曰”字,非。《通典》作“晋國大治”。《御覽》作“國大理”。

【注】

《發微》:《韓非子·外儲説右上》:晋文公“一舉而八有功,所以然者,無他故異物,從狐偃之謀,假顛頡之脊也”。

《新釋》:重輕,斬首輕於要斬,此不斬首而要斬之,故曰重輕。“而晋國治”,自“晋文公將欲明刑”至此,《韓非子·外儲説右》有而文稍異。

《解詁定本》:《廣雅》:"假,借也。"(引嚴校,文見上。)師轍按:各本"重輕"俱作"重刑","而晋國治"俱作"曰致國治",惟范本作"重輕","致"作缺文。

昔者周公旦殺管叔、放蔡叔、沉霍叔,曰:"犯禁者也。"

【校】

《通典》,"殺"作"誅","沉"作"流"。

范本、綿眇閣本、吴本、程本、馮本、朱本、且且庵本、奇賞本、馮抄本、四庫本、初校本、崇文本,作"殺管叔,流霍叔",無"放蔡叔"三字。

問經堂本,"沉"作"流"。

指海本,"沉"作"流","殺管叔"下注:《通典》"殺"作"誅"。"放蔡叔"下注:此三字原脱,依《通典》補。

《繹史》引,作"殺管叔,流霍叔",無"放蔡叔"三字。

《發微》,"殺管叔"下注:問經曰:殺,《通典》作"誅"。"放蔡叔"下注:問經曰:"上三字各本脱,據《通典》增。"

【注】

《集解》:王引之曰:"《通典・刑法部》多"放蔡叔"三字,蓋後人以意增之,無者是也。"

《解詁定本》:先大父(朱駿聲)《經史答問》云:"霍叔當爲蔡叔之誤。《史記・管蔡世家》:'文王長子曰伯邑考,次曰武王發、管叔鮮、周公旦、蔡叔度、霍叔處。武王崩,成王少,周公旦專王室,管叔挾武庚以作亂,周公旦承成王命,伐誅武庚,殺管叔而放蔡叔。'僞《書・蔡仲之命》:'惟周公位冢宰,正百工,群叔流言,乃致辟管叔於商,囚蔡叔於郭鄰,以車七乘,降霍叔於庶人,三年不齒。'"流,放也。

《錐指》:《史記・管蔡世家》:"武王同母弟十人,母曰太姒,文王正妃也。其長子曰伯邑考,次曰武王發,次曰管叔鮮,次曰周公旦,次曰蔡叔度,次曰霍叔處。武王已克殷紂,平天下,封功臣昆弟,於是封叔鮮於管,封叔度於蔡,二人相紂子武庚禄夫治殷遺民;封叔旦於魯而相周，爲周公；封叔處於霍。武王既崩，成王少，周公旦專王室。管叔、蔡叔疑周公爲之不利於成王，乃挾武庚以作亂。周公旦承成王命，伐誅武庚，殺管叔而放蔡叔。”有蔡叔而無霍叔，與此異。惟《逸周書・作雒》篇云：“武王克殷，乃立王子禄父，俾守商祀。建管叔於東，建霍叔於殷，俾監殷臣。武王崩，周公立，相天子，二叔及殷、東、徐、奄及熊、盈以略。二年，作師旅臨衛政殷，殷大震潰。降辟二叔，王子禄父北奔，管叔經而卒，乃囚霍叔於郭凌，俾康叔宇於殷。中旄父宇於東。”則與此同。俗本《逸周書》霍叔於殷上增蔡叔二字，二叔作三叔，囚霍叔作囚蔡叔。依王引之訂，説詳《經義述聞》三。

天下衆皆曰：“親叔昆弟有過不違，而况疏遠乎！”

【校】

《通典》，無“衆”字，“叔”作“屬”。

范本、馮抄本，無“叔”、“乎”二字。

綿眇閣本、奇賞本，無“叔”字，“疏遠”下有“天下”二字。

吴本、程本、馮本、朱本、且且庵本、四庫本、崇文本、初校本，無“叔”字。

指海本，無“衆”字，注：“皆”上原有“衆”字，依《通典》删；無“叔”字，注：《通典》“親”下有“屬”字。

《繹史》引，無“叔”字。

【注】

《發微》：親叔昆弟，問經曰：“各本脱叔字，《通典》有。”而况疏遠，問經曰：“施本此下有天下二字，各本無。”

《新釋》：言不違法以縱之。《修權》篇曰：“刑重而威，不違親近。”昆，兄也。管、霍與周公爲親兄弟。

《評注》：違，逃也。不違，言無可逃也，義同《左傳》“不如違之”之違。

《錐指》：《説文》：“周人謂兄曰翼”昆即翼字之假。違，避也。

故外不用甲兵於天下，内不用刀鋸於周庭而海内治。

【校】

范本、馮抄本，無“故外不用甲兵於”七字。

綿眇閣本、奇賞本，兩句作“蓋公旦用刀鋸於周庭而海内治”。

吴本、程本、馮本、朱本、且且庵本、四庫本、崇文本、初校本，兩句作“故天下知用刀鋸於周庭而海内治”。

指海本注：原脱“外不用甲兵於”六字，依《通典》補。“周庭”下注：原本“内”誤“知”，又脱“不”字，並依《通典》補正。

品節本，缺“昔者周公……而海内治”。

《繹史》引，兩句作“故天下知用刀鋸於周庭而海内治”。

初校本注：舊本作“而況疏遠，天下内不用”云云，脱誤不成文，此依秦本。

【注】

《發微》：故，各本作“故”，施本作“蓋公旦”，“外不用甲兵於天下，内不用刀鋸於周庭”，各本作“天下知用刀鋸於周庭”，據《通典》增。

《新釋》：《魯語》“中刑用刀鋸”，《前漢書・刑法志》注引韋昭曰：“鋸，刖刑也。”周庭，謂周代家庭中也。

《斠詮》：崇文本亦同秦本、陳仁錫本，作“蓋公旦用刀鋸於周庭而海内治”。

《解詁定本》：昆，兄也。不違，不違法也。嚴格所謂舊本，乃范本也，其他吴本、程本、評校本、四庫本、崇文本俱同秦本、綿眇閣本、陳仁錫本，俱作“而況疏遠天下乎，蓋公旦用刀鋸於周庭而海内治”。

《錐指》：（引嚴校、王説，文見上。）禮鴻案：指海本依《通典》校補作“故外不用甲兵於天下，内不用刀鋸於周庭而海内治”。與“明刑之猶至於無刑”義正相貫，當從之。《畫策》篇：“内行刀鋸，外用甲兵。”亦其反證。秦、崇文、陳本皆臆改耳。此謂既殺管叔，流霍叔，遂致刑措也。

故曰:明刑之猶至於無刑也。

4. 所謂壹教者,博聞、辯慧,信廉、禮樂、修行、群黨、任譽、清濁,

【校】

綿眇閣本,"博"作"愽"。

吴本、且且庵本、崇文本,"信"作"知"。

馮抄本,"博聞辯慧"作"愽聞辨惠"。

品節本,"博"作"愽","黨"作"當"。

問經堂本"信"下注:鄭、程、施本作"信",朱、吴本作"知"。

【注】

《評注》:行,去聲。以上皆儒者之事。博聞,謂多識。辯慧,有口才也。知,謂明事理。廉,不貪也。禮樂,謂司儀而審音。修行,立品也。群黨,謂以上諸同類之人。任譽、清濁,謂姑任其標榜呰議也。

《校讀》:群黨,即朋黨。清濁,疑即清流,如竹林七賢之類。又《淮南子·齊俗訓》:"衰世之俗,以其智巧詐僞飾衆無用,貴遠方之貨,珍難得之財,不積於養生之具,澆天下之淳,析天下之樸,牿服馬牛以爲牢,滑亂萬民,以清爲濁。"

《錐指》:清濁,當作"請謁",字之誤也。《錯法》篇:"先便辟請謁而後功力,則爵行而兵弱矣。"是其證。

不可以富貴,不可以評刑,不可獨立私議以陳其上。

【校】

品節本,缺"不可以富貴,不可以評刑"十字。

【注】

《發微》:評刑者,論刑也。《廣雅·釋詁》曰:"評,議也。"

《新釋》:不可以富貴,富貴必以戰功,無戰功者,人微論賢否,皆

不賞之。不可以評刑，言不可以非法家而評刑。評，定也。刑，罪名也。不可以獨立私議以陳，不可以非顯民獨立私議法律以陳於君。蓋法必以多數之顯民公議之。（“其上”）上，尚也。

《評注》：以上諸人雖不禁其論議，但不得富貴其身，不許參議國法，並不許上書權要，是以終身禁錮，不得不中道易轍矣。

《箋正》：評刑句疑有誤。

《校釋》：評，議也。評刑，謂議刑之輕重也。此句可通。

《校讀》：評刑謂以意斷其重輕。獨立私議以陳其上，謂逞臆見而議論時政以陳於上。

《錐指》：（“不可以評刑評”）評疑辟字形近之誤，辟讀爲避。（“以陳其上”）陳當讀爲陵。《禮記・檀弓》篇：“工尹商與陳棄疾追吴師。”注：“陳或爲陵，楚聲也。”是陳、陵以聲近通借。獨立私議以陵其上，猶李斯云“夸主以爲名，異取以爲高，率群下以造謗”矣。見《史記・秦始皇本紀》。

堅者破，鋭者挫，

【校】

范本、綿眇閣本、吴本、程本、朱本、馮抄本、奇賞本、四庫本、崇文本、初校本，“破”作“被”。

且且庵本，“破”作“披”。

問經堂本，“破”作“被”，注：鄭本作“披”，朱、吴、施本作“被”。

指海本，“破”作“被”，注：“被”疑當作“破”。

《繹史》引，“破”作“被”。

【注】

《校正》：《漢書・揚雄傳》“亡春風之披（編者按：“披”當作“被”，《校正》引誤）離兮”，顏注：“被讀曰披。”《莊子・知北游》篇“齧缺問道於被氏”，《釋文》：“被本作披，披，猶解散也。”《淮南・齊俗訓》“披斷撥燧”，高注：“披，解也。”《方言・六》：“披，散也。東齊器破曰披。”

《發微》:問經曰:"鄭本作披,朱、吴、施本作被。"胡曰:"被,披也,讀若披靡之披。《史記·項羽本紀》:'漢軍皆披靡。'注:'披靡,言精體低垂。'"(編者按:《項羽本紀》正義:"披,坡紴反。靡,言精體低垂。"與此所引不同。)

《讀諸子札記》:(所據本"堅者破"作"堅者被"。)被乃破字之誤。

《新釋》:言所尚在被堅執鋭之功。被,破也。挫,折也。堅者、鋭者,均斥敵言。《管子·法法》:"鋭者挫,堅者破。"

《評注》:堅,甲也。鋭,兵也。

《校讀》:被,當作"披"。

《錐指》:指海本校曰:"被,疑當作破。"是也。

雖曰聖智、巧佞、厚樸,則不能以非功罔上利。

【校】

馮抄本,"功"作"切"。

品節本,無"厚樸"二字。

初校本,"智"作"知","樸"作"樸"。

【注】

《新釋》:聖知,爲《周禮》六德之二。聖,通也。"則不能以非功罔上利",則,法也。《周禮·大宰》:"法則以馭其官。"功,謂軍功。罔,猶取也。

《評注》:功,戰功也。

《校讀》:罔,當作"枉"。

《錐指》:曰猶有也,云曰通訓,《廣雅·釋詁》"云,有也",則曰亦有也。曰、云、有一聲之轉耳。"樸"字義見《墾令》篇俞氏説。此云厚樸,謂有權勢者爲之奥援也。(讀作"則不能以非功罔上利然"。)罔者,網取也。"然"字當屬上爲句,然猶焉也。王引之曰:"《禮記·檀弓》曰:'穆公召縣子而問然。'鄭注:'然之言焉也。'然焉古同聲,故《祭義》'國人稱願然',《大戴禮記·曾子大孝》篇然作焉。"《經傳釋詞》七。

然貴富之門,要存戰而已矣。

【校】

馮抄本,"要"作"惡"。

初校本,"貴富"作"富貴"。注:富貴,秦本、范本作"貴富",下同。存,亦作"在","存"、"在"形近,誼亦通。

【注】

《解詁》:《廣雅·釋詁》:"評,議也。"《文選》古詩注:"陳,猶説也。"被,疑"破"字之誤。言彼博聞辯慧智廉禮樂修行之徒,群黨任立名毀譽以清濁人,不可以富貴,又不可議以刑,獨立私議以説其上之是非,堅持破,鋭者挫,其善言如此,雖有聖智巧佞厚樸之名,而不能以非功罔上利,貴富之門,要在於戰。戰即所謂壹教也。"任譽清濁"句不言毀者,省文也。"獨立私議"句上"不可"二字蓋從上文兩"不可"字而衍。

《新釋》:存,在也。

《解詁定本》:所謂壹教者,雖有異能,不加富貴,不爲減刑,不獨立私議而陳其功,被其堅,挫其鋭,雖聖知之流,不能以無功而罔羅上利。求富貴之道,惟在於戰鬥而已矣。師轍按:陶校謂:"被乃破[字]之誤。"《管子·法法》篇:"鋭者挫,堅者破。"信廉,吴本、馮本作"知廉"。(引嚴校,文見上。)轍按:各本俱同秦本,作"貴富之門","存"並作"在"。

《校釋》:(引嚴校,文見上。)嚴校本、影范本、崇文本"在"字俱作"存",今以"在"字於文較長,故改"存"爲"在"。

彼能戰者,踐富貴之門,強梗焉,有常刑而不赦。

【校】

范本、綿眇閣本、馮抄本、奇賞本,"強"作"湯","刑"作"道","赦"

作“禁”。

馮抄本,“踐”作“賤”。

品節本,無“強梗焉有常刑而不赦”九字。

初校本注:舊本作“有常道而不禁”,誤。強梗不禁,是縱戰士之殘暴而召亂矣,今依秦本改正。繹其文誼,言人敢有相犯者,罪不赦也。

【注】

《發微》:“能戰”三句,即上言“有功於前,有敗於後,不爲損刑”義。問經曰:“各本作強,施本作湯。”

《新釋》:尹乾説:強梗,謂抗令不戰者。焉,安也。常道,當道也。《孟子》作“當路”。禁,止也。

《解詁定本》:踐,履也。梗,猛也。《淮南子》:“鋤其強梗。”嚴校:“舊本作有常道而不禁,誤。強梗不禁,是縱戰士之殘[暴]而召亂矣。今依秦本改正。繹其文誼,言人敢有相犯者,罪不赦也。”師轍按:各本皆同秦本,嚴氏所見范本亦同。所謂舊本之誤者,豈元本耶?

《校釋》:案嚴所繹文誼,誤。“焉”字有於此、於是之意,在此指上句而言。此句猶謂,如有頑強之徒,不肯戰而踐富貴之門,則有常刑而不赦,乃與上下文義相合。“強”字影范本作“湯”,誤。

《錐指》:(引嚴校,文見上。)指海本同秦本,嚴改是也。強梗者,梗上之教令,獨立私議堅鋭是矣。此與能戰者踐富貴之門義相反不相承,不得屬之戰士。嚴解含混不晰。

是父兄、昆弟、知識、婚姻、合同者,皆曰:“務之所加,有戰而已矣。”

【校】

范本、綿眇閣本、吴本、程本、馮本、朱本、馮抄本、四庫本、指海本、崇文本,“有”作“存”。

且且庵本,“姻”作“婣”,“有”作“存”,“已”作“巳”。

品節本,無“是”字、“矣”字。

奇賞本,“有”作“在”。

問經堂本,“有”作“存”。於“務之所加,存戰而已矣,夫當壯者”下注:上十四字各本有,鄭本脱。

《繹史》引,“有”作“存”。

初校本,“有”作“存”,注:“存,秦本作有。”

【注】

《新釋》:如(編者按:當作知)識,有朋也。《爾雅》:“婦之父母、壻之父母相謂爲婚姻。”婣即姻也。合同者,猶云配偶者,謂夫妻。務之所加,加,嘉也。

《解詁定本》:知識,謂相知識之人。合同,謂志同道合之士。

《錐指》:(引嚴校、王説,文見上。)禮鴻案:作“有”誤。存戰而已矣即在戰而已矣,承上文“富貴之門要存戰而已矣”言。《説文》:“婣,籀文姻。婚,婦家也。禮,娶婦以昏時,婦人陰也,故曰婚。姻,壻家也;女之所因,故曰姻。”《爾雅·釋親》:“壻之父爲婣,婦之父爲婚。婦之父母、壻之父母相謂爲婚婣。婦之黨爲婚兄弟,壻之黨爲婣兄弟。”合同者,謂相親比之人也。

夫故當壯者務於戰,老弱者務於守,死者不悔,生者務勸,此臣之所謂壹教也。

【校】

馮抄本,無“故”字。

【注】

《新釋》:故,使也。當,丁也。《管子·揆度》:“當壯者遣之戍邊。”務、勸,皆勉也。

《斠詮》:當,丁也。

《錐指》:王時潤曰:“當,丁也。”禮鴻曰:王説是。《淮南子·齊俗》篇:"丈夫丁壯而不耕,天下有受其餓當作飢者;婦人當年而不織,天下有受其寒者。"《廣雅·釋詁》:"丁,強也。"《急就》篇:"長樂無極老復丁。"("生者務勸")務,勉也。

民之欲貴富也,其闔棺而後止。而貴富之門,必出於兵,是故民聞戰而相賀也。

【校】

范本、綿眇閣本、吴本、程本、且且庵本、問經堂本、指海本、崇文本,"其"作"共","止"作"出"。

馮本、品節本,無"其"字,"止"作"已"。

朱本、四庫本,上一"貴富"作"富貴","其"作"共","止"作"出"。

馮抄本,"止"作"出"。

奇賞本,"其"作"共","止"作"已"。

初校本,"貴富"作"富貴","其"作"共"。

《繹史》引,"其"作"共","止"作"出"。

【注】

《發微》:《鶡冠子·學問》:"抑其拾誦記辭,闔棺而止乎。"

《解詁》:(所據本作"共闔棺而後出"。)言皆至死始休也。

《新釋》:(讀作"民之欲富貴也共"。)言富貴爲人所共欲。共,同也。闔棺而後止,死而後已。闔,蓋也。《韓詩外傳》:"學而不已,闔棺乃止。"

《斠詮》:(所據本作"共闔棺"。)共,皆也。

《評注》:("闔")比户也。(作"共闔棺而後出"。)具棺而出,示必死也。

《解詁定本》:共,同也。闔,閉也。《管子·揆度》篇:"當壯者遣之成邊。"此言民欲富貴,非至死不休也。止,各本俱作"出",誤。《韓詩外傳》:"學而不已,闔棺乃止。"

起居飲食所歌謡者,戰也。此臣之所謂明教之猶至於無教也。

【注】

《發微》:日本人論兵,頗得其意。

《新釋》:有章句曰歌,無章句曰謡。《詩·園有桃》:“我歌且謡。”

《解詁定本》:《爾雅》:“和樂曰歌,徒歌曰謡。”

5. 此臣所謂參教也。

【注】

《新釋》:參,三也。謂賞、刑、教三事。

《解詁定本》:參,驗也。壹教之效驗。尹桐陽云(引文見上),亦通。

《箋正》:此句疑衍或有舛訛,凡云此所謂曰、故云等,必前文已有,此提綱舉要,既詳引證例殫明旨歸,復作此判斷或結束語以補足其義,如“此臣所謂明教之猶至於無教也”。今參教之語與義及事,篇中並未前見,故知其非衍必訛也。

《校釋》:(引簡説,文見上。)案簡説非是。參,讀爲三。三教,即指壹賞、壹刑、壹教三事而言。此句正總結全篇,與本篇首句相應;雖其語不見於前文,而義與事俱可求之於全文,不衍,亦不訛。朱釋參爲驗,誤。

《校讀》:參教不可解,疑字有誤。

聖人非能通,知萬物之要也。

【校】

崇文本,“非”作“惟”。

【注】

《諸子平議》:聖人非能通,知萬物之要也,“非能”當作“惟能”。惟能知要,故能舉要。若作“非能”,不可通矣。《靳令》篇曰:“聖君知物之要，故能治民有至要。”足證此文“非”字之誤。

《校正》：俞云：“非能當作惟能。”按作“聖人非能通，知萬物也，知萬物之要也”，有奪字耳。《農戰》篇：“故聖人明君者，非能盡其萬物也，知萬物之要也。故其治國也，察要而已矣。”可證。若作“惟”字，文義固當如此，而與全書語氣不合。或非字衍。

《發微》：（引俞說，文見上。）胡說：“《農戰》篇：故聖人明君者，非能盡其萬物也，知萬物之要也。故其治國也，察要而已矣。”

《讀諸子札記》：“萬物”句絶。“之要”上當更有“知萬物”三字。本云：“聖人非能通知萬物，知萬物之要也。”《農戰》篇云：“故聖人明君者，非能盡其萬物也其亦當作知，知萬物之要也。故其治國也，察要而已矣。”是其證。俞氏云：“非能當作惟能。”失之。

《新釋》：聖人非能通知萬物，通，遍也。之要也，之，知也。要，樞紐總會也。《靳令》篇：“聖君知萬物之要。”

《解詁定本》：（引俞說，文見上。）師轍按：評校本讀“聖人非能通”句，是謂聖人不能盡通萬物，惟知萬物之要，俞氏妄改“非”作“惟”，非。陶校云（引文見上）。可證，俞説失之。

故其治國，舉要以致萬物，故寡教而多功。

【校】

馮抄本，“舉”作“沓”。

【注】

《新釋》：致，至也，來也。物，事也。

《解詁定本》：（“舉要以致萬物”）言舉要足以知萬物之情。寡教，謂一教。

聖人治國也，易知而難行也。

【注】

《校讀》：此疑當作“難知而易行也”。知要，故難知。舉要，故易行。

《錐指》：易知者，用刑賞。難行者，在用而得其道。《錯法》篇："削國亡主非無爵禄，其所道過也；三王五霸其所道不過爵禄，而功相萬者，其所道明也。"彼但言爵禄，此兼言刑賞，意則通也。

是故聖人不必加，凡主不必廢，殺人不爲暴，賞人不爲仁者，國法明也。

【校】

范本、綿眇閣本、馮抄本、品節本、奇賞本，"加"作"王"，無"法"字。

初校本注：加，范本作"王"，誤。

馮抄本，"殺"作"煞"。

聖人以功授官予爵，故賢者不憂；聖人不宥過，不赦刑，故奸無起。

【校】

吴本、程本、馮本、朱本、且且庵本，"予"作"於"。

四庫本、崇文本，"予"作"于"。

馮抄本，"予"作"乎"，"賢"作"矣"，"憂"作"優"，"宥"作"著"。

品節本，無"予爵"二字。

指海本注："予"原誤"于"。

【注】

《新釋》：憂，優也。言於能戰外之賢者均不得優而爵禄之。《錯法》篇曰："是不以憂不勞。"不赦刑，《管子·法法》："民無（編者按：《管子》原文作"毋"）重罪，過不失（編者按：《管子》原文作"大"）也。民無（編者按：《管子》原文作"毋"）大過，上無（編者按：《管子》原文作"毋"）赦也。上赦小過，則民多重罪，積之所生也。故曰：赦出則民不敬，惠行則過日益。惠赦加於民，而囹圄雖實，殺戮雖繁，奸不勝矣。”

《解詁定本》：賢者有法可守，故不憂。或曰：憂，讀爲優。謂賞必以功，無功，雖賢者不加優。宥，寬也。

聖人治國也，審壹而已矣。

【校】

朱本，“已”作“巳”。

畫策第十八

本篇校勘所據版本：范本、綿眇閣本、吴本、古逸本、程本、馮本、朱本、褒異本、且且庵本、馮抄本、品節本、奇賞本、秦駿生本、四庫本、問經堂本、指海本、崇文本、初校本，共十八種，並參閲了《繹史》。

匯函本無本篇。

1. 昔者昊英之世，

【注】

《解詁》：上古伏羲氏之後，神農氏之前，御世之君有昊英氏。

《新釋》：《帝王世紀》曰："女媧氏没，大庭氏王有天下，次有柏皇氏、中央氏、栗陸氏、驪連氏、赫胥氏、尊盧氏、祝融氏、混沌氏、昊英氏、有巢氏、葛天氏、陰康氏、朱襄氏、無懷氏，皆襲庖犧之號。"《外記》曰："大昊立九相，共工爲上相，柏皇爲下相，朱襄、昊英常居左右。栗陸居北，赫胥居南，昆連居西，葛天居東，陰康居下。"又曰："大昊命昊英爲潛龍氏造甲曆。"蓋昊英先爲大昊臣，而後立爲君耳。

《評注》：按，《通鑑外紀》尊盧氏之後爲昊英氏，繼昊英而帝者爲有巢氏，皆在神農之前。

《解詁定本》：《帝王世紀》："女媧氏没，大庭氏王有天下，次有柏皇氏、中央氏、栗陸氏、驪連氏、赫胥氏、尊盧氏、祝融氏、混沌氏、昊英氏、有巢氏、葛天氏、陰康氏、朱襄氏、無懷氏，皆襲庖犧之號。"

《校讀》:題曰畫策,篇中所言,皆明法致强之義。

以伐木殺獸,

【注】

《新釋》:獸處林木之中,故必伐木以殺之。

《評注》:伐木以爲薪,殺獸以爲食,事在神農以前,未知粒食故也。

人民少而木獸多。

【校】

問經堂本注:《路史》"多"作"衆"。

黄帝之世,不麛不卵,

【校】

吴本,"麛"作"麝"。

古逸本,"麛"作"麞"。

馮抄本,"卵"作"卯"。

問經堂本,"黄"作"人"。注:《路史》如此,各本作"黄帝",非。

【注】

朱本、且且庵本注:獸初生之子曰麛。

《新釋》:以獸少也。麛,鹿子也,《論語》作"麑"。卵,謂鳥卵。《禮記·曲禮》:"士不取麛、卵。"

《解詁定本》:《史記》:"黄帝者,少典之子,姓公孫,名曰軒轅。"《説文》:"麛,鹿子也。"凡物無乳者卵生。《曲禮》:"士不取麛、卵。"

《評注》:黄帝,有熊氏也,姬姓,亦號軒轅。("不麛")不取小鹿。("不卵")不探雀鷇。

《香草續校書》:"黄帝之世"四字疑衍。下文言"神農之世",又言

“神農既没,以強勝弱,以衆暴寡。故黄帝作爲君臣上下之義”。則此處不應先出黄帝。且黄帝既“作爲君臣上下之義”云云,則“不麛不卵”云云,尤非黄帝之世明矣。衍此四字,則仍承言上文昊英之世也。

官無供備之民,死不得用槨。

【校】

問經堂本注:《路史》“民”作“勞”。“槨”作“享”,當是“𩫖”字,見《説文》,古城郭字,借爲棺槨也。

【注】

《新釋》:(讀作“官無供備,之民死不得用槨”。)供,養也。百官供養品不求備,以獸少故。一曰:供,宫也,謂百官以木少而宫室不求備也。尹乾説:“官、吏,長民者。無,亡也,死也。供,共也。供備,謂有棺有槨。”(“之民死不得用槨”)以木少而有棺無槨。之民,諸民也。《管子·霸言》“兼正之國之謂王”,謂諸國也。一曰:之,等也,等民,猶云齊民。

《斠詮》:“之”字屬下。之民,猶其民也。古人之、其互用,《書·康誥》篇“孟侯朕其弟”,猶言孟侯我之弟也。《詩·采緑》篇“之子於釣,言綸之繩”,猶言此人往釣,我綸其繩也。是即之、其義通之證。

《解詁定本》:《説文》:“椁,葬有木𩫖也。”先大父(朱駿聲)云:“周棺者也,字亦作槨。”

《評注》:備,具也。無供具之民,官之小也。槨,外棺。小官且不得用槨,以爲薪無論矣,是伐木有禁也。

《箋正》:王詮:“之字屬下。之民,猶其民也。古人之、其互用……”謹案:之、其雖可互用,此處可無用其義。“之”下應有脱文,而應屬上句,蓋官無供備,語意未完。“之民死不得用槨”,“之”字便成贅疣也。

《校釋》:“之民”二字均應屬上讀。供備,謂服役。官無服役之民,言官役之簡也。死不得用槨,言風俗之儉也。

事不同，皆王者，時異也。

【注】

《斠詮》：皆，當作“者”。

《箋正》：謹案：王詮本於“皆”字斷句，而謂“皆”當作“者”，不可通。此句總上文，言昊英、黄帝所事不同，而皆王天下者，時異也。原文語意完順，不煩改字。

《錐指》：昊英者，司馬貞補《史記·三皇本紀》曰：“自人皇以後，有五龍氏、燧人氏、大庭氏、栢皇氏、中央氏、卷須氏、栗陸氏、驪連氏、赫胥氏、尊盧氏、渾沌氏、昊英氏、有巢氏、朱襄氏、葛天氏、陰康氏、無懷氏。斯蓋自三皇以來有天下者之號，但載籍不記，莫知姓王年代所都之處。”是也。《漢書·人表》第二等，自大廷氏至亡懷氏，凡十四人，次序與司馬貞所説同，無卷須氏。《商君書》此文有缺誤，羅泌《路史·前紀》卷九引此作“昔者昊英之世，以伐木與殺獸，人民少而木獸衆。人帝之世，不麛不卵，官無供備之勞，而死不得用享。事不同而階王，以時異也。伐木者，衣新之世也”云云。《路史》“享”當作“椁”，“階”當作“偕”。而“人帝”及“供備之勞”與“伐木者，衣新之世也”云云，皆《商君書》原本，當取以校補今本者也。此蓋以養生送死之事明時異事殊。昊英之世，食則禽獸不可勝食，死則衣之以薪。人帝之時，禽獸之足食猶是，但不殺麛，《説文》：“麛，鹿子也。”此以爲凡幼獸之稱。不取卵，稍示之節，其官仍無供備之勞也，而死則有棺矣。是由質而漸文也，但仍無椁耳。云“伐木者，衣新之世也”者，明昊英之世無棺，比人帝爲質也。“新”即古“薪”字，《易·繫辭傳》所謂“古之葬者，厚衣之以薪”是也。此句之下尚有脱文，無可據補耳。此文歷言昊英、人帝、神農、黄帝，時異而事不同，明人帝不得作黄帝矣。《路史》以人帝爲伏戲，《後紀》卷一稱曰“人帝皇雄氏”，未詳所據。《風俗通義·皇霸》篇引《尚書大傳》説：“遂人以火紀；火，陽也，陽尊，故托遂皇於天。伏羲以人事紀，故托戲皇於人。”據《更法》篇言“伏羲、神農教而不誅，黄帝、堯、舜誅而不怒”推之，伏戲是也。

神農之世，男耕而食，婦織而衣，

【校】

范本、綿眇閣本、吴本、古逸本、程本、馮本、朱本、且且庵本、馮抄本、奇賞本、秦駿生本、四庫本、問經堂本、崇文本、指海本，“男”作“公”。

《繹史》引，“男”作“公”。

【注】

《新釋》：《文子・上義》：“神農之法曰：丈夫丁壯不耕，天下有受其飢者；婦人當年不織，天下有受其寒者。故身親耕，妻親織，以爲天下先。”

《解詁定本》：《帝王世紀》：“炎帝神農氏，姜姓，母曰任姒，有蟜氏女，登爲少典妃，游華陽，有神龍首感生炎帝，人身牛首，長於姜水，有聖德。”《白虎通》：“古之人民皆食禽獸肉。至於神農，人民衆多，禽獸肉不足，於是神農因天之時，分地之利，製耒耜，教民農作，神而化之，使民宜之，故謂之神農也。”《文子・上義》篇：“神農之法曰：丈夫丁壯不耕，天下有受其飢者；婦人當年不織，天下有受其寒者。故身親耕，妻親織，以爲天下先。”男耕，各本俱作“公耕”。

《評注》：神農，炎帝也，姜姓，始爲耒耜。（“男耕”作“公耕”。）公，男也。

刑政不用而治，甲兵不起而王。

【校】

馮抄本，“刑”作“則”。

【注】

《評注》：不事兵刑而天下治。

神農既没,以強勝弱,以衆暴寡。故黄帝作爲君臣上下之儀,

【校】

范本、綿眇閣本、馮抄本、奇賞本、秦駿生本、初校本,“儀”作“義”。

【注】

初校本注:義,秦本作“儀”。案,威儀字古作“義”。《説文》:“義,己之威義也,從我,從羊。”《周禮·肆師職》鄭注、《漢書·鄒陽傳》顔注,並云:“義,讀爲儀。”今依元本、范本,蓋猶古書之未經改竄者也。又仁義字當作“誼”。《説文》:“誼,人所宜也。”徐云:《史記》仁義字作此。《漢書·董仲舒傳》:“摩民以誼。”古文《尚書》“遵王之義”本作“誼”,唐明皇詔改“義”。據此類推,則古書之傳於今者半失其舊矣。

《評注》:暴,虐也。

《錐指》:(引嚴校注,文見上。)禮鴻案:義猶等也。説見《君臣》篇。

父子兄弟之禮,夫婦妃匹之合,

【注】

《發微》:《吕覽·恃君》:“昔太古嘗無君矣,無親戚兄弟夫婦男女之别,無上下長幼之道。”“合”疑當作“令”。

《新釋》:合,配也。《荀子·富國》:“男女之合。”

《評注》:古文“配”作“妃”。

内行刀鋸,外用甲兵,故時變也。

【注】

《新釋》:大刑用甲兵,中刑用刀鋸。《孫子·行軍》:“黄帝之所以勝四帝也。”《史記·黄帝本紀》:“黄帝與炎帝戰於阪泉之野,與蚩尤戰於涿鹿之野。”又曰:“北逐葷粥。”《六韜》謂“黄帝七十戰而定天

下”。皆謂黄帝之外用甲兵也。故,因也。

《斠詮》:故,當作“固”。固,“因”之訛也。

《評注》:刀鋸,刑也。

《解詁定本》:《經傳釋詞》:“故,猶則也。”

《箋正》:王詮:“故,當作固。固,因之訛也。”謹按:“故”字不誤,特宜在“變”字下,而不應在“時”字上耳。

《校釋》:王、簡兩説均失。“故”作所以解,本含有“因”字之意,不必如王説改“故”爲“固”,又斷“固”爲“因”之誤。“故”又爲接續詞,所以提承上文者,正宜置於“時”字上,亦不必如簡説改在“變”字下也。

《錐指》:《漢書·刑法志》曰:“聖人因天討而作五刑,大刑用甲兵,其次用斧鉞;中刑用刀鋸,其次用鑽鑿;薄刑用鞭撲。”“故”疑當作“救”,或作“放”,字之誤耳。

由此觀之,神農非高於黄帝也,

【注】

《錐指》:疑當作“黄帝非高於神農也”。

然其名尊者,以適於時也。故以戰去戰,雖戰可也;以殺去殺,雖殺可也;

【注】

《新釋》:(所據本作“以殺可殺”)可殺之“可”同“阿”,遏也,一曰止也。《禮記·少儀》:“即席曰可矣。”可,本或作“去”。

《評注》:適,合也。

《解詁定本》:以戰去戰,如武王伐紂;以殺去殺,如晋文殺顛頡。

以刑去刑,雖重刑可也。

【校】

范本、綿眇閣本、馮抄本、奇賞本、秦駿生本,“也”作“以”。

【注】

《發微》:《潛夫論·衰制》篇:"君子以誅止殺,以刑禦殘。"

《新釋》:重,密也。

《解詁定本》:以刑去刑,如子産治鄭。

2. 昔之能制天下者,

【校】

范本、綿眇閣本、馮抄本、奇賞本、秦駿生本,"昔"作"曆"。

吴本、古逸本、程本、馮本、朱本、且且庵本、四庫本、問經堂本、指海本、崇文本,"昔"作"以力"。

品節本,"能"前無"昔之"二字。

《繹史》引,"昔"作"以力"。

【注】

《新釋》:制,御也。

《評注》:(所據本作"以力制天下者"。)以力服人曰制。

《解詁定本》:昔之,吴本、評校本、程本、范本作"以力之"。綿眇閣本獨作"以曆之","曆"乃"昔"之誤字。

必先制其民者也;能勝强敵者,必先勝其民者也。

【注】

《發微》:《淮南·兵略》:"善用兵者必先修諸己而後求諸人,先爲不可勝而後求勝。修己於人,求勝於敵。己未能治也,而攻人之亂,是猶以火救火,以水救水也。"

《新釋》:《管子·小問》:"我欲勝民。"

《評注》:使不敢抗曰勝。

《錐指》:《説民》篇曰:"民勝其政,國弱;政勝其民,兵强。"

故因民之本在制民,若冶於金、陶於土也。

【校】

馮本、初校本,"冶"作"治"。

馮抄本,"土"作"田"。

初校本,"因"作"勝"。

【注】

《新釋》:冶,銷也。陶,土器竈也。冶金器曰冶,治土器曰陶。《管子·禁藏》:"夫法之制民也,猶陶之於埴,冶之於金也。"《任法》:"猶金之在鑪,恣冶之所以鑄。"

《解詁定本》:(所據本作"故勝民之本"。)《漢書·董仲舒傳》:"金之在鎔,惟冶者之所鑄。"《淮南子·精神訓》:"譬猶陶人之埏埴也。""勝民"各本作"因民",誤。

《評注》:謂方圓大小皆可任意造作之。

本不堅,則民如飛鳥禽獸,其孰能制之?

【注】

初校本注:"禽"字誤。

《新釋》:禽,從人離。離,猛獸也,人所難制。字一作"擒",與從離今之"禽"字迥别。《禮記·曲禮》:"猩猩能言,不離禽獸。"俗解多誤爲今聲之"禽",但猩猩獸也,自不得混稱爲今聲之"禽"。禽從人離,龍支切。《魏志·和洽傳》"子禽嗣",注:"音離。"《白虎通》云:"禽,鳥獸總名,言爲人禽制也。"此云"其孰能制",則非今聲之"禽",而爲離聲猛獸之"禽",明矣。

《評注》:言其野性難馴,非探其本,無以制之。

《解詁定本》:師轍按:禽,當作"走"。

《箋正》:嚴曰:"禽字誤。"謹按:"禽"字不誤。《禮記》云"猩猩能言,不離禽獸"。飛鳥與禽獸對言,古書蓋屢見也。

《香草續校書》：禽本指獸，不指鳥，觀字從内可見。故《説文》内部云：“禽，走獸總名。”是也。説已見前《爾雅·釋鳥》校。小戴《曲禮記》云：“鸚鵡能言，不離飛鳥；猩猩能言，不離禽獸。”飛鳥與禽獸對言，適可爲此文之證。嚴萬里校謂“禽”字誤，非也。

《校讀》：《説文》：“禽，走獸總名。”《禮記·曲禮》“猩猩能言，不離禽獸”，與此正同。

民本，法也。故善治民者，塞民以法而民地作矣。

【校】

初校本，“民地”作“名地”。

【注】

《新釋》：塞，防也。作，興也。

《評注》：塞謂錮蔽之，使之不敢遁於法外也。（“而民地作矣”改作“而名地足矣”。）民不敢遁於法外，然後驅之死地而不敢逃，可以取霸王之名，可以割膏腴之地，故曰名地足也。原本“名”作“民”，“足”爲“作”，皆音近之誤。

《解詁定本》：（所據本“民地”作“名地”。）《吕覽·論人》“不可塞也”，高誘注：“塞，遏也。”《詩》“天作高山”，毛傳：“作，生也。”法爲治民之本，善法者，以法遏民之惡，故能得名與地。

《錐指》：《壹言》篇曰：“上開公利而塞私門，以致民力。”公利者，以農戰得爵禄，所謂“利從一空出”是也。凡其他可以得利禄之途，皆以法塞之，此謂塞民以法。

3. 名尊地廣，以至王者，何故？

【注】

《諸子平議》：“何故”下，奪“戰勝者也”四字。

《評注》：（“何故”改作“戰勝者也”。）戰勝以至於王，如黄帝阪泉之戰,湯之於鳴條,武之於坶野皆是。"戰勝者也"四字,舊訛"何故"二字。

名卑地削以至於亡者,何故?戰罷者也。

【校】

范本、綿眇閣本、吴本、古逸本、程本、馮本、朱本、且且庵本、馮抄本、奇賞本、秦駿生本、四庫本、問經堂本、指海本、崇文本,無"何故"二字。

【注】

《諸子平議》:"亡者"下奪"何故"二字。當云:"名尊地廣以至王者,何故?戰勝者也。名卑地削以至亡者,何故?戰罷者也。"如此則文義方備。下文云:"不勝而王、不敗而亡者,自古及今,未嘗有也。"即承此而言。

《新釋》:《禮記·少儀》"師役曰罷",謂罷息也。

《解詁定本》:罷,敝也。

《新箋》:罷猶敗也。《周禮·大司寇》:"以嘉石平罷民。"《國語·齊語》:"罷士無伍,罷女無家。"《荀子·王霸》篇:"無國而不有罷士。"所謂罷民、罷士、罷女,皆指敗德之人,可證罷有敗義。此處戰罷正與戰勝相對爲文,則罷爲敗義,明矣。下文云:"罷無所生。"義同。

《錐指》:"罷"通作"敗"。《吕氏春秋·孝行覽》:"士民孝,則耕耘疾,戰守固,不罷北。"《御覽》七十七引"罷"作"敗"。

不勝而王、不敗而亡者,

【校】

《意林》引,"王"作"生"。

【注】

《校正》:《意林》"王"作"生",誤。

自古及今未嘗有也。

【校】

馮抄本,“今”下缺“未”字。

民勇者戰勝,民不勇戰敗。壹民於戰者,民勇;

【校】

范本、綿眇閣本、吴本、古逸本、程本、馮本、朱本、且且庵本、馮抄本、奇賞本、秦駿生本、四庫本、問經堂本、指海本、崇文本,无“民不勇戰敗”五字。

綿眇閣本、馮本、奇賞本、秦駿生本、問經堂本,“勝”下有“也”字,“壹”前有“能”字。

程本,“民勇者戰勝”下有缺文二。

古逸本,“壹”前有“故能”二字。

馮抄本,“民不勇戰敗壹民於戰者”作“敗己壹民於戰者”。

初校本,“民不勇”下有“者”字,“壹民”作“能壹民”。

《繹史》引,“民勇者戰勝”下有缺文二,作□□。

不能壹民於戰者,民不勇。

【校】

馮抄本,“壹”作“虚”。

【注】

《評注》:壹民於戰,謂爵賞出於一途,脅之必出於戰也,義詳《賞刑》篇,但此説正自有弊。

聖王見王之致於兵也,故舉國而責之於兵。

【校】

吴本、古逸本、程本、馮本、且且庵本、四庫本、崇文本,作“聖王見勇至之於兵也，故興國而責之於兵”。

問經堂本、指海本，後“王”字作“勇”。

范本、綿眇閣本、朱本、奇賞本、秦駿生本、問經堂本、指海本，“之致”作“致之”。

馮抄本，“致”作“敗”。

范本、綿眇閣本、朱本、馮抄本、奇賞本、秦駿生本、問經堂本、指海本，“舉”作“興”。

《繹史》引，作“聖王見勇至之於兵也，故興國而責之於兵”。

【注】

《諸子平議》：興，乃“舉”字之誤。言舉一國之人，皆責之於兵也。

《發微》：古者寓兵於農。

《新釋》：天下歸往謂之王。致，盡力也。舉國而責之於兵，今所謂徵兵制度是也。舉，具也，全也。

《評注》：“舉”舊訛“興”，蓋傳寫者訛脱其半爲“與”，又以“與”字不得其解，而訛爲“興”也。

《解詁定本》：聖王知兵強而王可致，故舉國之民皆責之爲兵，此即今泰西諸強國，軍國民主義全國皆兵之制。見王之致，吴本、評校本作“見勇至之”，范本作“見王致之”。“舉國”各本作“興國”。

入其國，觀其治，兵用者強。

【注】

《諸子平議》：“兵”當作“民”，下云“奚以知民之見用者也？民之見戰也，如餓狼之見肉，則民用矣”，正承此文而言，故知當作“民用”。

《發微》：《管子・八觀》：“彼積勞之人不務盡力，則兵士不戰矣。故曰：入朝廷觀左右本求朝之臣論上下之所貴賤者，而強弱之國可知也。”

《校釋》：（引俞説，“兵用”改作“民用”。）按作“兵”者，涉上文“責之於兵”而誤，今據改。

《錐指》:(引俞説,文見上。)禮鴻案:“兵用”不必誤。《去強》篇:“戰事兵用曰強。”與此同。夫兵者,民之所爲。用民、用兵,無有異也。下雖曰“民之見用”,此固不妨作“兵用”矣。

《校讀》:諸本無作“民”者,又《弱民》篇“戰事兵用曰強”,則“兵”字似不誤。然以下文驗之,仍當從俞説。

因以知民之見用者也。

【校】

范本、綿眇閣本、馮抄本、奇賞本、秦駿生本、問經堂本、初校本,“因”作“奚”。

【注】

《評注》:(“因以知民之見用者也”改作“因以知用兵者強也”。)都鄙鄉遂,皆以軍法部伍之,故舉國知兵。入國觀治,見民之用命,即可知用兵之強。晋文公所謂少長有禮其可用也,是其證也。原本訛作“兵用者強,因以知民之見用者也”。今更正。

民之見戰也,如餓狼之見肉,則可用矣。

【校】

《意林》,“民之”作“使”,“也”作“者”。

《御覽》卷二九七作“民之見戰,如飢狼之見兔,則民可用矣”。

范本、吴本、古逸本、綿眇閣本、程本、馮本、朱本、且且庵本、馮抄本、奇賞本、秦駿生本、四庫本、問經堂本、崇文本、初校本,“可”作“民”。

指海本注:《御覽》二百九十七作“如飢狼之見兔”。又,指海本“可”上有“民”字,注:“可”字原脱,依《御覽》補。又,《意林》及《北堂書鈔》百十八並作“則可用矣”,蓋節文。

《繹史》引,“可”作“民”。

《解詁定本》:孔廣陶校本《北堂書鈔》一百十八引商君云:"玄氏之戰,如餓狼之見肉,則民可用也。"陳本"肉"作"兔","玄氏"作"視民"。《意林》引作"使見戰者如餓狼之見肉,則可用矣"。《太平御覽》二百九十七引"餓"作"飢","肉"作"兔","用"上有"可"字。

【注】

《新釋》:《說文》:"狼似犬,鋭頭、白頰,高前,廣後。"

《斠詮》:《御覽》"戰"下無"也"字,"餓"作"饑","肉"作"兔","用"上有"可"字。

《評注》:既貪且狠。

凡戰者,民之所惡也,能使民樂戰者王。強國之民,父遺其子,兄遺其弟,妻遺其夫,

【注】

《發微》:《國語·趙語》:"父勉其子,兄勉其弟,婦勉其夫,曰:'孰是吾君也,而可無死乎。'"

《新釋》:遺,戒也。一曰,送也。

《評注》:遺,棄也。

《解詁定本》:《廣雅》:"遺,送也。"

《錐指》:《詩·豳風·鴟鴞》序曰"成王未知周公之志,公乃爲詩以遺王",疏曰:"遺者,流傳致達之稱。"

皆曰:"不得無返。"

【注】

朱本注:意謂偕戰俱死,則無一返矣,遂潛歸。故曰,不得無返。

《新釋》:得,獲也,謂獲俘馘。返,歸也。

《評注》:不得無返,猶晋獻公語申生以盡敵而返也。

《解詁定本》:不得無返,謂不得勝,無返家。

《校釋》：王校本於“不得無返”四字連讀，誤。此句乃好戰之民告誡其子弟從軍之語。得，猶言勝也；不得，應爲一逗，“不得，無返”，猶言“不勝，無歸”，所以勉其死戰者。若四字連讀，則與不可不歸之意相近，是獎勸子弟逃軍，非好戰之民所宜出也。

《香草續校書》：“不”疑“必”字，聲之誤也。必得無返者，不欲其歸，欲其死於敵也。下文云“失法離令，若死我死”，言設不死於敵，而死於失法離令，則我亦死之。蓋欲其能死，又惡其死不得當。若死我死者，若，汝也，激辭也。此“必”字誤爲“不”，則不特本句無義，而下文義亦不豁。

《錐指》：不得無返猶言不勝無歸，所以勉其戰死者。

又曰：“失法離令，若死我死。”鄉治之，行間無所逃，遷徙無所入。

【校】

范本、古逸本、程本、朱本、四庫本，“行間”下有缺文一字。

馮抄本，“行間”作“里死刑”，“徙”作“徒”。

《繹史》引，“行間”下有缺文一字。

【注】

朱本注：若死，猶言爾死。

《發微》：《管子·任法》“信近親愛者不能離也”，注：“離，猶違也。”則離令者，猶違令也。

《解詁》：（讀作“又曰：‘失法離令，若死我死鄉。’治之行間，無所逃”。）言失法離令，若以此死，則我亦死於鄉矣。亦要其子、弟、夫之詞。

《新釋》：離，違也。若，汝也。鄉治之，言以鄉官治其罪。《説文》：“鄉，國離邑，民所封鄉也，嗇夫别治。封圻之内六鄉，六卿治之。”《前漢書·百官公卿表》：“大率十里一亭，十亭一鄉。”行，陳也，列也。逃，亡也。《尉繚子·兵令下》：“卒逃歸者同舍伍人及吏罰入糧爲饒，名爲軍實。”

《評注》：（“若死我死，鄉治之”改作“若死行間，我死鄉治”。）失法離令，謂不從將令也。若，汝也。死行間，謂犯軍法當斬也。一人犯法，一家連坐，故曰我死鄉治也。原本脱“行間”字。違行間法令，既無所逃死，連坐其家人，又無從遷徙，是驅之以必死也。

《解詁定本》：《吕覽·論威》：“形性相離。”高注：“離，違也。”《小爾雅》：“若，汝也。”《漢書·高帝紀》“間道走軍”，注：“投空隙而行，不公顯也。”言失法違令，爾我俱死，鄉里治之，間隙無所逃，遷徙他鄉不得入。

《校讀》：“若死我死”與上“强國之民”云云自成一段，“鄉治之行間”以下至“罷無所生”當另爲一段。“鄉治之行間”下，當依天一閣本有缺文，鄉治之行間，猶言鄉治之以行間。下文“行間之治”，“治”當作“制”，正釋此句。“無所逃”上當脱“使奸邪”三字，言鄉治之行間，使奸邪無所逃，遷徙無所入。

《錐指》：若，汝也。謂汝固當死，我亦坐汝而死也。（讀作“鄉治之行間無所逃”。）治，猶州治、郡治之治。《漢書·陳餘傳》：“治信都。”師古曰：“治，爲治處也。”然則置吏以治鄉，因謂所治曰“鄉治”。行間者，一鄉之内之區分也。無所逃，不得逃離其本鄉。遷徙無所入，不得逃入他鄉。

入行間之治，連以五，

【校】

范本、古逸本、綿眇閣本、吴本、程本、馮本、朱本、馮抄本、且且庵本、奇賞本、秦駿生本、四庫本、問經堂本、指海本、崇文本，無“入”字。

《繹史》引，無“入”字。

【注】

指海本注：“連”下疑脱“之”字。五即伍。

《解詁》：五與伍同。

《新釋》:治,法也。連以五,謂伍相保。《韓非子·和氏》:"商君教秦孝公以連行伍。"《尉繚子·兵令下》:"什伍相聯,及戰鬥則吏卒相救,是兵之二勝也。"

《斠詮》:五,當作"伍"。

《解詁定本》:師轍按:嚴校本"行間"上衍"入"字。今據綿眇閣本、吴本、馮本、程本、錢本、范本、四庫本删……《史記》"商君令民爲什伍而相收司連坐",索隱:"五家爲保,十家相連,一家有罪,而九家連舉發。若不糾舉,則十家連坐。"

《校釋》:嚴校本涉上句誤叠一"入"字。……五,王説"當作伍",蓋謂以五人爲一組也。

《錐指》:指海本不叠"入"字,是也。當從指海本删此"入"字。指海本校曰:"連下疑脱之字,五即伍。"是也。

辨之以章,束之以令,

【校】

范本、綿眇閣本、吴本、古逸本、程本、朱本、馮本、且且庵本、奇賞本、秦駿生本、四庫本、崇文本、指海本、問經堂本,"辨"作"辯"。

范本、綿眇閣本、馮抄本、奇賞本,"束之"下無"以"字。

【注】

《發微》:《史記·秦始皇本紀》:芝罘東觀刻石曰:"昭設備器,咸有章旗。"所謂辨之以章也。又曰:"職臣遵分,各知所行。"所謂束之以令也。

《解詁》:章,謂章程也。

《新釋》:若今徽章。《尉繚子·兵教上》:"將異其旗,卒異其章。"

《校釋》:辨之以章,即以徽章别之也。

《錐指》:令民爲什伍,相牧司連坐,《史記》本傳。"牧"字今誤爲"收",辨見王念孫《讀書雜誌》。逃者坐其伍,故無所逃。章,標幟符驗也。著其鄉籍,非其鄉者必察之,故無所入也。既連之以五,辨之以章,而又束之以令，蓋謂連坐之律，告奸之賞，不告奸之刑也。鄉有微巡，禁賊盜，則亦糾察亡人也。説見《墾令》篇。

拙無所處，罷無所生。

【校】

范本、綿眇閣本、吴本、馮抄本、奇賞本，前"無"字作"天"，"罷"後有"此"字。

問經堂本，"拙無"作"窮天"，"罷"作"罷此"。

吴本、古逸本、程本、馮本、朱本、且且庵本、秦駿生本、四庫本、指海本、崇文本，"拙無"作"窮天"，"罷"作"以此"。

《繹史》引，"拙無"作"窮天"，"罷"作"以此"。

【注】

《發微》：《鶡冠子・王鈇》："執正守内，拙弗敢廢。"

《新釋》：拙，詘也。游惰不事戰者曰罷。

《斠詮》：崇文本作"窮天所處，以此無所生"。"以"疑"似"之古字。

《解詁定本》：拙無，吴本、評校本、程本作"窮天"，范本作"拙天"。罷無所生，各本作"以此無所生"。按，"天"乃"無"之訛。《釋名》："拙，屈也。"《廣雅》："罷，勞也。"

《新箋》：此言士兵不努力作戰，則必受刑，朱説非也。余謂拙借爲詘，同聲系古通用。《説文》："詘，走也。從走，出聲，讀若屈。"蓋詘之言出也，走而外出也。詘無所處，言士兵臨陣逃走，則無處可居也。罷猶敗也。罷無所生，言士兵臨陣敗退，則無生路也。蓋秦之法制，士兵臨陣逃走或敗退，皆不免於死刑，故其言如此。

《校讀》：此節文意，朱説是。然朱氏以"鄉治之行間"以下至"遷徙無所入"，並屬上句"失法離令若死我死"而妄爲之解則誤。謹案，"若死我死"與上"强國之民"云云，自成一段。"鄉治之行間"以下至"罷無所生"，當爲另一段。……行間之制連以五，辨之以章，束之以令,則拙無所處,罷無所生也。《墨子·貴義》篇謂爲不利於人者爲拙。

《錐指》:“罷”讀與“疲”同。《楚辭·大招》:“誅譏罷些。”王逸曰:“罷,駑也。非惡罷駑,誅而去之。”又《荀子·王制》篇曰:“賢能,不待次而舉;罷不肖,不待須而廢。”

是以三軍之衆,從令如流,

【校】

問經堂本,“衆”作“行”。

【注】

《發微》:《賞刑》:“行之如流水。”

《斠詮》:麥孟華引,“流”下有“水”字。

死而不旋踵。

【注】

《新釋》:旋,反也。

《評注》:如流,謂無所逆也。死不旋踵,謂誓死不逃也。足跟曰踵。旋,轉也。

4. 國之亂也,非其法亂也,法不用也。

【校】

范本、綿眇閣本、吴本、古逸本、程本、馮本、朱本、且且庵本、馮抄本、奇賞本、秦駿生本、四庫本、問經堂本、指海本、崇文本、初校本,“法不”前有“非”字。

《繹史》引,“法不”前有“非”字。

【注】

《諸子平議》:(所據本作“非法不用也”。)下“非”字當作“其”。

《解詁定本》:(所據本作"非法不用也"。)俞樾曰:"下非字當作其。"師轍按:俞説非。蓋商君之意,謂非法不用,猶於刑輕。觀下文可證。

《香草續校書》:"非"字俞蔭甫太史《平議》謂當作"其"。義固得通。然觀下文云:"國皆有法,而無使法必行之法;國皆有禁,而無使奸邪、盗賊必得之法。"且云:"必得,而尚有奸邪、盗賊者,刑輕也。"則其説固視用法爲尤進一層矣。但言用法誠不足以盡其義,故云"非法不用也"。蓋不僅用法,直當用非法也。"非"字不必改,改"非"爲"其",意轉涉淺矣。

《錐指》:(作"非法不用也"。)上"非"字衍。

國皆有僭法,而無使法必行之法;

【校】

范本、綿眇閣本、吴本、古逸本、程本、馮本、朱本、且且庵本、馮抄本、品節本、奇賞本、秦駿生本、四庫本、問經堂本、指海本、崇文本,"僭"作"潛"。

初校本,無"僭"字。

《繹史》引,"僭"作"潛"。

【注】

《校正》:《東塾[讀書]記》十二引"法"上有"潛"字。

《新釋》:必行則法乃不虚。

《評注》:潛,藏蓄而待用也。

《解詁定本》:各本皆作"國皆有潛法"。《説文》"潛,一曰藏也。"言國家皆有所藏之法。

《校讀》:潛,深也。

國皆有禁奸邪、刑盗賊之法,而無使奸邪、盗賊必得之法。爲奸邪、盗賊者死刑,

【注】

《新釋》:奸邪、盗賊若犯内亂罪及外患罪之類。

而奸邪、盗賊不止者,不必得;

【注】

《新釋》:言多漏網。《韓非子·内儲説上·七術》:"罪莫重辜磔於市,猶不止者,不必得也。"

《斠詮》:"不必得"下當增"也"字。

《校釋》:"也"字各本無。王説:"不必得下當增也字。"今據增。

《評注》:尚有亡命之區足以倖脱。

《解詁定本》:謂不能必獲得而治其罪。《荀子(編者按:當爲《韓非子》)·内儲[説]上·七術》:"罪莫重辜磔於市,猶不止者,不必得也。"

《錐指》:《韓非子·内儲説上·七術》篇曰:"荆南之地麗水之中生金,人多竊采金。采金之禁,得而輒辜磔於市,甚衆,壅離其水也,而人竊金不止。夫罪莫重辜磔於市,猶不止者,不必得也。"

必得而尚有奸邪盗賊者,刑輕也。

【校】

馮抄本,"刑"前無"者"字。

【注】

《新釋》:輕,猶疏也。

《評注》:刑輕則不畏法。

《錐指》:奸邪盗賊不必得,得而刑輕,皆法之亂也。

刑輕者,不得誅也;必得者,刑者衆也。

【校】

范本、綿眇閣本、古逸本、馮本、品節本、奇賞本、秦駿生本,"不得”作“兼”。

范本、馮抄本，後“刑”字作“木”。

古逸本、馮本、品節本、秦駿生本，後“刑”字作“本”。

綿眇閣本，後“刑”字作“失”。

【注】

品節本作“兼誅也”、“本者衆也”，注：兼誅者，併罪而誅，輕罪不誅也。本者，法也，法者重刑。

《新釋》：誅，株連也。言畏連坐。

《評注》：不誅則縱之而仍犯。通國之人奉法，則通國皆刑之之人矣，故曰衆。

《解詁定本》：合雅本、范本作“刑輕者，兼誅也；必得者，本者衆也”。合雅本注云：“兼誅，併衆而誅，輕罪不誅也。本者，法也，法者重刑。”

《校釋》：影范本“不得誅”作“兼誅”，“刑者”作“本者”，誤。今依嚴校本及崇文本。

《錐指》：此蓋當通爲一句，言雖必得而輕刑，則犯者多而刑不勝其繁也。又或行連坐之法，一人爲奸而不告，則餘人被刑，故云刑者衆，若然者奸必得。似前説爲近。范本作“刑輕者，兼誅也；必得者，木者衆也”。“木”字，王志遠諸子合雅本作“本”，並不可解，疑亦有誤。

故善治刑者，刑不善而不賞善，

【校】

范本、綿眇閣本、吴本、古逸本、程本、馮本、朱本、且且庵本、馮抄本、奇賞本、四庫本、問經堂本、指海本、崇文本，“不善”上無“刑”字。

品節本、秦駿生本，“治”下少“刑者”二字。

初校本，“善治”下無“刑”字。

《繹史》引，“不善”上無“刑”字。

【注】

《解詁定本》:按各本作"故善治刑者,不善而不賞善,故不刑而民善。不刑而民得善,刑重也。刑重者民不敢犯,國故無刑也"。嚴校將"刑者"二字乙轉,甚是;將"得""國"二字删去,並不注明,則非。

故不刑而民善。不刑而民得善,刑重也。

【校】

范本、綿眇閣本、馮本、馮抄本、品節本、奇賞本、秦駿生本、初校本,無"得"字。

【注】

《新釋》:重,密也。

《評注》:懲一足以警百。

刑重者,民不敢犯,故無刑也。

【校】

吴本、古逸本、程本、朱本、且且庵本、四庫本、問經堂本、指海本、崇文本,"故"上有"國"字。

范本,"故"前有缺文一字。

馮抄本,"犯"後多一"者"字。

《繹史》引,"故"上有"國"字。

【注】

《校讀》:"民不敢犯"句當重。《賞刑》篇"重刑而連其罪,則民不敢試,故無刑也"。與此文例正同,可證。

而民莫敢爲非,是一國皆善也。故不賞善而民善。

【注】

《新釋》:莫,無也。

《校讀》:“而民”上依文誼當增“無刑”二字。

賞善之不可也,猶賞不盗。

【注】

《解詁定本》:賞善之不可,猶賞不盗之不可也。

《錐指》:以其不能去奸勸功也。《韓非子·外儲説右下》篇曰:“秦大饑,應侯請曰:‘五苑之草著、蔬菜、橡果、棗栗,足以活民,請發之。’昭襄王曰:‘吾秦法使民有功而受賞,有罪而受誅。今發五苑之蔬草者,使民有功與無功俱賞也。夫使民有功與無功俱賞者,此亂之道也。夫發五苑而亂,不如棄棗蔬而治。’”昭襄王之爲此言,蓋亦商君遺教致然矣。

故善治者,使跖可忠信,而况伯夷乎?

【校】

范本,“忠”作缺文。

品節本,無“故”字、“忠”字。

綿眇閣本、馮本、奇賞本、秦駿生本、初校本,“可”下無“忠”字。

馮抄本,“忠”作“喜”。

指海本,“信”上無“忠”字。注:“可”下原衍“忠”字,依《北堂書鈔》二十七、《藝文類聚》五十二、《御覽》六百二十四删,又《書鈔》、《藝文》“跖”上並有“盗”字。

《繹史》引,“可”下無“忠”字。

【注】

《新釋》:跖,盗跖,柳下季之弟,從卒九千人,横行天下,侵暴諸侯。伯夷,孤竹君子,因讓國而逃於首陽,恥食周粟,卒至餓死。

《評注》:跖,盗跖,柳下惠之兄也。伯夷,孤竹君長子,姓墨胎,字公信,以讓國而逃,後以武王伐紂,不從叩馬之諫,餓死首陽山以殉國難，孔子賢之。

《解詁定本》：跖，又作"蹠"，盜跖也，柳下惠弟，見《莊子》。《史記·伯夷傳》："盜跖日殺不辜，肝人之肉，暴戾恣睢，聚黨數千人，横行天下，竟以壽終。"《正義》："跖者，黄帝時大盜之名，以柳下惠弟爲天下大盜，故世放古號之盜蹠。"《史記》：伯夷、叔齊，孤竹君二子，兄弟讓國，歸養於西伯，及武王平殷，恥之，不食周粟，隱於首陽山，采薇食，餓死。

不能治者，使伯夷可疑，而況跖乎？

【校】

指海本，"能"作"善"。注："善"原作"能"，依《北堂書鈔》改，與上文合。

《藝文類聚》上數句引作"善治者，使盜跖可信；不能治者，使伯夷可疑"。

勢不能爲奸，雖跖可信也；勢得爲奸，雖伯夷可疑也。

【校】

馮抄本，"勢得爲奸"，"爲"後多一"而"字。

【注】

《發微》：《申鑒·時事》："盜跖不能盜田尺寸。寸不可盜，況尺乎？"

《錐指》：《韓非子·守道》篇曰："能禁賁育之所不敢犯，守盜跖之所不能取，則暴者守願，邪者反正。"《六反》篇曰："大奸必知，則備；必誅，則止。不知，則肆；不誅，則行。夫陳輕貨於幽隱，雖曾、史可疑也；懸百金於市，雖大盜不取也。不知則曾、史可疑於幽隱，必知則大盜不取懸金於市。故明主之事國也，衆其守而重其罪，使民以法禁，而不以廉止。"《五蠹》篇曰："十仞之城，樓季弗能踰者，峭也；千仞之山,跛牂易牧者,夷也。故明王峭其法而嚴其刑也。布帛尋常,庸人不釋;鑠金百溢,盜跖不掇。不必害則不釋尋常,必害手則不掇百溢。故明主必其誅也。”

5. 國或重治,或重亂。

【校】

范本、綿眇閣本、吴本、古逸本、程本、馮本、朱本、且且庵本、馮抄本、奇賞本、四庫本、問經堂本、崇文本,作“國治或重”,無“或重亂”句。

《繹史》引,作“國治或重”,無“或重亂”句。

指海本注:原本“治”字誤在“國”下,又脱“或重亂”三字。今按文義補正。

【注】

《諸子平議》:(所據本作“國治或重”。)“國”下奪“或重”二字,“重”下奪“亂”字。當作“國或重治,或重亂”。下云“是謂重治”,又云“是謂重亂”,即承此而言。下文云“兵或重強,或重弱”,正與此文一律,可據訂正。

《校釋》:此句影范本、崇文本“國”下奪“或重”二字,“重”下奪“亂”字,今依嚴校本。按“重”字當讀平聲,又也,更也。重治,猶言治而又治也。下“重亂”、“重強”、“重弱”之“重”字,音義俱同。

明主在上,所舉必賢,則法可在賢。法可在賢,則法在下,

【校】

馮抄本,下“法可在賢”作“則法可在賢”。

【注】

《新釋》:賢,善也。可同柯,柄也,權也。下,家也,謂法家。《説民》篇曰:“治國者貴下斷。”

《解詁定本》:法操於賢人,則法行於下。

《錐指》:蓋謂賢者得操法術以正國也。《韓非子·人主》篇曰:“主有術士,則大臣不敢制斷,近習不敢賣重。”法在下者,《説民》篇所謂“治國者貴下斷,王者刑賞斷於民心”,是也。

不肖不敢爲非,是謂重治。不明主在上,所舉必不肖,國無明法,不肖者敢爲非,是謂重亂。兵或重強,或重弱。

【校】

馮抄本,“或重弱”作“或重強”。

民固欲戰,又不得不戰,是謂重強。民固不欲戰,又得無戰,是謂重弱。

6. 明王不濫富貴其臣。

【校】

范本、綿眇閣本、馮抄本、奇賞本、秦駿生本,“王”作“主”,“富”前無“濫”字。

初校本,“王”作“主”。

《繹史》引,“王”作“主”。

所謂富者,非粟米珠玉也;所謂貴者,非爵位官職也。

【注】

《新釋》:言必務農以爲富。粟米,斥禄食言。(“所謂貴者,非爵位官職也”)言必能戰以爲貴。

廢法作私，爵禄之富貴，

【注】

《發微》："廢法"句費解。此九字疑古人舊説，故與下文不接。或曰：當作"非廢法作私，爵禄之富貴也"。

《解詁》：廢法作私爵禄，所謂濫也。若應得之爵禄，則不得爲濫矣。

《新釋》：言廢法作私，則不耕不戰而得富貴，是謂爵禄之富貴。禄，粟米也。《韓非子·八經》："功名所生，必出於官法，法之所外，雖有難行不以顯焉，故民無以私名。"然則作私者乃由廢法而致耳。

《解詁定本》："富貴"下當有"之"字。

《箋正》："廢法作私"句疑有脱誤。

《新箋》：此文兩"也"字與"耶"字同義，皆反詰語氣詞。朱於"富貴"下補"之"字，是也。但文意仍不完足。余謂此下當有"濫也"二字。"廢法作私，爵禄之，富貴之，濫也"，言國君以爵禄富貴予其臣，不依法度，而徇私情，即上文所謂濫也。

《校讀》："作"當作"任"。《修權》篇云"君臣廢法任私必亂"，又云"夫廢法度而好私議，則奸臣鬻權以約禄，秩官之吏隱下而漁民"。

《錐指》：此疑當作"廢法作私之爵禄富貴也"，"之"誤在下，脱"也"字。蓋此蒙濫富貴而釋之，蓋以粟米珠玉爵位官職予人，不必爲濫，唯出於廢法作私之爵禄富貴乃爲濫耳。

凡人主德行非上人也，知非出人也，勇力非過人也。

【校】

范本、吴本、古逸本、程本、馮本、朱本、且且庵本、品節本、奇賞本、秦駿生本、四庫本、指海本、崇文本、初校本，"上"作"出"。

馮抄本，"德"作"悪"，"上"作"出"，上兩"人"字皆作"入"。

《御覽》，作"凡人主德行非出人也，勇力非過人也"。

《繹史》引，"上"作"出"。

《解詁定本》:("知非出人也")綿眇閣本"出"作"上"。

《錐指》:(作"德行非出人也"。)施氏先秦諸子本"出"作"上"。

【注】

《新釋》:出,猶高也。

《評注》:知同智。

《解詁定本》:出人,出人上也。

然民雖有聖知,弗敢我謀;勇力,弗敢我殺;

【校】

范本、綿眇閣本、馮抄本、品節本、奇賞本、秦駿生本,"謀"前無"我"字。

指海本,"勇"上有"有"字,注:此句"有"字原脱,依《御覽》六百三十八補。

《御覽》,作"親民雖有聖智,弗敢謀;有勇力,弗敢殺"。

品節本,"弗敢我殺"作"弗敢伐"。

《斠詮》:《御覽》無兩"我"字。

《錐指》:《御覽》六百三十八"勇"上有"有"字。

雖衆,不敢勝其主。

【校】

馮抄本,"其"下無"主"字。

《御覽》引,作"雖衆,弗勝其制"。

雖民至億萬之數,

【校】

范本、綿眇閣本、馮抄本、奇賞本、秦駿生本,作"至民無億之數"。

《御覽》引,作"民無億萬之數"。

【注】

《斠詮》:《御覽》無"雖"字,"至"作"無"。

《評注》:至億萬之數,言衆也。

懸重賞而民不敢爭,

【校】

初校本,"懸"作"縣"。

《御覽》引,作"雖行重賞而民弗敢爭"。

【注】

《斠詮》:懸重賞,《御覽》作"雖行重賞"。

《解詁定本》:"縣"各本作"懸"。師轍按:"懸"俗字,作"縣"是。《説文》:"縣,繫也。"

行罰而民不敢怨者,法也。

【校】

《御覽》引,作"行重罰而民弗敢怨者,法也"。

《錐指》:《御覽》六百三十八引,"行"下有"重"字。

【注】

《發微》:《淮南·主術》:"明主之治,國有誅者而主無怒焉,朝有賞者而君無與焉。誅者不怨君,罪之所當也;賞者不德上,功之所致也。"

《斠詮》:《御覽》"罰"上亦有"重"字。

《解詁定本》:《御覽》六百三十八引:"凡人主德行非出人也,勇非過人也,然民雖有聖智弗敢謀,有勇力弗敢殺,雖衆弗勝其制。民無億萬之數,雖行重賞而民弗敢爭,行重罰而民弗敢怨者,法也。"與此文稍異。

國亂者,民多私義;

【校】

馮抄本,"私"作"於"。

【注】

《新釋》:義,議也。一曰善也。《吕覽·上農》:"民農則重,重則少私義。"

《評注》:私義,如朱家、郭解之屬,藏匿亡命而刑所不及者。

《解詁定本》:私義,如漢朱家、郭解之流,以俠犯禁。

兵弱者,民多私勇。

【注】

《新釋》:私勇即上所謂邑鬥。《管子·禁藏》:"國多私勇者其兵弱,吏多私智者其法亂。"

《評注》:私勇,如聶政、要離之屬,能殺人於朝市以報知遇之恩者。

則削國之所以取爵禄者多塗人,亡國之所以賤爵輕禄。

【校】

范本、綿眇閣本、馮本、馮抄本、品節本、奇賞本、秦駿生本,"塗"下無"人"字。

指海本注:《繹史》無"人"字。

初校本,"塗"下無"人"字,注:秦本"塗"下有"人"字。

范本、綿眇閣本、馮本、馮抄本、品節本、奇賞本、秦駿生本、初校本,"亡國之所以"作"亡國之欲"。

《繹史》引,"塗"下無"人"字。

【注】

《新釋》:("削國之所以")以,由也。("取爵禄者多塗")言非一道。(“欲賤爵輕禄”)欲,由也。《墨子・明鬼》:“齊君由謙殺之。”謂欲兼殺之也。

《解詁定本》:嚴校本“塗”下無“人”字,“之所以”作“之欲”,乃從范本之訛。兹據綿眇閣本、評校本、吴本、程本、馮本、四庫本改正。陳澧《東塾讀書記》引《商子》:“國亂者民多私義,兵弱者民多私勇,則削國之所以。取爵禄者多塗人,亡國之所以。”以兩“所以”爲句讀。嚴萬里以“多塗亡”爲句讀。皆非。

《箋正》:“國之所以”下,疑有脱訛。

《校釋》:嚴説:“秦本塗下有人字。”王説:“崇文本亦誤衍人字。”案“人”字非衍,應在“國”字下,而誤寫於“塗”字下,今乙正。如此,則上下兩句之意乃較明矣。

《香草續校書》:此當讀“塗”字句。嚴萬里校斷在“亡”字下,非也。其云秦本“塗”下有“人”字,亦不然。多塗者,謂取爵禄之塗多也。《賞刑》篇云:“博聞、辯慧、信廉、禮樂、修行、群黨、任譽、清濁,不可以富貴。”又曰:“富貴之門,要存戰而已矣。”足爲此文之證。蓋商君之法惟戰可以取爵禄。故其塗祇一而不多。多塗者即博聞、辯慧云云也。彼言不可以富貴,而此言所以取爵禄,是削國之道矣。“塗”下不得有“人”字。竊謂秦本“人”字蓋當在“亡國之”之下。言亡國之人賤爵輕禄,不作而食,不戰而榮,無爵而尊,無禄而富,無官而長,此之謂奸民。蓋指當時楊子一流人物也。

《新箋》:(所據本作“亡國之欲”。)“欲”字義不可通,疑當作“俗”,或二字古通用也。《荀子・解蔽》篇:“宋子蔽於欲而不知得。”又曰:“由俗謂之道,盡嗛矣。”楊注:“俗當爲欲。”《荀子》上文作“欲”,下文作“俗”,“俗”顯係誤字,楊注是也。此“欲”“俗”互誤之證。《釋名・釋言語》:“俗,欲也。俗,人之所欲也。”此又“俗”“欲”相通之證。此文所謂“賤爵輕禄”云云,乃商子所認爲亡國之俗之具體内容,則“欲”當作“俗”,明矣。

《錐指》:嚴萬里曰:“秦本塗下有人字。”指海本校曰:“《繹史》亦無人字。"禮鴻案:"則"字疑"削"字之誤而衍者。("亡國之欲")欲,當作"俗"。

不作而食,不戰而榮,

【注】

《新釋》:此承上取爵禄者多塗言耳。不作,謂不耕。食,禄也。榮,爵也。《韓非子·八説》:"不作而養足,不仕而名顯,此私便也。"養足亦謂禄也。

無爵而尊,無禄而富,無官而長,

【注】

《新釋》:此承上"賤爵輕禄"言也。無爵而尊,無官而長,因賤爵;無禄而富,因輕禄。

此之謂奸民。所謂治主無忠臣,慈父無孝子,

【注】

《發微》:《淮南·主術》:"無功而厚賞,無勞而高爵,則守職者懈於官而游者亟於進矣。無罪者而死亡,行直而被刑,則修身者不勸善,而爲邪者輕犯上矣。"

《新釋》:治主,法主也。忠臣之名起於亂世之章善。法主任法以察奸,故無忠臣。《老子》"國家昏亂,有忠臣",亦此意。慈父不能以嚴法繩子,故無孝子。《韓非子·顯學》"慈母有敗子",即此意。

《評注》:治主,謂太平之主。

《解詁定本》:治主任法而國治,故無忠臣。《老子》:"國家昏亂,有忠臣。"

欲無善言，皆以法相司也，命相正也。

【注】

《發微》："司"即"伺"字。

《新釋》：欲以言舉發人之惡，故曰欲無善言。司，察也。《史記·商君傳》："而相收司連坐。"命，令也。正同證，告也。

《解詁定本》：司者，理其事也。命，令也。

《校讀》：朱氏、王氏皆以"欲無善言"爲一句，義不可通，當以"善"字句絶，"言"字屬下讀。然"欲無善"，猶有脱文，疑當作"雖欲無善，不可得也"。

《錐指》：伺，古祇作"司"。

不能獨爲非，而莫與人爲非。

【注】

《新釋》：莫，不也。

《解詁定本》：莫，無也。

《錐指》：《韓非子·外儲説右下》篇曰："秦襄王病，百姓爲之禱。病愈，殺牛塞禱。王因使人問之，何里爲之？訾其里正與伍老屯二甲案，訾讀爲貲。《説文》曰："貲，小罰，以財自贖也。"曰：'彼民之所以爲我用者，非以吾愛之爲我用者也，以吾勢之爲我用者也。吾釋勢與民相收，若是，吾適不愛而民因不爲我用也。故遂絶愛道也。'"此治主所以不用忠臣。下文曰："恃天下者，天下去之；自恃者，得天下。"夫用法則自恃之道已。

7. 所謂富者，入多而出寡。衣服有制，飲食有節，則出寡矣；女事盡於内，男事盡於外，則入多矣。

【注】

《新釋》：制，度也。《韓非子·難二》："丈夫盡於耕農，婦人力於織紝,則入多。”

《錐指》:有制有節,法也。

8. 所謂明者,無所不見,則群臣不敢爲奸,百姓不敢爲非。是以人主處匡牀之上,聽絲竹之聲而天下治。

【校】

指海本“天下治”下注:《初學記》二十五作“天下大理”。

《御覽》引,作“明知無所不見,人主處匡牀之上而天下治”。

【注】

《發微》:《御覽》七百六(引見上)。匡牀,見《莊子》云:“及其……與王同匡牀。”

《純常子校語》:二世行之而秦以亡,法果可盡用乎?

《新釋》:匡,正也。字一作“筐”。牀,安身之坐也。《莊子·齊物論》:“與王同筐牀。”《淮南·主術》:“匡牀蒻席。”

《解詁定本》:《説文》:“匡,或體作筐。”《莊子·齊物》“與王同筐牀”,崔注:“正牀也。”《淮南·主術》“匡牀蒻席”,高注:“匡,安也。”

《錐指》:禮鴻案:《莊子·齊物論》“與王同筐牀”,《釋文》:“筐本或作匡,方也。”

所謂明者使衆不得不爲。

【校】

馮抄本,“明”作“民”。

【注】

《新釋》:明,能得衆之情。

《解詁定本》:所謂明者,使衆不得不盡其力。

9. 所謂強者天下勝，天下勝，是故合力。

【注】

《新釋》：天下勝，猶云勝天下也。合力，言天下合之力以爲力。

《解詁定本》：所謂強者，能用天下之力勝也。以天下之力勝，故謂合力。

《新箋》："天下勝，天下勝"二句當作"勝天下，勝天下"，蓋傳寫之誤也。此言所謂強者乃勝天下也。勝天下故能集中人民之力也。下文云"勇強不敢爲暴，聖知不敢爲詐"，即勝天下之實際也。若作"天下勝，天下勝"，則意適相反矣。

《錐指》：天下勝，天下爲所勝。合力者，兼天下之力以爲我用。

是以勇強不敢爲暴，聖知不敢爲詐而虛用，

【注】

《新釋》：《周禮》"六德：知仁聖義中和"，大司徒用以教萬民者。爲詐，僞詐也。僞詐者其用虛，《老子》："知慧出，有大僞。"

《解詁定本》：虛用，當爲"慮周"之訛。慮，謀也。言慮謀周到，是以兼天下之衆，莫敢不從所好，而辟所惡。或以"而虛用"屬上讀，非。

《箋正》："而虛用"三字疑訛。

《校釋》：王校以此三字("而虛用")屬上句讀，誤。案"虛用"二字或爲"強明"之誤，宜連"而"字屬下句讀。

兼天下之衆，莫敢不爲其所好而辟其所惡。

【校】

初校本，"辟"作"避"。

【注】

《新釋》：兼，合也。此好惡斥人君言。

所謂強者,使勇力不得不爲己用。其志足,天下益之;不足,天下説之。

【注】

《新釋》:更進無已。《墨子·經上》:"勇者,志之所以敢也。"説,鋭也。

《解詁定本》:益,饒也。説,樂也。

《校釋》:説當讀爲悦。

《錐指》:此當以"足天下"及"不足天下"爲讀。足,滿足也。人君以天下能滿足我之意志則益之,不能則説之。"説"與《説民》篇之"説"字同,乃"敚"之借字。益之説之,謂賞刑也。惟益也故天下爲其所好,惟説也故天下莫敢不避其所惡。

恃天下者,天下去之;自恃者,得天下。

【校】

馮抄本,"恃"作"慱"。

【注】

《新釋》:《韓非子·心度》:"能閉外塞私而上自恃者,王可致也。"旨與此同。

《解詁定本》:恃於外而不修於内,則天下去之;修於内而不恃於外,則天下歸之。

得天下者,先自得者也;能勝強敵者,先自勝者也。

【注】

《新釋》:《老子》:"自勝者強。"《吕覽·先己》:"欲勝人者,必先自勝。"

《評注》:自得、自勝,故法行而下無私義、私勇。

《解詁定本》:能自得,則能得天下;能自勝,則能勝強敵。蓋事必先其本也。《吕覽·先己》篇:“欲勝人者,必先自勝。”

《錐指》:前云:“能制天下者,必先制其民者也;能勝强敵者,必先勝其民者也。”

10. 聖人知必然之理,必爲之時勢,

【注】

《錐指》:(“必爲之時勢”)此五字有誤衍。

《箋記》:時勢,當衍一字。以下文觀之,蓋衍“時”字。

故爲必治之政,戰必勇之民,行必聽之令。是以兵出而無敵,令行而天下服從。

【校】

范本、綿眇閣本、吴本、古逸本、程本、馮本、朱本、且且庵本、馮抄本、奇賞本、秦駿生本、四庫本、問經堂本、指海本、崇文本,“服從”作“朝”。

范本、程本、馮本、朱本、四庫本,“朝”下缺一字。

馮抄本,“朝”下有“廷”字。

《繹史》引,“服從”作“朝”。

黄鵠之飛,日行千里,

【校】

馮抄本,“黄鵠之飛”作“黄黄鵠飛”。

初校本,“日行”作“一舉”,注:秦本、范本“一舉”作“日行”。

【注】

《新釋》:《説文》:“鵠,鴻鵠也。”形似鵝,色蒼黄,亦有白者,其翔極高,一名天鵝。《齊策》:“黄鵠因是以游於江海。”《韓詩外傳》:“黄鵠一舉千里。”

《解詁定本》：鵠，《説文》："鴻鵠也。"先大父(朱駿聲)云："形似鵝，色蒼黄，亦有白者，其翔極高，一名天鵝。"

有必飛之備也；騏驎騄駬，

【校】

范本、綿眇閣本、馮抄本、奇賞本，"騏驎騄駬"作"麗麗巨巨"。

初校本注：秦本"麗麗巨巨"作"騏驎騄駬"，范本"巨"作"臣"。

《解詁定本》：嚴校："麗麗巨巨"秦本作"騏驎騄駬"，范本"巨"作"臣"。

【注】

《發微》：《淮南子・道應訓》："故人與驥逐走則不勝驥，托於車上，則驥不能勝人。""北方有獸，其名曰蹷，鼠前而兔後，趨則頓，走則顛，常爲蛩蛩駏驉取甘草以與之。蹷有患害，蛩蛩駏驉必負而走。"蹷，按即《説文》蟨字。《爾雅・釋地》："西方有比肩獸焉，與邛邛岠虚齧甘草，即有難，邛邛岠虚負而走，其名謂之蟨。"《説文》："蟨，獸也。西方有獸，前足短，與邛邛岠虚比，其名謂之蟨。"邢疏引《穆天子傳》："邛邛虚虚，日走五百里(編者按：《穆天子傳》原文作"邛邛岠虚走百里")，此"麗麗巨巨"必是"邛邛巨虚"之誤。《説文解字》與《爾雅》同。

《解詁》：(所據本作"麗麗巨巨"。)家大人曰："《爾雅・釋畜》'小領盜驪'，注：'《穆天子傳》曰：天子之駿，盜驪緑耳。又曰：右服盜驪。盜驪，千里馬。'"邵晋涵正義云："《穆天子傳》云：'天子之駿赤驥、盜驪、白義、踰輪、山子、渠黄、華騮、緑耳。'又云：'次車之乘，右服渠黄而左踰輪，右驂盜驪而左山子。'"是郭氏所引。此篇麗麗即盜驪，巨巨即渠黄。麗與驪，巨與渠，字形相近，不言之者，猶鳥之曰燕燕也。蓋麗麗，黑色馬；巨巨，黄色馬。

《新釋》：(所據本作"麗麗巨巨"。)麗麗，利駛也。謂駛之行疾者。巨巨，大駒也。范子謂之距虚。《周禮》："馬八尺以上爲龍，七尺以上爲駃，六尺以上爲馬。"馬，一本作駒。

《解詁定本》:(所據本作"麗麗巨巨"。)麗麗巨巨,未詳。或曰皆古駿馬名,周穆王有盜驪。驪與麗通。《爾雅》"邛邛巨虚",《玉篇》:"巨虚,獸似騾。"

《校釋》:騏驎與騄駬爲駿馬之二種。

《錐指》:嚴萬里曰:"秦本麗麗句作騏驎騄駬,范本巨作臣。"禮鴻案:"麗麗巨巨"乃"蛩蛩巨丘"之誤。《逸周書·王會》篇:"獨鹿邛邛距虚,善走也。"又"孤竹距虚",孔晁注:"邛邛,獸,似距虚,負蟨而走也。距虚,野獸驢騾之屬。"《史記·司馬相如傳》:"轔邛邛,蹵距虚。"《漢書》、《文選》俱作"蹵蛩蛩,轔距虚"。張揖注《漢書》云:"蛩蛩,青獸,狀似馬;距虚,似贏而小。"《説苑·復恩》篇:"北方有獸,其名曰蟨。前足鼠,後足兔。食得甘草,必齧以遺蛩蛩巨虚。蛩蛩巨虚見人將來,必負蟨以走。蟨非性之愛蛩蛩巨虚也,爲其假足之故也。二獸者,亦非性之愛蟨也,爲其得甘草而遺之故也。"《山海經·海外北經》:"北海内有素獸焉,狀如馬,名曰蛩蛩。"郭璞注:"即蛩蛩鉅虚也。一走百里,見《穆天子傳》。"蛩蛩與邛邛,距虚與巨虚、鉅虚並同聲通用字。近人劉文典《三餘札記》,據《逸周書》、《説苑》、司馬相如《賦》及張揖注諸文,以爲漢、魏諸儒皆以蛩蛩距虚爲二獸,晋、唐人始謂蛩蛩即距虚,實爲無據。其説甚確,今不詳録焉。范本既以形近而誤,秦本乃肆臆改耳。

《箋記》:(所據本作"麗麗巨巨"。)麗麗巨巨,即"蛩蛩岠虚"之訛,見《爾雅·釋地》。

每一日走千里,

【校】

初校本,無"每一"二字,注:秦本、范本有"每一"字。

【注】

《純常子枝語》:"每一"二字誤衍。

《錐指》:嚴萬里曰:"秦本、范本日上有每一字。"禮鴻案:於文不當有。

有必走之勞也。

【校】

范本、綿眇閣本、吴本、古逸本、程本、馮本、朱本、且且庵本、馮抄本、奇賞本、秦駿生本、四庫本、問經堂本、指海本、崇文本、初校本,“勞”作“勢”。

《繹史》引,“勞”亦作“勢”。

虎豹熊羆,鷙而無敵,

【校】

范本、綿眇閣本、吴本、程本、馮本、朱本、且且庵本、馮抄本、奇賞本、秦駿生本、四庫本、問經堂本、指海本、崇文本,無“鷙”字。

【注】

《新釋》:鷙,猛也。《禮記·儒行》:“鷙蟲攫搏不程勇者。”

《解詁定本》:《爾雅》:“熊,虎醜,其子狗。羆如熊,黄白文。”先大父(朱駿聲)云:“羆,即熊類之大而猛者,能拔樹木,俗謂之人熊。”鷙,猛也。

有必勝之理也。

【注】

《評注》:法行則處不犯刑,出而能戰,全國之民皆其羽翼脛足爪牙矣。

11. 聖人見本然之政,知必然之理,故其制民也,如以高下制水,如以燥濕制火。

【校】

《意林》引,“故其”作“聖人”,兩“以”字並缺。

《御覽》引，作“聖人之制民也，如高下制水，如燥濕制火也”。

【注】

《新釋》：《管子・禁藏》：“民之去就，如火之於燥濕，水之於高下。”

《解詁定本》：《御覽》卷四百一作：“聖人之制民也，如高下制水，如燥濕制火也。”《説文》：“燥，乾也。”

《校讀》：言因其性也。

故曰：仁者能仁於人，

【校】

馮抄本，“於”上有“非”字。

而不能使人仁；義者能愛於人，而不能使人相愛。是以知仁義之不足以治天下也。

【校】

初校本，“使人相愛”作“使人愛”，注：秦本、范本作“相愛”。

【注】

《新釋》：一言治天下非僅以仁義，故曰不足。

聖人有必信之性，

【注】

《錐指》：猶言聖人能信於人。

又有使天下不得不信之法。所謂義者，爲人臣忠，爲人子孝，少長有禮，男女有別。非其義也，餓不苟食，死不苟生。此乃有法之常也。

【注】

《讀諸子札記》：“此乃有法之常也”句有脱文，當云：“此乃性之有，非法之常也。”承上文“聖人有必信之性，又有使天下不得不信之法”而言。《錯法》篇云：“夫聖人之存體性，不可以易人，然而功可得者，法之謂也。”即此義。故下文云：“聖王者，不貴義而貴法。”

《新釋》：仁義必需法以爲之。

《錐指》：（引陶説，文見上。）禮鴻案：陶説是也。性之有，謂性之所或有。

聖王者，不貴義而貴法。法必明，令必行。則已矣。

【注】

《解詁定本》：商君之論仁義，謂非但臣忠子孝、少長有禮、男女有别而已，必使人民餓不苟食、死不苟生，大法伸於天下，乃爲真仁義。是以聖人不貴義而貴法，在法明令行而已矣。

境内第十九

本篇校勘所據版本：范本、綿眇閣本、吴本、程本、馮本、朱本、且且庵本、馮抄本、奇賞本、四庫本、問經堂本、指海本、崇文本、初校本，共十四種。

下列版本無本篇：古逸本、褒異本、品節本、匯函本、秦駿生本，共五種。

【題解】

《札迻補》：《商君書》廿六篇，《境内》第十九，紀治秦御軍頒爵之制甚詳。

《解詁定本》：國内之民，稽其男女衆寡生死之數，以備軍役、制官爵、行賞罰，而施軍政焉。

《箋正》：此篇叙秦法之關於戰事勇怯刑賞等級之度數……

《校釋》：此篇專言户籍軍爵軍律及攻城法，當係商君所行於秦者。惟史既多失傳，而文又多脱誤，幾不可讀。今就各家考證參酌己意，而校録之，藉明其大略而已。

1. 四境之内，丈夫女子皆有名於上者著，死者削。

【校】

崇文本，“者著”上有“生”字。

【注】

馮本注：著，著爲籍。

《諸子平議》：此奪“生”字，當作“生者著，死者削”，説見《去強》篇。

《札迻補》：“生”字舊本奪，俞樾《商子平議》據《去強》篇增。

《解詁》引俞説，無補充。

《純常子枝語》：此治國必行之法。

《新釋》：於，籍也，名於，謂名籍，今兵籍也。《周禮》謂之比居，鄭玄以爲位籍。尹乾説：於，呼也。名於，猶云名稱。上者著，言簡稽成年者而編爲兵卒。上，長也，壯也。著同褚，卒也。尹乾説：著於兵籍，《去強》篇所云生著則户籍耳，所以便統計稽學齡者，與此異用。死者削，言死於戰則優卹其遺族，削，稍也，謂禄之小者，亦以漸而給之意。《周禮·内宰》：“均其稍食。”

《斠詮》：（引俞説，文見上。）崇文本有“生”字，當據補。

《解詁定本》：（引俞説，文見上。）按：俞説是，崇文本有“生”字。言境内之民，男女皆著名於版籍之上，生則著其名，死則削去之。

《校釋》：“者”上“生”字，嚴校本、影范本俱無，今依崇文本。……按：有名於上，猶今之户口登記也。

《校讀》：按《去強》篇亦云：“舉民衆口數，生者著，死者削。”

2. 其有爵者乞無爵者以爲庶子，級乞一人。

【注】

《札迻補》：言有爵一級，則得乞一人。

《校正》：《周禮·大司馬》職“王吊勞士庶子”，鄭注：“庶子，卿大夫之子從軍者。”疑此庶子亦指從軍者言。

《發微》：《周禮·宫伯》“掌王宫之士庶子”，鄭衆注：“庶子，宿衛之官。”康成注：“王宫之士，謂王宫中諸吏之適子也，庶子，其支庶也。”《新序·雜事一》楚莊王中庶子曰臣尚。（編者按：此引有誤。

《新序·雜事一》未言此事,《雜事二》:"楚莊王蒞政三年……中庶子聞之跪而泣曰:臣尚衣冠御郎十三年矣,前爲豪矢而後爲蕃蔽……")孫詒讓《周禮正義》曰:"宿衛子弟已命者謂之士,未命者謂之庶子。"《墨子·尚賢上》:"門庭庶子。"

《解詁》:《廣雅·釋詁》:"乞,求也。"

《新釋》:乞同氣,廩也。庶子,宿衛之官,《周禮·宫伯》"掌王宫之士庶子",《禮記·文王世子》"公有出疆之政,庶子以公族之無事者守於公宫"。《前漢書·百官公卿表》列侯,改所食國令長名相,又有家丞、門大夫、庶子。級乞一人,言爵有級乞者皆置庶子一人以事役,下云賞爵一級,蓋庶子一人。

《解詁定本》:先大父(朱駿聲)《説文通訓定聲》"气"下云:"今隸作乞。"乞借爲氣。《説文》"氣",或作"餼",饋客之芻米也。此商君定軍籍之制,有爵者餼以禄米,無爵者以爲庶子,每級准餼一人。按《漢書·百官公卿表》,秦爵二十級,又有家丞、門大夫、庶子。疑庶子等即春秋時各國大夫家臣之類。下文有"除庶子一人"。

《香草續校書》:乞者,當是乞之於公家也。無爵者爲有爵者服役,故有爵者乞諸公家,而公家與之。爵一級,則役一人。二級,則役二人。三級,則役三人。多一級,即多一人,故云級乞一人。惟謂之庶子者,特名稱耳,若曰僕夫云耳,與《漢書·百官表》太子、太傅、少傅屬官之庶子,及凡他書言庶子指官名者,不同。

《錐指》:《周禮》有庶子官。庶子,司馬之屬,掌國子之倅爲政於公屬者《禮記·文王世子》注。商君爲魏中庶子本傳,秦有中庶子蒙嘉《史記·刺客列傳》,漢列侯家臣有庶子《漢書·百官公卿表》,蓋皆與此異。貴賤不嫌同辭,此其微者耳。

其無役事也,其庶子役其大夫月六日;

【校】

范本、綿眇閣本、程本、朱本、四庫本,"月"字作缺文。

吴本、且且庵本、奇賞本、問經堂本、指海本、崇文本，無“月”字。

馮抄本，“役”作“曰”。

初校本注：“元本、范本月字作缺文。”

《解詁定本》：各本無“月”字，程本亦空一字。

【注】

《札迻補》：言無事則每月庶子役其所主之大夫六日。

《新釋》：有爵則無役事。《周禮・鄉大夫》：“其舍者，國中貴者。”月六日，每月六日。

《香草續校書》：上“役”，謂公役也。下“役”，謂私役也。公役不能計日。無公役，則一月之中限私役六日。故曰：“其無役事也，其庶子役其大夫月六日。”其言大夫，亦名稱耳，若曰主人云爾。

《錐指》：禮鴻案：役事，謂軍事也。故下曰“其役事也，隨而養之軍”。蓋庶子平時得稍逸，有役則不得休矣。

其役事也，隨而養之軍。

【注】

《札迻補》：此言有事之時，則其大夫養其所乞之庶子也。

《新釋》：公給之食。

《解詁定本》：（於“養之”絶句。）無大役之時，庶子役於大夫月不過六日；其役也，則贍養之。

《校讀》：役事，謂大夫爲國服役。

《錐指》：養如廝養之養，謂使之隨軍給役也。

3. 爵自一級已下至小夫，命曰校、徒、操、出公。

【注】

《諸子平議》：“出”字疑當作“士”，古書“士”、“出”字多互誤。

《札迻補》：“出”字誤；俞云：“疑當作士。”

《解詁》引俞説，無補充。

《新釋》：小夫，夫之小者，對大夫而言。《楚策》"夫卒交"，蓋斥小夫言耳。命，名也。校、徒、操，皆役兵事者之吏。《釋名》："校，號也，將帥號令之所在也。"徒，衆也。《周禮・大司馬》"徒三百有二十人"，"一軍……則徒百人"，下云"以徒、校分積尺而攻之"。操，皂也。《左・昭七傳》"士臣皂、皂臣輿"，下云"吏自操及校"。《史記・年表》秦惠文王七年，"義渠内亂，庶長操將兵定之"。蓋因舊所服事以爲名者。

《解詁定本》：（以上句末"軍"與本句首"爵"連讀。）《史記・秦本紀》集解："商君爲法於秦，戰斬一首，賜爵一級，欲爲官者五十石。"今本作五千石，誤。此據《北堂書鈔》引改正。《漢書・百官公卿表》：爵一級曰公士，二上造，三簪裊，四不更，五大夫，六官大夫，七公大夫，八公乘，九五大夫，十左庶長，十一右庶長，十二左更，十三中更，十四右更，十五少上造，十六大上造，十七駟車庶長，十八大庶長，十九關内侯，二十徹侯，皆秦制，以賞功勞。按：秦以爵賞戰功，故云軍爵。自公士已下至小夫，名曰校、徒、操。校、徒、操三者，皆軍職。出公爵，謂在軍爵之外，俞樾改出爲士，非。

《校釋》："士"字各本作"出"，誤。俞説："出字疑當作士，古書士出字多互誤。"今據改。

《香草續校書》："出"字據俞蔭甫太史《平議》謂當作"士"，蓋是也。但"公"字無義。俞於"出"字讀句，則以"公"字屬下文"爵自二級已上"讀。然此文言爵自一級之下，但言爵，不言公爵，則"公"字必不得下屬。竊謂"士公"二字尚誤倒，當作"公士"。下文云"故爵公士也"，即其證。《漢書・百官表》云"爵一級曰公士"，故云爵自一級已下至小夫，命曰校、徒、操、公士。公士，正爵一級之名目。操也、徒也、校也、小夫也，又在公士之下，則雖爵之而未入級者也，後世所謂未入流品者是矣。

《錐指》：俞樾、王時潤並斷軍爵公爵爲句。俞曰："出字當作士，古書士出字多互誤。"禮鴻案：《漢書・百官公卿表》爵一級曰公士，二上造,至二十徹侯,皆秦制。總稱曰爵,未有軍爵、公爵之分。且一級以下明包公士在内,二級已上明包上造在内,豈有割二十級之一别稱軍爵者? 今謂“軍”字“公”字皆當屬上,“出公”者即“公士”之訛倒。

爵自二級以上至不更,命曰卒。

【校】

初校本,“以”作“已”。

【注】

《札迻補》:(以上句末“公”與本句首“爵”連讀。)公爵猶功爵。二級上造,不更第四級,然則大夫以上不爲卒。

《新釋》:出,服也,一曰進也。出公爵者,謂以粟所出公爵也,與上軍爵異。卒,役兵事者,以衣有題識而名,下謂之“中卒”。《前漢書·百官公卿表》:“爵一級曰公士,二上造,三簪裊,四不更,五大夫,六官大夫,七公大夫,八公乘,九五大夫,十左庶長,十一右庶長,十二左更,十三中更,十四右更,十五少上造,十六大上造,十七駟車庶長,十八大庶長,十九關内侯,二十徹侯,皆秦制,以賞功勞。”此云“二級以上”謂爵上造以上耳。

《解詁定本》:自上造已上至不更,名曰卒。《傅子》云:“公士、上造皆步卒。”然則簪裊、不更皆車卒。

《校讀》:俞氏、王氏皆以“出”字連上句絶。朱氏以“出”字屬下公爵讀。俞説是也。又按此文以軍爵自一級以下,公爵自二級已上,則公爵之外别有軍爵,但以古籍殘缺,其名無可考見。又細審文義,疑軍爵較公爵爲賤。朱氏以此二十級爲軍爵似誤。又《書鈔》四十八《漢舊疑》云公士爲國君列士也。《傅子》云:造,成也。古者成士升於司空曰造士。雖依此名,皆步簪梟馬,《傅子》曰:梟者,古之梟名駕車馬者,其形如簪,故曰簪裊。不更主一車四馬,《傅子》云:不復與凡更卒同大夫乘兵車也。《傅子》云:以爲大夫者在車右也,官大夫領他車馬,公大夫領行伍兵,公乘與國軍同車。《風俗通》云:乘者單夫之高爵。《傅子》云：臨戰得乘公車，故曰公車。五大夫賜爵王大夫以上，次年德者爲官長率。《風俗通》云：大夫衣溱帶，不爲正衛。《傅子》云：自左庶長至大夫庶長皆將軍也，所得將庶人更牽也，故以庶更名焉，大庶長將軍也，左右庶長即左右偏裨將軍也。商君爲秦備其品，爲十八級，皆因古義，自一爵以上至不更四等，齊士也，卿大夫以上至五大夫五等，皆大夫也，凡九等，依九命之義，自左庶長以上至大庶長，九卿之義也。然則大夫以下品皆仿古，此朝之制而異其名，所以殊軍國者也。據虞氏之意，則以卿大夫士爲國爵，以公士以上二十級爵爲軍爵也，當俟考。（編者按：《校讀》此注，引文多誤。此照録原文，未予更改。）

其戰也，五人來簿爲伍。

【校】

吴本、且且庵本、馮抄本、崇文本，"伍"作"五"。

朱本、問經堂、指海本，"簿"作"薄"。

【注】

《札迻》："來"疑當爲"束"。《尉繚子》有束伍令。薄，古"簿"字。本亦作"簿"。

《斠詮》、《解詁定本》、《校釋》均從孫説，無補充。

《解詁》：簿，軍簿。言五人來登其名於簿，編之爲伍。

《新釋》：來，勅也。簿，部也。謂校、徒、操卒服勅而部之爲一伍，《周禮》所謂五人爲伍是。

《錐指》：（引孫説，文見上。）禮鴻案：改"束"是也，束簿則不辭矣。"薄"義當與"束"平列。《楚辭・九章・涉江》注曰："草木交錯曰薄。"然則束薄謂約束牽制耳。

一人羽而輕其四人。

【注】

《札迻》:“羽”疑當爲“死”,“輕”當爲“剄”。言同伍之中,一人死事,四人不能救,則受刑也。

《札迻補》:羽,猶言負羽也。蓋言一人負羽,爲四人率。又疑“羽”當爲“死”,“輕”當爲“剄”,言一人死事,則四人受刑。下文云“戰及死事而輕短兵”,可證。

《斠詮》、《解詁定本》、《校釋》引《札迻》説,無補充。

《解詁》:《文選・七命》注:“羽,隊士負羽而爲隊也。”《説文》:“輕,輕車也。”《後漢書・竇憲傳》注:“輕武,言疾也。”此言一人負羽乘輕車疾走。

《新釋》:《周禮》“析羽爲旌”,旌,進也,所以進士卒。羽謂旌耳。《周書・王會》“青陰羽鳧旌”。《説文》“役”下引司馬法曰:“執羽從役。”輕,輕車也。《吴孫兵法》云,武剛車爲先驅又爲屬車,輕車爲後殿焉。《周禮・車僕》“掌……輕東之萃”,孫子謂之馳車。一曰,羽謂以羽爲首飾,《韓非子》所謂戴羽、《文選・羽獵賦》所謂負羽是。輕,勁也。謂督後者。《左・宣十二傳》前茅、中權、後勁。

《新箋》:孫詒讓曰:“羽當爲死,輕當爲剄,言同伍之中,一人死事,四人不能救,則受刑也。”亨按:“死”與“羽”形不相近,無由致誤。“羽”當作“兆”,形似而誤。“兆”借爲“逃”,二字古通用。《莊子・天下》篇:“兆於變化。”《釋文》:“兆,本或作逃。”即其證。一人逃而剄其四人,是説一人逃跑則加刑於其同伍四人,即同伍連坐之法。

能人得一首則復,夫勞爵,其縣過三日有不致士大夫勞爵,能。

【注】

《札迻》:“能”當爲“罷”,言罷免其縣令也。此十七字與上下文不相屬，疑當在後文“將軍以不疑致士大夫勞爵”下，而誤錯箸於此。“夫勞爵”三字即蒙彼而衍。又疑“能”即“耐”之借字，《漢書・高帝紀》應劭注：“輕罪不至於髡，完其耏鬢。耐音若能。”

《札迻補》：“夫勞爵”上有奪文。

《斠詮》引《札迻》説，無補充。

《解詁》：《漢書・高帝紀》注：“復，謂除其賦役也。”此數語疑有脱誤，或因下文有“乃校三日，將軍以不疑致士大夫勞爵，其縣四尉訾”之語，傳寫重出於此。

《新釋》：（讀作“其四人能，人得一首，則復夫勞爵，其縣過三日，有不致士大夫勞爵，能”。）能同始，前也。下云“短兵能”，又曰“不能死之”。人得一首，每人獲一敵首也。復夫，除夫役也。即上所謂校、徒、操、卒役也。勞，賚也。勞爵謂賜爵。《管子・山權數》：“勞若以百金。”其縣過三日，縣，延也。《説文》“疊”下引楊雄説：“古理官决罪三日得其宜乃行之。”頒賞亦然。有同右，上司也。致，送詣也。能，罰其怠緩。能，耏也。輕刑之名。下云“其獄法高爵能無給”，謂罰以耏，或罰俸耳。

《解詁定本》：復謂除其賦役。孫詒讓曰“此十七字……疑當在後文將軍以不疑致士大夫勞爵下”，按：孫説是也。《説文》“耏”或體作“耐”，罪不至髡也。《漢書・光武紀》“耐罪亡命”，注：“耐，輕刑之名。一歲刑爲罰作，二歲以上爲耐。”先大父（朱駿聲）云：“耐，亦假借爲能。”

《校釋》：古者作戰，重斬首之功。得一首，即斬一首也。復，謂赦免也。一人死事，同伍之人不能救，本應連坐，但人得斬敵一首，即赦免之，故曰“人得一首則復”。

《錐指》：（引孫説，文見上。）禮鴻案：孫説此文應在後，是也。但“其縣”二字亦蒙後文衍，不止衍三字耳。孫言縣令云云，誤。

五人一屯長,百人一將。

【注】

《校正》:《管子・輕重乙》:"千人之長,必拜而送之。"《牧誓》"千夫長",鄭云"師帥"者,其舊名也。《墨子・備城門》:"千人之將以上,止之勿令得行。行及吏卒從之,皆斬。"

《新釋》:屯長猶伍長也。人所聚曰屯。《韓非子・外儲説右》"訾其里正與伍勞屯二甲",蓋謂五家之屯長。《周禮・鄉師》:"巡其前後之屯。"《文選・東都賦》:"陳師按屯。"《説文》:"軘,兵車也。"以屯守而命名耳。一將,《周禮》:"百人爲卒,卒長皆上士。"此將謂卒長也。

其戰,百將、屯長不得,斬首;得三十三首以上,盈論。

【注】

《札迻補》:此句亦有奪誤。

《解詁》:(讀爲"不得斬首"。)言百將、屯長不得斬首,其所將之人能得三十三首以上即以盈論也。《詩・鵲巢》傳:"盈,滿也。"盈論,言以全功論之。

《新釋》:得同能,始也,前也。不得者,今所謂臨陣退縮是。《斬令》篇"不能以相先也",《韓非子・飭令》作"不得"。斬首,治其不前之皋。云斬首者,與腰斬異。下云"疾鬥不得斬首",得,謂其前進。下云"短兵能",能、得聲轉通用。三十三首以上盈論,言百人不必人斬一敵首。盈,滿也。謂以滿百首論也。

《解詁定本》:(讀爲"不得斬首"。)五人設一屯長,百人設一將。百將、屯長,責在指揮,故不得斬首。……或曰:"不得"當作"不退",篆文"得""㝵"形近而訛。"不退"絶句,"斬首"屬下讀。

《校釋》:("不得"改作"必得"。)"必得"二字各本作"不得",於義不合,今改爲"必得"。百將,猶今之連長。屯長,猶今之伍長。盈論,蓋謂逾格論功進爵也。

《新箋》:朱師轍曰:"百將、屯長責在指揮,故不得斬首。或曰:不得當作不退。”亨按：百將、屯長皆身臨戰陣，豈能云不得斬首哉！余謂“斬首”當作“首斬”，傳寫誤倒。“不得首，斬”爲句，謂百將、屯長不得敵人之首級，則處以斬刑也。若得敵人之首三十三，則滿乎規定，而百將、屯長皆賜爵一級矣。此正言對百將屯長之賞罰也。

《校讀》：王氏以“不得”句，“斬首”句，意謂百將、屯長戰無所得，則斬首，義較長。

《錐指》：下文“知疾鬥不得”，朱師轍改“得”爲“退”，是也。此“不得”亦當爲“不退”。《禮記・王制》篇：“司馬辨論官材，論進士之賢者以告於王。論定，然後官之。任官，然後爵之。”盈論之論略與論官同。盈論在漢時則曰中率。《漢書・李廣傳》：“諸將多中首虜率爲侯者。”又曰：“從大將軍擊右賢王，有功中率，封爲樂安侯。”

百將、屯長賜爵一級。

【校】

范本、綿眇閣本、吴本、程本、馮本、且且庵本、馮抄本、奇賞本、四庫本、問經堂本、崇文本，“百”作“伯”。

《札迻補》：孫本誤作“伯”，依嚴本正。

【注】

《新釋》：《韓非子・定法》：“商君之法曰，斬一首者爵一級，欲爲官者爲五十石之官。斬二首者爵一(編者按：“一”當作“二”)級，欲爲官者爲百石之官。官爵之遷與斬首之功相稱也。”《史記・秦本紀》集解駰案：“《漢書》曰：商君爲法於秦，戰斬一首賜爵一級。”

《解詁定本》：百將所屬二十屯長。百人之中，能得三十三首以上，則以盈滿論功，百將、屯長皆賜爵一級。

五百主，短兵五十人。

【注】

《解詁》：《文選・吴都賦》劉注：“短兵，刀劍也。”

《新釋》:《周禮》:“五百人爲旅,旅帥皆下大夫。”此五百主謂旅帥也。《墨子·備穴》“適人近疾五百穴”,《備城門》作“毋百”。短兵,刀劍之屬。《管子·參患》:“弩不可以及遠,與短兵同實。”《司馬法》:“長兵以衛,短兵以守。”尹乾説:“短同端,首也。短兵猶云首兵,謂什長也。”

《解詁定本》:五百主,五百人之長,有持短兵之士五十人。短兵,兵之持刀劍者也。

《校釋》:古代兵器有長短之别,《史記·匈奴傳》“長兵則弓矢,短兵則刀鋋”,即其義也。此亦謂持弓矢者爲長兵,持刀鋋者爲短兵。

《錐指》:《史記·匈奴傳》:“長兵則弓矢,短兵則刀鋋。”《司馬法》言五兵,引在《賞刑》篇。又曰:“兵不雜則不利。長兵以衛,短兵以守。太長則犯,太短則不及。太輕則鋭,鋭則易亂;太重則鈍,鈍則不濟。故初列,弓戟閒焉。次列,殳矛間焉。”《天子之義》篇是短兵爲制勝之主也。

二五霸主,將之主,短兵百。

【校】

馮抄本,“霸”下有“人”字。

初校本,“霸”作“百”。

《解詁定本》:二五百主,各本皆作“二五霸主”。

【注】

《札迻補》:(“百”)舊作“霸”,誤,今依嚴本正。言主將五百人。《韓非子·定法》云:“商君之法曰,斬一首者爵一級,欲爲官者爲五十石之官。斬二首者爵二級,欲爲官者爲百石之官。”以此文推之,五十石官,當即屯長。百石官,當即百將。

《新釋》:二五百主,千夫長也。將之主,謂百將之主。二五百主所屬百將凡十人云。

《解詁定本》:二五百主,千人之長,將之主要者,有持短兵之士百人。

《錐指》:(引朱説,文見上。)禮鴻案:嚴萬里校本“霸”作“百”。

千石之令,短兵百人;八百之令,短兵八十人;七百之令,短兵七十人;六百之令,短兵六十人。

【校】

馮抄本,“短兵百人八百之令”作“短兵百八人百之令”,“七十人”作“七十六”。

【注】

《新釋》:《史記·秦本紀》:孝公“併諸小鄉聚,集爲大縣,縣一令”。《前漢書·百官表》:縣令,秦官,秩千石至六百石。

《解詁定本》:《漢書·百官公卿表》:縣令、長,皆秦官,掌治其縣。萬户以上爲令,秩千石至六百石。

《校釋》:千石,八百石,七百石,六百石,俱屬秦縣令長之等秩,下三“石”字,原文省略。

國封尉,短兵千人。

【注】

《諸子平議》:“封”字衍文,蓋即“尉”字之誤而衍者。下文兩言“國尉分地”,可證。

《發微》:《墨子·備城門》:“城上四隅童異高五尺,四尉居焉”。《淮南·兵略》:“夫論除謹,動靜時,吏卒辨,兵甲治,正行動,連什伯,明旗鼓,此尉之官也。”注:“軍尉,所以尉鎮衆也。”《北堂書鈔·職官部》引韋昭《辨釋名》:“廷尉、郡尉、縣尉,皆古官也,以尉尉人心也。凡掌賊及私察之官皆曰尉。尉,罰也,謂以罪罰奸非也。”

《新釋》:國封尉,國大尉也,尉官之長。《禮記·月令》:“命大尉。”《前漢書·百官公卿表》:“大尉,秦官。”

《解詁定本》：鄭樵《通志》秦官有郡尉，掌佐守，典武職甲卒。（引俞説，文見上。）師轍按：國封尉，乃守郡國封疆之尉，不誤。言國尉乃省文耳，又稱郡尉。

《校釋》從俞説，删"封"字。

《錐指》：（引俞説，文見上。）友人吴江唐長孺曰："疑國尉秦時本作邦尉，猶相國本是相邦，此封字乃邦之訛。漢時盡改作國，此一處偶存故號，後人旁注國字以合上下文，最後則並作正文入之。"禮鴻案：《新序·雜事》篇記晋君問祁奚"孰可以爲國尉"，《史記·廉頗藺相如傳》"趙以許歷爲國尉"，是國尉不獨秦有之也。《史記·秦始皇本紀》："十年，以尉繚爲秦國尉。"《正義》曰："若漢太尉、大將軍之比也。"

將，短兵四千人。

【注】

《札迻補》："將"上疑有奪字。

《新釋》：將，帥也。

《新箋》："將"上當有"大"字，傳寫誤脱。此處之大將即下文之大將。唯其爲大將，故有短兵四千人。如無"大"字，則將乃各級將官之通名，豈得云短兵四千人哉。

戰及死吏，而輕短兵，能一首則優。

【校】

初校本，"輕"字作缺文。

《解詁定本》：綿眇閣本、吴本、評校本、程本、馮本、錢本、范本、四庫本，作"而輕短兵"。

【注】

《札迻》："吏"當作"事"，《説文》史部"事"古文作"𠬝"，與"吏"相似。“輕”亦當爲“剄”。言主將死則短兵受刑。“能”下當脱“人得”二字。“優”當爲“復”，形之誤也。上文云“能人得一首則復”，可證。

《解詁》：（以“吏而輕”爲句。）言吏疾走也。

《新釋》：（讀作“戰及死，吏而口，短兵能，一首則優能。）及，連也，多也。謂戰急而我士卒多死者。吏而口，吏，軍吏也。上云“一人羽而輕”。短兵能，能，始也，前也。上云“其四人能”。一首則優能，優，復也。《史記·秦始皇本紀》“文復無罪”，徐廣曰：“復，一作優。”能，賜予也。優能者，即上所謂“復夫勞爵”是，説者以爲厚賞，誤。

《斠詮》：崇文本作“輕短兵”。（引孫説，文見上。）

《解詁定本》：（引孫説，文見上。）師轍按：孫説是。

《校釋》：此句“事”字各本作“吏”，“剄”字作“輕”或缺文，誤。（引孫説，文見上。）今俱據改正。

《錐指》：（引王説、孫説，文見上。）禮鴻案：及，至也。

能攻城圍邑，斬首八千以上，則盈論；

【校】

范本、綿眇閣本、馮抄本、奇賞本，“圍”作“之”。

問經堂本注：圍，施本作“之”，今從各本。

初校本，“以”作“已”。

野戰，斬首二千，則盈論。

【校】

初校本，“論”作“諭”。

《札迻補》：延釗謹按，浙刻嚴本，“論”字誤作“諭”。

《斠詮》：崇文本“諭”作“論”，是。

【注】

《發微》：“諭”當是“論”字之誤。《問經》正作“論”。

《讀諸子札記》:(所據本作"盈諭"。)"諭"乃"論"字之誤,盈論屢見上文,言其功滿定程而可論也。

《新釋》:《趙策》:"攻城野戰,未嘗不爲王先被矢石也。"斬首,謂斬敵首。

《解詁定本》:嚴校本作"盈諭",誤,據綿眇閣等本改正。

《校釋》:"論"字嚴校本作"諭",誤。今依影范本、崇文本。

吏自操及校以上大將,盡賞行間之吏也。

【校】

范本、綿眇閣本、吴本、程本、馮本、朱本、且且庵本、馮抄本、奇賞本、四庫本、問經堂本、指海本、崇文本,"校"作"杖"。

綿眇閣本、吴本、且且庵本、奇賞本、問經堂本、指海本、崇文本,"吏"下無"也"字。

范本、程本、馮本、朱本、四庫本,"也"字作缺文。

初校本注:元本、范本無"也"字,作缺文。

《札迻補》:("校")孫本誤作"杖",依嚴本正。

【注】

《諸子平議》:("吏自操及杖以上")"杖"乃"校"字之誤。上文曰"軍爵自一級已下至小夫,命曰校、徒、操、出",即此所謂自操及校也。彼文"出"字疑當作"士",古文"士"、"出"字多互誤。

《札迻補》、《斠詮》、《校釋》均以嚴本爲是。

《發微》:行間者,《畫策》篇:"鄉治之,行間無所逃。"

《新釋》:大將,全軍之將。

《解詁定本》:軍吏自操以上至大將,凡在行陣者,皆賞之。

《校讀》:"也"字當從諸本作缺文,"行間之吏"下當有脱句。

《錐指》:禮鴻案:下文云:"將軍以不疑致士大夫勞爵。"蓋即大將盡賞行間之吏之事。孫詒讓讀"吏自操及校,以上大將盡賞"爲句,則下"行間之吏也"五字無著。朱師轍讀"吏自操及校以上大將"爲句,謂“軍吏自操以上至大將,凡在行陳者,皆賞之”。大將似不宜與於“行間之吏”之數,今未從。

《箋記》:“以上”下脱“至”字,上文“自二級以上至不更”,文例與此同,可證。

4. 故爵公士也,就爲上造也;

【注】

《札迻補》:二“也”字並疑衍。

《校正》:《荀子·議兵》篇:秦法“所以要利於上,非戰無由也”,“功賞相長也,五甲首而隸五家”。沈氏《漢書疏證》五上云:按此斬首五者得爲伍長,或即公士歟?其奪爵爲士伍者,則歸其伍也。《王製》“升於學者不徵於司徒曰造士”,鄭注:“造,士也。”(編者按:當作“造,成也”。)沈氏云:此上造者亦以成命上通也。

《發微》:《説文》:“造,就也。譚長説,造,上士也。”

《新釋》:初有爵命,異於士卒,因稱公士。故,舊也。就,升也。《莊子·讓王》:“加富二等,就官一列。”造,成也,言有成命於上而爲上士。《説文》“造”下引譚長説,“造,上士也”,即斥此上造而言。

《斠詮》:兩“也”字當衍。

《錐指》:故,舊也。

故爵上造,就爲簪裹;就爲不更;故爵爲大夫。

【校】

馮抄本,“裹”作“裊”。

【注】

《諸子平議》:“就爲簪裹”下當補“故爵簪裹”四字,“故爵爲大夫”當作“故爵不更,就爲大夫”。《解詁》、《斠詮》、《校釋》、《錐指》皆從俞説。

《札迻補》從俞説，但改正文爲"故爵上造，就爲簪裹，故爵簪裹，就爲不更，就爲大夫"，與俞校相比少"故爵不更"四字。

《校正》：《易》豫卦"朋盍簪"，釋文："疾也，鄭云：迷也……王肅：又祖感反，京房作撍，速也。"沈氏云："此簪裹者，義取疾速如腰裹也。師古雖據《説文》訓裹，而以簪爲飾，不可通。"沈氏云："《成十三年傳》晋敗秦師於麻隧，獲不更女父，其爵舊矣。不者發聲，言此爲更。更，長也。師古謂不豫更卒之事，此不通矣。晁錯云至五大夫以上乃復一人耳。《食貨志》'兵革數動，民多買復及五大夫、千人（編者按："千人"當作"千夫"），徵發之士益鮮'，則五大夫以上方不豫更徭。以左更、右更例之，知不得如顔解也。"

《發微》：《説文》："裹，以組帶馬也。"《漢書·百官公卿表》作"簪裊"。

《新釋》：簪同醆，美也。以組帶馬曰裹。簪裹者，謂飾馬。就爲不更，此"就"謂超升。不更者，言不豫更卒之事。《左·成十三傳》："秦有不更女父。"故爵爲大夫，列位從大夫。

《解詁定本》：裹，奴了切，《説文》："以組帶馬也。"《通訓》云："秦爵，三曰簪裹，御駟馬者，字或以裊爲之，裊即褭字。"評校本注云："故爵，原官也。就，陞轉。"師轍按：此言進官爵之法，舊爵爲公士，因進爲上造。爵爲上造，因進爲簪裹，超升爲不更。《説文》"造"下，"譚長云：造，上士也"。《左·成十三傳》"晋伐秦，獲不更女父"，杜注："不更，秦爵。"《小爾雅》："就，因也。"俞樾謂"就爲簪裹"下，當補"故爵簪裹"四字，"故爵爲大夫"，當作"故爵不更，就爲大夫"。師轍按：俞説非，觀下文一例，可知不誤。

《校讀》：就，遷也。

《錐指》：《左氏·成十三年傳》："五月丁亥，晋師以諸侯之師及秦師戰於麻隧，秦師敗績，獲秦成差及不更女父。"據此，秦不更之爵春秋時已有，商君定爵多因舊制，明矣。

爵吏而爲縣尉，則賜虜六，加五千六百。

【注】

《札迻補》：上云，吏自操及校以上，則此文亦謂公士以下至小夫操校之屬也，在軍爵爲至卑。縣尉職崇，不宜更賜卑爵，故改賜囚虜六，益禄五千六百也。

《新釋》：（讀爲“爵吏而爲縣尉，則賜虜六，加五千，六百”。）縣令長之屬有丞尉，謂之長吏，此故稱縣尉曰吏耳。《史記・秦本紀》有尉斯離，又有蔡尉捐，《國策》秦之右將有尉對。吏，理也。主理其縣内事也。《尉繚子・兵教上》：“自尉吏而下盡有旗。”虜，奴也。《白虎通》引《韓詩外傳》：“臣之者霸，魯臣者亡。”魯即虜，亦奴也。五，伍也。尉典武職甲卒，故加以伍卒千人使率之也。《孫叔敖碑》“五舉”、《古今人表》“五參”、《吕覽・必己》“孟賁過於河先其五”，“五”均“伍”也。六百，禄與令同，上云“六百之令”。

《解詁定本》：爵爲大夫，欲改爵爲吏，而爲縣尉，則賜俘虜。六次加秩，可至五千六百石。或云，叠加統兵，可至五千六百人。一云，《墨子・號令》篇：“守城者，男子賜二級，女子賜錢五千。”此言守城有功，賜俘虜，六加賜錢五千六百。

《新箋》：虜，奴隸也。“加”疑當作“化”，形似而誤。“化”借爲“貨”，古幣銘文以“化”字爲“貨”字。見吴大澂《説文古籀補》貨者，錢幣之稱。此言爵吏而爲縣尉者，在戰勝之後，賜以奴隸六人及錢五千六百也。《墨子・號令》篇曰：“守城者，男子賜二級，女子賜錢五千。”《墨子》所言乃守城有功，賜錢於女子，《商子》所言乃戰爭有功，賜奴隸及錢於爵吏。可證古代有賜錢賞功之制度。

《校讀》：朱氏臆説不足據。俞氏云：“故爵爲大夫”當作“故爵不更，就爲大夫”。亦以意增改。

《錐指》：下文云：“故爵五大夫，皆有賜邑三百家。”此“五千六百”四字疑即彼文“五大夫皆”之誤而衍者。《徠民》篇“故不如以先與之有也”，“以先”二字即下文“以失”之誤衍，其比正同。餘未詳。孫詒讓曰(引文見上),存參。

爵大夫而爲國治,就爲大夫;

【注】

《札迻補》:爵大夫,謂五大夫以上,軍爵之尊者。爲國治,蓋言本爲庶人。就爲大夫,言就其爵而官之。上言有官而爵卑者,則改爵而爲賜;此言無官而有爵尊者,則因爵而命以官,皆所以優異也。

《新釋》:治,理也,吏也。《周書・大匡》、《趙策》、《墨子・號令》,均有吏大夫,蓋指此。就爲大夫,官大夫也。《韓非子》謂之國大夫。《吕覽・當賞》:秦獻公賜菌改官大夫。

《斠詮》:"治"當作"尉"。

《解詁定本》:就爲大夫,當作"就爲官大夫"。或曰,爵大夫而爲國治事者,進一級,而爲官大夫。

《校釋》:"就爲大夫"四字有誤。……王説"治當作尉",今據改。

《錐指》:下文"則税邑三百家"疑當在"國治""治"依王説當作"尉"下。"爵大夫而爲國尉,則税邑三百家"與"爵吏而爲縣尉,則賜虜六,加五千六百"文例相同,並"爵"上無"故"字而中以"則"字聯結,與他文不同也。

故爵大夫,就爲公大夫;

【注】

《諸子平議》:"就爲公大夫"下當補"故爵公大夫"五字。《札迻補》、《解詁》、《斠詮》、《校釋》、《錐指》均從俞説。

《校正》:沈氏云此公大夫蓋民之有爵者,以其級第七品,亦曰七大夫,又曰列大夫。樊噲斬首二十三級,賜爵列大夫,曹参、夏侯嬰、灌嬰賜爵七大夫。

《新釋》:加"公"者示稍尊,《韓非子・内儲説上・七術》"行而召公大夫而還之",《漢書・高帝紀》謂之七大夫,以爵在第七級故耳。

《解詁定本》:故爵大夫,當作"故爵官大夫"。《韓非[子]・内儲上》:"是以龐敬還公大夫。"

《錐指》:"就爲大夫,故爵大夫"依《漢書・百官公卿表》當作"故爵大夫,就爲官大夫,故爵官大夫"十四字。朱師轍説同。余以俞樾、孫詒讓所校補及長儒之説爲正,今具録所定於此:故爵公士也,就爲上造也。故爵上造,就爲簪裹。故爵簪裹,就爲不更。故爵不更,就爲大夫。爵吏而爲縣尉,則賜虜六,加五千六百。爵大夫而爲國尉,則税邑三百家。故爵大夫,就爲官大夫。故爵官大夫,就爲公大夫。故爵公大夫,就爲公乘。故爵公乘,就爲五大夫。故爵五大夫,就爲大庶長。故大庶長,就爲左更。故三更也,就爲大良造。皆有賜邑三百家,賜税三百家。爵五大夫,有税邑六百家者就客卿。大將御参皆賜爵三級,故客卿相論盈就正卿。

就爲公乘;

【校】

《札迻補》:無"就爲公乘"四字。

【注】

《諸子平議》:"就爲公乘"下當補"故爵公乘"四字。《解詁》、《斠詮》、《校釋》、《錐指》均從俞説。

《校正》:沈氏云:"《墨子・號令》篇:'官吏豪傑與計堅守者,十人及城上吏比五官者,皆賜公乘。'墨翟未嘗至秦,則他國亦有。《韓非子・外儲左下》:'秦、韓攻魏,昭卯西説而秦、韓罷。齊、荆攻魏,卯東説而齊、荆罷,魏襄王養之以五乘將軍。'此公乘之義也。"

《新釋》:公乘,言得乘公家車也。《左・昭三傳》"公乘無人,卒列無長",《墨子・號令》"及城吏比五官者皆賜公乘",《韓非子・説林》"公乘無正懷三十金而問其疾",漢沖《上説文書》"召陵萬歲里公乘",秦爵之第八級也。

《解詁定本》:《左・昭三傳》"公乘無人",《墨子・號令》:守城"吏比五官者，皆賜爵公乘”。俞樾謂“就爲公大夫”下，當補“故爵公大夫”五字。“就爲公乘”下，當補“故爵公乘”四字。師轍按：此與前同，乃古人省文，不必以今文法強爲增補。

就爲五大夫，則税邑三百家。故爵五大夫，皆有賜邑三百家，有賜税三百家。

【注】

《札迻補》：上云税邑賜邑，此云賜税，義同文異。言未有爵而得賜邑三百家者，爵以五大夫。

《校正》：沈氏云：至此爲軍將，諸國皆有之。《楚策》杜赫説楚王以取趙，王且予之五大夫而令私行。《趙策》建信君曰：文信侯之於僕甚無禮也，秦使人來仕僕，官之丞相，爵五大夫。《墨子·號令》篇：封城將三十里地爲關内侯……丞及吏比於丞者賜爵五大夫。

《新釋》：五大夫，大夫之尊者也。《楚策》楚杜赫説楚王以取趙，王且予之五大夫。《墨子·號令》丞及吏比於丞者賜爵五大夫。《吕覽·長見》荆文王爵莧譆以五大夫。《無義》公孫竭仕秦五大夫。《史記·秦本紀》五大夫禮出亡奔魏、五大夫賁攻韓、五大夫陵攻趙邯鄲，秦爵之第九級也。尹乾説：“五，伍也。《周禮·太宰》傅其伍。”皆，加也。《論語》“奪伯士駢邑三百”，謂三百家也。有賜税三百家，有，又也。

《解詁定本》：爵五大夫，則有賜邑三百家。或賜邑，或賜税，視其功之大小而定。《墨子·號令》：“吏比於丞者，賜爵五大夫。”《史記·秦本紀》：“五大夫賁攻韓。”

《校讀》：自“故爵公士”以下，文多錯簡，讀之令人茫無頭緒。今轍以己意繹其文如下：故爵公士，就爲上造，就爲簪裹，就爲不更，不言“故爵上造，就爲簪裹，故爵簪裹，就爲不更”者，省文也，下文大夫亦同。爵吏而爲縣尉，則賜虜六，加五千六百。自公士以上至不更，皆吏爵也，爵爲吏者得爲縣尉。故爵爲大夫，就爲官大夫。故爵官大夫，就爲公大夫，就爲公乘，就爲五大夫。爵大夫而爲國尉，則稅邑三百家。自大夫以上至五大夫，皆大夫爵也。爵爲大夫者得爲國尉。縣尉、國尉皆官也。五千六百，稅邑三百家所食之禄也。《玉海》一百三十四引《百官表》云：秦民爵公大夫以上，令丞與亢禮。又引《貨殖傳》云：秦漢之制，列侯封君食租稅，歲率户二百，千户之君，則二十萬，朝覲聘享出其中。

《錐指》：《吕氏春秋·無義》篇："續經以仕趙五大夫。"又《長見》篇："楚文王曰，莧譆《説苑·君道》篇作"筦饒"，《新序》一作"筦蘇"數犯我以義，違我以禮，於是爵之五大夫。"許維遹曰："五大夫見《墨子·號令》篇、《趙策》、《魏策》、《楚策》，蓋戰國通制，非秦所創立也。"

爵五大夫，有稅邑六百家者，受客。

【校】

馮抄本，"受客"上多一"受"字。

【注】

《札迻》：案：此句有脱誤。"受"疑當爲"就"，音近而誤。"客"下疑當有"卿"字。下文云"故客卿相論盈，就正卿"，就客卿猶言就正卿也。

《新釋》：任客卿也。受，授也，與也。客，亞也，次也。《燕策》："而使臣爲亞卿。"《秦策》有客卿造，《史記·秦本紀》有客卿胡傷，後升中更，又有客卿灶，均亞卿也。

《解詁定本》：（引孫説，文見上。）師轍按：孫説是也，《史記·秦本紀》有客卿胡傷，後升中更。

《校釋》：按：孫説非是。客猶後世之幕客，受客猶言置幕也。爵至五大夫有稅邑六百家者，非置幕莫能理，故許其受客。客非即客卿，而客卿更非即正卿，觀下文"客卿相，論盈，就正卿"句，可知正卿大於客卿也。

大將、御參，皆賜爵三級。

【注】

《新釋》：御，使馬也。參，驂也，謂陪乘者。《史記・蒙恬傳》："出則參乘。"賜爵三級，上所云"盡賞"。

《解詁定本》：御謂車御。參謂參乘。御、參戰勝論功，皆賜爵三級。

《錐指》："參"通作"驂"。此謂大將之御與驂乘也。《史記・文帝紀》："乃命宋昌參乘。"《漢書》作"驂乘"，師古曰："乘車之法，尊者居左，御者居中，又有一人處車之右，以備傾側。是以戎事則稱車右，其餘則稱驂乘。案：車右、驂乘，隨所命之耳。未必有戎事與否之别也。驂者，三也；蓋取三人爲名義耳。"

《箋記》："參"當作"史"，下文"將軍爲木壹，與國正監與王御史參望之"，可證。

故客卿相，論盈，就正卿。

【注】

《校正》：秦以客卿爲爵。

《新釋》：客卿相謂客卿而爲相者。《秦策》蔡澤拜爲客卿，旋升爲相。《史記・秦本紀》："昭襄王元年，嚴尹疾爲相。"就正卿，《禮》大、次國三卿，小國二卿，正其長者。王則六卿，大宰爲長。

《解詁定本》：《史記・范睢蔡澤傳》昭王拜范睢爲客卿，後爲相。蔡澤以范睢薦爲客卿，後代睢爲相。

就爲大庶長；故大庶長，就爲左更；故四更也，就爲大良造。

【校】

馮抄本，"良"作"梁"。

【注】

問經堂本注：上造、良造，通。

《諸子平議》：此當在上文“故爵五大夫”之下，大庶長之大，並衍文也。《漢書・百官公卿表》：爵一級曰公士，二上造，三簪裊，四不更，五大夫，六官大夫，七公大夫，八公乘，九五大夫，十左庶長，十一右庶長，十二左更，十三中更，十四右更，十五少上造，十六大上造，十七駟车庶長，十八大庶長，十九關内侯。是大庶長之爵尊於左更，乃云“故大庶長，就爲左更”，不可通矣，故知“大”字衍文也。此庶長兼左、右庶長而言，謂故爵五大夫者，就爲左右庶長也。左右庶長之上，即是左更，故曰“故庶長，就爲左更”，於文正合。其云“故四更也，就爲大良造”，此“四”字乃“三”字之誤。古書“三”字，每誤作“四”。《儀禮・覲禮》篇“四享”，鄭注曰：“四當爲三，古書作三、四或皆積畫，字相似，由此誤也。”《周官・内宰》疏引鄭注曰：“純四䋙，四當爲三，古三、四積畫，是以三誤爲四。”然則三更之爲四更，亦猶三享之爲四享，三䋙之爲四䋙矣。三更者，並左更、中更、右更而數之也。由左更、中更、右更而上之，即爲少上造、大上造，故曰“故三更也，就爲大良造”。大良造即大上造也。不言少良造者，或文不備，或大少良造亦猶左右庶長，分之則爲二，合之則爲一耳。此書所言，與表皆合，足徵秦制之所自來。而傳寫訛奪且多竄益，遂不可讀。

《札迻補》：“就爲大庶長”以下二十二字，舊錯簡誤著“就正卿”下，今依俞校移此。俞云(引俞説，文見上)。

《校正》：沈云：大庶長即右庶長也，《襄五年傳》秦庶長鮑、庶長武伐晋，《秦紀》懷公四年庶長受與大臣圍懷公。庶長之官舊矣。秦孝公以商鞅爲左庶長。沈云：孝公十年商鞅爲大良造。按《漢書》作大上造。

《發微》：《史記・商鞅列傳》：“以商爲大良造。”

《新釋》：就爲大庶長，此謂三公及左、右庶長也。大，臺也，謂三公。《管子》稱爲三大。《秦策》“武安君爲三公”，《史記・秦本紀》“南公揭卒”。庶長者，衆列之長也，斥左、右庶長言。《左・襄十一傳》秦有庶長鮑、庶長武。《十二傳》，庶長無地。《史記・秦本紀》有庶長鼂、庶長疾、庶長奂、庶長壯、庶長章，與秦爵十八級之大庶長異。更，言主領更卒部其役使也。《史記·秦本紀》"左更白起攻新城"、"左更錯取軹及鄧"。四更，少上造也，以級高於三更，故又稱四更。良，上也，言主上造之士。《史記·秦本紀》衛鞅爲大良造，犀首、白起皆曾之爲。《國策》則作"大梁造"。

《解詁定本》：此大庶長疑爲左、右庶長之訛，下文大庶長，亦左、右庶長也。庶長，春秋時秦已有此官。《左·襄十一傳》："秦庶長鮑，庶長武帥師伐晋。"杜注："庶長，秦爵。"秦爵十級左庶長，十一級右庶長，大庶長乃十八級，在大上造之上，故知其誤。秦爵，五大夫上，爲左庶長，右庶長，左更，中更，右更，少上造，大上造，駟車庶長，大庶長，其爵制與此不同。《史記·商君傳》，商君爲左庶長、大良造，是左庶長等官，商君時已有之，而此未言及，豈奪因耶？抑秦官制時有變更，故不相符，有不可詳考者矣。大良造即大上造。《廣雅·釋詁》："良，長也。"長亦上也。更，改也。蓋由左更四遷爲大良造。或謂左更、中更、右更、少上造爲四更。

《錐指》：（引俞説、朱説，文見上。）長孺曰："俞氏篤守劉劭之説，以漢制説秦制，鄙意兩者實不盡相合。秦制大良造之上無駟車庶長、大庶長。商君以大良造封列侯，白起以大良造封武安君，則大良造之上但有封君。本篇'故大庶長，就爲左更'，俞氏欲删大字以牽就漢制。其實不必删，左、右庶長合稱爲大庶長耳。必守漢制，則不獨尊於左更，抑更尊於大良造。而遍檢諸傳，不聞有人曾受大庶長之爵。則知秦之左、右庶長本即大庶長矣。"禮鴻案：俞氏本據《百官公卿表》文，非據劉劭《爵制》。然以《漢表》校諸傳，此二十級者實與史實抵牾，信非秦制之朔，長孺説自是也。三更者，既言左更，中更、右更可知也。《史記·秦本紀》有左更錯，中更胡傷，又白起亦嘗爲左更。諸爵之名，其解備見《後漢書·百官志》引劉劭《爵制》、《漢書·百官公卿表》顔師古注，今不録云。

5. 以戰故，暴首三乃校。三日，將軍以下不疑致士大夫勞爵。

【校】

馮抄本，“暴首三”作“暴首三三”。

【注】

《札迻補》：暴首，猶暴尸，言陳而較之。“三”疑當爲“正”，屬下讀。（“乃校三日”）謂校所謂首級之多寡，以秩其賞，以三日爲期。其縣過三日不致士大夫勞爵罷。（作“將軍以不疑致士大夫勞爵”。）不疑，言功次已定，無所疑也。上云“其縣過三日有不致士大夫勞爵能”十四字，疑當在此下。

《解詁》：不疑，言功無可疑。《公羊・莊三十二年傳》：“致，與也。”

《新釋》：以，似也，如也。故，事也，攻也。謂野戰與攻城也。暴首三，每人斬敵三首，暴，劉（編者按：此字疑爲割）也，即斬也。乃同仍，加也。言於應升本爵外而加以校官也。與上校、徒、操之校異。《史記・秦本紀》“五大夫陵攻趙邯鄲”，《中山策》作“五校大夫”，蓋陵本爵爲五大夫，因暴首三，故加校，漢有司隸校尉、城門校尉，均尉而加校者耳。一曰，校，計也，謂計功也。疑，惑也。不疑者，謂計賞已定而不疑也。其云致士大夫勞爵者，蓋公士至五大夫可直由將軍致之，而五大夫以上至客卿、正卿、大庶長等，必上聞於君致之，非將軍所得擅，此故僅云致士大夫勞爵耳。尹乾説：不疑之合音爲卑。卑，執事之臣，今經傳通作“陪”，與丁寧爲鉦、不律爲筆、葦元爲壺、於菟爲虎例同。

《解詁定本》：《説文》：“暴，疾有所趣也。”先大父（朱駿聲）曰：轉注爲卒急虐害之訓。師轍按：暴首猶斬首也。以戰故，斬首三次，乃考校其功。三日之内，將軍以考覈無疑，致士大夫勞爵。

《新箋》：（所據本作“以戰故，暴首三，乃校三日，將軍以下不疑致士大夫勞爵。［夫勞爵，其縣過三日，有不致士大夫勞爵，能］其縣四尉。訾由丞尉”。）弧中十七字，原在上文，依孫詒讓校移此。孫云：“夫勞爵三字，衍。能當爲罷。”亨按：“暴首三”下當有“日”字，傳寫誤脱，言公佈或陳列戰士所得之敵人耳以耳代首級三日也。及校三日，言檢查三日也。“夫勞爵”三字似非衍文，疑“夫”當作“失”，形似而誤。失勞爵，言勞爵有漏失或差誤也。罷其縣四尉，言罷免其縣四尉官也。訾，議也。丞尉，縣丞縣尉。訾由丞尉，言由縣丞縣尉議定其罪。

《錐指》：“以”“已”字通。暴首三之“三”字疑衍。謂已戰之後使軍士暴效所斬之首，而上以三日限校覈之。士大夫者，公士、大夫、官大夫、公大夫、五大夫之類。致，使來致也。既來致而校之不疑，然後爵之也。此下當移上文“過三日有不致，士大夫勞爵罷”十二字使相接續，謂過三日不致其首，則無爵矣。

《箋記》：暴首三，謂暴白其斬首三次也。

其縣四尉，訾由丞尉。

【校】

馮抄本，“由”作“中”。

【注】

《札迻補》：訾，量也，見賈逵《國語》注。言量首級之多少，丞尉職之。

《新釋》：訾，指麾也。縣丞長於尉，故尉由丞指之也。縣城有四面，每面置尉司之，《墨子·號令》：“任令丞尉。”《備城門》：“城上四隅童異高五尺，四尉舍焉。”《前漢書·百官公卿表》：“郡守掌治其郡，有丞尉……掌佐守典武職甲卒。”《史記·白起傳》“取二鄣四尉”，蓋謂趙守韓城四尉耳。

《解詁定本》：按上文“過三日有不致士大夫勞爵能”十二字，當在此其縣下。《漢書·百官公卿表》衛尉、中尉、郡尉皆秦官。又云：“縣令長，皆秦官，皆有丞尉。”訾，議也。

《新箋》以“能”與“其縣四尉”爲句……（説已見上引。）

《錐指》：縣四尉蓋即前所言縣尉。《墨子・備城門》篇：“城上四隅童異，孫詒讓曰：“童異，疑當爲重㢌。《説文・广部》云：‘㢌，行屋也。’又疑當爲重婁，婁與樓通。”四尉舍焉。”禮鴻案：訾，量也。此蓋謂縣尉由校量丞尉之勞而擢任也。應劭注《漢書》曰：“自上安下曰尉，武官悉以爲稱。”（《百官公卿表》）。孫詒讓曰：“言量首級之多少，丞尉職之。”案：孫説無解於上“其縣四尉”句，存參。

能得甲首一者，賞爵一級，益田一頃，益宅九畝。

【校】

初校本，“甲”作“爵”。

【注】

《解詁》：爵首，謂有爵者之首。

《新釋》：能同始，前進也。得，獲也。上云“人得一首”。爵首，謂敵有爵之首。田百畝爲頃，《韓非子・外儲説右》：“進田萬頃。”益宅九畝，孟子書：“五畝之宅。”云九畝者異於民居。

《斠詮》：“爵”當依崇文本作“甲”。

《解詁定本》：是甲首，謂甲士之首，蓋統兵之官長。

《校釋》：“甲首”字嚴校本作“爵首”，誤，今依影范本及崇文本。

一除庶子一人，乃得人兵官之吏。

【注】

《札迻補》：（“除”上“一”字）此字衍。乃，若也。得人兵，謂得兵器也。亦官之爲吏。

《新釋》：除，殿陛也，謂宅加置殿陛一，堂而有陛，四緣皆高起曰殿。庶子一人，言加置庶子一人以事役，上云“無爵者以爲庶子級乞一人”。乃，仍也，加也。得，德也，升也，人同千，兵謂短兵。上云“國封尉短兵千人”，斥尉有功而進級者言。《史記·秦始皇本紀》“定……燕虛長平”，徐廣曰：“平，一作千。”《國策》作“人”。“人”、“千”聲轉通用。官之吏，明其爲加級之吏也。尉吏本爵爲大夫，因有功而加官大夫，故曰官之吏。上云“爵吏而爲縣尉”。

《斠詮》：“一除”當作“級除”。“得人”當作“得入”。

《解詁定本》：一除，“一”字疑衍。“得人”當作“得入”。除庶子一人，乃得入兵官之吏，即後世蔭子除官之類，所以賞斬將之功也。

《校讀》：《玉海》引《樊噲列傳》注：“商君爲法於秦，戰，斬一首者賜爵一級，有軍功者各以率受上爵。”又《北堂書鈔》四十八引徐野民注《秦本紀》：“商君爲法於秦，戰，斬一首者賜爵一級，其欲爲官者五十石。”又《韓非子·定法》篇：“商君之法曰：斬一首者爵一級，欲爲官者爲五十石之官。斬二首者爵二級，欲爲官者爲百石之官。”

《錐指》：禮鴻案：“一除”疑當作“級役”。上文曰“其有爵者乞無爵者以爲庶子，級乞一人。其無事也，其庶子役其大夫”是也。《荀子·議兵》篇：“秦人五甲首而隸五家。”注：“獲得五甲首，則役隸鄉里之五家也。”即其事矣。《韓非子·定法》篇：“商君之法曰：斬一首者爵一級，欲爲官者爲百石之官。官爵之遷與斬首之功相稱也。今有法曰：斬首者令爲醫匠，則屋不成而病不已。夫匠者，手巧也；而醫者，齊藥也；而以斬首之功爲之，則不當其能。今治官者，智能也；今斬首者，勇力之所加也；以勇力之所加而治智能之官，是以斬首之功爲醫匠也。”蒙文通曰：“劉劭《爵制》曰：‘吏民爵不得過公乘者，得貰與子若同産。’然則公乘者，爵之最高者也。《漢官舊儀》亦言：‘五大夫以上，次年德爲官長將率。秦制爵等，生以爲禄位，死以爲號謚。’則秦制雖斬人一首賜爵一級，斬雖多不過公乘，終於軍吏，不得至將率，以爲限制。惟以年德乃得爲之。以爵貰子或同産兄弟，則猶不至跋足行陳之間而握軍符之弊也。”

6．其獄法，高爵訾下爵級。

【注】

《札迻補》：言使貴者訾量賤者所得之首級。

《新釋》：其獄法，軍中治獄之法。下爵級，所謂降級。訾，小罰也。《韓非子·外儲説右》："訾之人二甲。"下，降也。

《校釋》：訾與呰通，斥也，毁也。引申爲貶降之意。

《錐指》：訾亦量也。量其罪，貶其爵。

高爵能，無給有爵人隸僕。

【注】

《札迻》："能"亦當爲"罷"，言高爵有罪而罷，無得給有爵人爲隸僕也。此"能"疑亦當讀爲"耐"，或耐罪當爲隸僕，若漢罰作也。

《札迻補》："能"亦當爲"罷"，言高爵有辠而罷，無得給有爵之人爲隸僕。然則卑爵罷，給有爵人爲隸僕矣。

《新釋》：高爵能無給，謂罰以耏或罰俸也。能，耏也，輕刑之名。字亦作"耐"。上云："其縣過三日有不致士大夫勞爵，能。"無給，謂不給以禄。有爵人隸僕，人爲微者之稱，有爵而云人者，謂卑爵也。隸，給勞辱之役者。僕，給事者。隸僕，謂罰使服事，若漢之"罰作"然。《左·昭七傳》："與臣隸，隸臣僚，僚臣僕。"《周禮·思圜》職云："任之以事而收教之。"《管子·戊》（編者按：當爲《輕重己》篇）："歲終之罪，毋有所赦作。"均謂罰作而爲隸僕也。

爵自二級以上，有刑罪則貶；爵自一級以下，有刑罪則已。

【校】

吴本、程本、馮本、朱本、且且庵本、四庫本、問經堂本、指海本、崇文本，"則已"作"剘矣"。

范本、奇賞本，"則已"作"則矣"。

馮抄本,“有刑罪則貶”作“有刑罪罪則貶”,“則已”作“則矣”。

綿眇閣本,“已”作缺文。

問經堂本注:施本“刖”作“則”,下缺“矣”。今從各本。

《解詁定本》:“則已”吴本、程本、評校本作“刖矣”。范本作“則矣”。俱誤。綿眇閣本,“則”下作闕文。

【注】

《發微》:有刑罪則已,“已”字衍,當作“自一級以下,有刑罪則死”,下云“小夫以上至大夫”,又更端説之也。

《解詁》:已,讀如《孟子》“王曰已之”之“已”,謂罷斥之也。

《新釋》:有刑罪,謂犯五刑之罪也。《禮記·文王世子》:“其刑罪,則纖。”貶,謫也。《史記·秦本紀》:“武安君白起有罪,爲士伍,遷陰密。”法本此。已,絀也。《論語》:“三已之,無愠色。”

《斠詮》:“則已”當依崇文本作“刖矣”。

《解詁定本》:《廣雅》:“貶,減也。”《孟子》:“再不朝,則貶其爵。”已,止也,謂停止其職。

《箋正》:崇文本誤。刑罪當以數斷,不能因在一級以下而止於刖也。此處“則已”與上文“則貶”,均指有爵級者有刑罪時對於爵級之處分言。二級以上可以遞降,故曰貶;一級以下則貶無可貶,故曰則已,謂停其爵也。

《校讀》:《玉海》一百三十四引《後紀》注云:“商鞅爲秦制爵二十級,賜爵者有罪得黷(編者按:《玉海》‘黷’作‘贖’),貧者得賣於人。”

7. 小失死,以上至大夫,其官級一等,其墓樹級一樹。

【校】

吴本、程本、馮本、朱本、且且庵本、四庫本、指海本、崇文本,“小失”作“小夫”。

問經堂本注:各本作“夫”,施本作“失”。

范本、綿眇閣本、吴本、程本、馮本、朱本、且且庵本、馮抄本、奇賞

本、四庫本、問經堂本、指海本、崇文本，“墓樹”作“樹墓”。

【注】

《諸子平議》：“小夫”字各本皆同，而施氏先秦諸子本作“小失”，非也。上云“軍爵自一級已下至小夫”，則當時自有“小夫”名目。孫氏星衍校本，反從施作“失”，誤矣。

《札迻補》：（“失”）各本並作“夫”，孫本、嚴本作“失”，非。（“墓樹”）各本倒，依嚴本乙。墓樹之數，以爵爲差。

《解詁》：上樹，謂樹也。下樹謂木。

《新釋》：（所據本“小失”作“小夫”。）官，棺也。級一等者，言各級之重數皆同，無厚薄之差。《禮》棺，天子四重，諸公三重，諸侯再重，大夫一重，士不重。軍中倉卒難以備具，因云級一等耳。其墓樹級一樹，《禮・含文嘉》冢，天子樹松，諸侯柏，大夫欒，士槐，庶人楊柳。則古者冢必有樹矣。墓，邱也。《周禮・冢人》：“以爵等爲邱封之度與其樹數。”

《解詁定本》：此樹墓禮也。自小夫以至於大夫死，得立墓樹，以官爵大小爲等差。《易・繫辭》“不封不樹”，虞翻注：“聚土爲樹。”《周禮・冢人》：“以爵等爲丘封之度，與其樹數。”疏：“《春秋緯》云：天子墳高三仞，樹以松；諸侯半之，樹以柏；大夫八尺，樹以藥草；士四尺，樹以槐；庶人無墳。”《白虎通》引《春秋・含文嘉》同，惟“藥草”作“欒”。《王制》疏引“大夫栗”，“栗”當爲“欒”字之誤。《説文・木部》“欒”下云：“大夫欒。”當以作“欒”爲是。

《錐指》：禮鴻案：貶、已、死，三者刑罪之差次，孫詒讓、朱師轍“死”字屬下句，蓋誤。（“以上至大夫”）此疑當作“公士至大夫”，屬下爲句。

8. 其攻城圍邑也，國司空訾其城之廣厚之數。

【校】

初校本，“訾其”作“訾莫”。

【注】

《校正》:國司空,即軍司空。漢霍光補杜延年爲軍司空,如淳曰:"律,營軍司空、軍中司空各二人。"

《發微》:莫,疑莫府也。《史記·張釋之馮唐列傳》:"上功莫府。"索引:"莫"當爲"幕"。《漢書·李廣傳》:"莫府省文書。"注:"莫府者,以軍幕爲義,古字通用耳。"

《解詁》:訾,量也。

《新釋》:國司空,掌土之官。訾,量也。莫,摹也。

《斠詮》:訾,量也。莫,當作"其"。

《校釋》:王説:"訾,量也。"按下二"訾"字同義。

《解詁定本》:國司空,秦官名。訾,量也。莫,各本作"其",當從之。或曰:莫讀爲冪,言國司空量度城之面積廣厚之數,而後攻之。

國尉分地,以徒校分積尺而攻之。

【注】

《新釋》:國尉,國封尉之次者。《史記·秦本紀》:"固止以爲秦國尉。"《白起王翦傳》:"起遷爲國尉。"分地,謂分地而戰。《尉繚子·塞地》:"將有分地,帥有分地。"分積尺而攻之,言使徒校分若干尺而攻之也。上云"軍爵自一級已下至小夫,命曰校、徒、操"。積尺,猶云若干尺。下云中卒,謂出公爵自二級以上至不更所屬卒耳。

《解詁定本》:《經傳釋詞》:"以,與也。"國尉,秦官。《史記·白起傳》:起由左更遷爲國尉。國尉分地與徒校,分城之面積丈尺使進攻。

《校釋》:積尺,謂立方尺也。

《錐指》:徒校,即前文爵自一級以下之校及徒也。

爲期曰:"先已者當爲最啓,國,後已者訾爲最殿,

【校】

范本、綿眇閣本、吴本、程本、馮本、朱本、且且庵本、馮抄本、奇賞

本、四庫本、問經堂本、指海本、崇文本,無“啓”字,“後”作“家”。

初校本,“啓”下無“國”字,注:范本“啓後”作“國家”,秦本“啓”下有“國”字,並誤。

《札迻補》:各本作“國”,依嚴本正。後各本作“家”,依嚴本正。

《解詁定本》:各本皆同范本。

《斠詮》從嚴校。

【注】

《新釋》:爲,指也。已,治也,攻也。當,賞也。爲,其也。最猶極也。啓,前也。《詩》:“元戎十乘,以先啓行。”訾,罰也。殿同臀,後也。《論語》:“奔而殿。”

《解詁定本》:已猶畢也。《論語》馬融注:“前曰啓,後曰殿。”

《校釋》:最啓猶言最先,最殿猶言最後。

《錐指》:禮鴻案:已,謂克其所分之地。當猶訾也。

再訾則廢。”

【注】

《札迻補》:言再訾殿,則廢其人不復用。

《解詁定本》:再列下殿,則廢棄不用。

《新釋》:言再訾爲最殿則廢之。廢,退也。《周禮·大宰》:“廢置以馭其吏。”

《錐指》:再訾爲最殿。

内通則積薪,積薪則燔柱。

【校】

馮抄本,不疊“積薪”字。

【注】

《札迻》:“内”當爲“穴”,篆文相似而誤。《墨子·備穴》篇云:“古人有善攻者，穴土而入，縛柱施火以壞吾城。”即穴功之法也。

《札迻補》：此言攻城之事。内當爲穴，《墨子・備穴》篇：“古人有善攻者，穴土而入，縛柱施火以壞吾城。”即穴功之法。

《發微》：《通典》兵門説距闉謂鑿地爲道，行於城下，攻城建柱，積薪於其柱，圜而燒之，柱折城摧。

《新釋》：（所據本“内通”作“穴通”。）此記穴攻法也。穴通者，謂於城四面均穴也。燔，燒也。《墨子・備穴》：“古人有善攻者，穴土而入，縛柱施火以壞吾城。”即此所謂燔柱也。

《斠詮》、《解詁定本》均引此説，無異議。

《校釋》：據孫説改“内”爲“穴”。“内”字意亦可通。

陷隊之士，面十八人之隊陷之士知疾門，

【校】

初校本“人”下有“之”字，“隊陷之士”作“陷隊之士”，注：舊本“人”下有“之”字，“陷隊”字倒，今依文誼删乙。

《札迻補》：各本（“人”）下衍“之”字，依嚴本删。（“隊陷”）依嚴本乙。

《解詁定本》：（引嚴校，文見上。）轍按，所見各本皆作“面十八人之隊陷之士”。

【注】

《解詁》：面，向也。

《新釋》：此謂治穴士也。陷，窞也，穴也。隊，地道也。《墨子・備穴》：“穴隊若沖隊。”面十八人，城四面共七十二人。《墨子・備穴》“五十人攻穴”，謂治穴人也。之隊陷，之，適也，敵也。言敵亦穴地道以備我。之士知，知，敵也。謂敵由地道以與我敵也。一曰土察也。之士知，謂敵察知。疾門，壯門也。《墨子・號令》：“其疾門却敵於術。”

《解詁定本》：陷隊，勇敢陷陣之士，即今之敢死隊。

《校釋》:面,謂城之四面也。

不得,斬首。

【注】

《札迻補》:陷隊之士,登城奪險,不得貪斬首級也。

《新釋》:得同能,始也。斬首,治其不前進之辠。上云"其戰百將、屯長不得斬首"。

《斠詮》:"不"字當衍。

《解詁定本》:"得"當作"退",篆文形近而訛。

《校讀》:朱氏以"不得"句絶,其説是也。

隊五人,則陷隊之士人賜爵一級。

【校】

馮抄本,"隊五人"作"隧五人"。

奇賞本,"士"作"上"。

【注】

《札迻補》:("隊五人")此三字有誤。

《新釋》:此記兵隊編制法也。每隊五人即《周禮》所謂"五人爲伍"是。則,急也。謂急陷敵而破之。《尉繚子・兵教下》:"百人初刃陷行亂陣。"隊之士人賜爵一級,《墨子・號令》:"男子有守者爵人二級。"

死則一人後。

【注】

《札迻補》:録其後一人。

《發微》:死則一人後者,謂死於戰者國爲之立後。

《新釋》:立後以襲爵也。《墨子・號令》:"身見死事之後。"

《斠詮》:“後”當作“復”。

《解詁定本》:“後”當作“復”,死則復其家。

《校釋》:王説“後當作復”,誤。按:後猶言繼也。蓋謂先陷隊者之一人死,則在後之一人繼之。因穴地攻城,有時只能如此也。

不能死之,千人環。

【注】

《札迻》:“環”當爲“轘”,聲同字通。《説文·車部》云:“轘,車裂人也。”

《札迻補》:“千人”疑有誤。“環”當爲“轘”,謂車裂之刑。

《發微》:“環”屬下讀,言主者不死則諫之,黥劓以示必死也。

《新釋》:能同始,前也。不能者,今所謂臨陣退縮是,上云“其四人能”。《史記·李斯傳》“不能前而進”,意以進前釋能耳。死之,治其不前進之辠。《墨子·非攻》“失列北撓,罪死無殺”,謂罪死而不減也。一曰,死,尸也。之同市,謂殺而陳尸於市。《墨子·號令》:“凡戮人於市死……”千人環,辠其長吏。千人,千夫長也。環同轘,車裂人也。

《斠詮》:“千”疑當作“十”。

《解詁定本》:(引孫説,文見上。)師轍按:“千”爲“干”字之譌。《説文》:“干,犯也。”謂不死戰之犯罪人,轘裂之。蓋嚴刑重賞以督軍士力戰也。又按,嚴校“今依文誼删乙”,或以爲非,謂當從各本原文。蓋此承上文攻穴之法而言,“隊”當作“隧”。《禮記·少儀》“申之面”,鄭玄注:“前也。”之,往也。得,如字。“不得斬首”句,言陷隊之士,先鋒十八人往隧攻入之死士,只許急鬥,不許斬首。蓋以五人爲一隊,攻隧難,故以一人督之,十八人實分三隊。陷隧賞重,每隊五人,不以斬首計功,戰勝每人皆賜爵一級。前言得甲首賜爵一級,又言百將、屯長得三十三首,皆賜爵一級,則攻隧賞重可知。蓋所以激厲死士,故其罰亦特重。

《錐指》:禮鴻案:此文不可通,當作"一人死則十七人環,能人得一首則復"。

覘誎黥劓於城下,

【校】

馮抄本、問經堂本,"覘"作"規"。

初校本,"覘"作"覘"。

【注】

《札迻補》:("規諫")蓋言阻撓軍事。

《新釋》:規諫者謂以籌策教練爲職之人,若今參謀教練官之類。"劓"《説文》作"臬刂","刑鼻也"。《秦策》"黥劓其傅",規諫亦傅類也。尹乾説,鄭玄曰:東西夷或以墨、劓爲俗,然則五刑之劓謂穿鼻而繫以環,所以示辱。於城下,於,如也。謂攻敵而已如敵城下也。

《斠詮》:"覘諫"字上疑當增"不能"二字。

《解詁定本》:規,各本作"覘",亦誤。當從綿眇閣本作"規",説詳《説民》篇。諫,諍也。《説文》:"黥,墨刑在面也。""劓,刑鼻也。"言規諫阻軍者,黥鼻於城下。(編者按:綿眇閣本作"覘",不作"規",疑朱師轍引誤。)

《新箋》:(讀作"千人環覘,諫黥劓於城下"。)孫詒讓曰:"環讀爲轘。《説文》:'轘,車裂人也。'"朱師轍曰:"覘當從綿眇閣本作規。"亨按:"千人環覘"爲句,"覘"乃"規"字之誤,"規"借爲"窺",千人環窺,謂千人圍而觀之也。"諫"字未詳,疑是衍文。蓋淺人誤以"規"爲"規諫"之"規",因注"諫"字於其下,傳寫又誤入正文也。或"黥"字重出,又以形近誤爲"諫"也。此言陷隊之士不能死於其事,則在千人圍觀之下,黥之劓之於城下也。孫説非是。

《錐指》:蓋如趙奢令有以軍事諫則死之類,將須專制,不容騰説以橈軍制也。劓,割鼻也。

國尉分地，以中卒隨之。

【注】

《新釋》：中，公也。隨同隳，敗城阜也。《墨子・褋守》"隨堞"，謂隳堞也。

《解詁定本》：中卒，中軍之卒，《左傳》所謂"中權後勁"。此謂中軍勁卒，隨國尉督陣攻城。

《錐指》：先之以陷隊之士。

將軍爲木壹，

【注】

《札迻補》：言植木一以爲表識。

《發微》：商君徙木示信，此亦以木爲令也。（編者按：《發微》此語注於眉端。）"將軍爲木"以下不可解，疑爲木壹者，植木一。（編者按：《發微》此語注於眉端。）

《讀諸子札記》："壹"乃"臺"字之誤，謂構木爲臺，以便瞭望也。《左傳》之巢車，《漢書・趙充國傳》之木樵師古曰："樵"與"譙"同，皆此類。

《新釋》：木壹，板屋也。《左傳》謂之巢車，所以望敵。尹乾說：木壹，桔橰也。

《解詁定本》：陶説是。

《箋正》："木壹"字不知何義，疑誤。

《校釋》："木臺"各本作"木壹"。"壹"、"臺"形近而誤，今改正。木臺，蓋將軍等參望攻城之所也。

與國正監與王御史參望之。

【校】

朱本、指海本、初校本，"王"作"正"。

問經堂本注：各本作“王”，朱本作“正”。

《札迻補》：“正”舊本作“王”，依嚴本正。

【注】

《發微》：與國正監與正御史參望之，謂督戰也。

《新釋》：參，三也，謂將軍、國正監、正御史三人。《史記・李斯傳》：“扶蘇……監兵上郡，蒙恬爲將。”正御史，官名，掌軍中文書記録事者。

《斠詮》：下“與”字當衍。

《解詁定本》：參，三也。將軍與國正監及王御史三人，望敵形勢。王時潤謂下“與”字衍。轍按：《論語》“唯我與爾”，釋文：“及也。”下“與”字當訓及，非衍。嚴校，范本下“正”字作“王”。轍按：各本皆作王御史，蓋秦王特派之御史，“正”乃因上“正監”而誤。

《錐指》：禮鴻案：“史”疑衍文，御、參，説見前。又疑“與正”二字涉上文“與國正”三字而衍。此當作“與國正監御史參望之”，監御史詳《禁使》篇朱氏引《漢書・百官公卿表》。參望者，將軍與國正及監御史爲三也。

其先入者，舉爲最啓；其後入者，舉爲最殿。

【校】

范本、綿眇閣本、吴本、程本、馮本、朱本、且且庵本、馮抄本、奇賞本、四庫本、問經堂本、指海本、崇文本，“啓”字作“口”。

《解詁定本》：“啓”各本皆作“口”，“啓”乃嚴校所補。

【注】

《新釋》：入，謂入城也。舉，拔也。上功曰最。最啓者謂爲上功之首，最殿者謂爲上功之末。

其陷隊也，盡其幾者，幾者不足，乃以欲級益之。

【注】

《札迻補》：幾，餘也。言餘卒不足，乃以他卒之欲得爵級者益也。

《讀諸子札記》：隊讀爲隧，謂攻道也。幾，近也。“欲”乃“次”字之誤。級，層級也。此言國尉以徒校分地攻城，以最近之兵先進，不足，則以次近者益之也。《墨子·雜守》篇云：“隊有急，極發其近者往佐其次，襲其處。”法與此略同，但彼言守，此言攻耳。

《發微》：《説文》：“幾，微也。”欲訓爲好，義通。欲級猶好爵也。謂陷隊之人盡以微者當之，微者不足，乃以好級益之，蓋有爵者繼微者之後也。《孟子·告子》：“生我所欲也，義亦我所欲也。”《中論·夭壽》引欲作“好”。

《解詁》：《詩·楚茨》傳釋“幾”爲“期”，又《漢書·臧宫傳》注：“幾，會也。”此“幾”字義。期言所期，上文之期於城下者。欲級，謂欲賜級之人。

《新釋》：陷隊，陷破敵陣也。盡同贐，贈也。幾，機也，先也。者同褚，卒也。《孫子·作戰》：“車戰得車十乘以上，賞其先得者。”幾者不足，言贈而幾者尚有不足之意。乃以欲級益之，言幾者欲級，因如願以益之。《墨子·號令》：“而欲以受賜賞爵禄……以令許之。”《吕覽·懷寵》：“益其禄，加其級。”《荀子·强國》：“士大夫益爵。”

《斠詮》：盡當讀爲儘。“欲級”下當增“者”字。幾者，蓋猶清制所謂即補。欲級者，蓋猶清制所謂候補。

《解詁定本》：陷隊之士死幾人，則以所死幾人應得之級，益其同隊之奮鬥者。

《校釋》：以即補候補解幾者欲級，似得之而未盡當也。攻城之事必須敢死。幾者，蓋謂能敢死者；欲級，蓋謂願敢死者，庶乎近之。

《校讀》：王説近是。

《新箋》：幾疑借爲祈，二字古通用。《周禮·肆師》“及其祈珥”，鄭注：“故書祈爲幾。”即其證。《廣雅·釋詁》：“祈，求也。”祈者即自己申請之人。欲級即希望陞級之人。此言陷隊之士敢死隊盡用自己申請之人，自己申請之人不足，則以希望陞級之人補充之。

《錐指》：幾，及也。《荀子・榮辱》篇："知不幾者，不可與及聖人之言。"幾者，猶今言及格也。陷隊之士必其最猛鋭中程者，盡發之而猶不足以克，乃以欲求晉級者益之耳。

《箋記》：《墨子・雜守》："隊有急，極發其近者往佐，其次襲其處。"法與此略同。

弱民第二十

本篇校勘所據版本：范本、緜眇閣本、吴本、程本、馮本、朱本、且且庵本、馮抄本、奇賞本、四庫本、問經堂本、指海本、崇文本、初校本，共十四種。

下列版本無本篇：古逸本、褒異本、品節本、匯函本、秦駿生本，共五種。

【題解】

《純常子枝語》卷十六：此篇欲弱民以申君之權，與愚民之意同。

《解詁定本》：民弱則國強，故以名篇。此篇多與《去強》篇相發明。

《校讀》：本篇與《去強》篇文意重複，疑即彼篇之注。又自“明主之使其臣也”以下至篇末，與上文義，全不相屬。疑《錯法》篇文錯簡在此。别具詳考，列於卷端。

1. 民弱國強，國強民弱。故有道之國，務在弱民。

【校】

馮抄本，“民弱國強”作“弱民囗強”，下兩“國”字亦作“囗”。（編者按：“囗”疑爲“國”字之俗體。）

【注】

《新釋》：民弱則服。

《評注》：（改“民弱國強”作“國弱民強”。）民強，謂敢於抗上。民弱，謂服從教令也。首句舊訛作“民弱國強”，便與次句重沓矣。

《箋正》：依全篇大旨當作：“民弱國強，民強國弱。故有道之國，務在弱民。民弱則樸，民強則淫。樸則軌，淫則越志。軌則有用，越志則亂”。略爲改竄，而後文誼完順。但設想之辭，不知有當於原書否也。

《校釋》：各本下四字作“國強民弱。”（引簡説，文見上。）今據乙正。

《校讀》：“國強民弱”當依下文，改作“民強國弱。”

樸則強，淫則弱。

【校】

馮抄本，“淫則弱”作“淫則強”。

【注】

《新釋》：農樸多粟而民強。《算地》篇曰：“屬於農則樸。”淫，任也，謂任以戰事。《周禮・大司馬》：“以任邦國。”戰，所以殺力，故民弱。《説文》：“集，弱貌。”《廣雅》：“集，弱也。”義蓋本此。

《評注》：（作“民樸則強，淫則弱”。）樸則耐勞，耐勞故強。淫則偷安，偷安故弱。二者正相反。

《解詁定本》：當作“樸則弱，淫則強”。蓋民樸守法則弱，民淫奢縱則強。

《校讀》：樸則強，淫則弱，“強”、“弱”二字宜互易。《農戰》篇“民樸則不淫”，又《算地》篇“民務屬於農則樸，樸則畏令”，是民樸則弱之證也。下文“淫則越志，越志則強”，是民淫則強之證也。

弱則軌，淫則越志。

【校】

范本、綿眇閣本、馮抄本、奇賞本，“越”作“有”。

問經堂本注：施本“越”作“有”，下同，今從各本。

【注】

《新釋》：軌，法也，言畏上令。淫則越志，任戰則志在勝敵。越，遠也。

《評注》：（以“志”字下屬，讀作“弱則軌，淫則越”。）軌，循謹，謂不逾軌範也。越，飛揚，謂越畔也。

《解詁定本》：軌，法則也。越，逾也。民弱則守軌法，民淫則志放縱。民樸弱則可用農戰，民越志則強頑難制。或謂軌下有“法”字，以與“淫”字形近而奪。軌法，守法也。

《箋記》：弱上脱“民”字。

弱則有用，越志則強。

【校】

范本、綿眇閣本、奇賞本，“越”作“有”。

馮抄本，“越志則強”作“有用志則強”。

【注】

《新釋》：有，能也，謂其能爲國用。越志則強，志在勝敵，故強。

《評注》：志弱則氣柔而從令，故有用。越志則氣浮而罔忌，故強。此言民之強弱，本無一定。謂樸者強，淫者弱，而淫者有越志，則又不免於強，惟上之人有以轉移之。

《解詁定本》：民樸弱則可用農戰，民越志則強頑難制。

《錐指》：此數句文有訛錯，今略用簡書説改之曰：“民弱國強，民強國弱。故有道之國，務在弱民。民樸則弱，淫則強。弱則軌，強則越志。軌則有用，越志則亂。”

故曰：以強去強者弱，

【注】

《新釋》：以我國民強而去強敵，則民必不爲上所用而致敗，我國因而削弱。

《校釋》：（訂作“以強去弱者弱”。）“以強攻弱”之“弱”字，各本作“強”，今改爲“弱”，説見《去強》篇。

以弱去強者強。

【注】

《新釋》：以我國民弱而去強敵，則民必服而爲我用，戰無不勝，攻無不取，我國因之而強。以上（編者按：指本篇開首至此句）釋《去強》篇：“以強去強者弱，以弱去強者強。”

《評注》：（以上兩句訂作“以強去弱者弱，以弱去強者強”。）用強民之法以去民之弱，則其國必弱。用弱民之法以去民之強，則其國必強。蓋養成其囂張之氣，則公戰不足也；驅迫於純謹之途，則用命有餘也。以強去弱，原本訛作“去強”。

《解詁定本》：此二句解見《去強》篇。

《錐指》：解見《去強》篇。

民善之則親，利之用則和，用則有任，和則匱，有任乃富於政。

【注】

《新釋》：民之所親，乃其所善者耳，非必真賢。孔子以鄉願爲德賊，即此意。言上利用民之所善，則上乃失其自主，和也而非倡也。和，相應也。《韓非子・制分》：“有術之國，不用譽則毋敵。”謂不用民所善也。用則有任：有，多也。任，壬也，謂奸佞。和則匱：匱同憒，亂也。言爲人所憒亂。有任乃富於政：乃，君也。富，復也。言足傾復國政。《韓非子・飾邪》：“富國而利臣，君不行也。”富國，謂復國耳。

《斠詮》:此處疑有脱誤,據文義,當作"民善之則和,親之則用,用則有任,和則不匱"。蓋"和"誤爲"利",校者旁注"和"字,後人誤移於第三句之上。"則用"二字誤倒,"和則不匱"句又誤脱"不"字耳。

《評注》:(訂作"民善之則親,利之則用,親則和,用則有任,和則匱,有任乃富"。)加厚之則親附。利之,謂誘之以爵賞也。用,用於耕戰。親附於上則人和。原本連上句,作"利之用則和",脱二字。樂爲上用,乃能任耕戰之事。和則膏澤下施,而不忍竭民力於土田,故財匱;有任則督之以必行,民且盡力於開墾,故富。

《解詁定本》:"之用"二字顛倒,"匱"上當有"不"字。民善撫之則親上,利用之則和同。利用則能任使,和同則不匱乏。民能任使,則政成矣。

《校釋》:(訂作"民善之則和,利之則用,用則有仕,和則匱,有任乃富於政"。)各本作"民善之則親,利之用則和,用則有任,和則匱"。(引王説,文見上。)按王校乙"和"字於"親"字上,並乙正"用則"二字,是。但删"利"字,增"不"字,均欠妥。蓋商君之思想不重在以善和民,而重在以利用民。以利用民,則民趨之,故曰有任;以善和民,則善有不足,故曰匱。故"利"字不必删,"不"字不可增。"親"字衍,今删。

《校讀》:(引王説、朱説,文見上。)按朱、王二説皆非,案此篇文意在釋《去強》篇"國爲善,奸必多"二句,故下云"上捨法,任民之所善,故奸多",則此"民善之則親"云者,當即《説民》篇"用善,則民親其親"之意,特以文多脱誤錯簡,故難曉耳。

《錐指》(引王説,文見上。)禮鴻案:此處脱誤最甚,難以校理。王氏所改,語雖整齊,以愚觀之,了無意義可通。考《説民》篇曰:"用善則民親其親,任奸則民親其制。合而復者善也,别而規者奸也。章善則過匿,任奸則罪誅。過匿則民勝法,罪誅則法勝民。"本篇文雖不可知,大要應與彼文相同,均言用善之不可。故此文下曰"上捨法,任民之所善,故奸多",即彼云"章善則過匿也"。其云"捨法",亦與彼文

“民勝法”相應。且兩文除“民”字、“則”字常用不計外,“善”字、“親”字、“用”字、“任”字相同,“利”與“制”近,“匱”與“匿”近,雖未能援彼改此,要其辭意俱相近則無疑。好學深思之士,其必有取於予言。(“有任乃富於政”)此六字亦有誤,無可據正。

上捨法,任民之所善,故奸多。

【注】

《新釋》:任,憑也,一曰用也。以上(從“民善之則親”到此)釋《去強》篇“國爲善,奸必多”。

《解詁定本》:上捨法而不用,任民之所好,則奸軌多。

《校讀》:即彰善則過匿之意。

民貧則力富,力富則淫,淫則有蝨。

【校】

朱本,“蝨”作“強”。

問經堂本注:(“蝨”)朱本作“強”,非,今從各本。

重校本“蝨”字下注:秦本、朱本作“強”,非。

【注】

《新釋》:《去強》篇曰“欲有六淫”,淫即蝨也。

《斠詮》:(“民貧則力富”)疑當作“不匱則力富”。

《解詁定本》:力富,求富也。“力富則淫”當作“民富則淫”。

《校讀》:此疑當作“民貧則力,力則富,富則淫”,脱一“則”字,而“力富”二字復互倒。

《錐指》:《説民》篇:“民貧則弱,國富則淫,淫則有蝨。”此文誤。當依《説民》篇改。

故民富而不用,則使民以食出,各必有力,則農不偷。

【校】

且且庵本,"各必有力"作"各必有久"。

問經堂本注:力,鄭本作"久",今從各本。

【注】

《新釋》:用,勇。民以食出,言官爵而令民以粟出也。使,吏也。謂官爵食谷也。《史記·秦始皇本紀》"百姓納粟千石拜爵一級",蓋本此。各同格,升官也。有,由也。《靳令》篇:"官爵必以其力。"

《斠詮》:"以食出"下疑當增"爵"字;"各必有力"疑當作"爵必以其力"。

《解詁定本》:民富而不用則淫,故使民以食,令其所食者各必以力得之,則民不偷於農矣。《墾令》所謂"以其食口之數,賤而重使之,則辟淫游惰之民無所於食,則必農",是也。或謂中二句,當作"則使民以食出爵,各必以其力"。《靳令》篇"民有餘糧,使民以粟出官爵。官爵必以其力,則農不怠",可證。《説文》:"出,進也。"説亦通,存參。評校本,"有力"作"有久",誤。

《校讀》:按朱説是。

《錐指》:(引王説,文見上。)禮鴻案:王説近是。《靳令》篇曰:"民有餘糧,使民以粟出官爵。官爵必以其力,則農不怠。"細審此文,"各"字實即"官"字之訛。然則當亦曰:"使民以食出官爵,官爵必以其力。"

農不偷,六蝨無萌。

【注】

《解詁定本》:萌,兆也。

故國富而民治，重強。

【校】

范本、綿眇閣本、吴本、程本、馮本、朱本、且且庵本、馮抄本、奇賞本、四庫本、問經堂本、指海本、崇文本，“民”作“貧”。

【注】

《諸子平議》：（作“故國富於貧治，重強”。）此有闕文。《去強》篇云：“國富而貧治，曰重富，重富者強。”當據補。

《解詁》，説同《諸子平議》。

《新釋》：重，益也。民，貧也。以上（自“民貧則力富”至此）釋《去強》篇：“國富而貧治，曰重富，重富者強；國貧而富治，曰重貧，重貧者弱。”

《斠詮》：崇文本“民治”作“貧治”。（引俞説，文見上。）

《解詁定本》：（所據本作“故國富而貧治，重強”。）貧治，嚴校本作“民治”，誤。今從綿眇閣本、吴本、評校本、程本、范本、四庫本改正。《去強》篇有此文，嚴校本亦作“貧治”，不誤。解見前。

《校釋》：民治，影范本、崇文本作“貧治”，誤。今依嚴校。（引俞説，文見上。）按“重”字當讀平聲。國富既可強，民治又可強，是強而又強，故曰重強。俞説非。

《校讀》：俞説是。此節即釋《去強》篇文，但據《去強》篇，則此下仍當有釋“國貧而富治，曰重貧。重貧者弱”一節之文，當亦脱耳。

《錐指》：指海本亦作“貧治”，孫星衍本同，是也。

2. 兵，易弱難強；

【校】

范本、綿眇閣本、程本、馮本、朱本，“強”字下有兩字缺文。

四庫本，“強”字下注“缺”字。

馮抄本，“易弱難強”作“易難強難弱”。

【注】

《新釋》:言兵強匪易事也。

民,樂生安佚。

【注】

《新釋》:生而安佚爲民所樂。

《箋正》:“樂生”以下八字不可通。

《錐指》:樂有生而安。逸,豫也。

死難難正,易之則強。

【注】

初校本“死難難正”下注:此句有誤字。

《發微》:“死難難正”疑作“死難難之”。

《新釋》:(讀作“死難難,正易之則強”。)言死難,爲民所難能。正,更也。言更易民之樂惡以使力戰。《管子·侈靡》:“民欲佚而教以勞,民欲生而教以死。勞教定而國富,死教定而威行。”

《評注》:(訂作“民樂生安佚,難死艱貞,易之則強”。)民皆樂以安佚生,不樂以艱貞死,故兵難強也。原本“難”、“死”二字倒誤。“艱”誤“難”。惟“貞”字以避雍正帝諱,改作“正”。明懷宗紀年曰“崇禎”,而改爲“崇正”;新城王貽上原名“士禎”,以避諱改作“正”,皆其例也。

《解詁定本》:《吕覽·順民》“湯克夏而正天下”,注:“正,治也。”民情樂生安佚,使之戰鬥而死,甚難,故難治之;然能易改其性,使樂戰鬥,則兵強。嚴校非。

《新箋》:死難難正,義不可通。疑“正”當作“之”,篆文“之”作“㞢”,“正”作“[illegible]”,形近而誤。此言人民樂生而惡死,安於逸而惡勞,對於死難之事以爲難,如以死難之事爲易,則兵強矣。死難謂爲君國之危難而死也。此文難之與易之意正相對,則難正當作難之,明矣。

《錐指》：嚴萬里曰："案此句有誤字。"禮鴻案：此謂民本樂生安佚，死爲人情之所難，而欲驅之於死，其勢則難也。難正，"正"字讀如《春秋公羊・僖二十六年傳》"師出不正反，戰不正勝"之"正"，正猶期也。下云"易之則強"，謂能使民以難爲易，則兵強也。即《説民》篇"國法作民之所難，兵用民之所易"之旨。

事有羞，多奸寡，賞無失，多奸疑。

【注】

《新釋》：（讀作"事有羞多奸，寡賞無失，多奸疑"。）羞，恥也。言凡可以制敵之事而我恥爲之，則敵必謀所以制我而多奸。《左・成十七傳》："亂在外爲奸，在内爲宄。"賞無失，賞惟在戰。疑，惑也。言敵多奸，則我必爲所惑，而不敢勇進。

《解詁定本》：事有羞爲，則群奸自退；賞無失當，則群奸驚懼。

敵失必，利；兵至強，威。

【注】

《新釋》：（讀作"敵失必利，兵至強威"。）敵多賞而失，則我利。至，及也，期也。

《解詁定本》：（讀作"敵失必利，兵至強威"。）敵失其據，戰必利，故兵強威。

《校讀》：自上句至下文"勢必王"，正釋《去強》篇"兵行敵之所不敢行，強；事興敵所羞爲，利"二句，但以文有脱誤，遂不可解，朱氏望文生訓，非是。

《新箋》：敵失必利，可解爲敵人有失我必有利；然揆上下文意，此乃論我之政治，非論敵之得失也。疑"利"當作"刑"，形似而誤。本書"刑"字有時誤爲"利"，見前。敵失必刑，言在戰場中，敵人得機走脱，必加刑於戰士，如此，則兵至強威矣。

《錐指》：（讀作"事有羞，多奸；寡賞，無失。多奸疑敵，失必利"。）

此文不甚可曉，今以意説之，分爲二句："無失"以上爲一句，餘文自爲一句。《靳令》篇曰："民畢農'畢'上依王時潤説删'澤'字則國富。六蝨不用，則兵民畢競勸而樂爲主用。其下疑脱'上'字境内之民爭以爲榮，莫以爲辱；其次，爲賞勸罰沮；其下，民惡之、憂之、羞之。修容疑當作'善'而以言，恥食以上交，以避農戰，外交以備，國之危也。有饑寒死亡，不爲利禄之故戰，此亡國之俗也。"又數六蝨之目，有非兵與羞戰。夫惡之、憂之、羞之，恥食以上交，不爲利禄之故戰，此所謂有羞多奸也。事者，農戰而已。云寡賞無失者，寡賞即下文利出一孔。《靳令》篇亦云："利出一空者其國無敵，利出二空者國半利，利出十空者其國不守。"利出一孔者，所以止奸之術也。蓋賞惟加於農戰，則民不能羞之，故曰寡賞無失。多奸疑敵失必利，蓋當作"敵多奸疑，我必利"，謂敵之民俗多奸而兵弱，兵弱則疑而不敢戰，此我之利也。"疑"字與下"兵行敵之所不敢行""敢"字相對。

事無羞，利用兵。

【注】

《新釋》：事之無恥者，如《六韜》所謂"陰賂左右"、"輔其淫樂"、"厚賂珠玉，娱以美人"之類。利則無失。

《解詁定本》：上文"事有羞"，對治内而言；此云"事無羞"，對禦外而言。蓋權謀應變，所以制敵，亦《孫子》兵不厭詐之意。

九處利勢，必王。

【校】

初校本，"九"作"久"。

【注】

《新釋》：（作"久處利"。）言利與敵持久。

《解詁定本》：（作"久處利"。）"久處"各本作"九處"，誤。

故兵行敵之所不敢行，強；事興敵之所羞爲，利。

【注】

《新釋》：興，作也。以上（從“兵易弱難強”起到此）釋《去強》篇“兵行敵所不敢行，強；事興敵所羞爲，利”。

法有，民安其次；

【注】

《新釋》：有，富也。言設法以使民富。《列子·說符》：“羡施氏之有。”次，舍也，居也。

《解詁定本》：《廣雅》：“次，舍也。”國有法度，則民安其居。

主變，事能得齊。

【注】

《新釋》：（“齊”字屬下讀。）言凡事能得而不失主君也。

《解詁定本》：《廣雅》：“齊，整也。”主有權變，則事能得齊。

《錐指》：《淮南子·詮言》篇：“投得其齊。”今本“投”作“捉”，依王念孫改。注：“齊，得其適也。”

國守，安；

【注】

《新釋》：（作“齊國守安”。）齊，殷也。謂殷富守安則不遷。

《校讀》：國守安，“國”字疑當在“法”字上。“法有”二字當互倒作“國有法”。

《錐指》：“守”下疑脱“法”字。

主操權，利。

【注】

《新釋》：權，變也。變則利。

《解詁定本》:國守安寧,則主操權利。

故主貴多變,國貴少變。

【校】

馮抄本,"主貴"作"主賓貴"。

【注】

《新釋》:以上(從"法有"起到此)釋《去強》篇:"主貴多變,國貴少變。"

《解詁定本》:故主貴多權謀,國貴少變故。

《錐指》:《韓非子·定法》篇謂:"申不害言術,而公孫鞅言法。術者,因任而授官,循名而責實,操生殺之柄,課群臣之能者也。此人主之所執也。法者,憲令著於官府,刑罰必於民心,賞存乎慎法,而罰加乎奸令者也。此臣之所師也。君無術則弊於上,臣無法則亂於下,此不可一無,皆帝王之具也。"今此謂主貴多變,術家之言也。國貴少變,法家之言也。是商君非不言術,特言法者多耳。

利出一孔,則國多物;出十孔,則國少物。守一者治,守十者亂。治則強,亂則弱。強則物來,弱則物去。

【校】

馮抄本,"一孔"作"一空","國"作"口"。

【注】

《發微》:《管子·國蓄》篇:"利出一孔者,其國無敵;出二孔者,其兵不詘;出三孔者,不可以舉兵;出四孔者,其國必亡。"

《讀諸子札記》:一孔、十孔當互易,元文本云:"利出十孔,則國多物;出一孔,則國少物。"蓋主任術,故貴多變。國任法,故貴少變。曰一孔,曰少物,皆與少變義同。故又云:守一者治,守十者亂。則"一"、"十"二字互誤明矣。《去強》篇云:"主貴多變,國貴少變。國多物削，少物強。”今本“少物”上衍“主”字。説具本條。與此文有詳略，義則一也。此文又云：“強則物來，弱則物去。”乃言少物則強，強則可以致物；多物則弱，弱反足以去物。二者之效有如此耳。今本“一”、“十”二字之誤，由淺人不達此旨，據下文以竄易之也。

《新釋》：物，財物也。

《解詁定本》：（引陶校，文見上。）師轍按：陶説是也。物含事、物二義，多物謂事務紛更，少物謂政事專壹。下文物來，謂物資豐富；物去，謂物乏貧瘠。故致物豐者強，物流出者弱。

《錐指》：（引陶説，文見上。）禮鴻案：利出一孔，見《農戰》篇。謂授官予爵必出於農、戰，義與上多變、少變不相蒙，陶氏牽而一之，非是。《去強》篇“多物”、“少物”，“多”、“少”二字當互易，已見彼篇王時潤説，不當據彼篇訛文以改本篇。陶氏説“少物則強，強則可以致物；多物則弱，弱反足以去物”，以多物少物之物爲少變之變，與致物去物義不能相貫，其爲曲説明矣。

《斠補》：案“多”、“少”二字當互易，此本作“利出一孔，則國少物；出十孔，則國多物”。先言一孔，後言十孔，猶下文“守一者治，守十者亂”。先言守一，後言守十也。是今本“多”“少”兩字互誤，非“一”、“十”兩字互誤矣。

故國致物者強，去物者弱。

【注】

《新釋》：致，來也。以上（從“利出一孔”起到此）釋《去強》篇：“國多物削，主少物強。千乘之國守，千物者削。”

《解詁定本》：此與今日世界戰爭，言國家物産豐富者勝一例。此古今不易之論也。

《校讀》：以上並釋《去強》篇“國多物削，主少物強”二句之義。

民辱則貴爵,弱則尊官,貧則重賞。

【注】

《評注》:重,以此爲重也。

《錐指》:困抑私榮則民辱。

以刑致,民則樂用。

【校】

范本、綿眇閣本、吴本、程本、馮本、朱本、且且庵本、馮抄本、奇賞本、四庫本、指海本、崇文本、初校本,"以刑致"作"以刑治"。

【注】

《評注》:勞力猶愈於刑,故樂用。

以賞戰,民則輕死。

【注】

《評注》:(訂作"以賞戰民,則民輕死"。)爭賞,故輕死。

《錐指》:(讀"民"字屬上。)戰民,使民爲我戰。

故戰事兵用曰强。

【校】

四庫本,"曰"作"日"。

【注】

《新釋》:曰同欥,詮詞也。以上(自"民辱則貴爵"到此)釋《去强》:"戰事兵用曰强。"

《錐指》:戰則務之,兵則用之。

民有私榮則賤列卑官，

【注】

《新釋》：列，位也。卑，俾也，賜也。言卑官以公榮之，所謂舉榮。

《評注》：孝、弟、忠、信、《詩》、《書》、禮、樂皆足以重聲望，故商君謂之私榮。品望高，則必以小官爲羞。

《解詁定本》：列，位也。

《錐指》：列，位次也。

《箋記》："賤"下脱"爵強"二字，"列"爲"則"之誤。

富則輕賞。

【注】

《新釋》：賞，爵賞也。上云貧則重賞。

《評注》：言不足以動其心也。

治民羞辱以刑，戰則戰。

【注】

《新釋》：治同臺，予也。言使富者出粟而予之以爵，粟本於農功，出粟予爵是謂任功。《靳令》篇曰："民有餘糧，使民以粟出官爵，官爵必以其力，則農不怠。"力謂功也。《韓非子·定法》："今斬首者勇力之所加也。以勇力之所加，而治智能之官。"治亦臺也。以上（從"民有私榮"起到此）釋《去強》篇："舉榮任功曰強"。刑爲民所羞辱者，恐戰不勝而罹於刑，故戰則力戰。

民畏死，事亂而戰，

【注】

《新釋》：（讀作"民畏死事，亂而戰"。）死事，死於國事。《管子·輕重甲》："桓公欲賞死事之後。"（"亂而戰"）亂失行列。

《評注》:(訂作“治民羞辱以刑人戰,則戰民畏死”。)自謂不與刑人同,故畏死而不盡力也。事亂而戰,國事亂於内,而他國來戰也。

《錐指》:(讀作“治民羞辱以刑戰,則戰民畏死”。)未詳,蓋即《靳令》篇“羞戰”之謂,“刑”或衍文。(“事亂而戰”)亦未詳。

故兵農怠而國弱。

【校】

范本、綿眇閣本、吴本、程本、馮本、朱本、且且庵本、馮抄本、奇賞本、四庫本、問經堂本、指海本、崇文本,“怠”作“息”。

初校本注:范本“怠”作“息”,誤。

【注】

《新釋》:農,柔也。以上釋《去強》篇:“戰亂兵息而國削。”息即怠耳。

《評注》:(訂作“故兵興農息而國弱”。)此言大軍之後,必有凶年也。息,替也。兵興而農事替,謂人民寥落無多也。原本無“興”字,今以意增。

《解詁定本》:治民威之以刑,使之戰則戰矣。若民畏死政亂,而使與敵國戰,則必敗。故兵農怠惰,則國弱。轍按:各本(“怠”)皆誤作“息”。

《校讀》:自“富則輕賞……故兵農怠而國弱”此數語本釋《去強》篇“戰亂兵息而國削”一句。疑此文以從彼作“息”爲是。息,滅也,言兵耗滅也。

3. 農、商、官三者,國之常食官也。

【注】

《諸子平議》:“食”衍字。

《解詁》引俞説。

《發微》:《吕覽·上農》:“凡民自七尺以上屬諸三官,農攻粟,工攻器,賈攻貨。”注:“三官,農、工、賈。”

《新釋》:食,治也。官,事也。言爲國所常治之事。

《解詁定本》:俞説是,《去強》篇作“國之常官也”,可證此誤。

《校釋》:各本“常”下有“食”字。俞説“按食衍字”。按《去強》篇亦有此句,無“食”字,今據删。

農闢地,商致物,官法民。

【校】

初校本,“商”下無“致”字。

【注】

《新釋》:(作“農闢地,商物,官法民”。)通物之有無。法,治也。

《斠詮》:崇文本作“商致物”,此脱“致”字,當據增。法,當爲“治”之訛。

《解詁定本》:嚴校本,“商”下落“致”字,今據各本補。《説文》:“法,刑也。”《廣雅·釋詁》:“刑,治也。”農闢土地,商致百物,官治庶民,三者皆爲國之不可缺,義詳《去強》篇。

《箋正》:商物,范本作“商致物”。王詮謂崇文本有“致”字,當據增,又“法”當爲“治”之訛。

《校釋》:商致物,嚴校本作“商物”,今依影范本、崇文本補“致”字。官治民,各本作“官法民”,王説:“法”當“治”之訛,今據改。

《香草續校書》:(所據本作“商物”。)“商”下當脱一字。上文云“農闢地”,下文云“官法民”,並三字句,則此亦當三字句,文方一律。上文云“農、商、官三者,國之常食官也”。據俞蔭甫太史《平議》以“食”字爲衍。然則此蓋即脱“食”字。脱於此而衍於彼矣。食當讀爲飾,飾諧食聲,故得通借。《爾雅·釋詁》云:“食,僞也”。訓食爲僞,必讀食爲飾。朱駿聲《説文通訓》言之。《周禮·玉府職》云:“王齊則共食玉。”食玉者,飾玉也。鄭注謂,玉是陽精之純者,食之禦水氣。又引司農説云"王齊當食玉屑",謬甚。玉屑豈可食乎? 俞太史《群經平議》云:食玉乃神仙迂怪之説,非周公制禮所有也。食當讀爲飾。下文云:"商有淫利,有美好傷器。"故云"商飾物"。美好傷器者,乃過於飾矣。商飾物,則未至於傷也。故與農闢地,官法民爲比偶句法,句義一律。

《錐指》:簡書曰:"商物范本作商致物,王詮謂崇文本有致字,當據增。又法當爲治之訛。"禮鴻案:范本、指海本亦有"致"字。

三官生蝨六:

【校】

馮抄本,"六"作"之"。

曰歲、曰食、曰美、曰好、曰志、曰行。

【注】

《新釋》:歲、食皆農之蝨。歲,穢也,謂荒蕪。《吕覽》"三盜"所謂"草竊"者。《荀子·天論》"耘耨失穢",《韓詩外傳》二作"枯耘傷歲"。食,飾也。《墾令》篇曰:"農民不飢,行不飾。"曰美、曰好,商之蝨也。美,色好也,《説文》作"媄"。好,玩好也。《管子·重令》云,六攻,玩好其一也。《韓非子·難二》:不事玩好則入多。曰志、曰行,官之蝨也。志,嬉也。《大戴·帝系》"女志",《吴越春秋》作"女嬉"。行,言也,謂巧言虚道。《農戰》篇曰:"今民求官爵,不以農戰,而以巧言虚道。"又曰:"國去言則民樸。"

六者有樸,則削。

【校】

馮抄本,"樸"作"撲"。

范本、綿眇閣本、吴本、程本、馮本、朱本、且且庵本、馮抄本、奇賞本、四庫本、問經堂本、指海本、崇文本、初校本,"則"作"必"。

初校本注：秦本"必"作"則"。

【注】

《新釋》：樸，附也。

《解詁定本》：此數句見《去強》篇。

農有餘食，則薄燕於歲；

【注】

《發微》：薄燕，當作"博"。

《新釋》：(讀作"農有餘，食則薄燕於歲"。)《管子·治國》："農者月不足而歲有餘者也。"飾則需費，故有餘者因飾而至於薄。燕，偃也，謂農偃僕不振由於田之荒穢也。

《解詁定本》：燕，安也。

《新箋》：薄蓋借爲普，二字古通用。《詩·北山》："溥天之下，莫非王土。"《左傳·昭公七年》引"溥"作"普"。《韓奕》："溥彼韓城。"《潛夫論·志姓氏》篇引"溥"作"普"。《老子》："其德乃普。"傅奕本"普"作"溥"。並其證也。普，遍也。燕，安樂也。此言農民有餘食，則人人安樂游閑以度歲月也。

《錐指》：王引之曰："薄，發聲也。《詩·葛覃》曰：'薄汙我私，薄澣我衣。'又《芣苢》曰：'薄言采之。'傳曰：'薄，辭也。'《經傳釋詞》十《詩·小雅·鹿鳴》："以燕樂嘉賓之心。"傳曰："燕，安也。"

商有淫利，有美好，傷器；

【注】

《新釋》：有美好則售奇器淫巧，故至傷器。《説民》篇曰："器成於家而行於官。"

《解詁定本》：淫，大也。

官設而不用，志行爲卒。

【校】

馮抄本，"卒"作"率"。

【注】

《新釋》：用，勇也。卒，病也，《爾雅》作"顇"。

《解詁定本》：《説文》："隸人給事者爲卒。"《爾雅》："卒，盡也，又終也。"農有餘食，則偷安以卒歲；商有大利美好，則器物奢靡，故傷器；官設而不用，則志行日卑，如給事之隸。

《新箋》：朱師轍曰："官設而不用，則志行日卑，如給事之隸。"亨按：朱説迂曲。卒借爲瘁，二字古通用，《詩・板》"下民卒癉"，《韓詩外傳》五引"卒"作"瘁"，即其證。《詩・雨無正》："憯憯日瘁。"毛《傳》："瘁，病也。"此言官設而不爲朝廷幹事，則營私舞弊之思想與行爲爲國爲民之病害也。上文所云"六蝨"，其五"曰志"，其六"曰行"，志即官吏營私舞弊之思想，行即營私舞弊之行爲。

《錐指》：（引朱説，文見上。）禮鴻案：商君所尚，在官能循法而已，志行甚非所求，且所惡也。志高尚之志，爲異人之行，是仁義而非法令，商君之所謂蝨也。《周禮・小司徒》："五人爲伍，五伍爲兩，四兩爲卒。"《莊子・秋水》篇："人卒九州。"卒，司馬彪注曰："衆也。"則此乃謂官設而不用則爲志行者衆耳。成卒之云，猶《靳令》篇言"十二者成群"矣。

六蝨成俗，兵必大敗。

【注】

《錐指》：夫農之有餘食，商之有淫利，官之不用於職，此民之强也。而云兵必大敗，此之謂民强國弱。

法枉治亂，任善言多。

【校】

指海本，訂作“法枉治衆”，注：衆，原作“亂”，依下文改。

【注】

《新釋》：枉，曲也。以上（從“農商官三者”起至此）釋《去強》篇“農商官三者”至“六者有樸必削”。

《解詁定本》：《説文》：“枉，衺曲也。”法枉謂詘法。

《香草續校書》：“亂”當作“衆”，涉下文“亂”字而誤，下文云“治衆國亂”，即承此治衆而言。

《校讀》：法枉治亂，以文意求之，當作“法枉治衆”。下文言“治衆國亂”，亦猶“言多兵弱”之承“任善言多”一例。下文“法明治省”，正與“法枉治衆”相對，可證此句之誤而下文（編者案：指“治衆國亂”）不誤。王説非。（王説見下引。）

《錐指》：指海本改“亂”作“衆”，是也。

《箋記》：“亂”當作“衆”，下文“治衆國亂”即蒙此言。

治衆國亂，言多兵弱。

【注】

《新釋》：衆，繁也。

《斠詮》：（“治衆國亂”）疑當作“治亂國危”，此係承上文“法枉治亂”而言。

《箋正》：王氏於此謂“治衆國亂”當作“治亂國危”，於下文“治省國治”，又贊成俞説與此“治衆國亂”相對成義，此所謂以自之矛陷自之盾也。竊謂此等處只宜於言外紬繹精義，若字字竄削，則轉陷原文於不可通矣。

法明事省，任力言息。治省國治，言息兵強。

【校】

范本、綿眇閣本、吴本、程本、馮本、朱本、且且庵本、馮抄本、奇賞本、四庫本、問經堂本、崇文本，“法明事省”句無“事”字。

指海本，訂作“法明治省”，注：原脱“治”字，依下文補。

初校本，作“法明治省”。

范本、綿眇閣本、吴本、程本、馮本、朱本、且且庵本、馮抄本、奇賞本、四庫本、問經堂本、崇文本，“治省國治”作“治者國治”。

指海本，訂作“治省國治”，注：“省”原作“者”，依上文改。

【注】

《諸子平議》：（所據本作“法明省，任力言息。治者國治，言息兵強”。）“法明”下奪“治”字，“法明治省，任力言息”，四字爲句，承上文“治衆國亂，言多兵弱”而言，謂法明則治省，任力則言息也。“治者國治”當作“治省國治”，“省”與“者”字形相似而誤耳。此又承“法明治省，任力言息”而言，謂治省則國治，言息則兵強也。正與上文“治衆國亂，言多兵弱”相對成義。

《籀廎碎金》：治省，“治”字孫本無，鐵橋增“事”字，與此異，似轉録者誤“治”爲“事”。案：問經堂本孫校作“治者國治”。

《斠詮》：崇文本“明”下脱“治”字，下“省”字誤作“者”。俞氏曰（引文見上）。今案，俞説是。

《解詁定本》：各本作“法明省，任力言息，治者國治”，皆誤。

《校釋》：影范本脱誤與崇文本同，今依嚴校本。

故治大國小，治小國大。

【注】

《新釋》：大，猶衆也。言治衆則國必小。小，少也，省也。言治省而國可大。以上（從“任善言多”起至此）釋《去強》篇“治大國小，治小國大”。

《斠詮》:故治大國逗小句;治小國逗大句。

《解詁定本》:此二句見《去強》篇。

《校讀》:此下當有脱文。

4. 政作民之所惡,民弱;政作民之所樂,民強。

【校】

馮抄本,“政作民之所惡”句無“作”字。

【注】

《發微》:《管子·牧民》:“政之所興在順民心,政之所廢則逆民心。”

《新釋》:言以刑戰驅之作爲也。上云“淫則弱”,淫,任也,謂任以民所惡之戰事。

《解詁定本》:行政嚴刑罰、重戰鬥,雖民之所惡,然民畏威而不淫;行政尚寬厚、貴言談,雖民之所樂,然民安逸而驕縱。

《錐指》:民惡急敕而樂淫放。農戰,所惡;六蝨,所樂也。

民弱國強,民強國羸。

【校】

范本、綿眇閣本、吴本、程本、馮本、朱本、且且庵本、馮抄本、奇賞本、四庫本、問經堂本、指海本、崇文本,無“民弱國強”四字。

范本、吴本、程本、馮本、奇賞本、四庫本、問經堂本、崇文本,“羸”作“嬴”。

綿眇閣本,“羸”作“贏”。朱本、且且庵本、指海本,“羸”作“嬴”。

初校本注:舊本無“民弱國強”四字,從秦本增。又“國弱”范本作“國贏”,誤;秦本作“國嬴”,亦非。今依上下文改正。

【注】

《解詁定本》:“贏”乃“羸”之誤。《説文》:“羸,瘦也。”《周語》“此嬴者陽也”，韋注：“嬴，弱也。”此文當作“民強國嬴”，下奪“民弱國強”一句。嚴、秦校雖知其誤，但所改尚未的。

民之所樂，民強；民強而強之，兵重弱。故民之所樂，民強；民強而弱之，兵重強。

【校】

初校本，上句“民之所樂”前有“故”字，下句“民之所樂”前無“故”字。

【注】

《諸子平議》：（所據本“兵重強”作“民重強”。）此承上文“政作民之所惡，民弱；政作民之所樂，民強”而言，當云：“政作民之所惡，民弱，民弱而強之，兵重弱；政作民之所樂，民強，民強而弱之，兵重強。”傳寫奪誤，遂不可讀。文中“故”字，即“政”字之形近而誤者。

《讀諸子札記》：此當云：“政作民之所樂，民強國弱句。民強而強之，兵重弱。政作民之所惡，民弱國強句。民強而弱之，重兵強。”上文云：“政作民之所惡，民弱；政作民之所樂，民強。民弱國強，民強國弱。”此即承上而言，“故”即“政”字之誤，又多訛脱，則文義俱乖矣。

《新釋》：（所據本上句“民之所樂”前有“故”字。）故，作。民強而更強之，則民不服而兵益弱。民弱而服，則兵益強。《說民》篇曰：“強而用，重強。”

《斠詮》：（引俞説，文見上。）時潤謹案：俞説未審《商君》原文，疑當作“政作民之所樂，民強，民強而強之，兵重弱；政作民之所惡，民弱，民弱而弱之，兵重強。”

《解詁定本》：（引陶説，文見上。）師轍按：陶校可備一説，存參。蓋任民之所樂，樂則淫，淫則放蕩，故民強；民強而不能遏其淫則兵愈弱，民強而能遏其淫則兵愈強矣。

《校釋》：（作“政作民之所樂，民強；民強而強之，兵重弱。政作民之所惡，民弱；民弱而弱之，兵重強”。）各本此兩句“民”之上俱無“政作”字，惟嚴校本、崇文本於上句“民”之上有“故”字。下句各本“惡”作“樂”，兩“民弱”字俱作“民強”。（引俞説、王説，文見上。）按：此所謂民強、民弱者，蓋以民之願從令赴戰與否而分，故民弱者兵強，而民強者兵弱。王説較爲得其原義，今據改。“重”字俱讀平聲。

《校讀》：《畫策》篇云：“兵或重強，或重弱，民固欲戰，又不得不戰，是謂重強；民固不欲戰，又得無戰，是謂重弱。”

故以強重弱，弱重強，王。

【注】

《新釋》：強王，謂我國強而王也。以上（從“政作民之所惡”起至此）釋《去強》篇：“強之重削，弱之重強。”

《斠詮》：（“故以強重弱”）“弱”下當增“削”字。

《解詁定本》：治民能強者弱之，弱者強之，則可以王。

《校釋》：（作“故以強重弱，削”。）“削”字各本缺，王説“弱下當增削字”，今從之。

《校讀》：自此句以上至“政作民之所惡”並釋《去強》篇“強之重削，弱之重強”二句。依王氏所校上文例之，則此二句當作“故以強重強，削；弱重弱，王”。不然兩“重”字即無義。

《錐指》：國愈強則民愈弱，是謂以國之強重民之弱也。民愈弱則國愈強，是謂以民之弱重國之強也。重猶倍之也。

以強政強，弱，弱存。

【校】

馮抄本，“存”前無二“弱”字。

【注】

《新釋》：（讀作“以強攻，強弱，弱存”。）言我以民強而攻敵。政，徵也，猶攻也。強弱，民強國弱。弱存，敵雖弱而能存。

以弱政弱,強,強去。

【校】

馮抄本,"以弱政弱"作"以強弱政弱"。

【注】

《新釋》:(讀作"以弱政,弱強,強去"。)言我以民弱而攻敵。弱強,民弱國強。強去,敵雖強而必敗,故敵強去。

《校釋》:(訂"政"作"攻"。)此句兩"攻"字及下兩"攻"字,各本俱作"政",誤。王説:"政"字當作"攻",或作"去",今據改。

強存則弱,強去則王。

【注】

《新釋》:言我民強存則國必弱,敵之強去則我王。

《斠詮》:弱當爲削。

《校釋》:削字各本作弱,誤。(引王説,文見上。)今據改。

故以強政弱,削;以弱政強,王也。

【校】

馮抄本,"以弱政強"作"以弱攻強"。

【注】

《讀諸子札記》:"重弱"下脱"削"字,"弱重強"上脱"以"字,"弱存"當作"強存"。其讀云:"故以強重弱逗,削句。以弱重強逗,王句。以強政強弱逗,強存句。以弱政弱強逗,強去句。強存則弱句。強去則王句。故以強政弱逗,削句。以弱政強逗,王也。"

《新釋》:我國弱而削也。我國強而王也。以上釋《去強》篇"以強攻強者亡,以弱攻強者王"。

《斠詮》:二"政"字依《弱民》篇當作"攻",或作"去",作"政"誤。

《解詁定本》:"政"當作"攻"。《去強》篇云:"以強攻強者亡,以弱攻強者王。"可證。

《校讀》:自"以強政強弱"下並釋《去強》篇"夫以強攻強者亡,以弱攻強者王"二句,據此可證彼文當作"以強攻弱"。

《錐指》:此文有訛衍,今校正如次:"以強攻強,強存。以弱去強,強去。強存則弱,強去則王。故以強攻強,弱;以弱攻強,王也。"説曰:改"政"爲"攻"者,據《去強》篇曰:"以強去強則弱,以弱去強則強。"又:"以強攻強則亡,以弱攻強則王。"與此文結語正同也,"攻"、"去"意同。此文主旨在去民之強,故凡"攻"下皆爲"強"字,不得云"攻弱"。若民弱者,但須重其弱,無用乎攻矣。

5. 明主之使其臣也,用必加於功,賞必盡其勞。

【注】

《新釋》:功,以勞定國也。《周禮·司勳》:"國功曰功。"曰"功盡其勞",謂如勞以賞而不使不足也。

《評注》:用,謂以小臣進用於朝。加於其功,則爵不濫而各勉於功矣。勞,勳業也。賞盡其勞,則無觖望矣。

《香草續校書》:"用"、"賞"二字蓋互誤。

《錐指》:自"明主"以下,文與《錯法》篇大同,蒙氏以爲本彼篇文,蓋是也。盡讀爲賮。《漢書·高帝紀》:"蕭何主進。"師古曰:"進者,會禮之財也。字本作賮,又作贐。"《文選·顏延年赭白馬賦》注:"孟子曰:'有遠行者必以賮。'《蒼頡篇》曰:'賮,財貨也。'"是以財貨與人曰盡。

人主使其民,信此如日月,則無敵矣。

【校】

范本、綿眇閣本、吴本、程本、馮本、朱本、且且庵本、奇賞本、四庫本、問經堂本、指海本、崇文本,"信"下無"此"字,"則"作"此"。

范本、程本、馮本、四庫本,"日月"前有缺文。

馮抄本,“此如”作“如此”,無“則”字。

《東塾讀書記》引,“信”下無“此”字,“則”作“此”。

《解詁定本》:吴本、綿眇閣本、評校本,作“人主使其民,信如日月,此無敵矣”。程、范二本同,惟“信”下無“此”字,空一字。

【注】

《新釋》:此,兹也,斥用賞言。《錯法》篇作“信於此”。如日月,《錯法》篇作“如明日月”。則無敵矣,《錯法》篇作“則兵無敵矣”。

《評注》:爵賞與衆共之,皦然不欺,故民勇於戰而兵無敵。

今離婁見秋毫之末,不能以明目易人;

【校】

奇賞本,“目”作“日”。

初校本,“毫”作“豪”,“能”下無“以”字。

【注】

《發微》:“不能”下奪“以”字。當據《錯法》篇補。

《斠詮》:(所據本作“不能明目易人”。)依《錯法》篇,“明目”上當增“以”字。

《評注》:易,輕忽也。離婁,黄帝臣,名朱。

《解詁定本》:此六句(編者按:指自“今離婁見秋毫之末”句至“不能以相易也”句)見《錯法》篇。嚴校本,“明目”上奪“以”字。此據各本補。

烏獲舉千鈞之重,不能以多力易人;

【注】

《評注》:烏獲,古之有力者,或以爲即孟説,非是。

《校釋》:烏獲乃鞅以後人,考詳《錯法》篇。

聖賢在體性也，不能以相易也。

【校】

馮抄本，“賢”作“矣”。

【注】

《新釋》：在，存也。《錯法》篇作“存”。不能以相易也，《錯法》篇作“不可以易人”。

《斠詮》：“在”字誤，宜作“之存”二字。

《評注》：未必人人皆聖賢。

《校釋》：（“聖賢在體性也”改作“聖人之存體性也”。）按此數句亦見《錯法》篇，今據以增改。

《錐指》：《錯法》篇：“聖人之存體性，不可以易人。”疑此文“聖人”下亦當有“之”字，“存”、“在”同義通用。《淮南·原道》篇“無所不充，則無所不在”，注：“在，存也。”

今當世之用事者，皆欲爲上聖，舉法之謂也。

【注】

《讀諸子札記》：“皆”乃“若”字之誤。

《新釋》：舉，行也，謂勤也。

《評注》：（訂作“舉法背之之謂也”。）舉，盡也。欲爲上聖，則必以己見爲是，成法爲非。按下文“舉法”下脱“背之”二字。

《解詁定本》：舉，用也。

《箋正》：“舉法”句誤。鞅意惟謂欲上聖者，每輕視法度，故下文云云。設能舉法，下文正不必爾爾。“舉”疑當作“背”或“去”。

《校讀》：此二句（編者按：指“今當世之用事者，皆欲爲上聖”二句。）當在“舉法之謂也”下。《錯法》篇“不能以相易也”下無此句，可證。又據《錯法》篇“不可以易人”下尚有“然而功可得者”句，當據補。自“明主之使其臣也”以下至此，並與《錯法》篇文同，而與本篇上文全不相屬，可知當是《錯法》篇文之錯簡者。“背法而治”以下與上文意相屬，可知是《錯法》篇脱簡。

背法而治，

【校】

馮抄本、問經堂本，“背”作“皆”。

【注】

《雖指》：《錯法》篇：“夫聖人之存體性，不可以易人；然而功可得者，法之謂也。”據彼校此，此當作“然而功可得者，法之謂也。今當世之用事者皆欲爲上聖，舉背法而治”，有脱有倒耳。舉，皆也。

此任重道遠而無牛馬，

【校】

范本、綿眇閣本、吴本、程本、馮本、朱本、且且庵本、奇賞本、四庫本、問經堂本、指海本、崇文本、初校本，“牛馬”作“馬牛”。

馮抄本，“牛馬”作“鬲馬”。

初校本注：秦本“馬牛”字倒。

濟大川而無船楫也。

【校】

范本、吴本、程本、馮本、四庫本、崇文本、初校本，“船”作“舡”。

馮抄本，“船楫”作“舡濟”。

【注】

《發微》：《管子・七法》：“不明於計數而欲舉大事，猶無舟檝而欲經於水險也。”《潛夫論・考功[績]》：“是故世主不循考功而思太平，此猶欲捨規矩而爲方圓，無舟楫而欲濟大水。”

《新釋》：舡，船也，今字作“船”。楫，舟櫂也。《商書説命》上：“用汝作舟楫。”

《解詁定本》:《説文》有“船”無“舡”,作“船”是。《廣雅》:“舡,舟也。”《説文》:“楫,舟櫂也。”

《錐指》:《玉篇》:“舡,船也。”

今夫人衆兵強,此帝王之大資也,

【校】

馮抄本,“夫”作“大”,“資也”二字倒。

【注】

《新釋》:資,用也。

《評注》:資,用也。

苟非明法以守之也,與危亡爲鄰。

【注】

《評注》:鄰,比屋而居者,喻相去無幾也。

故明主察法,

【校】

馮抄本,“故”作“相”。

【注】

《新釋》:察,明也。

《評注》:察,致詳也。

境内之民無淫辟之心,

【校】

范本、綿眇閣本、吴本、程本、馮本、朱本、且且庵本、馮抄本、奇賞本、四庫本、問經堂本、指海本、崇文本,“淫辟”作“辟淫”。

初校本注:秦本"辟淫"字倒。

【注】

《評注》:境内之民奉法。

《解詁定本》:辟,邪也。

游處之士迫於戰陣,萬民疾於耕農,

【校】

馮抄本,"萬"下有"法"字。

初校本,"士"作"壬","農"作"戰"。

《箋正》:"壬"范本作"士"。崇文本同。

《錐指》:("游處之士"作"游處之壬"。)簡書曰:"壬范本作士,崇文本同。"禮鴻案:指海本亦作"士"。

【注】

《新釋》:迫,急也。

《評注》:迫,切也。謂以此爲切要,游處之士奉法。疾,猶《大學》"爲之者疾"之"疾",謂不以此爲緩圖也。

《解詁定本》:士,嚴校本作"壬",疑誤,今據各本改。或謂《爾雅》:"壬,佞也。"言游説壬佞之人,以口舌求官,今迫之使戰陣,則萬民專力於農戰。"耕戰"各本作"耕農"。

《香草續校書》:(所據本作"游處之壬"。)"壬"當作"士"。

《錐指》:疾,猶力也。

有以知其然也。

【注】

《新釋》:有,何也。

《評注》:知非明法不足以守也。

《錐指》:"有"當作"何",或當作"奚"。《算地》篇:"奚以知其然也?”

《箋記》:“有”當作“何”,形近而誤。

楚國之民,齊疾而均,速若飄風;

【校】

馮抄本,“齊疾而均”作“商疾而鈞”。

【注】

《舊學蓄疑》:《弱民》篇“楚國之民,齊疾而均速”以下,乃《荀子·議兵》篇文,事在昭襄王三十六年,距商鞅之没凡七十四年,以上兩條俱係後人篡入。

《斠詮》:《荀子·議兵》篇作“輕利僄遬,卒如飄風”。

《新釋》:齊疾,皆壯也。均,迅也。一曰齊,利也。飄風,疾風也。《山海經》謂之“飇”。《史記·禮書》作“熛風”。

《次室讀書記》:此蓋附注之文,下篇即有此例。

《解詁定本》:楚民僄悍齊疾而均速,若飄風之至。言趫捷也。

《錐指》:自此以下至楚分爲五,其文與《荀子·議兵》篇大同,與前文文義不貫,是乃《商君書》簡策佚脱,讀者謬以《荀子》之簡雜之,非作《商君書》者之襲《荀子》也。簡書以垂沙、鄢郢事在商君卒後,苦相攻伐。今既定其原非《商子》之文,故可略而不論云。

宛鉅鐵鉇,利若蜂蠆,

【校】

范本、綿眇閣本、吴本、程本、馮本、朱本、且且庵本、馮抄本、奇賞本、四庫本、問經堂本、指海本、崇文本,“鉇”作“拖”。

初校本、范本,“鉇”作“拖”。

【注】

《發微》:《荀子·議兵》有“宛鉅”,《墨子·備穴》“爲鐵鉤鉅”,

即此。

《新釋》:《前漢書・地理志》:南陽郡有宛縣,故申伯國,有工官鐵官,春秋時屬楚,在今河南南陽縣。鉅,大剛也。鍦即釶,短矛也。《史記・禮書》:"宛之鉅鐵。"蜂蠆謂蜂蠆尾之鋒也。《爾雅》謂之螫。《孝經援神契》:"蜂蠆垂芒。"

《斠詮》:《荀子》:"鍦"作"釶","利若"作"慘如","蜂"作"蠭"。楊倞注:"宛,地名,屬南陽。徐廣曰:大剛曰鉅,釶與鍦同,矛也。……言宛地出此剛鐵爲矛,慘如蠭蠆,言其中人之慘毒也。鍦音啻。"《史記》作"宛之鉅鐵施,鑽如蠭蠆"。今案:鍦、釶、施、鍦,皆當讀若鉈。《説文・金部》:"鉈,短矛也。"慘、鑽皆當讀若纖,所以形容矛之犀利耳。《史記》及《荀子》注,均未審諦,故不詳引。

《評注》:宛鉅,《史記・禮書》:"宛之鉅鐵。"注:"徐廣曰:鉅,大剛也。"拖,"鉈"之借字,音闍。《説文》:"短矛也。"

《校釋》:按:《荀子・議兵篇》作"鍦",注云:"宛,地名,屬南陽。徐廣曰:大剛曰鉅,釶與鍦同,矛也。《方言》云:自關而西謂之矛,吴揚之間謂之鍦。言宛地出此剛鐵爲矛,鍦音啻。""鍦"、"釶"俱爲"鍦"之省字。作"拖"者,誤。

《解詁定本》:鍦,《荀子・議兵》篇作"釶"。楊倞注(引文見上)。鍦,各本皆作"拖","拖"乃假借,當以"鉈"爲正字。《説文》:"鉈,短矛也。"

脅蛟犀兕,堅若金石;

【注】

《發微》:"脅"字疑"龍"之誤。依《淮南》當作"革蛟"。

《新釋》:脅,鞈甲也;一曰,脅,同也。水所同會之處,今洞庭湖是。鮫,大魚,皮可飾刀,又可爲甲。《荀子・議兵》:"楚人鮫革犀兕以爲甲,鞈如金石。"《爾雅》"犀似豕"、"兕似牛",其皮均可爲甲。《考工記》"兕甲壽二百年"、"犀甲壽百年"。《墨子・公輸》:"荆有云夢,犀兕麋鹿滿之。"《吕覽·至忠》:"荆莊哀王獵於云夢,射隨兕中之。"隨,今隨縣,春秋時楚地,與今云夢縣近,蓋云夢縣古爲澤而今淤耳。堅如金石,其甲堅也。

《集解》:《荀子》作"鮫革犀兕以爲甲,鞈如金石",楊注:"鞈,堅貌。"俞樾曰:"鞈"在鼓部,爲"鼛"之古文。鼛,鼓聲也。此文鞈如金石,當以聲言,謂叩之而其聲如金石也。今案《淮南·兵略訓》亦作"蛟革犀兕以爲甲冑",則"脅蛟"二字,疑"鮫革"或"蛟革"之誤倒。

《評注》:脅,收斂也,見《前漢》王莽傳顔師古注。脅蛟犀兕,謂斂此三者之皮以爲甲也。此言楚人材之矯健,兵甲之堅利,皆非他國所能及。

《集解》:脅蛟,當即"舟鮫"字,見《晏子春秋·外篇》、《左氏》昭二十年傳。蓋本文作"舟鮫","舟"、"州"同音通假,"州"之俗字從三刀,見《晋書·王濬傳》。宋本《尚書·泰誓》傳"明著岐刕","刕"亦即"州"字。此處蓋從俗寫作"刕",讀者據《左傳》注"舟"字於旁,"舟"之隸寫與"月"字相近,遂誤並爲"脅"字。《荀子》及《史記·禮書》作"鮫革"者,後人妄改也。段玉裁《説文》注:陳詩庭《讀書證疑》、陳壽祺《左海經辨·説文經字考》、陳瑑《説文引經考》,皆據《説文》引《春秋傳》"澤之目籞",疑今本《左傳》"舟鮫"爲僞,莊述祖《五經小學》述一,宋翔鳳《過庭録》九,皆云當作"舟䲛",然則"鮫"又"䲛"之訛也,今作"蛟"又"鮫"之訛也。《韓詩外傳》四、《淮南·兵略》篇,亦訛作"蛟"。

《解詁定本》:脅,兩膀也。蛟借爲鮫,言楚兵持宛矛,利若蜂蠆;披鮫魚犀兕之甲,堅若金石。

《箋記》:脅蛟,當從《荀子·議兵》、《史記·禮書》,作"蛟革"。

江、漢以爲池,汝、潁以爲限,隱以鄧林,緣以方城。

【校】

范本、綿眇閣本、吴本、程本、馮本、朱本、且且庵本、奇賞本,"潁"作"穎"。

馮抄本,"潁"作"頴","限"作"恨","鄧"下無"林"字。

【注】

《發微》:緣,當依《淮南》作"綿"。

《新釋》:江水自四川入湖北境,歷巴東、秭歸、宜昌、宜都、枝江、松滋、江陵、公安、石首、監利,逕湖南華容、岳陽、臨湘之北,又逕湖北之嘉魚、武昌、漢陽諸縣,漢水合焉,時楚都郢,即今江陵。此江所指,謂自江陵以至武昌一帶,江漢合流處耳。漢水有東漢、西漢之别,此漢謂東漢水也。源出陝西寧羌嶓冢山,流經南鄭、安康入湖北境。歷經鄖西、鄖縣、均縣、光化、穀城、襄陽、鍾祥、京山、潛江、天門、沔陽、漢川、漢陽等處。鄖西以下固皆楚地,而陝西之南鄭、洵陽亦楚北境也。汝水源出河南嵩縣之老君山,東北經伊陽至臨汝南,又東南經靈寶、陝縣南,歷襄城、郾城南至西平汝南,又東南至安徽阜陽南而入於淮,其自襄城以下,皆楚境也。楚文王封畛於汝,蓋楚地止於汝水之南,其在陝縣、葉縣間則汝陰田也。潁水出陽城山東,至下蔡入淮,在今安徽壽縣西北四十里所謂潁尾也,亦謂之潁口,《荀子・議兵》:"楚汝、潁以爲險。"險,謂限也。隱,蔽也。《前漢書・地理志》:南陽郡有鄧縣。《爾雅》:"野外謂之林。"鄧爲楚邊地,樹林以爲阻固,因曰鄧林。《周禮・掌固》:"凡國都之境,有溝樹之固。"樹謂林也。地在今河南鄧縣。《山海經》:"夸父與日逐走,渴欲得飲,飲於河渭,不足,北飲大澤,未至,道渴而死,棄其杖,化爲鄧林。"其地非在中國,與此異。緣,邊也。方城,東起河南泌陽縣東北,葉縣魯山以南,方城、南召以北,鎮平以西,内鄉以東皆是,屈曲幾五六百里。《左・僖四傳》:"楚國方城以爲城、漢水以爲池。"《淮南・兵略》:"楚人穎汝以爲洫,江漢以爲池,垣之以鄧林,綿之以方城。"

《集解》:《荀子・議兵》:"隱"作"限"。"限"、"緣"二字下均有"之"字。楊注云:"鄧林,北界鄧地之山林。緣,繞也。方城,楚北界山名也。"

《評注》:江、漢合流處,在今湖北漢口。汝、潁二水,並出河南,東南入安徽界。鄧林，鄧國之山林，自楚文王滅鄧，其地遂入於楚，在今湖北境。方城，山名，在今河南葉縣。此言楚之形勢，又非他國所及。

《解詁定本》：隱，蔽也。

秦師至鄢郢，舉若振槁，

【校】

吴本、且且庵本，“槁”作“稿”。

馮抄本，“槁”作“搞”。

【注】

《新釋》：此謂秦康公時事也。《韓非子・説林》：“秦康公筑臺三年，荆人起兵，攻齊爲聲，襲秦爲實，秦後因有伐楚之舉。”鄢，楚别都，在今湖北宜城縣西南九里，楚嘗自郡（編者按：或當作“郢”。）徙此，踰年而復。郢，楚都也。楚文王自丹陽徙此，在今湖北江陵縣北十里，秦兵出武關則臨鄢，下黔中則臨郢。舉，拔也。振，動也。槁，《説文》作“槀”，木枯也。《抱樸子・機惑》：“大楚帶甲百萬而有振槁之脆。”《荀子・王霸》“若振槁然”，《文選・吴都賦》“麾若振槁”注引此云“槁葉落”，誤。《韓非子・喻老》：“杜子諫楚莊王曰，王之兵自敗於秦晋，喪地數百里。”此即所謂敗於秦事也。

《集解》：《荀子》楊注：“舉，謂舉而取之。鄢郢，楚都。振，擊也。槁，枯葉也。謂白起伐楚，一戰舉鄢郢也。”

《評注》：鄢，在今湖北宜城縣境，楚遷郢於此，兼稱鄢郢。秦昭襄王六年，秦會韓、魏、齊伐楚。若秋林黄葉，一振便落。

唐蔑死於垂涉。

【校】

指海本，文字同。注：《荀子・議兵》作“垂沙”。

【注】

《集解》：《荀子・議兵》作“垂沙”。楊注云：“垂沙，地名，未詳所在。”《漢書·地理志》沛郡有垂鄉,豈垂沙乎?《史記》:“楚懷王二十八年,秦與齊、韓、魏共攻楚,殺楚將唐昧,取我重丘而去。”昧與蔑同。又案《史記·禮書》亦作“垂涉”。《韓詩外傳》及《淮南·兵略訓》均作“垂沙”。

《讀書雜誌》:(《荀子·議兵》)盧云:“垂沙,《史記》作垂涉。”案:“垂”字古讀若“陀”說見《唐韻正》,垂沙蓋地名之叠韻者,《韓詩外傳》及《淮南·兵略》篇並作“兵殆於垂沙”,《楚策》云“垂沙之事,死者以千數”,則作“垂沙”者是。

《發微》:“唐蔑”見《荀子·議兵》、《吕覽·處方》,《楚世家》作“唐昧”,《楚策》,《人表》列七等。詳梁玉繩《考》卷柒卅一頁,甚詳。

《新釋》:此即杜子所謂兵敗於晋事也。唐蔑,楚莊將名。垂涉,即《漢書·地理志》魏郡之沙縣也。一稱垂沙,春秋時晋地,《趙策》:“韓欲有宜陽必以路涉、端氏賂趙。”云垂者,蓋以涉爲晋邊陲要地也,在今河南河北道涉縣西北二里,《荀子·議兵》:“兵殆於垂沙,唐昧死。”《韓詩外傳》四:“並殆於垂沙,唐子死。”《楚策》:“垂沙之事死者以千數。”均斥此言。《史記·年表》楚懷王二十八年“秦、韓、魏、齊敗我將軍唐昧於重邱”,人名、地名皆與此異。楊倞《荀子》注合爲一事,誤。

《評注》:唐蔑即唐昧,“昧”、“蔑”一聲之轉也。

《解詁定本》:垂涉,《荀子·議兵》篇作“垂沙”。楊倞注(見上《集解》引)。師轍按:垂涉,《韓詩外傳》四、《淮南子·兵略》篇,亦作“垂沙”。《楚策》三:“垂沙之事,死者以千數。”《史記·補禮書》:“然而兵殆於垂涉,唐昧死焉。”《集解》:“許慎曰:垂涉,地名。”裴駰引許慎,當爲《淮南子》注,然今本《淮南》作“垂沙”,已非古本。《吕覽·處方》篇:“齊令章子將而與韓、魏攻荆,荆令唐蔑將而應之,與荆人夾比水而軍‘比’本或作‘沘’,舊本誤作‘泚’,章子令人視水可絶者,荆人射之,水不可得近。有芻水旁者,告齊候者曰,水淺深易知。荆人所盛守,盡其淺者也;所簡守,皆其深者也。候者載芻者與見章子,章子甚喜,因練卒以夜奄荆人之所盛守，果殺唐蔑。”獨言比水，而不言垂涉。《水經注·比水》一本作“泚水”，誤應劭曰：“比水出比陽，東入蔡。”轍按《漢［書］·地理志》：“比陽屬南陽郡，爲今河南泌陽縣西之泚源縣。”清唐縣許慎注《淮南》，以垂涉爲地名，楊倞本之，注垂沙而未詳，又疑爲《漢·志》沛郡之垂鄉，以比水證之，知非其地。轍又疑垂涉非地名，蓋章子涉水襲擊而殺唐蔑，是唐蔑敗死於將涉比水之時。垂涉，將涉也；“涉”、“沙”形近而訛。垂沙若果爲地名，當在比水之濱。唐蔑，《史記·楚世家》及《年表》作“唐昧”，“蔑”、“昧”叠韻假借。據《史記》，唐昧，楚懷王時，當爲商君後事，疑後人羼入。

莊蹻發於内，

【校】

馮抄本，“莊”作“症”。

【注】

《發微》：《荀子·議兵》：“楚之莊蹻，世俗之所謂善用兵者也。”

《新釋》：《荀子·議兵》、《韓詩外傳》四、《史記·禮書》並有“莊蹻起而楚分”之語。《吕覽·介立》又云莊蹻有“暴郢”之事，皆未明言在楚何時。《韓非子·喻老》記楚莊王欲伐越，杜子諫曰：莊蹻爲盗於境内而吏不能禁。則莊蹻爲楚莊王時人明矣。蓋商君後於楚莊王，先於楚威王及頃襄王，所言莊蹻自爲楚莊時人。乃《漢書》西南夷、兩粤、朝鮮傳謂楚威王時遣將軍莊蹻將兵循江上略巴、黔中以西。莊蹻者，楚莊王苗裔也。《後漢書·西南夷傳》謂是頃襄王時遣將莊豪伐夜郎，因留王滇池。或疑蹻、豪爲一人。果如《漢書》説，則莊蹻當係姓同名同而人異。果如《後漢書》説，則莊蹻自係姓同名異而人異。且滇池即非楚之内境，此云莊蹻發於内，楚分爲五，尤與莊豪王滇池事不合，因據《韓非子·喻老》之説以辨正之，或以爲即《史記》年表之章蹻，亦誤。

《評注》：莊蹻，楚人。時懷王入秦不反，頃襄王方爲贄於齊，諸大臣欲立懷王子在國者，莊蹻發難，當在此時。

《解詁定本》：楊倞云："司馬貞《索隱》曰：'莊蹻楚將，言其起爲亂，後楚遂分爲四。'轍按王先謙注《荀子》云，《史記》引三四作四参，参與三同，《索隱》誤以参字下屬。韓子曰：'楚王欲伐越，莊子曰，臣患目能見百步，轍按莊子，《韓非・喻老》篇作杜子。而不見其睫。王之兵敗於齊、晋，莊蹻爲盗境内，不能禁，轍按今本作莊蹊蹻，疑蹊與蹻字形近而衍。而欲伐越，此智之如目也。'蹻初爲盗，後爲楚將。"師轍按：《吕覽・異用》篇："跖與企足。"高誘注："企足，莊蹻也，皆大盗人名。"又《介立》篇："莊蹻之暴郢也。"高注："莊蹻，楚成王之大盗；郢，楚都。"梁玉繩云："《商子・弱民》篇、《荀子・議兵》篇、《韓詩外傳》四、補《史記・禮書》，並有'莊蹻起而楚分'之語，皆不言在楚何時。《韓非・喻老》篇載，楚莊王欲伐越，杜子説曰'莊蹻爲盗於境内'，以爲在楚莊王時，而高氏以爲楚成王時，則又在前，未知何據。若《史》、《漢》則以蹻爲莊王苗裔，在楚威王之世，而杜氏《通典・邊防》三，馬氏《通考・南蠻》二，辨其誤，以范史謂在頃襄王時爲定。獨《困學紀聞・考史》，據《韓非》、《漢書》，以將軍莊蹻與盗名氏相同，是二人，此未敢信。盧云轍按文弨：按《後漢書・西南夷傳》，楚頃襄王時，遣將軍莊豪伐夜郎，因留王滇池，杜氏言即莊蹻。《華陽國志・南中志》云：'楚威王遣將軍莊蹻伐夜郎，剋之。會秦奪楚黔中地，無路得返，遂留王滇池。'此本非楚之境内地，今此言'暴郢'，《韓非》言'爲盗於境内'，《荀子》言'莊蹻起，楚分爲三四'，皆與言將軍事不合。《荀子》以唐蔑之死，與蹻並言。按秦殺唐昧，昧即蔑，在楚懷王二十八年，則蹻當威、懷時，亦可見此注或本作威，因形近而誤成，未可知也。"師轍按：據《韓非子》及《吕覽》高注，則莊蹻爲商君前事，然細按之，莊蹻當爲楚威、懷時。梁、盧二氏所考甚當，故知"楚國之民"以下一段，乃後人羼入。汪容甫之言，甚确。

楚分爲五。

【注】

奇賞本眉批:秦有法,楚無法;故並強也,一亡,一帝。

《新釋》:謂楚地分爲五也。《韓非子·喻老》"楚莊王誅大臣五",蓋謂誅分楚之五大臣耳。

《集解》:《荀子》作"楚分而爲三四"。

《校釋》:自楚國以下至分爲五,乃節取《荀子·議兵》篇語。唐蔑即唐眛,其敗死於秦軍,事在周赧王十四年,即楚懷王二十八年,距商鞅死已三十八年。秦師舉鄢郢,事在周赧王三十七年,即楚襄王二十一年,距商鞅死有六十一年。而此篇既將此兩事先後倒置,似認爲一事,又以商鞅生前已及見死後數十年之事,適足證此篇之出於僞托耳。又莊蹻事亦在商鞅後。王、朱、簡三氏於此點曾經指出,而考證尚不甚詳實,故略誌數語於此。

地非不大也,民非不衆也,甲兵材用非不多也。

【校】

范本、綿眇閣本、程本、馮本、朱本、馮抄本、奇賞本、四庫本、指海本、初校本,"材"作"財"。

【注】

《發微》:《兵略》:"地廣人衆不足以爲強,堅甲利兵不足以爲勝,高地深池不足以爲固,嚴令繁刑不足以爲威。"

戰不勝,守不固,此無法之所生也,

【校】

馮抄本,"法"字無。

【注】

《發微》:《淮南·兵略》:"昔者楚人地南卷沅湘,北繞潁泗,西包巴蜀，東裹郯邳，潁汝以爲洫，江漢以爲池，垣之以鄧林，綿之以方城，山高尋云，溪津無景，地利形便，卒民勇敢。蛟革犀兕以爲甲胄，修鍛短鏦，齊爲前行，積弩陪後，錯車衛旁，疾如錐矢，合如雷電，解如風雨。然而兵殆於垂沙，衆破於柏舉。楚國之強，大地計衆，中分天下。然懷王北畏孟嘗君，背社稷之守而委身強秦，兵挫地削，身死不還。"

《評注》：一敗於丹淅，而漢中之地亡；再敗於藍田，而齊、魏乘間至鄧；三敗於四國之攻，而重邱棄、唐昧殺；所謂戰不勝而守不固也。此指楚懷王時事。此其禍端皆從無法而生。

《解詁定本》：自"楚國之民"至此，與《荀子・議兵》篇文略同，當爲後人羼入。

釋權衡而操輕重者。

【校】

指海本，文字同，注："此下有缺文。"

初校本注："案此下有佚脱。"

【注】

《發微》："釋"下八字乃《修權》篇文錯簡，彼文"夫釋權衡而斷輕重"云云。

《讀諸子札記》：此句著於篇末，語意未了。嚴校以爲下有佚脱。今案：上文云："背法而治，此任重道遠而無馬牛，濟大川而無舡楫也。"疑此八字當在"而無舡楫"之下，與上二句文義一律。蓋寫者以脱句附記篇末，而校者失於移補耳。

《新釋》：《秦策》"商君爲孝公平權衡、正度量、調輕重"，以故以釋權衡而操輕重爲戒。

《斠詮》：此句疑爲《修權》篇錯簡，當删。

《評注》：無法而欲守戰，與捨權衡而求物之輕重，必無功矣。

《解詁定本》：陶説近是。

《箋正》：篇中文語多散見他處而叢沓錯出於此，既無大條理義趣，其末段直明明钞録《荀子·議兵》篇之一段，故《商君書》雖云不必出自鞅手，此篇亦决非原書。似此拉雜，無勘從校，用謹就可解處，疏識一二，其不可解者，盡闕疑以待證云。復次，篇末“秦師至鄢郢，舉若振槁，唐蔑死於垂沙，莊蹻發於内”云，既見荀卿書中，而白起伐楚拔郢事在秦莊襄王時，即周赧王三十七年癸未，孝公、商鞅均先死於顯王三十一年亦癸未，相去整六十年，是纂述者徵引之疏漏，然諸校《商君書》者均未及此，不審何故？

《校釋》：“生也”下原有“釋權衡而操輕重者”八字，不成文。（引王說，文見上。）今删。

《新箋》：“者”下當有“也”字，傳寫誤脱。此言楚國所以失敗，乃由於無法，譬之如放棄權衡而審輕重，宜其失敗也。

《校讀》：（引王說，文見上。）王說是。

《錐指》：（引嚴校、陶說，文見上。）禮鴻案：闕文附注篇末，《外内》篇即有其例，見嚴氏校語，陶說近是。

《箋記》：此八字當移在上文“而無舡楫”之下。

（編者按：《校釋》以本篇“農商官三者”至篇末歸入“口口第二十一”目下，而其“例言”云：“其原佚之第十六、第二十一兩篇，僅存其目次於目録中，書中不録。”）

禦盜第二十一

（篇亡）

《解詁定本》：篇亡。師轍按：綿眇閣本作“禦盜第二十一”。程本、評校本、吴本、馮本、范本、四庫本、指海本俱作闕文。

《錐指》：篇亡。闕文二，孫星衍本作“御盗”，蓋據施氏先秦諸子本也。

外内第二十二

本篇校勘所據版本：范本、綿眇閣本、吴本、程本、馮本、朱本、且且庵本、馮抄本、品節本、奇賞本、秦駿生本、四庫本、問經堂本、指海本、崇文本、初校本，共十六種。

下列版本無本篇：古逸本、褒異本、匯函本，共三種。

【題解】

《新釋》：《韓非子·南面》："立其治説在商君之内外。"内外，即外内也。

《評注》：此篇兵農兩大段，篇法整齊而無晦澀不達之筆，持論純實而無刻薄寡恩之失，當與《來民》、《弱民》二篇同爲昭襄王時人所續，决非《商子》原文。（編者按：此評爲眉批。）

《解詁定本》：言民之外事莫難於戰，内事莫苦於農，故以名篇。

《校讀》：朱氏云（引《解詁定本》語，見上）。季甫案：《韓非子·南面》云："不知治者，必曰'無變右，毋易常'。變與不變，聖人不聽，正治而已。然則古之無變，常之毋易，在常古之可與不可。伊尹毋變殷，太公毋變周，則湯不王矣。管仲毋易齊，郭偃毋更晋，則桓文不霸矣。凡人難變古者，憚易民之安也。夫不變古者，襲亂之迹；適民心者，恣奸之行也。民愚而不知亂，上懦而不能更，是治之失也。人主者，明能知治，嚴必行之，故難拂於民心立其治。說在商君之内外。"是《商君書》有《内外》一篇，殆即是篇邪？本篇言"戰，民之所難；農，民之所苦"，故必重法重治，然後足以使之。夫不戰不農，民之所安也。不變法以使之，是憚易民之安也；重法重治以使之，是拂於民心而立其制也。若然，則韓子言'内外'，此曰'外内'，必有一誤。

1. 民之外事，莫難於戰，故輕法不可以使之。

【校】

范本，綿眇閣本、吴本、程本、馮本、馮抄本、品節本、奇賞本、秦駿生本、四庫本、崇文本，"難"上皆無"莫"字。

《解詁定本》：吴本、程本、范本、合雅本、四庫本、指海本，無"莫"字，評校本有。（編者按：查指海本有"莫"字。）

【注】

《新釋》：外事，對國外之事。

奚謂輕法？其賞少而威薄，淫道不塞之謂也。

【注】

《評注》：淫，佚也。淫道，猶《孟子》所言佚道。戰欲其耐勞而不能盡塞佚道，又誰能耐勞者？

奚謂淫道？爲辯智者貴，游宦者任，文學私名顯之謂也。

【校】

馮抄本，"辯"作"辨"，"宦"作"官"，"任"作"在"。

初校本，"智"作"知"。

【注】

《發微》:本書《弱民》篇"游處之壬"。

《新釋》:不守本業,游散求官,曰游宦。文學謂文飾之學,上云浮學。《韓非子·八經》:"賞必出乎公利,名必在乎爲上。"私名,謂私榮,而非出乎於上者耳。

《評注》:辯智者以論説致貴,游宦者以立談見任,文學者以名譽標榜致身通顯。三者皆以安佚得之,非有戰功而居要津,則戰勝者又何所望而不灰心乎?

《解詁定本》:宦,仕也;任,用也。

三者不塞,則民不戰而事失矣。

【校】

馮抄本,"失"作"之"。

【注】

《新釋》:"失,佚也。"

《解詁定本》:三者謂辯智、游宦、文學私名之士。三者不塞,則農戰不立而事失矣。

故其賞少,則聽者無利也;威薄,則犯者不害也。

【校】

初校本,"不害"作"無害"。

【注】

《新釋》:少,輕也。聽,從也。《管子·正立》:"賞薄則民不利。"

《評注》:("聽")受命也。("犯")違命。

《解詁定本》:聽,從也。

《錐指》:聽,從也。

故開淫道以誘之，而以輕法戰之，

【校】

馮抄本，“開”作“向”。

范本、綿眇閣本、吴本、程本、馮本、馮抄本、奇賞本、秦駿生本、四庫本、崇文本，“輕法”上有“戰”字。

品節本，“而以輕法戰之”作“而以輕法使之”。

問經堂本“而以”下注：各本此下有“戰”字，朱本無。

《發微》：問經曰：各本以下有“戰”字，朱本無。

《解詁定本》：合雅本，“戰”作“使”。

【注】

《新釋》：誘，進也。

《評注》：此輕法專以犯者不害言，故通謂之淫道。犯令可以不死則佚甚矣，此懼民之不樂戰而誘之也。

是謂設鼠而餌以貍也，亦不幾乎！

【注】

《發微》：亦不幾乎，猶言無望也。本書《農戰》：“如以貍餌鼠，亦必不冀矣。”

《新釋》：言喜鼠而以貍餌之。貍，家貓也，所以捕鼠。《吕覽·貴當》“貍處堂而衆鼠散”，《功名》“以貍致鼠，以冰致蠅，雖工不能”。《墨子》“其”多作“亦”，此“亦”即“其”也。幾，危也。

《評注》：戰而用輕法，将以寬典誘人之力戰也。然違令而可以免死，則人亦何必不圖安佚而必聽命也，是何異以貓餌鼠乎！幾，察也。不幾，不察也。原本作“是謂設鼠而餌以貍也”，誤。“矣”訛作“乎”。

《解詁定本》：《廣雅》：“餌，食也，又誘也。”謂設計捕鼠，而以貍餌之，亦難幾矣。

《校釋》：“設”字或爲“誘”字之誤。

《新箋》：朱氏以“設計捕鼠”釋“設鼠”，乃增字爲訓，非也。余謂“設”當作“投”，蓋“投”與“設”形相似，因誤爲“設”也。投鼠，擊鼠也。《漢書・路温舒傳》曰：“俗語曰：欲投鼠而忌器。”此言投鼠之例。欲投鼠而以貍爲餌，則鼠愈不出矣。

《錐指》：設一物以有所招致，謂之設，猶誘也。《晏子春秋・外篇》：“仲尼相魯，景公患之，謂晏子曰：‘鄰國有聖人，敵國之憂也。今孔子相魯，若何？’晏子對曰：‘君不如陰重孔子，設以相齊。孔子强諫而不聽，必驕魯而有齊，君勿納也。夫絶於魯，無主於齊，孔子困矣’。”彼云“設以相齊”，亦謂以甘言誘孔子，謂欲相之耳。《莊子・馬蹄》篇“縣跂仁義”，即《爾雅・釋天》“庪縣”章炳麟説亦謂置仁義以誘天下，與此設同意也。《淮南子・兵略》篇：“是故爲麋鹿者，則可以罝罘設也。”又《説林》篇：“設鼠則機動。”正作“設鼠”。幾者，《農戰》篇：“則如以貍餌鼠耳，必不冀矣。”“幾”與“冀”通，皆“祈”之借字也。

《箋記》：幾與冀通。《韓非子・奸劫弑臣》篇“必不幾矣”，“愈不幾矣”，本書《農戰》篇作“必不冀矣”，“愈不冀矣”。《史記・孝武紀》“冀至殊庭焉”，索隱：“冀，《漢書》作幾。”並其證也。《國語・魯語》注：“冀，望也。”不幾，謂無望也。

故欲戰其民者，必以重法：賞則必多，威則必嚴，淫道必塞，

【注】

《新釋》：多，重也。

《評注》：欲戰其民，謂欲以民戰也。

爲辯智者不貴，游宦者不任，文學私名不顯。

【校】

范本、綿眇閣本、吴本、程本、馮本、朱本、且且庵本、品節本、奇賞本、秦駿生本、四庫本、問經堂本、崇文本，“智”作“志”。

指海本“爲辯智者不貴”下注：“志”作“智”，依上文改。

馮抄本，“辯”作“辨”，“宦”作“宧”，“任”作“在”。

初校本，“智”作“知”。

《解詁定本》：（“辯智”作“辯知”。）知，各本作“志”，誤。

【注】

《諸子平議》：（作“爲辯志者不貴”。）“志”當讀爲“智”。上文云“爲辯智者貴”是也。《列子・湯問》篇“女志強而氣弱”，張湛注曰：“志謂心智。”是“志”與“智”義亦得通。

《發微》：俞據本作“辯志”。校曰：“志，讀爲智。”《列子・湯問》“女志強而氣弱”，注：“志，謂心智。”是“志”、“智”義通。

《新釋》：（“游宦者不任”）《韓非子・和氏》：“商君教秦孝公……禁游宦之民而顯耕戰之士。”“文學私名不顯”句下注：《文選・運命論》“文章之貴，棄於漢祖”，注引仲長子《昌言》曰：“漢祖輕文學而簡禮義。”《韓非子・八説》：“息文學而明法令，（編者按：“法令”原文作“法度”。又，“法度”後原文有“塞私便而一功勞”一句。）此公利也。”《八經》：“法之所外雖有難行不以顯焉，故民無以私名。”

賞多威嚴，民見戰賞之多則忘死，見不戰之辱則苦生。

【校】

馮抄本，“賞多威嚴”作“多威有嚴”，“苦生”作“若生”。

【注】

《評注》：賞多威嚴，猶《書》所謂“用命賞於祖，不用命戮於社也”。苦生，反以偷生爲苦也。

賞使之忘死，而威使之苦生，而淫道又塞，以此遇敵，是以百石之弩射飄葉也，何不陷之有哉？

【校】

馮抄本，“飄葉”作“飄蓺”。

品節本“生”字下注：衍字。

【注】

奇賞本眉批：苦生即苦死之見妙在以法轉移之。

《新釋》：百二十斤曰石。陷，猶穿也，一曰，下也。

《評注》：落葉槁而易入，加以百石之弩則更無論矣。陷，穿也。

《解詁定本》：《説文》：“弩，弓有臂者。”百石之弩，有力之弓也，以射飄葉何不陷入之有，言其易也。

2. 民之内事，莫苦於農，故輕治不可以使之。

【校】

范本、綿眇閣本、吴本、程本、馮本、朱本、且且庵本、品節本、奇賞本、秦駿生本、四庫本、問經堂本、指海本、崇文本，“苦”皆作“善”。

馮抄本，“苦”作“名”。

《解詁定本》：“苦”各本作“善”，非。

《箋正》：范本及崇文本“苦”作“善”，誤。

【注】

《諸子平議》：（所據本作“民之内事，莫善於農”。）“善”當作“苦”，上云“民之外事，莫難於戰，故輕法不可以使之”。此云“民之内事，莫苦於農”，故輕治不可以使之。蓋惟民以戰爲難，以農爲苦，故輕法輕治不可使之也。“善”與“苦”形近而誤耳。下云“故農之用力最苦”，可證此文之誤。

《發微》：俞據本“莫善”，校云“善當作苦”，下“農之用力最苦”。俊曰：浙本已改正。

《解詁》：俞校：“善”當爲“苦”，形近而誤耳。下云“故農之用力最苦”可證。

《新釋》：治，法也。

《評注》：兵事但論任法，内政則謂之治。

奚謂輕治？其農貧而商富，故其食賤者錢重，食賤則農貧，錢重則商富；末事不禁，則技巧之人利，而游食者衆之謂也。

【校】

品節本、秦駿生本，無“故其食賤者錢重，食賤則農貧，錢重則商富；末事不禁，則”二十二字。

范本、吴本、程本、馮本、朱本、且且庵本、奇賞本、四庫本、崇文本，無上述二十二字。此二十二字作爲附注書於篇末。

指海本，無上述二十二字，“其農貧而商富”下注：原注一本此下有“故其食賤者錢重，食賤則農貧，錢重則商富，末事不禁，則”二十二字。

問經堂本於上述二十二字下注：上廿二字各本脱而注於此章之末，據施本增。（編者按：綿眇閣本有二十二字。）

初校本注：元本、秦本無“故其食賤者”云云二十二字，范本附注篇末。

馮抄本無上述第二十二字“則”，又於“其農貧而商富”下多“技巧之人利而游食者衆之謂也”十三字。

品節本，“游食者衆”作“游者衆”。

《校釋》：范本及崇文本所附注者實共二十四字，因尚有“技巧”二字也。嚴校本移此於“商富”下，以“技巧”二字適與下文重叠，遂删之耳。

【注】

《新釋》：食，穀也。錢，泉也，金幣之類。《周語》“景王二十一年將鑄大錢”，韋昭以爲金幣，秦猶襲其制，後世乃以黄金飾物及塗偶像，而金幣之本位失，殊可慨也。“技巧之人利”句下注：《説文》：“技，巧也。”《老子》：“人多技巧。”

《解詁定本》：（引嚴校，文見上。）師轍按：各本皆作“其農貧而商富，技巧之人利”。篇末雙行注云：“商富”下，一本有“故其食賤者錢重，食賤則農貧，錢重則商富；末事不禁，則技巧云”二十五字。馮本

"云"作"去"。嚴校云，二十二字誤。（編者按：馮覲本作"云"，非作"去"。）

《雒指》：（"食賤者"）"者"當作"而"。《漢書·食貨志》："李悝曰：'糴甚賤傷農，農傷則國貧。'"（"故其食賤者錢重……則技巧之人利"）嚴萬里曰（引文見上）。朱師轍曰（引文見上）。禮鴻案：嚴云二十二字者，不計末"技巧云"三字也，不得謂誤。

故農之用力最苦，而贏利少，不如商賈技巧之人。

【校】

吴本、且且庵本，"贏"作"羸"。

馮抄本，"贏"作"臝"，"之用"乙倒。

【注】

《新釋》：贏，餘也。

苟能令商賈技巧之人無繁，則欲國之無富不可得也。

【注】

《新釋》：繁，多也。

《評注》：抑之使不盛也。蓋國中重商則病農，新穀方登，貨多而價賤，奸商自恃多財短價而重積之，及之舊穀漸少新穀未登又昂價而糶之，是一農而兩困於商也。日用之物既不可少，肆主不欲穀則易錢幣，賤出貴入，是一農而四困於商也，故抑之。

《解詁定本》：繁，多也。

故曰：欲農富其國者，境内之食必貴，而不農之徵必多，市利之租必重。

【校】

范本、綿眇閣本、吴本、程本、馮本、朱本、且且庵本、品節本、奇賞本、秦駿生本、四庫本、問經堂本、指海本、崇文本,“必重”作“太重”。

馮抄本,“必重”作“之重”。

【注】

《新釋》:徵,税也。

《評注》:欲使民務農以富其國也。貴,非糶而增價也,社倉以儲之,不使溢於他境也。(“而不農之徵必多”)重商賈之税。(“市利之租”)即商税。

《解詁定本》:徵,召也。不力農者,多其徵役,爲市利者,重其租税,所以賤商而重農也。“必重”各本作“太重”,非。

《校釋》:徵與征同,謂徵税也。

《錐指》:(“欲農富其國者”)“農”字衍。(“而不農之徵必多”)《周禮·地官·閭師》:“以時徵其賦。”疏曰:“閭師徵斂百里内之賦貢,賦,謂口率出泉。”

則民不得無田,無田,不得不易其食。

【校】

范本、綿眇閣本、吴本、程本、馮本、朱本、且且庵本、馮抄本、品節本、奇賞本、秦駿生本、四庫本、問經堂本、指海本、崇文本,“無田,不得不易其食”,俱缺“無”字。

【注】

《新釋》:言與農易粟而食。

《評注》:易,交易,以貨與農人易穀之謂。句首原本脱“無”字。

《解詁定本》:食貴則民不得不力田,不得田者,則不易得食。師轍按:各本皆作“田不得”。嚴校本多“無”字,蓋因上文“無田”而衍,當删。

《錐指》:易其食,謂糴而食也。

食貴則田者利，田者利則事者衆。

【注】

《新釋》：《史記・貨殖傳》："夫糶，二十病農，九十病末。"米升值九十，謂食貴也。

《評注》：秦地高燥而多曠土，故其言如此。若今日之江南，安所得閒田而耕之？

《解詁定本》：事田者衆。

食貴，糴食不利，而又加重徵，則民不得無去其商賈技巧而事地利矣，故民之利盡在於地利矣。

【注】

《新釋》：糴食，買穀也。無，不也。

《評注》：糴食，即上易食。重徵，即商税。此承上文申言之。

故爲國者，邊利盡歸於兵，市利盡歸於農。

【校】

馮抄本，"邊"作"建"。

秦駿生本，"邊利"作"邊地"。

【注】

《純常子枝語》：上文糴食不利而又加重徵，即市利歸農之説。戰國所重專在戰，故商君之言如此。若和、戰兼用之時，則恤商亦國之大政也。

《解詁定本》：邊境關市之利，皆歸於兵，故兵強。國内商賈之利，盡歸於農，故農富。

《校讀》：邊利，謂事邊疆封賞之利；市利，謂市井糶糴之利。朱説非。

邊利歸於兵者強，市利歸於農者富。故出戰而強，入休而富者，王也。

【校】

馮抄本，"邊利"作"建利"。

【注】

秦駿生本眉注：李牧以此制明。又作一結，方見兵農吃緊，外内勢實相因。

《新釋》、《評注》、《解詁定本》並注：休，息也。

【篇末】

秦駿生本：法奇貌古文甚遒勁。

君臣第二十三

本篇校勘所據版本：范本、綿眇閣本、吴本、程本、馮本、朱本、且且庵本、馮抄本、品節本、奇賞本、秦駿生本、四庫本、問經堂本、指海本、崇文本、初校本，共十六種。

下列版本無本篇：古逸本、褒異本、匯函本，共三種。

【題解】

《發微》：《吕覽·蕩兵》："勝者爲長，長則猶不足治之，故立君。君又不足以治之，故立天子。天子之立也出於君，君之立也出於長，長之立[也]出於爭。"

《評注》：法制爲通篇主腦，法制出於君，奉行於官，聽從於民，故以《君臣》名篇。（編者按：此評爲眉批。）

《校讀》：論君臣之本與爲君御臣民之道。

1. 古者未有君臣上下之時，民亂而不治，是以聖人列貴賤，制爵秩，立名號，

【校】

范本、吴本、程本、馮本、朱本、且且庵本、奇賞本、四庫本、問經堂本、指海本、崇文本，"制爵秩"作"制節爵位"。

問經堂本"節"字下注：施本脱"節"字，今從各本。

綿眇閣本、初校本,“制爵秩”作“制爵位”。

馮抄本,“爵”前有“節”字,“秩”作“伏”,“號”後多一“賞”字。

范本、程本、四庫本,“號”字後有缺文一字。

品節本、秦駿生本,自開頭至第四段“故軍士不能戰而農民流徙”句,共二百七十二字,無。

初校本注:范本有“節”字,秦本“位”作“秩”。

【注】

《新釋》:明,名也。《韓非子·詭使》:“設爵位所以爲賤貴基也。”“立名號所以爲尊也。”

《評注》:古者制度未立之時,初無文字可稽,以意度之,當亦如游牧之國,但有酋長,然無所統馭則易渙,無所宣撫則相爭,故曰亂而不治。列,分也,謂分其等差。制,限也。爵,公侯伯子男也。位,天子諸侯卿大夫之位也。名號,皇王后辟天帝也。

《解詁定本》:(“制爵秩”作“制爵位”。)嚴校,范本“制”下有“節”字,秦本“位”作“秩”。師轍按:各本與范本同。

以别君臣上下之義。

【注】

《發微》:《畫策》:“黄帝作爲君臣上下之義,父子兄弟之禮,夫婦匹妃之合。”《吕覽·任教》:“君臣不定,耳雖聞不可以聽,目雖見不可以視,心雖知不可以舉,勢使之也。”《吕覽·恃君》:“昔太古嘗無君矣,其民聚生群處,知母不知父,無親戚、兄弟、夫妻、男女之别,無上下、長幼之道,無進退、揖讓之禮,無衣食、履帶、宫室、畜積之便,無器械、舟車、城郭險阻之備。此無君之患。故君臣之義不可不明也。”《吕覽·分職(編者按:當爲處方)》:“凡爲治必先定分,君臣、父子、夫婦,君臣、父子、夫婦六者當位,則下不踰節而上不苟爲矣,少不悍辟而長不簡慢矣。”《説文》:“列,分解也。”

《評注》:義,宜也。君臣上下禮數服御不同,故當剖别之。

《錐指》:禮鴻案:義與儀通,下"君臣之義"同。《大戴禮記·哀公問五義》篇"五義",《荀子·哀公》篇作"儀"。王念孫曰:"儀與等義相近。《周官·大司徒》曰:'以儀辨等,則民不越。'《典命》曰:'掌諸侯之五儀,諸臣之五等之位。'《大行人》曰:'以九儀辨諸侯之命,等諸臣之爵。'皆是也。"《哀公》篇曰:"人有五儀:有庸人,有士,有君子,有賢人,有大聖。"謂人有此五等也。

地廣民衆萬物多,故分五官而守之。

【注】

《讀諸子札記》:上"民衆"二字,涉下而衍。當作"地廣而萬物多",與"民衆而奸邪生"相對成文。

《新釋》:五官,五大夫典事者,若今之各部官。《禮記·曾子問》:諸侯出"命國家五官而後行"。《管子·九守》:"君不爲五官,五官治。"《史記·曆書》:"黄帝考定星曆,建立五行,起消息,正閏餘,於是有天地神祇物類之官,是謂五官。"

《評注》:五官,春官、夏官、秋官、冬官、中官也。自太昊炎帝迄於黄帝未改其制,及少昊命重爲木正,該爲金正,脩熙相代爲水正,句龍爲土正,黎爲火正,仍以五官爲名。知古者固無六官也。

《解詁定本》:《史記·曆書》:"黄帝考定星曆,建立五行,起消息,正閏餘,於是有天地神祇物類之官,是謂五官。"張守節正義:"應劭云:'黄帝受命有雲瑞,故以雲紀官。春官爲青雲、夏官爲縉雲、秋官爲白雲、冬官爲黑雲、中官爲黄雲。'按,五帝(當作"黄帝")置五官,各以物類名其職掌也。"

《校釋》:五官謂春官、夏官、秋官、冬官、中官,蓋古代之中央官制也。

《錐指》:五官之名諸書不一,不知商君當從誰也。孫詒讓曰:"五官者,殷、周侯國之制也。《史記·周本紀》云:'古公作五官有司。'《大戴禮記·千乘》篇云:'千乘之國,列其五官。'《曾子問》:'諸侯適天子，乃命國家五官而後行。’鄭注云：‘五官，五大夫典事者。’《管子·大匡》篇云：‘乃令五官行事。’《商子·君臣》篇云：‘地廣民衆，故分五官而守之。’《戰國策·齊策》云：‘五官之計不可不日聽也。’《曲禮》：‘天子之五官，曰司徒、司馬、司空、司士、司寇，典司五衆。’鄭注云：‘此亦殷時之制也。’《周禮·大宰》説邦國官制云：‘設其參，傅其伍。’鄭注云：‘伍謂大夫五人。’《檀弓》孔疏引崔靈恩説，謂小宰、小司徒、小司馬、小司寇、小司空是也。蓋諸侯雖止三卿，然亦備五官，但其二官無卿耳。戰國時，諸侯蓋猶沿其制。至《淮南子·天文訓》云：‘何謂五官？東方爲田，南方爲司馬，西方爲理，北方爲司空，中央爲都。’《春秋繁露·五行相生》篇云：‘司馬者火也（編者按：當爲‘司馬本朝也，本朝者火也’），司營者土也，司徒者金也，司寇者水也，司農者木也（當爲‘司農者田官也，田官者木’）。’《左·昭二十九年傳》云：‘五行之官，是謂五官。木正曰句芒，火正曰祝融，金正曰蓐收，水正曰玄冥，土正曰后土。’此並古五官之别制，與周侯國之制不甚合也。”《墨子間詁·節葬下》篇本篇推本古者未有君臣上下之時，則似不當爲殷、周侯國之制。但或作者習於當時沿用之制，漫以歸之於古，即殷、周侯國之制亦無不可，末由定矣。《韓非子·五蠹》篇曰：“其帶劍者，聚徒屬，立節操，[以顯其名，]而犯五官之禁。”

民衆而奸邪生，故立法制爲度量以禁之。

【注】

《新釋》：《淮南子·主術》：“法者天下之度量而人主之準繩也。”

《評注》：奸邪謂相欺詐，如侵佔田宅貿易巧爲出入之類，有法制則不相侵越。度，丈尺所以量布帛之長短。量，斗斛所以量粟米之多寡。有度量則不相蒙蔽，皆所以禁奸邪也。

《解詁定本》：立法律制度，以禁其邪；爲權度衡量，以禁其爭。後代五官，常以吏、户、兵、刑、工五部以掌之。

《校讀》：此言法度之所由生。“度量與法制”對文，蓋謂爵禄大小多少之數，非度量衡也。朱説鑿。

《錐指》：《漢書・律曆志》："度者，分、寸、尺、丈、引也，所以度長短也。量者，龠、合、升、斗、斛也，所以量多少也。"

是故有君臣之義，五官之分，法制之禁，不可不慎也。

【注】

《評注》："分"如字。

《解詁定本》：法貴簡要適時，然後能行，故立法當慎重。後世立法不慎，不能行者多矣。

2. 處君位而令不行則危，五官分而無常則亂，

【注】

《發微》：《潛夫論・衰制》篇："人君出令而貴臣驕吏弗順也，則君幾於弑，而民幾於亂矣。……主令不從則臣令行，國危矣。"

《新釋》：常，常事也。

《香草續校書》：據下文"官修則有常事"，此"無常"下，亦當有"事"字。（原書眉注："檢別本。"）

《錐指》：此脱一"事"字，或在"無"字上，或在"常"字下也。

法制設而私善行，則民不畏刑。

【注】

《新釋》：假慈善而弛法者謂之私善。《韓非子・奸劫弑臣》："爲私善，立名譽。"

《評注》：人主優柔寡斷則號令不行，失信於民亦然，令不行則擁戴者少而君位不安於上，五官不久於其任則事不治。法在而執法者好行其德，則民冀幸免而無所畏。

《解詁定本》：《韓非子・奸劫弑臣》篇："爲私善，立名譽，以取尊

官厚俸。”師轍按：私善謂假慈善而弛法要名。

君尊則令行，

【校】

馮抄本，“則”作“以”。

【注】

《新釋》：《管子·治國（編者按：當是重令）》：“尊君在乎行令。”

官修則有常事，法制明則民畏刑。

【校】

馮抄本，“民”前無“則”字。

【注】

《斠詮》、《集解》：“事”字疑衍。

《評注》：明，謂嚴明。

《校釋》：王説：“事字疑衍。”案“事”字不衍亦通，“常事”猶言常職也。

《錐指》：明法之道在《定分》篇。

法制不明，而求明之行令也，不可得也。

【校】

范本、綿眇閣本、吴本、程本、馮本、朱本、且且庵本、馮抄本、奇賞本、四庫本、指海本、崇文本、初校本，“明之行令”作“民之行令”。

【注】

《諸子平議》：下“明”字當爲“民”。古每假“萌”爲“甿”，《史記·三王世家》：“加以奸巧邊萌。”索隱曰：“萌，一作甿。”《漢書·霍去病傳》“及厥衆萌”，《劉向傳》“民萌何以勸勉”，師古注並曰：“萌與甿同。”然則此文“明”字或亦當作“萌”。

《斠詮》、《集解》:"行"疑當作"從",下"民不從令"句可證。

《香草續校書》:此"行"字當作"從"。下文云"民不從令",即承此而言,可證。若行令,是主君言矣。上文云"處君位而令不行","君尊則令行",是也。民可言從令,不可言行令。

今民不從令,而求君之尊也,

【校】

范本、程本、四庫本,"今"字作缺文。

綿眇閣本、問經堂本,"今"作"夫"。

問經堂本"夫"字下注:各本脱"夫",今從施本。

吴本、馮本、朱本、且且庵本、奇賞本、指海本、崇文本、初校本,"民"上無"今"字。

馮抄本,"今"作"令"。

雖堯舜之智,不能以治。

【校】

初校本,"智"作"知"。

3. 明主之治天下也,

【校】

初校本,"明主"作"明王"。

《解詁定本》:("明主"作"明王"。)明王,各本作"明主"。

緣法而治,按功而賞。

【校】

馮抄本,"緣"作"豫","按"作"案"。

【注】

《新釋》:緣,循也。按,據也。

《評注》:(“緣法而治”)不任意。(“按功而賞”)按,驗也。驗其功而後賞,不濫賞也。

《解詁定本》:《廣雅》:“緣,循也。”

凡民之所疾戰不避死者,以求爵禄也。

【注】

《香草續校書》:“不”上疑脱“而”字,言凡民之所疾者戰也。然而不避死者,以求爵禄也。

《解詁定本》:《廣雅》:“疾,急也。”

明君之治國也,士有戰首捕虜之功,

【校】

范本、綿眇閣本、馮抄本、奇賞本、初校本,“戰”作“斬”。

《斠詮》、《集解》,“戰”作“斬”,云:“崇文本‘斬’誤作‘戰’。”

《解詁定本》:斬首,馮本、程本作“戰首”,誤。

【注】

《發微》:《史記・商君列傳》:“告奸者與斬敵[首]同賞。”

《新釋》:虜,軍所獲也。《史記・秦本紀》:“首虜九萬。”

《評注》:(“士”)戰士。捕虜,生擒也。

《解詁定本》:《説文》:“虜,獲也。”

必其爵足榮也,禄足食也。農不離里者,足以養二親,治軍貲事,

【校】

范本、綿眇閣本、吴本、程本、馮本、朱本、且且庵本、奇賞本、四庫本、問經堂本、指海本、崇文本,“里”作“廛”,“軍”下無“貲”字。

馮抄本,“里”作“厘”,“治軍貲事”作“治軍子”。

初校本“廛者”下注：秦本“廛”作“里”。

【注】

《新釋》：廛，二畝半，一家之居也。二親，謂父母也。《管子·禁藏》：“繕農具當器械，耕農當攻戰，推引銚耨以當劍戟，被蓑以當鎧鑐，菹笠以當盾櫓，故耕器具則戰器備，農事習則功戰巧矣。”此故云農足以治軍事耳。

《斠詮》、《集解》：“軍”字誤，疑當作“家”。

《解詁定本》：《周禮·廛人》注：“廛，民居區域之稱。”（編者按：當爲《周禮·載師》：“廛，民居之區域也。”）師轍按：廛有市廛，有民廛。《孟子》“市廛而不徵”，《管子·五輔》“市廛[鄽]而不税”，此市廛也。《周禮·載師》“園廛二十而一”，《遂人》“夫一廛”，此民廛也。民廛即鄉里。農不離鄉里耕作，於家足以養親，於國足以強兵。

《箋正》：王詮：“軍字誤，疑當作家。”謹案，“軍”字正確，不當作“家”。古寓兵於農，車甲及馬，均惟農民取給，薪芻供億，猶其餘事也。

《校釋》：《周禮》：“夫一廛，田百畮。”廛，蓋謂農夫之所居也。“軍”字應如簡説，不誤。但“治”字疑爲“恰”字之誤。“恰”與“給”通，説見前。“恰”、“治”形近而誤。古代雖寓兵於農，而農之所務，重在給軍事，非治軍事也。今改“治”爲“給”。

《新箋》：（所據本作“農不離廛者，足以養二親，治軍事”。）亨按：農不得言治軍事，“治”疑當作“給”。蓋“給”書作“给”，與“治”形近，因誤爲“治”。給軍事謂供給軍需之財物也。

《錐指》：嚴萬里曰：“秦本廛作里。”禮鴻案：《周禮·載師》：“以廛里任國中之地。”鄭注曰：“廛里者，若今云邑居[矣]。廛，民居之區域也。里，居也。”案：鄭注《周禮·遂人》曰：“廛，城邑之居。”又《春秋公羊·宣十五年傳》何休《解詁》言農夫之居曰：“在田曰廬，在邑曰里。”則廛、里並在邑之居。據此，文當云農不離田若野，不當云廛若里也。但混而言之，廛里爲居，不離其居，猶言不離其業，亦可不必過泥。

"治軍事"當作"活妻子",字之誤也。"子"、"事"草書形相近。簡書解"治軍事"曰:"古寓兵於農,車甲及馬,均惟農民取給。薪芻供億,猶其餘事。"此曲説也。

故軍士死節而農民不偷也。

【注】

《發微》:《農戰》"作壹則農不偷營"。

《評注》:行間斬馘不吝爵賞,故軍士勉於死節。農夫歲入足以養父母備軍實,不以苛斂病之,故農民盡力而不偷。

《錐指》:節謂軍之節制。

4. 今世君不然,釋法而以智,背功而以譽,故軍士不戰,而農民流徙。

【校】

馮抄本,"背功"作"皆功","軍士"作"軍事","流徙"作"流徒"。

四庫本,"流徙"作"流徒"。

初校本,"流徙"作"流徒","智"作"知"。

《斠詮》:徒,當依崇文本作"徙"。

【注】

《發微》:"知"疑"名"字誤。釋法而以名,背功而以譽,故下言"釋法制而任命譽"。"名"字隸書有作"夘"者,故誤"知"。《史記·秦始皇紀》:"古之五帝三王,知教不同,法度不明。""知"字亦疑"名"誤。"徒"疑"徙"之誤。本書《墾令》:"使民無得擅徙。"又《定分》:"有遷徙物故。""徒"亦"徙"之誤,下言"民徒",涉此而誤。

《新釋》:釋,捨也。《韓非子·飾邪》:"飾規而任巧,釋法而任智,惑亂之道也。"

《評注》:釋,捨也。以,用也。智,私智。背,負也。譽,專採虛聲。流徙，謂不安其鄉。

《解詁定本》：徙，嚴校本作“徒”，誤。今從各本。釋，捨也。背，棄也。世君捨法度而尚知慧，棄實功而采虚譽，此軍士之所以不戰，而農民之所以流徙也。

《錐指》：以，用也。

臣聞道民之門在上所先。

【校】

品節本、秦駿生本，本篇以此句開始。段上有眉批：此恐游説之人蕩惑人主壞其耕戰之法也。

【注】

《發微》：《管子・牧民》：“道民之門在上之所先。”

《新釋》：語出《管子・牧民》篇。道，誘也。

《評注》：道，引導。

《解詁定本》：道借爲導，引也。民性無常，在上道之。故曰“道民之門，在上所先”。

《校釋》：道與導通。《論語》“道之以政”，注：“道猶引導，謂先之也。”道民，謂導民也。

《錐指》：道同導。

故民可令農戰，可令游宦，可令學問，在上所與。

【校】

馮抄本，“宦”作“官”。

【注】

《新釋》：與，舉也。

《評注》：與，謂許可。

上以功勞與，則民戰；上以《詩》《書》與，則民學問。民之於利也，

【校】

朱本、指海本，“於”作“與”。

問經堂本“於”下注：各本作“於”，朱本作“與”。

若水於下也，四旁無擇也。

【校】

奇賞本，“擇”作“澤”。

【注】

《發微》：《大戴禮·曾子》：“天員地法覆槃滂沱四潰。”“旁”疑“滂”之古文，“擇”恐誤。《潛夫論·務本》：“夫民[固]隨君之好從利以生者也。”

《新釋》：旁，方也。《管子·形勢解》：“民利之則來，害之則去，民之從利也，如水之走下，於四方無擇也。”

民徒可以得利而爲之者，上與之也。

【校】

范本、緜眇閣本、吴本、程本、馮本、朱本、且且庵本、馮抄本、奇賞本、秦駿生本、四庫本、問經堂本、指海本、崇文本，“上”前多“今”字。

【注】

《讀諸子札記》：徒，蓋“從”字之誤。

《斠詮》、《集解》：崇文本“上”字上有“今”字。據文義，“與”上宜增“之”字。

《新釋》：徒，度也，圖也。

《評注》：此言民但擇利爲之耳，本無一成之見。

《解詁定本》：民徒，當作“民從”。此指上文“農民流徙”而言。陶

鴻慶謂爲“從”字之誤，非也。或曰徒訓爲但，亦通。《廣雅》：“徒，袒也。”先大父(朱駿聲)曰：“謂但也。”《吕覽・異用》：“非徒網鳥也。”

《校釋》：民徒，謂民衆也。

瞋目扼腕而語勇者得寵，

【校】

范本、綿眇閣本、吴本、程本、馮本、朱本、且且庵本、馮抄本、品節本、奇賞本、秦駿生本、四庫本、問經堂本、指海本、崇文本、初校本，“得”後無“寵”字。

【注】

《新釋》：瞋，張目也。《燕策》：“士皆瞋目，髮盡上指冠。”得，謂得利。

《評注》：瞋目，怒目。扼腕，攘臂。

《解詁定本》：《莊子・秋水》“晝出瞋目而不見邱山”，司馬注：“瞋，張也。”扼，把也。《漢書・游俠傳》：“扼腕而進。”(編者按：《游俠傳》無此句，《史記・刺客列傳》有“搤捥而進”。)得，謂得其所欲也。

《錐指》：《説文》：“瞋，張目也。”《史記・刺客列傳》索隱曰：“勇者奮厲，必先以左手扼右腕也。”

垂衣裳而談説者得進，

【校】

范本、綿眇閣本、吴本、程本、馮本、朱本、且且庵本、馮抄本、品節本、奇賞本、秦駿生本、四庫本、問經堂本、指海本、崇文本、初校本，“得”後無“進”字。

馮抄本，“説”作“議”。

【注】

《發微》：“垂”上疑有脱文。《説文》：“𠂹，草木華葉垂，象形。”段

注："引申爲下垂之稱，今垂字行而𠂹廢矣。"《易·繫傳（繫辭下）》："黄帝、堯、舜垂衣裳而天下治。"

《評注》：垂衣裳，謂登之於朝也。談説，如堅白、異同、臧三耳之屬，皆是。

《錐指》：《易·繫辭傳》："黄帝、堯、舜垂衣裳而天下治。"疏曰："以前衣皮，其制短小。今衣絲麻布帛，所作衣裳，其制長大，故云垂衣裳也。"此若《莊子》載盗跖謂孔子"縫衣淺帶，矯言僞行，以迷惑天下之主，而欲求富貴"也。《釋文》："縫衣，大衣也。"

遲日曠久積勞私門者得尊向。三者無功而皆可以得，

【注】

《發微》：《管子·八觀》："積勞之人不懷其禄。"

《新釋》：遲，久也，《説文》作"徲"。向，上也。

《評注》：積勞私門，謂奔走權要者。（改"尊向"作"尊尚"）尊尚，謂得權要推薦，上亦從而優異之也。"尚"原本作"向"，形近之訛誤也。以上三者，初無功績而皆可以假途進身。

《解詁定本》：（以"尊向三者"爲句）尊，重也。向，《通訓定聲》云："亦（編者按：原無"亦"字）以鄉爲之，字亦作嚮，假借爲曏。"《莊子·庚桑楚》："向吾見若睫眉（編者按：原作眉睫）之間。"《吕覽·察今》"嚮之壽民"，高注："（嚮）曩也。"尊向三者，謂尊前三者。三者，即上語勇者，談説者，積勞私門者。

《校釋》："尊向"二字費解。"尊"字或爲"爭"字之誤，因聲近也。如"尊"字不誤，則"向"字應爲"此"字，乃通。此句四得字，均謂得利。

《校讀》：（讀爲"……積勞私門者得，尊向三者……"。）"尊"字當衍。王氏、宋氏皆屬下句讀，非。

《錐指》：（讀爲"積勞私門者得，尊向三者"。）得者，利也。

民去農戰而爲之，或談議而索之，或事便辟而請之，或以勇爭之。

【注】

《新釋》：索，求也。

《評注》：索，求也。便辟，諂佞也。諂佞權要可以得其請托。或不善口才，不習狐媚，又可恃勇力以爭之。

《解詁定本》：索，求也。《荀子・王制（當是儒效）》"事其便辟"，楊倞注："便辟謂左右小臣親信者也。"

《錐指》：爲、索，皆求也。辟讀爲嬖。《説文》："便嬖，愛也。"謂君所愛幸之人。

故農戰之民日寡，而游食者愈衆，則國亂而地削，兵弱而主卑。

【校】

吴本、程本、馮本、朱本、且且庵本、四庫本、問經堂本、指海本、崇文本，"兵"作"民"。

問經堂本"民"下注：各本作"民"，施本作"兵"。（編者按：作"兵"有：范本、綿眇閣本、馮抄本、品節本、奇賞本、秦駿生本、初校本。）

【注】

《評注》：上之所與多端，民又何樂於農戰也。國無農戰之民，其弊一至於此。

此其所以然者，釋法制而任名譽也。

【注】

《發微》：釋，捨也。

《新釋》：（"名譽"作"名舉"。）舉，譽也。

《評注》：回應上文，不言背功勞而用私智，省文也。

5. 故明主慎法制。

【校】

馮抄本,“明”下無“主”字。

言不中法者,不聽也;行不中法者,不高也;事不中法者,不爲也。

【注】

《評注》:言不中法者不聽也,則談説者窮。行不中法者不高也,則勇者窮。高,尚也。事不中法者不爲也,則便辟者窮。爲,猶助也。

《解詁定本》:不中法,猶言不合於法也。

言中法,則辯之;

【校】

馮抄本,“辯”作“辨”。

【注】

《斠詮》、《集解》:“辯”疑當爲“聽”。

《評注》:(“辯”作“辨”。)辨,察而别之也,舊訛作“辯”。此言,言中法者,猶待察别。

《解詁定本》:辯借爲辨,判也。《齊語》:“判其功苦。”

《校釋》:(“辯”改作“聽”。)“聽”字各本作“辯”,不可解。今依上文“言不中法者不聽也”句訂正。

《錐指》:辯之,猶言之。

《斠補》:“辯”本作“聽”,此後人妄改之也。言中法則聽之,承上言“言不中法者不聽也”而言。猶下“行中法則高之”承上“行不中法者不高也”而言,“事中法則爲之”承上“事不中法者不爲也”而言也。“聽”改作“辯”,則與上文不符矣。

事中法，則爲之；行中法，則高之。

【校】

初校本作“行中法，則高之；事中法，則爲之”。

【注】

《評注》：事與行不待辨别者，蓋事與行皆有實迹可憑，非如言者之可以僞托也。三句承“慎”字言。

故國治而地廣，兵強而主尊，此治之至也。人君者，不可不察也。

【校】

品節本，無“人君者，不可不察也”八字。

秦駿生本，“國治”作“治國”。

【注】

《斠詮》、《集解》：“人君”二字疑倒。

《評注》：民皆勉於農戰，與國多游食之民，其效正相反。

《校釋》：（“人君”改作“君人”。）“君人”二字各本作“人君”，誤倒，今依文義乙正。

【篇末】

秦駿生本：強矢疾弩舍括於百步之外，雖末勢猶能貫柳葉矣，先秦之最勝者。

禁使第二十四

本篇校勘所據版本：范本、綿眇閣本、吴本、程本、馮本、朱本、且且庵本、馮抄本、品節本、奇賞本、秦駿生本、四庫本、問經堂本、指海本、崇文本、初校本，共十六種。

下列版本無本篇：古逸本、褒異本、匯函本，共三種。

【題解】

《解詁定本》：言人主禁非、使人，在於賞罰，故以名篇。

品節本：以勢數二字作骨，以此察奸，以此發伏。

1. 人主之所以禁使者，賞罰也。

【校】

品節本，"主"作"上"。

【注】

《新釋》：使，吏也。言禁設多官。《左・襄三十傳》"吏走問諸朝"，釋文"吏"作"使"。

《評注》：遏之使不行曰禁，驅之使必行曰使。

賞隨功，罰隨罪，故論功察罪，不可不審也，夫賞高罰下，而上無必知其道也，與無道同也。

【校】

馮抄本,“賞高罰下”作“貴高罰下”。“與無道同也”作“與無同道也”。

【注】

《新釋》:上無必知其道,言隨丞監爲轉移。《韓非子·八經》:“賞罰必知之,知之道盡矣。”

《評注》:有功而賞,隨之故不濫;有罪而罰,隨之故不苛。審,詳悉也。審故無意爲出入之弊。高,所尚也,謂有功者。下,所卑也,謂有罪者。辨之不審,猶多蒙蔽。之,舊訛作“其”。

《解詁定本》:上不能深知賞高罰下之道,是與無道同也。《韓非子·八經》篇:“賞罰必知之,知之道盡矣。”

《校釋》:賞高罰下之“高”、“下”二字難解,疑有誤。依上下文義求之,蓋謂賞罰輕重之道也。

《校讀》:賞高罰下,疑當作“賞罪高下”,言執法之吏高下由心而上不能知。道,謂賞罰也。言如此賞罰,與無賞罰同也。

2. 凡知道者,勢、數也。

【注】

《新釋》:勢,權也。數,法也。《韓非子·八經》:“君執柄以處勢。”《管子·形勢解》:“以法數治民則安。”

《解詁定本》:數,術也。凡知道者,知乘勢操術也。

《錐指》:數,術也。

故先王不恃其強而恃其勢,不恃其信而恃其數。

【校】

范本、程本、馮本、朱本、四庫本,作“故先王不恃其強而恃其信□恃其數”。

綿眇閣本、吴本、且且庵本、品節本、奇賞本、秦駿生本、問經堂本、崇文本，文字同范本，“信”下無缺文。

馮抄本，作“故先王不恃其強而恃其信而恃其數”。

指海本，作“故先王不恃其強而恃其勢恃其數”。注：“勢原作‘信’，依上下文改。”

《解詁定本》：綿眇閣本、吴本、評校本作“先王不恃其強而恃其信恃其數”。程本、范本同，惟信下多空一字。各本皆有奪誤，嚴本是。

【注】

《評注》：一成不變曰強，事在必行曰信。勢，謂有所憑藉。數，術也。此言賞罰所加不當，堅執己意，貴在有以察識之也。

《錐指》：《韓非子·五蠹》篇：“賢良貞信之行者，必將貴不欺之士；不欺之士者，亦無不欺之術也。顧廣圻曰：‘不’下當有‘可’字。布衣相與交，無富厚以相利，無威勢以相懼也，故求不欺之士。今人主處制人之勢，有一國之厚，重賞嚴誅，得操其柄，以修明術之所燭，雖有田常、子罕之臣，不敢欺也，奚待於不欺之士？今貞信之士不盈於十，而境内之官以百數。必任貞信之士，則人不足官。人不足官，則治者寡而亂者衆矣。故明主之道，一法而不求知，固術而不慕信，故法不敗，而群官無奸詐矣。”

今夫飛蓬遇飄風而行千里，乘風之勢也；

【校】

《御覽》九百九十七，“千里”下多“者”字。

《文選》卷二十，引文無“也”字。

《文選》卷二十六、二十九，引文有“也”字。

《藝文類聚》八十二，引“今夫”二句，無“遇”字。

【注】

《新釋》：蓬，蒿也。《管子·形勢》：“飛蓬之向。”《淮南子·説山》：“見飛蓬轉而知爲車。”《文選·朔風詩》“風飄蓬飛”注引此。

《發微》:《詩·伯兮》:"自伯之東,首如飛蓬。"《淮南》:"見飛蓬轉而知爲車。"

《評注》:飛蓬,秋林之脱葉也。飄風,疾風。見《前漢·蒯通傳》"飄至風起"注。《玉篇》同。

《解詁定本》:《説文》:"蓬,蒿也。"

《錐指》:《史記·老莊申韓列傳》正義:"蓬,其狀若皤蒿,細葉,蔓生於沙漠中,風吹則根斷,隨風轉移也。皤蒿,江東呼爲斜蒿云。"飄風者,《爾雅·釋天》:"迴風爲飄。"邢昺疏:"迴風爲飄者,郭璞云:'旋風也。'李巡曰:'一曰飄風,别二名也。'《詩·蓼莪》曰:'飄風發發。'是也。"

探淵者知千仞之深,縣繩之數也。

【校】

范本、吴本、程本、馮本、朱本、且且庵本、馮抄本、四庫本,"探"作"深","繩"上無"縣"字。

品節本、奇賞本、秦駿生本、問經堂本,"探"作"深"。

問經堂本"縣"下注云:"各本脱縣字,今從施本。"

朱本、崇文本、指海本,"繩"上無"縣"字。

【注】

《諸子評議》:("深淵者知千仞之深")上"深"字當作"探",言探淵而知其深也。今誤作"深淵者",則於文義未足矣。

《經義述聞》:王念孫曰:"《莊子·田子方》篇曰'上窺探青天,下潛黄泉',是潛爲測也。《商子禁使》篇曰:'深淵者知千仞之深,縣繩之數也。'深淵,測淵也。《列子·黄帝》篇曰:'彼將處乎不深之淵,而藏乎無端之紀。'不深,不測也。張湛注:'深'當作'涇',非是。深也爲測也。"

《解詁定本》:淵,回水也。《論語》"如臨深淵",孔安國注:"淵,潭也。"《説文》:"仞,伸臂一尋八尺也。"高誘、包咸、鄭玄、王逸等,皆謂七尺爲仞。綿眇閣等本,"探淵"作"深淵","繩"上奪"縣"字。按:《説文》:"縣,繫也"。俗字作"懸",淺人不知"縣"字之義,妄删。

《校釋》:縣與懸同。

《錐指》:探,范本、孫星衍本作"深"。孫詒讓曰:"探舊本作深,王石臞引《爾雅釋詁》'深,測也'以説之,則可不必改探也,説詳《爾雅·述聞》。"禮鴻案:"深,測也。"《釋言》文。縣,垂也。

故托其勢者,雖遠必至;守其數者,雖深必得。

【注】

《新釋》:"得,知也。"

今夫幽夜,山陵之大而離婁不見;清朝日鷬,則上别飛鳥,下察秋毫。

【校】

馮抄本,"幽"作"凶","日"作"曰"。

初校本,"毫"作"豪"。

【注】

馮本注:鷬,音湍,黄黑色。

問經堂本:("鷬")按《説文》:"黄黑色也。"

《發微》:《説文》:"鷬,黄黑色也。"

《解詁》:鷬音湍。《説文》:"黄黑色也。"《廣雅·釋器》:"黄也。"

《新釋》:鷬,黄黑色。上别飛鳥,别爲何種之鳥。秋,小也,《劉子·托附》:"天之始旭,則目察輕煙,歲之將暮,則蓬卷云中。目之能見,蓬之能高,托日之光,附風之勢也。"語出此。

《評注》:幽夜,昏夜也。山陵之大,小者無論。不見,常人非明目者無論。鷬音湍。《廣韻》:"黄也。"謂清晨日方出微黄色也。

《解詁定本》:幽,暗也。離婁,離朱也。鷬,他耑切,《説文》:"黄黑色也。"《廣雅》:"黄也。"清朝日黵,言清晨日初出之時也。

《校釋》説同《解詁定本》。

《新箋》:依朱説,則日黵謂日黄黑矣,非《商子》之意也。余謂日黵者日明也。《説文》:"旦,明也。"又曰:"焞,明也"。《楚辭·九歌·東君》:"暾將出兮東方。"暾即焞之異字。黵與旦暾乃一音之轉。又黵亦可讀爲烜,二字古通用。《爾雅·釋獸》:"貈子,貆。"《周禮·草人》賈疏引貆作貒。《釋獸》又云:"貍狐貒貈醜,其足蹯。"《説文》引貒作貛。而《説文》"爟重文作烜",即耑、亘聲通之證。烜,明也。

《校讀》:毫、豪,古通用。

《錐指》:《玉篇》:"幽,不明也。"黵讀爲煓。《方言》十三:"煓,赫也。"别,辨也。

故目之見也,托日之勢也。得勢之主,不參官而潔,陳數而物當。

【校】

范本、綿眇閣本、吴本、程本、朱本、且且庵本、品節本、奇賞本、四庫本、問經堂本、指海本、崇文本、初校本,"主"作"至"。

【注】

《讀諸子札記》:"潔"當爲"絜"字之誤,絜,度也。

《新釋》:參,多也,《説文》作"森"。潔同挈。事,舉也。《韓非子·揚權》:"欲治其外,官置一人,不使自恣,安得移併。"

《評注》:參官,設官以相監制也。潔,清廉也。不待監制而清廉,明足以察之也。但憑察識之術而處置,賞罰無不當。

《解詁定本》:《儀禮·大射》"參七十",注:"參讀爲糝,襍也。"《荀子·不苟》篇,楊倞注:"潔,修整也。"不參官而潔,言官不必多而事治也。物,事也。

《箋記》:參,疑當作"衆"。不當爲必。潔與絜通。

《新釋》:陳,設也。數,法也。物,事。《管子·正世》:"陳法出令。”

《錐指》:(作“得勢之至”。)嚴可均改“至”作“主”,義長。陶鴻慶曰:“潔字當爲絜字之誤。絜,度也。”禮鴻案:參猶多也,不待多官衆吏相監司而其行合度也。當猶治也。

今恃多官衆吏,官立丞監。

【校】

范本、綿眇閣本、吴本、程本、馮本、朱本、且且庵本、馮抄本、奇賞本、秦駿生本、四庫本、問經堂本、指海本、崇文本,“今”下皆有“官”字,

品節本,無此十字。

《解詁定本》:各本“恃”上有“官”字。

【注】

《新釋》:丞,丞相也。監,監郡縣之官。監,視也。謂職在視察官吏也。《史記·秦本紀》:武王二年初置丞相。《漢書·百官公卿表》:監御史,秦官,掌監郡,漢省。丞相遣史分刺州。

《評注》:人主恃多官衆吏,以察功罪;又每官爲立丞監,以伺官之功罪。

《解詁定本》:鄭樵《通志》:“秦置郡丞。其郡當邊戍者,丞爲長史掌兵馬。”《漢書·百官公卿表》:“監御史,秦官,掌監郡。”

《錐指》:(引朱説,文見上。)禮鴻案:丞不止郡丞,《境内》篇有丞尉,《百官表》亦有。其餘如御史大夫、奉常、郎中令、太僕、典客、宗正、治粟内史、少府、中尉、將作少府、詹事等,皆秦官有丞,見《百官表》也。丞監之詳,今不得聞。

《斠補》:案“官立丞監”本作“置立丞監”,故下文承之以“置丞立監”,今本“置”作“官”,涉上“官”字而誤。

夫置丞立監者，且以禁人之爲利也，而丞監亦欲爲利，則何以相禁？故恃丞監而治者，僅存之治也。通數者不然也。

【校】

品節本，“夫”上有“今”字。

范本、綿眇閣本、吴本、程本、馮本、朱本、且且庵本、品節本、奇賞本、秦駿生本、四庫本、問經堂本、指海本、崇文本，“然”下均無“也”字。

《解詁定本》：各本“然”下無“也”字。

【注】

《新釋》：行政官當取少級，以丞監而治吏，故曰僅存之治。僅，無幾也。《趙策》：“趙僅存哉。”

《評注》：且，將也。則何以相禁，以賊防賊，一賊未去，反多一賊，真是無可奈何。僅存之治也，言不可必。

《解詁定本》：恃置丞立監以爲治，非治之本也，通治術者不然也。

《錐指》：且，將也。爲，求也。（“僅存之治也”）僅免於危亡。

別其勢，難其道。

【注】

《新釋》：別，分也。勢，權也。言分其權，俾政官不兼司法。難，艱也。道，行也。

《解詁定本》：別，分也。謂行政司法財政權畫分，則其勢難於貪，所謂難其道也。

《香草續校書》：“難”蓋當作“離”。上句云“別其勢”，離猶別也。“離”，“難”形亂，又涉下文“難”字而誤。

《錐指》：（“別其勢”）下文云“利異而害不同”，是也。

故曰：其勢難匿者，雖跖不爲非焉。故先王貴勢。

【校】

品節本，無“故曰……貴勢”十八字。

馮抄本，“雖跖不爲非焉”作“雖跖不然爲非焉”。

初校本，下“故”字作“或”。

【注】

《發微》：《畫策》篇：“勢不能爲奸，雖盜（編者按：王引誤增盜）跖可信。”

《讀諸子札記》：（所據本“故”作“或”。）或，當爲“故”，涉下“或曰”而誤。

《新釋》：分權則去爲惡之資。匿，惡也。《畫策》篇曰：“勢不能爲奸，雖跖可信也。”《新釋》又從嚴校“故”作“或”，“焉”屬下讀，注云：“焉或先王貴勢，言不分其勢以與無益之丞監。焉，安也。或同惑，疑也。”

《斠詮》：（“或先王貴勢”）“或”當依崇文本作“故”。

《解詁定本》：匿，藏也。跖，盜跖也。“故”嚴校作“或”，誤。今據綿眇閣各本改正。

《箋正》：“或先王”崇文本作“故先王”，是。

《校釋》：“故”字嚴校本作“或”，誤。今依影范本、崇文本改正。

《香草續校書》：或先王貴勢，“或”涉下文而誤，當作“故”。

《錐指》：《呂氏春秋·異用》篇注：“跖，盜跖，大盜人名也。”簡書曰：“或先王，崇文本作故先王，是。”禮鴻案：指海本亦作“故”。

3. 或曰：人主執虛後以應，則物應稽驗，稽驗則奸得。

【校】

范本、綿眇閣本、吴本、程本、朱本、且且庵本、馮抄本、四庫本、問經堂本、指海本、崇文本，“或曰”皆作“員曰”。

馮本,“虚”下無“後”字。

品節本,“人主執虚後以應,則物應稽驗”作“人主執虚以應物,則稽驗”。

秦駿生本,“後”作“厚”。

四庫本,“物應”字倒。

《解詁定本》:“或曰”各本皆作“員曰”,合雅本作“或曰:人主執虚以應物則稽驗”,乃臆改。

【注】

《發微》:“或”下脱“曰”字。貴勢者不恃丞監者也。稽驗者恃丞監者也。故二者以“或曰”别之。物應稽驗,秦《會稽刻石》:“考驗事實,各載其名。”

《校正》:員與云同,《詩・玄鳥》“景員維何”,鄭箋:“員,古文作云。”《文苑英華》八百六十七劉禹錫《曹溪大鑒第二碑》“學徒員來”、《全唐文》二十九于邵《田司馬傳》“隨牒員來”,王緯對縣令有客判“伊或者以員來”。即《泰誓》之“云來”。

《解詁》:此糾道家之説。《莊子・天下》:“老聃曰:人皆取先,己獨取後。”《史記・老子列傳》云:“老子所貴道虚無因應。”《漢書・藝文志》:“道家者流……秉要執本,清虚以自守,卑弱以自持。”

《新釋》:(讀作“或曰:人主執虚,後以應則,物應稽驗。稽驗則奸得”。)虚則無勢。《韓非子・揚權》:“虚而待之,彼自以之。”則,法也。應,用也。言不以法爲先。則、得爲韻。物,事也。應,當也。稽驗謂考察。《尉繚子・原官》:“明法稽驗,主上之操也。”

《評注》:員,必當時之臣。如《來民》篇王吏之屬。但其姓不可考,以文論當亦昭襄時人。執虚,不設成心,不用數術也。物應稽驗,謂静觀而功罪畢著也。

《解詁定本》:“或曰”各本皆作“員曰”,“員”乃“君”字之誤。君、員叠韻,形亦相近。《更法》篇有“君曰”之文,下言“臣聞之”;此文用“君曰”,下亦有“臣以爲不然”,正與“君曰”相對。嚴校,從合雅本、秦本妄改“或曰”，而不注范本作“員”，遂使後人不知誤之所由，非是。君謂秦孝公，孝公言人主執虛以應物，虛則澈然無障蔽，乃能稽驗事物。能稽驗事物，則奸可得矣。

《校讀》：此疑當作“人主執虛以應物，物應則稽驗”。“後”衍字。

《錐指》：《韓非子·主道》篇：“道者，萬物之始，是非之紀也。是以明君守始以知萬物之源，執紀以知善敗之端。故虛靜以待令‘令’字疑衍，令名自命也，令事自定也。虛則知實之情，靜則知俞樾曰：‘當作爲。’動者正，有言者自爲名，有事者自爲形。形名參同，君乃無事焉，歸於其情。”説與此似。彼云參同，猶此云稽驗。蓋謂聽於群言，觀於衆事，參互稽之，則可以得奸之情；而不知事同體一以相監，不可也。

《箋記》：執虛之義見《韓子·揚權》篇，所謂“聖人執要，四方來效，虛而待之，彼自以之”之義，《管子·心術》篇“君子之處也若無知”至“言復所於虛也”。商君引“或曰”當指此。

臣以爲不然。夫吏專制決事於千里之外，

【校】

范本、綿眇閣本、吴本、程本、朱本、且且庵本、馮抄本、奇賞本、四庫本、問經堂本、指海本、崇文本，“專”皆作“爵”。

馮本、品節本、秦駿生本，“專”皆作“受”。

《解詁定本》：“專制”綿眇閣本、程本、吴本、馮本、范本皆作“爵制”，合雅本作“受制”。

【注】

《新釋》：吏，郡縣守令也。政法不分曰專制。《管子·立政》：“考憲而有不合於大府之籍者，侈曰專制，不足曰虧令。”《韓非子·亡徵》：“大臣專制，樹羈旅以爲黨。”

《評注》：爵，《廣韻》：“量也。”制謂裁制，吏以量度裁制。決事於千里之外，言地遠而難察也。

《解詁定本》：商鞅謂執虛不足以應物。

十二月而計書以定。事以一歲别計,而主以一聽。

【校】

馮抄本,“而主以一聽”五字重。

【注】

《新釋》:此謂丞監之計郡縣吏也。計書,計簿也。《周禮·大宰》:“官計,以弊邦治。”《春秋繁露·考工(編者按:當爲考功名)》:“三載而黜陟,命之曰計。”以定,始定也。聽,平治也。《周禮·小宰》:“以聽官府之六計。”《齊策》:“五官之計不可不日聽也而數覽。”

《評注》:書,簿書。計,籌算也。於冬十二月,籌算簿書出入之數以定來歲之事,猶冢宰於歲杪制國用也,蓋如今日之預算。以一歲分别計之,言事繁而難察也。一謂勢與數也。

《解詁定本》:《周禮·大宰》:“歲終,則令百官府各正其治,受其會,聽其致事,而詔王廢置。”鄭注:“會,大計也。”

《校釋》:古者察吏曰計。計書猶漢之計簿,今之報告。事以一歲别計,猶言每一歲須報告一次,考察一次也。

見所疑焉,不可蔽,員不足。

【校】

馮本、品節本、秦駿生本,“蔽”下皆有“也”字,無“員不足”三字。

初校本注:“此句有闕誤。”

【注】

《新釋》:(讀爲“見所疑焉不可,蔽員不足”。)疑,擬也,謂所擬之計書。可,確也。蔽員不足,言不足爲黜陟官吏之據。蔽,斷也。《周禮·小宰》“以……六計弊群吏之治”,蔽即弊也。

《評注》:以至遠之地、至繁之數,凡有可疑之端,必爲發覺而不可蒙蔽。所以然者,實有可恃之勢與數而正,非靜虚以觀物也。

《解詁定本》:《晋語》“及蔽獄之日”,韋注:“蔽,决也。”《説文》:

"員，物數也。"言吏專制斷事於千里之外，計書已定，歲終始上，事已一歲，再届大計之時，而人主始一聽斷其事，見有可疑者不能決，以時久遠，物數不足，不能考驗故也。嚴校："不可蔽，員不足，按此有闕誤。"師轍按：此二句不誤。蔽訓决，員訓物數，則文義極明，由嚴氏未研稽，故以爲誤。又，員訓有，亦通。《廣雅・釋詁一》："或員方云，有也。"王念孫《疏證》："《書・秦誓》'雖則員然'，言雖則有然也。"此言獄不可決，物證有不足之故也。

《錐指》：（引嚴校、朱説，文見上。）禮鴻案：《漢書・武帝紀》："太初元年，受計於甘泉。"師古曰："受郡國所上計簿也。"又："元光五年，令與計偕。"師古曰："計者，上計簿使也。郡國每歲遣詣京師上之。"《周禮・天官・小宰》："以聽官府之六計，弊群吏之治：一曰廉善，二曰廉能，三曰廉敬，四曰廉正，五曰廉瀍，六曰廉辨。"注："弊，斷也。"疏："計功過之多少而聽斷之。"又《天官・司會》注："司會主天下之大計。"疏曰："言會大計者，案宰夫職；日計曰成，月計曰要，歲計曰會，此所言者歲計也。"朱説蓋爲近之。"蔽"即《周禮》之"弊"。不可二字，當逗而屬上。"主以一聽見所疑焉，不可"者，與"事同體一者相監，不可"句法一例。"蔽員不足"者，謂所以决斷之物證不足也。所以然者，因由時久，亦以吏專制於外，計書可以虛構，同官一辭，無由發覆也。

夫物至則目不得不見，言薄則耳不得不聞。

【注】

品節本、秦駿生本"薄"旁注：迫也。

《發微》：薄，近也。

《新釋》：薄，至也。

《斠詮》：薄，迫也。

《評注》：不得不見，未便執虛者一。薄，迫也。不得不聞，未便執虛者二。

《解詁定本》:薄,迫也。

故物至則變,言至則論。

【注】

《讀諸子札記》:變讀爲辯。論猶决也。《後漢書·陳寵傳》注"論,决也",是也。

《新釋》:變同辯,明也。論,知也。

《評注》:變,動也。感於物則心爲之動,則心不能執虚。論爭是非得失也,則口又不能執虚。

《解詁定本》:變借爲辯,明也。此言人主聽斷政治,物至前則事明,言至前則論定。陶校《後漢書·陳寵傳》注:"論,决也。"

《箋正》:"變"字誤,疑爲"辨"字之訛。

《錐指》:"變"、"辨"字通,説見《壹言》篇。

《斠補》:案"言至"當作"言簿",上文可照,今本"簿"作"至",涉上"物至"而誤。

故治國之制,民不得避罪,如目不能以所見遁心。

【校】

馮抄本,"避罪"字倒,"目"作"自"。

【注】

《發微》:當女(編者按:女疑爲"言"或"如")"如耳不能以所聞遁心"。不言者,舉目以概耳。古此自有此例。

《新釋》:遁,逃也。

《評注》:此言治國之制,不事靜虚而恃數與勢,故民之不得逃罪有如親目所覩,無可遁飾於人主之心。

《解詁定本》:目所見則心知,故目不能逃心。

《錐指》:不待鈎稽。

今亂國不然，恃多官衆吏。吏雖衆，同體一也。夫同體一者，相不可。

【校】

范本、綿眇閣本、吴本、程本、馮本、朱本、且且庵本、馮抄本、品節本、奇賞本、秦駿生本、四庫本、問經堂本、指海本、崇文本，“恃多官衆吏”作“恃吏”。

馮本、品節本、秦駿生本，“相不可”作“同利相爲也”。

馮抄本，兩“一”字均作“壹”，“夫同體一者”作“夫聞體壹者”。

《東塾讀書記》引，“恃多官衆吏”作“恃吏”。

《解詁定本》：各本皆無“多官衆”三字。合雅本作“夫同體一者，同利相爲也”。

【注】

《札迻》：“同體一”上疑脱“事”字，下文兩云“事合而利異”可證。“相”下當有“監”字，下文云“騶虞以相監不可”，亦其證也。

《解詁》：“相”字（下）疑脱“監”字，下文騶虞亦言相監，可證。

《新釋》：同體一，言其同爲官吏。相，監也。相不可猶云不可監。

《斠詮》、《箋正》、《錐指》皆引孫説，無補充。

《評注》：先王恃勢與數，而不恃強與信，爲一人之見不足恃也。今乃捨勢數而恃吏，較恃強與信爲更下矣。（改“同體一”作“其體一”。）其體一，謂其氣習略同也。“其”舊訛作“同”。相不可，謂彼此各有瑕疵也。

《解詁定本》：（引孫説，文見上。）師轍按：孫説是也。

《校釋》：“恃多官衆吏”五字，影范本、崇文本作“恃吏”，今依嚴校本。各本於“同體一”上無“事”字，相字下無“監”字。（引孫説，文見上。）今據補。

且夫利異而害不同者，先王所以爲保也。

【校】

初校本，“保”作“倮”。

【注】

《發微》：“保”作“倮”，“倮”疑“僇”之假。《大學》“辟則爲天下僇矣”。畢曰：“倮當讀爲慮。”俊按：“倮”當是“録”之假，故凡省録及録囚皆作“慮”，此則以“倮”爲“慮”。

《新釋》：害猶惡也。言不同惡相濟。“倮”即“睩”，察視也。

《評注》：惟不與同利害者，判斷是非乃一出於大公，故先王恃此考信功罪。保，恃也，又任也。見《周禮·大司徒》“五家爲比，使之相保”注。

《解詁定本》：倮，字書無，各本俱作“保”，亦非。師轍按：當作“禄”，言上之與吏，利異而害不同，故先王爲之禄位，互相監察，使不得爲奸。或曰爲保，使官吏互相保證。一人犯奸，相連坐罪。

《校讀》：保，恃也，任也。言利異而害不同者，此先王所以恃而任之也。即勢不得爲奸，雖跖可信也之義。

《錐指》：下文云“利合而惡同”，惡與害義相因，有害則惡之矣。夫所利所惡不同，故不能朋比也。《鄧析子·無厚》篇曰：“同舟渡海，中流遇風，救患若一，所憂同也。張羅而畋，唱和不差者，其利等也。”與此意相發。倮，范本、孫星衍本作“保”。衡陽馬宗霍先生曰：“倮字與侲形近，或係侲之訛。侲爲辟之古文，見於《玉篇》。辟者法也，先王所以爲辟即先王所以爲法。”禮鴻案：馬君所説於形爲近，特古書之字多有不見於字書者，即此説未必確也。愚以諧聲求之，《説文》：“逯，行謹逯逯也。睩，目睞謹也。娽，隨從也。”又《荀子·修身》篇：“程役而不録。”注：“録，檢束也。”是從録得聲者有拘謹檢束之義，似先王所以爲倮即先王所以爲謹，謂使民畏法不敢爲奸也。

故至治，夫妻交友不能相爲棄惡蓋非，而不害於親，民人不能相爲隱。上與吏也，事合而利異者也。

【注】

《新釋》：治，察也。蓋，蔽也。不能相爲隱，言不隱惡。《論語》："父爲子隱，子爲父隱。"案：爲，僞也。隱同檃，正曲木而使直之器。言父作僞，子則諫而使之直；子作僞，父則戒而使之直，孔子故云"直在其中焉"。有父攘羊，子證父之事，義與此異。上謂君上，吏指郡縣令長。言君欲吏廉而吏則欲富，故曰利異。

《評注》：賞罰一本於公論，所謂爵人與衆共之，刑人與衆棄之也。此即上文所言托其勢守其數也，又即必知之道也。功罪不淆，國中之人無不圖功而遠罪，故至治。夫婦朋友之間，凡有愆尤，雖不能代爲文飾，然終不欲加害於所親之人，則其言必非公論矣。民人，謂疏遠之人。無所私，則不必隱矣。雖同爲農戰之人，非如夫婦朋友之同其利害。

《解詁定本》：棄，捐也。蓋，掩也。至治之世，夫妻交友，不能相爲捐除其惡，掩飾其非，故雖親何害，以法律明，而民人不能相隱蔽故也。事合謂上思用人，下思得官；利異謂上欲其吏廉，而吏則欲富。是事合而利異也。

《箋正》：上與吏也，"上"疑"士"字之訛。

《校讀》：朱説未盡，上與吏同爲治民者，是事同也。

《錐指》："棄"疑當作弆，弆與"棄"之古文"弃"形近，因誤爲"弃"，後人復改爲"棄"耳。《廣韻》上聲八語："弆，藏也。"蓋、藏義相同。夫妻交友，親也；異其利害，則雖親而不能相掩蓋，故曰不害於親。《畫策》篇曰："失法離令，若死我死。"失法離令，戰士之所利以全其生，而家人以爲害；出死斷亡，戰士以害其生，而家人冀其能然；是亦利異而惡不同矣。("上與吏也，事合而利異者也")上，君也。君與吏共其治，君利在吏奉法而公，吏利在舞法營私，故曰事合而利異。此與下"吏之與吏，利合而惡同"相對。《韓非子·孤憤》篇："臣主之利，與讀作舉相異者也。"即其旨也。簡書不憭此義，乃欲改上爲士，並欲改下"事合而利異"爲"事合而利不異"，皆非也。

今夫騶虞以相監，不可，事合而利異者也。

【校】

范本、程本、朱本、初校本、四庫本，於此句下有十六字空格，缺文。

品節本，作"今夫騶虞以相監，皆善也"。眉批：騶虞相監者，皆善人也。然同利則雖善人，亦不能保其無弊矣。故騶虞相監，必以馬厠其間。同利相監，必以不同利者人（編者按：當爲任）其事。

秦駿生本，文相同，眉批：一本騶虞以相監皆善也。騶虞同類相監，可見同利雖善，不能保其無弊也。

馮抄本，作"今夫騶虞以相監，不可，事合而利同者也"。

綿眇閣本此句下注：下缺二十八字。

重校本此句下注：施本有注云"下缺二十八字"。各本下作空圍十六，吴本不缺，秦本有"今夫騶虞以相監，不可，事合利同者也"十五字。

問經堂本此句下注：施本有注云"下缺二十八字"。各本下作空圍十六，吴本不缺。

指海本缺"事合而利異者也"句，注云：此下原本移衍上文"事合而利異者也"七字，又空十六格。按：騶虞不可相監，正爲利同，非爲利異，上下文勢緊相承接，不得間以他語，今並删去。

《解詁定本》：合雅本作"今夫騶虞以相監，皆善也"。下接"若使馬焉能言"。吴本、崇文本，無缺文十六字。下文"若使馬馬能焉"作"若使馬焉能言"，義亦不可通。

《錐指》，"事合而利異者也"下作十六方空。

【注】

《諸子平議》：《毛傳》以騶虞爲義獸，而《周官·鐘師》疏曰："今

《詩》韓、魯説‘騶虞天子掌鳥獸官’。”以此書證之，則韓、魯説亦古義也。惟“事合而利異”當作“事合而利同”。商君之意，蓋以騶、虞兩職，事合利同，不可使之相監，恐其互相容隱也。故必馬能言，始無所逃惡。下文云“吏之與吏，利合而惡同也”。是其明證也。

《解詁》引俞説，無異議，無補充。

《新釋》：(改“今夫騶虞”爲“合夫騶虞”。)喻同體一者不可相監，騶虞與騶虞同體，故曰合夫騶虞以相監，不可。騶，食芻馬也。虞，駑也，騶虞謂駑馬不善走者，下故云騶虞無所逃其惡。《詩》：“吁嗟乎騶虞。”《周禮·鐘師》“王奏騶虞”，鄭司農曰：“騶虞，聖獸。”《淮南子·道應》“得騶虞雞斯之乘”，《説文》“騶虞……白虎黑文，尾長於身，仁獸，食自死之肉”，皆《海内北經》所謂“騶吾乘之而日行千里”者也。與此物異。事合而利異者也，言其利同，也讀如耶。

《評注》：《説文》：“騶虞，仁獸也。白虎黑文，尾長於身，食自死之肉。”

《解詁定本》：《左傳·襄公二十三年》“孟氏之御騶”，孔疏：“掌馬之官，兼掌御事，謂之御騶。”《賈子》：“禮虞者，囿之司獸者也。”蓋掌馬之官與司獸之官，職務仍同體，故不可以相監。“利異”當作“利同”，言其事合而利同之故。

《校釋》：(改“利異”爲“利同”。)各本作“利異”，誤。

《校讀》：“利異”當爲“利同”，説詳下。朱説非是。

若使馬馬能焉，則騶虞無所逃其惡矣，利異與。

【校】

范本、綿眇閣本、吴本、程本、馮本、朱本、且且庵本、品節本、奇賞本、秦駿生本、四庫本、問經堂本、指海本、崇文本，“馬馬能焉”作“馬焉能言”，“與”作“也”。

馮抄本，“馬馬能焉”作“焉馬能言”，“與”作“矣”。

初校本，“與”作“也”。

【注】

《諸子平議》:"馬焉"之"焉"當爲衍文,即"馬"字之誤而衍者,或疑是《説文》焉鳥之本義,然焉之與馬,既非一類,合稱馬焉,於古無徵,殆不可用。

《發微》:(引俞説,文見上。)《管子・七臣七主》引記曰:"無實則無勢,失轡則馬焉制。"

《解詁》:(引俞説,文見上。)

《新釋》:使,駛疾也。能,良。馬利而騶虞不利曰利異。

《斠詮》:焉語詞,不爲義,俞氏以爲衍文,竊恐未然。

《評注》:騶虞但不傷人畜,然猶食自死之肉,以視馬之並不食肉而但食水草者又不如矣。是騶虞雖仁,馬又將舉其失也。食草者與食肉者不同利。

《解詁定本》:此篇自"今夫騶虞以相監不可"以下,文多奪誤難通。俞樾謂(引文見上)。其説亦牽強。

《箋正》:(引俞説,文見上。)謹案:馬焉能言,嚴本作"馬馬能言"無義,今從范本。至馬焉之説,自以或説從《説文》焉鳥本義爲得。蓋商書本義謂若使鳥獸能言,則司鳥獸者不能逃其惡也。其言馬焉者,各舉其類之一以概其餘耳。馬焉合稱,古書本不多見,然馬與其他鳥名並稱者亦未曾有,固不能以他書未見而致疑於本書也。若以爲衍文,則此處有獸無鳥,似有闕義,故當以或説爲是。王氏釋作語詞,尤陋。又按,此處舛訛過甚,以義釋之,則兩"事合而利異"句均應作"事合而利不異",蓋利異而害不同,而後先王以百(編者注:"百"疑"爲"字之誤)俍,而後可以相監,故士與吏及騶虞之不可以相監,以其事合而利不異耳。設事雖合而利害異,則固可以相監矣。故下文曰"使馬焉能言,則騶虞無所逃其惡矣,利異也",言馬苟能言,則足監視騶虞,使不能逃其惡。馬之可以監騶虞,以二者之利害相異。以是知上文相監不可,必爲事合而利不異之故也。

《校讀》:《韓子・外儲》韓子曰:"吾馬菽粟多矣,甚臞何也?寡人患之。”周市對曰:“使騶盡粟以食,雖無肥,不可得也。”是騶爲掌馬之官也。不言虞者,别官也,故此言騶虞以相監。俞説是,朱説墨守毛説,反迂曲不可通。

《錐指》:(引俞説、簡説,文見上。)禮鴻案:馬焉之説,今所未詳。至“事合而利異”,俞欲改“異”爲“同”,簡欲改“異”爲“不異”,並未得其實。王時潤校,崇文本無缺文十六字。錢熙祚刻指海本全删十六缺文及其上之“事合而利異者也”一句,説曰:“此下原文復上文事合而利異者也七字,又空十六格。按:騶虞不可相監,正爲利同,非爲利異;又上下文勢緊相承接,不得間以他語,並删去。”此校最是,當從之。

利合而惡同者,父不能以問子,君不能以問臣。吏之與利,利合而惡同也。

【校】

范本、綿眇閣本、吴本、程本、馮本、朱本、且且庵本、馮抄本、品節本、奇賞本、秦駿生本、四庫本、問經堂本、指海本、崇文本、初校本,“吏之與利”作“吏之與吏”。

【注】

《新釋》:合,同也。利合謂交相爲利。吏之與吏,上“吏”字謂丞監,下“吏”字謂郡縣令長。

《評注》:必不直言,如石厚必不以州吁爲非,管蔡必不以禄父爲非也。宜其朋比爲奸。

《解詁定本》:利合謂交相爲利,事同謂所惡相同。

《錐指》:父不能問子,子不以對也,父子之親且然,況君臣乎?

夫事合而利異者,先王之所以爲端也。

【校】

秦駿生本,“先王之所以爲端也”句後爲“以此察奸,以此惝伏令壬人無躲處”。

【注】

品節本句末注:設官吏以禁奸,吏之與吏,同利相爲,焉能相禁,惟不同利者,奸不能匿也。或用共讐,使之相告,或把其陰事,使之盡力。

《發微》:《開塞》:“夫王道一端(而)臣道亦一端。”

《新釋》:端,專也。謂不假察吏之權於丞監。

《評注》:事合利異,即上文利異害不同也。端,標準。即上文“保”字之義也。

《解詁定本》:上之與吏,事合而利異,故先王爲之端正其本,使之不相欺,蓋法度立則本端矣。

《新箋》:“端”字義不可通,疑當作“㝉”。形近而誤。《説文》:“保,古文作㝉。”是“㝉”乃古文“保”,爲保謂建立什伍相保證之制度也。在此制度下,一人有罪,則保者連坐,其事相合,而利害相矛盾,保者不得不告發罪人。先王所以建立此制度,正因其事合而利異也。前文云:“且夫利異而害不同者,先王所以爲棣也。”朱師轍曰:“棣,各本俱作保。”“棣”亦“㝉”字之誤,故各本作“保”。因“㝉”字罕見,故前文誤爲“棣”,此處誤爲“端”。此文前後相呼應,前文各本作“保”,足證此處亦爲“保”矣。

《錐指》:《廣雅·釋詁》:“端,正也。”

民之蔽主,而不害於蓋,

【校】

朱本,“主”作“王”。

綿眇閣本,“於”字作缺文。

品節本、秦駿生本,“民之蔽主……治之數也”,共二十九字無。

【注】

《新釋》:言主不爲民之蓋蔽所害。害,傷也。

《新箋》:依原文則謂民既蔽其君又掩蓋他人之罪惡,不合上下文意。余謂"蓋"當作"監",形近而誤。"監"即上文"相監"之"監"。此言人民雖欲擁蔽其君,而不害於彼此相監視,因其利害相矛盾,不得不相監視,不得不告發他人之罪惡也。如此則民不能蔽主矣。

《箋正》:此處有脱誤。

《校讀》:此句有脱誤,"蓋"字或屬下讀,

《錐指》:言民將蔽主,主不爲所蔽也。蓋即蔽。

賢者不能益,不肖者不能損。

【校】

馮抄本,"賢"作"臤","益"作"盎"。

【注】

《新釋》:言於人主無所損益。

《評注》:春秋時,晋樂王鮒於叔虎之獄,以不棄其親誣陷叔向,即此意。

《錐指》:亦指事合利異之道言,此四句並當屬上。

故遺賢棄智,治之數也。

【校】

范本、綿眇閣本、吴本、程本、馮本、朱本、且且庵本、奇賞本、四庫本、問經堂本、指海本、崇文本、初校本,"棄"作"去"。

初校本,"智"作"知",注:秦本"去"作"棄"。

馮抄本,"賢"作"臤","棄"作"去","數"作"薮"。

品節本、秦駿生本,缺"民之蔽主……治之數也"六句。

【注】

《新釋》:言其專任勢數。《老子》:"絶聖棄智,民利百倍。"

《解詁定本》:言先王禄位法度既定,民雖欲蔽主,而不能掩蓋其

非。言賢者不能益，不肖者不能損故也。是以遺賢去知，治國之術也。

《校讀》：（引《解詁定本》，文見上。）案，此節文意，以文多脱誤，故不明顯。今節取《賞刑》篇之文，参互觀之。其文曰："守法守職之吏，有不行王法者，罪死不赦，刑及三族。周官之人，知而訐之上者，自免於罪，無貴賤，尸襲官長之官爵田録。"又曰："聖人之治國也，易知而難行也，故聖人不必加，凡主不必廢，殺人不爲暴，賞人不爲仁者，國法明也。"

慎法第二十五

本篇校勘所據版本：范本、綿眇閣本、吴本、程本、馮本、朱本、且且庵本、馮抄本、品節本、奇賞本、秦駿生本、四庫本、問經堂本、指海本、崇文本、初校本，共十六種。

下列版本無本篇：古逸本、褒異本、匯函本，共三種。

【題解】

《解詁定本》：治國慎於用法。

《發微》：此亦對孝公語。

1. 凡世莫不以其所以亂者治，

【注】

《評注》：言其用所以亂世者爲治法也。

故小治而小亂，大治而大亂，

【校】

馮抄本，無"小治而"三字。

【注】

《新釋》：治亂當於未萌。

人主莫能世治其民，

【校】

馮抄本，“世”作“不”。

【注】

《錐指》：以世之所以治民者爲治而不亂者無之，此“世”字爲疏狀之語。

世無不亂之國。

【注】

《錐指》：以世之所以治民者爲治則無不亂之國，此“世”字述語也。

奚謂以其所以亂者治？夫舉賢能，世之所治也，而治之所以亂。

【校】

馮抄本，“奚謂以其所以亂者治”作“奚謂以亂其所以亂者”，“賢”作“矣”。

【注】

《讀諸子札記》：所治，當依上文作“所以治”。

《斠詮》：（“世之所以治也”）“治”上當增“謂”字。（“而治之所以亂”）疑當作“而治以之亂”。

《解詁定本》：舉賢能，世之所以治也，而不知所以治者，正所以亂之。

《校釋》：世之所治也，各本“治”上無“以”字，今依文義增。王説“治上當增謂字”，非是。

世之所謂賢者，言正也，所以爲善正也，黨也。

【校】

馮抄本，"賢"作"矣"。

【注】

指海本，"正也"下注：依下文"言"當作"善"。

《新釋》：賢，善也。言正，謂同黨者口稱其正。所以爲善正也，言非真正。也同耶。黨也，各阿所好。

《斠詮》："善"當作"言"，"也"當作"者"。

《評注》：（自"世之所治也"下，改爲"而治世之所謂賢者，正也。亂世之所以爲善者，黨也"。）舉賢能爲世之所治，如舜舉臯陶，湯舉伊尹，而不仁者遠，是其證也。惟治世以爲賢者，乃名實相符之賢，而亂世以爲善者，不免黨同伐異之失。原本上句"治"字下，凡衍五字，"正也"上衍"言"字。下句句首脱"亂世之"三字，"善"字下脱"者"字，衍"正也"字。

《解詁定本》：世之所謂賢者，言其正直也，彼善正之稱，徒黨譽之也。

《校釋》："言正者"三字各本作"善正也"，與上文不合。王説："善當作言，也當作者。"今據改。

《錐指》：下"正"字當在"黨"字下。"言正"、"黨正"文相對，正猶定也，謂以言説黨與定其賢善與否也。《荀子·解蔽》篇："凡人之有鬼也，必以其感忽之間疑玄之時正之。此人之所以無有而有無之時也，而己以正事。"《莊子·齊物論》篇："使同乎若者正之，既與若同矣，惡能正之？"云云，皆與此"正"字同。

《斠補》：案"言正"當依下文作"善正"，"善"、"言"形近而誤。

聽其言也，則以爲能；

【校】

范本、綿眇閣本、吴本、程本、馮本、朱本、且且庵本、馮抄本、奇賞

本、四庫本、問經堂本、指海本、崇文本,"以"作"公"。

【注】

《新釋》:能,才藝也。

《評注》:("聽其言也,則以爲能"改爲"而聽其言也,則公"。)但聽其言,則有類乎大公,而非阿私。句首脱"而"字。

問其黨,以爲然。

【注】

《新釋》:然,猶是也。

《評注》:(以上句"爲能"屬本句,訂爲"惟問其黨,以爲然"。)惟,舊訛作"爲",音近之誤。下衍"能"字。

故貴之不待其有功,誅之不待其有罪也。

【注】

《新釋》:言貴之、誅之均不合法。《管子·明法》:"外内朋黨,雖有大奸其蔽主多矣,是以忠臣死於非罪,而邪臣起於非功。"

《校讀》:言聽人之譽而貴之,則亦聽人之毁而誅之。

此其勢,正使汚吏有資而成其奸險,

【校】

范本、綿眇閣本、吴本、程本、朱本、且且庵本、馮抄本、奇賞本、四庫本、問經堂本、指海本,"勢"作"埶"。崇文本,"勢"作"埶"。

范本、程本、馮本、朱本、四庫本,"險"下空一字,作缺文。

馮抄本,"奸險"作"奸除矣"。

【注】

《諸子平議》:此其執,正使汚吏有資,"執"當爲"埶",乃古"勢"字也。"埶"字絶句,"正使"二字屬下讀。

《新釋》:勢猶式也,正直也。

《評注》:埶,古文"勢"字,《漢書》多用此。資,籍也。

《解詁定本》:勢,各本俱作"執",乃"埶"字之誤。崇文本作"埶",未誤。

小人有資而施其巧詐。

【校】

馮抄本,"小"作"使","詐"作"許"。

初假吏民奸詐之本,而求端悫其末,

【校】

馮抄本,"末"作"未"。

【注】

《新釋》:初,始也。端,直也。悫,謹也,一曰誠也。《淮南·主術》:"其民樸重端悫。"

《解詁定本》:假,借也。悫,誠悃也。

《錐指》:《説文》:"愨,謹也。""悫"爲"愨"之俗體。

禹不能以使十人之衆,庸主安能以御一國之民?

【校】

馮抄本,"一"作"壹"。

【注】

《新釋》:神禹治水能使多人,故特言禹。庸,常也。

《評注》:明察不足,而授奸人以倒亂朝政之柄,則天下皆習於作奸犯科,雖欲整治其後,不可得矣。

《解詁定本》:庸,常也。

2. 彼而黨與人者,不待我而有成事者也。

【注】

《新釋》:而,耐也。

《解詁定本》:黨人互相延譽,欺其君以求禄位,其權不操於上,故曰不待我而成事。

《錐指》:彼指求仕者。黨與,阿附比周也。人,所附之人。我,指人主。謂人主聽黨人之言,則求仕者但阿附黨人而已有成事也。

上舉一與民,民倍主位而向私交,民倍主位而向私交,則君弱而臣強。

【校】

范本、綿眇閣本、吴本、程本、馮本、朱本、且且庵本、馮抄本、奇賞本、四庫本、問經堂本、指海本、崇文本、初校本,"向"作"嚮"。

吴本、范本、綿眇閣本、程本、馮本、朱本、且且庵本、奇賞本、四庫本、問經堂本、指海本、崇文本,"民倍主位而向私交,則君弱而臣強"作"倍主位而嚮私交,則君弱而臣強"。

馮抄本,作"主位而嚮私交,則君弱而臣強"。

【注】

《發微》:《管子・明法》:"是故有法度之制者,不可巧以詐僞,今主釋法以舉(編者按:《管子》舉作譽)進能,則臣離上而下比周矣;以黨舉官,則民務交而不求用矣。"《韓非子・有度》:"今若以譽進能,則臣離上而[下]比周,若以黨舉官則民務交而不務(編者按:當作求)用於法。忘主外交以進其與,則其下所以爲上者薄矣。"

《新釋》:上舉一與民,黨與之民。《管子・明法》:"今主釋法以譽進能,則臣離上而下比周矣;以黨舉官,則民務交而不求用矣。"

《評注》:臣,舊訛作"民"。倍,"背"之借字。

《解詁定本》:《禮記・儒行》鄭注:"舉,用也。"《左傳》:"舉人之

[周也,與人之]壹也。"《禮記·大學》"而民不倍",鄭注:"倍,棄也。"

《新箋》:與猶於也。見《經義述聞·通説》。

《校讀》:"一"字疑誤;或謂,一舉此黨人而與民也。

《錐指》:"舉一"之"一",若"一言僨事"之"一"。倍,背也。

君人者不察也,非侵於諸侯,必劫於百姓。

【校】

范本、程本、朱本、四庫本,"察"下皆作缺文。

馮抄本,"察"下有"者"字。

范本、綿眇閣本、吴本、程本、馮本、朱本、且且庵本、馮抄本、奇賞本、問經堂本、四庫本、指海本,"劫"作"却"。

【注】

《解詁定本》:("劫")各本皆作"却",獨崇文本同嚴本不誤。

《評注》:奸邪之成黨與,初不必待人主之力,上之與民者稍有端倪,奸人即以此意私授知交,俾得進身,則左右皆奸邪之私人,而君孤立矣。如此,則諸侯乘間而奪之,百姓積怨而畔之。此黨與之成於上者。

彼言説之勢,愚智同學之士,

【校】

范本、程本、四庫本、朱本,"言"下作缺文。

馮抄本,"言"字重。

【注】

《解詁》:愚智同學之士,言顛倒同學之士而愚之智之也。

《新釋》:勢,才技也,今字作"藝"。同,共也。

《評注》:游説者好談形勢,故曰言説之勢。

《新箋》:"勢"當作"埶",古無"勢"字,亦無"藝"字,皆以"埶"字爲之。此“埶”字乃藝術之“藝”，非勢力之“勢”也。蓋後人誤增力旁耳。言説之埶，即言説之藝，猶云言説之術也。愚智同學之，謂學其言説之術。

學於言説之人，則民釋實事而誦虚詞，

【校】

馮抄本，“於”下有“矣”。

【注】

《新釋》：寔，實也。誦，口習也。

《評注》：釋，捨也，古亦通舍。實事，謂耕戰。虚詞，如《太公陰符》之屬是也。

民釋實事而誦虚詞，則力少而非多。

【校】

馮抄本，“實事”作“事實”。

【注】

《發微》：釋，捨也。《史記・秦始皇本紀》：李斯曰：“今諸生不師今而學古，以非當世。”又曰：“飾虚言以亂實，人善其所私學，以非上之所建立。”又曰：“入則心非，出則巷議。”“非”字疑“罪”之壞敗。《吕覽・當務》：“備説非六王五伯。”注：“非者，譏诃其闕也。”《荀子・解蔽》：“百姓怨非而不用。”注：非或爲誹。《吕覽・上農》：“民捨本而事末則好智，好智則多詐，多詐則巧法令，以是爲非，以非爲是。”

《讀諸子札記》：“非”當爲“言”字之誤。《弱民》篇云：“法枉治亂，任善言多。”

《評注》：民捨實事，外不足於兵，内不足於食，故力少。誦虚詞，惑人主之聽，殘生民之命，故非多。

《錐指》：非猶奸也。

君人者不察也，以戰必損其將，以守必賣其城。

【注】

《新釋》：以城賣與敵也。《墨子·號令》："能捕得謀反賣城踰城敵者一人。"

《評注》：本無謀略，見敵則智短，故調度無方，而損其將；見利則心動，故開門納款，而賣其城也。此黨與成於下者。

《解詁定本》：以城賣與敵也。

故有明主、忠臣產於今世，而能領其國者，

【校】

范本、綿眇閣本、吴本、程本、馮本、朱本、且且庵本、馮抄本、奇賞本、四庫本、問經堂本、指海本、崇文本、初校本，"能"作"散"。

初校本注：案"散"字誤，秦本作"能"，亦非。

【注】

《發微》：散，疑"竂"之訛。《淮南·俶真》："竂領天地。"注："領，理也。"

《新釋》：產，生。散，先也，猶首也。

《評注》：產，生也。散，分也。

《解詁定本》："散"當"敽"之訛。敽借爲亂，治也。

《校釋》："能"字嚴校本、影范本、崇文本俱作"散"。按"能"字可通；能領，謂能領有也。今依秦本改正。

《香草續校書》：(所據本作"而散領其國者"。)領之言令也，散領蓋猶發令之意。

《校讀》：散，疑"欲"之誤。

《錐指》：嚴萬里曰："案：散字誤。秦本作能，亦非。"禮鴻案："散"當爲"欲"，字之誤耳。《禮記·仲尼燕居》篇："禮也者，領惡而全好者與?"注："領猶治也。"

不可以須臾忘於法。

【校】

范本、程本、朱本、四庫本,"可"下皆空一字缺文。

范本、程本、朱本、馮抄本、四庫本,無"法"字。

范本、吴本、馮本、且且庵本、奇賞本、問經堂本、指海本、崇文本,缺"以"、"法"兩字。

【注】

《解詁定本》:各本"不可"下無"以"字。程、范二本空一字,又各本俱無"法"字,乃連下爲句。《文選·北征賦》"聊須臾以婆娑",注:"須臾,少時也。"

《校釋》:"於"下"法"字,影范本、崇文本俱無。"可"下"以"字,影范本作缺文,崇文本無。今依嚴校本。按原文或本無"法"字,不可須臾忘於破勝黨人,連讀成文,正應上節而言。以此句過長,校者未及細讀,遂以爲有脱誤,而增一法字,斷爲兩句耳。如此亦通,故仍之。

破勝黨任,節去言談,任法而治矣。

【注】

《發微》:下言"民不歸其力於耕,不歸其節於戰",以"節"與"力"對言。

《新釋》:勝,朋也。節,度也。父(尹乾)説:"勝,奢也。節,省也。"

《斠詮》:任當爲人,音同致誤。"治"上當增"國"字。

《評注》:(改"勝"爲"朋",讀爲"破朋黨任節,去言談任法而治矣"。)權不旁落曰任節,事核名實曰任法。"朋"舊訛"勝"。

《解詁定本》:《易·繫辭》虞翻注:"勝,滅也。"《爾雅》:"任,佞也。"

《錐指》:《虞書》"而難任人",僞孔傳:"任,佞也。"

使吏非法無以守，

【校】

馮抄本，無“法”字。

則雖巧不得爲奸，使民非戰無以效其能，則雖險不得詐。

【校】

初校本，(下)“得”下有“爲”字。

夫以法相治，以數相舉者，不能相益，訾言者不能相損。

【校】

馮抄本，“益”作“蓋”，“訾”作“此”。

【注】

《諸子平議》：“以數相舉”下，奪“譽”字，因“譽”、“舉”字形相似，故傳寫誤奪之耳。下文云“民見相譽無益”，又云“見訾言無損”，正承此而言，故知當有“譽”字也。

《解詁》引俞説。

《讀諸子札記》：俞氏以“舉”爲“譽”字之誤，是也。然“以數相譽”四字，文殊難通。此當以“相譽者不能相益”七字爲句，其上文則有舛誤。蓋謂以法數爲治也。

《新釋》：夫同敷，治也。《禮記・王制》：“夫圭田無徵。”數，術也，法也。舉，譽也。《管子・法禁》：“退則相譽於民。”訾，毁也。

《斠詮》：“言”字當衍，蓋即“譽”字脱爛其半，故遂誤入下文耳。

《評注》：(於“者”字前增“相譽”。)舊脱“相譽”字，蓋因上文“相舉”而訛也。數，術也。相治相舉，皆出於畫一不移之法，則毁譽者不能摇奪。

《解詁定本》：“舉”當作“譽”。下文云“相譽無益”，可證“舉”字之誤。言以法治，則以術相譽者不能相益，以言相訾者不能相損。

《校釋》:“譽”字各本脱,誤。今增。

《校讀》:俞説是。“法”下、“數”下兩“相”字,皆當衍。朱説非。

民見相譽無益,相管附惡;見訾言無損,習相憎不相害也。

【校】

馮抄本,“見相”作“相見”,“譽”作“del”,“附”作“搠”,“憎”作“增”。

【注】

《讀諸子札記》:“民見相譽”以下,亦多錯誤。元文當云:“民見相譽無益,愛人者不相阿;見訾言無損,憎人者不相害也。”下文“夫愛人者不阿,憎人者不害”云云,正承此言。今本“阿”誤爲“附”,“愛”字作“炁”,因誤爲“惡”。兩“者”字誤爲“管”、爲“習”,皆元文之可以推見者。

《新釋》:管,監也。附,發也。習,因也。增,憎也。《韓非子·説難》篇:“論其所增。”

《斠詮》:“相管附惡”義不可通,疑當作“習相愛不相阿”,下文云“愛人者不阿”正承此句而言,當據改。(“見訾言無損”)“見”下當增“相”字,“言”字當衍。

《評注》:(“無益”下删“相管附惡見”五字。)“管”本“訾”字之訛,“附”本“無”字之訛,與“訾言無損”意亦重沓。(“無損”下删“相憎不相害”五字。)則以其與後文“憎人”句重沓也。

《解詁定本》:管借爲逭,逃也。習,狎也。憎,惡也。民見相譽無益,故相避附惡,見訾言無損,故狎相惡而不相害。

《箋正》:“相管附惡”句訛,待校,或祇“管”字有誤。王氏因下文有“阿”字與“附”字形相近,因下文“習相憎不相害”原文亦有“相”字,遂謂宜改爲“習相愛不相阿”云。須知“習相憎”句“習”字已自不妥,況可據以改此耶?

《校釋》:朱説較是。習,數也,常也。習相憎,謂常相憎也。簡説

“習”字不妥，未足據。

《新箋》：附惡講不通。疑附當讀爲拊，古通用。《戰國策·衛策》：“拊驂無笞服。”高注：“拊，擊也。”《楚辭·九歌·東皇太一》：“揚枹兮拊鼓。”王注：“拊，擊也。”《書·益稷》：“予擊石拊石。”義同。拊惡謂打擊惡人也。此言民見相譽無益，因而相管制，打擊惡人。又一解：“附”上當有“不”字，轉寫脱去。不附惡，謂不附和惡人。

《校讀》：王説，確不可□，當據改。

《錐指》：（引王説，文見上。）禮鴻案：王説是也。蓋“管”與“習”、“附”與“阿”，皆形近之誤。“愛”字篆文作“㤅”，與“惡”形近。下文又有“愛”、“惡”字，故又相誤。而復脱亂耳。習者，習爲成俗也。民習於相愛而不相阿，相憎而不相害，則無實者不得進，有能者不得退矣。以文義言，王説亦不可易。

夫愛人者不阿，憎人者不害，

【校】

且且庵本，“阿”作“附”。

問經堂本“阿”字下注云：“各本作‘阿’，鄭本作‘附’。”

馮抄本，“憎”作“增”。

【注】

《新釋》：阿，比也。

《評注》：（“夫”下增“是以”二字。）民見毁人無傷於人，譽人無益於人，於是愛人者不阿其所好，憎人者亦無中傷之心。

《解詁定本》：《左傳》：“阿下執事。”注：“阿，比也。”

愛惡各以其正，治之至也。臣故曰：法任而國治矣。

【校】

馮抄本，“治矣”作“巧以”。

3. 千乘能以守者自存也，萬乘能以戰者自完也，

【校】

馮抄本，"自完也"作"自完"。

【注】

《解詁定本》：能守能戰，乃能自存自完。

《錐指》：二"者"字不讀斷，二"也"字逗，不爲句。

雖桀爲主，不肯詘半辭以下其敵；外不能戰，内不能守，

【注】

《新釋》：下，降也。

《評注》：詘，《説文》"屈"字，漢人多用此。能守與戰，雖無道之主，亦能自強。

《解詁定本》：《廣雅》："詘，屈也。"

雖堯爲主，不能以不臣諧謂所不若之國。

【校】

馮抄本，"堯"下有"曰"字。

奇賞本，"謂"作"諸"。

初校本，"謂所"作"所謂"。

【注】

《札迻》：明刻本、孫、錢及嚴可均本，"謂"字並在"所"字上，是也。惟嚴萬里本如是，疑臆改。以文義考之，"諧謂"當爲"諧調"之誤。調，謂形相近。

《解詁》：《書・堯典》傳："諧，和也。若，順也。"

《新釋》：諧，歸也，服也。若，喜也。

《評注》：不臣，謂叛主之罪。詰讓，猶言呵責，舊訛"諧謂"。若，敵也。

《解詁定本》:《爾雅》:"諧,和也。"若,善也。《左傳》:"不逢不若。"言以堯爲主,不能不臣服於求和所不善之國。孫詒讓曰(引文見上)。師轍按:萬里即可均,知可均所見本實作"諧謂",後臆改而不言。余發見者多處,皆嚴氏改誤。可見校勘之難。改時當注明原作某,以待後人之考證。按:綿眇閣本、吴本、程本、評校本、范本、四庫本,"謂"字皆在"所"字上,孫説是也。

《校釋》:"諧所謂"三字,影范本、崇文本作"諧謂所",今依嚴校本(引孫説,文見上)。按此節首數句言力於立國之重要。第一句言力過人,則雖桀亦不肯以半辭示弱。第二句言力不若人,則雖堯以爲不若之國,亦不能不臣之。諧,和諧也,和好也,本有諧調之意,不必乙"謂"字於上,又以"謂"字爲"調"之誤。所謂,猶言以爲也。上文云"外不能戰,内不能守",是力已不若人矣。然人莫不好勝,雖力不若人,而猶以爲他人爲不若己,故曰"所謂不若之國"也。所謂不若,非真不若,乃以爲不若也,故不能不臣之。若如孫説,則所不若之國,曷爲不能不臣之,不可解矣。由此可知嚴校爲是。

《校讀》:"不臣"二字恐仍有誤。此文當云"不能以善諧所不若之國"。

自此觀之,國之所以重,主之所以尊者,力也。

【注】

《讀諸子札記》:"力"當爲"立"字之誤。本書有《立本》篇。

《解詁定本》:力,謂農戰。

於此二者立本,而世主莫能致力者,何也?

【校】

程本、馮本、朱本、四庫本,"於此"下空一字,缺文。

馮抄本,"於此"作"外此"。

【注】

《新釋》:言國重主尊,皆以力爲本。莫能致力,言不能盡民之力。

《評注》:(作"而世主於此,莫能致力者,何也"。)"於此"二字,原本脱誤在此句之上。

《解詁定本》:二者,謂國重、主尊,皆以農戰爲本。

《校釋》:"耕戰二者力本"六字,影范本、浙局本作"二者立本",中華本作"於此二者力本",不可解。下文兩言"二者",其意皆指耕、戰。故知此句"二者"二字亦指耕戰。此句爲承上啓下之關節句。上文言力,下文言耕戰,而此句言耕戰乃力之本也。上文未言及耕戰,"於"字無義,"此"字所指不明,而"二者"更不知何所指。今依文義改"於此"二字爲"耕戰",即可明矣。

《錐指》:疑當作"此二者本於力"。

使民之所苦者,無耕;危者,無戰。

【注】

《新釋》:謂民苦危在疾耕、疾戰耳。無同舞,疾也。《方言》作"撫",《弱民》篇曰:"萬民疾於耕戰。"《韓非子·五蠹》:"耕之用力也勞,戰之爲事也危。"

《斠詮》:無,猶言莫若。

《評注》:(作"使民之所苦者無耕,危者無戰,二者力之本"。)原本"所以尊者,力也",有"於此二者力本"六字。今考"於此"二字,係世主句脱文,"力本"字當屬於此。"二者"二字,又以脱誤而重出也。按"力"下當有"之"字,今增。

《解詁定本》:無耕、無戰,猶言無如耕、無如戰也。

《校釋》:王説"無,猶言莫若",誤。按:無耕無戰之兩"無"字,均宜作"非"字解。耕戰爲力之本,所苦非耕,所危非戰,則莫能致力矣。致力二字,致爲動詞,力爲名詞,非二字合爲一動詞用也。

二者，孝子難以爲其親，忠臣難以爲其君。

【注】

《新釋》：危苦事，爲忠臣孝子之所難。

《解詁定本》：耕戰二者，危苦之事，爲忠臣孝子之所難。

《錐指》：二者，苦與危也。

今欲敺其衆民，與之孝子忠臣之所難，

【校】

馮抄本，"敺"作"歐"，"之"作"至"。

【注】

《讀諸子札記》："與之"當作"與爲"，承上"孝子難以爲其親，忠臣難以爲其君"而言。

《箋記》："之"字衍。與猶爲也。《孟子》："楊子取爲我，拔一毛而利天下，不爲也。"《列子·楊朱》篇："古之人損一毫而利天下，不與也。"明二字古通。

臣以爲非劫以刑而欲以賞莫可耳。

【校】

范本、綿眇閣本、吴本、程本、馮本、朱本、且且庵本、奇賞本、四庫本、問經堂本、指海本、崇文本、初校本，"欲"作"敺"，"耳"作"而"。

馮抄本："耳"作"而"。

【注】

《新釋》：父（尹乾）説："而，耐也。"今字作"能"。

《評注》：劫，舊訛"刼"。

今夫世俗治者，

【注】

《斠詮》："今夫"二字當衍，"世俗"下疑當增"之"字。

《解詁定本》:劉瓛《孝經》注:"夫,猶凡也。"

莫不釋法度而任辯慧,

【校】

馮抄本,"辯慧"作"辯惠"。

【注】

《發微》:釋,捨也。《秦策》"而天下乃齊釋",注:"釋,捨也。"

《評注》:此言是實。

後功力而進仁義,

【注】

《讀諸子札記》:"後"當爲"退"字之誤,"退"字作"復",因誤爲"後"耳。

《新釋》:進,先也。《韓非子・奸劫弑臣》:"善爲主者,使民以功賞而不以仁義賜。"

《評注》:此言是虚。

民故不務耕戰。

【校】

范本、綿眇閣本、吴本、程本、馮本、朱本、且且庵本、馮抄本、奇賞本、四庫本、問經堂本、指海本、崇文本,"務"作"觸"。

【注】

《斠詮》:"民故"二字當乙。

《評注》:(所據本"務"作"觸"。)觸,鋭意也。凡獸以角觸物者,以其鋭也,故引申之有鋭義。

《解詁定本》:務,各本皆作"觸","觸"字本通。嚴校妄改,下同。

《錐指》:(引朱説,文見上。)禮鴻案:"觸"當作"屬",聲之誤也。

《算地》篇曰："入令民以屬農，出令民以計戰。"作"觸"斷不可通。

彼民不歸其力於耕，即食屈於内。

【注】

《讀諸子札記》：屈讀爲絀。

《評注》：屈音局，竭也，盡也。《前漢・食貨志》："賈誼曰：用之無度，則物力屈。"義與此同。

《解詁定本》：《荀子・王制》"財物不屈"，注："竭也。"陶校讀屈爲絀，亦通。

《錐指》：即，則也。屈，竭也。

不歸其節於戰，

【注】

《解詁定本》：《荀子・王霸》"士大夫莫不敬節死制"，注："忠義也。"

《錐指》：節謂從服軍之節制。《君臣》篇曰："故軍士死節。"

則兵弱於外。入而食屈於内，

【校】

馮抄本，"入"作"人"。

出而兵弱於外，雖有地萬里，

【注】

《新釋》：有，撫有也。

帶甲百萬，

【注】

《新釋》：士卒數也。《孫子・作戰》："帶甲十萬。"

與獨立平原一也。

【校】

范本、程本、馮本、朱本、四庫本,“一”下皆空一格,缺文。

馮抄本,“一”下有“寔”字。

初校本,“一”下有“貫”字。注:元本、范本無“貫”字。

《斠詮》:崇文本亦無“貫”字。

《箋正》:范本“貫”作□。

【注】

《發微》:《荀子・榮辱》“俄則屈安窮怠”,《禮記・王制》“使國家足用而財物不屈”,注:“屈,竭也。”《漢書・晁錯傳》“貴農重粟”,疏引“神農之教”,有石城十仞,湯池百步,帶甲百萬,而亡粟,弗能守也。(編者按:此見《漢書・食貨志》,王誤記。)

《評注》:食盡兵罷,敵人之來,乃如入無人之境。

《解詁定本》:(作“一貫也”。)《爾雅》:“貫,事也。”綿眇閣本、吴本、評校本、錢本、崇文本皆無“貫”字。程本、范本、四庫本,“一”下空一字,嚴氏據秦本妄增“貫”字,非也。

《校釋》:有“貫”字者義反晦,故今删之。

《錐指》:(引嚴校、王校、簡校,文見上。)禮鴻案:指海本亦無“貫”字。“貫”字脱。一貫,古之常語。《韓非子・顯學》篇曰:“磐石依顧廣圻增‘石’字不生粟,今商官技藝之士,亦不墾而食,是地不墾,與磐石一貫也。”《莊子・德充符》篇:“以死生爲一條,以可不可爲一貫。”獨立平原,謂人主孤立無助也。

4. 且先王能令其民蹈白刃、被矢石。

【注】

《新釋》:《管子・法法》:“蹈白刃,受矢石,入水火,以聽上令。”

《評注》:矢,箭也。石,砲石。

《解詁定本》:蹈,踐也。《中庸》:"白刃可蹈也。"被,猶受也。

《錐指》:《説文》:"厤,發石也。"旝,一曰建大木,置石其上,發以機以槌敵。案,旝即厤之聲借。《漢書·李廣蘇建傳》:"乘隅下壘石。"師古曰:"言放石以投人。"

其民之欲爲之,非如學之所以避害。

【注】

《新釋》:欲爲之,言不惡之。非如學之,父(尹乾)説:"言其出於自然。如,從也,由也。"

《斠詮》:"如"疑當作"好"。

《評注》:原本"欲爲之"三字下,有"非如學之"四字,今移"非"字於"其民"字上,而删下三字。

《校釋》:"好"字各本原作"如"。王説:"如疑當作好。"按"好"、"如"形近而誤,今改正。

《校讀》:此文意謂民之欲爲之者,非樂之也,所以趨利而避害也。下文可證。然則此"如"字當從王氏作"好","學"字當衍,"所以"下當增"趨利"二字。

《錐指》:王時潤曰:"如疑當作好。"案:王説是也。

故吾教令:民之欲利者,非耕不得;避害者,非戰不免。境内之民莫不先務耕戰,而後得其所樂。

【校】

范本、綿眇閣本、吴本、程本、馮本、朱本、且且庵本、馮抄本、奇賞本、四庫本、問經堂本、指海本、崇文本,"務"作"蠲"。

故地少粟多,民少兵強,能行二者於境内,則霸王之道畢矣。

【校】

馮抄本,"二"作"三"。

【注】

《評注》:言霸王之道,已盡於此。

《解詁定本》:二者,謂耕、戰。畢,盡也。

定分第二十六

本篇校勘所據版本：范本、綿眇閣本、吴本、程本、馮本、朱本、且且庵本、馮抄本、奇賞本、四庫本、問經堂本、指海本、崇文本、初校本，共十四種。並參閲了《大事記解題》。

下列版本無本篇：古逸本、褒異本、品節本、匯函本、秦駿生本，共五種。

【題解】

《發微》：當查班書《百官表》。《吕覽·正名》："名正則治，名喪則亂。使命喪者，淫説也。"《吕覽·處方》："凡爲治必先定分。……其本也者，定分之謂也。"凡句〇者品要則一。《史記·李斯傳》："上書對二世曰：'夫賢主者，必且能全道而行督責之術者也。督責之，則臣不敢不竭能以徇其主矣。此臣主之分定，上下之義明，則天下賢不肖，莫敢不盡力竭任以徇其君矣。'又曰：'若此，然後可謂能明申、韓之術，而修商君之法。'"

《解詁定本》：爲之法令，以定名分，則民不爭。

《錐指》：前論行法之方，後論立法之意。案：商君之制法令也，頒在於官而告於民，副在禁室，敢剟定法令損益一字以上者死無赦。其官之告於民也，則官民各執券書以杜變易。

其用之如一而無私也如此，則奸令者安所竄其手乎？《韓非子·定法》篇曰："申不害，韓昭侯之佐也。韓者，晋之别國也。晋之故法未息，而韓之新法又生；先君之令未收，而後君之令又下。申不害不擅其法，不一其憲令，則奸多。故利在故法前令則道之，[利在新法後令則道之。]（原書注：道，由也。奸臣擇於前後新故之間，取其利己者而由之也。）故新相反，（原書注：'故新'上舊有'利在'二字，依盧文弨删。）前後相勃，則申不害雖十使昭侯用術，而奸臣猶有所譎其辭矣。"後世有國者之用法，蓋嘗有蹈申子之轍者矣，此商韓之所悲也。

1. 公問於公孫鞅曰：法令以當時立之者，明旦欲使天下之吏民皆明知而用之，如一而無私，奈何？

【校】

吴本、程本、馮本、朱本、且且庵本、四庫本、指海本、崇文本，"以"作"之"。

馮抄本，"立之者，明旦"作"立之皆，明且"。

問經堂本，"法令以"下注云："各本作'之'，今從鄭本。"

【注】

《新釋》：公，孝公也。當，合也。明旦，明日也。

《解詁定本》：公，秦孝公也。

《香草續校書》：當時，猶言今日也。故下文言明旦。

2. 公孫鞅曰：爲法令置官吏，

【校】

范本、綿眇閣本、吴本、程本、馮本、朱本、且且庵本、馮抄本、奇賞

本、四庫本、問經堂本、指海本、崇文本，"置官吏"作"置官置吏"。

《大事記解題》引，"官"下無"吏"字。

《發微》：問經堂本"吏"上有"置"字。

《解詁定本》："吏"上各本有"置"字。

《校釋》："置官置吏"四字，嚴校本作"置官吏"，今依影范本及崇文本。

【注】

《錐指》："爲法令"當逗，此言既造法令，則薦主法令之官於天子也。

樸足以知法令之謂者，以爲天下正，則奏天子。

【注】

《新釋》：（作"以爲天下正則奏天子"。）樸，實也，謂名稱意義也。以，用也。則，法也。正，則謂解釋法律而能得其正。今大理院有此權。則奏天子，時秦稱王，故曰天子。《齊策》："衛鞅謀於秦王。"

《箋正》："樸"字，非贅即訛，或者"樸"本作"檢"，猶言檢取士之能知法令之名實可以爲天下正者，奏陳於天子，候天子任用之，似此文義較順，而"者"字亦應在"正"字之下，但臆揣之私不可妄必，且待詳校。

《校釋》："者"字乙於"正"字下較妥，今從之。"樸"字可通，樸者質也，實也；樸足以知，猶言實足以知也。

《新箋》：樸當讀爲拊。"拊""樸"古通用，《詩·既醉》"景命有僕"，毛傳："僕，附也。"乃以本字訓借字。《莊子·人間世》篇："適有蚉蝱僕緣。"王念孫曰："僕之言附也。"《讀書雜誌·餘編》《爾雅·釋魚》："蚹蠃，螔蝓。"《山海經·中山經》："是多僕纍、蒲盧。"蚹蠃即僕纍。並"拊""樸"通用之佐證。《廣雅·釋詁》："拊，求也。"拊足以知法令之謂者，言尋求足以知法令條文之士也。

《校讀》：正，則也。言以法令爲天下準則也，又疑當作"師"，下文云“置主法令之吏以爲天下師”可證。

《錐指》：樸，樸愨能執法也。知讀如《吕氏春秋·長見》篇“三年而知鄭國之政”之知，猶主也。

天子則各主法令之。皆降受命，發官。

【校】

范本、吴本、程本、馮本、朱本、馮抄本、四庫本、問經堂本、指海本、崇文本，“則各”作“各則”，“之”下多“則主法令之”五字。

綿眇閣本、奇賞本，無“則”字。

且且庵本，“則各”作“各則”，“之”下多“則王法令之”。

【注】

《新釋》：（作“天子則各，主法令之皆，降受命，發官各”。）各同格，升殿也。主，司也，守也。令，長也。主法令者，若令司法總長然。皆同階，陛也。之階，謂往朝。階有多級，故云降。命，謂法令。發官，若今通令各閣之署也。

《斠詮》：發官，疑當作“法官”。

《解詁定本》：嚴校本，作“天子則各主法令之，皆降受命發官”，係以意删改。兹據各本改正。樸，質也。《吕覽·順民》“湯克夏而正天下”，注：“正，治也。”《廣雅》：“主，守也。”“各則”之“則”，“則”乃“明”字之誤。《禮記·禮運》：“百姓則君以自治也。”鄭注：“則當作明。”此同一例。“則主法令之”下，當依下文增“民”字。發，遣也，往也。發官，遣之官，即今所謂赴任。商君言爲法令，置官置吏，須選性質聰慧能知法令之詞意者。以治天下則奏上天子，天子各明使主法令。主法令之人，皆降拜受命赴官。

《校釋》：“天子則各”句嚴校本作“天子則各主法令之，皆降受命發官，各主法令之”，影范本、崇文本“則各”二字倒，並叠“則主法令之”五字，俱不可通。以文義考之，疑“各”字爲“名”字之訛，名謂天子按名任用也。

《校讀》:“天子則各主法令之”句,疑有脱誤,疑當作“天子,則各令之主法令之所謂”。

《錐指》:范本、崇文本、指海本、《圖書集成・祥刑典》九十三引並作“天子各則主法令之則主法令之”十三字。案:“各”在“則”上近是,“各”當作“若”,字之誤也。若與諾同,天子若,謂天子可其人也。既可之,故使主法令。主法令三字爲動詞,之,指所奏之人也。又重則主法令之五字,則蒙上文而衍。

各主法令之民,敢忘行主法令之所謂之名,

【校】

范本、吴本、程本、馮本、朱本、且且庵本、馮抄本、奇賞本、四庫本、問經堂本、指海本、崇文本,“名”作“各”。

綿眇閣本,“之名”二字作缺文。

問經堂本“各主法令之”下注云:“上五字施本脱,並脱上句注,法令上則字各本有。”“所謂之名”下注云:“上二字,施本脱,各本有。”

【注】

《新釋》:立,守。忘同妄,不法也。謂若今判例及大理院解釋名律文也,今律有名例。《管子》:“正罪人當名曰刑。”

《解詁定本》:之名,“名”字綿眇閣本作闕文,吴本、評校本、程本、范本、四庫本皆作“之各”。所忘,各本皆作“所志”。嚴妄改,不注明,非。民,猶人也,所謂之各,所説法令之各條文也。志,記也,各主法令之人,有誤用所主法令各條,即以各以其所記錯誤罪名罪之。

《香草續校書》:行主法令者必是吏。則此“民”字當“吏”字之誤。故云“敢忘行主法令之所謂之名”。若民,則非行主法令者也。下文屢言主法令之吏,可證。

《校讀》:“民”當作“吏”。下文屢言主法令之吏。通檢全篇主法令之吏,皆無得用法之明文,朱説非。又案此“行主”二字疑當衍。

《錐指》:(以“民”字屬下讀。)上天子所命蓋爲天子之法官及吏,其諸侯郡縣之法官及吏則命之於天子之法官也。此云“皆降,受命發官,各主法令之”者,謂天子之法官受天子之命而分發諸侯郡縣之法官,令各主其郡縣之法令也。天子置三法官,故云皆。(“敢忘行主法令之所謂之名”)“主”字疑衍。法令之所謂之名,法令之所謂與名也。

各以其所忘之法令名罪之。

【校】

范本、綿眇閣本、吴本、程本、馮本、朱本、且且庵本、馮抄本、奇賞本、四庫本、問經堂本、指海本、崇文本,“忘”作“忘”。

【注】

《新釋》:各,分也。謂分别所犯法令之何條。名,明也。謂依律而明罪之。

主法令之吏,有遷徙物故,輒使學讀法令所謂,爲之程式,

【校】

范本、吴本、程本、馮本、朱本、四庫本、指海本,“故”下有“之”字,“輒”作“輙”。

綿眇閣本,故下有“者”字,“輒”作“則輙”。

馮本、初校本,“徙”作“徒”。

且且庵本、崇文本,“故”下有“之”字。

馮抄本,“徙”作“從”,“輒”作“轍”。

問經堂本,“故”下有“者”字,注云:“各本作之,今從施本。”

《大事記解題》引,“輒使學讀法令”作“使吏民學讀法令”。“所謂爲之程式”作“知法令所謂者爲之”。

【注】

《發微》:“主法令”三句,謂吏有遷徙者,物故者,則吏讀學者,讀法令以補其間。徒,當作“徙”,本書《君臣》“農民流徒”,亦“徙”之誤。

輒使學讀法令所謂爲之程式,《秦始皇紀》:李斯議燒《詩》、《書》、百家語,曰:有敢"以古非今者族。(編者按:此下有删節。)若欲有學法令,以吏爲師"。秦泰山刻石曰:"皆有法式大義休明。"《史記·秦始皇紀》琅邪台刻石曰:"驩欣奉教,盡知法式。"

《新釋》:物,歾也。《釋名》:"謂死爲物故,言與諸侯皆就朽故也。"《史記·匈奴傳》:"士卒物故。"輒使學讀法令所謂爲之程式,言設法校而使學之。輒同取,《説文》云:"使也。"讀,誦也。字一作"投",《韓非子·外儲説左》:"則何不試習讀法。"爲,立也。程,法也。《管子·明法解》:"法者天下之程式也。"《漢書·高帝紀》:"張蒼定章程。"

《次室讀書記》:主法令……學讀法令,知法令所謂者爲之。邵批《大事記解題三》引。

《解詁定本》:"徙"嚴校本作"徒",誤。今依各本改正。各本"故"下衍"之"字。綿眇閣本無"之"字,有"者"、"則"二字,嚴校本無,今據補。法令所謂,猶言法令所説之意。主法令之吏,有遷官病故者,則使繼任之人,學習法令,爲之程式,定以期限,學成任事。

《箋正》:此處諸家均無説,實則不可解,何也?主法令之吏其有遷徙,固不煩再使學讀法令,設爲物故,何能使之學讀法令耶?商子原意謂主法令吏有遷徙物故,當備承乏之人使學讀法令耳。然則此句非"使"字有重文誤脱,即"學"字下脱一"者"字,蓋不如是不可通也。

《錐指》:(引王説、簡説,文見上。)禮鴻案:指海本亦作"遷徙"。《漢書·李廣蘇建列傳》:"前以降及物故。"師古曰:"物故謂死也,言其同於鬼物而故也。一説,不欲斥言,但云其所服用之物皆已故耳。而説者妄欲改物爲勿,非也。"宋祁曰:"物當從南本作歾。"王念孫曰:"《釋名》:'漢以來謂死爲物故,其言諸物皆就朽故也。'此師古後説所本。《史記·張丞相傳》集解引高堂隆答魏朝訪曰:'物,無也。此是讀物爲勿。故,事也。言無所能於事。'念孫案:宋説近之。物與歾同。

《説文》：'殁，終也，或作殁。'殁、物聲近而字通。今吴人言物字聲如没，語有輕重耳，物故猶言死亡。《楚元王傳》云：'物故流離以十萬數。'《夏侯勝傳》云：'百姓流離物故者過半。'物故與流離對文，皆兩字平列。諸家皆不知物爲殁之借字，故求之愈深，而失之愈遠矣。"

使數日而知法令之所謂。不中程，爲法令以罪之。

【校】

范本、綿眇閣本、吴本、程本、馮本、朱本、且且庵本、馮抄本、奇賞本、四庫本、問經堂本、指海本、崇文本，"不"作"千"。

馮抄本，"日"作"曰"。

【注】

《新釋》：數，習也。爲，立也。法令謂官法，若今瀆職罪及官吏服務令。《周禮・大宰》："則以馭其官。"

《斠詮》："日數"二字當乙；數日，猶言刻日。

《解詁定本》：干犯程式者，則爲法令以罪之。不中程，各本皆作"千中程"。按，"千"疑"干"字之訛。干，犯也。

《錐指》：（引王説，文見上。）禮鴻案：日數不誤，謂以日計也。王得於意而不得於辭。

有敢剟定法令損益一字以上，罪死不赦。

【校】

《七國考》引，"上"後有"者"字。

馮本，"剟"字下注：音拙，削也。

【注】

《新釋》：剟，削也。定，訂也。《吴越春秋》："削剟之利，罪死不赦。"言罪終不赦也。《管子・立政》："留令罪死不赦。"

《解詁定本》：《廣雅》："剟，削也。"

諸官吏及民,有問法令之所謂也。

【校】

程本,“官”作“宫”。

綿眇閣本、問經堂本,無“也”字。

問經堂本“謂”下注:施、吴本下有“也”字,各本無。

《大事記解題》引,“法令之所謂也”作“法令者”。

《七國考》引,無“也”字。

《斠詮》:“也”字當衍。

於主法令之吏,皆各以其故所欲問之法令明告之。

【校】

《大事記解題》引,“吏”作“官”,“各”上無“皆”,“所”上無“故”,“法令明告之”作“法官明告之”。

《七國考》引,“於主法令之吏”作“必於主法之吏”,“皆……告之”十四字無。

崇文本,“法令明告之”作“法今明告之”。

【注】

《新釋》:故,意也。明,明白也。

《解詁定本》:吏民有不明法令之意義者,以問主法令之吏。主法令之吏,當就其所問,詳明告之。

各爲尺六寸之符,

【注】

《新釋》:符,即下所謂券。《周禮·小宰》“聽稱責以付别”,鄭司農曰:“謂券書鄭大夫讀爲符别,《説文》:‘符,信也。漢制以竹長六寸,分而相合。’”

《解詁定本》:符,信也。以竹爲之,剖爲二。相合以爲契驗。告吏民所問之法令。書於尺六寸之符，並注明年月日時，以左券與之。

明書年月日時，所問法令之名，以告吏民。

【注】

《諸子平議》：《日知録》謂“古無一日分十二時之説，自漢以下，曆法漸密，於是以一日分爲十二時，不知始於何人，至今不廢”。然此書已言年月日時，則六國時已有此説矣。意所謂時者，尚是“平旦”、“雞鳴”之屬，而非今之所謂十二時歟？《管子・立政》篇“乃發使者致令以布憲之日蚤宴之時”，亦言日兼言時。

《發微》引俞説，無補充。

《新釋》：名，律文也。以，用也。

《校讀》：俞氏曰：“《日知録》謂古無一日分十二時之説……”季甫按：《韓非子・亡徵》篇云：“用時日事鬼神信卜筮而好祭祀者，可亡也。”亦兼言時，顧説未可信。

主法令之吏，不告吏民之所問，法令之所謂，

【校】

范本、吴本、程本、馮本、朱本、且且庵本、馮抄本、四庫本、崇文本、初校本，“不告吏民之所問，法令之所謂”作“不告及之罪而法令之所謂也”。

問經堂本“吏民之所問”下注云：“上五字各本作及之罪而，今從施本。”“所謂”下注云：“各本此下有也字，施本無。”

指海本，“法之所謂”作“法命之所謂也”。

《七國考》引，作“主法之吏不告，及告而非法令所謂也”。

《解詁定本》：綿眇閣本、奇賞本，“主法令之吏”至“所謂也”十七字作“主法令之吏，不告吏民之所問，法令之所謂”，文義亦通，疑臆改，各本皆同嚴校本。

【注】

《發微》:“主法令”二句有誤。《七國考》十二引“主法之吏不告,及告而非法令所謂也”。較今本爲明晰。

《新釋》:(所據本作“主法令之吏不告,及之,罪怠而不告”。)及同極,收也。謂收其官,今稱免職,罪其不告。而,耏也。罪不至髡曰耏,《境内》篇作“能”。言以法令之所謂告吏民。

《斠詮》:麥孟華引作“而罪之以法令之所謂也”。陳仁錫本作“主法令之吏,不告吏民之所問,法令之所謂”。陳本是,當據改。

《箋正》:(引王説,文見上。)謹案,陳本近是,然有餘義,疑當作“主法之吏不告及所問法令之罪而法令之所謂也”。而,猶與也。蓋一法令有名、有罪、有所謂,如某種法令云云,名也;某法令應如何如何云云,法令之所謂也;設不如(疑爲“知”字之誤)某法令治某罪云云,罪也。

《校釋》:“不告”字下各本作“及之罪,而法令之所謂也”,文不可解。王説:“麥孟華引作‘而罪之以法令之所謂也’。陳仁錫本作‘主法令之吏,不告吏民之所問法令之所謂’。陳本是,當據改。”今從之。

《錐指》:(引王説、簡説,文見上。)禮鴻案:簡説亦未盡。此當作:“主法令之吏不告吏民所問法令之罪而法令之所謂也。”“及”即“民”字形近之訛,而脱“吏”字及“所問法令”四字耳。陳本則上不脱而下脱,正可據以相補正。

皆以吏民之所問法令之罪。

【校】

《七國考》引,“皆”作“即”。

【注】

《新釋》:皆以,比似也。所謂比附援引及爲類似之解釋是。

各罪主法令之吏。

【校】

《七國考》引,“令”作“者”。

【注】

《新釋》:重於彨也,各同銘,鬄也。所謂髡刑用之以罪比似者。

《解詁定本》:若主法令之吏不告,問法令者犯罪,則以所問之罪名,反坐主法令之吏。

即以左券予吏之問法令者,

【校】

《大事記解題》引,無“即”字,“左”作“往”。

馮抄本,“券”作“勝”,“令”作“全”。

【注】

《新釋》:《說文》:“券,契也。”券别之書,從刀判契其旁,故曰契券。予,與也。之同蚩,氓也。

主法令之吏,謹藏其右券木押以室藏之,

【校】

范本、綿眇閣本、吴本、程本、奇賞本、問經堂本、指海本、崇文本、馮抄本、初校本,“押”作“柙”。

《大事記解題》引,“吏”作“官”。

【注】

《新釋》:《禮記·曲禮》:“獻粟者執有契。”謂右券也。押,檢柙也。《說文》謂之梜。書封函之上,恐磨滅文字,更置一板於上押護之。《韓非子·外儲說右》:“令官具押券斗石參升之計。”《靈樞》:“逆順肥瘦必有明法以起度數法式撿押乃後可傳焉。”一曰,押即匣,匱也。《靈樞·脹論》:“若匣匱之藏禁器也。”《漢書·王莽傳》:“藏在室匣中者。"以室藏之,以,爲也。

《解詁定本》:柙,嚴校本作"押",誤。今從各本。柙,匱也。

封以法令之長印。

【注】

《新釋》:今印封也。《墨子·備城門》:"封以守印。"

即後有物故,以券書從事。

【注】

《新釋》:即,若也。以券書從事,言爲後之主法令者所從事。《管子·明法解》:"百姓知主之從事於法也。"《周禮·宰夫》:"史掌官以贊治。"《説文》:"等,齊簡也。"券書其一種耳。

《箋正》:"即以左券予吏之問法令者"至"以券書從事"一段,應緊接於"以告吏民"句下,蓋"各罪主法令之吏"下不應突有"即以左券"以下一段,而"以告吏民"句下若無"即以左券"以下一段,則上文"各爲六寸之符明書年月日時所問法令之名"等語無着落。商鞅意蓋謂吏民問法令於主法令吏,主法令吏不特口告之,並書諸符,左右若一,左予問者,右藏官中,一以使主法吏不敢弄法,一以防異日法令發生事故時,官私或各執一詞,使官吏或人民執曰:吾向所聞於主法令吏者若此,今忽不若此,則是非無所取證,既有官私各藏之左、右券,則但取以校核,便可證明官民犯法或法吏弄法,而無有枉縱也。故下文曰"即後有物故,以券書從事",可知其用意之深遠矣。然非校正,則文義不屬也。

《錐指》:(引簡説,文見上。)禮鴻案:簡説是也。"即以左券予吏之問法令者","吏"下當有"民"字。木押,"押"字指海本作"柙"。案:《説文》無"押"字,正當作"柙",指海本是也。木柙以室藏之者,室亦藏也。券書盛以函而封題之,曰檢。復以版護所題署,曰柙。《説文》"檢"下曰:"書署也。"徐鍇曰:"書函之蓋也。三刻其上,繩緘之,然後填以泥,題書而印之也。大唐開元封禪禮爲石函以盛玉牒,用石檢也。"又"梜"下曰:"檢柙也。"鍇曰:"謂書封函之上恐磨滅文字,更以一版於上柙護之。"

3. 法令皆副置。一副天子之殿中。爲法令爲禁室,有鋌鑰爲禁而以封之,内藏法令一副禁室中,封以禁印。

【校】

《七國考》引,"而以封之"作"而封之"。

【注】

《札逡》:鋌,當爲"鍵"。《方言》云:"户鑰,自關而東,陳、楚之間謂之鍵;自關而西,謂之鑰。"

《發微》引此説,無異議。

《校釋》用此説,改爲"鍵"。

《新釋》:皆,二也。副,䈏也,若今書版,《説文》謂之"牘",其長一尺。《左・定九傳》:"鄭駟歂殺鄧析而用其竹刑。"竹刑謂刑法之書於竹簡者。古者爲書,字有多少,簡之所容一行字耳。牘乃方版,版廣於簡,可以並容數行字。一行可盡者書於簡。服虔《左傳》注"古文篆書一簡八字",是也。字數行可盡者書於牘,牘所不容者則書於策。《禮記・中庸》"布在方策",《禮儀・聘禮》"百名以上書於策",是也。蓋對文則分策、簡、牘爲三,散文則牘亦可謂爲策、簡也。置一副天子之殿中,尊閣之以爲官吏法也。殿,大堂也,堂有陛,四緣皆高起,秦作前殿始名曰殿,言有圻鄂也。室禁人出入曰禁室。"鋌"作"鋋",云:"鋋,戾也,鍵也。"鑰,《説文》作"闟",關下牡也。《方言》五:"户鑰,關東謂之鍵,關西謂之闟。"禁,讀如《禮》"棜禁"之"禁",若今書架書匱。而,如也。以,臺也,瓦器所以盛物者。《説文》作"𤭔",狀禁之形。封,鎖閉也。内藏,藏之於禁。中,方也,門也。《墨子・備城門》:"五十步一方,方常閎。"《爾雅》以"閉"爲之。禁同林,君也。禁印謂君印。

《斠詮》：上“爲”字(爲法令)去聲。

《解詁定本》：(“法令皆副置”)法令皆置副本。

《新箋》：“法令皆副”義不可通，疑此“副”字涉下文而衍。“法令皆置一副天子之殿中”爲一句，言法令皆置一副本於天子之殿中也。下文云“爲法令爲禁室”，言在天子殿中築禁室以藏此副本也。又云“内藏法令一副禁室中 ”，亦即此一副本也。或曰：“皆下當脱置字，法令有兩副本，一置天子之殿中，一置禁室中。”亦通。

《錐指》：(引孫説，文見上。)禮鴻案：《小爾雅・廣服》篇：“鍵謂之籥。”李軌注：“扃籥也，亦作鑰。”王煦疏曰：《方言》云：“户鑰，自關而東，陳、楚之間謂之鍵，自關而西謂之鑰。”《禮記・月令》：“修鍵閉。”《顔氏家訓》引《蔡邕章句》云：“鍵，關牡也，所以止扉，或謂之剡移。”按：剡移即扊扅也。鄭注曰：“鎖之入内者謂鍵。”《周官・司門》：“掌授管鍵以啓閉國門。”鄭司農云：“鍵讀爲蹇，管謂籥也。鍵爲牡。”賈疏云：“管籥以啓門，鍵牡以閉門，讀鍵爲蹇者，取其蹇澀之意。鍵爲牡者，以入者爲牡，容者爲牝也。”《淮南・時則訓》云：“修楗閉，慎管籥。”高誘注：“楗，鎖須。閉，鎖筒。管籥，鎖匙。”據先後鄭及高氏之説，是鍵主閉，籥主啓。據楊雄之説，則鍵即是籥，與經文指《小爾雅》同。蓋方俗語異，名謂不同，兩存之可也。内讀爲納。

有擅發禁室印，及入禁室視禁法令，及禁剟一字以上，罪皆死不赦。

【校】

馮抄本，“及入禁室視禁法令，及禁剟一字以上”作“及人禁室視禁法令，乃禁剟一字以上”。

《七國考》引，作“有擅發禁室中印，及剟一字以上者，罪死不赦”。

【注】

《札迻》：“禁剟”當作“剟禁”。《説文・刀部》云：“剟，刊也。”謂刊削禁令之字。上文云：“有敢剟定法令，損益一字以上，罪死不赦。”

《發微》:孫曰:“禁剟當作剟禁……”(引文見上)。駿曰:禁剟之禁,涉上下文而衍,《七國考》引無之,是也。

《新釋》:印,謂印封及鍵也。上謂之鋋。《廣雅》“㡿”云:“户牡。”《管子・四時》作“極”。禁法令,謂禁内所藏法令。及,報也。報禁,謂開禁封。死,終也。

《解詁定本》引孫説,無異議。

《校釋》:“剟禁”各本作“禁剟”。(引孫説,文見上。)今據乙正。朱説:“剟,削也。”

《錐指》:(引孫説,文見上。)禮鴻案:衹一“禁”字不得爲禁法令,如孫説,必於“禁”下增法令二字始可。竊疑“禁剟”當作“栞剟”,字之誤也。“栞”通作“刊”,刊剟同義連文。《説文・木部》云:“栞,槎識也。從木,㧑闕。《夏書》曰:‘隨山栞木。’讀若刊。”今《禹貢》作刊木,是栞刊音同字通。(“罪皆死不赦”)剟改禁室法令,以天子殿中法令校而知之。有敢入殿中改法令,罪死不赦自明。其天子殿中,宜亦有禁室鍵鑰也。

一歲受法令以禁令。

【校】

范本、程本、馮本、朱本、四庫本,“以禁令”三字作缺文。

綿眇閣本、吴本、且且庵本、奇賞本、問經堂本、指海本、崇文本,無“以禁令”三字。

初校本注:諸本“以禁令”三字並作闕文,此據秦本增。

【注】

《新釋》:一歲受法,言歲終則諸官吏遣使至京受法也。《禮記・月令》“合諸侯制百縣爲來歲受朔日”,旨與此同。令以禁令,言以爲其國之禁令。

《解詁定本》:每歲吏民受法令,以禁室法令爲準。

《校釋》:無“以法令”三字則文不完,有之則意不明,待校。

《錐指》:(引嚴校,文見上。)禮鴻案:受讀爲授,古"受"、"授"祇一字也。此謂頒布法令皆以禁法令爲據也。《管子·立政》篇:"正月之朔,百吏在朝,君乃出令布憲於國。五鄉之師、五屬大夫皆受憲於太史。大朝之日,五鄉之師、五屬大夫皆身習憲於君前。太史既布憲,入籍於太府,憲籍分於君前,五鄉之師出朝,遂於鄉官致於鄉屬,及於游宗,皆受憲。憲既布,乃反致令焉,然後敢就舍。憲未布,令未致,不敢就舍。就舍,謂之留令,罪死不赦。五屬大夫皆以行車朝,出朝,不敢就舍,遂行至都之日五屬之都,遂於廟致屬吏,皆受憲。憲既布,乃發使者[致令,]以布憲之日蚤宴之時。憲既布,使者以發,然後敢就舍。憲未布,使者未發,不敢就舍。就舍,謂之留令,罪死不赦。憲既布,有不行憲者,謂之不從令,罪死不赦。考憲而有不合於太府之籍者,侈曰專制,不足曰虧令,罪死不赦。首憲既布,然後可以布憲。"其事與此相類。彼之首憲當此之禁令也。舊注以首憲爲歲朝之憲,下布憲爲月朝之憲,蓋非是。

天子置三法官,殿中置一法官,御史置一法官及吏,丞相置一法官。

【校】

《大事記解題》引,"御史置一法官及吏"作"御史置一法官"。

馮抄本,"及吏"作"乃吏"。

【注】

《發微》:《玉海》一百五十九引,"周益公曰:秦孝公強盛時,大筑冀闕,由是天子殿□,初見商子定篇,大抵秦制也。至始皇併天下,殿屋相屬"。

《新釋》:法官一稱審官,《韓非子·飾邪》:"當燕之方明奉法、審官斷之時,東縣齊國。"

《解詁定本》:殿中少府所主。《通典》"秦置六尚",謂尚冠、尚衣、尚食、尚沐、尚席、尚書,若今殿中之任。岳珂《媿郯録》:"秦世少府遺吏四人在殿中，主發書，故謂之尚書。”《通典》：“御史大夫，秦官，侍御史之率，故稱大夫。”又云：“秦以御史監郡，謂之監御史。”師轍按：御史監郡，故置一法官及屬吏。《史記·秦本紀》：武王二年，初置丞相，樗里疾、甘茂爲左右丞相。師轍按：商君在秦武王前廿餘年，是丞相之官，不自武王始置，蓋武王始置左、右丞相耳。子長誤。

《校釋》：《漢書·百官公卿表》云：“相國、丞相皆秦官。”《前漢書》考證云：“秦置左右丞相始於悼武王二年，以樗里疾、甘茂爲之。”《史記·六國表》秦武王二年欄云：“初置丞相，樗里子、甘茂爲丞相。”秦武王二年後商鞅死時已卅年，而此云“丞相置一法官”，决非商鞅之語。此篇本爲追述之文，述者當在武王二年以後，未細察史實，遂有此誤耳。

《錐指》：禮鴻案：或據齊召南説《漢書·百官公卿表》，以左右丞相始立於秦武王二年，後商君之死三十年，疑此非商君語。今謂左右丞相始立於秦武王二年固是，然此固亦可云商君草創其制，至武王時始見施行，必謂其非商君之文，未見其確然也。《史記·張儀傳》秦惠王十年，以張儀爲相，《秦本紀》同。事在武王前，可見丞相雖自武王立，而其名固有漸矣。（引朱説，文見上）禮鴻案：朱氏執《商君書》以議《史記》，亦備一説。

《箋記》：《大事記解題》曰：“方孝公之時未爲天子，亦未置丞相，蓋秦人以秦法補之，然法官之置出於商鞅則無疑也。”

諸侯郡縣皆各爲置一法官及吏，

【校】

《大事記解題》引，無“及吏”二字。

馮抄本，“及吏”作“乃吏”。

【注】

《新釋》：各同閣，司法署也。爲置一法官及吏，制備四級，殿中一，御史二，丞相三，諸侯郡縣閣四也。殿中少府所主。《通典》：“秦置六尚，謂尚冠、尚衣、尚食、尚木、尚席、尚書，若今殿中之任。”岳珂《媿郯録》：“秦世少府遣吏四人在殿中，主發書。”《漢書・百官公卿表》：“相國、丞相、御史大夫皆秦官。”《史記・秦始皇本紀》有丞相綰，御史大夫劫。《説文》：“周制，天子地方千里，分爲百縣，縣有四郡。”《史記・秦本紀》：孝公併諸小鄉聚集爲大縣，縣一令。時或以縣郡地封群臣爲諸侯，如封衛鞅以商於二縣地，而《史記》謂封爲列侯，庶長壯與大臣、諸侯、公子爲逆，又魏冉陶爲諸侯，均見《史記・秦本紀》。此故云諸侯郡縣皆閣耳。吏，理也，若今推事，法官其長也。《管子・禁藏》：“罪決於吏則治。”《韓非子・外儲説左》引孔子曰：“吏者平法者也。”

《錐指》：《説文》：“郡，周制天子地方千里，分爲百縣，縣有四郡，故《春秋傳》曰‘上大夫受縣，下大夫受郡’是也。至秦初，天下置三十六郡以監縣。”段玉裁曰：“《戰國策》甘茂曰：‘宜陽，大縣也。名爲縣，其實郡也。’秦武王時已郡大縣小矣。前此，惠文王十年，魏納上郡十五縣；後十三年，攻楚漢中，取地六百里，置漢中郡。吴氏師道曰：‘或者山東諸侯先變古縣大郡小之制，而秦效之。’是也。”禮鴻案：《説文》述周制，據《周書》作雒解。

皆此秦一法官。

【校】

馮抄本，“一”作“壹”。

【注】

《札迻》：此，當作“比”，形近而誤。言諸侯郡、縣之法官，其職秩吏屬，與秦國都法官同也。

《發微》引孫説，無異議。

《新釋》：言階級次於天子，法官皆同階級也。此，次也。秦，君也。一同邑，國都也，别郡縣言。一曰：此，訾也，謂訾議四級法官而進退之。秦同臻，至也，大也。秦一法官者，若今司法總長然。

《新箋》:(引孫説,文見上。)亨按:此皆言秦制,安得云諸侯郡縣之法官比秦一法官乎?孫説非也。余謂此句當作"此皆奉一法官","此皆"誤倒爲"皆此","奉"以形近誤"秦"耳,《史記·扁鵲倉公列傳》:"而毛美奉髮。"集解引徐廣曰:"奉又作秦。"此"奉""秦"互誤之證。奉,承也,聽其命令也。一法官者,天子三法官之一也。此皆奉一法官,言諸侯郡縣之法官及吏皆聽天子三法官中之一法官之命令,即隸屬於一法官也。蓋天子三法官各有管轄之範圍,諸侯郡縣之法官及吏有不同之隸屬也。

郡縣諸侯,一受寶來之法令學問並所謂。

【校】

馮本、馮抄本、四庫本,"並"作"拜"。

【注】

《札迻》:寶來,當作"禁室",今本"禁"訛爲"來","室"訛爲"寶",又顛倒其文,遂不可通。上文云,"爲法令爲禁室"可證。

《發微》引此説,無異議。

《新釋》:一,皆也。來,賜也。寶,貴也。天子所賜曰寶來。令學問並所謂,立法校使學,立法官以備問也。

《解詁定本》:(引孫説,文見上。)師轍按:寶來,疑禁室之名,孫説迂。又孫氏以"一受寶來之法"爲句讀,亦非。按當至"並所謂"絶句,言郡縣諸侯皆受寶來之法令學問並其意義,其吏民欲知法令者皆問法官。

《校釋》:("學問並所謂"改作"並學問所謂"。)又"並學問所謂"五字,各本作"學問並所謂",或以上文"令"字連此五字讀,意不可通。按本篇"法令"兩字多連用,"令"字宜屬上讀,"並"字應乙在"學問"上。

《新箋》:(引孫説,文見上。)亨按:孫説可通,但"寶來"二字既誤又倒,恐未必然也。余謂"寶來"當作"賨來","賨""寶"形似而誤。

“賫”即“齎”之俗字。《説文》:“齎,持遺也。”《廣雅·釋詁》:“齎,送也。”本書《墾令》篇:“商勞則去來賫送之禮無通於百縣。”此本書用“賫”字之例。賫來之法令者,天子送來之法令也。上文云:“一歲受授法令以禁令。”可證天子每歲皆頒法令於諸侯郡縣,所謂賫來之法令,猶云頒來之法令矣。又按“並”字義不可通,疑當作“其”,形似而誤。學問其所謂者,學問法令之所言也,即學問法令之條文也。

《校讀》:“寶”疑當作“頒”,聲近而誤。郡縣諸侯之法令皆由天子頒之也。“並”疑當作“其”,篆文形近而誤。當以“一受寶來之法令”句。

《錐指》:(引孫説,文見上。)禮鴻案:一受,皆受也。“寶”字俗作“宝”,故“室”誤爲“寶”。(“學問並所謂”)或移“並”字於“問”字上,是也。學並問所謂者,學並問法令之所謂也。學法令之所謂者,前云“輒使學者讀法令所謂”是也。問法令之所謂者,前云“諸官吏及民有問法令之所謂於主法令之吏”是也。

4. 吏民知法令者,

【注】

《新釋》:此斥已入法校者言。

《斠詮》:“知”字上疑當增“欲”字。

曰皆問法官。

【校】

范本、綿眇閣本、吴本、程本、馮本、且且庵本、奇賞本、四庫本、問經堂本、指海本、初校本,“皆”上無“曰”字。

《子二十六論》卷三,無“曰”字。

《斠詮》:麥孟華引,“問”字上有“以”字。

【注】

《新釋》:皆,加也,謂復問以求其精。

故天下之吏民，無不知法者。

【校】

《大事記解題》引，“民”上無“吏”字。

【注】

《新釋》：既學又問，法律自精。

吏明知民知法令也，故吏不能敢以非理法遇民。

【校】

綿眇閣本、初校本，“不”下無“能”字，“非”下無“理”字。

《子二十六論》卷三，無“理”字。

馮抄本，“理”作“禮”。

問經堂本“非理”下注：施本無“理”字，各本有。

【注】

《讀諸子札記》：“明知”二字不當有，即“民知”之誤而衍者。吏民知法令，承上“天下之吏民無不知法”而言。

《新釋》：（以上“者”字屬此句“吏”上。）者同諸，上云“諸官吏”。故吏不敢以非法遇，治獄必以法令。

《解詁定本》：各本作“非理法遇民”，多“理”字，疑嚴校據下文删。

民不敢犯法，以有法官也。

【校】

初校本，“有”作“干”。

《子二十六論》卷三，“以有法官也”作“以干法官”。

【注】

《新釋》：（以上“民”字屬此句，又增“遇”字，作“民遇民不敢犯法以干法官也”。）民遇民，謂民與民相遇也。干，訐也。

《解詁定本》：（“有法官”作“干法官”。）《説文》：“干，犯也。”“干”

各本作"有",亦通。

《錐指》:干亦犯也。

遇民不修法,則問法官。

【校】

馮抄本,"則"上有"民"字。

【注】

《札迻》:修,當爲"循"。經典"脩""修"通用,隸書"脩""循"二字形略同,傳寫多互訛。漢北海相景君碑陰"循行"作"脩行",《莊子·大宗師》篇"以德爲循",《釋文》云:循,本亦作"脩"。

《發微》:孫曰"修當爲循"。

《新釋》:此斥未入法校者言。遇,愚也。修,習也。

《解詁定本》:孫詒讓曰(引文見上)。師轍按:孫説是也。

《斠詮》:孫氏曰(引文見上)。今案,孫説是。

《校讀》:"遇民"上疑當脱"吏"字。

《錐指》:孫詒讓曰(引文見上)。禮鴻案:此謂吏遇民不循法。

法官即以法之罪告之,民即以法官之言正告之吏。

【注】

《新釋》:上云"皆以吏民之所問法令之罪"。

民知其如此,故吏不敢以非法遇民,民又不敢犯法。

【校】

范本、綿眇閣本、吴本、程本、馮本、朱本、且且庵本、馮抄本、奇賞本、四庫本、問經堂本、指海本、崇文本,"民知"作"公知"。

初校本,"民知其"作"吏知其"。

【注】

《新釋》:(讀作"民民又不敢犯法"。)"民民"謂愚民,與愚民通也。

《解詁定本》:(作“吏民知其如此”。)各本作“公知其如此”。師轍按:“公”字不誤,公謂公衆也,包吏民而言,義較長。

如此,天下之吏民雖有賢良辯慧,不能開一言以枉法。

【校】

綿眇閣本、吴本、馮本、且且庵本、奇賞本、問經堂本、指海本、崇文本,“吏”下無“民”字。

范本、程本、朱本、四庫本,“吏”下“民”字作缺文。

馮抄本,“辯慧”作“辯患”。

【注】

《新釋》:天下之吏民,知法令之吏民。不能開一言以枉法,此斥吏言。《韓非子·八説》:“明主之國,官不敢枉法。”

雖有千金,不能以用一銖。

【注】

《新釋》:此斥民言。不能用一銖,謂不敢行賄。

《解詁定本》:十黍之重爲纍,十纍曰銖,二十四銖曰兩。

《錐指》:《史記·陸賈傳》:“乃出所使越得橐中裝賣千金。”正義:“漢制:一金直千貫。”《漢書·律曆志》:“一龠容千二百黍,重十二銖,兩之爲兩。二十四銖爲兩。”

故智詐賢能者皆作而爲善,皆務自治奉公。

【校】

初校本,“智”作“知”。

馮抄本,“奉公”作“奉耕”。

【注】

《解詁定本》:作,起也。

《錐指》:(“智”作“知”。)知讀爲智。作,起也,興也。

《新釋》:不須人治曰自治。

愚則易知也,此所生於法明白易知而必行。

【校】

范本、綿眇閣本、吴本、程本、馮本、朱本、且且庵本、奇賞本、四庫本、問經堂本、指海本、崇文本,“愚”上有“曰”字。

馮抄本,“愚”上有“由”字。

初校本,“愚”上有“民”字。

【注】

《發微》:《鶡冠[子]·天權》:“王者明白,何設不可圖。”

《新釋》:言僅能治易知之事,愚民不修法,上以易知便之。此所生於法,此,陛也,天子升殿之階。生,發也。於同諸,之也。《管子·任法》:“有生法……生法者,君也。”民愚者亦能知之。

《純常子枝語》:王荆公詩曰:“商鞅能令法必行。”讀其書,乃知鞅之必能行其法者,明白易知也。荆公之刑法,繳饒迴互,故不如鞅矣。

《斠詮》:“所”疑當作“皆”。

《校釋》:“此皆”之“皆”字,各本作“所”,誤。今據(王説)改。

法令者,民之命也,爲治之本也,所以備民也。

【校】

《御覽·刑法部》引,作“法令者,民之則也”。

《北堂書鈔·刑法部上》引,作“立法令者,民之命。”

【注】

《新釋》:民之命也,《管子·禁藏》:“法者,百姓所縣命也。”備,全也。

《解詁定本》:(“法令者,民之命也”)《北堂書鈔·刑法一》引作

“立法令者,民之命。”唐趙蕤《長短經·適變》篇引“民”作“人”,蓋避唐太宗之諱。備猶防也,法所以衛民。

知者不得過,愚者不得不及。名分不定,而欲天下之治也,是猶欲無飢而去食也,

【校】

范本、綿眇閣本、吴本、程本、馮本、朱本、且且庵本、奇賞本、四庫本、問經堂本、崇文本、初校本,“知者不得過,愚者不得不及。名分不定,而欲天下之治也,是”作“爲治而去法令”。

馮抄本,無“知者不得過……天下之治也,是”二十三字。

《群書治要》三十六引,作“而欲天下之治,是猶欲無飢而去食”。

《御覽》卷六三八引,“愚者”作“過者”,“去食”下無“也”字。

【注】

問經堂本:(“備民也”)《太平御覽·刑法部》此下有“知者不得過,愚者不得不及,名分不定,而欲天下之治也,是猶欲無飢而去食也”。

指海本文字同,注云:此上二十二字,原作“爲治而去法令”六字,似後人以意删改,依《群書治要》及《御覽》六百三十八補正。

《新釋》:飢,餓也。

《集解》:各本無此四句,今據《群書治要》及《御覽》補。猶欲無飢而去食也,《治要》及《御覽》“猶”上有“是”字,“食”下無“也”字。爲治而去法令,《治要》及《太平御覽》均無此句,當據删。

《解詁定本》:(“爲治而去法令”)《群書治要》卷三十六,《太平御覽》卷六百三十八引,無此句,有“智者不得過,愚者不得不及,名分不定,而欲天下之治”四句,當據補。(“猶欲無飢而去食也”)《治要》、《御覽》作“是猶無飢而去食”。

《錐指》:(作“爲治而去法令”。)此六字《群書治要》作“智者不得過,愚者不得不及,名分不定而欲天下之治[也]”二十二字,是也,當

據改補。（“猶欲無飢而去食也”）“饑”當作“飢”。

欲無寒而去衣也，欲至東而西行也，

【校】

范本、綿眇閣本、吴本、程本、馮本、朱本、且且庵本、馮抄本、奇賞本、四庫本、崇文本、初校本，“欲至東而西行也”作“欲東西行也”。

馮抄本，“無寒”作“去寒”。

《群書治要》引，無“欲至東而西行也”七字。

《御覽》卷六三八引，作“欲至東而西行”。

【注】

《斠詮》：（作“欲東西行也”。）“西”上疑當增“而”字。

《集解》：《治要》及《御覽》“東”下均有“而”字，當據補。《御覽》句末無“也”字。

《解詁定本》：《治要》“東”下有“而”字，日本細井德民校本《群書治要》無“欲東而西行也”一句。《御覽》作“欲至東而西行”。

《校讀》：日本細井德民校本《群書治要》無“欲東而西行也”一句。《御覽》作“欲至東而西行”。

《錐指》：（作“欲東西行也”。）指海本據《御覽》六百三十八，“欲”下補“至”字，“東”下補“而”字。

其不幾亦明矣。

【校】

馮抄本，“亦”作“二”。

【注】

《發微》：《外内》“是猶設鼠而餌以貍也，亦不幾矣”，言無望也。

《新釋》：幾，至也，及也。

《斠詮》：幾，讀爲冀；不幾，猶言無望。

《解詁定本》：幾，冀也，望也。《左傳》："庸可幾乎！"

《錐指》：不幾説見《外内》篇。

一兔走，而百人逐之，非以兔爲可分以爲百，由名之未定也。

【校】

范本、綿眇閣本、吴本、程本、馮本、朱本、且且庵本、馮抄本、奇賞本、四庫本、崇文本、初校本，此四句作"一兔走，百人逐之，非以兔也"。

問經堂本，作"一兔走，百人逐之，非兔一可以分百也"。

《御覽》卷六三八，"非以兔"句作"非兔一可以分百也"。

《子二十六論》，"由名之未定也"作"此所謂名分之不定也"。

指海本"逐之"下注："而"字依《治要》補。"非以兔爲可分以爲百，由名之未定也"作"非以兔可分以爲百，由名分之未定也"。注云："此二句原本但有'非以兔也'四字，依《群書治要》及《長短經》理亂篇、適變篇引補，《御覽》作'非兔一可以分百也'，意亦同。"

問經堂本"未定"下注：各本"欲至東而西行"作"欲東西行"，"非兔一可以分百也，由名之未定也"十四字作"非以兔也"，三字據《御覽》增。

《集解》：《治要》"走"下有"而"字，"逐"作"追"。"爲可分以爲百"六字，各本無，今據《治要》補；《御覽》作"非兔一可以分百也"。"由名之未定"五字，各本無，今據《治要》及《御覽》補。

《錐指》：（"非以兔也"）《治要》下"兔"下有"爲可分以爲百由名分之未定"十二字，當據補。

《斠補》：朱本作"非以兔可分以爲百，由名分之未定也"。云：此二句嚴校本及各本俱作"非以兔也"一句，今據《長短經·適變》篇引改正，增十一字。《御覽》引作"兔一可以分百也，由名之未定也"。可證今本奪誤。案：朱氏據《長短經》引增十一字，是也。惟"以兔"當作"一兔"，承上文"一兔"而言，《御覽》引作"兔一"，即"一兔"之誤倒。

《吕氏春秋·慎勢》篇作"非一兔足爲百人份也",可爲旁證。

【注】

《發微》:《吕覽·慎勢》引慎子曰:"今一兔走,百人逐之,非以兔足爲百人分也,由未定。由未定,堯且屈力,而況衆人乎!積兔滿市,行者不顧,非不欲兔也,分已定矣。分已定,人雖鄙不爭。"

《讀諸子札記》:(所據本作"一兔走,百人逐之,非以兔也"。)"非以兔也"句,文不成義。《後漢書·袁紹傳》注引《慎子》曰:"兔走於街,百人追之,貪人具存,人莫之非者,以兔爲未定分也。積兔滿市,過不能顧,非不欲兔也,分定之後,雖鄙不爭。"文義較完,此多脱文耳。《尹文子》亦云:"雉兔在野,衆人逐之,分未定也。雞豕滿市,莫有志者,分定固也。"文義並與此同。

《新釋》:言以分之未定耳。《吕覽·慎勢》引慎子曰:"今一兔走,百人逐之……人雖鄙不爭。"故治天下及國,在乎定分而已矣!

《次室讀書記》:《吕氏春秋·審分覽》引《慎子》、《意林》引《尹文子》、《説苑·建本》篇、《金樓子·立言》篇,語與此略同。器按:又見《説苑·貴生》篇引屈建語。

《香草續校書》:(所據本作"非以兔也"。)以,當作人己之"己"。

夫賣兔者滿市,而盗不敢取,由名分已定也。

【校】

范本、綿眇閣本、吴本、程本、馮本、朱本、且且庵本、馮抄本、奇賞本、問經堂本、四庫本、崇文本、初校本,皆無"兔"字。

《群書治要》引,作"盗不敢取,名分之定也"。

《御覽·刑法》引,作"夫賣兔在市,盗不敢取,分之定也"。

問經堂本"滿市"下注:《御覽》作"賣兔在市",各本作此,亦可解。又,"由名分已定也"下注:《治要》"民也"下作"智者不得過,愚者不得不及,名分不定,而欲天下之治,是猶欲無飢而去食,無寒而去衣也,其不幾亦明矣。一兔走,而百人追之,非以兔可分以爲百,由名之未定也”。“夫賣”下有“兔”字，無“而”字，“已”作“之”字。《御覽》六百三十八□曰：“法令者，民之則也，爲治之本也，所以備民也。知者不得過，過者不得不及，名分不定，而欲天下之治也，是猶欲無飢而去食，欲無寒而去衣也，欲至東而西行也，其不幾亦明矣。一兔走，而百人逐之，非兔一可以分百也，由名之未定也。夫賣兔在市，盗不敢取，分之定也。”

《集解》：《治要》“賣”下有“兔”字，“盗”上無“而”字。

《解詁定本》：此據《治要》、《長短經》補“兔”字，《御覽》作“夫賣兔在市”。

《錐指》：“賣”下當據《治要》補“兔”字。（“由名分已定也”）《三國志·魏志·袁紹傳》注引《九州春秋》，載沮授諫出袁譚爲青州辭曰：“世稱一兔走衢，萬人逐之，一人獲之，貪者悉止。分定故也。”

【注】

《新釋》：賣同犢，者同豬，均家畜，《尹文子·大道上》：“雉兔在野，衆人逐之，分未定也。雞豕滿市，莫有志者，分定固也。”豬即《尹文子》之豕，對上兔言。《治要》、《御覽》“賣”下皆有“兔”字，誤。

故名分未定，堯、舜、禹、湯且皆加務而逐之；

【校】

范本、綿眇閣本、吴本、程本、馮本、朱本、且且庵本、奇賞本、四庫本、問經堂本、崇文本，“加務”作“如物”。

馮抄本，“加”作“如”。

《御覽·刑法部》引，無以上兩句。

指海本，文字同。注云：“加務”原作“如物”，依《治要》、《長短經》改。

初校本，“加務”作“如騖焉”。

《發微》：《治要》作“且加務而逐之”。“貧”作“貪”。是。

《集解》：《治要》作“加務而逐之”。

【注】

《發微》:《吕覽·處方》:"本不審,雖堯、舜不能以治。"

《解詁》:"加務"作"如騖焉",《字匯》:"騖,亡遇切,音務,驅馳奔聯也。"

《新釋》:騖,《説文》作"鶩",亂馳也。《文選·答賓戲》:"戰國横鶩。"

《解詁定本》:如騖焉,各本皆作"如物"。騖,《字匯》:"亡遇切,驅馳奔聯也。"師轍按:"騖"爲"鶩"之俗字。《説文》:"鶩,亂馳也。""物"、"騖"聲近而訛。《治要》、《長短經》皆作"加務焉而逐之"。

《校釋》:"如騖焉"三字,影范本、崇文本作"如物"。《治要》引作"加務"。今依嚴校本。騖音務。如騖,言如馬之奔馳也。

《錐指》:"如騖焉"三字,《治要》作"加務"二字。指海本亦據《長短經》改"加務"。案:如,當爲加。加騖,言加力馳鶩也。"騖"、"鶩"同字。《治要》、《長短經》作"務",乃以同音假借。

《箋記》:騖借爲務。《算地》篇"世主之所加務者",即加務連文之證。

名分已定,貪盜不取。

【校】

范本、綿眇閣本、吴本、程本、馮本、朱本、奇賞本、四庫本、問經堂本、崇文本、初校本,"貪"作"貧"。

馮抄本,"貪盜"作"貧資"。

《御覽·刑法部》引,無此二句。

指海本,"貪"作"貧",注云:《治要》,"貧"作"貪"。《長短經·適變》篇,仍作"貧"。

【注】

《發微》:二孫校本叙曰:"沮授亦稱:'世稱萬人逐兔,一人獲之,貪者悉止,分定故也。'其辭出《商君書》。"

《新釋》,“貪盗”作“貧盗”,注云:“爲盗多由於貧,故治國以謀民生計爲重。”

《箋正》:“貧盗”疑當作“貪盗”。

《校釋》:“貪盗”各本作“貧盗”,今依《治要》改正,義長。

《錐指》:《治要》作“貪盗”,是。

今法令不明,其名不定,天下之人得議之。其議,人異而無定。

【校】

《御覽・刑法部》,“議之”下有“也”字。

《群書治要》,無“其議,人異而無定”。

且且庵本,“今”作“令”。

【注】

《發微》:《史記・始皇紀》:斯議燒《詩》、《書》、百家語,曰:“今天下已定,法令出一,今諸生不師今而學古,以非當世,惑亂黔首。”

《新釋》:其議人異而無定,意爲解釋。

《解詁定本》:法令不明,則罪名不定,天下之人,乃能隨意而議之,故言人人殊,以其無標準也。

《錐指》:其名,當作“名分”。上下文皆言名分,又下文“此所謂名分不定也”正應此句,是其證。

人主爲法於上,下民議之於下,是法令不定,以下爲正也。

【校】

《群書治要》,無此四句。

馮抄本,“民”作“下”;“令”作“各”。

初校本,“正”作“上”。

【注】

《新釋》:爲,施也。

《校釋》:“爲上”之“上”字,影范本、崇文本作“正”。今依嚴校本。

《錐指》:王時潤曰:崇文本“爲上”作“爲正”(編者按:查《斠詮》無此校語)。禮鴻案:范本、孫星衍本、指海本、《圖書集成·祥刑典》九十三並作“爲正”,“正”字義長。

此所謂名分之不定也。

【校】

《群書治要》,無“之”字。

指海本,“分”下無“之”字,注:“名分下原有之字,依《治要》删。”

【注】

《錐指》:《治要》無“之”字,是。

夫名分不定,堯、舜猶將皆折而奸之,而況衆人乎?

【校】

綿眇閣本,無“皆”字。

【注】

《發微》:堯、舜猶將皆折而奸之,《管子·七臣七主》:“侵臣事小察以折法令,而況衆人乎。”《吕覽·處方》:“今夫射者儀豪而失牆,畫者儀髮而易貌,言審末也。本不審,雖堯舜不能以治。”

《新釋》:皆折而奸之,皆,階也,折,曲也。階有多曲,故云皆折。

《斠詮》:“皆”字疑衍。

《解詁定本》:《廣雅》:“皆,同也。”折,曲也,下也。言名分不定,雖以堯、舜之賢,猶將降節而爲奸,而況庸衆乎!

《箋正》:“皆折”二字訛。

《錐指》:舉堯、舜以概善人,善人不止一人,故曰皆。折,猶言枉道也。

此令奸惡大起，人主奪威勢，之國滅社稷之道也。

【校】

《群書治要》，無以上三句。

馮抄本，“惡”作“而”，“滅”作“减”。

初校本，“之國”作“亡國”。

《校釋》：“亡國”二字，影范本、崇文本作“之國”，誤，今依嚴校。

【注】

《新釋》：此，是也。奪，脱也，猶失也。《管子・明法解》：“人主之所以制臣下者，威勢也。”《韓非子・外儲説右》：“人主者不操術則威勢輕而臣擅名。”

《解詁定本》：奪，《説文》：“手持隹失之也。”先大夫（朱駿聲）曰：“既得而失去也。”

今先聖人爲書，而傳之後世，必師受之，乃知所謂之名。不師受之，而人以其心意議之，至死不能知其名與其意。

【校】

《群書治要》，無此七句。

【注】

《新釋》：書謂六書。傳，篆也，引書也，謂引筆而著之於竹帛以傳後，故史籀所作爲大篆，李斯所作爲小篆，又有用以摹印者爲繆篆。其實許慎所云八體，唐元度所云十體，下至韋續所云五十六種書，夢英所云十八體書，皆得謂之篆也。乃知所謂之名，名，字也，《周禮・外史》：“掌達書名於四方。”以其心意議之，意，度也。今假借轉注多謬説，因人無師受而以心度議耳。至死不能知其名與其意。意，字之意也。六書有會意。

《解詁定本》：先聖人之書，尚須師受，乃能知其書所謂之名詞，若無師受，以心意解釋，至死猶不能知其名詞與其意義，而況於法律乎！

《錐指》:("乃知所謂之名")之,與也。王引之曰:"《書·立政》曰:'文王罔攸兼於庶言、庶獄、庶慎,惟有司之牧夫。'又曰:'其勿誤於庶獄,惟有司之牧夫。'皆謂有司與牧夫也。"《經傳釋詞》九所謂,其意也;名,其言也。

故聖人必爲法令置官也,置吏也,爲天下師,所以定名分也。

【校】

《群書治要》:"定"下無"名"字。

《解詁定本》:《長短經·適變》篇,無"爲天下師"四字。

【注】

《發微》:《治要》引《尸子》:"明王之治民也,言寡而令行,正名也。君人者苟能正名,愚智盡情,執一而靜,令名自正,令事自定,賞罰隨名,民莫不敬。"尸子爲商君師,故此説宗旨合也。《更法》篇"不循故"二句,亦師説也。

《發微》:《漢書·薛宣傳》:"宣子惠爲彭城令,遣椽問宣不教戒惠吏職之意。宣曰:吏道以法令爲師。"

《新釋》:《周禮·太宰》"師以賢得民,吏以治得民",列爲九兩之二,此合爲一,故特明之。《史記·秦始皇本紀》"若欲有學法令,以吏爲師",《韓非子·五蠹》"明主之國以法爲教,以吏爲師",蓋皆本此。

《斠詮》:此當作"故聖人必爲法令置官吏,以爲天下師"。兩"也"字與"置"字均當衍。上文"爲法令置官吏","吏"上亦衍"置"字,即其證也。

名分定,則大詐貞信,巨盗愿慤,而各自治也。

【校】

《群書治要》、馮抄本,"貞"作"真"。

范本、初校本,"巨盗"作"民皆"。

綿眇閣本、吴本、程本、馮本、朱本、且且庵本、馮抄本、奇賞本、四庫本、問經堂本、崇文本，“巨盗”作“民皆”，“各”作“名”。

指海本，“各”作“名”，注云：“巨盗”原作“民皆”，依《長短經·適度》篇改，又《長短經》“名”作“各”。

【注】

《發微》：《治要》作“定分也”，“貞”作“真”，“民皆愿慤”，是。

《集解》：《治要》作“巨盗愿慤”，“大詐貞信”相對成義，當據改。

《新釋》：大詐貞信，雖大詐者亦貞信。民皆愿慤而自治也。原，謹也，《説文》作“愿”，《周禮·大司寇》：“國刑上原糾暴。”

《解詁定本》：愿，謹也。慤，誠也。《治要》、《長短經》作“巨盗原慤”。

《校釋》：“民皆”宜爲“巨盗”，或爲校者誤改。

《錐指》：“民皆”指海本依《長短經·適變》篇改“巨盗”。禮鴻案：《治要》亦作“巨盗”，“民皆”即“巨盗”二字形近之誤。大詐、巨盗，文正相對，錢校是也。《韓非子·守道》篇：“暴者守愿，邪者反正，大勇愿，巨盗貞。”語與此相似。《説文》：“愿，謹也。”

故夫名分定，勢治之道也；名分不定，勢亂之道也。

【校】

馮抄本，作“故夫名分定，勢治之也；名道分不定，勢亂之道也”。

【注】

《發微》：《韓非·揚權》：“用一之道以名爲首。名正物定，名倚物徙。故聖人執一以靜，使名自命，令事自定。”

《新釋》：勢猶致也。

故世治者不可亂，勢亂者不可治。

【校】

《群書治要》，“世治”作“勢治”，兩句末均有“也”字。

范本、綿眇閣本、程本、馮本、奇賞本、四庫本、初校本,“世治”作“勢治”,“勢亂”皆作“世亂”。

吴本、朱本、且且庵本、問經堂本、崇文本,“勢亂”作“世亂”。

馮抄本,“世治”作“勢治”。

指海本,與《治要》同,注云:“兩也字並依《治要》及《長短經》補。”

《集解》:《治要》作“勢亂”,下文同,當據改。又,兩句末均有“也”字。

【注】

《斠詮》:崇文本作“世治”,誤,此及下文兩“世”字,均當作“勢”。《韓非子·難勢》篇正作“勢治者不可亂,勢亂者不可治”,可以爲證。且上文“勢治”、“勢亂”云云,皆作“勢”,不作“世”,尤其明徵也。

夫勢亂而欲治之,愈亂矣;

【校】

范本、綿眇閣本、吴本、程本、馮本、朱本、且且庵本、馮抄本、奇賞本、問經堂本、四庫本、崇文本、初校本,“勢”作“世”,“而”字下皆無“欲”字,句末皆無“矣”字。

重校本,無“矣”字。

【注】

《解詁定本》:(“夫勢亂”作“夫世亂”。)二“世”字,俱當作“勢”。《治要》、《長短經·理亂》篇引作:“故勢治者不可亂也,勢亂者不可治也。夫勢亂而治之,愈亂矣;勢治而治之,則治矣。故聖人治治不治亂也。”當從之。

《錐指》:(“世亂者不可治”,“夫世亂而治之”)兩“世”字當依《治要》作“勢”。

勢治而治之，則治矣。

【校】

范本、吴本、程本、馮本、且且庵本、奇賞本、四庫本、崇文本、初校本，皆無“矣”字。

朱本、問經堂本，“勢”作“世”，句末無“矣”字。

問經堂本“世”字下注：各本作“勢”，上“世治”字，程施本作“勢”，今從朱本。

《集解》：（“夫世亂而治之，愈亂”，“勢治而治之，則治”）《治要》“亂而”下有“欲”字，兩句末均有“矣”字。

故聖王治治不治亂也。

【校】

《群書治要》，“王”作“人”，句末無“也”字，

范本、綿眇閣本、吴本、程本、馮本、朱本、且且庵本、馮抄本、奇賞本、問經堂本、四庫本、崇文本、初校本，句末無“也”字。

奇賞本眉批：法一則不亂，故曰治治。

指海本，“聖王”作“聖人”，注云：原本“人”作“王”，又脱“也”字，依《治要》、《長短經》補正。

《發微》：《治要》作“故勢治者不可亂也，勢亂者不可治也。夫勢亂而欲治之，愈亂矣；勢治而治之，則治矣。故聖人治治不治亂也”。

《集解》：《治要》句末有“也”字。

【注】

《發微》：《韓非·難勢》：“堯、舜生而在上位，雖有十桀、紂不能亂者，則勢治也；桀、紂亦生而在上位，雖有十堯、舜而亦不能治者，則勢亂也。故曰：勢治者，則不可亂；而勢亂者，則不可治也。”

《錐指》：王，《治要》作“人”。按：上下文皆云“聖人”，《治要》是。

6. 夫微妙意志之言，上智之所難也。

【校】

初校本，“智”作“知”，下“智”字同。

【注】

《新釋》：言此明教當普及。《説文》：“意，志也。”意志，當謂詩書。《周禮·小史》“掌邦國之志”，鄭司農以爲書。《廣雅》：“詩，志，意也。”周制，小學校唯習射御書數，至大學乃備詩書禮樂。蓋以微妙之言難期幼子之盡識耳。《韓非子·五蠹》：“所謂賢者，貞信之行也。所謂知者，微妙之言也。微妙之言，上智之所難知也。今爲衆人法而以上智之所難治，則民無從識之矣。”

《斠詮》：“志”疑當作“知”。意知，謂揣而知之也。

《解詁定本》：微言奥旨，上知所難知。

《校釋》：此節所用三“智”字，各本原作“知”，“知”與“智”通。今以其與其他用“知”者易於混同，故改爲“智”以别之，而便讀者。

《校讀》：“難”下疑脱“知”字。

《錐指》：（作“上知之所難也”。）知讀爲智，下知者、愚知同。

《箋記》：《韓非子·五蠹》篇：“微妙之言，上智之所難知也。”即本此。此文當據彼文删“意志”二字，“難”下補“知”字。

夫不待法令繩墨而無不正者，千萬之一也，故聖人以千萬治天下。

【校】

馮抄本，“墨”下有“者”字，“而”下無“無”字。

【注】

《發微》：《容齋隨筆》引《尹文子》：“爲善使人不能得從，此獨善也；爲巧使人不能得從，此獨巧也。……所貴聖人之治，不貴其獨治，貴其能與衆共治。”

《新釋》:夫不待法令繩墨,《管子・七臣七主》:“法律致令者,吏民規矩繩墨也。”千萬之一,言其難得。

《解詁定本》:不待法令繩墨而正者,千萬人中不過一人耳。故聖人立法令以爲標準,使千萬人皆知之,是以千萬治天下也。

故夫智者而後能知之,不可以爲法,民不盡知;賢者而後知之,不可以爲法,民不盡賢。

【校】

《群書治要》,無“夫微妙意志之言”至“民不盡賢”一段。

綿眇閣本,無“能”字。

馮抄本,兩“賢”字均作“矣”字。

崇文本,“民不盡知”作“民不盡智”。

初校本,“智者”作“知者”。

【注】

《新釋》:民不盡知,言多愚者。

《錐指》:(“賢者而後知之”)“知”上當有“能”字。

故聖人爲民法,必使之明白易知,名正愚知徧能知之,

【校】

《群書治要》,無“故”字,無“名正”二字。

范本、綿眇閣本、吴本、程本、馮本、朱本、且且庵本、馮抄本、奇賞本、問經堂本、四庫本、崇文本、初校本,無“民”字。

指海本,“民”下有“作”字,注:原脱“民作”二字,依《長短經・理亂》篇補。《長短經》“民”作“人”,避唐諱,《治要》仍作‘民’,唯脱“作”字。

指海本,“易知”下無“名正”二字,注云:此下原有“名正”二字,依《治要》、《長短經》删。

《東塾讀書記》引,“故聖人爲民法”,無“故”“民”二字。

《發微》:《治要》“法”上有“民”字,無“名正”二字。

【注】

《新釋》:名正愚知徧能知之,名,刑名也。正,定也。《管子·君臣》:“名正分明,則民不惑於道。”(尹乾)説:《論語》孔子曰:“必也正名乎。”又曰:“刑罰不中。”然則正名者謂正以刑名也,時出公輒拒父自立,孔子因如此云,然孔子曾爲魯司寇,非衛刑官,且出公身衛君,奚能俯首就刑,故子路謂其説之迂。徧,皆也。

《解詁定本》:《論語》:“必也正名乎。”聖人立法,必使明白易知,正其名,故愚知皆知之。《治要》作“故聖人爲民法”,無“名正”二字。《長短經》作“聖人爲人作法,必使明白易知,愚智徧能之”。

《錐指》:(作“故聖人爲法”。)指海本“爲”下補“民作”二字。云:“《長短經》民作人,避唐諱,《治要》仍作民,唯脱作字。”禮鴻案:爲民作法是也。下文云“爲置法官,置主法之吏,以爲天下師,令萬民無陷於險危”,正爲民之説也。(“徧能知之”)《治要》、《長短經》無“名正”二字,指海本據删,是也。

爲置法官,置主法之吏,以爲天下師,

【校】

《群書治要》,無此十四字。

馮抄本,“師”作“帰”。

【注】

《發微》:秦法以吏爲師,《始皇本紀》:“李斯議若欲有學治令,以吏爲師。”

《新釋》:主,司也,守也。

令萬民無陷於險危也。

【校】

《群書治要》，無“令”字。

范本、綿眇閣本、吴本、程本、馮本、朱本、且且庵本、馮抄本、奇賞本、四庫本、問經堂本、崇文本、初校本，無“也”字。

指海本，句末注云：“也”字依《治要》補。

《發微》：《治要》，無“令”字，“危”下有“也”字。

【注】

《新釋》：《韓非子・用人》：“愚者守静而不蹈險危。”

故聖人立天下而天下無刑死者，非可刑殺而不刑殺也；

【校】

范本、綿眇閣本、吴本、程本、馮本、朱本、且且庵本、馮抄本、奇賞本、四庫本、問經堂本、崇文本、初校本，上句“而”字下無“天下”二字，“非”字下無“可刑殺而”四字。

指海本，文字同。“刑死者”下注云：“而”下原脱“天下”二字，依《治要》、《長短經》補。“刑殺也”下注云：原脱“可刑而殺”四字，依《治要》、《長短經》補。

《解詁定本》：《治要》、《長短經》，“非”下有“可刑殺而”四字。

《斠補》：案《治要》引，“而”下有“天下”二字。

【注】

《新釋》，立，位也，《修權》篇曰：“故堯舜之位天下。”而無刑死，孔子言“聖人爲邦百年，可以勝殘去殺”。蓋此意。非不刑殺，言非故示寬厚。

《錐指》：（作“而無刑死者”。）“而”下《治要》有“天下”二字。立讀爲竦，説見《修權》篇。（作“非不刑殺也。”）“非”下指海本依《治要》、《長短經》補“可刑殺而”四字，是也。

行法令明白易知,爲置法官,吏爲之師,以道之知,

【校】

《群書治要》,無此十九字。

馮抄本,"以道之知","知"與下句"萬民"之"萬"倒。

【注】

《新釋》:行法令,行,頒佈也。法官吏,法官與法吏也。以道之知,道,教也。

《斠詮》:"行"字當衍。

《解詁定本》:道借爲導。

《錐指》:(作"吏爲之師以道之"。)"官"下當依上文補"置主法之"四字。道讀爲導。

萬民皆知所避就,避禍就福,而皆自治也。

【校】

《群書治要》,無"避就"二字。

范本、綿眇閣本、吴本、程本、馮本、朱本、且且庵本、馮抄本、奇賞本、四庫本、問經堂本、崇文本、初校本,"而皆"下有"以"字。

問經堂本,"自治也"作"以自治也"。

指海本,作"萬民皆知所以避禍就福",注云:"以"字原本誤作"避就"二字,依《治要》改。"而皆自治也"句下注云:"皆"下原有"以"字,依《治要》、《長短經》删。

《發微》:《治要》作"故聖人立天下,而天下無刑死者,非可刑殺而不刑殺也。萬民皆知所以避禍就福,而皆自治也"。

【注】

《斠詮》:("萬民皆知所避就")"知"當爲"使"。

《箋正》:王説"知"爲"使"。句有兩"知"字,僅上"知"字可作"使"字耳,王説似欠分明。

《錐指》:(作“知萬民皆知所避就”。引王説,文見上。)禮鴻案:此“避就”二字蓋涉下文衍。(作“而皆以自治也”。)自治則上不煩矣。《説民》篇所謂王者刑賞斷於民心是也。

故明主因治而終治之,故天下大治也。

【校】

《群書治要》,無“故”字,無“終”字。

指海本,“而”下無“終”字,注云:“而”下原衍文“終”字,依《治要》及《長短經》删。

【注】

《新釋》:終,充也。

《解詁定本》:明主因人民之自治,順其道而治之,所謂聖王治治,故天下能大治也。《治要》、《長短經》俱作“萬人皆所以避禍就福,而皆自治也。明主因治而治之,故天下大治也”。

《校釋》:各本“治之”上有“終”字,惟《治要》引文無之。按“終治”義不明,今據《治要》删。因治而治之,猶言因勢治而治之也。

《錐指》:終猶遂也,成也。《治要》、《長短經》無“終”字,蓋節文。按:《韓非子·八説》篇云:“書約而弟子辯,法省而民訟簡,顧廣圻曰:“簡當作萠,在訟字上。萠,氓也。民萠訟與弟子辯相對,頌猶辯也。今案:簡當作萠是也,不當在訟字上,萠乃萠生之意,不讀爲氓。是以聖人之書必著論,明主之法必詳事。盡思慮,揣得失,智者之所難也。無思無慮,挈前言而責後功,愚者之所易也。明主慮愚者之所易,以責智者之所難,顧廣圻曰:“以,當作不。”故智慮不用而國治也。”説與此篇大同。

六法

本篇原爲逸文，參照以下諸校注本補成。

指海本附録《商子》逸文並云："《治要》引此在《修權》篇前，今《修權》前無逸篇，蓋今日之目録已非唐本之舊矣，故附於末。"

嚴可均在重校本後記中説："右商子五卷孫鳳卿所刊，其據校者明程榮本、鄭寀本、吴勉學本、朱蔚然本、施氏先秦諸子本凡五家，各取其長，余復據元版本、明范欽本、葉林宗從秦四麟所藏舊刻勘正本及魏徵《群書治要》、馬總《意林》等書，重加校訂，補得《立法》一篇，又增删改正五百餘字。嘉慶十六年重五後一日嚴可均記。"嚴可均所補《立法》一篇全文寫在《更法》篇正文上方。

陳啓天在《商君書校釋》最後附有《附六法篇佚文》注云："《治要》卷三十六引《商君子》有《六法》篇，在《修權》篇前。《治要》所節録者僅此，全文已不可考，故所謂六法不知究何所指。但按諸佚文，則其旨趣固與《更法》、《開塞》等篇所言者相爲發明，亦可備考也。"

高亨《商君書注釋》附《六法》（佚文）云："《群書治要》卷三十六引《商君書·六法篇》一段，今録於下。"

蔣禮鴻在《商君書錐指》書末附《六法》並加注云："指海

本附録《商子》逸篇於此。云:《治要》引此在《修權》篇前,今《修權》前無逸篇,蓋今之目録已非唐本之舊矣,故附於末。禮鴻案:《意林》所引《商子》次第與今本同,疑今本較唐時目録有佚脱無倒亂也。又嚴可均改《六法》作《立法》(原書注:《全上古三代秦漢三國六朝文》),是也。"

先王當時而立法,度務而制事。

【注】

《錐指》:務猶云當務之急。度猶量也。

法宜其時則治,事適其務故有功。然則法有時而治,

【注】

《錐指》:"有"疑當作"宜",字形相近,又涉上"有功"而誤也。

事有當而功。今時移而法不變,務易而事以古,是法與時詭,

【注】

《錐指》:詭,借作"恑"。《説文》:"恑,變也。"引申之義則爲異。

而事與務易也。故法立而亂益,務爲而事廢。故聖王之治國也,不法古,不循今,當時而立功,在難而能免。今民能變俗矣,

【注】

《錐指》:《莊子·馬蹄》篇:"赫胥氏之時,民居不知所爲,行不知所之,含哺而熙,鼓腹而游,民能以已此矣。"

而法不易，國形更勢矣，而務以古。

【注】

《雒指》：民能變俗者，上世之民愚而今世之民巧也。國形更勢者，效於古者先德而治，效於今者前刑而法疑當作治也。並見《開塞》篇。

夫法者，民之治也；務者，事之用也。國失法則危，事失用則不成。故法不當時而務不適用，而不危者，未之有也。

附録

校勘所用版本簡介

（一）明范欽訂《商子》

刊於明嘉靖年間。原爲天一閣藏本，在范氏所編《范氏奇書》中，有《四部叢刊》影印本，簡稱范本。

五卷，廿六篇，現存廿四篇，《刑約》第十六篇亡，第廿一篇亡。無序，無總目。無注，《外内》篇末附有校勘。

（二）明馮夢楨校刊《商子》

刊於明萬曆三十年(1602)，原在綿眇閣刊馮氏所編《先秦諸子合編》本中，北京圖書館藏，簡稱綿眇閣本。

五卷，廿六篇，現存廿四篇，《刑約》第十六篇亡，《禦盜》第廿一篇亡。有總目，卷首有商子評語，白文無注。

以綿眇閣本同問經堂本中所注施氏先秦諸子本對校，兩者文字多同，衹個别地方有歧異。

（三）明吴勉學校《商子》

刊於明萬曆年間，在吴氏所編《二十子全書》中，山東大學圖書館藏,簡稱吴本。

五卷,廿六篇,現存廿四篇,《刑約》第十六篇亡,第廿一篇亡,無篇名,無序,有總目。《外内》篇末附有校勘。據朱師轍《商子校勘諸家所見各本》(《商君書解詁定本》附録)在吴本下注云:"余家藏初印二十子本。商子五卷,卷一黄之寀校;卷二、卷四吴勉學校;卷三、卷五吴中珩校;蓋初爲黄之寀刊,後刊版歸吴勉學。吴氏將各校刊名氏挖去,以己名。余書題曰吴本,以歸簡易,而著其説於此,以俟後人知其本原。"

(四)明潘基慶編《商子》

節録《來民》、《畫策》兩篇全文。刊於明萬曆年間,在潘氏所編《古逸書》中,簡稱古逸本。

此書有圈點,《來民》篇後有評語。

(五)明程榮校《商子》

刊於明萬曆二十年(1592),在程氏所編《漢魏叢書》中,有上海涵芬樓影印本,簡稱程本。

五卷,廿六篇,現存廿四篇,《刑約》第十六篇亡,第廿一篇亡。無序,有總目,白文無注。《外内》篇末附有校勘。

(六)明馮覲點評《商子》

刊於明嘉靖三十八年(1559),有明天啓六年(1626)重刊本。上海圖書館藏,簡稱馮本。

五卷,廿六篇,《刑約》第十六篇亡,第廿一篇亡,篇名《禦盜》。卷首有馮覲《點評商子序》,馮贄《讀商子後序》,有眉批,句讀,注釋。附録司馬遷《商君列傳》。《外内》篇末附有校勘。

（七）明朱蔚然校《商子》

朝爽閣刊本，刊於明天啓年間，在某氏所編《合諸名家批點諸子全書》中，北京大學圖書館藏，簡稱朱本。

二卷，廿六篇，《更法》第一至《靳令》第十三爲上卷，《修權》第十四至《定分》第廿六爲下卷。現存廿四篇，《刑約》第十六篇亡，第廿一篇亡（無篇名）。卷首有吕胤礽《商子序》，無注，有圈點，眉批，眉批中有明楊慎評、顧起元評釋。《外内》篇末附有校勘。

（八）諸子褒異本《商子》

卷首前題秦衛人公孫鞅著，未署校注者姓名，該書在《諸子褒異》中。明汪定國有《老子褒異》，撰者當即一人，簡稱褒異本。明天啓年間刊本，北京中國科學院圖書館藏。

本卷首有總目、商子簡介，篇目廿六，分五卷，《刑約》亡，《弱民》、《外内》篇目中有"亡"字。現存《更法》以下至《修權》十四篇全文。有眉批，圈點。

經核對，褒異本所存各篇與且且庵本版式、文字完全相同。

（九）明方疑刊《商子》

在方氏所編《且且庵初箋十六子》中，刊於明萬曆年間，北京圖書館藏，簡稱且且庵本。

五卷，廿六篇，現存廿四篇，《刑約》亡，《弱民》、《外内》兩篇名中間有"亡"字，篇名下無篇次。卷首有商子簡介。首篇前署秦衛人公孫鞅著,本文有圈點,句讀,眉批。《外内》篇末附有校勘,《畫策》篇有旁注。

根據問經堂本注中所引鄭寀本的文字同且且庵本對校,兩本文字多同,衹個別地方有歧異。

按朱師轍《商子校勘諸家所見各本》(《商君書解詁定本》附録)中提到朱氏曾見到明評校本,該本特點朱氏曾作如下介紹:"余得明本,失序跋,不知何人校,前題秦衛人公孫鞅著,於目録中分五卷,本文不另分卷。有圈點、句讀,間有注及眉評,勝馮覲本。"朱氏所見明評校本,現存浙江圖書館,該本有朱氏毛筆眉批。以明評校本同且且庵本核對,兩本版式、本文、圈點、句讀、眉評、旁注、校勘均同。

以且且庵本同褒異本所存十四篇核對,兩本版式、文字、圈點、句讀、眉評均同。

(十)明馮彦淵抄本《商子》

原爲鐵琴銅劍樓藏,現存北京圖書館,簡稱馮抄本。

五卷,廿六篇。現存廿四篇,《刑約》第十六篇亡,第廿一篇亡。白文無注。《鐵琴銅劍樓書目》卷十四稱:"此邑人馮知十所録,以宋本校過。"篇末有傅增湘附記。卷首、卷末有馮記、朱記。

(十一)明陳深刊《商子》

刊於萬曆十九年(1591),在陳氏所編《諸子品節》中,簡稱品節本,中國科學院圖書館藏。

節録本,共十三篇,題名《商君開塞耕戰書》,計有:《墾令》、《農戰》、《去強》(由"粟生而金死"起至"而國富者"止,缺前七段)、《算地》、《開塞》、《錯法》(由"同列而相臣妾"起至"亂治之謂也"止)、《修權》、《來民》、《賞刑》、《晝策》、《外内》、《君臣》、《禁使》。有眉批、夾注、題解。附《史記・商君列傳》。

(十二)明歸有光節録本《商子》

刊於明天啓年間,在歸氏所編《諸子匯函》中,簡稱匯函本。

本書節録以下五篇全文:《墾令》、《農戰》、《算地》、《開塞》、《來民》。正文中有雙行夾注、圈點、眉批,卷首有商子簡介,每篇末引各家評論,計引有:陳後山、虞伯生、羅景綸、舒國裳、王鳳洲、閔午塘、楊升庵、錢鶴灘、黄廷臣、陸貞山、羅一峰、袁了凡評語。

(十三)明陳仁錫選《商子》

列爲陳氏所編《諸子奇賞》卷之三十六至卷之三十七,明刊本,山東大學圖書館藏,簡稱奇賞本。

分兩卷,卷首有商鞅小傳,有目録,由《更法》至《兵守》列入卷之三十六,由《修權》至《定分》列入卷之三十七。目録後附有楊用修《商子評語》。有圈點、眉批,《外内》篇後附有校勘。

(十四)明秦駿生輯評本《商子》

節録本。在秦氏所編《周秦十一子》中,簡稱秦駿生本。

卷首有韓、商事蹟評語。前有節録本目録和商子音釋。此書節録下列十一篇全文:《更法》、《墾令》、《農戰》、《開塞》、

《錯法》、《兵守》、《來民》、《畫策》、《外内》、《君臣》、《禁使》。《算地》一篇自“夫刑者所以禁邪也”以下至篇末“則臣得盡其力而主得執其柄”缺。各篇有圈點、眉批、篇後評語(其中曾引楊誠庵評論)。

(十五)清四庫全書本《商子》

乾隆四十九年(1784)刊,北京圖書館藏文津閣本,簡稱四庫本。

五卷,廿六篇。現存廿四篇,《刑約》第十六篇亡,第廿一篇亡。卷首有紀昀等《提要》。白文無注。

(十六)清孫星衍、孫馮翼同校《商子》

刊於清嘉慶七年(1802),收在孫氏所編《問經堂叢書》中,簡稱問經堂本。

五卷,廿六篇,《刑約》第十六篇亡,第廿一篇亡。本書無目録,卷首有孫氏《商子校本》序,序云:“以予所見行世者有明程榮本、鄭寀本、吴勉學本、朱蔚然本、施氏先秦諸子本;凡五家文字互有脱落,惟朱本改五卷爲二卷,今取其長合校之,並採諸傳注類書所引證其舛誤,仍爲五卷。”

孫氏所據鄭寀本,按孫本中有關鄭本注同且且庵本互校,鄭本同且且庵本文字多雷同,衹個别條文有不同。

以孫氏所據施氏先秦諸子本與綿眇閣本互校,施本同綿眇閣本文字絶大多數相同,衹個别條文有歧異。

(十七)清錢熙祚刊《商子》

道光十九年(1839)刊。簡稱錢校本,即指海本。山東大學圖書館藏。

卷首前有《四庫全書提要》。五卷，廿六篇，現存廿四篇，《刑約》第十六篇亡，□□第廿一篇亡。無圈點，兩行夾注，據《群書治要》、《藝文類聚》、《太平御覽》、《意林》等類書，補訂文字，在《定分》後補《六法》一篇，卷末附跋文。

（十八）《子書百家》本《商子》

崇文書局刊於清光緒元年（1875），簡稱崇文本。山東大學圖書館藏。

五卷，廿六篇，現存廿四篇。《刑約》第十六篇亡，第廿一篇亡，白文無注。

（十九）清嚴萬里校《商君書》

刊於清光緒二年（1876），收在浙江書局所刊《二十二子》本中，簡稱初校本。

初校本有總目，共五卷廿六篇，現存廿四篇，《刑約》第十六篇亡，□□第廿一篇亡。卷首有嚴氏於乾隆五十八年（1793）所寫的《商君書新校正序》。序後有《商君書》簡介，指出："案：隋唐志及唐代注釋家徵引並作《商君書》，不曰《商子》，今復其舊稱。又，其篇帙《漢志》廿九篇，《讀書志》今亡者三篇，《書録解題》今廿八篇，又亡其一，是宋本實二十六、二十七篇。余得元鐫本始《更法》止《定分》，爲篇廿六，中間亡篇二：第十六，第廿一，實二十四篇，與今所行范欽本正同，後又得秦四麟本，頗能是正謬誤，最爲善本，其篇次亦同。"

（二十）商君書重校本

清嚴可均校正，此本從未刊行，僅有傳録本，上海圖書館藏，簡稱重校本。

嚴可均，烏程人，字叔卿，號鐵橋，原名萬里。據嚴氏重校本題跋中所記，重校本完成時間是在清嘉慶十六年（1811），即在他初校本校訂十八年後，重新校勘的。

重校本吸取了孫星衍、孫馮翼同校的問經堂本新成果。問經堂本所引的五種版本：明程榮本、鄭寀本（與且且庵本大體相同）、吴勉學本、朱蔚然本、施氏先秦諸子本（與綿眇閣本大體相同），都是嚴氏初校本未引用過的。同時重校本還據元版本（按：此本目前尚未見到）、明范欽本、葉林宗從秦四麟所藏舊刻勘正本（按：此本目前未見到）及魏徵《群書治要》、馬總《意林》等書重加校正，補得《立法》一篇，又增删改正五百餘字。

由於重校本是在較多版本基礎上重新校勘的，比初校本更爲確切，不過重校本没有正式刊行，流行不廣，影響不大。孫詒讓在《札迻》中曾引用過重校本的傳録本，但孫氏誤嚴萬里、嚴可均爲兩人。朱師轍在《商子校勘諸家所見各本》中也曾提到初校本、重校本頗有異同，但朱氏偏重對初校本的批評，認爲初校本“武斷妄改而未注明者甚多”，對重校本的進步似乎不夠重視。

本書以上海圖書館藏傳録的重校本爲底本，參閲了北京圖書館藏的莫友芝傳録本，以及孫詒讓《商子校本》中傳録的重校本（原玉海樓藏書，現由杭州大學圖書館收藏），各傳録重校本都出於同一祖本，差别很少。

校勘參考書目

(一)《戰國策》	商務印書館四部叢刊本
(二)《史記》	中華書局二十四史標點本
(三)《新序》	商務印書館四部叢刊本
(四)《北堂書鈔》	學苑出版社影印本
(五)《藝文類聚》	中華書局
(六)《群書治要》	上海涵芬樓影印日本天朗七年刊本
(七)《文選》李善注	中華書局影印本
(八)《初學記》	中華書局
(九)《長短經》	海山仙館叢書本
(十)《意林》	上海涵芬樓影印武英殿聚珍版本
(十一)《通典》	商務印書館十通本
(十二)《太平御覽》	中華書局影印本
(十三)《永樂大典》	中華書局影印本
(十四)《七國考》	商務印書館
(十五)《繹史》	光緒二十三年武林石印本

校釋參考書目

(一)《讀書雜誌》	清王念孫著
(二)《讀書雜記》	清王紹蘭著
(三)《舊學蓄疑》	清汪中著
(四)《文史通義》	清章學誠著
(五)《校讎通義》	清章學誠著
(六)《諸子平議》	清俞樾著
(七)《古書疑義舉例》	清俞樾著

(八)《東塾讀書記》　清陳澧著
(九)《經史答問》　清朱駿聲著
(十)《札迻》　清孫詒讓著
《重校商子境内篇》(簡稱《札迻補》,見於《商君書解詁定本》)　清孫詒讓著
(十一)《籀廎碎金》　清孫詒讓著
(十二)《商君書校正》　胡玉縉著
(十三)《商君書枝語》　文廷式著
(十四)《商君書發微》　王仁俊著
(十五)《讀諸子札記》　陶鴻慶著
(十六)《商子解詁》　姚焕著
(十七)《商君書新釋》　尹桐陽著
(十八)《商君書斠詮》　王時潤著
(十九)《商君書集解》　王時潤著
(二十)《評注諸子菁華録商君書》　張之純著
(二十一)《次室讀書記》　郤瑞彭著
(二十二)《商君書解詁定本》　朱師轍著
(二十三)《商君書箋正》　簡書編
(二十四)《商君書校釋》　陳啓天釋
(二十五)《香草續校書》　于鬯著
(二十六)《商君書新箋》　高亨著
(二十七)《積微居讀書記》　楊樹達著
(二十八)《商君書錐指》　蔣禮鴻著
(二十九)《商君書校讀》　蒙季甫著
(三十)《商君書箋記》　王利器著
(三十一)《商君書斠補》　王叔岷著

（三十二）《大事記解題》　　宋吕祖謙著

《商子》校本、注本序跋（選録）

綿眇閣本　商子評語

《黄氏日抄》：《商子》者，公孫鞅之書也。其書乃始於墾草、督民耕戰，其文煩碎不可以句。至今開卷於千載之下，猶爲心目紊亂，况當時身被其禍者乎？然"殿中"與"御史"之號實用此書；事必問法官亦出此書，後世一切據法爲斷者，亦合省所自出矣。或疑鞅亦法吏之有才者，其書不應煩亂若此，真僞殆未可知。

楊慎《丹鉛總録》曰：《管子》曰："野與市爭民，金與粟爭貴。"又曰："狄諸侯，畝鍾之國也，故粟十鍾而錙金；程諸侯，山東之國也，故粟五釜而錙金。"《商子》曰："金生而粟死，粟死而金生；金一兩生於境内，粟十二石死於境外；粟十二石生於境内，金一兩死於境外；國好生金於境内，則金粟兩死，倉府兩虚，國弱；好生粟於境内，則金粟兩生，倉府兩盈，國强。"管、商皆功利之流，故其術先後若合符，然其文亦不易及矣。

李茹更曰：《商子》文甚沉奥，定是戰國文字。黄氏謂煩碎不可句，改由訛舛多爾。至謂真僞不可知，大抵真僞無常，期於有合商子。以後爲法家言者非一人，或潤色爲之耳。故《商子》之書，不必盡出商子；即不盡出於商子，亦不害爲《商子》也。

馮抄本　傅增湘附記

《商君書》自《范氏奇書》補，别無舊刻，則此舊鈔爲足貴矣。此本爲馮知十所儲，其原當爲近古。頃以程刻對勘一過，得異字數十，第其詞旨亦有不可通者。或展轉傳録而致耳。竢北歸更考訂之。癸酉四月傅增湘校畢附記。

四庫本　商子提要

《商子》五卷，舊本題秦公孫鞅撰。鞅事跡具《史記》。鞅封於商，號商君，故《漢志》稱："《商君》二十九篇。"其稱《商子》則自《隋志》始也。陳振孫《書録解題》云："《漢志》二十九篇，今二十八篇，已亡其一。"晁公武《讀書志》則云："本二十九，今亡者三篇。"《讀書志》成於紹興二十一年，既云已缺三篇，《書録解題》成於宋末，乃反較晁本多二篇。蓋兩家所録，各據所見之本，故多寡不同歟。此本自《更法》至《定分》，目凡二十有六，似即晁氏之本，然其中第十六篇，第二十一篇又皆有録無書，則並非宋本之舊矣。《史記》稱讀鞅《開塞》書，在今本爲第七篇，文義甚明，而司馬貞作《索引》，乃妄爲之解，爲晁公武所譏，知其書唐代不甚行，故貞不及睹。又《文獻通考》引《周氏涉筆》以爲鞅書多附會後事，擬取他詞，非本所論著，然周氏特據文臆斷，未能確證其非。今考《史記》稱"秦孝公卒，太子立。公子虔之徒告鞅欲反，惠王乃車裂鞅以徇"。則孝公卒後，鞅即逃死不暇，安得著書？如爲平日所著，則必在孝公之世，又安得開卷第一篇即稱孝公之謚？殆法家者流，掇鞅餘論，以成是編。猶管子卒於齊桓公前，而書中屢稱桓公耳。諸子之書如是者多，既不得撰者之主名，則亦姑從其舊，仍題所托之人矣。乾隆四十九年四月恭校上。

問經堂本　商子校本序

衛公孫鞅著書二十九篇，見漢《藝文志》。以秦相封於商，故稱商君。隋《經籍志》爲五卷。自《舊唐書·經籍志》稱爲《商子》，至宋時《館閣書目》稱，存二十六篇，晁氏《陳氏書目》亦云："今本五卷，廿六篇，亡者《刑約》第十六，《禦盜》第二十一，然則第二十七篇並亡其目也。"以予所見，行世者有明程榮本、鄭寀本、吴勉學本、朱蔚然本、施氏《先秦諸子》本，凡五家，文字互有脱落，惟朱本改五卷爲二卷。今取其長合校之，並採諸傳注、類書所引，證其舛誤，仍爲五卷。序曰，儒者法天，以刑德配陰陽，五常配五行，故其學可以行世無弊。諸子得其一偏以捄世，而流弊以多。商君之學，出於刑名。刑名者，西方金行，義之過也。《周官》刑亂，國用重典，商君之治秦以之。其始欲以耕戰富強其國，其流乃至天資刻薄；然其尊君抑臣，信賞必罰之政，不可誣也。漢時禁其書，《武帝紀》云："建元元年，丞相綰奏所舉賢良或治申、商、韓非、蘇秦、張儀之言亂國政，請皆罷。奏可。"自是以後，高誘、魏武、郭象諸人，或爲他子書注而不及商子。考《三國志》注引先王遺詔，敕後主"觀諸子及《六韜》、《商君書》，益人意智"。沮授亦稱，世稱"萬人逐兔，一人獲之，貪者惡止，分定故也"。其辭出《商君書》。諸葛亮治蜀嚴峻，亦謂"威之以法，法行則知恩；限之以爵，爵加則知榮"。似亦用商君法者，豈亦仿《周官》用重典之意與！則述此書者不乏人，在善用之。又其書足補史之闕，《來民》篇云："周軍之勝、華軍之勝、長平之勝，秦所亡民者幾何？民客之兵不得事本者幾何？"撿史無其事。又《境内》、《定分》二篇可以考秦時法制，而班氏《百官表》取其文不及本書之詳,是其書尤不可廢。三代諸子之書出於手撰,未經竄亂者,惟此書及《晏子》、《孫子》、《老》、《莊》、《墨子》、《韓非》數種,《商子》書中屢稱"臣竊以爲"、"臣之所謂"云云,蓋此二十九篇是見秦孝公所上書,故後魏《刑法志》稱商君以《法經》六篇入説於秦,設參夷之誅,連相坐之法,所稱《法經》,似即此書,非李悝《法經》也。後人以其前有《更法》一篇,疑爲編次者襲《史記》之文,謂其非先秦書。然《商子》所引郭偃之法云云,《史記》略而不載,餘文亦多節減者,證知《史記》用《商子》,非《商子》引《史記》矣。蓋由商子既死,爲其學者哀其師而次其文,紀其遇合始末於卷端,如今世之序録者,不得以此疑其非古書也。吾觀其《定分》之言曰:"今先聖人爲書而傳之後世,必師受之,乃知所謂之名,不師受之,而人以其心意議之,至死不能知其名與其意。"然則商君之反古以救弊,其居心與李斯之毁《詩》、《書》而重法律者,又不侔矣。嘉慶八年,太歲癸亥閏二月,孫星衍、馮翼同校而爲之序。

初校本　商君書新校正序

《商君書》二十九篇,今二十六篇,又亡其二,實二十四篇。舊刻多舛誤不可讀,余參稽衆本,又旁搜群集,勘正其紕繆,而疑其不可考者,然後焉馬魯魚,十去三四,乃繕寫一編,歸諸插架。序之曰:太史公爲鞅傳,載鞅始見孝公,語未合,鞅曰吾説公以帝道,其志不開悟;又説以王道而未入。似鞅亦明於帝王之道,不得已而重自貶損,出於任法之説者。及觀所爲《商君書》,而知鞅實帝王之罪人,吾不知其始見而再不用者,作何等語也。夫天之生,一治一亂;治之極則生亂,亂之極則思治。帝王者,所以撥亂世反之治,豈别有迂闊久遠不近情之道哉?亦惟是救民於水火,與天下更始而已。是故輕刑罰,薄税斂,使四民各安其業。於是爲之興禮樂,崇詩書,涵育於善化,脩其孝弟誠信,養其貞廉,相與宅乎仁而由乎義。蓋拯其所苦,予其所樂,而人心歸之,天命歸之。堯舜之揖讓,湯武之征誅,其事不同,其道一也。由是者治,反是者亂。故曰:"學帝不成者王,學王不成者霸,學霸不成者亡。蓋以力服人,力竭而變生;以德服人,德成而化盛。帝王之道,順人之性,而相與安之,故能享國久長,而天下食其福也。今鞅之書曰"王者刑九賞一",又曰"六蝨者,禮樂、詩書、脩善、孝弟、誠信、貞廉、仁義、非兵、羞戰,國有十二者,必貧至削"。於虖!是直與帝王之道爲寇讎而已矣。彼不計勢之必窮,而狃於説之易售,其處心積慮,偏怙其法之必行;束縛之,馳驟之,招之以攻訐,羅之以連坐,壹之以農戰,以坐收其富强之實;而不顧元氣盡削,胥秦人已化爲虎狼,而孝公不悟也;數傳至始皇,益不悟也。席其成業,遂能鞭撻九有,横噬六合。於是山東戍卒,揭竿一呼,而秦瓦解矣。向使鞅能堅持其帝王之道,將不見用;用而其效或不如任法之速,而秦久安長治矣。然而鞅安知所謂帝王之道也?僞也!彼不過假迂遠悠謬之説,姑嘗試之,而因以申其任法之説,而詎知亡其身以亡人國乎?夫帝王之道,無近功亦無流弊,故君子斷不捨此而取彼也。或曰:"審若是,宜遏絶其説;而顧校正之,可乎?"曰:"是書自《漢志》以來,著録久矣。但使後之君若臣,讀是書者,談虎色變,則鞅之毒輸於秦,而功及於後世爲不少矣。夫荀卿明王道,一傳至李斯,而焚書坑儒;商鞅語帝王,再不用於孝公,而滅法亂紀。則夫士之抗言高論,或不幸而見於世;吾焉保其末路之不至斯極也,又誰得盡廢其書哉?”

乾隆五十八年歲在癸丑仲冬月吉書

初校本　商君書附考

《史記·商君列傳》　太史公曰:余嘗讀商君《開塞》、《耕戰》書,與其人行事相類,卒受惡名於秦,有以也夫。

《漢書·藝文志》　法家,《商君》二十九篇(本注曰:名鞅,姬姓,衛後也,相秦孝公,有列傳。)

《諸葛亮集》　先主遺詔敕後主曰:讀《漢書》、《禮記》,閒暇歷觀諸子及《六韜》、《商君書》,益人意智。

《隋書·經籍志》　法部,《商君書》五卷,秦相衛鞅撰。

《舊唐書·經籍志》　法家,《商君書》五卷。

《新唐書·藝文志》　法家,《商君書》五卷,商鞅撰,或作《商子》。

《史記索隱》　司馬貞曰:按《商君書》,開謂刑嚴峻則政化開,塞謂布恩賞則政化塞。其意本於嚴刑少恩。又爲田開阡陌,及言斬敵首賜爵,是耕戰書也。

《通志·藝文略》　法家,《商君書》五卷,秦相衛鞅撰,漢有二十九篇,今亡三篇。

《郡齋讀書志》　法家類,《商子》五卷,右秦公孫鞅撰,鞅衛之庶孽,好刑名之學。秦孝公委以政,遂致富強,後以反誅。鞅封於商,故以名其書。本二十九篇,今亡者三篇。太史公既論鞅刻薄少恩,又讀鞅《開塞》書,謂與其行事相類,卒受惡名,有以也。《索引》曰,開謂刑嚴峻則政化開,塞謂布恩賞則政化塞。今考其書,司馬貞蓋未嘗見之,妄爲之説耳。

《開塞》乃其第七篇，謂道塞久矣，今欲開之，必刑九而賞一，刑用於將過，則大邪不生；賞施於告奸，則細過不失。大邪不生，細過不失，則國治矣。由此觀之，鞅之術無他，特恃告訐而止耳。故其法不告奸者與降敵同罰，告奸者與殺敵同賞。此秦俗所以日壞，至於父子相夷。而鞅不能自脱也。太史公之言，信不誣也。

《周氏涉筆》　商鞅書亦多附會後事，擬取他辭，非本所論著也。其精確切要處，《史記》列傳，包括已盡。今所存大抵氾濫淫辭，無足觀者。蓋"有地不憂貧，有民不憂弱"，凡此等語，殆無幾也。此書專以誘耕督戰爲本根。今云"使商無得糴，農無得糶，則窳惰之農勉"，"商無糴，則多歲不加樂"。夫積而不糶，不耕者誠困矣，力田者何利哉！暴□如丘山，不時焚燒，無所用之。《管子》謂"積多而食寡，則民不利"。不知當時何以爲餘粟地也。"貴酒肉之價，重其租，令十信其樸"，其商估少而農不酣，然則酒肉之用廢矣。凡《史記》所不載，往往爲書者所附合，而未通行者也。秦方興時，朝廷官爵，豈有以貨財取者？而賣權者以求貨，下官者以冀遷，豈孝公前事邪？

《直齋書録解題》　雜家類，《商子》五卷，秦相衛鞅撰，《漢志》二十九篇，今二十八篇，又亡其一。

《文獻通考》　經籍，雜家，《商子》五卷。

《宋史・藝文志》　雜家類，《商子》五卷。

重校本　嚴可均附記

右《商子》五卷，孫鳳卿所刊。其據校者，明程榮本、鄭寀者、吴勉學本、朱蔚然本、施氏先秦諸子本，凡五家，各取其長,余復據元版本、明范欽本、葉林宗從秦四麟所藏舊刻勘正本及魏徵《群書治要》、馬總《意林》等書,重加校訂,補得《立法》一篇,又增删改正五百餘字。

嘉慶十六年,重五後一日嚴可均記。

重校本　楊峴、管慶祺題識

嚴鐵橋先生校《商子》五卷,問經堂本,碩甫師愛是古書,欲得之,謹請人影寫手過校語以報,寫手不工,殊愧造次耳。

道光己酉冬十月受業歸安楊峴謹識。

《商子》,《漢志》稱《商君》,《三國志》裴注載先主遺詔稱《商君》。

嘉慶八年陽湖孫星衍、承德孫馮翼同校刻《商子》序云:《隋經籍志》爲五卷,自《舊唐書·經籍志》稱爲《商子》,至宋時《館閣書目》稱存二十六篇。晁氏、陳氏書目亦云今本五卷廿六篇,亡者《刑約》第十六,《禦盜》第二十一,然則第二十七篇並亡其目也。以予所見行世者有明程榮本、鄭寀本、吴勉學本、朱蔚然本、施氏先秦諸子凡五家,文字互有脱落,惟朱本改五卷爲二卷。今取其長合校之,並採諸傳注類書所引,證其舛誤,仍爲五卷。

嘉慶十六年嚴可均校孫刻問經堂本記云:《商子》五卷,孫鳳卿所刊,其據校者五家,余復據元版本、明范欽本、葉林宗從秦四麟所藏舊刻勘正本及魏徵《群書治要》、馬總《意林》等書,重加校訂,補得《立法》一篇,又增删改正五百餘字。

道光廿九年冬，奂屬歸安楊生峴影寫嚴鐵橋校本過録，逐贈以藏置三百堂架中。奂按：《漢書・藝文志》，法家，《商君》二十九篇，隋、唐《志》無少闕，至晁公武《郡齋讀書志》稱：存二十六篇，南宋初始亡其三。宋末陳振孫《書録解題》又亡其一。本朝《四庫簡明目録》亡其二，《刑約》、《禦盗》亡，存其目，則現行世止二十有四篇耳。《治要》有《立法》一篇猶在。唐時孫乃云第二十七篇並亡其目，則與宋存廿六篇之數不合，其考之未寀矣。《藝文志・兵家》又有《公孫鞅》二十七篇，王應麟考證並無説，當是别人。

咸豐三年四月二十日門人管慶祺照録於禮經堂。

《商君書解詁定本》自序

余弱冠喜讀先秦諸子，每讀一種終篇，必作書後，考證流别。李梅庵師索觀，爲遺失。清季甲午庚子事變後，朝野競言變法，廣設學校。姚仲實先生教授安徽高等學堂，選《商子・更法》篇爲講義。篇中有"郭偃之法"一語，不知郭偃何時人，徧詢名宿，未得出處。值余應安徽提學使沈子培先生之招赴皖，訪之，姚先生舉以相質，答見《國語》、《韓非子》。乞代檢查，余檢《晋語》韋昭注，謂卜偃爲晋掌卜大夫郭偃；《韓非子・南面》篇，亦有"郭偃毋更晋"之文，示之，渠驚喜嘆服。竊以商君變封建爲郡縣，而主法治，兼修農戰，實當今之要務，然其書舊無治之者，始有志校注。後先君教授上江公學，亦選《墾令》篇講授，間爲之注。余乃取嚴萬里本，復以各本校之，發見妄改甚衆。遂仿孫氏《墨子間詁》例，而爲《解詁》。至民國初元，游北京，叚圖書館及友人書，復加考證，校注略備。民國十年，故友胡子樸安見之，攜上海付廣益書局印行，是爲初印本。時余典國務院秘書廳圖書，有楊氏守敬觀海堂藏書，及清方略館資政院各圖籍，都數十萬卷。又余秉筆清史館，館中藏書亦數十萬卷，而故宫博物院、北平圖書館，亦可叚觀。後復漫游南北，所獲愈衆，簡端書滿，益以另紙簽注。乙亥，教授成都華西大學，程芝軒主任，請講《商君書》，舊本難購，乃重爲付印，倉卒未能將稿重編，僅稍加增補訂訛而已，是爲華西再版排印本，比初印較勝。盧溝事變後二年，因病重回燕都，養疴謝客，尋繹增補，日必編寫，積二年寫完四卷。旋以教書輔仁、中國二大學。稍輟業，兩校再開《商子》課程，隨時仍有增補。甲申暑假，發憤將卷五寫畢，繼再補輯附録，遂爲定本。計余治《商君書》始於丁未，終於丁亥，都四十年，與倭事相終始。今雖幸獲戰勝，而内政不修，法治未立，官吏貪殘，民人愁痛，無所措其手足，能無唏乎！夫商君變法強秦，廢封建，改郡縣，中國統一之基，成於商君，而其要則在法治。法貴上下共守，至公無私，故能著其效。是其治國精神，實有不可廢者。今秋來粤中山大學講學，王撫五校長，睹余書而善之，爲刊入中山大學叢書，又得孔肖云主任，力贊其成，始克集事。是非諸君子提倡學術，以爲世範，曷能臻此。《詩》曰："風雨如晦，雞鳴不已。"固當爲諸子誦之。而余尤當感謝，永矢弗諼者也。

民國三十六年十二月三十日，東華舊史黟縣朱師轍，舊籍隸吴縣，書於廣州石牌中山大學宿舍，遼河路二十八號，時年六十有九。

《商君書解詁》初印本自序

《漢書·藝文志·法家》,《商君》二十九篇班固自注:"名鞅,姬姓,衛後也。相秦孝公,有列傳。"師轍按《漢志·兵權謀》,又有《公孫鞅》二十七篇,蓋商君專言兵者,今人有謂同爲一書,非也。《諸葛亮集》始稱爲《商君書》。《諸葛亮集》:"先主遺詔,敕後主曰:'讀《漢書》、《禮記》,閒暇歷觀諸子,及《六韜》、《商君書》,益人意知。'"隋、唐書《經籍志》,俱云《商君書》五卷。《新唐書·藝文志》,《商君書》五卷,商鞅撰。或作《商子》,《商子》之稱始此。《四庫全書總目提要》,謂稱《商子》自《隋志》始,誤。鄭樵《通志》,仍稱《商君書》。晁公武《讀書記》,則稱《商子》。以後諸家,俱稱《商子》。嚴萬里校本,始復改題《商君書》。卷數同,俱云,《漢志》二十九篇,今亡三篇。師轍按,唐魏徵《群書治要》,引《商君子·修權》篇,前有《六法》篇,宋本已無此篇。知唐時《商君書》尚完全,諸篇亡失,當在唐末五季之亂矣。陳振孫《書録解題·雜家類》,《漢志》以下,俱列法家,《解題》、《通考》、《宋史》改列雜家。《商子》五卷,《漢志》二十九篇,今二十八篇,又亡其一。鄭、晁二家,在陳氏前,俱言已亡三篇,而陳本反多一篇,豈所見之本不同歟?抑别有錯誤歟?師轍按,陳氏云二十八篇,疑二十六篇之譌,亡一篇,當指第二十一篇其目亦亡而言,獨綿眇閣本,作《禦盜》第二十一,有目。今所傳本,目凡二十有六,而有目無書者二篇,《刑約》第十六篇亡,第二十一篇並目亦亡矣。綿眇閣本,雖有《禦盜》之目而篇亦亡。實二十四篇,據嚴萬里叙目所言,元本已亡第十六、第二十一兩篇,亦衹二十四篇。則又非宋本之舊矣。商君以法家而兼兵農,其治國嚴刑法,重墾耕,尚戰伐,秦國富強,六世而併諸侯,皆商君之教也。劉向《新序》論曰:"商君極身無二慮,盡公不顧私,使内急耕織之業以富國，外重戰伐之賞以勸戎士，法令必行，内不阿貴寵，外不偏疏遠，是以令行而禁止，法出而奸息。故雖《書》云‘無偏無黨’，《詩》云‘周道如砥，其直如矢’，《司馬法》之勵戎士，周後稷之勸農業，無以易此。”今本《新序》無此文，《史記》裴駰《集解》引。信乎其言也！然則商鞅治國之經，法治成效，固有國者所不能廢也。蒙所不慊於鞅者，毁孝弟、棄誠信而已；若能懲其失而去其疵，則其術實足以致治。諸葛治蜀，實行鞅術，至德要道弗踣，後世稱焉。學者不察，徒以子長譏其刻薄寡恩，更生詆其無信，遂屏其學，輟而弗治，其學不顯，此一因也。兩漢已降，人主叚崇儒之名，行專制之實；治理罔遵法度，誅賞率由好惡。蕩决藩籬，弁髦憲典矣。而鞅之言曰："有道之國，治不聽君，民不從官。”蓋其立法之旨，實君民同納於軌物，上下胥以法律爲衡。非獨官吏弗能行其私，人主亦弗得肆其志。是以專恣桀君，驕奢裔胄，豐禄貴卿，貪殘蠹吏，莫不疾法律如寇讎，而痛詆鞅學。才知之士，思爲世用，遂亦莫敢昌言治其學。其學不顯，此又一因也。然有國家則不能無法治，故言治者莫能廢其學。竊其實，遺其名，《商君书》流傳至今而不廢者以此，終莫肯爲之注者亦以此。悲夫！歸有光《諸子匯函》僅録《墾令》、《農戰》、《算地》、《開塞》、《徠民》五篇，間有解釋，是否舊注，莫能明也。然其書亦甚淺陋。

方今華夏共和，蕩滌積穢，崇尚法治，遠則西歐，而不知商君已倡於二千年前；數典忘祖，得無傎乎！師轍不揣謭陋，爰取斯書，重爲董理，以貢當世，想亦謀國君子所樂睹也。惟其書流傳代淹，舛誤滋甚，清嚴萬里雖爲校正，稍稍可讀，然注尚闕如。明代各校本，皆不逮嚴氏之精。蒙因以其本爲主，嚴萬里所校全文，附録注下，加嚴校以别之。而以俞樾《諸子平議》、孫詒讓《札迻》所校，參綜考讀，疑滯尚衆。復取明吴勉學、程榮諸家刊本師轍按，《商子》鈔刊本，嚴氏所見有元刻本、秦四麟本、范欽本、葉校本；俞氏所見有鄭寀本、孫星衍本、施氏先秦諸子本；孫氏所見有嚴萬里校刊本、孫星衍校刊本、錢熙祚校刊本、傳録嚴可均校本。以上諸本，間有余所未見者。余所見《商子》本，又有爲諸家所未見者。如明吴勉學校刊二十子本、綿眇閣本、程榮漢魏叢書本、嘉靖己未馮覲評校本、清四庫鈔本、朱蔚然刊本、孫氏問經堂刊本、崇文局本。此外明歸有光諸子匯函本、陳仁錫諸子奇賞匯編本，則僅録《商子》數篇，非全文也。及《意林》、《群書治要》、《太平御覽》等書所引，稽其同異，正其謬誤，寧覈有年，增訂孔多。僅依《經誼》字例，博采古籍，爲之注釋。訓詁多折衷於先大父《説文通訓定聲》。《墾令》一篇，家君舊有詮釋，謹載於篇。又復綴輯異文，釐爲附録二卷，刊諸編末。校讎既竣，題曰《商君書解詁》。昔何邵公注《公羊》，以解詁命名，蓋謂判其滯结，通其指義。間嘗竊取，用題斯編。摻拔篲以清塵，導來學夫先路，當世君子，有匡糾其謬者，尤私幸焉。

民國五年。吴县朱師轍叙。

後記

《商子匯校匯注》是在《商君書選注》、《商君書新注》、《商子譯注》出版之後，由原“《商君書》注釋組”的部分先生完成的。

説起這部著作，還得從組織“山東大學《商君書》注釋組”説起。文化大革命後期，大致在1974年春夏之交，山東大學組織了文史哲各專業的部分教師，成立了“《商君書》注釋組”，由章茂桐任組長，成員有殷孟倫、殷焕先、葛懋春、董治安、趙呈元、徐鴻修、周立昇。1974年7月，爲了集中精力、加快進度、防止干擾，離開學校，進駐珍珠泉賓館。歷時四個多月，於1974年11月完成了《商君書選注》初稿。《商君書》原有二十九篇，遺失五篇，實存二十四篇。從二十四篇中選注了十篇，定名爲《商君書選注》。選注的十篇文章，沒有按原書順序排列，而是依照各篇内容，對原著順序作了一些調整。《選注》初稿完成後，由原山東省革命委員會出版局主持召開了審改會議。參加審改會議的除原注釋人員外，還邀請了蕭滌非、蔣維崧、孟繁海以及原山東師範學院、原曲阜師範學院、中共山東省委黨校、山東省圖書館、山東省博物館等單位的有關人員參加。會後，根據大家的意見，注釋組對書稿作了一些修改，由山東人民出版社在1974年12月出版，書的封二上印有“(徵求意見稿)”字様,印刷 30000 册。

《商君書選注》出版後,社會反響較好,注釋組決定擴充人員,進行二十四篇的全注工作。在專業工作者中增加了史祖瑜、錢曾怡,同時學校派李成茂負責後勤行政工作,陳幼琛負責資料工作,全部注釋人員吃、住在濟南汽車製造總廠。從 1974 年 12 月至 1975 年 11 月,用了一年的時間,將《商君書》二十四篇注釋完畢,定名爲《商君書新注》。爲了提高注釋質量,其間殷孟倫先生在周立昇的陪同下,前往江南各地,利用朋友關係,盡量搜求《商君書》的各種版本及注釋本。如在南京拜訪了洪誠先生,徵求到胡玉縉的《商君書校正》稿本,在杭州拜訪了蔣禮鴻先生,求到了他的《商君書錐指》稿本,還去了蘇州、鎮江和揚州等地,拜訪了一些知名人士。同時,還從全國各大圖書館調集《商君書》各種稀缺版本,以便將《商君書》注釋工作做得更好。在各自分工的注釋完成後,注釋組成員又到齊河晏城招待所,進行集體統稿,時間大約月餘。初稿完成後,山東省革命委員會出版局主持召開了《新注》審改會議,與會的原注釋人員及其他各單位的同志共同對書稿進行了審查。會後,“《商君書》注釋組”的全體同志,根據大家的意見,又進行了多次修改才最後定稿,書稿 1975 年底交出版社。山東人民出版社於 1976 年 1 月出版,作者欄署名爲“山東大學《商君書》注釋組”,統一書號:11099・48。

1976 年下半年文化大革命基本結束。《商君書新注》虽已出版,但“山東大學《商君書》注釋組”並未解散,而且決定在《商君書選注》和《商君書新注》的基礎上,再做《商子譯注》。這時,原“《商君書》注釋組”的四位老先生殷孟倫、章茂桐、殷焕先、史祖瑜沒有參加。這樣,《商子譯注》是由葛懋春、董治安、錢曾怡、趙呈元、徐鴻修、周立昇六人完成的。當時的分工是:葛懋春負責《更法》、《禁使》、《慎法》、《定分》和附録《商鞅生平大事簡表》;董治安負責《開塞》、《壹言》、《錯法》、《戰法》、《立本》、《兵守》和《前言》;錢曾怡負責《靳令》、《修權》、《來民》、《外内》、《君臣》和附録《重要詞語索引》及《校勘表》;趙呈元負責《賞刑》、《畫策》、《境内》;徐鴻修負責《墾令》、《農戰》、《弱民》;周立昇負責《去強》、《説民》、《算地》。各篇初稿完成後,最後由葛懋春、董治安負責全書通讀和統一體例工作。此書初稿 1981 年 3 月完成,由齊魯書社於 1982 年 10 月出版,作者欄署名爲"山東大學《商子譯注》編寫組",書號:11206·44,印數 8300 册。

在此書編寫過程中,由葛懋春提議,再編一部《商君書集注》,徵得大家同意後,便開始着手工作,先編《商君書校注資料長編》,爲《商君書集注》的姊妹篇,是爲編寫《商君書集注》服務的。夏天炎熱時,"注釋組"的成員曾先後集中在煙台、青島工作,此《長編》於 1984 年初完成。这部長编,倾注了注释组两代人十年的心血。不幸的是,《商君書集注》尚未開始編寫,幾位老先生便相繼乘鶴西去,近幾年又有幾位先生羽化歸西。現在,原"山東大學《商君書》注釋組"只剩下周立昇和錢曾怡二人,爲了给今后的《商子》研究人员留下一份难得的珍贵资料,以告慰仙逝的八位先生的英靈,我們决定將《商君書資料長編》照原樣付梓。因爲稿子是多人編寫,又經手抄及電腦輸入,難免存在誤寫、缺漏、體例不一等問題,雖然付梓之前,也經周立昇、錢曾怡審讀,但仍不能將錯訛全部清除,這是在這部著作出版前我們在興奮之外又感到十分遺憾的。

附記:本書的重要校注本《錐指》,原爲蔣禮鴻先生的手稿,於 1986 年在中華書局出版,其中對原手稿本有許多修改補充。爲尊重蔣先生後續研究的成果,此次審校一依正式出版的本子爲準。

根據"山東大學子海整理與研究中心"鄭傑文、王承略、劉心明三位教授的意見,將《商君書校注資料長編》更名爲《商子匯校匯注》。

爲使讀者了解此書的來龍去脈,特作《後記》以資説明。

周立昇 錢曾怡

於 2013 年 4 月 15 日初稿,12 月 15 日修改